Droit du travail

HyperCours Dalloz

sous la direction de

- Dominique **Chagnollaud de Sabouret**
  Professeur à l'Université Panthéon-Assas (Paris II)
- Serge **Guinchard**
  Professeur émérite de l'Université Panthéon-Assas (Paris II)

Droit du travail

11e édition 2016

Elsa **Peskine**
Maître de conférences à l'Université de Paris Ouest-Nanterre La Défense

Cyril **Wolmark**
Professeur à l'Université de Paris Ouest-Nanterre La Défense

DALLOZ

Éditions DALLOZ
31-35 rue Froidevaux,
75685 Paris Cedex 14

ISBN 978-2-247-16079-2

En un seul ouvrage, *l'Hypercours Droit du travail* met à la portée des étudiants des moyens d'acquisition, de révision et d'entraînement performants. Il fournit les connaissances théoriques indispensables et propose les références, exemples, exercices et thèmes de réflexion qui permettent d'appréhender correctement la mise en application de ces connaissances.

• Le cours, complet, est décomposé en titre mais surtout en chapitres thématiques correspondant aux séances de travaux dirigés. La structure de chacun d'eux est annoncée en début de chapitre par un plan analytique.

– Parallèlement au cours, sur la même page, l'ensemble du texte est découpé en blocs d'idées homogènes, selon une numérotation située dans la marge. Cette numérotation permet d'accéder à des définitions (v. ss la rubrique « Quid »).

– Des mots ou expressions clés sont signalés par la lettre « Q » en exposant. S'ils ne sont pas définis dans le cours même, il faut là encore se reporter à la rubrique « Quid » pour en connaître la signification précise.

• Des rubriques pédagogiques (pages signalées par un bandeau de couleur), complètent le cours de chaque chapitre. Elles ont une double fonction : mieux faire comprendre et assimiler le cours, mais aussi préparer efficacement les étudiants aux épreuves des travaux dirigés et des examens.

– La rubrique « *Mémo* » permet de synthétiser rapidement l'ensemble d'un cours.

– La rubrique « *Quid* » permet de disposer immédiatement de définitions extensives des mots clés du cours (signalés dans le cours par la lettre « Q » – pour « Quid » – en exposant). À chaque mot clé est accolé un ou des numéros(s) correspondant au découpage signalé en marge dans le cours afin de les repérer plus rapidement, le tout à la façon des liens hypertexte.

– La rubrique « *Document* » présente les textes de référence.

– La rubrique « *Biblio* » donne accès à une bibliographie sélective.

– La rubrique « *Quiz* » délivre des épreuves corrigées de commentaires d'arrêt, d'articles, de dissertations, de consultations juridiques, de cas pratiques et des questions, des tests...

• Présentant une synthèse de la matière, des éléments de pratique et de documentation viennent à la suite du cours et des compléments pédagogiques.

– Le *sujet terminal* propose un sujet d'examen corrigé correspondant à une épreuve type donnée en fin de semestre ou d'année et faisant appel à l'ensemble des connaissances acquises.

• Pour s'orienter à l'intérieur de l'ouvrage, situés à la fin du manuel :

– L'*index alphabétique* des termes utilisés prend pour repères les blocs d'idées homogènes numérotés en marge du cours et permet de trouver une notion rapidement.

– La *table des matières* permet d'accéder facilement au cours et à sa structure.

– La *table des Quiz* répertorie les sujets corrigés par genre (tests de connaissances ou de compréhension, dissertations, commentaires d'arrêts, cas pratiques).

Principales abréviations

aff.	affaire
AJDA	*Actualité juridique de droit administratif* (Dalloz)
al.	alinéa
ANI	Accord national interprofessionnel
Archives Phil. dr.	*Archives de Philosophie du droit* (Dalloz)
art.	article
Ass. plén.	Assemblée plénière de la Cour de cassation
Bull.	*Bulletin des arrêts de la Cour de cassation*
C. civ.	Code civil (Dalloz)
C. com.	Code de commerce (Dalloz)
C. pén.	Code pénal (Dalloz)
C. pr. civ.	Code de procédure civile (Dalloz)
C. transp.	Code du transport (Dalloz)
C. trav.	Code du travail (Dalloz)
c/	contre
Cah. Cons. const.	*Cahiers du Conseil constitutionnel*
Cah. soc. barreau	*Cahiers sociaux du barreau*
CASF	Code de l'action sociale et des familles (Dalloz)
CE	Conseil d'État
cep.	cependant
ch.	chambre
Ch. mixte	Chambre mixte de la Cour de cassation
Chron.	Chronique
Circ.	circulaire
Civ.	Chambre civile de la Cour de cassation
CJCE	Cour de justice des Communautés européennes (1957 à nov. 2009)
CJUE	Cour de justice de l'Union européenne (à partir de déc. 2009)
Com.	Chambre commerciale de la Cour de cassation
comp.	comparer
concl.	conclusion
cons.	considérant
Cons. const.	Conseil constitutionnel
Const.	Constitution
Const. OIT	Constitution de l'organisation internationale de travail
Conv.	convention
Conv. EDH	Convention européenne de sauvegarde des droits de l'homme et des libertés fondamentales
Conv. OIT	Convention de l'organisation internationale de travail

Crim.	Chambre criminelle de la Cour de cassation
CSS	Code de la sécurité sociale
D.	*Recueil Dalloz*
Décr.	décret
Délib.	délibération
Dépt	département
DH	*Recueil hebdomadaire de jurisprudence* Dalloz (années antérieures à 1941)
Dir.	directive
Dirrecte	Direction régionale des entreprises, de la concurrence, de la consommation, du travail et de l'emploi
DP	*Recueil périodique et critique mensuel* Dalloz (années antérieures à 1941)
DP	Délégué du personnel
DS	Délégué syndical
Dr. ouvrier	*Le droit ouvrier*
Dr. soc.	*Droit social*
DS	Délégué syndical
égal.	également
Éts	établissement
ex.	exemple
GADT	*Les Grands arrêts du droit du travail*, 4e éd., Dalloz, 2008
HCI	haut Conseil à l'intégration
IGAS	Inspection générale des affaires sociales
Instr.	instruction
J.-Cl. travail	*Juris-Classeur travail*
JCP	*Juris-Classeur période (semaine juridique), édition générale*
JCP E	*Juris-Classeur période, édition Entreprise*
JCP S	*Juris-Classeur période, édition sociale*
JO	*Journal officiel*
L.	loi
Lebon	*Recueil Lebon*
not.	notamment
obs.	observation
[P]	Publié au Bulletin civil des arrêts de la Cour de cassation
Pan.	panorama
Préamb.	préambule
Préc.	précité
QPC	Question prioritaire de constitutionnalité
rapp.	rapport
RDT	*Revue de droit du travail* (Dalloz)
Réf. cit.	références citées
req.	requête
RJS	*Revue de jurisprudence sociale*
RSC	*Revue de science criminelle et de droit pénal comparé* (Dalloz)
RTD civ.	*Revue trimestrielle de droit civil* (Dalloz)
S.	*Recueil Sirey*
s.	et suivants
Soc.	chambre sociale de la Cour de cassation
Somm.	sommaire
ss	sous

SSL	*Semaine sociale Lamy*
Sté	société
Synd.	syndicat
T. confl.	tribunal des conflits
TFUE	Traité sur le fonctionnement de l'Union européenne
TPS	Travail et protection sociale
TUE	Traité sur l'Union européenne
UES	Unité économique et sociale
v.	voir

Plan général de l'ouvrage

titre 1

Situer le droit du travail

1 Le droit du travail est original, pionnier à bien des égards. Ses contextes économiques, idéologiques et sociaux expliquent sa place particulière et exigent qu'à l'orée de cet ouvrage quelques fenêtres soient ouvertes, sur son champ, son histoire et les théories qui l'animent (chap. 1). Son importance est à la mesure de son domaine. Il encadre l'activité professionnelle des salariés, lesquels forment la grande majorité de la population active occupée. La notion de « contrat de travail » détermine plus précisément l'étendue de ce domaine d'application (chap. 2). De plus, les sources du droit du travail sont plus diversifiées, plus riches, plus nombreuses que celles qui existent dans les autres matières juridiques (chap. 3).

Tout ceci fait du droit du travail une matière au cœur de l'actualité, en mouvement constant. Il s'agit au demeurant de la seule matière juridique pour laquelle il existe une presse quotidienne spécialisée.

chapitre 1

Ouvertures

Plan analytique

section 1

Teneur du droit du travail

§ 1 Définition

§ 2 Décomposition

section 2

Naissances du droit du travail

§ 1 Les premières lois sur le temps de travail

§ 2 L'affirmation du lien entre subordination et protection

section 3

Fonctions du droit du travail

section 4

Doctrines structurant le droit du travail

§ 1 Les doctrines révolutionnaires

§ 2 Les doctrines libérales

§ 3 Les doctrines du Bien commun

§ 4 Les doctrines réformistes

Compléments pédagogiques

1

Ouvertures

Ce que l'on nomme habituellement droit du travail ne vient pas régir toutes les 2
activités humaines de production de biens et services. Le *droit du travail* ne concerne que les rapports de travail dits subordonnés, dans lesquels une personne, le salarié, est aux ordres d'une autre, appelée employeur (section 1).

Cette forme de travail est à présent la plus répandue. En France, il y a aujourd'hui environ 17 millions de salariés, 7 millions d'agents publics et moins de 2,5 millions d'actifs non salariés (professions libérales, commerçants...). Le travail salarié procure ainsi les ressources de la plus grande partie de la population, et les mécanismes de protection sociale y sont adossés. C'est dire que le droit du travail salarié occupe une place centrale : la majeure partie des actifs y est soumise. L'on pressent alors l'intensité des débats théoriques (section 4) qui traversent la matière, notamment pour déterminer la naissance (section 2) ou encore la fonction du droit du travail (section 3).

section 1

Teneur du droit du travail

Il y a deux manières de décrire ce qu'est le droit du travail : le définir (§ 1) et le 3
décomposer (§ 2).

§ 1 Définition

Le droit du travail regroupe d'abord les règles, légales, réglementaires et jurispru- 4
dentielles, qui prennent comme destinataires ou comme références, directes ou indirectes, les salariés (c'est-à-dire les travailleurs titulaires d'un contrat de travail), les employeurs ou leurs représentants. La majeure partie des règles législatives et réglementaires est logée dans le Code du travail.

Étudier les relations de travail salarié oblige de surcroît à examiner des règles qui ne s'appliquent pas uniquement aux salariés et employeurs. Dans l'étude du droit du travail doivent être ainsi prises en compte des normes générales issues d'autres branches du droit. Au premier rang figurent les règles du droit des obligations, le contrat de travail étant normalement soumis, comme l'indique le Code du travail lui-même, aux règles de droit commun (C. trav., art. L. 1121-1). L'existence d'un dol, vice du consentement prévu par l'article 1116 du Code civil peut ainsi être alléguée (mais avec peu de chances de prospérer) en vue d'annuler le contrat de travail. De même, la discrimination, souvent invoquée dans les relations salariées, est définie de manière générale dans une disposition qui déborde largement le droit du travail : celle de l'article 1er de la loi du 27 mai 2008. On peut encore citer le droit du contentieux administratif qu'il faudra savoir manier en cas de licenciement d'un salarié représentant du personnel ou en cas de grand licenciement collectif. En somme, saisir juridiquement les rapports de travail oblige à combiner des règles de droit du travail au sens strict et celles d'autres branches du droit.

■ 5 Bien comprendre le droit du travail suppose non seulement de disposer de solides bases en droit, mais aussi de s'intéresser aux autres disciplines qui prennent le travail salarié comme objet principal : la sociologie et l'économie du travail, l'ergonomie ou encore l'histoire sociale. Une courte bibliographie est suggérée en fin de chapitre et propose quelques ouvrages ou articles d'introduction à ces disciplines.

§ 2 Décomposition

■ 6 Pour ordonner la masse de textes qui composent le droit du travail, on propose souvent de distinguer les relations individuelles de travail et les relations collectives de travail. Ce sont d'ailleurs les intitulés des Parties 1 et 2 du Code du travail. Mais ces appellations sont doublement sources de confusion. D'abord, elles opposent par trop l'individuel et le collectif, alors qu'ils sont souvent étroitement mêlés. Par exemple, un « grand » licenciement combine des mécanismes de droit dit collectif, comme l'intervention des représentants du personnel, et des mécanismes dits de droit individuel, notamment pour la contestation de la rupture. Ensuite, ces appellations laissent penser qu'il y a des rapports de travail collectifs, alors que les « relations collectives » ne sont que de relations de négociation, d'affrontement ou de coopération – et non des relations de travail – entre employeurs et porte-parole des salariés.

■ 7 Aussi pour découper le droit du travail, il vaut mieux distinguer :

- le rapport de travail, ou rapport dans le travail, qui naît du contrat de travail, et regroupe toutes les règles de formation (type de contrats, recrutement...), d'exécution (détermination du temps de travail, rémunération, changement dans la personne de l'employeur...) et de rupture du contrat (licenciement, démission...). Les règles, légales ou jurisprudentielles, reconnaissant et déterminant les libertés et droits fondamentaux des travailleurs sont également à ranger dans la catégorie générale des règles concernant le rapport de travail. Il s'agit en somme des normes qui sont applicables aux relations interpersonnelles entre le salarié et son employeur : celles qui sont individualisables.
- la discipline du travail qui regroupe des règles ayant trait à l'organisation collective du travail (santé et sécurité des travailleurs, règlement intérieur, aménagement du temps de travail...). La discipline est collective, mais ses effets sur les salariés pris individuellement sont très sensibles.
- les relations professionnelles. Sont ici regroupées toutes les règles qui organisent les dispositifs par lesquels la parole des salariés est portée, leurs intérêts défendus face à l'employeur ou à des groupements d'employeurs. Sont classiquement visés ici : l'action syndicale, la représentation du personnel dans l'entreprise et la négociation collective.
- l'emploi qui correspond à l'ensemble des règles d'accès à l'emploi (placement, contrats aidés, indemnisation) et à la formation professionnelle. Ces règles font en général l'objet d'un enseignement distinct, celui de droit de l'emploi.

Ces quatre thèmes n'épuisent pas l'étude du droit du travail. Ce dernier comporte également des règles spécifiques portant sur son *élaboration*. Les sources étatiques du droit de travail ne présentent que peu d'originalités. En revanche l'existence de règles professionnelles, telles la convention collective, ou encore l'usage, s'appliquant aux relations de travail est plus surprenante (v. Chap. 3). Lorsque l'on envisage son *application*, le droit du travail présente également deux particularités fortes : la présence d'un corps administratif de contrôle spécialisé – l'inspection du travail – et une juridiction caractéristique – le conseil de prud'hommes (v. Chap. 29 et 30). 8 ■

La description de ce que régit le droit du travail ne doit pas faire oublier que dans chacune de ses dimensions, les règles sont le produit d'une sédimentation historique longue.

section 2

Naissances du droit du travail

L'histoire du droit du travail est difficile à démêler parce que, souvent, elle a servi uniquement à conforter l'idée que le droit du travail tendait vers un progrès permanent de la protection des travailleurs. Il est ainsi bien difficile de dater la naissance du droit du travail moderne, entendu comme le droit qui régit le salariat. Plusieurs dates et événements législatifs ont été proposés. Certains sont pertinents ; d'autres moins. En réalité, le droit du travail n'est pas apparu d'un coup, il plonge des racines multiples dans le terreau socio-économique de la fin du XIXe siècle fait de montée en puissance de la classe ouvrière et d'industrialisation galopante. 9 ■

Le décret d'Allarde des 2 et 17 mars 1791 et la Loi le Chapelier des 14 et 17 juin de la même année sont parfois cités comme ayant permis au droit du travail de se développer en « libérant » le travail du corset des corporations de l'Ancien régime. Le travail devient ainsi une liberté (Décr. d'Allarde, art. 7). Toutefois, si ces lois (le décret d'Allarde est en réalité une loi) ont été fort importantes pour le développement de l'activité productive en général, il est difficile d'y voir un embryon de droit du travail salarié, puisqu'elles s'appliquaient indifféremment à toutes formes de travail. Certaines études tendent même à montrer que l'interdiction des corporations a eu pour principale conséquence la multiplication de l'installation de petits artisans et non l'accroissement des travailleurs subordonnés. En outre, l'abolition des corporations, qui résulte de la Loi le Chapelier a conduit à brider, interdire, ou rendre clandestine l'organisation des travailleurs subordonnés ou dépendants, même si d'autres formes de régulation collective ont pu émerger (V. Didry, *L'institution du travail*, La dispute, 2016). Cette loi faisait ainsi du travail une liberté, mais une liberté individuelle, où l'action collective et le regroupement des travailleurs ne trouvaient aucune place. Il faut donc chercher ailleurs les racines du droit du travail. On les a trouvés dans les premières lois sur les temps de travail (§ 1). Plus sûrement, l'affirmation du lien entre protection et subordination signe le début du droit du travail (§ 2). 10 ■

§ 1 Les premières lois sur le temps de travail

11 Il est tentant de faire remonter la naissance du droit de travail à la loi du 22 mars 1841 qui limite le travail des enfants dans les usines. Selon cette loi, le travail des enfants est interdit en dessous de 8 ans. De 8 à 12 ans, un enfant ne peut travailler plus de 8 heures. De 12 à 16 ans, le temps de travail est limité à 12 heures. Cette loi est souvent citée comme la première loi sociale, puisqu'elle aurait pour objet la protection des travailleurs. Cette affirmation doit être nuancée. D'une part, parce qu'elle ne s'applique que dans l'industrie, alors que la majeure partie des travailleurs sont à domicile ou travaillent dans de petites exploitations, souvent agricoles. De ce point de vue, une telle loi constitue plus sûrement, une pièce d'un ensemble juridique vaste que l'on nomme législation industrielle, cherchant à limiter les nuisances provoquées par l'industrie naissante. D'autre part, si la protection des enfants n'est pas étrangère aux finalités de la loi, cette dernière poursuit également d'autres buts : élever la « morale ouvrière », permettre un meilleur recrutement militaire en évitant que les enfants à 18 ans soient inaptes au service, et améliorer l'état de santé de la population pour éviter la « dégénérescence de la race ». De sorte que la pluralité de ses finalités est particulièrement marquée, même si cette plurivocité constitue le propre de bien des dispositions du Code du travail (v. ss 18).

La loi du 19 mars 1874 reprend les mêmes objectifs et renforce les interdictions. Les enfants ne peuvent travailler, sauf dérogation, avant l'âge de 12 ans ; les enfants de 12 à 16 ans et les filles mineures de 16 à 21 ans ne peuvent travailler plus de 12 heures par jour.

12 Le sillon tracé par les lois de 1841 et 1874 est plus net encore avec la loi du 2 novembre 1892 qui limite de nouveau le temps de travail des femmes et des enfants. L'interdiction du travail des enfants est portée à 13 ans et, jusqu'à 16 ans, la journée est limitée à 10 heures ; le travail des femmes ne peut, sauf exceptions dépasser 11 heures par jour. Davantage que la loi de 1841, la loi du 2 novembre 1892 peut être comprise comme l'une des premières lois du droit du travail. D'abord parce qu'elle apparaît comme le fruit de la conciliation entre protection du salarié et liberté du patron. Ensuite parce qu'elle ne s'applique pas uniquement aux établissements industriels. Enfin, parce que l'inspection du travail s'y renforce.

Manque encore toutefois un élément essentiel : aucun lien n'est affirmé entre la protection octroyée et la subordination du salarié. La loi du 2 novembre 1892 est ainsi applicable indistinctement aux salariés et aux petits artisans, entrepreneurs ou sous entrepreneurs qui interviennent dans les usines, même si elle va toucher en priorité les travailleurs subordonnés.

Et tel sera le débat qui fera naître le droit du travail : à qui faut-il réserver les protections qui se mettent en place au début du XXe siècle ?

§ 2 L'affirmation du lien entre subordination et protection

13 L'activité législative est assez intense au tournant du XXe siècle et se déploie dans trois directions principales : la santé des travailleurs, la perception du salaire, la protection contre la perte de revenus.

Les préoccupations liées à l'intégrité physique et la santé des travailleurs apparaissent clairement dans une loi du 12 juin 1893 applicable aux industries et aux commerces où il est fait usage d'appareils mécaniques. Cette loi qui pose les premières règles relatives à l'hygiène, au nettoyage des locaux et à la prévention des incendies, sera étendue à tous les établissements de commerce dix ans plus tard. Témoigne également de cette volonté de prendre en compte la santé des travailleurs, la loi du 29 décembre 1900 dite « loi des sièges » qui, votée à l'instigation des associations féministes, obligeaient les commerçants à mettre à disposition des employés (le plus souvent des femmes) un siège pour éviter d'avoir à attendre les clients debout. La loi n'a toutefois guère été appliquée. 14 ■

Du côté de la protection du salaire, il faut noter la loi du 12 juillet 1895 qui limite la proportion saisissable du salaire à 1/10e. Cette loi s'applique aux ouvriers et domestiques ainsi qu'aux employés et commis qui gagnaient moins de 2000 francs par an. Elle oblige donc les créanciers du salarié à lui laisser 90 % de son salaire sans lequel il ne peut pas vivre dans des conditions décentes. Dans cette loi, est identifié, pour la première fois, un ensemble de travailleurs soumis aux ordres d'un patron, et ce quel que soit leur domaine d'activité. En 1909, l'obligation de payer le travailleur en monnaie, et non pas en nature, est instaurée. D'autres dispositions adoptées à la même époque prohibent les économats patronaux (L. du 25 mars 1910). Ces dispositions interdisent le paiement des ouvriers en bons d'achats dans des magasins ou des débits de boisson dépendant de l'entreprise (les économats), et condamnent l'obligation de s'approvisionner dans les magasins de l'entreprise. Une façon pour certains patrons de reprendre d'une main ce qu'ils donnaient de l'autre. 15 ■

Enfin, des protections contre la perte de revenus apparaissent. Par la loi du 9 avril 1898 est créée l'obligation pour l'employeur, qu'il soit fautif ou non, d'indemniser le préjudice consécutif à un accident du travail. Un système, dans un premier temps non obligatoire, permettant à l'employeur de s'assurer contre le risque de paiement de ces indemnités a été mis en place au même moment. En 1910 est adoptée la loi sur les retraites ouvrières et agricoles, assurant un revenu de remplacement aux travailleurs âgés. Dans le cadre de ces lois s'opère peu à peu une dissociation entre travailleurs subordonnés et travailleurs non subordonnés. Seuls les premiers, qui sont sous les ordres de l'employeur, bénéficient de ces premières lois de protection sociale. 16 ■

C'est finalement au début des années 1930 que la jurisprudence se fixe et réserve le droit du travail aux travailleurs subordonnés (V. l'arrêt *Bardou*, Civ. 6 juill. 1931, reproduit en annexe du chapitre 2).

Cette histoire de la généralisation de la protection se double d'une chronologie parallèle, celle de l'affirmation progressive de la subordination. Durant tout le XIXe siècle, les formes juridiques de la mise au travail étaient partagées entre louage de services, où le travailleur ne loue que ses services, et louage d'ouvrage, dénommé aujourd'hui contrat d'entreprise, où le travailleur réalise quelque chose conformément à la demande de son cocontractant, selon un prix en général fixé à l'avance. Le louage de services était assez rare dans le domaine de la production ; il était principalement destiné aux domestiques. Mais à la fin du XIXe siècle, la doctrine juridique privilégie, pour analyser les relations de travail dans l'industrie, la figure du louage de services, contrat qui charrie ainsi l'idée d'une obéissance à son cocontractant. La notion de contrat de travail est apparue peu après la généralisation de cette 17 ■

analyse. Le mot de « contrat de travail » permit certes un temps de regrouper dans une même catégorie les deux contrats de louage. Mais, assez vite, il fut réservé aux seuls travailleurs subordonnés, c'est-à-dire louant leurs services. Il faut dire que l'extension de la grande industrie, hiérarchisée et innovante, où apparaissent ingénieurs et contremaîtres, exige que les travailleurs soient soumis à l'organisation et à ses transformations. La soumission est ainsi juridiquement garantie par l'analyse de la relation de travail dans la catégorie du louage de services. Les nouvelles formes de production – regroupées sous le terme de seconde révolution industrielle – imposent également que les travailleurs ni ne vendent, ni ne soient maîtres du produit de leur travail. Le louage de services, qui implique que les travailleurs ne cèdent rien mais louent leur corps sous la forme d'une force de travail, correspondait là encore aux besoins. Les évolutions du droit du travail vers un droit de l'activité subordonnée, ont bien accompagné les mutations des modes de production. En définitive, l'étude de la naissance du droit du travail montre la genèse d'une sorte de pacte, un compromis socio-juridique plus précisément : la subordination en échange de la protection.

section 3

Fonctions du droit du travail

■ 18 À quoi sert le droit du travail ? À cette question, il n'y a pas de réponse simple. Le droit du travail, entendu comme corps de règles applicable au travail subordonné, est fondamentalement ambivalent, ce que du reste l'on a déjà pu remarquer dans l'étude de la naissance du droit du travail. En même temps qu'il protège les travailleurs, il légitime, autorise leur soumission. Cette ambivalence est très visible lorsque l'on met en regard des règles différentes, et l'on trouve, par exemple, dans le droit du travail une règle fixant un repos quotidien pour tous les salariés, qui coexiste avec une règle autorisant l'employeur à imposer à son salarié d'accomplir des heures supplémentaires.

Mais parfois une même règle est à la fois protectrice des travailleurs et garante du pouvoir de l'employeur, telle la règle qui détermine les cas de recours au CDD (C. trav., art. L. 1242-2). Vue sous un certain angle, elle protège les salariés en limitant les formes d'emploi précaires. Envisagée sous un autre angle, elle permet à l'employeur de jouer de la flexibilité, dans un cadre légal assuré, pour faire face à des surcroîts d'activité ou à des absences. Nombre de règles du droit du travail sont ambivalentes, et les fonctions du droit du travail sont multiples.

■ 19 Cette multiplicité ne doit pas masquer le fait que la finalité la plus fréquemment assignée aux règles du droit du travail reste la protection des travailleurs. Protection physique et également protection contre le pouvoir patronal. On dit même parfois qu'il s'agit de l'essence, du caractère, de la raison d'être du droit du travail.

Au titre des très nombreuses règles relevant de cette finalité protectrice, figurent les règles sur l'hygiène et la sécurité au travail qui forment la quatrième partie du Code du travail. Citons également les règles organisant les relations professionnelles : liberté syndicale, principe de participation, droit de grève, etc. Les règles de garantie de la rémunération ou d'encadrement de la rupture du contrat participent également de cette fonction. Il s'agit donc de protéger le salarié dans le travail mais également contre la perte de revenus (partielle ou totale). L'objet de la protection est donc double : atténuer les effets de la subordination et encadrer la dépendance économique.

Si la protection du travailleur est un objectif souvent affiché, le droit du travail constitue également un des rouages des politiques publiques. Le lien entre droit du travail et politiques publiques est net lorsqu'on examine les réformes importantes du droit du travail des années 1981-1982, dites réforme Auroux, du nom du ministre du travail. À cette époque, le droit du travail est présenté notamment comme un facteur d'efficacité économique, grâce à l'instauration d'une nouvelle démocratie dans l'entreprise. Les règles développant la négociation collective au niveau de l'entreprise ou créant un droit d'expression des travailleurs sur les méthodes et conditions de travail n'étaient pas uniquement conçues comme des règles de protection ; elles visaient autant sinon plus à moderniser la manière de produire et l'économie française. 20 ■

La fonction de relais des politiques publiques que remplit le droit du travail est encore visible dans les lois relatives à la réduction du temps de travail à 35 heures, lois du 13 juin 1998 et du 19 janvier 2000. Ces lois n'avaient pas pour justification principale l'amélioration des conditions de travail. Était bien davantage mise en avant la réduction du chômage. Enfin, l'apport du droit du travail aux politiques publiques s'incarne incontestablement dans la création de contrats de travail aidés qui vise à la réinsertion de personnes en situation sociale précaire. 21 ■

Depuis une trentaine d'années, une autre fonction du droit du travail est clairement apparue aux dirigeants d'entreprise et à ceux qui les conseillent. Le droit du travail n'est pas uniquement une contrainte qui pèserait sur le management ; il peut être compris comme une technique de gestion de l'entreprise. Il offre des ressources pour organiser l'entreprise en permettant d'aménager le temps de travail, de répartir les tâches, de mettre en place une organisation des services, d'avoir une gestion fine du personnel avec des statuts différents. 22 ■

De manière plus générale, le droit du travail assure la soumission du salarié. En justifiant la protection du salarié par l'existence d'un lien de subordination, le droit consacre – légitime pourrait-on dire aussi – l'existence d'un pouvoir de l'employeur sur le salarié. La possibilité pour un employeur de modifier unilatéralement les conditions de travail témoigne très nettement de cette fonction du droit du travail. 23 ■

Ces différentes fonctions ne sont pas sans lien avec diverses théories qui structurent le droit du travail.

section 4

Doctrines structurant le droit du travail

Le droit du travail, ses règles, ses débats ne peuvent être bien compris sans que l'arrière-fond idéologique et théorique ne soit explicité. Quatre grandes doctrines 24 ■

influençant la conception des rapports de travail peuvent schématiquement être repérées : révolutionnaire (§ 1), libérale (§ 2), du Bien commun (§ 3), réformiste (§ 4). Chacune de ces doctrines porte une conception propre des relations entre les travailleurs et les détenteurs de capitaux, autrement dit des rapports capital/travail. Dans les théories révolutionnaires, il convient d'éliminer la distinction par une disparition de la détention privée de capitaux. À l'inverse dans les théories libérales, il faut privilégier ou créer des dispositifs améliorant cette détention privée. Les doctrines du Bien commun conçoivent, quant à elle, le rapport de travail comme un rapport de coopération, où les intérêts des travailleurs et des détenteurs de capitaux se rejoignent. Dans les théories réformistes, les intérêts entre les travailleurs et les détenteurs de capitaux demeurent antagonistes, mais des compromis peuvent et doivent être trouvés.

§ 1 Les doctrines révolutionnaires

25 La première théorie, révolutionnaire, prône la négation du salariat car il exprime la soumission d'une classe à une autre (v. doc.). Le droit du travail, qui exprime et perpétue cette soumission, en la rendant acceptable, doit être aboli. Fondamentalement, le droit du travail, et le droit en général, ne constituent pas des moyens ou des objets de lutte. Paradoxalement, c'est sous l'influence de ces théories révolutionnaires anarchiste et communiste que furent menées grèves et autres luttes qui permirent le développement d'aspects fondamentaux du droit du travail. Si la perspective d'une abolition du salariat (et donc du patronat) peut paraître aujourd'hui un peu désuète, elle n'en reste pas moins vivace et trouve parfois des concrétisations dans les coopératives ouvrières ou les rachats d'entreprises par les salariés.

Tout en conservant l'idée marxiste de lutte des classes, certains auteurs ont pu présenter le droit du travail comme une branche du droit, se distinguant radicalement des autres, et qui seraient constitués d'avantages conquis de haute lutte par la classe ouvrière sur le patronat et l'État.

§ 2 Les doctrines libérales

26 La seconde théorie, libérale, est à l'opposé de la première, encore que certains de ses courants radicaux prônent également la disparition du droit du travail. Selon cette théorie, le droit du travail doit en effet être allégé, voire supprimé. L'allégement de la contrainte que constitue le droit du travail passe, selon les tenants de cette doctrine, par des mutations dont certaines sont d'ores et déjà, au moins partiellement, accomplies : limiter l'intervention des pouvoirs publics, réduire les règles d'ordre public, simplifier la représentation du personnel, permettre à chaque entreprise d'adapter la législation à sa situation toujours particulière, simplifier, faciliter et sécuriser la rupture du contrat de travail, réduire les rémunérations directes ou indirectes, et aménager le temps de travail.

Le fondement de cette idéologie est libéral puisqu'il s'agit de respecter la liberté individuelle (celle de l'employeur). De cette libération sont attendus une augmentation des embauches et donc un effet positif sur l'économie. Cette idéologie a connu ces dernières années un véritable succès législatif, mais les effets sur le chômage se font toujours attendre. Dans l'ordre d'apparition sur le film juridique, il faut citer l'accroissement du droit de recourir aux contrats à durée déterminée par l'ordonnance du 11 août 1986 et l'abrogation de l'autorisation administrative de licenciement par les lois du 3 juillet et du 30 décembre 1986. Il fallait tout à la fois libérer l'embauche et la rupture du contrat. Les premières flexibilités du temps de travail datent de la même époque : lois du 28 février 1986 et du 19 juin 1986. Quelques années plus tard, c'est la loi quinquennale du 20 décembre 1993, qui instaure de nouvelles flexibilités du temps de travail, en particulier pour les travailleurs à temps partiel et permet une fusion du comité d'entreprise et des délégués du personnel dans une délégation unique. Les lois Aubry du 13 juin 1998 et du 19 janvier 2000, tout en imposant une réduction du temps de travail à l'opposé de la doctrine libérale, s'accompagnent de la mise en place ou du maintien de très nombreuses flexibilités. Par une multiplication de lois pointillistes, successivement adoptées par la droite à partir de son retour aux affaires (v. not. les L. du 17 janv. 2003, du 18 janv. 2005, du 23 févr. 2005, du 31 mars 2005, et du 20 août 2008), la réduction du temps de travail a été peu à peu gommée et seule une flexibilité renforcée a demeuré.

Dans une version plus sophistiquée de la théorie libérale, le droit du travail constitue un coût pour l'entreprise non pas en tant que tel mais parce que son application, toujours incertaine, déjouerait les calculs effectués par l'employeur, individu rationnel et calculateur (sans connotation péjorative). Se trouve alors au centre des critiques le juge, dont la décision est imprévisible, notamment lorsqu'il contrôle le licenciement pour motif économique. Il faut donc accroître et sécuriser la « séparabilité », barbarisme visant à faciliter la rupture du contrat de travail. Ces idées plus récentes ont trouvé plusieurs concrétisations. L'institutionnalisation d'une rupture conventionnelle assortie d'une procédure d'homologation (L. du 25 juin 2008) ou encore la prescription abrégée à un an de la contestation du licenciement pour motif économique (C. trav., art. L. 1235-7 introduit par la L. du 18 janv. 2005) participent de ce mouvement. La loi du 14 juin 2013 qui écarte l'intervention du juge judiciaire dans le contrôle des licenciements ou les différents projets (projets de loi Macron, projets de loi dite « travail ») ayant tenté d'instaurer des plafonds d'indemnisation pour le licenciement s'inscrivent aussi pleinement dans ce sillon de sécurisation de la rupture du contrat de travail. Plus profondément, ces réformes s'inscrivent dans la volonté de faire du droit du travail, censé pourtant régir une relation entre un employeur et ses salariés, un outil au service de la fluidité du marché du travail. 27 ■

§ 3 Les doctrines du Bien commun

D'autres théories ont également influencé le droit du travail : ce sont celles que l'on peut regrouper sous l'appellation « Bien commun ». Dans ces théories, les travailleurs et les détenteurs de capitaux ont des intérêts communs. Ils forment des groupements qui sont autant d'unités de base de la société. L'entreprise est comprise non comme un lieu de luttes mais comme une institution pérenne où les différents organes œuvrent dans un même but. Tous les actes de cette communauté de travail sont donc subordonnés à ce but. Cette idéologie s'abreuve à plusieurs sources qui s'alimentent les unes les autres : la Doctrine sociale de l'Église (v. doc.), la théorie de l'institution défendue par des juristes de droit public, notamment Maurice Hauriou, 28 ■

et la pensée juridique allemande du début du XXe siècle qui a joué une forte influence sur l'un des fondateurs du droit du travail, Paul Durand.

Dans de nombreuses formes de cette idéologie, le pouvoir au sein de l'entreprise constitue un attribut naturel, nécessaire à son fonctionnement, et requis par le Bien commun. La soumission au chef n'est pas très loin et des dérives sont possibles. Le droit du travail sous Vichy a pu se réclamer de la théorie institutionnelle. Cette théorie a eu un éphémère écho en droit positif par la consécration jurisprudentielle des pouvoirs du chef d'entreprise, notamment dans des arrêts affirmant que le pouvoir de sanctionner est inhérent à la qualité de chef d'entreprise (Soc. 16 juin 1945, *GADT*, n° 65). Plus récemment, la référence à l'intérêt de l'entreprise - ni intérêt des salariés, ni celui des actionnaires — utilisée dans certaines décisions de la Cour de cassation, a parfois été présentée comme un avatar des théories du Bien commun.

§ 4 Les doctrines réformistes

■ 29 Les théories politiques réformistes mettent en avant le rôle de l'État dans la régulation du marché du travail et des conditions de travail. Dans une version aujourd'hui un peu abandonnée, le socialisme réformiste, l'État a une mission de protection des travailleurs. Dans une version plus contemporaine, le réformisme s'incarne dans l'idéologie sociale-démocrate, l'État doit intervenir de manière à trouver un compromis entre les deux facteurs de production : le capital et le travail. Cette théorie imprègne largement le droit du travail ; elle était du reste déjà prônée dans le premier ouvrage de législation du travail industriel, ancêtre du droit du travail, écrit par Paul Pic. Cet auteur écrivait en 1894, dans sa préface : « Nous nous sommes efforcés de justifier l'œuvre du Parlement, et d'exposer les considérations qui militent en faveur de cette législation du juste milieu, modérément interventionniste, qui nous régit actuellement, et qui nous paraît mieux appropriée que toute autre au double but que le législateur doit poursuivre en pareille matière : maintenir l'égalité entre les deux principaux facteurs de production, capital et travail, et résoudre pacifiquement les conflits qui naissent de leur contact ». Dès la première introduction au droit du travail, le compromis réformiste est convoqué pour la description de la matière et la justification de ses règles. L'ambivalence de la protection des travailleurs, instrument de pacification des rapports salariés, et condition nécessaire au maintien du système économique y trouve là son fondement le plus assuré.

1

Compléments pédagogiques

Biblio

1) Bibliographie introductive aux autres disciplines ayant le travail pour objet

- A. Bevort, A. Jobert, M. Lallement, A. Mias (dir.), *Dictionnaire du travail*, PUF, coll. « Quadrige », 2012.
- La France du travail – Données, analyses, débats, Les éditions de l'atelier – IRES, 2009.
- I. Théry (dir.), *Le travail intenable*, La Découverte, 2010.
- A. Lallemant, *Le travail. Une sociologie contemporaine*, Folio, coll. « Essais », 2007.
- A. Perrot, *Les nouvelles théories du marché du travail*, La Découverte, coll. « Repères », 1998.
- P. Cahuc, A. Zylberberg, *Microéconomie du marché du travail*, La Découverte, coll. « Repères », 2003.
- *Problèmes économiques*, Comprendre le marché du travail, Doc. fr., févr. 2013, n° 3.
- P. Falzon (dir.), *Ergonomie*, PUF, 2004.
- C. Teiger, « L'approche ergonomique : du travail humain à l'activité des hommes et des femmes au travail », *Éducation permanente*, 1993, n° 116, p. 71-97.
- Le travail : malédiction ou libération, *L'Histoire*, oct. 2011.
- G. Noiriel, *Les ouvriers dans la société française (XIX*e *et XX*e *siècle)*, Seuil, coll. « Points », 2002.
- T. Pillon, F. Vatin, *Traité de sociologie du travail*, 2de éd., Octarès, coll. « Travail et activité humaine », 2007.
- D. Méda, *Le travail, une valeur en voie de disparition*, Flammarion, coll. « Champs », 1994, réédition 2010.

2) Histoire du droit du travail

- Cahiers de l'Institut régional du travail d'Aix-Marseille, 20 numéros depuis 1988.
- G. Aubin, J. Bouveresse, *Introduction historique au droit du travail*, PUF, coll. « Droit fondamental », 1995.
- N. Olszak, *Histoire du droit du travail*, Economica, 2011.
- J. Le Goff, *Du silence à la parole – Une histoire du droit du travail*, Presses universitaires de Rennes, 2004.
- J.-P. Le Crom (dir.), *Deux siècles de Droit du travail*, Les éditions de l'Atelier, 1998.
- S. Deakin, « The contract of employment : a study in legal evolution », *Historical studies in industrial relations*, n° 11, spring 2001, n° 11, p. 1.
- A. Cottereau, « Droit et bon droit - Un droit des ouvriers instauré, puis évincé par le droit du travail (France, XIXe siècle) », *Annales. Histoire, Sciences Sociales,* vol. 57, 2002, n° 6, p. 1521-57.
- J.-P. Le Crom, « Du bon usage de l'histoire en droit du travail », *SSL* 2002, n° 1095, p. 58.
- P. Fridenson, « La subordination dans le travail – les questions de l'historien », *La subordination dans le travail*, J.-P. Chauchard, A.-C. Hardy-Dubernet (dir.), Doc. fr., 2003, p. 59.

- J.-P. Le Crom, « Retour sur une « vaine querelle » : le débat subordination juridique-dépendance économique dans la première moitié du xxème siècle », *La subordination dans le travail*, J.-P. Chauchard, A.-C. Hardy-Dubernet (dir.), Doc. fr., 2003, p. 71.
- G. Hanne, « L'impact de l'abolition des corporations : une mesure comparée », *Histoire, Économie et société*, 2003, n° 22-4, p. 565
- B. Géniaut, C. Giraudet, Ch. Mathieu, « Les ouvrages de droit du travail des années cinquante », *Dr. ouvrier* 2003. 367.
- J.-P. Le Crom, « Le livret ouvrier au XIXe siècle, entre assujettissement et reconnaissance de soi », *in* D. Gaurier, P.-Y. Legal et Y. Le Gall (dir.), *Du droit du travail aux droits de l'humanité. Études offertes à Philippe-Jean Hesse*, PUR, 2003, p. 91.
- Ph. Minard, « Les formes de régulation du travail en France et en Angleterre au XVIIIe siècle : une enquête en cours », *Cahiers du Framespa*, 2006, mis en ligne le 1er octobre 2006 : http://framespa.revues.org/56.
- A. Cottereau, « Sens du juste et usages du droit du travail : une évolution contrastée entre la France et la Grande-Bretagne au XIXe siècle », *Revue d'histoire du XIXe siècle*, 2006, n° 33, p. 101.
- Ph. Lefebvre, « Subordination et « révolutions » du travail et du droit du travail (1776-2010) », *Entreprises et histoire*, 2009-4, n° 57, p. 45.
- C. Wolmark, « L'émergence de la subordination », *SSL*, numéro spécial *Droit du travail et pratiques de management*, supplément n° 1576, 18 mars 2013.
- C. Didry, *L'institution du travail – Droit et salariat dans l'histoire*, La dispute, 2016.

3) Sur les fonctions du droit du travail

- G. Lyon-Caen, « Les fondements historiques et rationnels du droit du travail », *Dr. ouvrier* 1951. 1. (reproduit dans *Dr. ouvrier* 2004. 52 en complément de l'article « Permanence et renouvellement du droit du travail dans une économie globalisée »). Voir l'extrait ci-dessous.
- A. Supiot, « Pourquoi un droit du travail ? », *Dr. soc.* 1990. 485.
- A. Jeammaud, « Le droit du travail dans le capitalisme, question de fonctions et de fonctionnement », in *Le droit du travail confronté à l'économie*, Dalloz, 2005, p. 15.
- B. Teyssié, « Droit du travail et droit des affaires », *D.* 2004. 2468.
- R. de Quénaudon, « La « doctrine progressiste » : une lecture du droit du travail en crise ? », *D.* 2005. 1736.
- E. Peskine, J. Porta, T. Sachs, C. Wolmark, « Protection et efficacité économique, un couple dans la crise », *Dr. ouvrier* 2012. 69.

4) Sur les théories traversant le droit du travail

- G. et A. Lyon-Caen, « La doctrine de l'entreprise », in *Dix ans de droit de l'entreprise*, Paris, Litec, 1978, p. 599 s.
- A. Supiot, « À propos d'un centenaire : la dimension juridique de la doctrine sociale de l'Église », *Dr. soc.* 1991. 916-925.
- J. Le Goff, « Entreprise et institution : retour sur un débat crucial », in *Les acteurs de l'histoire du droit du travail*, dir. J.-P. Le Crom, PUR, 2003, p. 83.
- M.-T. Avon-Soletti, « L'unité comme fondement des catholiques sociaux dans le monde du travail », in *Les acteurs de l'histoire du droit du travail*, dir. J.-P. Le Crom, PUR, 2003, p. 139.

- T. Sachs, « Droit du travail et rhétorique libérale : la règle de droit à l'épreuve du jugement d'efficacité », in *Liberalizzazione degli scambi, integrazione dei mercati e diritto del lavoro*, dir. A. Lyon-Caen, A. Perulli, Padova, DAM. 2005.
- P. Rosanvallon, *La question syndicale*, Hachette, coll. « Pluriel », 1998.
- C. Giraudet, *Théorie de l'institution et Droit du travail*, Thèse, Université Paris Ouest Nanterre, dir. E. Dockès, 2014.

Documents

L'encyclique *Rerum novarum,* du pape Léon XIII, du 15 mai 1891 (extraits)

« (…) Le dernier siècle a détruit, sans rien leur substituer, les corporations anciennes qui étaient pour eux une protection. Les sentiments religieux du passé ont disparu des lois et des institutions publiques et ainsi, peu à peu, les travailleurs isolés et sans défense se sont vus, avec le temps, livrer à la merci de maîtres inhumains et à la cupidité d'une concurrence effrénée. Une usure dévorante est venue accroître encore le mal. Condamnée à plusieurs reprises par le jugement de l'Église, elle n'a cessé d'être pratiquée sous une autre forme par des hommes avides de gain et d'une insatiable cupidité. À tout cela, il faut ajouter la concentration entre les mains de quelques-uns de l'industrie et du commerce devenus le partage d'un petit nombre d'hommes opulents et de ploutocrates qui imposent ainsi un joug presque servile à l'infinie multitude des prolétaires.

Les socialistes, pour guérir ce mal, poussent à la haine jalouse des pauvres contre les riches. Ils prétendent que toute propriété de biens privés doit être supprimée, que les biens d'un chacun doivent être communs à tous, et que leur administration doit revenir aux municipalités ou à l'État. Moyennant ce transfert des propriétés et cette égale répartition entre les citoyens des richesses et de leurs avantages, ils se flattent de porter un remède efficace aux maux présents.

Mais pareille théorie, loin d'être capable de mettre fin au conflit, ferait tort à la classe ouvrière elle-même, si elle était mise en pratique. (…)

L'erreur capitale, dans la question présente, c'est de croire que les deux classes sont ennemies-nées l'une de l'autre, comme si la nature avait armé les riches et les pauvres pour qu'ils se combattent mutuellement dans un duel obstiné. C'est là une affirmation à ce point déraisonnable et fausse que la vérité se trouve dans une doctrine absolument opposée.

Dans le corps humain, les membres malgré leur diversité s'adaptent merveilleusement l'un à l'autre, de façon à former un tout exactement proportionné et que l'on pourrait appeler symétrique. Ainsi, dans la société, les deux classes sont destinées par la nature à s'unir harmonieusement dans un parfait équilibre. Elles ont un impérieux besoin l'une de l'autre : il ne peut y avoir de capital sans travail, ni de travail sans capital. La concorde engendre l'ordre et la beauté. (…)

"C'est en effet d'une abondante effusion de charité qu'il faut principalement attendre le salut." ».

⇨ *L'encyclique Rerum novarum, du pape Léon XIII, du 15 mai 1891 a été très controversée en son temps, y compris dans les milieux catholiques. Elle a ouvert la voie au catholicisme social et à des mouvements comme ceux de la démocratie chrétienne. Elle est aussi une des grandes sources d'inspiration de la théorie de l'institution.*

La charte d'Amiens, issue du congrès de la CGT de 1906, adoptée par 830 voix pour, 8 contre et 1 abstention

« (...) Le congrès confédéral d'Amiens confirme l'article 2, constitutif de la CGT : "La CGT groupe, en dehors de toute école politique, tous les travailleurs conscients de la lutte à mener pour la disparition du salariat et du patronat". Le congrès considère que cette déclaration est une reconnaissance de la lutte de classes qui oppose, sur le terrain économique, les travailleurs en révolte contre toutes les formes d'exploitation et d'oppression, tant matérielles que morales, mises en œuvre par la classe capitaliste contre la classe ouvrière. (...) Dans l'œuvre revendicative quotidienne, le syndicat poursuit la coordination des efforts ouvriers, l'accroissement du mieux-être des travailleurs par la réalisation d'améliorations immédiates, telles que la diminution des heures de travail, l'augmentation des salaires, etc. Mais cette besogne n'est qu'un côté de l'œuvre du syndicalisme : il prépare l'émancipation intégrale qui ne peut se réaliser que par l'expropriation capitaliste ; il préconise comme moyen d'action la grève générale et il considère que le syndicat, aujourd'hui groupement de résistance, sera, dans l'avenir, le groupement de production et de répartition, base de réorganisation sociale. (...) ».

⇨ *La CGT est née en 1895 de la fusion de plusieurs organisations. Elle regroupe d'une part les « guesdistes » (de Jules Guesde) qui représentent en France le courant marxiste et d'autre part les anarcho-syndicalistes (tendance de l'anarchisme voyant dans les fédérations syndicales le modèle d'organisation d'une société future), avec notamment Fernand Pelloutier. Les premiers défendaient une subordination au parti socialiste d'alors, la SFIO (Section française de l'Internationale ouvrière), qui vient de se créer en 1905 en unifiant le parti socialiste de France (Jules Guesde, Édouard Vaillant) et le parti socialiste français (Jean Jaurès). Les anarchistes étaient pour leur part tenant d'une totale indépendance du syndicat. La charte d'Amiens signe leur victoire. D'inspiration anarcho-syndicaliste, elle est restée un document de référence central du syndicalisme français, bien au-delà de cette tendance, et ce jusqu'à nos jours. Les statuts actuels de la CGT et ceux de la CGT-FO, y font référence, dès leur préambule.*

G. Lyon-Caen, « Les fondements historiques et rationnels du droit du travail », *Dr. ouvrier* 1951. 1 (extrait) (reproduit dans *Dr. ouvrier* 2004. 52 en complément de l'article « Permanence et renouvellement du droit du travail dans une économie globalisée »)

1° Critique des conceptions doctrinales du Droit du travail

Les diverses définitions qui ont été proposées dans la doctrine juridique française reflètent soit une conception historiquement dépassée des rapports de travail, soit un parti pris idéologique éloigné de la réalité.

C'est ainsi que selon MM. Capitant et André (*Précis de législation industrielle*, 5ème édition), la législation industrielle a pour objet l'étude du contrat de travail : une telle conception est certainement périmée, en ce qu'elle ramène le Droit du travail à une partie du droit des contrats et des obligations — ce qu'il a pu être à son origine (à l'époque libérale), ce qu'il n'est évidemment plus aujourd'hui. Non seulement cette conception est désuète, mais elle est "formelle" en ce sens que ce qui importe, c'est le contenu des rapports qui se nouent entre patron et ouvriers et non leur source (contractuelle ou autre).

La définition donnée par M. Pic (*Traité élémentaire de législation industrielle (les lois ouvrières)* 1922) pêche par le même côté ; car si cet auteur met au premier rang l'intervention législative de l'État, il ne fait que substituer une source (la loi) à une autre (le contrat) sans nous renseigner sur la nature fondamentale des relations du travail. L'arrière-pensée est sans doute de présenter cette intervention de l'État comme soucieuse de protéger le travailleur : les "lois ouvrières" sont pour cet auteur une manifestation de l'intérêt porté par le législateur à l'ouvrier et de son désir de le protéger contre le patron : expression d'une sorte de socialisme d'État idéaliste et paternaliste, contredit par l'Histoire (sauf peut-être au moment de la Révolution de 1848).

M. Amiaud (*Cours de législation industrielle*, Paris 1949-1950, Loviton) présente la législation industrielle comme la branche du droit « qui s'occupe des travailleurs salariés », qui « groupe les dispositions légales qui les concernent ». Cette définition fait apparaître la notion d'une classe sociale, celle des travailleurs. Mais d'abord toutes les règles qui intéressent les travailleurs ne sont pas contenues dans le Droit du travail ; c'est l'ensemble de la législation qui contribue à donner son statut à la classe sociale des travailleurs. Puis il resterait à dire dans quel esprit ces "lois de classe" sont édictées.

Cette idée de législation de classe se retrouve, brillamment exposée, dans les ouvrages de M. Georges Scelle (par exemple, *Le droit ouvrier*, coll. Colin). Qu'il y ait là une idée en partie exacte, la chose est difficile à nier ; mais elle entretient l'équivoque. C'est l'ensemble du droit actuel qui tend au maintien d'un ordre favorable à une classe et oppresseur pour une autre. Et lorsque M. Georges Scelle continue en affirmant qu'une telle législation s'efforce de réaliser la justice sociale, il adopte un point de vue résolument idéaliste qui paraît historiquement inexact : dans la mesure où une telle législation ne s'attaque pas au principe même de l'exploitation de l'homme par l'homme, il est difficile d'admettre qu'elle tend à réaliser la justice ; tout au plus rogne-t-elle parfois sur l'injustice. La conception de M. Scelle est donc purement et simplement l'expression d'un réformisme opportuniste, qui était par exemple celui d'un Millerand ou d'un Albert Thomas.

C'est la même erreur qui peut être relevée dans l'ouvrage de M. Mossé (*Economie et législation industrielle*, Paris 1930, éd. Aubier) : « le Droit du travail a pour objet, écrit cet auteur, les rapports de l'entreprise et de la main-d'œuvre » ; définition purement économique, qui conduit son auteur au réformisme dont il trouve l'exemple exaltant dans la législation de 1936 : il faut dire sur quelle base s'établissent les relations de l'entreprise et de la main-d'œuvre, car « il y a toujours eu et il y aura toujours une entreprise et de la main-d'œuvre… ».

MM. Rouast et Durand (*Précis Dalloz*, le Droit du travail, 1948, n° 1) définissent le Droit du travail « le droit qui gouverne les rapports juridiques naissant de l'accomplissement d'un travail subordonné pour le compte d'autrui » ; c'est, disent-ils, « le Droit du travail dépendant ». Une telle définition marque un progrès considérable en ce qu'elle se rapproche beaucoup du concret. C'est aussi celle qu'adoptent dans leur Traité MM. Durand et Jausseaud (*Traité de Droit du travail*, Dalloz 1947).

Mais pourquoi le travail de l'ouvrier est-il un travail dépendant ?

La notion de travail dépendant cache à peine le fait de l'exploitation de l'homme par l'homme. Mais si le Droit du travail est le Droit du travail exploité comme marchandise, on ne doit pas s'en tenir à cet aspect statique, simple des choses ; il légalise cette exploitation et il donne les moyens de lutter contre elle, il est à lui-même sa propre négation.

La définition critiquée est donc moins inexacte qu'incomplète : il y a travail dépendant et lutte contre la dépendance, les deux choses étant intimement unies. Si MM. Rouast et Durand et Jausseaud n'en sont pas arrivés à cette conception, c'est que la lutte des classes n'apparaît jamais, en tant que telle, dans leurs ouvrages ; ils mettent au contraire au premier plan la collaboration des classes dans l'entreprise et dans l'État - ce qu'il est permis de souhaiter dans le domaine des préférences idéologiques, mais ce qui ne traduit nullement la réalité. Une définition scientifique du Droit du travail ne doit pas traduire une conception idéologique (le christianisme social par exemple, si généreux et si humains soient ses buts), mais doit refléter aussi exactement que possible les faits tels qu'ils se présentent à nous.

2° Pour une conception scientifique du Droit du travail

Il faut d'abord s'entendre sur ce que signifie le mot "travail" dans le régime social de la France de 1951. Tout homme travaille, le médecin, le paysan, le métallurgiste, et ils ne sont nullement régis pour cela par le Droit du travail. Il est donc utile de laisser toute abstraction de côté. Le travail dont il est question ici est le travail tel qu'il s'exerce concrètement aujourd'hui dans les entreprises lato sensu , c'est-à-dire le travail salarié , c'est-à-dire encore le travail dont le produit n'appartient pas au travailleur, mais à celui qui l'emploie. Autrement dit, le travail séparé de l'homme, déshumanisé, aliéné. En bref, le travail dont il y a lieu de se préoccuper est celui qui se rencontre dans le cas d'exploitation de la force de travail humaine par un ou cas d'exploitation de la force de travail humaine par un ou plusieurs hommes détenteurs de capitaux.

Encore ce travail n'est-il pas celui d'un homme isolé et abstrait ; c'est le travail social, celui fournit (sic) par l'ensemble des travailleurs ; d'où la prédominance des rapports collectifs sur les rapports individuels de travail. Le Droit du travail apparaît alors sous ce premier aspect comme le corps de règles qui régit l'exploitation du travail humain en régime capitaliste ; il est le reflet, donc la légalisation, de cette exploitation. En droit positif, il est impossible de tenir compte des préférences idéologiques, selon lesquelles le Droit du travail tend à réaliser la justice ou la paix sociale, sous l'arbitrage de l'État. L'État n'est pas neutre, n'est pas impartial ; il existe pour donner à l'exploitation un caractère légal. De telles conceptions philosophiques jouent souvent le rôle d'idéologies trompeuses destinées à camoufler les oppositions de classe et le fait même de l'exploitation. En réalité, l'existence même du droit et de l'État implique un ordre avantageux à sauvegarder pour ceux qui en profitent. Le droit en général est l'ensemble des règles de conduite sanctionnées par l'autorité de l'État, où s'exprime la volonté de la classe dominante et destinées à sauvegarder l'ordre social avantageux pour celle- ci. Le Droit du travail apparaît à cet égard comme une branche particulière de ce droit, ayant la même fonction générale que le droit dans son ensemble, et dont le trait spécifique est de régir ce qu'il y a de plus fondamental dans "l'ordre" à préserver : l'exploitation de l'homme.

Cependant tout le Droit du travail n'est pas dans cette formule. L'histoire démontre que la classe ouvrière organisée réagit contre ce régime d'exploitation du travail humain. Elle réagit contre le capital et contre l'État. La classe dominante est contrainte de lui accorder certains moyens légaux de lutte, continuellement remis en question, contestés, perdus, et regagnés (grève, droit syndical, participation à la gestion des entreprises, etc.). Elle y est d'autant plus contrainte que, faute pour les travailleurs de pouvoir lutter légalement, ils s'organisent clandestinement et la lutte prend un tour plus violent, plus sanglant, s'exerçant en marge des lois, ruinant alors plus encore l'ordre établi. La classe ouvrière arrache des réformes, des améliorations à sa condition ; elle fait reculer l'exploitation, elle en atténue la rigueur (limitation de la journée de travail, augmentation de salaires, etc.). Le Droit du travail est donc aussi le droit qui régit les instruments légaux de lutte de la classe ouvrière et les avantages conquis à l'aide de ces instruments.

Sa structure est dialectique : à un moment donné, le Droit du travail exprime simultanément le régime d'exploitation de l'homme et les moyens d'en limiter la rigueur, de lutter contre lui. Et c'est ce qui a pu tromper sur sa véritable nature. C'est aussi ce qui explique les modifications incessantes du régime du travail salarié, celui-ci progressant et reculant d'instant en instant, selon l'équilibre des forces en présence. Lorsqu'on parle de législation de classe, cela signifie seulement que la lutte des classes apparaît ici dans toute sa nudité, plus que dans n'importe quelle autre branche du droit.

⇨ *Gérard Lyon-Caen (1919-2004) est un professeur de droit qui a marqué de son empreinte le Droit du travail de la seconde moitié du 20e siècle.Il écrit ce texte alors qu'il est engagé au parti communiste. Il y développe une conception du droit du travail en relation avec son engagement. Il s'éloignera du Parti communiste mais demeurera fidèle à une conception du droit du travail fondé sur l'antagonisme des intérêts des travailleurs et des détenteurs de capitaux, tout en intégrant les évolutions du capitalisme contemporain (voir l'article publié au Droit ouvrier 2004. 52).*

P. Durand, R. Jaussaud, *Traité de Droit du travail* (extrait) (Dalloz, 1947)

L'organisation sociale de l'entreprise et de l'établissement

347. Les traits distinctifs de l'entreprise. – L'entreprise ayant été définie comme une société organisée, il est nécessaire de déterminer les principes sur lesquels repose l'ordre intérieur de l'entreprise.

Cette question constitue le cœur de la théorie de l'entreprise : la solution qui lui est donnée caractérise, dans une large mesure, l'état des relations sociales.

Dans notre droit, l'organisation de l'entreprise présente quatre traits distinctifs :

L'entreprise se présente d'abord comme une société hiérarchique. Elle a un chef, l'entrepreneur, qui dispose, à ce titre, de prérogatives étendues. L'entreprise ne groupe donc pas des associés placés sur un plan d'égalité et disposant des mêmes pouvoirs. Le chef d'entreprise a une place prééminente, le groupement qu'il dirige n'a pas une base égalitaire. La doctrine allemande classe l'entreprise parmi les « *Herrschaftsverbände* » (H. Sinzheimer, *Grundzüge des Arbeitsrechts*, Iena, Fischer, 2e édit., 1927, p. 214 : « *Der Betrieb ist ein Herrschaftsbereich* »).

Le personnel n'a cependant pas un rôle purement passif : il est associé à l'organisation de l'entreprise, et la nécessité d'établir des liens entre l'employeur et son personnel a été particulièrement affirmée par le droit moderne du travail (Friedrich Naumann a pu dire que les membres du personnel étaient passés de la condition de sujets de l'entreprise (*Betriebsuntertanen*) à celui de citoyens de l'entreprise (*Betriebsbürger*). Mais le personnel n'a pas de pouvoir de décision, et le caractère hiérarchique de l'entreprise n'en est pas modifié.

L'entreprise doit assurer le bien commun de tous ses membres. Employeur et salariés font partie d'un même organisme, leurs intérêts sont solidaires, leur action doit servir l'entité commune. Ces notions fondent les prérogatives de l'entrepreneur et celles de la collectivité du personnel ; elles en déterminent également les limites.

Bien que certains textes paraissent les personnifier (v. not. les art. 35 et 36, al. 2, C. trav.), ni l'entreprise, ni l'établissement n'ont la personnalité juridique. L'entreprise n'a pas de droits, elle n'assume pas d'obligations propres. Les créances et les dettes qui se rattachent à la direction figurent dans le patrimoine du chef d'entreprise et s'y confondent avec les autres biens qu'il possède. [...]

Les prérogatives patronales

348. Fondement des prérogatives patronales. – L'employeur dispose, comme chef de l'entreprise, de trois prérogatives. Il est investi d'un pouvoir législatif, d'un pouvoir de direction et d'un pouvoir disciplinaire. Ainsi pourvue d'un législateur, d'un administrateur et d'un juge, l'entreprise rappelle la société politique. Mais avant d'examiner, dans les divisions de ce paragraphe, ces diverses prérogatives, il est nécessaire d'en déterminer le fondement commun.

On rattache traditionnellement les droits de l'employeur au droit de propriété qu'il possède sur les éléments de l'entreprise (Telle fut, en Allemagne, la conception de Sinzheimer, p. 25.). Cette explication ne paraît pas exacte. Le droit de propriété, droit réel portant sur des choses, ne peut expliquer un pouvoir de commandement sur des personnes. L'entrepreneur n'est d'ailleurs pas toujours propriétaire des moyens de production.

Le fondement véritable se trouve dans les responsabilités (La doctrine italienne a fondé les prérogatives de l'employeur sur la VIIe déclaration de la Charte du travail affirmant la responsabilité du chef d'entreprise envers l'État. V. L. Barassi, *Diritto del lavoro*, Milan, Giuffrè, 1935-1936, T. II, n° 182) qu'assume le chef d'entreprise. L'entrepreneur qui, dans notre organisation économique, est chargé d'assurer la production et les échanges, qui court le risque de son exploitation et doit assurer le bien commun des membres de l'entreprise, doit disposer des pouvoirs nécessaires pour parvenir à ces fins. Aussi les prérogatives du chef d'entreprise sont-elles inhérentes à sa qualité et n'ont-elles pas à être expressément reconnues par un statut.

⇨ *Des extraits plus importants, ainsi qu'un commentaire d'A. Jeammaud, sont disponibles dans le n° 1508, 13 paradoxes en droit du travail, de la Sem. Soc. Lamy 10 oct. 2011, p. 137.*

chapitre 2

Domaine

Plan analytique

section 1

L'indisponibilité de la qualification de contrat de travail

section 2

La définition du contrat de travail

§ 1 Un travail

- **A.** Travail et activité ludique
- **B.** Travail et insertion
- **C.** Travail et religion

§ 2 Un salaire

§ 3 Une subordination

- **A.** Dépendance économique ou subordination juridique
- **B.** Les indices de la subordination

section 3

L'identification de l'employeur

§ 1 Employeur réel

§ 2 Co-employeurs

section 4

La redéfinition des frontières du salariat

§ 1 Extension du domaine du droit du travail

- **A.** Les modes de redéfinition des frontières du salariat
- **B.** Les choix du législateur français

§ 2 Contraction du domaine du droit du travail

- **A.** Présomption légale d'indépendance
- **B.** Application sélective des règles du droit du travail à des salariés

Compléments pédagogiques

Domaine

En principe, le droit du travail s'applique aux salariés du secteur privé. Il régit ainsi la majeure partie des rapports de travail : les salariés du secteur privé représentent, selon l'INSEE près de 70 % de la population active occupée. Les travailleurs qui ne bénéficient pas du droit du travail sont d'une part les « indépendants » (environ 10 %) et d'autre part les travailleurs subordonnés de droit public (environ 20 %). 30

Le droit du travail est une branche du droit privé. Il ne s'applique pas aux travailleurs qui relèvent du droit public. Ces derniers sont, en principe, régis par des statuts, dont les plus importants sont les statuts de la fonction publique. Une catégorie de personnel, autre, ne bénéficie ni de statut, ni du Code du travail. Cette catégorie, dite « des agents publics non statutaires », regroupe depuis l'arrêt *Berkani* (T. confl. 25 mars 1996, *Bull. T. confl.*, n° 6 ; *Lebon* 535 ; *GADT*, n° 6) *l'ensemble des personnels non statutaires des services publics administratifs*. Elle forme le tiers exclu. Pour ces personnels, qui relèvent de la compétence des tribunaux administratifs, à part l'application de quelques règlements particuliers et de quelques grands principes tirés du droit du travail, rien ou presque n'est prévu. 31

Cette précision effectuée, le domaine d'application du droit du travail est déterminé par l'existence d'un contrat de travail. En droit privé, ceux qui travaillent en vertu d'un contrat qualifié de « contrat de travail », bénéficient du droit du travail et donc de la limitation du temps de travail, du repos hebdomadaire, des congés payés, du SMIC, etc. Les charges sociales des travailleurs salariés sont payées en partie par l'employeur et ils bénéficient du régime général de la Sécurité sociale et de l'assurance chômage. En l'absence de contrat de travail, le travailleur est dit « indépendant » et ne bénéficie d'aucune disposition protectrice, ni quant aux horaires de travail ou aux congés, ni relatives à la rémunération. Les travailleurs indépendants doivent cotiser seuls à un régime de protection sociale spécial, régime qui est généralement plus onéreux. Que l'on soit d'un côté ou de l'autre de la barrière, le statut juridique change du tout au tout. Et cette différence emporte déjà, en elle-même, d'importantes conséquences qui font de l'opération de qualification du contrat de travail une opération lourde d'enjeux. 32

Seront envisagées l'indisponibilité de la qualification de contrat de travail (section 1), la définition du contrat de travail (section 2), l'identification de l'employeur (section 3) et enfin la redéfinition des frontières du salariat (section 4).

production d'un bien ayant une valeur économique». Ce faisant, elle a mis en lumière l'idée que le travail salarié contribue à l'accumulation du capital, au développement de la richesse d'autrui (v. aussi, avec une idée similaire, Soc. 25 juin 2013, n° 12-17.660, *Koh Lanta*).

Il n'est guère d'activité qui doive échapper aux protections du droit social, dès lors qu'elle est rémunérée et, surtout, subordonnée. De même, le fait pour un joueur de rugby d'occuper par ailleurs un emploi à temps complet ne fait pas obstacle à sa qualité de salarié du club de rugby dès lors qu'il établit l'existence des critères du contrat de travail et, en particulier, d'un lien de subordination (Soc. 28 avr. 2011, n° 10-15.573).

B. Travail et insertion

39 L'exclusion de certaines activités de la qualification «travail» est guidée par leur inscription dans un processus d'insertion.

Tel est le cas de l'activité d'insertion par le travail, qu'effectue un compagnon d'Emmaüs, laquelle peut ne pas être considérée comme un travail permettant la qualification de salarié (Soc. 9 mai 2001, *Dr. Soc.* 2001. 798, note J. Savatier).

Tel est le cas également du stage en entreprise qui n'est pas considéré comme un véritable travail, dès lors qu'il donne lieu à une convention avec un organisme de formation ou avec le Pôle emploi. Une telle solution, à l'origine jurisprudentielle, est aujourd'hui consacrée par la loi (aujourd'hui L. n° 2014-788 du 10 juill. 2014 tendant à l'encadrement des stages et à l'amélioration du statut des stagiaires, loi qui réforme et prolonge de nombreuses autres lois de 2006, 2011 et 2013).

Les articles L. 124-1 à L. 124-20 du Code de l'éducation régissent dorénavant les stages en en donnant une définition (le stage est une période temporaire de mise en situation professionnelle). Une gratification est imposée au-delà d'une durée de 2 mois de stage. L'article L. 124-7 du Code de l'éducation dispose en outre en susbtance qu'une convention de stage ne peut être conclue pour exécuter une tâche correspondant à un poste de travail permanent ou pour remplacer un salarié absent. Le stage donc, ne doit pas être utilisé comme un mode de gestion de la main d'œuvre.

En principe, si ces conditions ne sont pas réunies, le contrat devrait être requalifié en contrat de travail. La solution était acquise avant les interventions législatives. Ainsi, la relation devait être requalifiée si le stagiaire occupait des tâches relevant d'un emploi normal de l'entreprise et s'il n'avait pas reçu la formation requise (Soc 19 déc. 2007, n° 06-45.139). Il en allait de même en cas de violation de la convention de stage (v. Soc. 17 oct. 2000, n° 98-40.986, *Bull.* n° 336). Elle devrait demeurer.

En somme, le législateur accepte de laisser, par exception, une place à ces situations intermédiaires entre l'emploi et le non-emploi, à la condition que cette situation soit temporaire et strictement encadrée.

De même, les relations de travail de personnes incarcérées ne font pas l'objet d'un contrat de travail, comme le prévoit l'article L. 717-3, alinéa 2, du Code de procédure pénale. Pourtant, si l'on songe au profit retiré par les entreprises employant ces détenus, il y a là une distorsion que l'idée d'insertion ne peut, à elle seule, justifier. En outre, la vertu d'insertion de ces contrats laisse très dubitatif, au regard de la très faible voire inexistante qualification des contrats en cause. L'article L. 717-3, alinéa 2, du Code de procédure pénale avait d'ailleurs fait l'objet d'une question prioritaire de constitutionnalité qui a été rejetée par le Conseil constitutionnel, lequel a affirmé qu'« en écartant les détenus du bénéfice des droits dont le bénéfice est attaché à la qualification de contrat de travail, le législateur n'a porté atteinte à aucun droit ni aucune liberté que la Constitution garantit » (Cons. const. 14 juin 2013, n° 2013-320/321 QPC).

C. Travail et religion

Il faut encore dire un mot du travail exercé dans le cadre de congrégations, de communautés religieuses, d'associations cultuelles ou de sectes. La qualification de contrat de travail est alors parfois écartée. La Cour de cassation considère ainsi que les pasteurs de l'Église réformée de France ne sont pas des salariés (Soc. 20 nov. 1986, *Bull. civ.* V, n° 549). La qualification de contrat de travail est exclue, quelle que soit l'activité exercée. Autrement dit, même une activité non religieuse, dès lors qu'elle est exercée pour le compte et au bénéfice de la congrégation, exclut la qualification de contrat de travail (pour une activité d'infirmière et d'assistante sociale : Cass., ass. plén., 8 janv. 1993, *Bull. ass. plén.*, n° 2 ; *JCP* 1993. II. 22010, concl. M. Jeol, note Y. Saint Jours). 40 ■

L'engagement religieux d'une personne n'est toutefois susceptible d'écarter l'existence d'un contrat de travail que s'il s'agit d'une congrégation ou d'une association cultuelle (Soc. 20 janv. 2010, n° 08-42.207, *Bull. civ.* V, n° 15). Des personnes adhérant à des communautés religieuses n'ayant pas le statut d'associations cultuelles peuvent donc être liées par un contrat de travail. La chambre criminelle n'hésite pas à appliquer le Code du travail aux permanents d'une communauté des témoins de Jéhovah qui travaillent dans un établissement à caractère industriel (Crim. 14 janv. 2003, *Bull. crim.*, n° 8). La Cour de cassation trace ainsi une limite à « l'exception religieuse », sans doute sensible au risque de dérives sectaires de certaines communautés utilisant des personnes fragilisées comme main-d'œuvre bon marché (J. Mouly, « L'exception religieuse au contrat de travail, un coup d'arrêt aux risques de dérives sectaires, À propos de Soc. 20 janv. 2010 », *Dr. soc.* 2010. 1070). De manière générale, il faut se garder de généraliser de telles exceptions. Hors les rares hypothèses susvisées, toute activité, physique ou intellectuelle, peut être considérée comme un « travail ».

§ 2 Un salaire

Le travail bénévole n'est pas interdit par le Code du travail. Dans une société comme la nôtre, une place doit être préservée pour que des rapports non marchands, basés sur la simple générosité, puissent exister. Et certaines règles du Code du travail sont strictement incompatibles avec l'idée de travail bénévole. C'est notamment le cas, bien sûr, du salaire minimum. De plus, le bénévole n'est jamais totalement dépendant de celui pour lequel il travaille. Dès lors qu'il ne tire pas de revenus de son activité, toute dépendance économique de sa part est *a priori* exclue et, partant, s'il existe une subordination, une obéissance aux ordres, celle-ci est nécessairement moins intense que lors d'un travail rémunéré. 41 ■

Aussi, dès le départ, l'application du Code du travail a été réservée au travail réalisé à titre onéreux, au travail en contrepartie duquel un salaire est versé. Toute la question est de savoir ce qui sera une contrepartie suffisante pour enclencher la qualification de contrat de travail.

Même un faible salaire doit entraîner l'application du Code du travail. Ce n'est pas parce qu'un travailleur est très peu payé que le SMIC est inapplicable. C'est au contraire pour protéger les travailleurs très mal payés que le SMIC a été créé. De même, de simples avantages en nature sont des « salaires » suffisants pour entraîner la qualification de « contrat de travail » (en ce sens, v. not. Soc. 17 avr. 1985, *Bull. civ.* V, n° 171). Ainsi, par exemple, une employée de maison qui serait mal nourrie et mal logée par son employeur et qui ne toucherait aucune rémunération en argent, obtiendrait très facilement des juges la qualification de salariée, avec le droit à un salaire minimal et ce malgré le caractère très limité des contreparties qu'elle reçoit.

C'est ce qui explique la rigueur de la Cour de cassation face à de telles situations, même pour un travail bénévole exercé dans le cadre d'une association : ainsi, le versement à des « bénévoles » de la Croix Rouge d'une somme forfaitaire qui dépassait les frais réellement engagés avait conduit la Cour de cassation à considérer que ces personnes étaient unies à leur employeur par de véritables contrats de travail (Soc. 29 janv. 2002*, *Dr. soc.* 2002. 499, note J. Savatier ; v. aussi, dans le même sens, pour des volontaires en insertion travaillant à des chantiers de rénovation, contre une petite indemnité et quelques avantages : Civ. 2e, 20 sept. 2005, n° 03-30.592).

Pourtant, il est sans doute souhaitable d'autoriser des associations humanitaires à nourrir, à défrayer, voire même à accorder un petit « pécule » à certains de leurs bénévoles, surtout lorsque ceux-ci sont amenés à aller travailler à l'étranger. La loi du 23 mai 2006 avait créé le contrat de « volontariat associatif », lequel permettait d'offrir une menue rémunération. Il a été remplacé par le service civique, issu de la loi du 10 mars 2010. La rémunération et les avantages, qui peuvent être suffisants pour vivre, font alors sortir de la logique du bénévolat pour faire entrevoir un type de travail rémunéré et, de fait, subordonné, mais dépourvu de la protection du droit du travail. De fait, si ce contrat permet d'effectuer des missions d'intérêt général dans des associations diverses, il offre aussi la possibilité d'un travail à bas coût.

En conclusion, hormis les remboursements de frais et hors les exceptions dûment organisées par le législateur, une contrepartie même très faible, même en nature, mérite en principe la qualification de « salaire » et permet la qualification de « contrat de travail ».

§ 3 Une *subordination*

42 L'élément clef de la qualification de « contrat de travail » réside dans la subordination juridique. Tous les travailleurs à titre onéreux ne sont pas salariés. Seuls les travailleurs subordonnés le sont.

L'idée est simple. Sa mise en œuvre l'est beaucoup moins. La première question qui se pose est de comprendre ce que signifie ce critère, la « subordination juridique » (A). Se posera ensuite la question des indices permettant de l'établir (B).

A. Dépendance économique ou subordination juridique

43 Tracer une ligne de séparation entre indépendance et subordination s'avère en pratique fort difficile. À partir de quand est-on suffisamment indépendant pour ne plus mériter de protection du droit du travail ? À partir de quand est-on suffisamment soumis pour bénéficier de cette protection ?

Une première tentative de réponse s'est construite autour de l'idée de « *dépendance économique*[Q] ». Celui qui dépend d'autrui pour ses moyens de subsistance lui est de fait soumis. Il doit dès lors bénéficier du droit du travail. Cette solution avait la faveur d'une partie de la doctrine (v. not. P. Cuche, R. Savatier...). Elle n'a pas été retenue par la Cour de cassation. Le flou de l'idée de « dépendance économique », et une certaine volonté de resserrer le domaine du droit du travail naissant ont conduit la Cour de cassation à poser un autre critère, plus restreint.

L'arrêt *Bardou*, du 6 juillet 1931, l'affirme avec force : « la condition juridique d'un travailleur à l'égard de la personne pour laquelle il travaille ne saurait être déterminée par la faiblesse ou la dépendance économique dudit travailleur et ne peut résulter que du contrat conclu entre les parties ». Et il ajoute : « la qualité de salarié implique nécessairement l'existence d'un lien juridique de subordination du travailleur à la personne qui l'emploie ». 44 ■

La cause semble entendue. Au demeurant, la terminologie de l'arrêt *Bardou* a, depuis, été conservée de manière constante. Ce n'est pas la dépendance économique qui est le critère du contrat de travail, mais le « lien juridique de subordination », autrement dit, la « subordination juridique ».

En réalité, il ne faut pas attacher plus de conséquences que cela au terme « juridique ». La dépendance n'est pas plus économique que la subordination n'est juridique. Et bien souvent cette opposition entre l'économique et le juridique prête à confusion. Le droit retranscrit et construit les catégories qu'il utilise et ne se borne pas à recevoir des concepts qui lui viendraient d'autres savoirs. Ce qu'il faut comprendre en revanche, c'est que la dépendance économique et la subordination se rapportent à des conceptions différentes du déséquilibre contractuel propre au contrat de travail. En affirmant que le critère du contrat de travail réside dans la subordination juridique, la Cour de cassation a simplement souligné que la subordination découle de l'existence d'un rapport de pouvoir, et non pas seulement de la faiblesse du cocontractant dont la survie dépend des ressources qu'il tire d'une activité. 45 ■

Reste alors la question de la détermination de ce lien de subordination.

B. Les indices de la subordination

Les indices relevés sont divers (1). L'usage des indices est à géométrie variable, selon la méthode du faisceau d'indices (2).

1. *Entre pouvoir et répartition des risques : les indices de la subordination*

Il est souvent dit ou écrit que la subordination est un rapport de pouvoir. En réalité, le lien de subordination résulte d'une combinaison entre des indices de pouvoir, et des indices relatifs aux risques de l'activité. Le travailleur salarié est aussi celui qui ne subit pas les pertes de l'activité, et se trouve dans l'incapacité de déterminer sa marge de profit, au contraire du travailleur indépendant. Plus précisément, la reconnaissance du lien de subordination suppose que celui qui est assujetti au pouvoir ne participe pas aux risques de l'activité (Sur cette question, v. articles et ouvrages de la rubrique Biblio ci-dessous : E. Peskine ; T. Pasquier). Cette combinaison entre assujettissement à un pouvoir et protection contre le risque constitue le cœur du lien de 46 ■

subordination, au point qu'elle a été qualifiée « d'économie du contrat de travail » par un auteur (T. Pasquier).

a. L'exercice d'une autorité

47 L'exercice d'une autorité constitue l'indice le plus fruste de l'existence d'un lien de subordination. C'est la marque la plus évidente, tautologique même, de l'existence d'un rapport de pouvoir. Le fait que le travailleur se voit donner des ordres et des directives est la traduction manifeste de ce que s'exerce sur lui un pouvoir. L'exercice même de son activité est alors dirigé. C'est d'ailleurs ce que réaffirme l'arrêt *Société générale* du 13 novembre 1996* (Soc. 13 nov. 1996, n° 94-13.187, *Bull. civ. V.* n° 386) : « Le lien de subordination est caractérisé par l'exécution d'un travail sous l'autorité d'un employeur qui a le pouvoir de donner des ordres et des directives, d'en contrôler l'exécution et de sanctionner les manquements de son subordonné ». Dans les arrêts, les juges relèvent ainsi que le travailleur devait suivre les instructions de la société (Soc. 3 nov. 2010, n° 09-43.215). Ou encore que la société disposait d'un pouvoir de sanction (Soc. 13 déc. 2005*, n° 04-18.104).

b. La participation à un service organisé par autrui

48 La participation à un service organisé par autrui constitue également un indice du lien de subordination. Le pouvoir s'exerce sur les conditions d'exécution du travail et révèle que le travailleur est intégré dans une organisation aux mains de l'employeur. La mobilisation de cet indice témoigne d'une conception large de la subordination. En effet, des travailleurs disposant d'une véritable indépendance technique (comme les enseignants du secteur privé, ou encore les médecins d'une clinique) peuvent néanmoins être considérés comme des salariés, dès lors que les conditions d'exécution de leur travail sont contrôlées. Une telle intégration se manifeste par divers indices, tels la fourniture du matériel, ou le fait que les horaires ainsi que le lieu de travail soient imposés. Ainsi d'un médecin considéré comme salarié, au motif notamment qu'il dispensait des soins aux clients de la clinique, dans les locaux et avec un matériel fourni par cet établissement, et qu'il était astreint à des sujétions d'horaires (Soc. 7 déc. 1983, *Bull. civ.* V, n° 592). La Cour de cassation avait, un temps, fait de l'intégration dans un service organisé un véritable critère autonome du contrat de travail pouvant se substituer à la preuve de la subordination. Par son arrêt *Société générale*, elle avait ensuite tenté d'en relativiser l'importance, en soulignant que l'intégration dans un service organisé ne constituait plus un critère autonome de ce lien (Soc. 13 nov. 1996*, *Sté Générale*, préc.). En réalité, les arrêts postérieurs témoignent de son influence toujours aussi grande. Dans un arrêt, la Cour de cassation relève ainsi que des colleurs d'affiche étaient placés dans un lien de subordination avec la société qui les employait, laquelle déterminait unilatéralement les conditions du travail qu'elle leur confiait, en ce qui concerne tant le nombre d'affiches à poser que la périodicité et l'objet même des distributions (Soc. 22 mai 1997, n° 95-15.455, *Bull. civ. V.* n° 188).

c. La répartition des risques de l'activité

49 L'indépendant assume les risques de son activité, au contraire du salarié, qui, en principe, ne les supporte pas. Le salarié est donc également le travailleur qui participe à une entreprise organisée pour autrui et non pas seulement par autrui. Le fait qu'il ne récolte pas les fruits de son travail constitue un indice de ce qu'il est placé dans un lien de subordination.

Parfois, cet indice est expressément visé par les juges (v. en ce sens Soc. 13 déc. 2005*, qui fait référence au fait que les « mandataires » n'assumaient aucun risque économique).

Parfois, au contraire, cet indice est implicite. Que les patients d'un médecin demeurent la patientèle d'un centre pour lequel il travaille démontre que ce médecin est salarié de ce centre médical (Soc. 13 janv. 2000, n° 97-17.766, *Bull. civ.* V, n° 20). De même, qu'un professionnel recrute des salariés invite à conclure que ce professionnel est un travailleur indépendant (pour un médecin qui recrute lui-même des infirmières qu'il rémunère et dirige et qui n'est donc pas lié par un contrat de travail à la clinique dans laquelle il exerce : Soc. 7 mars 1979, *Bull. civ.* V, n° 205).

Dans d'autres situations, c'est à travers la rémunération que les juges prennent en considération la répartition des risques de l'activité. Ainsi, une rétrocession de 40 % des honoraires perçus permet aux juges de déduire (avec d'autres indices), qu'un étudiant en chirurgie dentaire remplaçant le chirurgien dentiste dans un cabinet libéral « participait aux résultats de la marche du cabinet » et n'était donc pas placé dans un lien de subordination (Soc. 15 mars 2001, n° 99-17.832).

Bien entendu, le salarié supporte toujours une partie du risque économique, ne serait-ce que par des clauses qui lui imposent une certaine variabilité de la rémunération. Il n'en demeure pas moins que le degré de participation aux risques constitue un indice important.

d. La dépendance économique

La liste des indices possibles est relativement longue et non limitative. Il n'est donc 50 ■
pas étonnant d'y retrouver des éléments qui rappellent la dépendance économique, prise dans son sens strict, d'exclusivité ou de quasi-exclusivité de la relation de travail. L'exclusivité ou la quasi-exclusivité de la relation avec le soi-disant « donneur d'ordre » peut ainsi constituer un indice du lien de subordination permettant de requalifier le contrat en contrat de travail (Soc. 15 mars 2006*, n° 04-47.379, *Bull. civ. V.*, n° 110). Chassée par la porte de l'arrêt *Bardou*, la dépendance économique retrouve ainsi une part d'influence, en revenant par la fenêtre des indices de la subordination.

2. *L'usage des indices*

Face à la difficulté d'apporter une preuve directe de la subordination, la jurispru- 51 ■
dence a dû recourir à la méthode dite du « faisceau d'indices ». La présence d'un de ces indices n'est jamais nécessaire à la preuve de la subordination, elle n'est jamais — ou pas toujours — suffisante. C'est à partir de la réunion de plusieurs de ces indices que les juges se forgent une conviction.

La motivation des arrêts est composite. D'une part, l'indice de la répartition des risques est parfois intégré comme élément constitutif du service organisé. D'autre part, certains éléments révélateurs de l'existence de directives (comme la fixation unilatérale des horaires par exemple), sont également constitutifs de l'indice du service organisé. De manière générale, l'ensemble des indices est souvent mobilisé. Ainsi en est il lorsqu'il est relevé que les intervenants d'une société de recouvrement de créances « intervenaient à partir d'un dossier technique constitué par la société, qu'ils facturaient leurs honoraires sur la base d'un barème horaire déterminé unilatéralement par celle-ci et dans la limite imposée d'un temps moyen de trois heures, qu'ils n'assumaient aucun risque économique, que leur activité était contrôlée selon un échéancier de surveillance, que les titres de paiement étaient encaissés par la société et que celle-ci disposait à leur égard d'un pouvoir de sanction» (Soc. 13 déc. 2005* préc.). Ces motivations à géométrie variable ne doivent pas étonner, car la motivation des arrêts vise également à convaincre.

section 3

L'identification de l'employeur

52 Dire que le salarié est placé dans un lien de subordination ne permet pas toujours de déterminer à l'égard de qui. Les relations de pouvoir qui se tissent, en particulier au sein des groupes de sociétés, sont complexes. Il apparaît souvent que derrière l'employeur nominal, avec qui le contrat de travail est conclu, se cache en réalité un autre employeur (§ 1) ou bien même que plusieurs employeurs coexistent (§ 2).

§ 1 Employeur réel

53 Outre la qualification de contrat de travail, la prise en compte du pouvoir exercé dans les faits permet d'identifier l'employeur réel du salarié. Il n'est pas possible d'échapper aux obligations qui incombent aux employeurs en qualifiant formellement le contrat de « contrat de vente » ou de « louage de véhicule ». Pour la même raison, il est exclu d'échapper à ces obligations en désignant comme « employeur » un prête-nom. Depuis longtemps, la jurisprudence ne s'estime pas liée par la désignation officielle d'un employeur au sein de la forme contractuelle écrite, au sein de l'*instrumentum* (Soc. 9 nov. 1978, *Bull. civ.* V, n° 760). La qualification d'« employeur » doit dépasser cet affichage formel pour être attribuée au véritable détenteur, dans les faits, du pouvoir de direction. Il n'est dès lors pas rare que la Cour de cassation qualifie d'employeur (Soc. 20 oct. 1998, *Dr. soc.* 1998. 95, obs. I. Vacarie) une personne qui n'était nullement signataire ou cosignataire de l'*instrumentum*, mais qui, en pratique, exerce un pouvoir de direction sur le salarié. Ce qui permettra notamment de qualifier d'employeur une société du groupe de sociétés, en particulier la société mère, non liée au salarié par un contrat de travail. Le juge perce ainsi les écrans formels, parfois multiples, qui ont pu être dressés entre un salarié et son véritable employeur.

§ 2 Co-employeurs

54 La notion d'« employeurs conjoints » ou de « co-employeurs » (Soc. 22 janv. 1992, *Bull. civ.* V, n° 23 ; 12 juill. 2005, *Bull. civ.* V, n° 244 ; 15 mars 2006, n° 04-45.518) permet de considérer que plusieurs sociétés ont la qualité d'employeur. Le salarié trouve ainsi en ces sociétés (le plus souvent la filiale à laquelle il est lié par un contrat de travail et la société mère) deux débiteurs tenus *in solidum*. La notion est donc fondamentale, car elle permet au salarié, notamment lorsque la filiale employeur se trouve en liquidation judiciaire, d'attraire également la société mère, en sa qualité d'employeur, devant les tribunaux. Cette dernière est ainsi débitrice des obligations

du droit du travail pesant normalement sur l'employeur, telle l'obligation de reclassement, celle d'établir un plan de sauvegarde de l'emploi, ou celle d'indemniser le salarié.

Pour retenir la qualité de co-employeurs, deux critères sont considérés. Premier critère : le salarié se trouve effectivement sous la subordination des deux sociétés. Avec l'une il a conclu un contrat de travail ; mais l'autre exerce sur lui un certain pouvoir, une certaine autorité, dont les juges déduisent l'existence d'un lien de subordination. Second critère : l'existence d'une confusion entre deux sociétés formellement distinctes. La Cour de cassation a clairement affirmé que la qualité de coemployeur peut être indépendante de la reconnaissance d'un lien de subordination entre le salarié et la société mère (Soc. 28 sept. 2011, nos 10-12.278 à 10-13.386). Il suffit qu'existe « une confusion d'intérêts, d'activités et de direction » entre deux sociétés, à la condition toutefois que cette confusion se manifeste par une « immixtion de la société [mère] dans la gestion du personnel de la société [filiale] » (Soc. 22 juin 2011, n° 09-69.021 ; v. déjà : Soc. 19 juin 2007, n° 05-42.570).

Pourtant, après avoir semblé accueillir ce critère de la triple confusion, la Cour de cassation est parvenue à une conception extrêmement restrictive de ce dernier, le vidant pratiquement de sa substance. Ainsi, il n'y a de co-emploi « que s'il existe [...] au-delà de la nécessaire coordination des actions économiques entre les sociétés appartenant à un même groupe et de l'état de domination économique que cette appartenance peut engendrer, une confusion d'intérêts, d'activités et de direction » (Soc. 2 juill. 2014*). Dès lors, la qualité de co-employeur d'une société mère ne saurait se déduire de ses décisions affectant le devenir de sa filiale, quand bien même les dirigeants de la filiale proviendraient du groupe et même si la société mère s'est impliquée dans le reclassement des salariés de sa filiale (Soc. 15 déc. 2015, *Fayat*, n° 14-19938). Les relations entre société mère et filiale peuvent donc permettre de caractériser l'existence d'employeurs conjoints. Mais cela ne peut être observé que dans les groupes extrêmement centralisés, lorsque la société mère assure la gestion administrative, comptable, financière, commerciale, ainsi que la gestion du personnel de la société filiale. C'est véritablement l'anormalité du rapport de contrôle entre les sociétés qui est visé (v. encore Soc. 6 juill. 2016, *Continental*, n° 14-27.266 [P]).

section 4

La redéfinition des frontières du salariat

Entre le travailleur indépendant en état de dépendance économique à l'égard de la société donneuse d'ordre, et le salarié cadre-dirigeant dont la relation de travail laisse place à une large sphère d'autonomie, on observe une gradation des rapports de pouvoir. Inévitablement la question de la redéfinition des frontières du salariat a fait son apparition sur la scène juridique, tant dans le discours doctrinal, que dans le droit positif. Les mécanismes sont légion qui conduisent à une extention (§ 1) ou à une contraction (§ 2) du domaine du droit du travail. 55

§ 1 Extension du domaine du droit du travail

56 L'extension du domaine du droit du travail peut emprunter plusieurs chemins (A) parmi lesquels le droit français s'est frayé une voie (B).

A. Les modes de redéfinition des frontières du salariat

57 La délimitation des frontières du salariat s'avère difficile. Et un travailleur indépendant qui ne se trouve pas dans un rapport de subordination peut néanmoins être assujetti à un certain pouvoir exercé par l'entreprise donneuse d'ordre pour laquelle il travaille. Il existe une zone grise, entre la véritable subordination qui caractérise le salariat, et l'indépendance.

Dès lors, pour confectionner un régime juridique protecteur applicable à ces travailleurs, plusieurs voies peuvent être imaginées. La première consiste à créer une catégorie juridique de la dépendance économique, qui s'accompagne d'un régime applicable au travailleur économiquement dépendant. C'est le choix arrêté par certains pays, tel l'Espagne. La seconde voie, choisie par le droit français, consiste à identifier certains professionnels pour leur appliquer en partie, s'ils remplissent les conditions posées par la loi, des dispositions du droit du travail. Quelques statuts mixtes, comme celui de l'agriculteur « intégré », ou celui dit du « commerçant-salarié », trouvent ainsi une place dans le Code du travail. Quelle que soit la voie choisie, la doctrine utilise un terme pour qualifier ces travailleurs, celui de travailleurs « parasubordonnés ».

B. Les choix du législateur français

58 Les principales extensions du domaine d'application du droit du travail ont pour objectif d'intégrer des catégories de travailleurs dépendants qui, pour une raison ou pour une autre, ne peuvent guère prouver l'existence d'un lien de subordination juridique. Deux méthodes de réintégration de ces professionnels dans le giron du droit du travail coexistent.

1. *Qualification légale ou présomption de contrat de travail*

59 Parfois, la loi précise que le contrat est un contrat de travail. On est alors en présence d'une qualification légale de contrat de travail. Il en est ainsi pour le contrat du voyageur, représentant ou placier (VRP), lequel est un représentant de commerce qui, dans les faits, est sous la domination de son mandant (C. trav., art. L. 7313-1). Si les conditions sont réunies, la qualification de contrat de travail est acquise.

Parfois, la loi précise que le contrat est présumé être un contrat de travail, dès lors que plusieurs conditions sont réunies. Il en est ainsi pour le journaliste professionnel (C. trav., art. L. 7112-1) ou le mannequin (C. trav., art. L. 7123-3). Le cas des travailleurs à domicile est de ce point de vue symptomatique. La plupart des indices d'une subordination juridique sont, dans leur cas, absents. Ils travaillent chez eux, hors du regard de l'employeur et de ses contremaîtres. Ils sont le plus souvent payés à la tâche. Leurs horaires sont libres. Leur prestation de travail est exécutée en dehors d'un service organisé, etc. Pourtant, et l'histoire l'a amplement démontré, ces travailleurs peuvent être placés, de fait, dans une situation pire encore que celle qu'ont à subir les salariés qui travaillent au sein de l'entreprise. Le besoin de protection et la difficulté de prouver la subordination juridique ont conduit le législateur à les intégrer au sein du domaine du droit du travail, sans qu'ils aient besoin de prouver un quelconque lien de subordination juridique (C. trav., art. L. 7412-1, L. 7413-2). Si la loi ne précise pas qu'ils sont liés par un contrat de travail, la Cour de cassation utilise néanmoins à leur propos le terme de « salariés » dans ses arrêts (Soc. 2 mai 2006, *Bull. civ.* V, n° 157). Pour être qualifié de travailleur à domicile, un travailleur doit essentiellement remplir trois conditions. Il doit être rémunéré de manière forfaitaire, que ce soit à l'heure ou à la tâche. Il doit ne pas avoir lui-même de salariés. Seule l'aide de sa famille et l'emploi d'un unique autre auxiliaire sont autorisés. Et surtout, il ne doit pas avoir de clientèle : il peut avoir un ou plusieurs donneurs d'ordre, mais pas une multiplicité de donneurs d'ordres telle qu'il ne soit plus dépendant d'aucun d'entre eux. Il y a là une question de mesure qui n'est pas sans rappeler l'idée de dépendance économique.

2. Assimilation aux salariés

On retrouve la même préoccupation pour d'autres professionnels. Toutefois, le mécanisme juridique à l'œuvre est un peu différent. Ces travailleurs sont en effet dits « assimilés à des salariés » : leur contrat n'est pas considéré comme un contrat de travail. Par conséquent, il n'est pas nécessaire, pour qu'ils bénéficient de ce statut, qu'ils se trouvent dans un lien de subordination juridique (Soc. 4 déc. 2001*). Mais ils se voient appliquer une partie des dispositions du Code du travail. Cette idée est au cœur de la définition de celui que l'on dénomme aujourd'hui le « gérant-succursaliste » de l'article L. 7321-2, 2° du Code du travail. En bon commerçant, le gérant a pour métier principal l'achat pour revendre. Il bénéficie cependant d'une partie du Code du travail à une triple condition. La première est une condition de dépendance économique. Elle est plus stricte que pour les salariés à domicile : un lien exclusif ou quasi exclusif avec un fournisseur est exigé. Les deuxième et troisième conditions sont des actes de pouvoir, exercés par le fournisseur : celui-ci doit, d'une part, avoir fixé ou agréé les conditions de travail, d'hygiène et de sécurité de l'établissement du commerçant et il doit, d'autre part, soit lui avoir imposé ses prix, soit lui avoir imposé les conditions dans lesquelles il exerce son activité. 60 ■

Ces trois conditions sont suffisantes. Il est notamment possible à ce gérant d'avoir lui-même des salariés. Il conserve toute liberté en matière d'embauche, de licenciement et de fixation des conditions de travail et il reste le seul responsable de ce personnel (C. trav., art. L. 7321-3). Il est alors bien un employeur au sens plein. Les modalités commerciales de son activité demeurent de la compétence du tribunal de commerce (Soc. 8 mars 2006, *Bull. civ.* V, n° 96, *Dr. soc.* 2006. 789, note J. Savatier). Mais il n'en bénéficie pas moins, dans ses rapports avec son fournisseur exclusif ou quasi exclusif, de beaucoup de dispositions concernant les protections individuelles des salariés, avec notamment les limitations du temps de travail, le droit à un salaire minimum, aux congés payés et le droit commun du licenciement. Et, pour l'application de ces textes, ce sont les conseils de prud'hommes qui sont compétents (v. not. Soc. 22 mars 2006, *Bull. civ.* V, n° 122).

En revanche, ne lui est pas applicable le droit du licenciement économique. Par ailleurs, La Cour de cassation a précisé que le gérant de succursale ne peut, en l'absence de lien de subordination, être assimilé à un cadre salarié et ne peut en conséquence prétendre à la qualification conventionnelle correspondante » (Soc. 15 janv. 2014, n° 11-11.223).

Ce statut a bénéficié à des gérants de station-service (v. Soc. 13 janv. 1972, quatre arrêts, *Bull. civ.* V, n° 28 ; *D.* 1972. 425 ; 22 mars 2006, préc.), à des gérants de succursales (v. par ex. Soc. 8 mars 2006, préc.), à des concessionnaires exclusifs, à des franchisés, etc. Son application pratique reste cependant très en deçà de son potentiel. Les personnes susceptibles de bénéficier de ce statut sont relativement peu enclines à réclamer la protection du Code du travail, soit qu'une telle réclamation leur apparaisse comme une déchéance sociale, soit qu'ils ignorent les possibilités que le texte leur ouvre.

Un autre type de gérant bénéficie des dispositions du droit du travail : le gérant dit « non salarié » des succursales de commerce de détail alimentaire (C. trav., art. L. 7322-1). Ce gérant, également, doit avoir toute latitude pour embaucher du personnel. Ainsi, par exemple, il a le pouvoir de licencier les salariés qui sont employés dans l'établissement dont il a la gérance (Soc. 27 mars 2013, n° 11-27.641). Mais en même temps, il bénéficie de certaines dispositions du Code du travail et ne peut être privé, par une clause du contrat, du bénéfice des règles protectrices relatives à la rupture des relations contractuelles (Soc. 11 mars 2009, n° 07-40.813, *Bull. civ.* V, n° 79, *RDT* 2009. 373). Il bénéficie également de l'ensemble des dispositions légales relatives aux institutions représentatives du personnel, et en particulier de la protection contre le licenciement des salariés protégés, s'il est lui-même délégué syndical (Cass., ass. plén., 9 janv. 2015, n° 13-80967 [P]). On mesure ainsi le caractère particulier de ce statut qui permet à des travailleurs indépendants de bénéficier des dispositions les plus significatives du droit du travail.

■ 61 Enfin, la loi n° 2014-856 du 31 juillet 2014, relative à l'économie sociale et solidaire a créé à l'article L. 7331-2 du Code du travail, une nouvelle figure, celle de d'« entrepreneur salarié » d'une coopérative d'activité et d'emploi. La coopérative d'activité et d'emploi, née de la pratique, constitue un cadre de mutualisation du projet d'entrepreneurs divers qui adhèrent à la coopérative. Ils bénéficient ainsi de services de cette dernière, mais également d'une sécurisation de leur activité professionnelle (par un lissage de leur rémunération par exemple). Après de nombreuses discussions, le choix a donc été fait de créer un cadre légal pour ces coopératives. Avant de devenir associé de la coopérative, l'entrepreneur peut donc, pendant trois ans, être « entrepreneur salarié ». La relation des entrepreneurs salariés avec la coopérative d'activité sera ainsi soumise au Code du travail. Le terme de « contrat de travail » n'est pas employé. En même temps, il ne s'agit pas véritablement d'assimilation à des salariés. On pourrait presque voir dans cet article la naissance d'un nouveau mécanisme, celui, non pas de la qualification légale de contrat de travail, mais de qualification légale de salarié.

3. *Création d'un régime spécifique par transposition des règles de droit du travail*

■ 62 Ceux que l'on dénomme parfois les « travailleurs sur plateforme » constituent un exemple de travailleurs situés au carrefour de la subordination et de l'indépendance. Prenons l'exemple d'Uber. « Uber » est une société américaine, implantée en France il y a quelques années, qui met en relation des clients avec des conducteurs de véhicules, les premiers réalisant, au bénéfice des seconds, un service de transport. Les chauffeurs *Uber* sont officiellement des travailleurs indépendants vis-à-vis de cette plateforme. Pourtant, Uber exerce en réalité une véritable direction de l'activité des chauffeurs à bien des égards : système de notation des chauffeurs, détermination par la plateforme de la rémunération versée par les clients, contrôle du véhicule par la plateforme. Dans le même temps, ces travailleurs supportent les risques liés à leur activité et, en particulier, sont propriétaires de leur véhicule. La loi dite « travail » du 8 août 2016 a instauré des dispositions applicables à ces travailleurs. Elle est applicable aux « travailleurs utilisant pour l'exercice de leur activité professionnelle une plateforme de mise en relation électronique ». Elle encadre – très relativement – le pouvoir exercé par ces plateformes, par exemple en imposant que cette dernière prenne en charge le montant des assurances souscrites au titre des accidents du travail ou qu'elle finance des formations pour le travailleurs. Par ailleurs, des droits spécifiques sont institués au bénéfice des travailleurs sur plateforme. L'article L. 7342-5 du Code du travail prévoit que les mouvements de refus concerté de fournir leurs services ne peuvent engager la responsabilité contractuelle du travailleur, sauf abus, ni constituer un motif de rupture de la relation contractuelle avec la plateforme. Un droit spécifique est donc reconnu, inspiré du droit de grève, mais refiguré, voire défiguré. Une sorte de droit de grève « light ». De telles dispositions instaurent donc une protection de ces travailleurs. Parallèlement, elles visent également à faire obstacle à une éventuelle requalification des contrats en contrat de travail, puisqu'un régime spécifique est désormais applicable.

§ 2 Contraction du domaine du droit du travail

En 1994 a été instituée une présomption légale d'indépendance pour les travailleurs inscrits à l'un des registres relatifs aux professions indépendantes (A). Parfois, le mécanisme est autre et consiste à exclure des salariés de l'application de certaines dispositions du Code du travail (B). 63 ■

A. Présomption légale d'indépendance

Pour accélérer le mouvement de repli que connaît le droit du travail, une idée simple consiste à exclure certains travailleurs du bénéfice du droit du travail. C'est ce qui a été tenté par la loi Madelin du 11 février 1994, en adoptant l'article L. 120-3 de l'ancien Code du travail. Cet article, abrogé par la loi Aubry II du 19 janvier 2000, a été rétabli par la loi du 1er août 2003, puis élargi par la loi du 23 février 2005. Il est devenu l'actuel article L. 8221-6 du Code du travail. 64 ■

Ce texte crée une présomption de non-appartenance au salariat. Cette présomption a désormais un champ d'application large puisque, pour être présumé non salarié, il suffit d'être inscrit sur un des registres des professions indépendantes (registre du commerce et des sociétés pour les commerçants, registre des métiers, pour les artisans, etc.). L'inscription sur ces registres étant une simple formalité administrative, un employeur peut fort bien demander à ses subordonnés de requérir une telle inscription. Ils seront ainsi « inscrits » et donc présumés ne plus être des salariés.

Il ne s'agit cependant que d'une présomption simple, que les salariés peuvent renverser : il leur faut, aux termes de l'article L. 8221-6 du Code du travail, prouver l'existence d'un lien de « subordination juridique permanente ».

En dehors de ce texte, un travailleur doit en toute hypothèse invoquer un lien de subordination juridique s'il veut obtenir le bénéfice du droit du travail. Or, la preuve d'un fait incombe à celui qui l'invoque. La charge de la preuve de la subordination juridique pèse donc sur celui qui se prétend salarié, même s'il n'est pas inscrit, même s'il n'est donc pas soumis à la présomption de l'article L. 8221-6 du Code du travail. La présomption simple de ce texte n'opère donc *aucun déplacement de la charge de la preuve*.

En revanche, l'article L. 8221-6 du Code du travail modifie *l'objet de la preuve*. En dehors du texte, la preuve d'un lien de subordination juridique est nécessaire. Lorsque le texte s'applique, c'est un lien de subordination juridique « permanente » qu'il s'agit de prouver.

L'insertion de cet article avait suscité la crainte que cette exigence d'une subordination permanente ne vienne encore restreindre le champ de la subordination, en excluant les salariés en contrat de travail à temps partiel, par exemple qui, par définition, ne sont pas en permanence sous la subordination de leur employeur. En réalité, il n'en a rien été. La Cour de cassation applique les mêmes critères et solutions, que l'on soit en dehors du champ d'application de l'article L. 8221-6 du Code du travail ou que l'on soit dans le cadre de ce champ d'application (v. Soc. 8 juill. 2003, *Bull. civ.* V, n° 217).

Ainsi l'article L. 8221-6 du Code du travail apparaît dépourvu d'effet direct. Il n'est pas cependant tout à fait sans impact. La présomption de non-salariat de l'article L. 8221-6 permet à l'employeur qui a pris le soin d'ordonner à ces faux indépendants de s'inscrire sur un des registres susvisés, d'échapper le plus souvent aux poursuites pénales pour emploi dissimulé (v. C. trav., art. L. 8221-6, al. 7).

B. Application sélective des règles du droit du travail à des salariés

65 L'imagination parfois ne manque pas au législateur pour composer des régimes étranges. Les employés de maison sont liés à leur employeur par un contrat de travail. Mais le Code du travail, qui prévoit un régime qui leur est spécifique, liste une série de dispositions qui leur sont uniquement applicables (C. trav., art. L. 7221-2). De sorte qu'ils se voient exclus de nombreuses dispositions de ce code. La Cour de cassation a tout de même précisé que la liste établie par cet article L. 7221-2 du Code du travail n'était pas limitative (Soc. 19 nov. 2003, n° 01-43.456, *Bull. civ. V.* n° 291). Néamoins, ils ne bénéficient pas des dispositions relatives au licenciement pour motif économique (Soc. 10 oct. 1989, n° 86-45.069, *Bull. civ. V.* n° 573), uniquement applicables aux « entreprises ». Ni de celles relatives à la durée du travail (Soc. 17 oct. 2000, n° 98-43.443, *Bull. civ. V.* n° 335).

2

Compléments pédagogiques

Quid

■ Assimilation aux salariés n° 60

Application à des travailleurs non salariés mais répondant à certaines conditions des dispositions (ou de certaines des dispositions) du Code du travail.

■ Contrat de travail n°s 36 s.

Convention par laquelle une personne effectue un travail sous la subordination d'une autre personne moyennant rémunération.

■ Dépendance économique n° 43

État de dépendance dans lequel se trouve le travailleur dont les revenus de subsistance dépendent d'un unique donneur d'ordre.

■ Subordination n°s 42 s.

État de dépendance du salarié caractérisé par le fait que l'employeur a le pouvoir de donner des ordres et des directives, de contrôler l'exécution de son travail et de sanctionner les manquements du salarié.

Biblio

- E. Dockès, « Notion de contrat de travail », *Dr. soc.* 2011. 546.
- B. Gomes, « Essai sur la qualification du travail par intermédiation numérique », *RDT* 2016. 464.
- A. Jeammaud, « L'assimilation de franchisés aux salariés », *Dr. soc.* 2002. 158 s.
- M. Kocher, « Le coemploi à l'âge de raison », note sous Soc. 2 juill. 2014, n° 13-15.208 [P], *RDT* 2014. 625.
- A. Lyon-Caen, Les clauses de transfert de risques sur le salarié, in *Les frontières du salariat*, Dalloz, coll. « Thèmes et commentaires », 1996, p. 151.
- T. Pasquier, *L'économie du contrat de travail, Conception et destin d'un type contractuel*, LGDJ, coll. « Bibliothèque de droit social », 2010.
- E. Peskine, « Entre subordination et indépendance, en quête d'une troisième voie », *RDT* 2008. 371.
- Ch. Radé, « Des critères du contrat de travail », *Dr. soc.* 2013. 202.
- A. Supiot, « Les nouveaux visages de la subordination », *Dr. soc.* 2000. 131 s.

Documents

1) Une qualification indisponible

Soc. 19 déc. 2000, *Labbane*
(n° 98-40.572, *Bull. civ.* V, n° 437 ; *GADT*, n° 3 ; *Dr. soc.* 2001. 227, note A. Jeammaud ; *Dr. ouvrier* 2001. 241, 2e esp., note A. de Senga)

« Attendu que l'existence d'une relation de travail ne dépend ni de la volonté exprimée par les parties ni de la dénomination qu'elles ont donnée à leur convention mais des conditions de fait dans lesquelles est exercée l'activité des travailleurs » (v. suite de l'arrêt ci-dessous).

2) Une prestation de travail

Soc. 24 avr. 2013
(n° 11-19.091)

« Attendu qu'ayant constaté qu'il existait entre les membres de l'équipe de production et les participants un lien de subordination caractérisé par l'existence d'une "bible" prévoyant le déroulement des journées et la succession d'activités filmées imposées, de mises en scènes dûment répétées, d'interviews dirigées de telle sorte que l'interviewé était conduit à dire ce qui était attendu par la production, que ce lien de subordination se manifestait encore par le choix des vêtements par la production, des horaires imposés allant jusqu'à vingt heures par jour, l'obligation de vivre sur le site et l'impossibilité de se livrer à des occupations personnelles, l'instauration de sanctions, notamment pécuniaires en cas de départ en cours de tournage, soit, en définitive, l'obligation de suivre les activités prévues et organisées par la société de production, que les participants se trouvaient dans un lien de dépendance à l'égard de la société, dès lors, séjournant à l'étranger, que leurs passeports et leurs téléphones leur avaient été retirés, que la prestation des participants à l'émission avait pour finalité la production d'un bien ayant une valeur économique, la cour d'appel, qui a caractérisé l'existence d'une prestation de travail exécutée sous la subordination de la société TF1 production, et ayant pour objet la production d'une "série télévisée", prestation consistant pour les participants, pendant un temps et dans un lieu sans rapport avec le déroulement habituel de leur vie personnelle, à prendre part à des activités imposées et à exprimer des réactions attendues, ce qui la distingue du seul enregistrement de leur vie quotidienne, et qui a souverainement retenu que le versement de la somme de 1 525 euros avait pour cause le travail exécuté, a pu en déduire que les participants étaient liés par un contrat de travail à la société de production ».

3) Un salaire

Soc. 29 janv. 2002
(*Dr. soc.* 2002. 494)

« Si, dans le cadre d'une association, les adhérents peuvent accomplir un travail en ne percevant que le remboursement de leurs frais sans relever du Code du travail, la signature d'un contrat "de bénévolat" n'exclut pas l'existence d'un contrat de travail dès lors que les conditions en sont remplies : ordres, directives, contrôle, sanctions, somme forfaitaire dépassant le montant des frais réellement exposés ».

4) Une subordination

Civ. 6 juill. 1931, *Bardou* (*DP* 1931. 1. 131, note P. Pic ; *GADT*, n° 1)

« Attendu que la condition juridique d'un travailleur à l'égard de la personne pour laquelle il travaille ne saurait être déterminée par la faiblesse ou la dépendance économique dudit travailleur et ne peut résulter que du contrat conclu entre les parties ; que la qualité de salarié implique nécessairement l'existence d'un lien juridique de subordination du travailleur à la personne qui l'emploie ».

Soc. 19 déc. 2000, *Labbane*

« (...) Attendu, cependant, que le contrat litigieux prévoit que sa durée et celle de chacun de ses renouvellements sont limitées à un mois, qu'il peut être résilié mensuellement avec un délai de préavis très court, que la redevance due au "loueur" inclut les cotisations sociales qu'il s'engage à "reverser" à l'URSSAF et est révisable en fonction notamment du tarif du taxi ; que les conditions générales annexées au contrat fixent une périodicité très brève pour le règlement des redevances, sanctionnée par la résiliation de plein droit du contrat, et imposent au "locataire" des obligations nombreuses et strictes concernant l'utilisation et l'entretien du véhicule, notamment conduire personnellement et exclusivement ce dernier, l'exploiter "en bon père de famille", en particulier, en procédant chaque jour à la vérification des niveaux d'huile et d'eau du moteur, le maintenir en état de propreté en utilisant, à cette fin, les installations adéquates du "loueur", faire procéder, dans l'atelier du "loueur", à une "visite" technique et d'entretien du véhicule une fois par semaine et en tout cas, dès qu'il aura parcouru 3 000 kilomètres sous peine de supporter les frais de remise en état, assumer le coût de toute intervention faite sur le véhicule en dehors de l'atelier du "loueur" ainsi que la responsabilité de cette intervention ;

Qu'en statuant comme elle l'a fait, alors que, nonobstant la dénomination et la qualification données au contrat litigieux, l'accomplissement effectif du travail dans les conditions précitées prévues par ledit contrat et les conditions générales y annexées, plaçait le "locataire" dans un état de subordination à l'égard du "loueur" et qu'en conséquence, sous l'apparence d'un contrat de location d'un "véhicule taxi", était en fait dissimulée l'existence d'un contrat de travail, la cour d'appel a violé les textes susvisés ;

Par ces motifs, casse et annule ».

Soc. 13 nov. 1996, *Société générale* (n° 94-13.187, *Bull. civ. V, n° 386*)

« Le lien de subordination est caractérisé par l'exécution d'un travail sous l'autorité d'un employeur qui a le pouvoir de donner des ordres et des directives, d'en contrôler l'exécution et de sanctionner les manquements de son subordonné que le travail au sein d'un service organisé peut constituer un indice du lien de subordination lorsque l'employeur détermine unilatéralement les conditions d'exécution du travail ; Qu'en statuant ainsi, alors qu'elle avait relevé que le thème de l'intervention des conférenciers et leur rémunération n'étaient pas déterminés unilatéralement par la Société générale, mais convenus avec les intéressés, et que ceux-ci n'étaient soumis par ailleurs à aucun ordre, à aucune directive, ni à aucun contrôle dans l'exécution de leur prestation, ce dont il résultait que les conférenciers et intervenants n'étaient pas placés dans un lien de subordination à l'égard de la Société générale, la cour d'appel, qui n'a pas tiré les conséquences légales de ses propres constatations, a violé les textes susvisés ».

Soc. 13 déc. 2005 (*Bull. civ.* V, n° 320)

« l'arrêt relève que les "mandataires" intervenaient à partir d'un dossier technique constitué par la société, qu'ils facturaient leurs honoraires sur la base d'un barème horaire déterminé unilatéralement par celle-ci et dans la limite imposée d'un temps moyen de trois heures, qu'ils n'assumaient aucun risque économique, que leur activité était contrôlée selon un échéancier de surveillance, que les titres de paiement étaient encaissés par la société et que celle-ci disposait à leur égard d'un pouvoir de sanction "consistant à décider de ne plus confier de mission" ; que la cour d'appel en a exactement déduit, sans méconnaître l'objet du litige, que les intervenants concernés travaillaient dans un lien de subordination ».

Soc. 15 mars 2006 (*Bull. civ.* V, n° 110)

« Mais attendu que l'existence des relations de travail ne dépend ni de la volonté exprimée par les parties ni de la dénomination qu'elles ont donnée à leur convention mais des conditions de fait dans lesquelles est exercée l'activité des travailleurs ; que les juges du fond ont constaté que les époux X devaient se rendre chaque après-midi du lundi au vendredi à l'entrepôt d'Aulnay de la société pour y recevoir des plis et colis qu'ils devaient livrer dans le courant de la nuit suivante aux clients de la société situés dans les 6e, 7e, 8e, 9e et 17e arrondissements de Paris, qu'ils utilisaient, comme cela était exigé dans les contrats, des véhicules peints aux couleurs de la société, étant observé qu'ils avaient contractuellement renoncé à apposer sur les véhicules toute autre publicité, que selon l'annexe au contrat leur rémunération consistait en un forfait mensuel plus les charges sociales, qu'ils travaillaient exclusivement pour la société TNT devenue GDEW, que les clients étaient livrés en suivant les consignes et directives données par la société ; qu'en l'état de ces constatations et sans encourir les griefs du moyen, la cour d'appel a pu en déduire que les époux X étaient sous la subordination juridique de la société GDEW et qu'un contrat de travail les liait ».

5) Co-emploi

Soc. 2 juillet 2014 (À paraître au *bulletin* ; *RDT* 2014. 625, note M. Kocher)

Attendu cependant que, hors l'existence d'un lien de subordination, une société faisant partie d'un groupe ne peut être considérée comme un co-employeur à l'égard du personnel employé par une autre, que s'il existe entre elles, au-delà de la nécessaire coordination des actions économiques entre les sociétés appartenant à un même groupe et de l'état de domination économique que cette appartenance peut engendrer, une confusion d'intérêts, d'activités et de direction se manifestant par une immixtion dans la gestion économique et sociale de cette dernière ;

Qu'en statuant comme elle l'a fait, alors que le fait que les dirigeants de la filiale proviennent du groupe et que la société mère ait pris dans le cadre de la politique du groupe des décisions affectant le devenir de la filiale et se soit engagée à fournir les moyens nécessaires au financement des mesures sociales liées à la fermeture du site et à la suppression des emplois, ne pouvait suffire à caractériser une situation de co-emploi, la cour d'appel a violé le texte susvisé.

6) Extensions du domaine du droit du travail

Soc. 4 déc. 2001
(*Bull. civ.* V, n° 373 ; *GADT*, n° 5)

« Mais attendu qu'aux termes de l'article L. 781-1 2° du Code du travail, les dispositions du Code du travail qui visent les apprentis, ouvriers, employés, travailleurs sont applicables aux personnes dont la profession consiste essentiellement à recueillir les commandes ou à recevoir des objets à traiter, manutentionner ou transporter, pour le compte d'une seule entreprise industrielle et commerciale, lorsque ces personnes exercent leur profession dans un local fourni ou agréé par cette entreprise et aux conditions et prix imposés par ladite entreprise ; qu'il résulte de ce texte que dès lors que les conditions sus-énoncées sont, en fait, réunies, quelles que soient les énonciations du contrat, les dispositions du Code du travail sont applicables, sans qu'il soit besoin d'établir l'existence d'un lien de subordination ».

Quiz

1) Sujet corrigé

Cas pratique

L'entreprise Welle, spécialisée en fabrication et distribution de fournitures scolaires, décide de diversifier son mode de recrutement de main-d'œuvre. En septembre 2009, elle propose ainsi à M. Marco, engagé le 20 février 1990 en qualité de chauffeur salarié, de démissionner et de se mettre à son compte en qualité de chauffeur indépendant. Les conditions de travail antérieures sont maintenues, M. Marco se voyant imposer ses horaires de travail, ses délais de livraison ainsi que le prix de ses prestations. En revanche, il se voit contraint d'investir dans une camionnette qui lui servira dorénavant de véhicule de livraison. À la suite de cette modification, leurs relations se poursuivent sous la forme de « contrat de prestations de service ».

En septembre 2016, confrontée à des difficultés économiques, la société met fin à sa collaboration contractuelle avec M. Marco. Ce dernier est d'autant plus perturbé que son chiffre d'affaires provenait, pour plus de 90 %, de son activité pour la société Welle.

Comment M. Marco peut-il contester la rupture de son contrat ?

Voir le corrigé en fin de rubrique.

2) Corrigé

Cas pratique

Pour contester la rupture de son contrat, Monsieur Marco doit tenter de démontrer que ce contrat doit être requalifié en contrat de travail. En effet, si tel est le cas, la société aurait dû procéder à son licenciement en bonne et due forme. Comme elle ne l'a pas fait, son licenciement est sans cause réelle et sérieuse. Résoudre ce cas pratique suppose donc de répondre à la question de cette requalification, qui elle-même suppose de s'interroger sur les éléments suivants :

a. Le fait que le contrat de travail s'intitule « contrat de prestation de services » constitue-t-il un obstacle à toute action en requalification ?

Non ; d'une part, le juge est tenu de restituer au contrat sa véritable qualification (C. pr. civ., art. 12). D'autre part, en vertu du principe d'indisponibilité de la qualification, la dénomination donnée par les parties ne peut faire obstacle à ce que soit recherchée la véritable qualification du contrat (notamment Soc. 19 déc. 2000, préc.).

b. L'énoncé pourrait suggérer que Monsieur Marco est inscrit au registre du commerce et des sociétés. Si tel est le cas, il est alors présumé travailleur indépendant, mais pourra renverser la présomption, en apportant la preuve d'un lien de subordination juridique permanente (C. trav., art. L. 8221-6, préc.).

c. Les critères du contrat de travail sont-ils réunis ?

Prestation de travail et rémunération sont bien présents. Reste à s'interroger sur l'existence d'un lien de subordination.

Divers indices de ce lien peuvent être relevés :

- Sont imposés les horaires de travail, les prix et les délais de livraisons (indices de l'existence d'une autorité au sens de l'arrêt *Société générale* ou de l'existence d'un service organisé par autrui).

- On peut relever l'existence d'une dépendance économique, puisque 90 % de son chiffre d'affaires provient de sa relation avec la société.

- En revanche, le matériel ne lui est pas fourni car il est propriétaire de sa camionnette. Or, le fait que le matériel soit fourni constitue un indice de l'intégration du travailleur dans un service organisé par autrui. Toutefois, cela doit être discuté. Et il est possible de relever qu'il a été contraint d'acheter sa propre camionnette.

Conclusion : L'ensemble des indices laissent penser que Monsieur Marco se trouve bien dans un lien de subordination juridique à l'égard de la société Welle, et qu'il obtiendra sans doute la requalification de son contrat en contrat de travail. Dès lors, la rupture du contrat s'analysera en un licenciement sans cause réelle et sérieuse qui lui donnera droit aux indemnités en découlant.

chapitre 3

Sources

Plan analytique

Sources

Les sources juridiques du droit du travail présentent plusieurs originalités. 66

La première tient à la place importante et précoce des normes internationales et constitutionnelles. Dès le début du XXe siècle, des traités internationaux, conclus dans le cadre d'une organisation mondiale consacrée au travail – l'OIT – viennent régler des questions qui ne concernent pas les relations de travail spécifiquement transnationales mais les rapports salariés nationaux. C'est là une importante spécificité du droit du travail. Tout comme les normes internationales, mais un peu plus tardivement, les normes constitutionnelles acquièrent rapidement une place importante en droit du travail. On trouve trace de l'invocation du préambule de la Constitution dans des arrêts de la Cour de cassation des années 1950, relatifs au droit de grève ; la *constitutionnalisation*[Q] du droit du travail est envisagée bien plus tôt que dans les autres branches du droit privé (A. Jeammaud, « Le droit constitutionnel dans les relations du travail », *AJDA* 1991. 612 ; X. Prétôt, « Les bases constitutionnelles du droit social », *Dr. soc.* 1991. 187).

La seconde originalité des sources du droit du travail est la forte présence d'une réglementation non étatique des relations de travail. Des producteurs de normes privés sont admis aux côtés des traditionnels pouvoirs législatif et exécutif. Sont ainsi officiellement intégrées au droit du travail des règles posées unilatéralement par l'employeur et des règles négociées entre employeurs et représentants des salariés, appelées conventions collectives.

L'existence de ces normes peu traditionnelles conduit à complexifier et à enrichir les méthodes d'articulation entre les sources (section 2) qu'il faut dans un premier temps présenter de manière panoramique (section 1)

section 1

Panorama

Le plus simple est de partir du plus grand, le niveau mondial, pour s'arrêter au plus petit, le contrat individuel de travail.

§ 1 Le niveau mondial

Parmi les traités à vocation mondiale, certains ne visent pas uniquement les relations de travail mais peuvent avoir une influence sur ces dernières. Il s'agit principalement des Pactes de 1966, adoptés dans le cadre de l'ONU : le *Pacte international relatif aux droits civils et politiques* (PIDCP, signé le 16 déc. 1966 et entré en vigueur le 3 janv. 1976), et le *Pacte international relatif aux droits économiques, sociaux et culturels* 67

(PIDESC, signé le même jour et entré en vigueur le 3 janv. 1976). LE PIDCP interdit le travail forcé (art. 8), reconnaît le droit de se syndiquer comme composante du droit d'association (art. 22), le principe de non discrimination (art. 26). Le PIDESC proclame le droit de gagner sa vie par le travail (art. 6.1), le droit à la formation (art. 6.2), le droit à des conditions de travail justes (art. 7* qui comprend notamment le droit à une rémunération équitable et égale entre hommes et femmes...), le droit syndical et le droit de grève (art. 8), l'interdiction du travail des enfants (art. 10.2), et le principe d'un congé maternité rémunéré (art. 10.1).

Certaines dispositions de ces textes ont d'ores et déjà été reconnues d'application directe. Ainsi la Cour de cassation a accepté d'examiner l'application dans le temps d'une loi française à l'aune du principe de non-discrimination inscrit à l'article 26 du PIDCP (Soc. 6 juill. 2005, *Bull. civ.* V, n° 236). Le droit de gagner sa vie par le travail, prévu par l'article 6.1 du PIDESC a permis d'étendre, dans les départements de l'Alsace et dans celui de la Moselle, l'obligation de prévoir une contrepartie financière à la clause de non-concurrence en cas de licenciement pour faute grave (Soc. 16 déc. 2008, n° 05-40.876, *Bull. civ.* V, n° 251, *Dr. ouvrier* 2009. 87, note M. Bonnechère ; *RDT* 2008. 239, note R. de Quénaudon).

68 Surtout, au niveau mondial, il existe une organisation, rattachée à l'ONU, et dédiée spécifiquement au travail : l'Organisation internationale du travail (OIT). Cette organisation est remarquable à plus d'un titre. Elle est quasiment centenaire, puisqu'elle a été créée en 1919 par le même traité que celui instituant la Société Des Nations, à la sortie de la Première Guerre mondiale. Elle est fondée sur la conviction « qu'une paix universelle et durable ne peut être fondée que sur la base de la justice sociale », comme le déclare la première phrase de son préambule. Si la SDN a disparu, englouti par son impuissance à empêcher la Seconde Guerre mondiale, l'OIT est demeurée, et, à la fin de la Seconde Guerre mondiale, elle a même voté l'un des grands textes constitutifs de l'organisation : la déclaration de Philadelphie du 10 mai 1944 qui débute par cette disposition : « le travail n'est pas une marchandise » (art. I a). En 1946, l'OIT s'amarre aux Nations unies et devient une institution spécialisée de l'ONU.

La plus grande particularité de l'OIT tient à la composition *tripartite* de ses organes politiques qui sont composés pour la moitié de représentants des gouvernements, pour un quart des représentants d'employeurs et un quart de représentants syndicaux de salariés. La Conférence internationale du travail (CIT) qui regroupe des délégués des 185 pays membres (2 délégués gouvernementaux, 1 délégué patronal, 1 délégué travailleur) constitue d'abord un forum de discussion sur les questions sociales et de travail. Elle est aussi un Parlement qui adopte à la majorité de deux tiers les conventions internationales et suit l'application de celles déjà en vigueur, aidés en cela par des comités spécifiques. Si la CIT forme le pouvoir législatif, le Conseil d'administration est présenté comme détenteur du pouvoir exécutif. Il regroupe 28 membres gouvernementaux, 14 membres employeurs et 14 membres travailleurs. Il prend des décisions concernant la politique de l'OIT, fixe l'ordre du jour de la Conférence internationale du Travail, adopte le programme et le budget de l'Organisation avant sa soumission à la CIT. Il reçoit et traite également les plaintes et réclamations dénonçant l'inapplication des conventions adoptées. L'administration de l'OIT est assurée par le Bureau international du travail (BIT) qui joue un rôle central dans la vie de l'OIT. Le BIT compte 2 700 fonctionnaires originaires de tous les pays.

L'activité de l'OIT se déploie dans plusieurs directions. Elle mène d'abord des actions de coopération technique afin d'aider les pays qui le souhaitent dans l'élaboration de leur législation du travail ; l'OIT envoie alors des experts pour réaliser cette mission. L'OIT développe également des activités de recherche et d'information pour étudier, faire connaître et comparer les différentes législations sociales. L'OIT dispose ainsi de plusieurs revues, notamment la *Revue internationale du travail*, et de bulletins d'information. Enfin, l'OIT a développé une intense action normative, par le biais des conventions et recommandations. Ces instruments sont adoptés à la majorité des deux tiers par la CIT, qui discute à partir d'un projet élaboré par le BIT et proposé par le Conseil d'administration. Les recommandations, à la différence des conventions, n'ont pas valeur de traité international. Les conventions constituent donc les instruments majeurs de la législation mondiale du travail. Près de 190 conventions ont été adoptées par l'OIT. Une fois la convention adoptée, les États membres ont l'obligation, qui n'existe dans aucune autre institution, de la proposer à l'organe national compétent pour la ratifier et ce dans un délai d'un an (Const. OIT, art. 19.5). Mais tous les pays n'ont pas ratifié les 190 conventions. Loin de là. Le taux moyen de conventions ratifiés par pays est à peine supérieur à 40 (la France, bonne élève, a ratifié 124 conventions). 69 ■

Consciente de ce problème, l'OIT a choisi une voie originale. La déclaration du 19 juin 1998, relative aux principes et droits fondamentaux au travail*, affirme que huit conventions internationales, les plus importantes, lient les États membres de l'OIT, même s'ils ne les ont pas ratifiées. Il s'agit d'une bizarrerie car, en droit international, une convention ne peut être obligatoire pour un État s'il ne l'a pas ratifié. Mais la Déclaration explique bien que faire partie de l'OIT implique nécessairement d'adhérer à ces principes fondamentaux, incarnés dans 8 conventions (la liberté d'association, la liberté syndicale, le droit à la négociation collective, l'élimination du travail forcé et du travail des enfants et l'élimination des discriminations en matière d'emploi et de profession).

L'OIT ne dispose cependant pas de pouvoir de sanctions propres à inquiéter les États membres. Un suivi régulier de l'application et de la ratification des conventions conduit à la rédaction d'observations compilées dans les rapports publics annuels. Des procédures de plainte (entre États) ou de réclamation (déposées par les organisations d'employeurs ou de travailleurs) ont été prévues mais elles restent rares et conduisent à des condamnations symboliques. Ces condamnations peuvent toutefois peser sur le droit des États, comme en témoigne la condamnation de la France par l'OIT, le 14 novembre 2007, pour violation de la convention 158 de l'OIT sur le licenciement en raison des règles régissant le contrat nouvelles embauches (v. ss 137). 70 ■

Mais les organes ou comités d'experts de l'OIT ne sont pas les seuls à pouvoir faire respecter les conventions de l'OIT. Les juridictions nationales sont également compétentes. En France, plus de 100 conventions de l'OIT ont été ratifiées jusqu'à présent et sont actuellement en vigueur. Et ces conventions, trop souvent méconnues, sont directement invocables devant les tribunaux français (v. not. Soc. 6 juin 1973, *Bull. civ.* V, n° 371 : Conv. OIT, n° 32 concernant la protection des travailleurs occupés au chargement et au déchargement des bateaux ; Soc. 4 févr. 1987, *Bull. civ.* V, n° 66 : Conv. OIT, n° 3 concernant l'emploi des femmes avant et après l'accouchement ; Soc. 26 nov. 2002, *Bull. civ.* V, n° 355 : Conv. OIT, n° 137 sur le travail dans les ports ; 29 mars 2006, *Bull. civ.* V, n° 131 : Conv. OIT, n° 158 concernant le licenciement ; 71 ■

3 mars 2010, *Bull. civ.* V, n° 54 : Conv. OIT, n° 87 relative à la liberté syndicale et à la protection du droit syndical ; 14 avr. 2010* : Conv. OIT, n° 98 concernant le droit d'organisation et de négociation collective ; 18 janv. 2011, n° 09-40.094 [P] : Conv. OIT, n° 180 concernant la durée du travail des gens de mer ; Crim. 1er mars 2011, n° 10-82.636 : Conv. OIT, n° 81 sur l'inspection du travail ; Soc. 28 sept. 2011, n° 10-21.294 [P] : Conv. OIT, n° 135 relative à la protection des représentants des travailleurs ; CE 2 déc. 2011, *CFTC*, req. n° 333472 : Conv. OIT, n° 106 sur le repos hebdomadaire).

§ 2 Les niveaux européens

72 Le droit du travail subit l'influence tant du droit de l'Union européenne (A) que de celui élaboré au niveau des instances du Conseil de l'Europe (B). L'importance de ces deux droits va croissante, mais il ne faut pas les surestimer. L'Europe sociale ne comprend pas encore un corps complet de règles ou de principes. Plus encore, elle n'est pas encore arrivée à maturité. Elle reste tiraillée entre un droit du marché du travail et des libertés économiques consacrées dès les premiers traités européens, et une finalité proprement sociale, qui n'est pas toujours garantie par la consécration des Droits de l'homme. Une véritable Europe sociale pourrait trouver un appui solide dans la Charte sociale européenne, mais l'effectivité de cet instrument élaboré dans le cadre du Conseil de l'Europe n'est pas assurée.

A. L'Union européenne

73 L'ordre juridique de l'Union européenne imprègne tout le droit du travail. Les règles de non discrimination et notamment la promotion de la discrimination indirecte (v. ss 341 s.), le transfert des contrats de travail (v. ss chap. 17), la sécurité sur les lieux de travail, le temps de travail (v. chap. 14), mais aussi l'information et la consultation des travailleurs... sont autant de thèmes réglés concurremment par le droit de l'Union européenne et le droit interne. Aussi est-il important de bien saisir les compétences de l'Union (1), le mécanisme de l'effet direct (2), et de saisir la particularité de l'élaboration de certaines normes de l'Union qui peuvent être issues du dialogue social (3).

1. *Compétences de l'Union européenne*

74 L'Union européenne ne dispose pas d'une compétence générale lui permettant d'intervenir dans tous les domaines du droit du travail. D'une part, les règlements européens ne peuvent pas, en principe, être adoptés en droit du travail. Les traités n'ont prévu de réglementation que par directives. Celles-ci peuvent être adoptées à la majorité qualifiée (TFUE, art. 153.2 b, ex. traité, art. 137.2 b) dans certains domaines, comme l'information et la consultation des travailleurs ou encore les conditions de travail (lesquelles incluent notamment les questions d'hygiène, de sécurité, et de temps de travail). En revanche, restent soumis à l'exigence d'unanimité des points importants, comme le droit du licenciement ou l'action syndicale revendicative dans l'entreprise (TFUE, art. 153.2 b, ex. traité, art. 137.2 b). Les thèmes de la grève ou de la rémunération (à l'exclusion de l'égalité de rémunération entre hommes et femmes) sont même exclus, en principe, du champ d'une possible législation européenne (TFUE, art. 153.5, ex. traité, art. 137.5).

Mais l'absence de compétence expresse ne signifie pas que l'influence de l'Union européenne est nulle. Les principes, les libertés et les droits fondamentaux de l'Union compensent parfois l'absence de compétence explicite. Ainsi, et pour ne citer que deux exemples, les règles de non-discrimination fondée sur la religion ou les convictions, le handicap, l'âge ou l'orientation sexuelle s'appliquent même à la rémunération (Dir. n° 2000/78 CE du 27 nov. 2000, art. 3.1.C), et le droit de grève peut être restreint s'il entrave la liberté d'établissement (v. CJCE 11 déc. 2007, *Viking*, aff. C-438/05 ; 18 déc. 2007, *Laval*, aff. C-341-05, v. ss 743).

2. Effet direct du droit de l'Union européenne

L'*effet direct*[Q] du droit de l'Union européenne fait l'objet de règles qui varient selon l'instrument communautaire. 75 ■

Pour les dispositions des traités, il faut que les dispositions invoquées soient précises, inconditionnelles et créent des droits directement au profit des particuliers. Sont ainsi directement invocables les dispositions sur la libre circulation des travailleurs (TFUE, art. 45) et celles relatives à l'égalité de rémunération entre hommes et femmes (TFUE, art. 157).

Les règlements, dont l'intervention est certes assez rare en droit du travail, sont directement applicables. En revanche, les directives exigent normalement pour être applicables dans les États membres un acte de transposition (souvent une loi) qui doit être adopté dans le délai fixé par la directive. La CJUE a créé un ensemble de règles assez sophistiqué, pour donner une force à la directive une fois le délai de transposition expiré (v. CJCE 15 janv. 2014*, *AMS*, qui récapitule les règles). À l'issue de ce délai, les directives sont obligatoires pour les États membres et plus généralement pour tous les détenteurs de la puissance publique. Il convient alors de distinguer selon que la directive est invoquée contre un organisme détenteur de la puissance publique, ou contre un particulier (personnes physiques et morales). Ainsi, les particuliers peuvent invoquer une directive non transposée ou mal transposée à l'encontre des détenteurs de la puissance publique, à condition qu'elle soit claire, précise et inconditionnelle (effet « vertical », v. Soc. 22 juin 2016 [PBR], n° 15-20.111 : société privée délégataire du service public des transports). Mais une directive, même claire, précise et inconditionnelle ne peut être invoquée dans les litiges entre particuliers ; on dit qu'elles n'ont pas « d'effet direct horizontal ». Toutefois, par différents mécanismes, la Cour de justice réussit à faire produire des effets partiels à la directive non transposée. D'abord, selon la Cour de justice, les juges doivent faire tout ce qui est en leur pouvoir pour interpréter les dispositions du droit français dans un sens qui le rende compatible avec les directives : c'est une obligation d'interprétation conforme. Le juge national doit ainsi interpréter le droit national « à la lumière » du texte et de la finalité de la directive (v. par ex. Soc. 3 juill. 2012, n° 08-44834). Mais cette interprétation conforme ne peut aller jusqu'à une interprétation *contra legem*, qui s'éloignerait trop du sens littéral des termes (Pour une illustration de ce cas de figure, Soc. 18 nov. 2009, n° 08-43.398, *JCP* S 2010. 1047, note P. Morvan). Second effet d'une directive non ou mal transposée à l'issue du délai de transposition : le particulier lésé qui n'a pu obtenir gain de cause en raison de l'absence d'effet horizontal pourra néanmoins mettre en cause la responsabilité de l'État (CJCE 19 nov. 1991, *Francovich e.a.*, aff. C-6/90 et C-9/90).

La question de l'effet direct du droit de l'Union européenne se pose également de manière massive dans le domaine des droits fondamentaux. Depuis l'entrée en vigueur du traité de Lisbonne le 1er décembre 2009, l'article 6 du traité sur l'Union européenne consacre en effet l'application de la Charte des droits fondamentaux de l'Union européenne. De nombreuses dispositions de cette Charte intéressent le droit du travail – liberté syndicale, liberté de travailler, droit de participation, droit à la négociation collective, etc. Elles ont pu paraître directement invocables devant le juge français (v. Soc. 14 avr. 2010*), mais la question est aujourd'hui plus discutée, et fait l'objet là encore d'une jurisprudence assez subtile de la CJUE qui oblige à distinguer l'applicabilité d'un droit fondamental et son invocabilité (CJUE 15 janv. 2014*, *Assoc.de médiation sociale (AMS)*, pts 42-48). Les droits fondamentaux de l'Union européenne – principes de non-discrimination, libertés de circulation, droits et principes de la Charte – sont applicables uniquement dans les situations régies par le droit de l'Union. Il faut donc que le litige concerné entre dans un domaine de compétence de l'Union européenne (v. pour un cas de non applicabilité, Soc. 10 juill. 2013, n° 12-28093, *Dr. ouvrier* 2014, note J. Porta ; CJUE 5 févr. 2015, aff. C-117/14). Si la disposition consacrant un droit fondamental a vocation à être appliquée, un deuxième temps dans le raisonnement intervient : est-elle invocable par les particuliers ? Ici, la CJUE rappelle des principes assez communément admis : la disposition pour être invocable doit être précise, claire et inconditionnelle. C'est le cas du principe de non-discrimination en fonction de l'âge (CJUE, 19 janv. 2010, *Kücükdeveci,* aff. C-555/07), mais non du droit à l'information et à la consulation des travailleurs dans l'entreprise, qui consacré à l'article 27 de la Charte des droit fondamentaux de l'UE, n'est que garanti « dans les cas et conditions prévus » par le droit de l'Union et les droits nationaux (CJUE 15 janv. 2014*, préc.). L'invocabilité directe d'un droit fondamental de l'Union européenne peut conduire à remettre en cause dans un litige entre particuliers une législation nationale contraire à une directive non transposée dont il n'est pas possible de soulever la violation. Le droit fondamental constitue alors un moyen pour contourner l'absence d'effet horizontal des directives non transposées (v. CJUE, *Kücükdeveci*, préc.)

3. *Dialogue social européen*

■ 76 La négociation collective au niveau européen joue, elle aussi, un rôle de plus en plus important. Cette négociation se déroule, lorsqu'il s'agit de questions générales et interprofessionnelles, entre la CES (Confédération européenne des syndicats), BUSINESSEUROPE représentant les employeurs du secteur privé (nouvelle dénomination adoptée par l'ancienne UNICE) et pour les employeurs du secteur public, le CEEP (Centre européen des entreprises à participation publique). La négociation a pour but d'aboutir à l'adoption d'accords collectifs européens.

■ 77 Ces accords peuvent être intégrés dans une directive, ce qui leur donne la valeur de cette dernière, à l'issue d'un processus relativement complexe. Voilà le schéma : lorsque la commission envisage de légiférer en matière sociale, elle doit s'adresser deux fois aux partenaires sociaux. D'abord, elle doit consulter les partenaires sociaux sur l'orientation possible d'une action de l'Union en matière sociale, en somme sur la pertinence d'une législation sur un thème particulier en ce domaine (TFUE, art. 154 § 2). Si après cette consultation, la commission décide de poursuivre son initiative, elle doit faire part aux partenaires sociaux du contenu de la proposition de directive. Ces derniers peuvent choisir de s'emparer du thème soit lors de la première consultation, soit lors de la seconde, ce qui interdit alors aux institutions européennes normales (commission, parlement, conseil européen) de se saisir de la question. Une limite à la mainmise sur le projet des partenaires sociaux est néanmoins fixée ; au bout de neuf mois, les institutions européennes reprennent leurs droits. Mais si les partenaires sociaux ont abouti à un accord, ils peuvent demander qu'il soit intégré au droit de l'Union. Si le Conseil l'accepte, l'accord sera annexé, tel que, à une directive (TFUE, art. 155 ; v. not. la Dir. du 15 déc. 1997 reprenant l'accord-cadre sur le travail à temps partiel ou encore la Dir. du 28 juin 1999 reprenant l'accord-cadre sur le travail à durée déterminée). En revanche, l'accord ne peut être modifié par les institutions européennes. C'est un système du tout ou rien.

À côté de ces accords mis en œuvre par voie de directive existent des accords « autonomes », prévus par l'article 155 du TFUE. Il s'agit d'accords que les partenaires sociaux concluent sans initiative de la commission (v. l'accord-cadre sur les marchés du travail inclusifs conclu le 25 mars 2010) ou selon la procédure ci-dessus décrite mais sans demande d'intégration à une directive (v. par ex., accord du 26 avr. 2007 sur le harcèlement et la violence au travail). La mise en œuvre de ces accords se fait selon les procédures propres à chaque État membre, sans qu'il y ait de directive. Cette mise en œuvre prend la forme, en France, d'accords nationaux (v. par ex., accord national du 26 mars 2010 sur la violence et le harcèlement au travail). 78 ■

B. Le Conseil de l'Europe

Le Conseil de l'Europe est une organisation internationale créée en 1949 qui regroupe 47 États : la totalité des États de l'Europe, à l'exception de la Biélorussie, et quelques États orientaux (Turquie, Russie, Arménie, Azerbaïdjan). Le Conseil de l'Europe a adopté deux conventions importantes pour le droit du travail : la Convention européenne de sauvegarde des droits de l'homme et des libertés fondamentales et la Charte sociale européenne. 79 ■

Fondatrice de l'identité du Conseil de l'Europe, la Convention européenne de sauvegarde des droits de l'homme et des libertés fondamentales a été signée le 4 novembre 1950. Elle est mieux connue sous l'appellation de convention européenne des droits de l'homme ou sous son acronyme de CEDH. Elle est d'applicabilité directe par les juges français et le non-respect de ses dispositions conduit à des sanctions financières prononcées par la Cour européenne des droits de l'homme (Cour EDH). La Cour européenne des droits de l'homme peut être saisie par toute personne, en principe après épuisement des voies de recours internes. 80 ■

Le texte de la Convention européenne des droits de l'homme n'évoque que rarement les rapports salariés. Mais la jurisprudence très dynamique de la Cour européenne des droits de l'homme en a fait une norme incontournable dans l'étude du droit du travail. Plus précisément, l'influence de la Cour européenne des droits de l'homme sur le droit national se fait sentir de trois manières.

Directement, tout d'abord. La France est parfois condamnée pour certaines solutions que son droit consacre. La décision de condamnation prononcée par la CourEDH s'impose au législateur qui doit modifier la loi en conséquence et aux juridictions françaises qui doivent alors l'intégrer dans leur solution. C'est ce qu'a fait expressément la chambre sociale de la Cour de cassation dans un arrêt du 13 juin 2007 où elle a visé « l'article 6 § 1 de la Convention de sauvegarde des droits de l'homme et des libertés fondamentales tel qu'interprété par l'arrêt *Arnolin et autres c. France* du 9 janvier 2007 de la Cour européenne des droits de l'homme» (n° 05-45.694, *Bull. civ.* V, 2007, n° 99).

L'incidence de la CEDH tient aussi à l'autorité de la jurisprudence de la Cour européenne des droits de l'homme, ce que l'on appelle l'autorité interprétative. En effet, la victoire d'un justiciable dans un pays a vocation à fixer le sort d'autres justiciables, et ce même dans d'autres pays du Conseil de l'Europe. C'est ainsi que la liberté de ne pas faire partie d'un syndicat, certes reconnue par le droit français, a reçu le renfort de la Cour EDH dans des affaires anglaises ou danoises (v. en dernier lieu, CEDH 11 janv. 2006, *Sorensen et Rasmussen c/ Danemark*, n°s 52562/99 et 52620/99), ou que la liberté religieuse du salarié trouve un appui et une limite dans les arrêts de la CEDH (v. la série de 4 arrêts du 15 janv. 2013, *Eweida et a c/ Royaume-Uni*, req n°s 48420/10, 59842/10, 51671/10 et 36516/10).

Enfin, l'influence de la Convention se fait sentir car ses dispositions sont fréquemment appliquées de manière autonome par les juridictions nationales dans les litiges qui leur sont soumis, au prix parfois d'une interprétation très nationale (v. p.e. Soc. 5 mars 2008 n° 06-18.907, qui limite le droit d'expression des syndicats sur internet en se fondant sur l'article 10§2 de la CEDH).

81 La Charte sociale européenne est la seconde convention élaborée au sein du Conseil de l'Europe et intéressant le droit du travail. Elle a été conclue en 1961 et a été substantiellement révisée en 1996 (révision ratifiée par la France en 1999). Cette Charte consacre les droits sociaux de manière très complète. Elle protège le droit de grève, interdit le travail forcé, garantit la liberté syndicale... De manière assez originale, elle n'hésite pas à entrer dans le détail des droits reconnus. Ainsi, l'article 7.7 interdit que les congés payés des travailleurs de moins de 18 ans durent moins de 4 semaines par an (art. 7.7). Si les droits protégés sont très étendus, le contrôle du respect des dispositions de la Charte est bien plus restreint, surtout si l'on compare à celui mis en œuvre pour la CEDH. Les réclamations des particuliers ne sont pas recevables, le mécanisme de plainte est réservé aux syndicats de salariés, aux organisations d'employeurs et aux 75 associations habilitées par le Conseil de l'Europe. La plainte est examinée par le Comité européen des droits sociaux (CEDS), comité composé de 15 experts ayant pour mission d'examiner le respect de la Charte. En cas de violation, une décision est prise mais la condamnation, symbolique, de l'État doit être prononcée par le comité des Ministres, qui adopte une résolution. Organe politique, le comité des Ministres peut affadir voire refuser de suivre les décisions du CEDS. La faiblesse des mécanismes de sanctions propres à la Charte tend à être compensée par la prise en compte croissante de cette dernière par différentes juridictions.

Certes le Conseil d'État refuse encore d'accorder à la Charte sociale européenne un effet direct (CE 2 avr. 2004, req. n° 249482 ; 15 mai 1995, req. n° 152417 ; v. toutefois les évolutions annoncées par CE 11 avr. 2012, *Gisti et Fapil*, req. n° 322326). Mais la Cour européenne des droits de l'homme utilise la Charte pour justifier des interprétations audacieuses de la Convention européenne des droits de l'Homme (v. CEDH 12 nov. 2008, *Demir*, req. n° 34503/97, *RJS* 2009. 195, note E. Lafuma ; *D.* 2009. 739, obs. J.-P. Marguénaud et J. Mouly). Surtout la Cour de cassation semble avoir franchi le pas en reconnaissant d'*effet direct*[Q] certaines dispositions de la Charte (v. not., Soc. 14 avr. 2010*). Il n'y a guère de raison de ne pas accepter cet effet direct : la plupart des dispositions de la Charte révisée sont claires précises, inconditionnelles et paraissent bien faire naître des droits directement au profit des particuliers, en tout cas bien plus que d'autres conventions internationales dont la Cour de cassation a déjà reconnu l'effet horizontal.

§ 3 Le niveau étatique

On retrouve en droit du travail l'ensemble des sources étatiques traditionnelles. La loi, le règlement et la jurisprudence sont, comme dans les autres matières, des sources essentielles. Les règles du bloc de constitutionnalité ont connu, comme dans bien d'autres branches du droit, un regain de vitalité depuis l'entrée en vigueur de la question prioritaire de constitutionnalité (QPC), le 1er mars 2010. 82

Il suffit de noter ici quelques points spécifiques au droit du travail. Ils concernent principalement le bloc de constitutionnalité (A), la loi (B), le code (C) et la jurisprudence (D).

A. Le bloc de constitutionnalité

À la différence d'autres constitutions, la Constitution française votée le 4 octobre 1958 ne contient aucune disposition spécifique au droit du travail, exception faite de l'article 34 qui indique que « la loi détermine les principes fondamentaux [...] du droit du travail, du droit syndical et de la sécurité sociale ». La Constitution de 1958 organise les pouvoirs publics et ne cherche pas à proclamer les droits et libertés fondamentaux qui constitueraient le socle de la société. Tout au plus, son article 1 proclame que « la France est une République indivisible, laïque, démocratique et *sociale* ». En revanche, figurent dans le Préambule de la Constitution de 1946*, intégré au bloc de constitutionnalité, de nombreuses dispositions intéressant le droit du travail. Ce sont principalement ces dispositions ainsi que certains principes ou objectifs dégagés par le Conseil constitutionnel qui vont imprégner le droit du travail. La « constitutionnalisation » du droit du travail revêt plusieurs formes. 83

La constitutionnalisation du droit du travail tient d'abord au fait que les règles constitutionnelles s'appliquent directement dans les relations privées, entre employeurs et salariés. Ainsi l'employeur qui déplace le local syndical d'office et sans autorisation judiciaire porte atteinte à la liberté syndicale protégée par l'alinéa 6 du préambule de la Constitution de 1946 (Soc. 13 janv. 2010, *Bull. civ.* V, n° 11 ; v. égal. Soc. 29 juin 2011*). La Cour de cassation fait en effet référence dans ces arrêts aux énoncés contenus dans le *bloc de constitutionnalité*Q (et ce de longue date, Soc. 28 juin 1951, *GADT,* n° 182) ou à des principes constitutionnels (Soc. 22 sept. 2010, *Bull. civ.* V, n° 94 : principe constitutionnel d'égalité). 84

La constitutionnalisation du droit du travail touche ensuite à l'articulation entre les sources du droit du travail. En effet, l'article 34 de la Constitution réserve à la loi le soin de fixer les principes fondamentaux du droit du travail. Sur le fondement de cet article, le Conseil constitutionnel a précisé les places respectives de la loi, de la convention collective et du règlement en droit du travail. Il ressort notamment d'une décision du 29 avril 2004 (Cons. const. 29 avr. 2004, n° 2004-494 DC) que la loi ne peut déléguer à la convention collective le soin de déterminer les conditions et garanties de dispositions de valeur constitutionnelle. Néanmoins, une fois ces conditions et garanties fixées de manière suffisamment précise (Cons. const. 7 août 2008, 85 n° 2008-568 DC), la loi peut confier aux interlocuteurs sociaux le soin d'en préciser les modalités d'application. Conventions collectives et règlements sont ainsi placés sur un pied d'égalité. L'articulation entre accord collectif et contrat est désormais elle aussi placée sous les feux des principes constitutionnels (Cons. const. 15 mars 2012, n° 2012-649 DC).

86 Enfin, la constitutionnalisation du droit du travail traduit l'encadrement croissant de l'activité législative par les règles constitutionnelles. Deux voies sont empruntées. Primo, une disposition législative peut être déférée au Conseil constitutionnel avant sa promulgation pour vérifier qu'elle respecte le bloc de constitutionnalité (Const., art. 61). Secundo, depuis le 1er mars 2010, une loi déjà en vigueur peut également être soumise au Conseil constitutionnel pour qu'il examine si elle est compatible aux droits et libertés garantis par la Constitution (Const., art. 61-1). C'est la fameuse procédure de question prioritaire de constitutionnalité (QPC), qui notamment a été utilisée pour contester – la plupart du temps en vain – la compatibilité de la loi du 20 août 2008 réformant la représentativité aux droits et libertés garanties par la Constitution (v. par ex., Cons. const. 12 nov. 2010, nos 2010-63/64/65 QPC). La multiplication des saisines du Conseil constitutionnel, même si elle ne s'accompagne pas d'un accroissement parallèle du nombre de dispositions législatives annulées, contribue à donner des assises constitutionnelles à un nombre croissant de règles du droit du travail (v par exemple : Soc 22 juin 2016 [PB], n° 16-40019).

B. La loi

87 La loi occupe un rôle central en droit du travail. Elle ne se contente pas de déterminer les principes fondamentaux du droit du travail, comme l'évoque l'article 34 de la Constitution, elle descend également dans le détail des règles, parfois inutilement, souvent maladroitement. Sur ce point, le droit du travail n'est pas spécifique. Comme dans d'autres branches du droit, la qualité formelle de la loi prête le flanc à la critique. Mais il est vrai qu'en droit du travail, cette complexité de la législation a ouvert les vannes de la réforme de son contenu (v. M. Véricel, *Dr. Soc.* 2015. 833 ; P. Lokiec, « Les idéologues de la simplification », *SSL* 2015, n° 1677 ; L. Flamant, T. Sachs, « La simplification du droit du travail », Controverse *RDT* 2010. 489).

La particularité de la loi en droit du travail réside dans sa procédure d'élaboration. Sur le modèle du dialogue social européen (v. ss 76 s.), la loi du 31 janvier 2007 a créé une obligation de faire précéder, sauf en cas d'urgence (C. trav., art. L. 1er, al. 4), tout projet de loi de réforme du droit du travail par une « concertation préalable » avec les syndicats de salariés et les organisations d'employeurs représentatives au niveau national et interprofessionnel (C. trav., art. L. 1er, al. 1er). Cette obligation a été étendue aux propositions de loi par un « un protocole sur la consultation des partenaires sociaux sur les propositions de loi à caractère social », adoptée par le Sénat et l'Assemblée nationale. Bien que son champ soit étendu, la procédure paraît relativement peu contraignante, notamment si on la compare à celle suivie en droit européen (v. ss 76). L'obligation qui pèse sur le gouvernement n'est assortie d'aucune sanction et le législateur n'est pas tenu par l'éventuel accord issu de la concertation. Du reste, il faudrait une modification constitutionnelle pour contraindre véritablement le législateur (v. en ce sens, le projet de loi constitutionnelle déposé le 14 mars 2013).

Pourtant, le schéma prévu par la loi du 31 janvier 2007 a dans l'ensemble été respecté. Dernièrement, la loi relative à la sécurisation de l'emploi du 14 juin 2013 est ainsi le prolongement de l'Accord national interprofessionnel du 11 janvier 2013 *pour un nouveau modèle économique et social au service de la compétitivité des entreprises et de la sécurisation de l'emploi et des parcours professionnels des salariés* (dont le législateur a néanmoins eu l'heureuse idée de ne pas reprendre le titre).

La loi du 31 janvier 2007 a généralisé une pratique déjà ancienne en droit du travail : celle de la « loi négociée ». On peut ainsi mentionner la loi du 12 novembre 1996 qui reprend l'Accord national interprofessionnel (ANI) du 31 octobre 1995, les principales lois relatives à la formation professionnelle, qui sont, pour l'essentiel, la reprise des accords de 1971, 1991 et 2003... Mais en affichant en tête du Code du travail une obligation de concertation préalable, la loi du 31 janvier 2007 a amorcé une évolution majeure quoique complexe des rapports entre sources du droit du travail. Désormais, en matière sociale, le législateur se sent tenu par les accords trouvés par les interlocuteurs sociaux, ce dont témoigne le fait que les accords sont peu retouchés lors des débats parlementaires. On peut alors s'inquiéter du recul de la place de l'intérêt général, soumis aux intérêts collectifs, d'autant que le travail est une question qui intéresse toute la société (les étudiants, les chômeurs, etc.) et non les seuls travailleurs et leurs organisations. On ne peut manquer également de relever que la légitimité des interlocuteurs sociaux, même si celle des syndicats de salariés a été accrue par la loi du 20 août 2008 et celle des organisations patronales par la loi du 5 mars 2014, n'est pas assurée. Et pourtant, grâce à un discours vantant l'autonomie des partenaires sociaux, le législateur, alors qu'il rogne une part de sa souveraineté pour des acteurs à la légitimité perfectible, voit son œuvre légitimée. Quant au gouvernement, plus insidieusement, il a désormais une influence sur l'agenda des partenaires sociaux, mettant à l'ordre du jour de ces derniers les réformes qu'il souhaite entreprendre. 88

La loi dite « travail » du 8 août 2016 tente de modifier la nature de la loi en droit du travail. Alors que ce droit a longtemps été présenté comme une matière où règne en maître l'ordre public (absolu ou social, v. ss 975 s.), la « supplétivité » de la loi se diffuse et s'affiche. Pareille « supplétivité » pourrait même être appelée à constituer la règle si se répandait le modèle des normes relatives au temps de travail (v. ss 400). En effet, le Code du travail, dans sa version issue de la loi dite « travail » du 8 août 2016, souligne de manière symbolique le caractère subsidiaire de certaines règles du droit du travail par un rubricage tripartite des articles du code qui met en valeur « Les dispositions supplétives ». Cette formule est devenue l'intitulé de très nombreuses subdivisions des chapitres consacrés au temps de travail (v. la rubrique des compléments pédagogiques ci-dessous, Document 8). En cette matière, les dispositions supplétives existaient déjà mais elles sont désormais rendues visibles pour insister sur – et inciter à – la souplesse, vraie ou prétendue, de la loi en droit du travail. Il ne fait pas de doute que l'autorité et la place de la loi en sortent, symboliquement, affaiblies et réduites. Corrélativement, les interlocuteurs sociaux à la légitimité mal assurée deviennent les producteurs privilégiés de la norme en droit du travail. Ce sont plus profondément ainsi les garanties minima légales qui se voient menacées par cette « supplétivité » généralisée. 89

C. Le code

90 Les lois et règlements ayant trait au droit du travail sont très majoritairement intégrés dans le Code du travail. Ce Code a fait l'objet d'une refonte réalisée par l'ordonnance du 12 mars 2007, la loi de ratification du 21 janvier 2008 et le décret du 7 mars 2008. Les lois forment la première partie du Code du travail, celle qui contient les articles en « L. ». La deuxième partie du code est composée de décrets simples (art. en « D. »), et de décrets pris après avis du Conseil d'État (art. en « R. »). Le nouveau code est censé ne rien avoir changé aux règles de l'ancien. En effet, la codification avait pour but principal déclaré d'améliorer la présentation du Code du travail, sans toucher au fond. Il s'agit d'une recodification à « droit constant ». La Cour de cassation, prenant appui sur cette « constance », maintient le même sens à des règles dont l'énoncé a été modifié après la codification (Soc. 27 janv. 2010, FS-P+B, n° 08-44.376 ; 29 juin 2011, n° 10-11.525 [PB]).

D. La jurisprudence

91 Les règles régissant les rapports de travail ne proviennent pas uniquement du Parlement et du gouvernement. La jurisprudence fait partie intégrante du droit du travail. Il ne faut pas la confondre avec le contentieux, terme qui désigne l'ensemble des affaires jugées par les tribunaux. La jurisprudence ne constitue qu'une très faible partie de l'activité des juridictions. Il s'agit de l'activité de production de règles, et le résultat de cette production, que l'on trouve dans certaines décisions des juridictions supérieures (Cour de cassation, Conseil d'État, CJUE, CEDH) : celles qui, précisément, « font jurisprudence ». La découverte et la diffusion des règles jurisprudentielles est très largement assurée par la diffusion de commentaires, de résumés dans les revues et ouvrages de droit et par l'intégration de ces nouvelles règles dans la description du droit du travail (notamment dans les manuels).

Contrairement à ce que l'on lit parfois, la jurisprudence ne se contente pas de compléter ou de préciser les textes qui appellent concrétisation. Elle vient parfois modifier radicalement le sens d'un texte, voire créer une règle ou un même ensemble de règles qui constituera un segment entier du droit du travail. La règle jurisprudentielle détachée de toute interprétation légale — telle celle interdisant la minoration de la contrepartie financière à la clause de non-concurrence en cas de démission — est du reste à l'abri d'une QPC (Soc. 28 nov. 2012 [P], n° 11-17.941, *Dr. soc.* 2013. 173, note J. Mouly). L'œuvre jurisprudentielle de la chambre sociale de la Cour de cassation est ainsi au cœur de la réglementation de la grève (chap. 21), de la distinction cardinale entre modification du contrat de travail et changement des conditions de travail (v. chap. 11). La jurisprudence de la Cour de cassation et de la CJUE occupe une place centrale dans le transfert des contrats de travail (chap. 16). Le Conseil d'État a largement fixé les éléments du régime du règlement intérieur (v. chap. 9). Les exemples pourraient être multipliés à l'envi.

En raison de l'absence de légitimité élective des juges, la jurisprudence est parfois critiquée. Mais bien souvent, ce n'est pas le déficit démocratique des juges qui suscite la colère, mais les positions prises, surtout si elles renforcent les garanties et les droits des salariés.

§ 4 Les conventions collectives

Les conventions collectives sont des actes juridiques hybrides. Elles sont conclues comme des contrats. Elles naissent effectivement de la rencontre d'au moins deux volontés, celle d'une partie qui représente les intérêts des salariés et celle d'une partie patronale. La partie salariale est en principe constituée par un ou plusieurs syndicats représentatifs. Du côté de la partie patronale, ce peut être un employeur unique, plusieurs employeurs, un groupement d'employeurs, plusieurs de ces groupements... Conclues comme les contrats, les conventions collectives lient les signataires. 92 ■

Mais elles sont dotées, en plus, d'un effet normatif : elles régissent, à l'instar d'une norme légale ou réglementaire, la situation de personnes qui n'ont pas pris part à leur élaboration. Elles s'appliquent en effet à tous les salariés des employeurs qui l'ont signée soit directement, soit indirectement par le biais de l'organisation patronale dont ils sont membres. Les conventions collectives s'appliquent donc également à des salariés non syndiqués ou non adhérents au(x) syndicat(s) de salariés signataires de la convention. Certaines conventions, les conventions collectives de branche, vont même s'appliquer à des employeurs non signataires, et ainsi à tous leurs salariés, grâce à un arrêté ministériel d'extension ou d'élargissement

Les champs d'application des conventions collectives sont très divers. Celles-ci peuvent être limitées à un établissement, à une entreprise ou s'appliquer à tout un secteur d'activité économique, ce qu'on appelle une branche, comme la boulangerie ou la métallurgie. Certains accords collectifs ont un champ d'application encore plus large. Ils ont vocation à s'appliquer à plusieurs secteurs sur tout le territoire : on parle alors d'accord national interprofessionnel. Aujourd'hui, plus de 95 % des salariés sont dans le champ d'application d'au moins une convention collective (Dares, *Premières Synthèses*, 2006, 46.2).

Sur le plan terminologique, on distingue les conventions collectives proprement dites qui traitent l'ensemble des questions relatives aux rapports de travail, des accords collectifs qui ne traitent que d'un aspect. Le régime juridique est strictement identique. C'est la raison pour laquelle convention collective et accord collectif sont très souvent utilisés comme des synonymes. Il suffit de dire ici que les conventions collectives ont une importance cruciale en droit du travail (le titre 8 de ce manuel leur est consacré).

On finira en mentionnant toutefois le changement de fonction de la convention collective. Traditionnellement, elle était conçue comme un remède à l'inégalité entre les parties au contrat de travail. La convention *collective* venait contrecarrer le déséquilibre *individuel* du rapport de travail. Dans cette perspective, la convention collective ne pouvait qu'ajouter au minimum prévu par la loi. La négociation était nécessairement « d'acquisition » (sous entendu de droits et d'avantages au profit des salariés). Aujourd'hui, la convention collective remplit, à côté de cette fonction traditionnelle, une nouvelle fonction : elle permet de détruire ou de diminuer les protections légales ou les droits accordés par d'autres conventions. La négociation est devenue une négociation de démantèlement, souvent pudiquement nommée négociation donnant-donnant. Cette tendance s'accuse en matière de temps de travail où la loi et la convention de branche sont marginalisées au profit de la convention d'entreprise. 93 ■

§ 5 Les usages

94 L'usage est une pratique générale pouvant se prévaloir d'une certaine ancienneté et considérée par ces destinataires comme une norme obligatoire. L'idée est que la réitération permanente de cette pratique stable est le signe de l'existence d'une règle qui certes n'est pas explicitement formulée mais qui est bel et bien ressentie comme obligatoire. On distingue en droit du travail différents types d'usages : professionnels ou locaux, généraux et d'entreprise. Les usages professionnels ou locaux sont devenus rares et, la plupart du temps, les partenaires sociaux les rappellent dans les conventions collectives, ce qui en change la nature. Parmi les usages de la profession, on cite le jour de la sainte-barbe, chômé dans les mines. Les usages généraux sont tout aussi marginaux : le droit de consacrer deux heures de son temps de travail à la recherche d'emploi durant le préavis en cas de licenciement en constitue l'un des derniers représentants. Les usages d'entreprise, en revanche, sont plus nombreux. Ils prennent la forme de primes, de jours de congés supplémentaires. Ils ne sauraient créer des sujétions ou supprimer des garanties pour les salariés (Soc. 31 mars 1998, *Bull. civ.* V, n° 184). Le régime des usages d'entreprise présente de très fortes analogies avec celui des engagements unilatéraux (v. ss 268 s.).

Le Code du travail prend en compte ces normes « spontanées » pour la fixation de la durée du préavis, en cas de démission (C. trav., art. L. 1237-1), pour fixer la durée du préavis de licenciement des salariés qui ont moins de six mois d'ancienneté (C. trav., art. L. 1234-1), ou pour l'assimilation du temps d'habillage à du temps de travail (C. trav., art. L. 3121-3).

§ 6 Le règlement intérieur

95 Le règlement intérieur est une norme très ancienne propre aux relations de travail. Il trouve ses racines dans les règlements d'atelier qui, depuis le début du XIXe siècle, imposaient une discipline collective sur les lieux de travail. Depuis 1982, le Code du travail restreint son champ d'action aux questions de sécurité et de discipline (v. ss 258 s.). Traditionnellement considéré comme un élément du contrat, le règlement intérieur est analysé aujourd'hui comme un acte réglementaire de droit privé. Acte réglementaire puisqu'il s'agit d'une norme posée par l'employeur dans l'exercice d'un pouvoir de police de son entreprise, mais de droit privé car régissant des relations privées.

§ 7 Les engagements unilatéraux de l'employeur

96 Un cadre juridique a dû être inventé pour intégrer les actes, décisions, par lesquels l'employeur crée au profit de ses salariés des *droits* nouveaux. La jurisprudence a recyclé une notion résiduelle du droit des obligations : l'engagement unilatéral. Ayant connu une fortune rapide (v. Soc. 4 avr. 1990, *GADT*, n° 176), l'engagement unilatéral de l'employeur est devenue une catégorie un peu fourre-tout. On y range les promesses ou les avantages inscrits dans des procès-verbaux (de fin de grève, d'échec de la négociation, de réunions avec les représentants du personnel), les engagements pris dans les plans de sauvegarde de l'emploi, certaines notes de

services, des déclarations... On qualifie également d'engagements unilatéraux les « accords atypiques », c'est-à-dire les accords conclus entre l'employeur et des agents non habilités à signer des accords collectifs.

Tout comme l'usage, l'engagement unilatéral n'est valable que s'il apporte une garantie ou un avantage aux salariés. Son étude sera approfondie au chapitre 10 (v. ss 268 s.)

Des engagements unilatéraux de l'employeur, on peut rapprocher les *recommandations patronales*[Q] des groupements d'employeurs. Il arrive en effet qu'une organisation d'employeurs demande à ses adhérents de donner un avantage à leurs salariés. Souvent, il s'agit de verser une prime à l'issue d'un conflit collectif qui a désorganisé le secteur (v. par ex., pour la réclamation du versement d'une prime promise après une grande grève des chauffeurs routiers, Soc. 29 juin 1999, *D.* 2000. 79, obs. A. Bouilloux). La recommandation patronale à condition qu'elle soit claire et précise et qu'elle s'adresse à tous les adhérents, n'est à vrai dire pas une simple recommandation, mais une véritable règle qui a force contraignante (Soc. 6 janv. 2011, n° 09-69.560, *RDT* 2011. 388, obs. H. Tissandier). Tous les salariés pourront ainsi exiger l'octroi de l'avantage ou le versement de la prime. 97 ■

§ 8 Le contrat individuel de travail

Le contrat individuel de travail, parmi de multiples fonctions, remplit celle de porter toute une série de normes applicables à la relation de travail salariée. La plupart des clauses du contrat fixent en effet de manière impérative le comportement que doit adopter chacune des parties. L'importance de ce dernier aspect, que l'on nomme le contenu obligationnel du contrat, ne saurait être négligée. La figure du contrat individuel de travail a déjà été rencontrée précédemment. Son rôle comme source du droit du travail est surtout évoqué au sein du chapitre 12. 98 ■

section 2

Articulation

Que faire quand deux sources différentes règlent une même question ? En cas de conflit, quelle norme doit prévaloir ? La question en droit du travail est cruciale, car certaines sources de règles sont réputées moins protectrices des salariés. Tel est le cas du contrat de travail ; dans sa négociation, c'est l'employeur qui occupe une position forte et peut imposer des sujétions au salarié. De même, on considère généralement que l'accord collectif d'entreprise est moins protecteur que l'accord de branche. Au niveau de la branche, en effet, les pressions sur (ou chantages à) l'emploi sont moins directes, et les négociateurs syndicaux généralement plus expérimentés. La négociation est plus équilibrée. 99 ■

On comprend bien alors que l'on peut remettre en cause ou renforcer les aspects protecteurs du droit du travail, sans changer le contenu des lois ou des conventions collectives. Pour réduire le niveau de protection du droit du travail, il suffit de jouer sur l'articulation des sources et faire prévaloir les règles où la négociation est la plus déséquilibrée, et le pouvoir patronal le plus fort. Sont alors mis en avant le contrat de travail et la convention d'entreprise ou d'établissement. Cette promotion des sources, *a priori* moins protectrices des intérêts des salariés, se fait au nom de l'adaptation aux « réalités du terrain », de l'individualisation et de l'autonomie, autant de slogans aussi peu contestables d'apparence que perturbateurs des lignes-force du droit du travail. Il n'est pas sûr, du reste, que les employeurs gagnent vraiment à cette hyper-individualisation des règles du droit du travail. Les conventions collectives de branche et les lois générales ont aussi pour effet de fixer les règles de la concurrence entre les entreprises. La disparition de celles-là conduit à la déstabilisation de celles-ci.

■ 100 La question de la résolution du conflit entre deux sources de règles du droit du travail est donc bien centrale. Ce conflit peut se résoudre de différentes manières. Un premier mode de résolution consiste à appliquer un critère temporel (§ 1) ; il est assez rarement mis en œuvre. Un deuxième mode d'articulation, assez astucieux, consiste à devoir concilier les règles (§2). Un troisième mode, beaucoup plus classique, consiste à faire prévaloir toujours la norme la plus « haute », plus exactement, celle dont le champ d'application est le plus vaste : c'est l'ordre public. On parle d'ordre public absolu (§ 3) pour le distinguer de l'ordre public social, qui a partie liée avec la règle de faveur. Dans ce cas, on applique la règle, quel que soit son niveau hiérarchique, la plus favorable aux salariés (§ 4). Un dernier mode d'articulation, dont l'apparition est plus récente, consiste à faire application de la norme « inférieure », c'est-à-dire celle au champ d'application le plus étroit. Il s'agit de l'application d'une règle de spécialité (§ 5). Ordre public social et ordre public absolu ont longtemps dominé le droit du travail mais le principe de spécialité gagne du terrain, charriant avec lui le risque d'une dégradation de la situation des salariés.

L'application de ces principes suscite des difficultés particulières lorsqu'est en cause une convention collective. Un chapitre entier est donc consacré à l'articulation des conventions collectives avec les autres normes (v. chap. 25). Il faut ajouter que les modes d'articulation entre les normes sont assez profondément modifiés lorsque interviennent des droits fondamentaux, qui invitent à une articulation moins générale et plus circonstanciée (v. ss 315 s.).

§ 1 Critère temporel

■ 101 En cas de conflit de normes, il est possible de choisir un critère temporel, soit que l'on fasse prévaloir la règle la plus ancienne, soit que l'on privilégie la règle la plus récente. Le domaine d'application de chacune de ces règles de conflit est très différent.

■ 102 La règle d'application de la norme la plus ancienne est assez rarement utilisée. Mais elle n'est pas absente des conflits de sources en droit du travail lorsqu'il s'agit de faire respecter la première volonté exprimée. Elle trouve d'abord à s'appliquer en droit constitutionnel du travail. En effet, afin de respecter l'équilibre trouvé par les partenaires sociaux lors de la conclusion d'un accord collectif, le Conseil constitutionnel a estimé que la loi nouvelle ne devait pas s'appliquer aux conventions collectives conclus avant son entrée en vigueur, sauf motif d'intérêt général suffisant (Cons. const. 13 janv. 2003, n° 2002-465 DC). La règle ancienne survit alors.

On lit aussi une illustration de la prééminence de la norme ancienne dans les rapports entre droit de l'Union européenne et droit international. La CJCE, se fondant sur l'article 234 du Traité CEE (devenu TFUE, art. 351) a jugé dans un arrêt du 2 août 1993 (aff. C-158/91) que les conventions internationales l'emportent sur le droit européen, si elles sont antérieures à l'entrée en vigueur du traité de Rome de 1957. Tel était le cas de la convention 89 de l'OIT sur le travail de nuit des femmes, signé en 1948. Mais la CJCE n'a pas laissé prospérer cette supériorité du traité international antérieur sur le droit de l'Union. La CJUE a rappelé aux États membres l'obligation de dénoncer dès que possible la convention internationale, conformément à l'article 351 TFUE (ex TCE, art. 307, ex : traité CEE, art. 234 ; v. CJCE 4 juill. 2000, *Commission c/ Portugal*, aff. C-84/98, *Rec. CJCE* I-5215, pt 53), ce qui revient à assurer la primauté du droit européen, et donc finalement de la règle la plus récente.

L'application de la règle la plus récente, qui résulte indirectement des décisions de la CJUE, trouve surtout son domaine de prédilection dans les conflits entre conventions collectives et usages ou engagements unilatéraux. Il est constant que la convention collective nouvelle met fin à l'usage ou à l'engagement unilatéral antérieur, peu important son caractère plus ou moins favorable (v. ss 272). Il est en effet logique en droit du travail de faire prévaloir la norme négociée sur les autres types de norme qui peuvent naître dans l'entreprise. 103 ■

§ 2 Conciliation

Lorsque des plaideurs soulèvent la contrariété de deux normes, une solution assez astucieuse consiste à éviter le conflit en interprétant une des deux normes, de telle sorte que disparaisse l'apparence d'incompatibilité. Cette démarche est parfois adoptée par les juges sans être véritablement assumée. Mais elle est parfois préconisée expressément. Ainsi, le droit français doit-il être interprété à la lumière du droit européen dans certaines situations (v. ss 75). Ou encore, le droit de l'Union européenne doit faire l'objet d'une interprétation conforme dans la mesure du possible, aux traités internationaux signés par l'UE (CJUE 11 avr. 2013, aff. C-335/11, pt 29). La notion de handicap, utilisée dans la directive n° 2000/78 doit ainsi être définie en s'inspirant de celle donnée par la convention des Nations unies relative aux droits des personnes handicapées. 104 ■

§ 3 Ordre public absolu

Il n'est pas besoin de s'attarder longuement sur l'ordre public absolu. Il renvoie à une technique de résolution des conflits entre normes très traditionnelle. La norme au champ d'application plus vaste, principalement la loi, doit être respectée et évince toute règle contraire. En droit du travail, ce mode d'articulation est inscrit à l'article L. 2251-1 du Code du travail, concernant les rapports entre loi et convention collective. Son domaine a été précisé par le Conseil d'État, dans un avis du 22 mars 1973 (*Dr. soc.* 1973. 514) : la convention collective ne peut déroger « ni aux dispositions qui, par leurs termes mêmes, présentent un caractère impératif ni aux principes 105 ■

fondamentaux [qui] débordent le domaine du droit du travail ou intéressent des avantages ou garanties échappant, par leur nature, aux rapports conventionnels » (v. ss 974 sur les rapports entre lois et conventions collectives). Par extension et surtout en raison de l'article 6 du Code civil, ce mode d'articulation trouve aussi à s'appliquer dans les rapports entre la loi et le contrat de travail.

■ 106 Une manifestation de l'ordre public absolu peut également être décelée dans l'articulation des conventions collectives entre elles (C. trav., art. L. 2253-3). Selon cet article, les conventions d'entreprise ne peuvent contenir des dispositions différentes de celles de la convention de branche en matière de mutualisation des fonds de la formation professionnelle.

§ 4 Principe de faveur

■ 107 Un troisième mode de résolution de conflit est de faire application de la règle la plus favorable aux salariés. Ce critère de résolution de conflit est propre au droit du travail : il est assez généralisé pour que l'on parle de principe de faveur (v. Quiz). Dans cette hypothèse, la règle supérieure peut être écartée par une règle « inférieure » (de moins grande généralité d'application) plus favorable aux salariés, et la règle supérieure écarte la règle inférieure moins favorable. Les règles supérieures que l'on peut écarter par des règles de niveau inférieur plus favorables sont dites « d'ordre public social ».

■ 108 La règle de l'application de la norme la plus favorable est reconnue par la Cour de cassation comme étant « un principe fondamental du droit du travail » (v. Soc. 27 mars 2001, *Bull. civ.* V, n° 106 ; 17 juill. 1996*), ce qui en souligne l'importance. Le Conseil constitutionnel refuse toutefois de lui reconnaître valeur supra-législative (Cons. const. 13 janv. 2003, n° 2002-465 DC, *GADT*, n° 181. V. également Soc. 29 janv. 2014, n° 13-40067 [PB] : non transmission d'une QPC fondée sur la violation du principe de faveur). Et, de fait, le principe de faveur subit régulièrement de nouvelles exceptions, de nouvelles atteintes de la part du législateur. Néanmoins, il reste de principe dans les rapports entre loi et conventions collectives (C. trav., art. L. 2251-1 ; v. ss 573) et entre conventions collectives et contrat (C. trav., art. L. 2254-1 s. ; v. ss 980) ; il n'a pas disparu des rapports entre conventions collectives (v. ss 967). Il joue dans les conflits entre contrats et engagements unilatéraux/usages, ainsi que dans les conflits entre ces derniers et une convention collective antérieure (v. ss 272).

■ 109 La règle de faveur n'est pas propre au droit interne du travail. Le droit social de l'Union européenne connaît également des modes d'articulation des normes s'inquiétant de la situation des travailleurs. Le TFUE affirme cette solution de manière particulièrement claire lorsqu'il indique que les directives du droit du travail « ne peuvent empêcher un État membre de maintenir ou d'établir des mesures de protection plus strictes compatibles avec le présent traité » (TFUE, art. 153.4, ex. traité CE, art. 137.4). Il y a là une forme d'application du principe de faveur. Ce principe n'est pas ici à proprement parler une règle juridique de résolution des conflits, mais l'affirmation plutôt de l'idée qu'en droit du travail, les règles européennes forment un socle minimal, une harmonisation minimale. Elles n'interdisent donc pas les protections supplémentaires, au contraire.

Même hors du champ de l'article 153.4, un autre type de clauses apparaît fréquemment dans les directives en matière sociale pour instaurer une harmonisation minimale : les clauses dites de « protection nationale renforcée ». Il s'agit des clauses permettant aux législateurs ou aux partenaires sociaux nationaux d'adopter des règles plus favorables (v. par ex., Dir. n° 2001/23/CE, art. 8).

Autre manifestation du particularisme du droit du travail européen, une clause de non-régression est très souvent insérée dans les directives en matière sociale (v. par ex., la clause 8 § 3 de l'accord sur le travail à durée déterminée annexé à la directive n° 1999/70/CE du 28 juin 1999). Selon ces clauses, la mise en œuvre de la directive ne doit pas être l'occasion d'une réduction des droits des travailleurs. Il faut donc comparer l'état du droit avant et après la mise en œuvre de la directive. Si en raison de la transposition de la directive, la situation des salariés est moins favorable, la règle litigieuse est illégale. Il ne s'agit pas à proprement parler d'une illustration du principe de faveur, mais plus précisément une traduction de l'idée que le progrès social est au cœur du droit du travail. Ces clauses pourraient ainsi être le levier de la construction d'une Europe sociale, néanmoins la CJUE en admet rarement la violation (v. CJUE 24 juin 2010, aff. C-98/09, *Sorge*, *SSL* 26 avr. 2011, note S. Laulom). 110 ■

§ 5 Règle de spécialité

Enfin, il existe un quatrième et dernier mode d'articulation entre les normes qui consiste à faire prévaloir la norme « inférieure », au champ d'application moins vaste. Ce mode d'articulation qui tend à se répandre est, on l'a vu, porteur de risques pour les salariés. Il a reçu différentes appellations : règle de proximité, règle de diversification, règle de spécialité, règle de hiérarchie inversée. Quelle que soit l'appellation retenue, cette règle, appelée de ses vœux par le patronat, a reçu deux principales consécrations. 111 ■

Dans les rapports entre conventions collectives, en principe, la convention d'entreprise, même moins favorable, l'emporte sur la convention de branche (C. trav., art. L. 2253-3, al. 2). Une convention de branche l'emporte sur une convention interprofessionnelle et une convention départementale l'emporte sur une convention nationale (C. trav., art. L. 2252-1). Des exceptions sont néanmoins prévues (v. ss 968), mais sont écartées dans de nombreuses matières du temps de travail. 112 ■

Cette règle de spécialité est connue depuis plus longtemps dans les rapports entre loi et convention collective. Depuis 1982, des accords collectifs peuvent, sous certaines conditions, prévoir des dispositions différentes de celles de la loi, sans être nécessairement plus favorables. Ces accords sont appelés *accords dérogatoires*[Q] (v. ss 978). Certains auteurs emploient, pour décrire ce phénomène, l'expression « ordre public dérogeable ». Mais il n'y a aucune raison de voir dans la primauté de la norme inférieure une manifestation de l'ordre public. Le fait que les conditions pour que la norme inférieure puisse écarter la norme supérieure soient apparemment plus strictement définies qu'en droit commun n'y change rien. Au contraire, il s'agit de supplétivité très encadrée, que l'on appelle précisément et simplement dérogation, et non d'un improbable ordre public. 113 ■

Il est vrai que parallèlement à la dérogation, la « supplétivité » s'étend et s'affiche dans le corps même du Code du travail. Désormais, la partie consacrée au temps de travail est en effet organisée selon un rubricage tripartite : « ordre public », « champ de la négociation collective », « dispositions supplétives », répété tout au long des chapitres relatifs à la durée et l'aménagement du temps de travail (v. la rubrique « Documents » ci-dessous). Cette tendance promue par la loi dite « travail » du 8 août 2016, contestée par l'opinion publique et une partie de la représentation parlementaire, pourrait devenir la règle (v. entre autres « La négociation collective, le travail et l'emploi », rapport dit Combrexelle, rendu au Premier ministre le 9 septembre 2015 et l'art. 1, non codifié de la loi dite « travail » du 8 août 2016).

3

Compléments pédagogiques

Quid

■ Accord dérogatoire n° 113

Accord collectif qui, dans un domaine et à des conditions expressément prévus par la loi, peut mettre à l'écart les avantages, les droits ou le dispositif qu'elle prévoit. Ces accords constituent des entorses à la règle de faveur.

■ Bloc de constitutionnalité n° 84

Terme regroupant l'ensemble des normes de niveau constitutionnel : Constitution de la Ve République (1958), Préambule de la constitution de la IVe République (1946), Déclaration des droits de l'Homme et du Citoyen (1789), Charte de l'environnement (2004), Principes fondamentaux reconnus par les Lois de la République dégagés par le Conseil constitutionnel.

■ Constitutionnalisation n° 66

Accroissement du rôle joué par les normes constitutionnelles dans la résolution des conflits entre acteurs privés (augmentation de la fréquence d'invocation, et surtout autorité des solutions judiciaires se fondant sur les normes constitutionnelles) et de l'emprise de ces normes sur la production légale et réglementaire (augmentation des tentatives de remises en cause des lois et règlement par test de constitutionnalité, et renforcement corrélatif de l'autorité des règles ayant passé ce test avec succès).

■ Effet direct n°s 75, 81

Possibilité pour un particulier de se prévaloir, devant une juridiction nationale, d'une disposition issue d'un acte de droit international ou européen. On distingue l'effet horizontal lorsque l'acte est invocable dans tous les litiges, notamment ceux opposant des particuliers, et l'effet vertical lorsque l'acte n'est invocable que dans des procès contre l'État, ou ses démembrements (Pour plus de précisions, v. J.-F. Akandji-Kombé, « De l'invocabilité des sources du européennes et internationales du droit social devant le juge interne », *Dr. soc.* 2012. 1014).

■ Recommandation patronale n° 97

« Prescription unilatérale d'un groupement d'employeurs, à destination de ses adhérents, accordant un avantage déterminé au profit de tout ou partie de leurs salariés » (selon la définition de H. Tissandier, *RDT* 2011. 388)

Biblio

1) Sur les sources internationales

- K. Klare, X. Man, Sophie Robin et Pascal Lokiec (dir.) « Libéralisation du commerce et justice sociale : lectures croisées d'une étude menée conjointement par le BIT et l'OMC », *RDT* 2007. 608
- J.-M. Servais, *Normes internationales du travail*, LGDJ, 2004.

2) Sur les sources européennes

- C. Vigneau, « Partenaires sociaux européens et nouveaux modes communautaires de régulation : la fin des privilèges ? », *Dr. soc.* 2004. 883.
- J.-P. Marguénaud et J. Mouly, « Les incursions de la Cour européenne des droits de l'homme en droit du travail : une œuvre encore en demi-teinte », *RDT* 2008. 16-21.
- J. Porta, « L'applicabilité des droits fondamentaux de l'Union européenne », *RDT* 2011. 589.
- A. Seifert, « L'effet horizontal des droits fondamentaux : quelques réflexions de droit européen et de droit comparé », *RTD eur.* 2012. 826.

3) Sur les sources constitutionnelles

- A. Jeammaud, A. Lyon-Caen, « Suprématie de la constitution et droit social », in *Traité international de droit constitutionnel*, dir. M. Troper, D. Chagnollaud, Dalloz, 2012.
- C. Radé, « QPC et droit du travail : l'occasion manquée ? », *Dr. Soc.* 2015. 497.

4) Sur l'agencement des sources

- A. Jeammaud, « Le principe de faveur. Enquête sur une règle émergente », *Dr. soc.* 1999. 115.
- J. Pélissier, « Existe-t-il un principe de faveur en droit du travail ? », in *Mélanges M. Despax*, Presses de l'Université des sciences sociales de Toulouse, 2002, p. 389-400.
- E. Dockès : « Un accord donnant, donnant, donnant… », *Dr. soc.* 2008. 272-287.
- S. Frossard, « La supplétivité des règles en droit du travail », *RDT* 2009. 83-90.
- J.-F. Akandji-Kombé, « Droit constitutionnel, droit international et droit européen des droits de l'homme : concurrence, confusion, complémentarité ? », *Dr. soc.* 2014. 301.

5) Sur la loi négociée

- Controverse « Peut-on faire confiance à la négociation interprofessionnelle », J. Freyssinet, M.-A. Souriac, *RDT* 2013. 156.

Documents

1) Sur le principe de faveur

Soc. 17 juill. 1996, *Vizcaino*
(*Bull. civ.* V, n° 297 ; *GADT*, n° 180)

« Sur le moyen unique : Vu les articles L. 200-1 et L. 223-11 du Code du travail, le chapitre 10 du statut des relations collectives entre la SNCF et son personnel, et le règlement PS 2 ; Vu le

principe fondamental en droit du travail, selon lequel, en cas de conflit de normes, c'est la plus favorable aux salariés qui doit recevoir application ; (…)
Attendu qu'en vertu du principe fondamental, en droit du travail, selon lequel la situation des salariés doit être régie, en cas de conflit de normes, par celle qui leur est la plus favorable, il convient, dès l'instant qu'aucune illégalité d'une disposition particulière du statut propre à la SNCF n'est invoquée, de déterminer si les dispositions de ce statut concernant les congés payés sont plus favorables que celles résultant du régime légal ; que cette appréciation doit être globale à raison du caractère indivisible de ce régime de congés payés institué en tenant compte des nécessités du service public ; que cette comparaison n'implique aucune appréciation sur la légalité du décret précité, puisqu'il s'agit seulement de choisir entre deux textes, également applicables, le plus avantageux pour les salariés ;
Et attendu qu'il apparaît que, même si en ce qui concerne les bases de calcul de l'indemnité de congés payés, le statut de la SNCF prévoit une disposition moins favorable, l'ensemble du régime des congés payés prévu par ce statut accorde aux agents des avantages supérieurs à ceux qui résulteraient de l'application du Code du travail ;
D'où il suit qu'en statuant comme il l'a fait, le conseil de prud'hommes a violé les textes et le principe susvisés ;
(…) PAR CES MOTIFS : CASSE ET ANNULE,… ».

Cons. const. 29 avr. 2004, à propos de la L. du 4 mai 2004 (n° 2004-494 DC)

« … 9 : Considérant, en outre, que le principe en vertu duquel la loi ne peut permettre aux accords collectifs de travail de déroger aux lois et règlements ou aux conventions de portée plus large que dans un sens plus favorable aux salariés ne résulte d'aucune disposition législative antérieure à la Constitution de 1946, et notamment pas de la loi du 24 juin 1936 susvisée ; que, dès lors, il ne saurait être regardé comme un principe fondamental reconnu par les lois de la République au sens du Préambule de la Constitution de 1946 ; qu'en revanche, il constitue un principe fondamental du droit du travail au sens de l'article 34 de la Constitution, dont il appartient au législateur de déterminer le contenu et la portée… ».

2) Déclaration dite de Philadelphie

Déclaration de la Conférence internationale du travail de l'OIT relative aux principes et droits fondamentaux au travail, du 19 juin 1998

« La Conférence internationale du travail
1. Rappelle :
(a) qu'en adhérant librement à l'OIT, l'ensemble de ses Membres ont accepté les principes et droits énoncés dans sa Constitution et dans la Déclaration de Philadelphie, et se sont engagés à travailler à la réalisation des objectifs d'ensemble de l'Organisation, dans toute la mesure de leurs moyens et de leur spécificité ;
(b) que ces principes et droits ont été exprimés et développés sous forme de droits et d'obligations spécifiques dans des conventions reconnues comme fondamentales, tant à l'intérieur qu'à l'extérieur de l'Organisation.
2. Déclare que l'ensemble des Membres, même lorsqu'ils n'ont pas ratifié les conventions en question, ont l'obligation, du seul fait de leur appartenance à l'Organisation, de respecter,

promouvoir et réaliser, de bonne foi et conformément à la Constitution, les principes concernant les droits fondamentaux qui sont l'objet desdites conventions, à savoir :
(a) la liberté d'association et la reconnaissance effective du droit de négociation collective ;
(b) l'élimination de toute forme de travail forcé ou obligatoire ;
(c) l'abolition effective du travail des enfants ;
(d) l'élimination de la discrimination en matière d'emploi et de profession. ».

3) Sur l'application du droit de l'Union européenne

CJCE 15 janv. 2014, *Association de médiation sociale (AMS)* (aff. C-176/12)

« (...) 31. À cet égard, il importe de rappeler que, selon une jurisprudence constante de la Cour, dans tous les cas où les dispositions d'une directive apparaissent, du point de vue de leur contenu, inconditionnelles et suffisamment précises, les particuliers sont fondés à les invoquer devant les juridictions nationales à l'encontre de l'État, soit lorsque celui-ci s'est abstenu de transposer dans les délais la directive en droit national, soit lorsqu'il en a fait une transposition incorrecte (v. arrêt du 5 oct. 2004, *Pfeiffer e.a.*, aff. C-397/01 à C-403/01, *Rec.* p. I-8835, pt 103 ainsi que jurisprudence citée). Cependant, il convient de rappeler que, selon une jurisprudence constante, même une disposition claire, précise et inconditionnelle d'une directive visant à conférer des droits ou à imposer des obligations aux particuliers ne saurait trouver application en tant que telle dans le cadre d'un litige qui oppose exclusivement des particuliers (v. arrêts *Pfeiffer e.a.*, préc., pt 109, ainsi que du 19 janv. 2010, *Kücükdeveci*, aff. C-555/07, *Rec.* p. I-365, pt 46) [...]
36. Cependant, il convient de rappeler que, selon une jurisprudence constante, même une disposition claire, précise et inconditionnelle d'une directive visant à conférer des droits ou à imposer des obligations aux particuliers ne saurait trouver application en tant que telle dans le cadre d'un litige qui oppose exclusivement des particuliers (v. arrêts *Pfeiffer e.a.*, préc., pt 109, ainsi que du 19 janv. 2010, *Kücükdeveci*, aff. C-555/07, *Rec.* p. I-365, pt 46).
38. Toutefois, la Cour a jugé qu'une juridiction nationale, saisie d'un litige opposant exclusivement des particuliers, est tenue, lorsqu'elle applique les dispositions du droit interne adoptées aux fins de transposer les obligations prévues par une directive, de prendre en considération l'ensemble des règles du droit national et de les interpréter, dans toute la mesure du possible, à la lumière du texte ainsi que de la finalité de cette directive pour aboutir à une solution conforme à l'objectif poursuivi par celle-ci (v. arrêts du 4 juill. 2006, *Adeneler e.a.*, aff. C-212/04, Rec. p. I-6057, pt 111, ainsi que *Pfeiffer e.a.*, préc., pt 119 et *Dominguez*, préc., pt 27).
39. Néanmoins, la Cour a précisé que ce principe d'interprétation conforme du droit national connaît certaines limites. Ainsi, l'obligation pour le juge national de se référer au contenu d'une directive lorsqu'il interprète et applique les règles pertinentes du droit interne est limitée par les principes généraux du droit et elle ne peut pas servir de fondement à une interprétation contra legem du droit national (v. arrêts du 15 avr. 2008, *Impact*, aff. C-268/06, *Rec.* p. I-2483, pt 100, et *Dominguez*, préc., pt 25).
42. À l'égard de l'article 27 de la Charte en tant que tel, il convient de rappeler, qu'il résulte d'une jurisprudence constante que les droits fondamentaux garantis dans l'ordre juridique de l'Union ont vocation à être appliqués dans toutes les situations régies par le droit de l'Union (v. arrêt du 26 févr. 2013, *Åkerberg Fransson*, aff. C-617/10, non encore publié au *Recueil*, pt 19).

43. Ainsi, la réglementation nationale en cause au principal constituant la mise en œuvre de la directive 2002/14, l'article 27 de la Charte a vocation à être appliqué à l'affaire au principal.
44. Il convient également de relever que l'article 27 de la Charte, intitulé « Droit à l'information et à la consultation des travailleurs au sein de l'entreprise », prévoit que les travailleurs doivent se voir garantir, à différents niveaux, une information et une consultation dans les cas et les conditions prévus par le droit de l'Union ainsi que par les législations et pratiques nationales.
45. Il ressort donc clairement du libellé de l'article 27 de la Charte, que, afin que cet article produise pleinement ses effets, il doit être précisé par des dispositions du droit de l'Union ou du droit national.
46. En effet, l'interdiction, prévue à l'article 3, paragraphe 1, de la directive n° 2002/14 et adressée aux États membres, d'exclure du calcul des effectifs de l'entreprise une catégorie déterminée de travailleurs entrant initialement dans le cadre des personnes à prendre en considération lors dudit calcul ne saurait être déduite, en tant que règle de droit directement applicable, ni du libellé de l'article 27 de la Charte ni des explications relatives audit article.
47. Il convient de noter, à cet égard, que les circonstances de l'affaire au principal se distinguent de celles ayant donné lieu à l'arrêt Kücükdeveci, précité, dans la mesure où le principe de non-discrimination en fonction de l'âge, en cause dans cette dernière affaire, consacré à l'article 21, paragraphe 1, de la Charte, se suffit à lui-même pour conférer aux particuliers un droit subjectif invocable en tant que tel.
48. Partant, l'article 27 de la Charte ne saurait, en tant que tel, être invoqué dans un litige, tel que celui au principal, afin de conclure que la disposition nationale non conforme à la directive n° 2002/14 est à écarter.
50. Toutefois, la partie lésée par la non-conformité du droit national au droit de l'Union pourrait se prévaloir de la jurisprudence issue de l'arrêt du 19 novembre 1991, *Francovich e.a.* (aff. C-6/90 et C-9/90, *Rec.* p. I-5357), pour obtenir, le cas échéant, réparation du dommage subi (v. arrêt *Dominguez*, préc., pt 43) ».

4) Sur l'effet direct des normes européennes et internationales

Soc. 14 avr. 2010
(*RDT* 2010. 276, rapp. J.-M. Béraud; *ibid.* 374, obs. J.-F. Akandji-Kombé)

« … Si le droit de mener des négociations collectives est, en principe, devenu l'un des éléments essentiels du droit de fonder des syndicats et de s'affilier à des syndicats, pour la défense de ses intérêts, énoncé à l'article 11 de la Convention européenne de sauvegarde des droits de l'homme et des libertés fondamentales, les États demeurent libres de réserver ce droit aux syndicats représentatifs, ce que ne prohibent ni les articles 5 et 6 de la Charte sociale européenne ni l'article 28 de la Charte des droits fondamentaux de l'Union européenne, ni les conventions, n°s 98 et 135 de l'OIT; que le fait pour les salariés, à l'occasion des élections professionnelles, de participer à la détermination des syndicats aptes à les représenter dans les négociations collectives n'a pas pour effet d'affaiblir les représentants syndicaux au profit des représentants élus, chacun conservant les attributions qui lui sont propres ».

Soc. 29 juin 2011
(n° 09-71.107 [PBRI], *D.* 2012. 901, obs. J. Porta ; *SSL* 2011, n° 1504, p. 16, obs. M.-F. Mazars, Ph. Flores)

« Vu l'alinéa 11 du préambule de la Constitution du 27 octobre 1946, l'article 151 du Traité sur le fonctionnement de l'Union européenne se référant à la Charte sociale européenne et à la Charte communautaire des droits sociaux fondamentaux des travailleurs, l'article L. 3121-45 du Code du travail, dans sa rédaction antérieure à la loi n° 2008-789 du 20 août 2008, interprété à la lumière de l'article 17, paragraphes 1 et 4 de la directive n° 1993-104/CE du Conseil du 23 novembre 1993, des articles 17, paragraphe 1, et 19 de la directive n° 2003/88/CE du Parlement européen et du Conseil du 4 novembre 2003 et de l'article 31 de la Charte des droits fondamentaux de l'Union européenne, ensemble l'article 14 de l'accord du 28 juillet 1998 étendu sur l'organisation du travail dans la métallurgie ;
Attendu, d'abord, que le droit à la santé et au repos est au nombre des exigences constitutionnelles ;
Attendu, ensuite, qu'il résulte des articles susvisés des directives de l'Union européenne que les États membres ne peuvent déroger aux dispositions relatives à la durée du temps de travail que dans le respect des principes généraux de la protection de la sécurité et de la santé du travailleur ;
Attendu, encore, que toute convention de forfait en jours doit être prévue par un accord collectif dont les stipulations assurent la garantie du respect des durées maximales de travail ainsi que des repos, journaliers et hebdomadaires ».

5) Sur le dialogue social européen

TFUE, article 154
(TCE, ex-art. 138)

« 1. La Commission a pour tâche de promouvoir la consultation des partenaires sociaux au niveau de l'Union et prend toute mesure utile pour faciliter leur dialogue en veillant à un soutien équilibré des parties.
2. À cet effet, la Commission, avant de présenter des propositions dans le domaine de la politique sociale, consulte les partenaires sociaux sur l'orientation possible d'une action de l'Union.
3. Si la Commission, après cette consultation, estime qu'une action de l'Union est souhaitable, elle consulte les partenaires sociaux sur le contenu de la proposition envisagée. Les partenaires sociaux remettent à la Commission un avis ou, le cas échéant, une recommandation.
4. À l'occasion des consultations visées aux paragraphes 2 et 3, les partenaires sociaux peuvent informer la Commission de leur volonté d'engager le processus prévu à l'article 155. La durée de ce processus ne peut pas dépasser neuf mois, sauf prolongation décidée en commun par les partenaires sociaux concernés et la Commission ».

TFUE, article 155
(TCE, ex-art. 139)

« 1. Le dialogue entre partenaires sociaux au niveau de l'Union peut conduire, si ces derniers le souhaitent, à des relations conventionnelles, y compris des accords.
2. La mise en œuvre des accords conclus au niveau de l'Union intervient soit selon les procédures et pratiques propres aux partenaires sociaux et aux États membres, soit, dans les matières

relevant de l'article 153, à la demande conjointe des parties signataires, par une décision du Conseil sur proposition de la Commission. Le Parlement européen est informé. Le Conseil statue à l'unanimité lorsque l'accord en question contient une ou plusieurs dispositions relatives à l'un des domaines pour lesquels l'unanimité est requise en vertu de l'article 153, paragraphe 2 ».

6) Sur les normes constitutionnelles

Préambule de Constitution du 27 octobre 1946

« 1. Au lendemain de la victoire remportée par les peuples libres sur les régimes qui ont tenté d'asservir et de dégrader la personne humaine, le peuple français proclame à nouveau que tout être humain, sans distinction de race, de religion ni de croyance, possède des droits inaliénables et sacrés. Il réaffirme solennellement les droits et libertés de l'homme et du citoyen consacrés par la Déclaration des droits de 1789 et les principes fondamentaux reconnus par les lois de la République.

2. Il proclame, en outre, comme particulièrement nécessaires à notre temps, les principes politiques, économiques et sociaux ci-après :

3. La loi garantit à la femme, dans tous les domaines, des droits égaux à ceux de l'homme.

[...]

5. Chacun a le devoir de travailler et le droit d'obtenir un emploi. Nul ne peut être lésé, dans son travail ou son emploi, en raison de ses origines, de ses opinions ou de ses croyances.

6. Tout homme peut défendre ses droits et ses intérêts par l'action syndicale et adhérer au syndicat de son choix.

7. Le droit de grève s'exerce dans le cadre des lois qui le réglementent.

8. Tout travailleur participe, par l'intermédiaire de ses délégués, à la détermination collective des conditions de travail ainsi qu'à la gestion des entreprises.

[...]

11. Elle [La Nation] garantit à tous, notamment à l'enfant, à la mère et aux vieux travailleurs, la protection de la santé, la sécurité matérielle, le repos et les loisirs. Tout être humain qui, en raison de son âge, de son état physique ou mental, de la situation économique, se trouve dans l'incapacité de travailler a le droit d'obtenir de la collectivité des moyens convenables d'existence ».

7) Sur les droits fondamentaux de l'Union européenne

Charte des droits fondamentaux de l'Union européenne, 7 décembre 2000 (extraits)
(*JOCE* 18 déc. 2000, p. 1)

« Article 15 - Liberté professionnelle et droit de travailler

1. Toute personne a le droit de travailler et d'exercer une profession librement choisie ou acceptée.

2. Tout citoyen ou toute citoyenne de l'Union a la liberté de chercher un emploi, de travailler, de s'établir ou de fournir des services dans tout État membre.

3. Les ressortissants des pays tiers qui sont autorisés à travailler sur le territoire des États membres ont droit à des conditions de travail équivalentes à celles dont bénéficient les citoyens ou citoyennes de l'Union.

Article 21 - Non-discrimination

1. Est interdite, toute discrimination fondée notamment sur le sexe, la race, la couleur, les origines ethniques ou sociales, les caractéristiques génétiques, la langue, la religion ou les convictions, les opinions politiques ou toute autre opinion, l'appartenance à une minorité nationale, la fortune, la naissance, un handicap, l'âge ou l'orientation sexuelle.
2. Dans le domaine d'application du traité instituant la Communauté européenne et du traité sur l'Union européenne, et sans préjudice des dispositions particulières desdits traités, toute discrimination fondée sur la nationalité est interdite.

Article 23 - Égalité entre les hommes et les femmes

L'égalité entre les hommes et les femmes doit être assurée dans tous les domaines, y compris en matière d'emploi, de travail et de rémunération.

Le principe de l'égalité n'empêche pas le maintien ou l'adoption de mesures prévoyant des avantages spécifiques en faveur du sexe sous-représenté.

Article 27 - Droit à l'information et à la consultation des travailleurs au sein de l'entreprise

Les travailleurs ou leurs représentants doivent se voir garantir, aux niveaux appropriés, une information et une consultation en temps utile, dans les cas et conditions prévus par le droit communautaire et les législations et pratiques nationales.

Article 28 - Droit de négociation et d'actions collectives

Les travailleurs et les employeurs, ou leurs organisations respectives, ont, conformément au droit communautaire et aux législations et pratiques nationales, le droit de négocier et de conclure des conventions collectives aux niveaux appropriés et de recourir, en cas de conflits d'intérêts, à des actions collectives pour la défense de leurs intérêts, y compris la grève.

Article 29 - Droit d'accès aux services de placement

Toute personne a le droit d'accéder à un service gratuit de placement.

Article 30 - Protection en cas de licenciement injustifié

Tout travailleur a droit à une protection contre tout licenciement injustifié, conformément au droit communautaire et aux législations et pratiques nationales.

Article 31 - Conditions de travail justes et équitables

1. Tout travailleur a droit à des conditions de travail qui respectent sa santé, sa sécurité et sa dignité.
2. Tout travailleur a droit à une limitation de la durée maximale du travail et à des périodes de repos journalier et hebdomadaire, ainsi qu'à une période annuelle de congés payés.

Article 32 - Interdiction du travail des enfants et protection des jeunes au travail

Le travail des enfants est interdit. L'âge minimal d'admission au travail ne peut être inférieur à l'âge auquel cesse la période de scolarité obligatoire, sans préjudice des règles plus favorables aux jeunes et sauf dérogations limitées.

Les jeunes admis au travail doivent bénéficier de conditions de travail adaptées à leur âge et être protégés contre l'exploitation économique ou contre tout travail susceptible de nuire à leur sécurité, à leur santé, à leur développement physique, mental, moral ou social ou de compromettre leur éducation.

Article 33 - Vie familiale et vie professionnelle

1. La protection de la famille est assurée sur le plan juridique, économique et social.

2. Afin de pouvoir concilier vie familiale et vie professionnelle, toute personne a le droit d'être protégée contre tout licenciement pour un motif lié à la maternité, ainsi que le droit à un congé de maternité payé et à un congé parental à la suite de la naissance ou de l'adoption d'un enfant.

Article 34 - Sécurité sociale et aide sociale

1. L'Union reconnaît et respecte le droit d'accès aux prestations de sécurité sociale et aux services sociaux assurant une protection dans des cas tels que la maternité, la maladie, les accidents du travail, la dépendance ou la vieillesse, ainsi qu'en cas de perte d'emploi, selon les modalités établies par le droit communautaire et les législations et pratiques nationales.
2. Toute personne qui réside et se déplace légalement à l'intérieur de l'Union a droit aux prestations de sécurité sociale et aux avantages sociaux, conformément au droit communautaire et aux législations et pratiques nationales.
3. Afin de lutter contre l'exclusion sociale et la pauvreté, l'Union reconnaît et respecte le droit à une aide sociale et à une aide au logement destinées à assurer une existence digne à tous ceux qui ne disposent pas de ressources suffisantes, selon les modalités établies par le droit communautaire et les législations et pratiques nationales.

Article 51 - Champ d'application

1. Les dispositions de la présente Charte s'adressent aux institutions et organes de l'Union dans le respect du principe de subsidiarité, ainsi qu'aux États membres uniquement lorsqu'ils mettent en œuvre le droit de l'Union. En conséquence, ils respectent les droits, observent les principes et en promeuvent l'application, conformément à leurs compétences respectives.
2. La présente Charte ne crée aucune compétence ni aucune tâche nouvelles pour la Communauté et pour l'Union et ne modifie pas les compétences et tâches définies par les traités.

Article 52 - Portée des droits garantis

1. Toute limitation de l'exercice des droits et libertés reconnus par la présente Charte doit être prévue par la loi et respecter le contenu essentiel desdits droits et libertés. Dans le respect du principe de proportionnalité, des limitations ne peuvent être apportées que si elles sont nécessaires et répondent effectivement à des objectifs d'intérêt général reconnus par l'Union ou au besoin de protection des droits et libertés d'autrui.
2. Les droits reconnus par la présente Charte qui trouvent leur fondement dans les traités communautaires ou dans le traité sur l'Union européenne s'exercent dans les conditions et limites définies par ceux-ci.
3. Dans la mesure où la présente Charte contient des droits correspondant à des droits garantis par la Convention européenne de sauvegarde des droits de l'homme et des libertés fondamentales, leur sens et leur portée sont les mêmes que ceux que leur confère ladite convention. Cette disposition ne fait pas obstacle à ce que le droit de l'Union accorde une protection plus étendue.

[...]

5. Les dispositions de la présente Charte qui contiennent des principes peuvent être mises en œuvre par des actes législatifs et exécutifs pris par les institutions, organes et organismes de l'Union, et par des actes des États membres lorsqu'ils mettent en œuvre le droit de l'Union, dans l'exercice de leurs compétences respectives. Leur invocation devant le juge n'est admise que pour l'interprétation et le contrôle de la légalité de tels actes ».

8) Sur la nouvelle présentation du temps de travail dans le Code

Extrait du Code du travail

« Titre II

DURÉE DU TRAVAIL, RÉPARTITION ET AMÉNAGEMENT DES HORAIRES

Chapitre Ier

Durée et aménagement du travail

Section 1

Travail effectif, astreintes et équivalences

Sous-section 1

Travail effectif

Paragraphe 1

Ordre public

Art. L. 3121-1.-La durée du travail effectif est le temps pendant lequel le salarié est à la disposition de l'employeur et se conforme à ses directives sans pouvoir vaquer librement à des occupations personnelles.

Art. L. 3121-2.-Le temps nécessaire à la restauration ainsi que les temps consacrés aux pauses sont considérés comme du temps de travail effectif lorsque les critères définis à l'article L. 3121-1 sont réunis.

Art. L. 3121-3.-Le temps nécessaire aux opérations d'habillage et de déshabillage, lorsque le port d'une tenue de travail est imposé par des dispositions légales, des stipulations conventionnelles, le règlement intérieur ou le contrat de travail et que l'habillage et le déshabillage doivent être réalisés dans l'entreprise ou sur le lieu de travail, fait l'objet de contreparties. Ces contreparties sont accordées soit sous forme de repos, soit sous forme financière.

Art. L. 3121-4.-Le temps de déplacement professionnel pour se rendre sur le lieu d'exécution du contrat de travail n'est pas un temps de travail effectif.

Toutefois, s'il dépasse le temps normal de trajet entre le domicile et le lieu habituel de travail, il fait l'objet d'une contrepartie soit sous forme de repos, soit sous forme financière. La part de ce temps de déplacement professionnel coïncidant avec l'horaire de travail n'entraîne aucune perte de salaire.

Art. L. 3121-5.-Si le temps de trajet entre le domicile et le lieu habituel de travail est majoré du fait d'un handicap, il peut faire l'objet d'une contrepartie sous forme de repos.

Paragraphe 2

Champ de la négociation collective

Art. L. 3121-6.-Une convention ou un accord d'entreprise ou d'établissement ou, à défaut, une convention ou un accord de branche peut prévoir une rémunération des temps de restauration et de pause mentionnés à l'article L. 3121-2, même lorsque ceux-ci ne sont pas reconnus comme du temps de travail effectif.

Art. L. 3121-7.-Une convention ou un accord d'entreprise ou d'établissement ou, à défaut, une convention ou un accord de branche prévoit soit d'accorder des contreparties aux temps d'habillage et de déshabillage mentionnés à l'article L. 3121-3, soit d'assimiler ces temps à du temps de travail effectif.

Une convention ou un accord d'entreprise ou d'établissement ou, à défaut, une convention ou un accord de branche prévoit des contreparties lorsque le temps de déplacement professionnel mentionné à l'article L. 3121-4 dépasse le temps normal de trajet.

Paragraphe 3

Dispositions supplétives

Art. L. 3121-8.-À défaut d'accords prévus aux articles L. 3121-6 et L. 3121-7 :

1° Le contrat de travail peut fixer la rémunération des temps de restauration et de pause ;

2° Le contrat de travail prévoit soit d'accorder des contreparties aux temps d'habillage et de déshabillage mentionnés à l'article L. 3121-3, soit d'assimiler ces temps à du temps de travail effectif ;

3° Les contreparties prévues au second alinéa de l'article L. 3121-7 sont déterminées par l'employeur après consultation du comité d'entreprise ou, à défaut, des délégués du personnel, s'ils existent. »

Quiz

1) Sujet corrigé

Dissertation

Existe-t-il un principe de faveur en droit du travail ?

Voir le corrigé en fin de rubrique.

2) Corrigé

Dissertation

La difficulté du sujet tient dans la définition des termes du sujet. Aussi faut-il prendre soin de bien expliquer de quoi l'on souhaite traiter. Différentes opinions sont défendables, différentes approches également, sous réserve dans tous les cas d'avoir bien délimité le sujet.

Pour approfondir le sujet, voici une très courte bibliographie :

Outre les articles déjà cités, v. :

- S. Laulom, N. Merley, « La fabrication du principe de faveur » *RDT* 2009. 219.

- F. Bocquillon, « Que reste-t-il du principe de faveur ? », *Dr. soc.* 2001. 255.

- G. Vachet, « Le principe de faveur dans les rapports entre sources du droit », *in* B. Teyssié (dir.), *Les principes dans la jurisprudence de la chambre sociale de la Cour de cassation*, Dalloz, 2008.

Introduction

La constitution d'une branche de droit passe souvent par la découverte de principes qui en forment comme l'ossature. Au sein du droit du travail salarié, un principe de faveur semble dominer. C'est en tout cas une opinion assez communément partagée. Ce serait même l'« âme » du droit du travail, pour reprendre une formule de Yves Chalaron. Cette belle unanimité doit toutefois être éprouvée. Et c'est au premier chef l'objet de cette unanimité qui laisse songeur. De quoi parle-t-on lorsque l'on emploie la formule : « principe de faveur ». En effet, l'expression est absente des lois et règlements et même des arrêts rendus par la Cour de cassation. On ne peut donc en attendre aucune définition. Il faut alors prendre chacun des termes composant l'expression afin de tenter de les expliciter.

La faveur n'exige pas de longs développements : elle est celle accordée au salarié. Il s'agit de droits, de prérogatives ou d'avantages qui lui sont réservés. Le terme principe est moins évident à définir. Un principe peut d'abord être découvert par la doctrine dans la description du droit. Le mot principe désigne alors une *tendance* que l'on retrouve suffisamment souvent pour dire qu'il s'agit d'un principe. On dira qu'il y a un principe de faveur si globalement, on pense que les règles de droit du travail sont favorables aux salariés. Le droit du travail serait dans cette perspective un droit protecteur, au service des salariés. Dans un deuxième sens, le terme principe désigne une règle du droit positif (et non une description faite par la doctrine). Cette qualification de principe, pour une règle du droit positif, emporte deux conséquences majeures et liées. Primo, le principe est d'application large, à la différence de l'exception qui est d'interprétation stricte. Secundo, le principe a une vocation prioritaire d'application à des situations où précisément on ne sait trop quelle règle appliquer.

Ces précisions faites, le principe peut intervenir au moment de l'application des normes (II), mais il peut également se manifester au moment de la création des normes (I). C'est autour de ces deux moments d'observation du principe que l'on pourra tenter d'évaluer si le principe de faveur existe en droit du travail, qu'il s'agisse d'une règle ou d'une tendance du droit positif.

[Un plan plus historique — et un peu plus dramatique — était envisageable, mettant en lumière le déclin du principe : Un principe qui demeure (II), Un principe qui se meurt (I)]

I. Le « principe » dans la création des règles

Il n'existe pas de principe selon lequel le droit du travail devrait aller continûment vers plus de protection du salarié. Le droit du travail n'est pas nécessairement progressiste (A). Certaines règles, assez éparses, imposent néanmoins une limite à la création de règles moins favorables aux salariés (B).

A. Le droit du travail n'est pas nécessairement progressiste

Aucun « principe » de faveur n'interdit au législateur ou au pouvoir réglementaire de supprimer ou de réduire des droits accordés aux salariés. La situation est la même pour la convention collective. Il n'existe aucune obligation juridique d'augmenter, dans le temps, les droits des salariés. Il n'existe pas davantage une tendance en ce sens. La protection des salariés connaît des flux et des reflux au gré des changements politiques.

B. Quelques limites à la création de règles défavorables aux salariés

Si rien n'oblige le droit du travail à être progressiste, il existe néanmoins des dispositifs, certes limités, qui bloquent certaines velléités de recul. Ainsi en est-il, au niveau européen, des clauses de non-régression qui interdisent à un État membre d'utiliser la transposition d'une directive pour diminuer les droits des salariés. Le niveau européen est également intéressant car les directives en matière sociale comprennent fréquemment des clauses de protection nationale renforcée qui permettent à un État d'adopter des mesures plus favorables que celles de la directive.

L'autre limite est nationale : elle interdit au pouvoir réglementaire de créer des dispositifs dérogatoires. En effet, même s'il n'a pas valeur constitutionnelle, le principe de faveur est néanmoins un principe général du droit pour le Conseil d'État, qui s'impose donc au pouvoir réglementaire (v. par ex., CE 27 juill. 2001, *Fédération nationale des transports Force Ouvrière*, req. n° 220067). En revanche, il ne s'impose pas au législateur qui garde toute liberté pour permettre aux conventions et accords collectifs de prévoir des dispositions moins favorables que la loi. La règle de faveur dans l'articulation entre la loi et la convention collective n'est qu'un « principe fondamental du droit du travail » selon le Conseil constitutionnel (25 juill. 1989, *Dr. soc.* 1989 627).

II. Le « principe » dans l'application des règles

Le principe de faveur peut occuper deux places différentes dans l'opération d'application, notamment judiciaire, des règles. Il peut être utilisé pour résoudre des conflits de normes (A). Il peut également servir dans l'interprétation des normes (B)

A. La résolution des conflits de normes

Le principe de faveur, en tant que critère de résolution de conflits de normes en droit du travail a son siège aux articles L. 2251-1 et L. 2254-1 du Code du travail. Le principe est également présent dans la jurisprudence judiciaire. C'est même dans le domaine du conflit de normes que le principe a été véritablement consacré par la chambre sociale comme une règle de droit positif. À plusieurs reprises, elle a visé le « principe fondamental du droit du travail selon lequel, en cas de conflit de normes, c'est la plus favorable aux salariés qui doit recevoir application ». Le principe a trouvé application, sous une autre formulation, dans des hypothèses de conflit entre le Code civil mosellan et une convention collective (Soc. 25 nov. 1992, *Bull. civ.* V, n° 573). Il a ensuite permis de savoir comment s'articulaient la loi et le statut d'une entreprise publique (qui prévoit les conditions d'emploi et de travail des salariés de ces salariés) (Soc. 17 juill. 1996, *Bull. civ.* V, n° 296), et comment régler le conflit entre le contrat de travail et un usage (Soc. 8 oct. 1996, *Bull. civ.* V, n° 315).

En somme, le principe de faveur a été ici découvert par une généralisation de certains articles du Code du travail : les articles L. 2251-1 et L. 2254-1 pour s'appliquer à d'autres conflits. On trouve ici la vocation prioritaire d'application propre aux principes. Le principe s'applique dans toute situation qui ne connaissait pas de solution certaine. Autre exemple de cette vocation prioritaire : la jurisprudence tend à faire prévaloir, dans l'hypothèse d'un conflit entre convention collective, non spécialement réglé par la loi, la convention collective la plus favorable au salarié (v. en ce sens, Soc. 10 févr. 2010, *Bull. civ.* V, n° 36 : conflit de convention collective de branche toutes deux applicables après mise en cause).

Ajoutons que pour le calcul de certaines indemnités susceptible d'être effectué selon deux méthodes, il faut retenir la méthode la plus avantageuse pour le salarié (C. trav., art. R. 1234-4, D. 1237-2 et L. 3141-22 II).

Néanmoins, ce principe est en perte de vitesse, notamment depuis l'entrée en vigueur de la loi du 4 mai 2004. Le « principe de faveur » est devenu une exception en matière d'articulation entre convention collective. C'est ce qu'il ressort notamment de l'article L. 2252-1 du Code du travail.

B. L'interprétation des normes

Lorsqu'il est utilisé au moment de l'interprétation des normes, le principe de faveur commande de choisir parmi les interprétations possibles, celle qui en général est la plus favorable aux salariés. Il est difficile de déceler de telles interprétations, car les motifs qui ont présidé à telle ou telle l'interprétation ne sont pas donnés par les juges. Néanmoins, il est possible de poser une certitude et de soulever une hypothèse.

La certitude est que le code impose de faire profiter le doute au salarié, notamment en cas de licenciement (C. trav., L. 1235-1) : c'est une règle d'interprétation, certes qui ne porte pas directement sur les normes mais davantage sur les preuves, en faveur du salarié.

L'hypothèse consiste à penser que les affirmations répétées de la doctrine relatives au caractère plus favorable du droit du travail ne sont pas qu'une pétition de principe ou un slogan politique, mais le fruit d'une description partagée et finalement assez juste de la manière dont les juges interprètent les règles du droit du travail. Au fond, la règle de faveur qui n'est véritablement consacrée qu'en cas de conflit de normes pourrait être à l'origine d'une tendance plus large qui innerve l'ensemble du droit du travail et qui produit des effets en matière de choix législatif et jurisprudentiel de résolutions des questions du droit du travail.

titre 2

La formation du contrat

La conclusion du contrat constitue une étape nécessaire pour atteindre les rivages du contrat de travail (chap. 4). Peut alors s'ouvrir une période particulière, la période d'essai, au cours de laquelle toutes les règles relatives au contrat de travail ne s'appliquent pas (chap. 5). 114

chapitre 4

La conclusion du contrat de travail

Plan analytique

section 1

Le recrutement

§ 1 Exigence de transparence

§ 2 Exigence de pertinence

§ 3 Exigence de finalité

§ 4 Exigence de non-discrimination

§ 5 Sanctions

- **A.** Sanctions pénales
- **B.** Sanctions civiles

section 2

Les conditions de validité du contrat de travail

§ 1 Conditions de forme

§ 2 Conditions de fond

Compléments pédagogiques

La conclusion du contrat de travail

section 1

Le recrutement

Le recrutement vise l'ensemble des opérations qui précèdent l'éventuelle conclusion d'un contrat de travail. C'est le moment, pour les futurs employeurs, de la recherche, de l'évaluation et du tri de candidats. C'est le moment, pour les salariés, de la recherche d'emploi. 115

Il s'agit d'une phase pleine de dangers pour les candidats à un emploi, ne serait-ce qu'en termes de discriminations à l'embauche ou d'atteinte à la vie privée. Outre les principes, étudiés au chapitre 12 de l'article L. 1121-1 du Code du travail et des articles L. 1132-1 et suivants du Code du travail, quelques règles tentent aujourd'hui d'encadrer l'évaluation des candidats à un emploi.

Toutes les méthodes possibles d'évaluation des candidats à un emploi ont été testées. Les psychologues, graphologues, chirologues, morphopsychologues et astrologues, y rivalisent de talent. C'est l'occasion de demander aux candidats de tout dire de leur petite enfance, de leur vie de famille. C'est le temps, pour eux, de montrer ce qu'ils savent faire, lors d'un stage de survie en pleine nature ou d'un grand concours de saut à l'élastique. Et, bien sûr, c'est le temps des terribles et inévitables entretiens préalables. 116

Tout ceci fut longtemps laissé à la libre appréciation des employeurs et les abus furent monnaie courante. Suite au rapport de Gérard Lyon-Caen sur *Les libertés publiques et l'emploi* (Doc. fr., 1992), et en même temps qu'il généralisait l'application des droits fondamentaux dans l'entreprise (C. trav., art. L. 1121-1), le législateur a tenté de juguler certains des pires excès commis au cours du recrutement (C. trav., art. L. 1221-6 à L. 1221-9). Les abus demeurent fréquents, mais au moins sont-ils aujourd'hui illicites.

La procédure de recrutement et d'évaluation du candidat est soumise à plusieurs exigences.

§ 1 Exigence de transparence

En premier lieu, le candidat à l'emploi doit être informé préalablement des méthodes d'aide au recrutement qui vont être utilisées (C. trav., art. L. 1221-8). L'utilisation d'une caméra cachée dans la salle où les candidats attendent avant l'entretien préalable est ainsi, par exemple, strictement interdite. Il n'est pas question de faire mener une enquête discrète par un détective privé, ni de placer des micros. 117

En second lieu, la collecte des informations doit être transparente, c'est-à-dire réalisée par un dispositif préalablement porté à la connaissance du candidat ou du salarié (C. trav., art. L. 1221-8, al. 1er). Ainsi, s'il n'est pas interdit de téléphoner à des personnes qui ont pu côtoyer le candidat dans sa vie professionnelle passée, il est interdit de le faire *à son insu*. Les méthodes et techniques qui servent à évaluer les informations reçues doivent également être transparentes. Pas question de soumettre à l'examen d'un graphologue la lettre de candidature manuscrite, si le candidat n'a pas été informé à l'avance de la mise en place d'un tel examen. Comme pour tout examen, le candidat doit pouvoir se préparer à l'évaluation qu'il va subir, en connaissance de cause.

§ 2 Exigence de pertinence

■ 118 Le point le plus important est peut-être l'exigence de l'alinéa 3 des articles L. 1221-8 : les méthodes et techniques d'évaluation utilisées doivent être, selon le texte, « pertinentes au regard de la finalité poursuivie ». Le législateur n'a pas cru possible d'aller jusqu'à exiger une « scientificité », les juges n'étant pas forcément très à même d'apprécier ce qui relève de la « science » et ce qui n'en relève pas. Il demeure que l'exigence de « pertinence » permet d'interdire les méthodes les plus charlatanesques. La sorcellerie, la cartomancie et la numérologie apparaîtront, de ce fait, unies dans l'illicéité. La recherche d'emploi est une chose trop grave pour la laisser dépendre d'un tirage de cartes ou de lignes de la main.

§ 3 Exigence de finalité

■ 119 La collecte d'informations doit être limitée quant à l'objet des informations recueillies. Déjà en 1973, la Cour de cassation avait eu l'occasion de préciser que des questionnaires d'embauche « ne permettent pas à l'employeur d'exiger des renseignements sans rapports directs avec l'emploi sollicité » (Soc. 17 oct. 1973, *Fives-Lille-Cail*, *Bull. civ.* V, n° 484, arrêt concernant un salarié qui avait été embauché en cachant sa qualité de prêtre et auquel l'employeur reprochait d'avoir ainsi commis un dol). Le législateur de 1992 précise que les informations demandées au candidat doivent avoir pour unique finalité « d'apprécier sa capacité à occuper l'emploi proposé » et qu'elles doivent « présenter un lien direct et nécessaire » avec « l'emploi proposé » ou avec l'évaluation des « aptitudes professionnelles » (C. trav., art. L. 1221-6). Ces exigences, et particulièrement l'exigence d'un lien « direct et nécessaire », prohibent la plupart des questions qui sont habituellement posées dans les tests psychologiques divers auxquels sont régulièrement soumis les candidats à un emploi. Les préférences culinaires, réactions possibles face à un accident de voiture et autres questions sur la situation de famille, apparaîtront bien difficiles à relier de manière « directe et nécessaire » à un emploi de comptable par exemple.

§ 4 Exigence de non-discrimination

■ 120 Parmi les décisions susceptibles d'être discriminatoires, l'article L. 1132-1 du Code du travail mentionne le fait d'écarter une personne d'une procédure de recrutement pour un motif illicite (v. ss 345 s.). Des questions du type : « avez-vous des enfants ? » et « avez-vous l'intention d'avoir prochainement des enfants ? » peuvent avoir pour l'employeur un lien direct et nécessaire avec l'emploi proposé, s'il craint les congés de maternité. Mais un tel lien est l'expression d'une discrimination doublée d'une atteinte à la vie privée. L'illicéité de telles questions ne fait donc pas de doute, nonobstant la fréquence avec laquelle de telles questions peuvent, en pratique, être posées.

Enfin, la loi du 31 mars 2006 avait rendu obligatoire, dans les entreprises d'au moins cinquante salariés, l'examen de la candidature à l'emploi dans des conditions préservant l'anonymat du candidat (C. trav., art. L. 1221-7). La mesure comprenait l'exigence d'un *curriculum vitæ* anonyme ou anonymé. Ce texte, quelques 10 années après, n'avait pas fait l'objet des décrets d'application annoncés. Alors que le Conseil d'État avait enjoint au gouvernement de prendre ce décret dans un délai de 6 mois (CE, 9e et 10e sous-sect. réun., 9 juill. 2014, n° 345253), le législateur s'est effectivement emparé de cette question à l'occasion de la loi relative au dialogue social et à l'emploi du 17 août 2015 pour, au contraire..., faire machine arrière. Désormais, le CV anonyme n'est plus obligatoire pour ces entreprises.

§ 5 Sanctions

Qu'il s'agisse des sanctions pénales (A) ou des sanctions civiles (B), la preuve de l'irrégularité de la procédure qui conduit à ces sanctions est souvent bien difficile à rapporter. 121

A. Sanctions pénales

Le législateur de 1992 n'a pas prévu de sanctions spéciales pour les textes relatifs au recrutement. Le Code pénal prévoit plusieurs sanctions, cantonnées aux hypothèses de discriminations. 122

Il prévoit d'abord une condamnation pénale pour tout refus d'embauche pour un motif discriminatoire (C. pén., art. 225-2, 3°, la liste des motifs prohibés pénalement, fixée à l'art. 225-1 étant un peu plus courte que celle établie par l'art. L. 1132-1 C. trav.). Cette première infraction suppose d'identifier précisément la victime de la discrimination et, par conséquent, d'établir le lien entre un critère discriminant prohibé et la non-embauche. Demander la religion du candidat dans un questionnaire est prohibé. Mais entre le fait de prouver que cette question a été posée, ce qui est relativement facile si elle l'a été par écrit, et prouver que le refus d'embauche a été causé par la religion du candidat, la route est longue.

Une autre infraction pénale est prévue, qui consiste dans le fait de subordonner une offre d'embauche à un critère ou une condition discriminatoire (C. pén., art. 225-2, 5°). Elle est nécessairement plus simple à établir, puisque la simple offre discriminatoire suffit, sans qu'aucun lien de causalité n'ait à être prouvé entre la discrimination et une éventuelle non-embauche. Il est en revanche nécessaire de rapporter la preuve, outre l'intention, de directives discriminatoires données par la direction (Crim. 23 juin 2009, *Bull. crim.* n° 126 : dans cette affaire, notes internes et témoignages permettent d'établir l'existence d'une offre discriminatoire pour le recrutement d'animatrices afin de promouvoir les produits dans les supermarchés ; les documents produits qui visaient à définir le profil du poste comportaient notamment la mention « BBR » pour « bleu blanc rouge »).

B. Sanctions civiles

123 L'annulation de la procédure de recrutement irrégulière peut être demandée. Elle serait au demeurant probablement obtenue, notamment en cas d'atteintes aux droits de l'homme, d'atteinte à la vie privée par exemple. Mais on voit mal quel candidat aurait intérêt à exiger une telle annulation en justice. Après de longues années de procès, le contrat de travail de la personne embauchée sur le poste serait annulé et un nouveau recrutement, respectueux cette fois des règles, devrait être organisé. Pour le glorieux auteur de ce procès victorieux, les chances d'être embauché et d'obtenir ainsi l'emploi convoité sont très faciles à évaluer...

Le candidat à un emploi ayant échoué lors d'une opération de recrutement illicite peut aussi demander des dommages-intérêts. Déjà en 1969, alors que les textes susvisés n'existaient pas, les juges ont su condamner un employeur à des dommages-intérêts simplement parce qu'il avait, dans un questionnaire d'embauche, laissé une question sur l'affiliation à un syndicat : cette seule mention dans le questionnaire a suffi pour prouver, selon la Cour, la faute, la cause et le préjudice pour le syndicat (Soc. 13 mai 1969, *Roclaine*, *Bull. civ.* V, n° 314).

Quant au salarié, il n'est bien entendu pas certain que, si les règles avaient été respectées, il aurait obtenu l'emploi. Aucune solution de justice ne fixe véritablement la matière, mais l'on pourrait imaginer que le salarié puisse invoquer que l'irrégularité constatée lui a fait perdre une chance d'être recruté (v. dans un contexte différent, Soc. 21 juin 2006, *Bull. civ.* V, n° 224, arrêt qui accepte la réparation du préjudice né de la perte d'une chance de conserver un emploi). Elle aurait cependant des chances de gains relativement modérées, la chance perdue devant, le plus souvent, être considérée comme faible.

Mais si l'identification du préjudice est possible, encore faut-il établir le lien – et là réside toute la difficulté – entre l'irrégularité de la procédure et la non-embauche du salarié. Comment démontrer que si la procédure n'avait pas été irrégulière ou discriminatoire, le salarié aurait été recruté ou, à tout le moins, aurait eu une chance supplémentaire d'être recruté ? En matière de discrimination, une décision de la CJUE du 19 avril 2012 semble ouvrir la voie à un contrôle de la discrimination à l'embauche (CJUE 19 avr. 2012, aff. C-415/10, relative à l'interprétation des directives du 29 juin 2000 relative à la mise en œuvre du principe de l'égalité de traitement entre les personnes sans distinction de race ou d'origine ethnique et du 5 juillet 2006 relative à la mise en œuvre du principe de l'égalité des chances et de l'égalité de traitement entre hommes et femmes en matière d'emploi et de travail). Une salariée, d'origine russe, avait postulé à un emploi dans une entreprise allemande et s'était vue refuser l'accès à un entretien d'embauche. Peu de temps après, une seconde annonce dont le contenu était analogue à celui de la première, avait été diffusée par cette société sur Internet. La salariée s'étant à nouveau portée candidate, et la société avait rejeté sa candidature une nouvelle fois, sans la convoquer à un entretien et sans lui fournir aucune indication quant aux motifs de ce rejet. La CJUE a considéré que le candidat à l'emploi ne dispose pas du droit d'accéder à l'information précisant si l'employeur, à l'issue de la procédure de recrutement, a embauché un autre candidat. Toutefois, elle a ajouté qu'un refus de tout accès à l'information de la part d'une partie défenderesse peut constituer l'un des éléments à prendre en compte dans le cadre de l'établissement des faits qui permettent de présumer l'existence d'une discrimination directe ou indirecte.

L'ultime sanction, dans les hypothèses de recrutement, pourrait finalement être le droit de mentir. Cette sanction est établie pour la salariée en état de grossesse, laquelle reçoit expressément du législateur le droit de taire son état, c'est-à-dire en clair, le droit de mentir à l'employeur qui lui poserait une question à ce sujet (C. trav., art. L. 1225-2). La tolérance face au mensonge pourrait être comprise comme une sanction pour toute question discriminatoire ou ne respectant pas les droits fondamentaux. L'article L. 1221-6 du Code du travail dispose : « (Les) informations doivent présenter un lien direct et nécessaire avec l'emploi proposé (ou avec l'évaluation des aptitudes professionnelles). Le candidat à un emploi (ou le salarié) est tenu d'y répondre de bonne foi. ». *A contrario*, lorsque les informations demandées n'ont pas de lien direct et nécessaire, le salarié a le droit d'y répondre de mauvaise foi : de sorte que ce silence ne pourra pas être une cause de licenciement et encore moins un dol (Soc. 21 sept. 2005*, *Bull. civ.* V, n° 262 ; *Dr. soc.* 2006. 106-108, obs. J. Savatier, arrêt qui consacre le droit de taire un handicap à l'employeur, l'information sur la santé n'ayant à être livrée qu'au médecin du travail chargé de l'examen médical d'embauche). 124 ■

section 2

Les conditions de validité du contrat de travail

Conditions de forme (§1) et de fond (§2) doivent être distinguées. 125 ■

§ 1 Conditions de forme

Le contrat de travail est un contrat dont la forme est libre (C. trav., art. L. 1221-1). Le contrat verbal, conclu par le simple échange des consentements, est donc, en principe, valide. 126 ■

Cette liberté de principe souffre plusieurs limitations importantes. Les premières sont les règles qui exigent, pour les contrats de travail spéciaux — qu'ils soient à durée déterminée, temporaire, ou à temps partiel — la rédaction d'un contrat écrit, doté de toute une liste de mentions obligatoires.

De plus, même pour le contrat de travail de droit commun, à durée indéterminée et à temps complet, certaines formes doivent être suivies — et ce afin d'organiser le recouvrement des charges sociales, de permettre aux salariés de bénéficier de leurs droits sociaux et aussi afin de leur transmettre une connaissance minimale des principaux éléments du contenu des rapports de travail. Il en est résulté toute une série de règles de forme, d'application tout à fait générale.

Afin de permettre un premier contrôle, la conclusion du contrat de travail doit tout d'abord faire l'objet de déclarations diverses, dont la principale est la déclaration 127 ■

préalable à l'embauche prévue par l'article L. 1221-10 et suivants du Code du travail (v. aussi C. trav., art. R. 1221-1 s., R. 1227-1, R. 1227-2). Les différentes déclarations obligatoires peuvent être réalisées en une formalité unique, la déclaration unique d'embauche (Décr. 1er avr. 1998), laquelle doit être envoyée à l'Urssaf.

L'omission de ces formalités de déclaration réalise le délit de travail dissimulé (C. trav., art. L. 8221-3, L. 8221-4, L. 8221-5), lequel peut être puni d'un emprisonnement de trois ans ainsi que de diverses peines complémentaires (C. trav., art. L. 8224-1 s.). En outre, le salarié dont le travail aura été dissimulé a droit, en cas de rupture de son contrat de travail, à une indemnité forfaitaire minimale de six mois de salaire (C. trav., art. L. 8223-1).

Toute embauche doit en outre être notée dans un registre du personnel, tenu à la disposition des délégués du personnel et de l'inspecteur du travail (C. trav., art. L. 1221-13 s.).

Ces différentes formalités peuvent être omises lorsque sont utilisés des « titres emploi-service entreprise ». Ces titres, issus de la loi du 4 août 2008, peuvent être utilisés sans limites par les entreprises d'au plus neuf salariés. Il s'agit alors de simplifier les formalités pour ces très petites entreprises. Mais ils peuvent aussi être utilisés dans les entreprises de n'importe quelle taille, pour des salariés dont l'activité dans l'entreprise n'excède pas la limite de cent jours, consécutifs ou non, ou de 700 heures de travail, par année civile (C. trav., art. L. 1273-2).

■ 128 L'employeur qui conclut un contrat de travail doit, de plus, transmettre par écrit au salarié un certain nombre d'informations, selon la directive du 14 octobre 1991*, tels le lieu de travail, la rémunération, la durée des congés, la durée du travail journalière ou hebdomadaire. Cette directive n'a pas fait l'objet d'une véritable transposition, l'État français ayant estimé que les obligations de l'employeur relatives au bulletin de paie, prévues à l'article L. 3243-1 et suivants du Code du travail, permettent d'en assurer en partie l'application en droit français.

§ 2 Conditions de fond

■ 129 Le contrat de travail est soumis aux règles du droit commun des obligations (C. trav., art. L. 1221-1). De sorte qu'il se trouve formé dès l'échange des consentements du salarié et de l'employeur. Toutefois, l'analyse de l'échange des consentements est spécifique à plusieurs égards.

D'une part, avant l'échange des consentements, s'ouvre une période précontractuelle de négociation qui peut déboucher sur la formulation par l'employeur d'une promesse d'embauche.

La promesse d'embauche vaut contrat de travail dès lors qu'elle précise l'emploi et la date d'entrée en fonction du salarié (Soc. 15 déc. 2010, n° 08-42.951, *Bull. civ. V*, n° 296). Il en résulte qu'elle produit les effets juridiques du contrat de travail alors même que le salarié ne l'a pas expressément acceptée. En revanche, le refus exprès d'un salarié de faire suite à une promesse d'embauche fait obstacle à ce qu'il puisse ensuite s'en prévaloir (Soc. 28 nov. 2012, n° 11-16.231).

Toutefois, cette assimilation de la promesse d'embauche au contrat de travail doit être nuancée. Rien n'empêche l'employeur d'insérer une période d'essai dans le contrat de travail, alors même qu'une telle période n'était pas prévue dans la promesse d'embauche (Soc. 12 juin 2014, n° 13-14258, *Bull.* V, n° 138). En d'autres termes, la promesse d'embauche contraint l'employeur à conclure un contra travail. Mais ce dernier peut différer en partie des prévisions des parties lors promesse.

D'autre part, les vices du consentement lors de la conclusion du contrat de tr font l'objet d'une interprétation très rigoureuse de la part de la Cour de cassation. Il en est en particulier ainsi du dol du salarié à l'embauche.

Seule la manœuvre frauduleuse semble être susceptible d'établir l'élément matériel du dol. Le fait qu'une salariée ait mentionnée dans son CV son expérience d'assistante de formation alors qu'elle avait en réalité effectué un simple stage de 4 mois dans le service formation linguistique, n'est pas constitutif d'une manœuvre frauduleuse, mais constitue une simple mention imprécise et susceptible d'interprétation (Soc. 16 févr. 1999, n° 96-45.565). En tout état de cause, il importe de bien distinguer la période de formation du contrat, au cours de laquelle un vice du consentement peut être invoqué et conduire éventuellement à la nullité du contrat ; et celle de l'exécution du contrat, au cours de laquelle le licenciement peut être prononcé par l'employeur, mais pour une cause liée à l'exécution de son travail (Soc. 30 mars 1999, n° 96-42.912, *Bull. civ.* V, n° 142). De sorte que si jamais le dol était admis en raison des manœuvres du salarié, seule la nullité pourrait être invoquée, son mensonge lors de la période de formation du contrat ne pouvant donner lieu à aucun licenciement.

Compléments pédagogiques

Biblio

- G. Lyon-Caen, *Les libertés publiques et l'emploi*, Doc. fr., 1992

Documents

1) Recrutement

Soc. 21 sept. 2005 (*Bull. civ.* V, n° 262 ; *Dr. soc.* 2006. 106-108, obs. J. Savatier)

« Attendu que les renseignements relatifs à l'état de santé du candidat à un emploi ne peuvent être confiés qu'au médecin chargé, en application de l'article R. 241-48 du Code du travail, de l'examen médical d'embauche ; que lorsque l'employeur décide que le salarié recruté avec une période d'essai prendra ses fonctions avant l'accomplissement de cet acte médical, il ne peut se prévaloir d'un prétendu dol du salarié quant à son état de santé ou à son handicap, que ce dernier n'a pas à lui révéler ; que la cour d'appel n'avait dès lors pas à répondre à un moyen inopérant ».

2) Formes du contrat de travail

Directive du 14 octobre 1991 relative à l'obligation de l'employeur d'informer le travailleur des conditions applicables au contrat ou à la relation de travail (n° 91/533/CEE)

« Article 2 : Obligation d'information

1. L'employeur est tenu de porter à la connaissance du travailleur salarié auquel la présente directive s'applique, ci-après dénommé « travailleur », les éléments essentiels du contrat ou de la relation de travail.

2. L'information visée au paragraphe 1 porte au moins sur les éléments suivants :

a) l'identité des parties ;

b) le lieu de travail ; à défaut de lieu de travail fixe ou prédominant, le principe que le travailleur est occupé à divers endroits ainsi que le siège ou, le cas échéant, le domicile de l'employeur ;

c) i) le titre, le grade, la qualité ou la catégorie d'emploi en lesquels le travailleur est occupé

ou

ii) la caractérisation ou la description sommaires du travail ;

d) la date de début du contrat ou de la relation de travail ;

e) s'il s'agit d'un contrat ou d'une relation de travail temporaire, la durée prévisible du contrat ou de la relation de travail ;

f) la durée du congé payé auquel le travailleur a droit ou, si cette indication est impossible au moment de la délivrance de l'information, les modalités d'attribution et de détermination de ce congé ;

g) la durée des délais de préavis à observer par l'employeur et le travailleur en cas de cessation du contrat ou de la relation de travail, ou, si cette indication est impossible au moment de la délivrance de l'information, les modalités de détermination de ces délais de préavis ;

h) le montant de base initial, les autres éléments constitutifs ainsi que la périodicité de versement de la rémunération à laquelle le travailleur a droit ;

i) la durée de travail journalière ou hebdomadaire normale du travailleur ;

j) le cas échéant :

i) la mention des conventions collectives et/ou accords collectifs régissant les conditions de travail du travailleur

ou

ii) s'il s'agit de conventions collectives conclues en dehors de l'entreprise par des organes ou institutions paritaires particuliers, la mention de l'organe compétent ou de l'institution paritaire compétente au sein duquel/de laquelle elles ont été conclues.

3. L'information sur les éléments visés au paragraphe 2 points f), g), h) et i) peut, le cas échéant, résulter d'une référence aux dispositions législatives, réglementaires, administratives ou statutaires ou aux conventions collectives régissant les matières y visées.

Article 3 : Moyens d'information

1. L'information sur les éléments visés à l'article 2 paragraphe 2 peut résulter de la remise au travailleur, deux mois au plus tard après le début de son travail :

a) d'un contrat de travail écrit

et/ou

b) d'une lettre d'engagement

et/ou

c) d'un ou de plusieurs autres documents écrits, dès lors que l'un de ces documents comporte au moins l'ensemble des éléments visés à l'article 2 paragraphe 2 points a), b), c), d), h) et i) ».

chapitre 5

La période d'essai

§ 2 Existence de la période d'essai

134 Comme toute exception, les clauses d'essai sont d'interprétation stricte. Ce qui explique notamment que l'essai ne se présume pas : seule une clause contractuelle expresse peut le stipuler (C. trav., art. L. 1221-23 issu de la loi sur la modernisation du marché du travail). Désormais, la période d'essai ne peut résulter d'une disposition de la convention collective applicable à l'entreprise, contrairement à la solution que faisait prévaloir la jurisprudence antérieure (Soc. 23 nov. 1999, *Bull. civ.* V, n° 448, *Dr. soc.* 2000. 204, obs. J. Mouly).

Quant au renouvellement ou à la prolongation de la période d'essai, non seulement ils doivent être expressement stipulés dans la lettre d'engagement ou le contrat de travail (C. trav., art. L. 1221-23), mais ils doivent également résulter d'une manifestation de volonté claire et non équivoque du salarié ne pouvant être déduite de la seule apposition de sa signature sur un document établi par l'employeur (Soc. 25 nov. 2009, n° 08-43.008, *Bull. civ.* V, n° 265).

§ 3 Point de départ de l'essai

135 Parce qu'elle permet une première évaluation du salarié, la période d'essai doit nécessairement se situer au commencement de la relation de travail, sans que les parties puissent en différer l'application (v. not. Soc. 25 févr. 1997, *Bull. civ.* V, n° 83 ; 25 mars 1988, *Bull. civ.* V, n° 173).

Progressivement, la Cour de cassation a composé un régime circonstancié de la possibilité de stipuler une clause d'essai lorsque l'employeur a déjà pu apprécier les capacités du salarié précédemment. De manière générale, une période d'essai ne peut être stipulée valablement lorsque l'employeur a « déjà pu apprécier (les) capacités professionnelles » du salarié, lors d'une précédente relation de travail (Soc. 26 févr. 2002, *Bull. civ.* V, n° 78).

La première hypothèse concerne la succession de plusieurs contrats de même nature et entre les mêmes parties ou l'existence d'un avenant au contrat de travail. Lorsqu'un salarié est déjà depuis un certain temps dans l'entreprise, l'employeur a pu se faire une première idée de ses capacités, aucun avenant ne pourra réintroduire une clause d'essai. Si le salarié change radicalement de fonctions, une « *période probatoire*[Q] » pourra être insérée dans le contrat de travail, à condition toutefois que le salarié donne son accord exprès (Soc. 16 mai 2012, n° 10-10.623). Mais cette clause ne constitue pas à proprement parler une clause d'essai : elle ne permet pas la rupture du contrat. Si l'épreuve s'avère non concluante, cela permettra simplement de replacer le salarié dans ses anciennes fonctions (Soc. 30 mars 2005, *Dr. soc.* 2005. 810). Cette période probatoire n'est toutefois possible qu'en cas d'avenant au contrat de travail ou si deux contrats successifs sont conclus entre les mêmes parties. Ainsi, si le salarié est muté dans une autre société du même groupe, une période d'essai peut être valablement stipulée dans le second contrat. De sorte que si le second contrat est rompu, le salarié n'aura aucun droit à réintégrer ses fonctions antérieures (Soc. 20 oct. 2010, n° 08-40.822, *RJS* 2011, n° 1).

La deuxième hypothèse concerne la succession d'un stage et d'un contrat comprenant une période d'essai. Il faut rappeler que l'essai a pour fonction de permettre à l'employeur de juger le salarié *en situation de travail*. Ce qui peut expliquer la distinction de l'essai et du stage (Soc. 1er févr. 2000, *RJS* 2000, n° 246) ou d'une période de test professionnel pendant laquelle le salarié n'est pas placé dans des conditions normales d'emploi (Soc. 4 janv. 2000, *Dr. soc.* 2000. 550, obs. J. Mouly). Par conséquent, la durée d'un stage réduit la durée de l'essai, mais ne peut toutefois réduire cette durée de plus de la moitié (C. trav., art. L. 1221-24).

La troisième hypothèse concerne la succession d'un contrat à durée déterminée et d'un contrat à durée indéterminée comprenant une période d'essai. La Cour de cassation a précisé que, dans cette hypothèse, la durée du ou des contrats à durée déterminée est déduite de la période d'essai éventuellement prévue dans le nouveau contrat de travail (Soc. 9 oct. 2013, n° 12-12.113 [P]). De sorte qu'elle autorise l'insertion d'une période d'essai. Mais qu'elle impute la durée du CDD sur la durée possible de la période d'essai.

§ 4 Durée de l'essai

La loi n'a longtemps posé de durée maximale de l'essai qu'au sujet de certains contrats spéciaux (v. not. C. trav., art. L. 1242-10 pour les contrats à durée déterminée, C. trav., art. L. 1251-14 pour les contrats de missions). 136 ■

À la suite de l'ANI sur la modernisation sociale, la loi du 25 juin 2008 a prévu les durées maximales suivantes (C. trav., art. L. 1221-19) :

- pour les ouvriers et les employés : 2 mois ;
- pour les agents de maîtrise et les techniciens : 3 mois ;
- pour les cadres : 4 mois.

Ces durées peuvent être doublées, renouvellement inclus, si une convention collective de branche étendue le prévoit (C. trav., art. 1221-21).

Selon la loi nouvelle, les durées prévues sont bien des durées « maximales » qui n'interdisent pas de fixer des durées plus courtes (C. trav., art. L. 1221-22). Seule exception : des durées plus longues peuvent être fixées par les accords de branche conclus avant la date de publication de la loi du 25 juin 2008. Ce qui, sur le papier, autorise tout de même une durée maximale de huit mois d'essai. Deux mois, voire quatre, pour savoir si une personne est ou non capable de faire correctement la plonge dans un restaurant... Ces durées peuvent ainsi dépasser la finalité assignée aux clauses d'essai par l'article L. 1221-20 du Code du travail.

Avant la loi du 25 juin 2008, les juges invalidaient les durées d'essai inutilement longues pour apprécier les qualités professionnelles du salarié (une durée de 6 mois d'essai pour une sténodactylographe était ainsi jugée trop longue : Soc. 21 déc. 1977, *Bull. civ.* V, n° 727 ; *D.* 1978. IR 74 ; de même, une durée de 3 mois d'essai pour un livreur était jugée hors de proportion : Soc. 9 juin 1988, *Bull. civ.* V, n° 348). L'appréciation du temps nécessaire et du temps qui ne l'est pas était une question de fait relevant de la compétence des juges du fond. Des durées variables étaient refusées ou validées, selon les circonstances des espèces et notamment selon les fonctions exercées par le salarié.

La question de la survivance de la jurisprudence antérieure s'est alors posée. Le droit de stipuler une durée allant jusqu'à la durée « maximale » prévue par l'article L. 1221-19 du Code du travail est-il encore susceptible d'abus ? Le contrôle d'une certaine mesure dans la stipulation des clauses d'essai peut être fondé sur la convention n° 158 de l'OIT, laquelle est, en sa qualité de traité, supérieure aux lois nationales et 137 ■

reconnue d'application directe par la Cour de cassation (Soc. 29 mars 2006, *Bull. civ.* V, n° 131 ; *RDT* 2006. 276, obs. P. Lokiec ; *Dr. soc.* 2006. 641, avis J. Duplat).

La contestation juridique du contrat « nouvelles embauches » (CNE), qui avait prévu une période de consolidation de l'emploi de 2 ans, avait de ce point de vue ouvert une voie juridique nouvelle (v. rubrique « Débats »), dans laquelle la Cour de cassation s'est engagée concernant la période d'essai. Elle a considéré que la durée d'un an pour une période d'essai prévue par la convention collective nationale du commerce de gros et de détail est déraisonnable, « au regard de la finalité de la période d'essai et de l'exclusion des règles du licenciement durant cette période » (Soc. 11 janv. 2012, n° 10-17.945 [P], *RDT* 2012. 150, obs. S. Tournaux). En somme, les périodes d'essai instituées par les conventions de branche antérieures, lesquelles peuvent être plus longues que les durées maximales prévues par la loi, sont susceptibles d'être jugées déraisonnables au regard de la convention, n° 158 de l'OIT.

Plus encore, rien n'interdit de se demander si une période d'essai d'une durée pourtant inférieure aux durées maximales légales ne pourrait pas être jugée déraisonnable. C'est ce que semble indiquer la Cour de cassation en usant d'une formule très générale selon laquelle « est déraisonnable, au regard de la finalité de la période d'essai et de l'exclusion des règles du licenciement durant cette période, une période d'essai dont la durée est de six mois » (Soc. 10 mai 2012*, n° 10-28.512 [P]).

Et la sanction qui s'ensuit n'est pas anodine. Si le juge, après avoir considéré que la durée était déraisonnable, considère que la rupture du contrat est intervenue alors que le contrat était bel et bien devenu définitif, il requalifiera cette rupture en un licenciement sans cause réelle et sérieuse (Soc. 11 janv. 2012, préc.).

Notons que l'écoulement de l'essai est suspendu en cas d'absence du salarié, pour cause de maladie ou de congés par exemple (v. not. Soc. 5 mars 1997, *Bull. civ.* V, n° 94 ; 26 oct. 1999, *RJS* 1999, n° 1436 ; 23 mai 2007, n° 06-41.338). La solution se déduit de la finalité de l'essai : lorsque le travail est interrompu, les possibilités d'évaluation le sont aussi.

section 2

Rupture du contrat pendant l'essai

138 Si la rupture du contrat n'est pas soumise aux règles propres au licenciement et à la démission, elle est néanmoins contenue dans certaines limites. Chacune des parties est ainsi tenue de respecter un délai de prévenance (§1). En outre, la rupture ne peut être abusive (§2). Enfin, cette rupture demeure soumise à certaines règles du Code du travail (§3).

§ 1 Délai de prévenance

139 La loi de « modernisation » du marché du travail, du 25 juin 2008, a imposé un préavis de rupture de l'essai (C. trav., art. L. 1221-25), intitulé « *délai de prévenance*[Q] », sans doute pour bien le distinguer du préavis de licenciement. Ce délai est, pour l'employeur, de :

– quarante-huit heures au cours du premier mois de présence ;
– deux semaines après un mois de présence ;
– un mois après trois mois de présence.

Le salarié doit, lui, respecter un délai de prévenance de quarante-huit heures dans tous les cas (C. trav., art. L. 1221-26).

Une question s'est posée : aux termes de l'article L. 1221-25 *in fine* : « La période d'essai, renouvellement inclu, ne peut être prolongée du fait de la durée du délai de prévenance ». Que se passe-t-il alors si l'employeur rompt l'essai tardivement, sans pouvoir respecter le délai de prévenance, du fait de la durée maximale de l'essai ? Exemple : un employeur a valablement stipulé une durée d'essai de quatre mois ; après trois mois de présence du salarié, il doit, s'il veut rompre le contrat, respecter un délai de prévenance d'un mois. S'il s'avise de rompre au bout de 3 mois et demi, il ne peut, de fait, respecter un tel délai.

La rédaction de l'article L. 1121-25 aurait pu amener à considérer que, l'essai ne pouvant être prorogé, le contrat devient définitif, la rupture s'analysant alors en un licenciement sans cause réelle et sérieuse. Telle n'est pas la solution retenue. La Cour de cassation a précisé que, dès lors que l'employeur met fin au contrat avant le terme de la période d'essai, la rupture ne s'analyse pas en un licenciement même si cet employeur n'a pas respecté le délai de prévenance (Soc. 23 janv. 2013*, n° 11-23.428 [P]). En cas de rupture pendant la période d'essai, le contrat prend fin au terme du délai de prévenance s'il est exécuté et au plus tard à l'expiration de la période d'essai (Soc. 5 nov. 2014, n° 13-18114, [P]). Cette solution a été confirmée par une ordonnance du 26 juin 2014, intégrée à l'article L. 1221-25 du Code du travail. Cet article prévoit que la sanction de l'impossibilité de respecter le délai de prévenance consiste en une indemnité compensatrice (v. depuis Soc. 16 sept. 2015, n° 14-16713 : la rupture tardive ne s'analyse pas en un licenciement sans cause réelle et sérieuse).

En tout état de cause, les durées maximales de l'article L. 1221-19 du Code du travail sont trompeuses car elles sont amputées de la durée du délai de prévenance.

§ 2 Abus du droit de rompre en cours d'essai

Au cours de l'essai, l'employeur a le droit de résilier le contrat de travail sans avoir à justifier d'une cause réelle et sérieuse. Ce droit est susceptible d'abus. La reconnaissance explicite de ce possible abus est constante depuis l'arrêt *Dame Courtia* du 17 mars 1971 (*Bull. civ.* V, n° 216). Elle donne lieu à l'octroi de dommages et intérêts. **140**

L'abus peut être reconnu lorsque la rupture a été faite avec précipitation (l'employeur a agi avec une précipitation inhabituelle : Soc. 2 févr. 1994, n° 90-43.836), ou plus généralement avec légèreté blâmable ou intention malveillante. Il l'est également quand l'employeur a mis fin à la période d'essai d'un salarié moins de deux semaines après le début des relations contractuelles, alors que le salarié venait de démissionner de son emploi précédent, qu'il avait été engagé après de longues négociations avec le président-directeur général et qu'il n'avait pas été mis en mesure de donner la preuve de ses véritables qualités et de sa capacité professionnelle compte tenu notamment de l'importance de ses fonctions (Soc. 15 nov. 2005, n° 03-47.546, *Bull. civ.*, n° 321).

Au-delà de ces hypothèses assez classiques d'abus, ce dernier peut être constaté lorsque la rupture a été effectuée pour des raisons autres que l'appréciation des qualités professionnelles du salarié. L'abus est aujourd'hui reconnu à chaque fois que le salarié peut prouver que le motif de la résiliation est étranger à l'appréciation de ses capacités professionnelles (v. Soc. 10 déc. 2008, n° 07-42.445, *Dr. soc.* 2009. 235, note G. Couturier ; et les ex. cités dans les documents reproduits en fin de chapitre).

Plus généralement, la seule constatation d'une rupture de l'essai « pour un motif non inhérent à la personne du salarié » suffit à caractériser l'abus (Soc. 20 nov. 2007, *Cofiroute**). Cette référence expresse par la Cour de cassation au « motif non inhérent à la personne du salarié » est une reprise des termes par lesquels le motif économique de licenciement est défini dans le Code du travail (C. trav., art. L. 1233-3). En l'occurrence, le salarié invoquait que son poste avait été supprimé. Il apparaît ainsi nettement que la rupture de l'essai ne peut intervenir pour un motif économique (v. dans des termes proches, Soc. 24 nov. 1999, n° 97-43.054 ; Soc. 15 déc. 2010, n° 09-42.273).

§ 3 Règles exclues et règles applicables

141 Il ressort de l'article L. 1231-1 du Code du travail que les règles incluses dans le titre troisième, relatif à la rupture du contrat de travail à durée indéterminée, ne sont pas applicables pendant la période d'essai. Bien des règles sont ainsi exclues, comme l'exigence d'une cause réelle et sérieuse, les règles relatives à la procédure de licenciement pour motif personnel, dont celles relatives à l'énonciation du motif.

Pas de doute que les règles relatives à la démission sont elles aussi exclues.

En revanche, la prise d'acte appelle une solution plus nuancée. La chambre sociale affirme aujourd'hui qu'il appartient seulement aux juges du fond « d'indemniser le préjudice résultant de la rupture abusive de la période d'essai du fait de l'inexécution de ses obligations par l'employeur » (Soc. 7 févr. 2012, n° 10-27.525, *Bull. civ.* V, n° 57). Sorte de solution médiane. La rupture par le salarié pendant la période d'essai et imputée à l'employeur ne produit pas les effets d'un licenciement sans cause réelle et sérieuse, puisqu'elle ne peut être qualifiée de prise d'acte. Mais elle produit tout de même des effets spécifiques, inspirés du régime de la prise d'acte.

142 Si l'on en croit l'article 1231-1 du Code du travail, toutes les règles qui ne sont pas situées dans le titre visé par l'article continuent à s'appliquer à la rupture du contrat pendant la période d'essai.

Il est, en effet, des règles qui s'appliquent à la décision de l'employeur en général, et non simplement à la rupture en particulier. Et ces règles doivent, en principe, s'appliquer à l'essai. Il en va ainsi de la prohibition des discriminations (C. trav., art. L. 1132-1 s.), qui a été confirmée en jurisprudence (Soc. 16 févr. 2005, *Bull. civ.* V, n° 52 ; *RJS* 2005, n° 469), y compris en matière pénale (Crim. 14 oct. 1986, *Bull. crim.*, n° 287).

Par ailleurs, l'exigence d'un régime spécifique de la rupture en cours d'essai est parfois contrebalancée par un motif particulier de méfiance du législateur envers l'acte de rompre le contrat de travail. En présence de ce conflit, ordinairement, la jurisprudence fait prévaloir la règle spéciale du droit du licenciement sur l'essai. Ainsi, la protection contre le licenciement des représentants du personnel est applicable en cours d'essai (v. Crim. 5 nov. 1974, *JS UIMM* 1975, n° 349, p. 124 ; Soc. 26 oct. 2005, 2 arrêts, *Bull. civ.* V, n° 306 ; *D.* 2006. 115-118, obs. J. Mouly). Ainsi encore, la protection contre le licenciement des salariés victimes d'un accident du travail s'applique-t-elle aux salariés accidentés pendant leur période d'essai, y compris l'obligation de l'employeur de suivre les indications du médecin du travail et de reclasser, si nécessaire, le salarié sur un poste différent de celui qu'il occupait à l'origine (Soc. 25 févr. 1997, *Bull. civ.* V, n° 80 ; *Dr. soc.* 1997. 409, note C. Roy-Loustaunau).

L'application du droit protecteur des femmes enceintes est plus nuancée dans la jurisprudence. Les règles concernant le congé maternité doivent, bien entendu être appliquées. L'article L. 1225-1 du Code du travail qui interdit de prendre en compte l'état de grossesse d'une femme pour résilier son contrat est expressément applicable.

En revanche, la Cour a refusé à la femme enceinte en période d'essai la protection contre le licenciement qui s'applique pendant toute la période de la grossesse (C. trav., art. L. 1225-4, L. 1225-5, L. 1225-6) et qui interdit à l'employeur de licencier la salariée pour tout autre motif qu'une faute grave ou une impossibilité de maintenir le contrat non liée à la grossesse (Soc. 31 mars 1971, *Bull. civ.* V, n° 273 ; 21 déc. 2006, n° 05-44.806, *Bull. civ.* V, n° 415). Cette solution, fragile juridiquement, est éminemment discutable. Elle est loin de prendre en compte la réalité des rapports de travail et la réticence des employeurs à l'égard des femmes enceintes.

Enfin, la Cour de cassation affirme nettement que la procédure disciplinaire doit être respectée, même en cours d'essai, dès lors que la rupture est justifiée par un motif disciplinaire (Soc. 10 mars 2004*, *Bull. civ.* V, n° 80 ; *Dr. soc.* 2004. 733, note M. Dubertet ; *JCP* 2004. II. 10088, note D. Corrigan-Carsin). Il y a là l'illustration de ce que les registres d'aptitude et discliplinaire sont distincts. La rupture n'est facilitée, pendant la période d'essai, que lorsque l'employeur est convaincu que l'aptitude professionnelle du salarié n'est pas en adéquation avec ses attentes, et non pas lorsque le salarié a commis une faute professionnelle.

La question de l'application du droit spécial du licenciement pour motif économique 143
est sans doute la plus difficile.

Que la rupture pendant l'essai ne puisse être opérée pour un motif non inhérent à la personne du salarié semble acquis. Tel est le sens notamment de l'arrêt *Cofiroute* du 20 novembre 2007* (préc.) duquel on peut tirer l'interdiction de toute rupture du contrat pour motif économique pendant l'essai.

Mais surgit alors une autre question : le droit du licenciement économique est-il applicable ? En d'autres termes, l'employeur peut-il licencier un salarié à l'essai pour motif économique ? La jurisprudence semble hésitante (en faveur de l'application du droit du licenciement en cours d'essai, v. Soc. 8 mars 1956, *Bull. civ.* IV, n° 228 ; *contra* v. Soc. 2 juin 1981, *D.* 1982. 206, note J. Mouly et, de manière très ambiguë, Soc. 30 sept. 1992, *Bull. civ.* V, n° 484). L'exclusion du droit du licenciement pourrait cette fois sembler conforme à la lettre de l'article L. 1231-1 du Code du travail aux termes duquel les règles du licenciement ne sont pas applicables pendant la période d'essai. Littéralement, les règles du licenciement économique sont en effet désormais situées au sein du titre du Code du travail dont l'article L. 1231-1 exclut l'application en cours d'essai. En même temps, rien ne permet de justifier que le salarié soit protégé contre toute perte d'emploi pour motif économique pendant cette période. En outre, une telle exclusion se heurterait à la mise en œuvre de l'ordre des licenciements, susceptible de désigner un salarié en période d'essai. Comment justifier, dans ce cas, l'immunité économique du salarié en période d'essai, par rapport aux autres salariés de l'entreprise (en ce sens, T. Sachs, dans « Variations sur la période d'essai, » *RDT* 2008. 515) ? Enfin, en vertu de l'article L. 1221-20 du Code du travail la finalité de la période d'essai est d'apprécier les qualités du salarié et pas d'évaluer la profitabilité ou la compétitivité d'un poste de travail.

titre 3

Les formes contractuelles

Le contrat de travail à durée indéterminée à temps complet, pour demeurer le contrat de droit commun, se trouve aujourd'hui largement concurrencé par d'autres formes contractuelles, telles que le contrat de travail à durée déterminée (chap. 6) et le contrat de travail à temps partiel (chap. 8). De plus en plus, des formes contractuelles de prêt de salariés se développent (chap. 7). 144

chapitre 6

Le contrat à durée déterminée

Plan analytique

section 1

Le recours au contrat à durée déterminée

§ 1 Les conditions de recours

A. Conditions de fond

B. Conditions de forme

C. Conditions de temps

§ 2 La sanction de requalification

A. Bénéficiaire de la sanction

B. Qualification et requalification

C. Domaine de la requalification

D. Conséquences de la requalification

section 2

La fin du contrat à durée déterminée

§ 1 La justification d'une rupture avant terme

§ 2 La survenance du terme

Compléments pédagogiques

6

Le contrat à durée déterminée

Prototype des contrats de travail précaires, le contrat à durée déterminée a été l'objet d'une attention constante du législateur depuis un quart de siècle. Se sont notamment succédées la loi du 3 janvier 1979, les ordonnances du 5 février 1982 et du 11 août 1986, et les lois du 12 juillet 1990, du 17 juillet 2001, du 21 décembre 2001, du 17 janvier 2002, et du 3 janvier 2003. 145

Les règles qui sont issues de l'ensemble des textes propres aux contrats à durée déterminée sont, à quelques nuances près, communes aux contrats de travail temporaires, autrement dits « contrats de mission » (v. ss 191 s.). Elles servent en outre de droit commun à l'ensemble des contrats à durée déterminée spéciaux, issus des politiques de l'emploi qui se sont multipliés et sont destinés à des publics divers, jeunes, séniors, personnes handicapés, chômeurs, etc... On a vu ainsi apparaître, puis parfois disparaître, outre quelques contrats à durée indéterminée spéciaux comme le contrat de chantier (C. trav., art. L. 1236-8), des contrats initiative-emploi, d'avenir, de mission, d'accompagnement dans l'emploi, de professionnalisation, de volontariat de solidarité internationale, jeune en entreprise, emploi-jeune, de transition professionnelle, etc. Évoquons encore le « contrat unique d'insertion », issu de la loi du 1er décembre 2008 (C. trav., art. L. 5134-19-1 s.), qui comporte un volet marchand, le CUI-CIE, et un volet non-marchand, le CUI-CAE et les contrats d'« emplois d'avenir (L. du 26 oct. 2012, n° 2012-1189). Certains de ces contrats permettent d'obtenir des salariés pour des sommes dérisoires (il n'est pas rare d'y trouver du salarié à temps complet pour un coût très inférieur au SMIC). Et l'on voit bien l'ambivalence de ces contrats, destinés à favoriser l'embauche, et en même temps susceptibles d'entraîner un effet de substitution conduisant l'employeur à les préférer au contrat à durée indéterminée.

Dans la multitude des petits statuts particuliers, le droit des contrats à durée déterminée apparaît comme un droit au large champ d'application. Il s'applique dans le silence des règles particulières à tel ou tel petit contrat spécial à durée déterminée. Le contrat de travail à durée indéterminée reste, en droit du travail, le contrat de principe (C. trav., art. L. 1221-2). Mais au sein du droit des statuts spéciaux, c'est le droit des contrats à durée déterminée qui sert de droit commun. 146

Depuis 1979, le recours au contrat à durée déterminée est strictement réglementé par la loi (section 1). Le contrat à durée déterminée est un contrat précaire par son terme, mais stable jusqu'à la survenance de ce terme (section 2).

section 1

Le recours au contrat à durée déterminée

■ 147 En principe, « le contrat de travail à durée indéterminée est la forme normale et générale de la relation de travail » (C. trav., art. L. 1221-2). La stipulation d'un terme dans un contrat de travail n'est donc valide que de manière exceptionnelle, sous condition du respect de certaines règles (§ 1). L'inobservation des différentes conditions peut entraîner la requalification du contrat de travail en contrat de travail à durée indéterminée (§ 2).

§ 1 Les conditions de recours

■ 148 Les principales restrictions faites à l'usage de contrats de travail à durée déterminée touchent aux domaines dans lesquels un terme peut être valablement conclu (A). Des conditions de forme sont également édictées (B). Le législateur a enfin limité la durée, le renouvellement et la succession des contrats à durée déterminée (C).

A. Conditions de fond

■ 149 La loi établit une liste des motifs autorisés de recours au contrat à durée déterminée (1). Elle pose également une exigence générale (2). Elle impose enfin des prohibitions ponctuelles (3).

1. *Un motif de recours*

■ 150 Ce n'est qu'au sein d'un certain nombre de cas limitativement énumérés par la loi qu'un terme peut être stipulé de manière valide au sein d'un contrat de travail. La liste actuelle des cas de recours au contrat à durée déterminée résulte pour l'essentiel de la loi du 12 juillet 1990, laquelle a été retouchée depuis sur quelques points de détails notamment par les lois du 17 juillet 2001, du 21 décembre 2001, du 3 janvier 2003. Tout contrat à durée déterminée doit être situé expressément au sein de l'un de ces cas de recours. Et il ne peut se référer qu'à un seul de ces cas (Soc. 23 janv. 2008, n° 06-41.536, *Bull. civ.* V, n° 17).

■ 151 Les motifs autorisés sont les suivants (C. trav., art. L. 1242-2 et L. 1242-3) :

– l'accroissement temporaire de l'activité de l'entreprise (C. trav., art. L. 1242-2, 1°) : il s'agit du cas le plus général, de celui dont on use lorsqu'il n'est pas possible de se référer aux autres cas. Ce cas a, dans un premier temps, été interprété de manière très extensive par la Cour de cassation. Celle-ci admettait des accroissements d'activité réguliers, habituels (v. Soc. 21 janv. 2004, n°s 03-42.769 à 03-42.784, *Bull. civ.* V, n° 27). Une interprétation sensiblement plus restrictive semble désormais l'emporter. Les contrats à durée déterminée d'agents de surveillance d'expositions temporaires au Grand Palais ont été requalifiés en contrat à durée indéterminée au motif que les expositions étaient certes temporaires, mais qu'elles intervenaient régulièrement, à la même fréquence chaque année, sur les mêmes périodes annuelles, sur un même site et suivant un mode d'organisation identique (Soc. 10 déc. 2008, n° 06-46.349,

Bull. civ. V, n° 244, *RDT* 2009. 161, note B. Reynès ; *Dr. ouvrier* 2009. 270-275, note R. Marié). La régularité et la similarité de l'activité intermittente excluent donc la possibilité de recourir au contrat à durée déterminée.

– le remplacement d'un salarié absent (C. trav., art. L. 1242-2, 1°), ou plus généralement d'un travailleur absent (C. trav., art. L. 1242-2, 4° et 5°). La catégorie inclut l'hypothèse d'un salarié absent de son poste, sans être absent de l'entreprise (Soc. 25 févr. 2009, n° 07-43.513 [P]).

– le remplacement d'un chef d'entreprise ou d'une personne exerçant une profession libérale (C. trav., art. L. 1242-2, 4° ; sur ce motif, v. Soc. 26 nov. 2008, n° 07-41.751, *Bull. civ.* V, n° 229).

– le travail saisonnier (C. trav., art. L. 1242-2, 3°). Sa définition jurisprudentielle (v. notamment : Soc. 17 sept. 2008, n° 07-42.463) a été intégrée par la loi dite « travail » du 8 août 2016 à l'article L. 1242-2 3°. Le travail saisonnier porte sur des tâches « appelées à se répéter chaque année selon une périodicité à peu près fixe, en fonction du rythme des saisons ou des modes de vie collectifs ».

Ce qui revient à exiger sa réapparition sur un rythme annuel et une interruption dans l'année qui soit suffisamment longue, pour ne pas pouvoir être confondue avec de simples congés annuels. Un travail saisonnier de plus de sept ou huit mois commence, de ce fait, à être suspect de permanence. L'entreprise entière doit être saisonnière pour employer des travailleurs saisonniers. Si l'entreprise fonctionne toute l'année, les augmentations temporaires de travail, fussent-elles liées aux saisons, ne peuvent pas faire l'objet de contrats saisonniers, mais seulement de contrat à durée déterminée pour « surcroît temporaire d'activité » (Soc. 5 déc. 2007, n° 06-41.313 [P] ; 25 mars 2015, n° 13-27695 [P]).

– les différents contrats liés aux politiques de l'emploi et qui ont pour objectif soit de favoriser l'embauche de personnes privées d'emploi, soit de favoriser leur formation (C. trav., art. L. 1242-3).

– La loi du 25 juin 2008 sur la modernisation du marché du travail a de plus inventé un contrat à durée déterminée de trois ans au maximum, qui s'achève à la réalisation d'un objet défini. Ce contrat est réservé aux ingénieurs et cadres et suppose la conclusion préalable d'un accord de branche étendu ou d'un accord d'entreprise. Mis en place à titre expérimental, il a été pérennisé par la loi du 20 décembre 2014. Il est original à bien des égards. D'abord par sa durée, puisqu'il peut aller jusqu'à 36 mois. Ensuite par le fait qu'il peut prendre fin, outre par l'arrivée de son terme, par l'exercice par l'une des parties d'un droit de résiliation unilatérale pour un motif réel et sérieux. Ce droit peut s'exercer au bout de 18 mois ou à la date anniversaire de sa conclusion. Si ce droit de rompre ne peut ici s'exercer qu'au bout de 18 mois, il n'en reste pas moins qu'il constitue un modèle de contrat particulier, ajoutant à la durée déterminée, une faculté de rompre le contrat.

– les « emplois (...) pour lesquels (...) il est d'usage constant de ne pas recourir au contrat de travail à durée indéterminée en raison de la nature de l'activité exercée et du caractère par nature temporaire de ces emplois », à la condition que ces emplois soient exercés « dans certains secteurs d'activité définis par décret ou par voie de convention ou d'accord collectif étendu » (C. trav., art. L. 1242-2, 3°). L'article D. 1242-1 du Code du travail donne une liste des secteurs concernés, liste qui peut être complétée par convention collective étendue. On trouve dans la liste du décret une vingtaine de secteurs dont notamment l'hôtellerie, la restauration, l'enseignement, le spectacle, l'action culturelle et l'information.

152 Cette dernière catégorie de cas de recours est celle qui a donné lieu aux abus les plus criants. Elle est aujourd'hui plus fermement encadrée. Il n'est pas suffisant que l'employeur ait une activité incluse dans un des secteurs susvisés pour que le recours au contrat à durée déterminée soit automatiquement valide. Il faut encore qu'il s'agisse d'un de ces « emplois (...) pour lesquels (...) il est d'usage constant de ne pas recourir au contrat de travail à durée indéterminée ». Un arrêt du 28 juin 2005 (n° 03-43.521) permet de mieux l'expliciter. Selon cet arrêt, il ne suffit pas que le salarié soit embauché dans une entreprise de spectacle comme l'association Opéra de Lyon pour que son contrat puisse être à durée déterminée, il est nécessaire que l'employeur démontre que l'emploi du salarié, « l'emploi de violoncelle super-soliste » est bien un type d'emploi pour lequel il est d'usage constant de recourir au contrat à durée déterminée.

Ainsi que le montre cet arrêt, il s'agit d'une recherche qui doit être menée type d'emploi par type d'emploi et ce, après qu'un découpage assez minutieux des types d'emplois a été opéré (la Cour prend bien soin de distinguer l'étude de l'emploi de « violoncelle super-soliste » susvisé de celle de l'emploi de « chef de chœur », lequel est l'objet d'un autre arrêt du même jour impliquant le même employeur : Soc. 28 juin 2005, n° 03-43.522).

153 La preuve de l'usage constant de recourir au contrat à durée déterminée dans tel ou tel secteur incombe à l'employeur (Soc. 20 sept. 2006, *Bull. civ.* V, n° 269 ; *Dr. soc.* 2007. 488, obs. C. Roy-Loustaunau). Et cette preuve est souvent difficile, puisqu'elle suppose le recueil de données sur un emploi particulier dans tout un secteur d'activité.

2. *Une règle générale*

154 Non seulement les contrats à durée déterminée ne peuvent être conclus que dans un cas déterminé par la loi, mais ils doivent également répondre à une exigence générale, exprimée sous la forme d'une prohibition. L'article L. 1242-1 du Code du travail interdit ainsi la conclusion de tout contrat à durée déterminée qui aurait pour objet ou pour effet « de pourvoir durablement un emploi lié à l'activité normale et permanente de l'entreprise ». Ce texte sert de principe directeur d'interprétation. En somme, que le CDD soit conclu conformément à l'un des cas de recours prévu par la loi ne suffit pas. Il faut également qu'il ne contrevienne pas à cette interdiction (Pour une application, v. Soc. 30 mars 2011, n° 10-10.560, *Bull. civ.* V, n° 80).

De sorte que, par exemple, faire passer un salarié d'une tâche exceptionnelle à une autre démontre qu'il y a là une activité polyvalente peut-être, hachée sans doute, mais liée à l'activité normale et permanente de l'entreprise (en ce sens, v. Soc. 4 déc. 1996, *Bull. civ.* V, n° 414 ; 26 janv. 2005, *Bull. civ.* V, n° 21 ; 11 oct. 2006*, arrêts qui invalident le terme de contrats conclus par des salariés ayant remplacé successivement divers absents, pendant plusieurs années).

L'article L. 1242-2 du Code du travail précise l'idée d'une manière positive, en affirmant qu'un contrat de travail à durée déterminée ne peut être conclu « que pour l'exécution d'une tâche précise et temporaire ». On peut trouver dans l'interdiction de conclure un contrat à durée déterminée pour le remplacement de plusieurs salariés une illustration de ce principe (Soc. 11 juill. 2012, n° 11-12.243 [P] (sur ce point, v. ss 161).

Ce texte réserve cependant une exception de taille : pour les contrats visés par l'article L. 1242-3 du Code du travail, à savoir les contrats spéciaux liés aux politiques de l'emploi, l'exigence de « tâche précise et temporaire » ne s'applique pas (Soc. 18 nov. 2003*).

La Cour de cassation a un temps résisté à l'application de ce texte dans le domaine des contrats dits « d'usage constant » en acceptant que de petits contrats à durée déterminée successifs puissent pourvoir durablement, parfois pendant de nombreuses années, certains emplois permanents de l'entreprise (Soc. 26 nov. 2003, quatre arrêts, *Bull. civ.* V, n° 298 ; *Dr. soc.* 2004. 632 ; *Dr. ouvrier* 2004. 217 ; 28 juin 2005, n° 03-43.521). 155 ■

Par un arrêt *Calori* du 23 janv. 2008*, la Cour de cassation est revenue sur cette règle en affirmant que le recours à des contrats à durée déterminée doit être « justifié par des raisons objectives (...) établissant *le caractère par nature temporaire de l'emploi* », et ce, y compris s'agissant des contrats d'« usage constant ». L'expression est inspirée de la jurisprudence européenne, interprétant la directive n° 1999/70 issue de l'accord-cadre sur le travail à durée déterminée du 18 mars 1999 (CJCE 4 juill. 2006, *Adeneler*, aff. C-212/04, *Dr. soc.* 2007. 97, obs. C. Vigneau ; *RDT* 2006. 141, obs. F. Guiomard, pt 74 ; *SSL* suppl., n° 1288, p. 11, obs. S. Laulom). Cette décision sonne le glas de la jurisprudence antérieure (v. encore Soc. 9 oct. 2013, n° 12-17.882 [P] ; v. Soc. 17 déc. 2014, n° 13-23176 [P]). Ainsi, le caractère temporaire de l'emploi d'un imitateur des guignols de l'info n'est pas établi, alors que l'intéressé avait, suivant la répétition durant seize ans de lettres d'engagement mensuelles, exercé les mêmes fonctions d'imitateur dans le cadre du même programme télévisuel (Soc. 20 oct. 2015, n° 14-23.712 [P]).

3. *Des prohibitions ponctuelles*

Aucun contrat à durée déterminée ne peut être conclu pour remplacer un salarié gréviste (C. trav., art. L. L. 1242-6, 1°). Il s'agit d'une mesure destinée à protéger le droit de grève, en interdisant d'employer en masse des remplaçants. 156 ■

Le contrat à durée déterminée ne peut être utilisé pour effectuer les travaux particulièrement dangereux, dont une liste est dressée par arrêté ministériel (C. trav., art. L. 1242-6, 2°). Il s'agit là simplement de lutter contre une pratique : il était fréquent de voir affecter aux tâches les plus dangereuses les salariés précaires. Ce qui présentait le double « avantage » d'épargner le personnel permanent et de faire en sorte que les blessures et les maladies professionnelles soient subies par des personnes n'appartenant déjà plus à l'entreprise. Préserver le personnel permanent en risquant le personnel jetable est un bon calcul économique, d'où la nécessité d'une prohibition ferme de ce genre de pratique.

Il est encore, en principe, interdit d'embaucher par contrat à durée déterminée sur des postes qui viennent de faire l'objet d'un licenciement économique dans les six mois précédents (C. trav., art. L. 1242-5). L'idée est simple : on ne remplace pas le personnel permanent par du personnel précaire. Il s'agit aussi de protéger les droits des salariés en matière de licenciement. Ce texte prévoit cependant quelques exceptions à la règle qu'il pose.

B. Conditions de forme

Le contrat doit être écrit et comprendre un certain nombre de mentions obligatoires (C. trav., art. L. 1242-12). Parmi ces mentions, la plus importante est sans doute la mention du motif pour lequel il a été conclu un contrat à durée déterminée. Cette 157 ■

mention doit permettre de contrôler que le contrat a bien été conclu dans le cadre des cas de recours limitativement énumérés par la loi. Aussi la loi affirme-t-elle que cette mention du motif doit être « précise » (C. trav., art. L. 1242-12).

Malgré ce texte, la Cour de cassation s'est longtemps contentée d'une expression très générale et floue. Ainsi, par exemple, elle a considéré comme suffisamment précise la mention d'un « accroissement temporaire d'activité », sans aucune précision supplémentaire (v. Soc. 30 sept. 2005, *Bull. civ.* V, n° 271). Dans un contexte de prolifération des contrats précaires, cette solution très discutable a finalement été abandonnée. La Cour de cassation exige désormais que soient stipulées « toutes précisions permettant d'apprécier la réalité du motif » (Soc. 29 nov. 2007, n° 06-41.847). Les contrats saisonniers n'échappent pas à cette rigueur formelle (Soc. 16 mai 2012, n° 11-13.682), pas plus que les contrats « d'usage » (Soc. 7 mars 2012, n° 10-19.073, *Bull. civ.* V, n° 86). Le motif du contrat à durée déterminé rejoint ainsi le motif du licenciement () : sans mention de faits précis et matériellement vérifiables, il n'est pas de motivation suffisante du contrat à durée déterminée. Et la Cour de cassation s'inspire de la construction qu'elle a bâtie à propos de la lettre de licenciement en affirmant que « le motif du recours énoncé dans le contrat de travail fixe les limites du litige » ce dont il ressort que l'employeur ne peut justifier de la régularité du contrat à durée déterminée par un autre motif que celui énoncé (Soc. 15 déc. 2010, n° 09-41.892).

C. Conditions de temps

1. *Terme*

■ 158 Le terme du contrat doit être précis, c'est-à-dire être fixé à une date donnée (C. trav., art. L. 1242-7). Par exception, en cas de contrat conclu pour remplacer un salarié absent, de contrat saisonnier ou de contrat d'usage constant (sur ces cas de recours, v. ss 151 s.), le terme peut être imprécis : la cessation du contrat est fixée à un événement futur certain, comme le retour de l'absent ou l'achèvement de la tâche, mais dont la date est encore inconnue. Une durée minimale d'embauche doit alors être prévue (C. trav., art. L. 1242-7). Ainsi, ne comportent pas de terme précis ni de durée minimale les contrats saisonniers qui se bornent à indiquer « qu'ils se termineraient à la fin de certains travaux et au plus tard à une certaine date » (Soc. 30 sept. 2014, n° 13-13.522 [P]).

2. *Durée*

■ 159 En principe, un contrat à durée déterminée ne peut pas durer plus de 18 mois, renouvellement inclus (C. trav., art. L. 1242-8). Ce texte prévoit quelques cas dans lesquels cette durée maximale est réduite à 9 mois ou allongée à 24 mois. Il faut cependant noter que cette règle ne s'applique pas aux contrats des politiques de l'emploi (C. trav., art. L. 1242-8 *in fine*), ce qui laisse ouverte la porte à de longs contrats à durée déterminée. Quant au CDD à objet défini, il comporte une durée de trois ans maximum. Le projet de loi sur le dialogue social porte la durée légale maximale de principe de18 à 24 mois.

La jurisprudence a, enfin, construit deux autres exceptions : les contrats conclus pour remplacer un salarié absent et les contrats d'usage constant ne sont pas soumis aux limites maximales lorsque leur terme est imprécis et qu'ils ne comportent donc qu'une durée minimale (Soc. 26 oct. 1999, *RJS* 1999, n° 1444, 2e esp. ; *Bull. civ.* V, n° 399). Ces exceptions jurisprudentielles ont même été étendues à l'ensemble des contrats à durée déterminée pour remplacement d'un salarié absent, même dotés d'un terme précis (Soc. 8 févr. 2006, *Bull. civ.* V, n° 63). Ces solutions peuvent se comprendre, pour des raisons pratiques, s'agissant des contrats qui prennent comme terme incertain le retour de l'absent. En revanche, l'exclusion des durées maximales est peu opportune pour les contrats d'« usage constant ». En outre, la durée qui s'allonge est une difficulté croissante pour qui entend démontrer « la nature temporaire de l'emploi » qu'exigent ensemble le droit communautaire, le Code du travail (C. trav., art. L. 1242-1) et la jurisprudence *Calori* du 23 janvier 2008*.

3. *Renouvellement*

Un contrat à durée déterminée peut être renouvelé deux fois (C. trav., art. L. 1243-13). 160 ■
Ce renouvellement ne peut avoir pour effet de dépasser la durée maximale autorisée.

4. *Contrats à durée déterminée successifs*

L'employeur ne peut pas conclure des contrats à durée déterminée successifs. En 161 ■
réalité, cette règle doit être décomposée :

D'abord, l'interdiction vise la conclusion de contrats à durée déterminée successifs sur un même poste de travail. L'employeur doit en effet respecter un *délai de carence*Q entre ces contrats (C. trav., art. L. 1244-3). Ce délai est égal à la moitié de la durée du premier contrat, renouvellement inclus, si celle-ci est inférieure à quatorze jours. Sinon, il est égal au tiers de la durée du premier contrat.

Cette règle du délai de carence entre deux contrats successifs ne s'applique pas en cas de remplacement d'un salarié absent, ni en matière de contrats à durée déterminée saisonniers, ni pour les contrats d'« usage constant » (v. C. trav., art. L. 1244-4). Ces domaines exclus de la règle de carence sont donc les domaines dans lesquels le découpage d'un emploi permanent en petits contrats à durée déterminée successifs est le plus dangereux.

Ensuite, l'interdiction vise la conclusion de contrats successifs sur des postes différents avec le même salarié. L'employeur ne peut pas conclure avec un même salarié plusieurs contrats à durée déterminée, même si chaque contrat a un objet différent.

Mais cette règle ne s'applique pas lorsqu'il s'agit de contrats pour remplacer un salarié absent, pour effectuer un travail saisonnier ou pour occuper des emplois dans lesquels il est d'usage de recourir au CDD (C. trav., art. L. 1244-1). Dans ces cas, les contrats successifs sont licites (v. aussi CJUE 26 janv. 2012, *Bianca Kücük c/ Land Nordrhein-Westfalen*, aff. C-586/10). Cette exception connaît elle-même un tempérament en matière de contrats successifs de remplacement, qui trouve sa source dans l'article L. 1242-1 du Code du travail. Le contrat à durée déterminée ne pouvant avoir pour objet ni pour effet de pourvoir durablement un emploi lié à l'activité normale et permanente de l'entreprise, l'employeur ne peut pas avoir recours de façon systématique aux contrats à durée déterminée de remplacement pour faire face à un besoin structurel de main-d'œuvre (Soc. 26 janv. 2005, *Bull. civ.* V, n° 21 : dans cette affaire, une salariée avait conclu cent quatre contrats à durée déterminée successifs ayant pour objet le remplacement de salariés absents. V. aussi Soc. 11 oct. 2006*, *Bull. civ.* V, n° 299).

On notera toutefois que l'exception à l'impossibilité de conclure des contrats à durée déterminée successifs concernant les contrats d'usage est aujourd'hui largement contrôlée. Dans son arrêt du 23 janvier 2008*, la chambre sociale subordonne en effet non seulement la conclusion, mais par là-même la succession des contrats d'usage avec le même salarié, au caractère par nature temporaire de l'emploi occupé.

162 La Cour de cassation a pu considérer que les contrats à durée déterminée successifs, lorsqu'ils étaient autorisés, formaient « un ensemble à durée indéterminée » (Soc. 22 janv. 1991*). Cette notion provenait d'une jurisprudence datant de la période antérieure à la loi du 3 janvier 1979, où le renouvellement et la succession de contrat à durée déterminée n'étaient pas réglementés. Cette qualification avait pour effet principal de rendre les règles du licenciement applicables au refus de renouvellement tout en permettant une certaine « garantie d'emploi » pendant la durée stipulée au sein de chacun des contrats successifs.

Cette jurisprudence est cantonnée à des situations extrêmement marginales, réduites au travail saisonnier. Depuis l'arrêt *Calori* du 23 janvier 2008*, cette notion pourrait bien disparaître, dès lors que la licéité des contrats à durée déterminée successifs est dorénavant rarement admise.

§ 2 La sanction de requalification

163 La violation des règles qui conditionnent la validité du terme conduit logiquement à l'invalidation de ce terme et donc à la requalification en contrat à durée indéterminée (v. C. trav., art. L. 1245-1). Afin de lutter contre l'ineffectivité persistante des limitations légales à l'usage du contrat à durée déterminée, le législateur a même prévu que cette requalification puisse être demandée et obtenue de manière accélérée : l'affaire est portée directement devant le bureau de jugement du conseil de prud'hommes qui doit statuer dans le mois qui suit sa saisine (C. trav., art. L. 1245-2). Outre ses conséquences (D), la jurisprudence a eu l'occasion de préciser le bénéficiaire (A) et le domaine (C) de la requalification. Elle a aussi su distinguer la question de la qualification et celle de la requalification à titre de sanction (B).

A. Bénéficiaire de la sanction

164 Depuis son arrêt *Huguenot c/ Goguet* (Soc. 16 juill. 1987*, *Bull. civ.* V, n° 481), la Cour de cassation affirme que les dispositions du droit du contrat de travail à durée déterminée sont « édictées dans un souci de protection du salarié qui peut seul se prévaloir de leur inobservation » (dans le même sens, v. par ex. Soc. 13 févr. 1991, *Dr. soc.* 1991. 418, obs. J. Savatier). L'employeur ne peut donc invoquer la méconnaissance de ces dispositions pour obtenir la requalification d'un contrat de travail à durée déterminée. Cette solution a été implicitement consacrée par le législateur : l'article L. 1245-2, alinéa 2 du Code du travail, issu de la loi du 12 juillet 1990, ne mentionne que le seul salarié comme demandeur à l'action en requalification. Ce qui conduit logiquement à interdire au juge de requalifier d'office un contrat de travail à durée déterminée (Soc. 30 oct. 2002, *Dr. soc.* 2003. 473, obs. C. Roy-Loustaunau).

B. Qualification et requalification

La « requalification », qui ne peut être invoquée que par le salarié et qui sanctionne l'irrespect des règles applicables au contrat à durée déterminée, doit être nettement distinguée de la simple « qualification » du contrat. 165 ■

La qualification suppose d'interpréter la volonté des parties pour savoir si le contrat a, ou non, été conclu pour une durée déterminée. Si le contrat comporte un terme, il est à durée déterminée puique l'article L. 1221-2 du Code du travail définit le contrat à durée déterminée comme celui qui comporte « un terme fixé avec précision dès sa conclusion ou résultant de la réalisation de l'objet pour lequel il est conclu ». Dès lors, lorsque le contrat à durée déterminée se poursuit à l'échéance du terme, le terme échu apparaît caduc. Le contrat est alors considéré comme dépourvu de terme. Il doit, selon la jurisprudence, être « qualifié » de contrat à durée indéterminée (et non « requalifié »).

La requalification quant à elle, sanctionne la violation des règles légales applicables aux contrats qualifiés de contrat « à durée déterminée ».

Deux conséquences découlent de cette distinction.

D'une part, la simple « qualification » peut être réclamée aussi bien par le salarié que par l'employeur (Soc. 13 déc. 2007, n° 06-44.004 [P], *RDT* 2007. 97, note G. Auzero). D'autre part, l'*indemnité de requalification*ᑫ prévue à l'article L. 1245-2 du Code du travail n'est pas accordée au salarié dans l'hypothèse de la qualification (Soc. 22 mars 2006, *Bull. civ.* V, n° 118 ; *RDT* 2006. 21, obs. critiques J. Pélissier ; 27 sept. 2007, n° 06-41.086 [P]).

Par ailleurs, il faut prendre garde de ne pas confondre le sort de l'indemnité de requalification et celui de l'indemnité de précarité. Cette dernière, prévue à l'article L. 1243-8 du Code du travail, peut rester due en cas de poursuite des relations contractuelles après le terme du contrat (v. ss 177).

C. Domaine de la requalification

S'agissant de l'exigence d'un écrit et de la mention du motif, la requalification à titre de sanction ne peut être combattue par l'employeur par la preuve d'un accord du salarié sur la durée déterminée du contrat (v. not. Soc. 21 mai 1996, *Bull. civ.* V, n° 190 ; *GADT*, n° 37). Les conditions de validité du contrat et donc du terme n'ayant pas été respectées, le terme est en quelque sorte inopposable au salarié. Et un contrat dépourvu de terme est, par définition, un contrat à durée indéterminée. 166 ■

Quant au domaine de la requalification, une difficulté est récurrente. L'article L. 1245-1 du Code du travail dresse une liste des textes sanctionnés par cette requalification. Cette liste recouvre l'essentiel des règles de formation des contrats à durée déterminée et notamment l'article L. 1242-12, alinéa 1er, lequel exige un écrit et une définition précise du motif. En revanche, le deuxième alinéa de cet article L. 1242-12 du Code du travail qui précise les mentions obligatoires que doit comporter un contrat à durée déterminée n'est pas explicitement mentionné. Le code ne répond donc pas clairement sur la sanction applicable en cas d'omission d'une ou de plusieurs de ces mentions obligatoires. La Cour de cassation répond de manière nuancée à la difficulté. Tandis que la mention de la convention collective applicable peut être omise sans entraîner de requalification (Soc. 26 oct. 1999, *Bull. civ.* V, n° 399), l'omission de celle du nom et de la qualification du salarié remplacé justifient 167 ■

la requalification (Soc. 31 oct. 2012, n° 11-21.714). Si tel est le cas, c'est parce que, nous dit la Cour de cassation, l'exigence que soient mentionnés le nom et la qualification du salarié est induite par celle de la « précision quant à la définition du motif ». S'esquisse un critère permettant de distinguer entre les mentions contribuant à définir le motif et dont l'omission pourrait conduire à la requalification, et les autres mentions, ne participant pas de la définition du motif. Il n'en demeure pas moins que le tri entre les mentions substantielles et celles qui ne le sont pas n'est pas toujours aisé.

D. Conséquences de la requalification

■ 168 L'article L. 1245-2, alinéa 2 du Code du travail prévoit, en cas de requalification, une indemnité d'un mois de salaire au minimum en faveur du salarié, sans préjudice des autres sommes que cette requalification peut lui permettre d'obtenir (les éventuelles indemnités de licenciement injustifié notamment).

■ 169 Jusqu'alors, le salarié pouvait également obtenir la requalification du non-renouvellement en un licenciement sans cause réelle et sérieuse, avec les indemnités qui s'ensuivent. Une décision pourtant est venue semer le doute. La Cour de cassation a en effet affirmé que « le juge qui requalifie la relation contractuelle en un contrat de travail à durée indéterminée doit rechercher si la lettre de rupture des relations contractuelles vaut lettre de licenciement et si les motifs de rupture énoncés constituent des griefs matériellement vérifiables permettant de décider si le licenciement a une cause réelle et sérieuse » (Soc. 20 oct. 2015, n° 14-23.712 [P], *RDT* 2016. 749, obs. L. Isidro). En d'autres termes, la requalification en contrat à durée indéterminée impliquerait que la rupture s'analyse en un licenciement, mais pas nécessairement en un licenciement sans cause réelle et sérieuse. L'employeur qui aurait, pour parer à toute difficulté, bien motivé sa lettre de non-renouvellement, pourrait l'invoquer comme une lettre de licenciement, et s'appuyer sur les motifs qui y sont énoncés. Une telle décision constitue une entame très importante dans l'édifice constitué par les règles de notification du licenciement. Une lettre de non-renouvellement, et même, un courriel, dans cet arrêt, peut constituer, *a posteriori*, une lettre de licenciement dont l'employeur peut se prévaloir.

■ 170 Par ailleurs, depuis une dizaine d'années, le régime de cette requalification-sanction a été largement précisé par la Cour de cassation. Le salarié peut ainsi obtenir la régularisation de sa rémunération et la reconstitution de sa carrière depuis le jour de sa première embauche (Soc., 24 juin 2003, n° 01-40.757). Ce qui signifie concrètement qu'il peut obtenir le paiement des périodes non travaillées entre deux contrats, s'il est resté à la disposition de l'employeur (Soc. 10 nov. 2009*, n° 08-40.088, *Bull. civ.* V, n° 254 ; 22 sept. 2010, n° 09-42.343). La solution puise à la source de l'idée que le salaire n'est pas seulement la contrepartie de la prestation fournie par le salarié, mais également de sa simple mise à disposition (v. G. Couturier, « De quoi le salaire est-il la contrepartie ? », *Dr. soc.* 2011. 10). Et les conséquences financières qu'une telle requalification peuvent être lourdes. Dans une affaire ayant donné lieu à une décision du 6 novembre 2013, une salariée avait conclu pas moins de 52 contrats à durée déterminée avec la Poste, avec des périodes nombreuses qui s'intercalaient entre chaque contrat (Soc. 6 nov. 2013, n° 12-15.953 [P]). Il incombe alors au salarié d'apporter la preuve qu'il devait se tenir à la disposition de l'employeur pendant les périodes interstitielles (Soc. 10 déc. 2014, n° 13-22.422 ; 9 avr. 2015, n° 13-27949 ; Soc. 13 avr. 2016, n° 14-29.897).

section 2

La fin du contrat à durée déterminée

À la survenance du terme, le contrat à durée déterminée cesse immédiatement et totalement ses effets. C'est ce qui fait du contrat à durée déterminée un contrat précaire. Cette survenance du terme, en l'absence de renouvellement, est cependant significative pour le salarié d'une perte d'emploi. Ce qui peut expliquer l'application de certaines protections (§ 2). 171 ■

En revanche, avant la survenance du terme, le contrat à durée déterminée est extrêmement solide, surtout comparativement aux contrats à durée indéterminée (§ 1).

§ 1 La justification d'une rupture avant terme

Le contrat à durée déterminée peut prévoir une période d'essai, laquelle est limitée, en fonction de la durée du contrat, par l'article L. 1242-10 du Code du travail : un jour par semaine pour les contrats d'une durée inférieure à six mois, un mois au-delà. Pendant cette période le contrat à durée déterminée n'est pas plus solide qu'un contrat à durée indéterminée en cours d'essai (sur les clauses d'essai, v. ss 130 s.). En revanche, une fois la durée de l'essai achevée et jusqu'à l'arrivée du terme, le contrat à durée déterminée est doté d'une grande stabilité. 172 ■

Seuls les contrats à durée indéterminée peuvent être rompus unilatéralement par l'une des parties et ce au nom de la prohibition des engagements perpétuels. En matière de contrat de travail, ces ruptures unilatérales ont pour nom le licenciement et la démission. Lié par un contrat à durée déterminée, l'employeur n'a aucun droit de licencier, ni le salarié de démissionner.

Une rupture avant terme du contrat de travail à durée déterminée ne peut donc, en principe, avoir lieu que du commun accord des parties. L'article L. 1243-1 du Code du travail prévoit trois exceptions à ce principe : la force majeure, la faute grave, et l'inaptitude du salarié.

L'employeur peut donc rompre le contrat, en dehors du cas où il obtient l'accord du salarié, en cas de force majeure, faute grave du salarié, et inaptitude de ce dernier. Toutefois, la rupture pour force majeure aura pour l'employeur les mêmes conséquences indemnitaires qu'une rupture fautive de sa part (C. trav., art. L. 1243-4). Par conséquent, ce dernier n'aura guère intérêt à l'invoquer (sur la quasi-disparition en jurisprudence des motifs de rupture pour force majeure, v. ss 533). 173 ■

La faute grave du salarié est l'objet d'une jurisprudence abondante, notamment parce que c'est aussi la faute grave du salarié qui peut, en matière de contrat à durée indéterminée, justifier un licenciement sans préavis ni indemnité. La faute grave est une faute d'une intensité telle qu'elle doit rendre nécessaire la rupture *immédiate* du contrat de travail. Cette gravité s'apprécie, *in concreto*, c'est-à-dire en vue de l'espèce concrète (pour plus de détail sur la notion de « faute grave », v. ss 633). La faute grave de l'employeur, justificatrice de la rupture du contrat par le salarié a donné lieu à moins de contentieux. Une violation mineure et exceptionnelle du contrat par l'employeur ne doit pas suffire. En revanche, une violation répétée ou touchant à un élément central du rapport de travail, comme le non-paiement d'un élément de salaire (Soc. 18 juill. 2001, *RJS* 2001, n° 1264) ou la non-fourniture de travail (Soc. 14 janv. 2004, *RJS* 2004, n° 291) est en principe qualifiée de suffisamment « grave » pour justifier la rupture du salarié.

■ 174 Quant au salarié, il s'est vu reconnaître, outre le cas de la faute grave de l'employeur, le droit supplémentaire de rompre un contrat de travail à durée déterminée en cours s'il a trouvé un autre emploi à durée indéterminée (C. trav., art. L. 1243-2). Le législateur accorde ainsi au salarié le droit de quitter son emploi précaire, afin d'intégrer un emploi *a priori* plus stable. Dans ce cas, en vertu de l'article L. 1243-2 du Code du travail, le salarié devra accorder à l'employeur une période de préavis, calculée selon la durée prévue au contrat et qui ne peut en aucun cas dépasser les deux semaines.

■ 175 Toute rupture du contrat de travail à durée déterminée qui ne peut se prévaloir ni d'une faute grave, ni, pour le salarié, de la découverte d'un nouvel emploi à durée indéterminée, entraîne les sanctions prévues par les articles L. 1243-3 à L. 1243-5 du Code du travail.

En cas de rupture anticipée illicite par le salarié, celui-ci doit à l'employeur des dommages-intérêts selon le préjudice subi. L'employeur devra donc prouver la perte que le départ du salarié lui occasionne. Ce qui ne sera pas toujours facile.

En cas de rupture anticipée illicite de la part de l'employeur, celui-ci devra payer au salarié des indemnités qui couvrent au minimum l'ensemble des salaires que le salarié aurait perçu s'il avait travaillé jusqu'au terme de son contrat et les indemnités de fin de contrat dues à la survenance du terme.

§ 2 La survenance du terme

■ 176 À la survenance du terme, s'il n'est pas renouvelé, le contrat prend fin sans que le salarié ne bénéficie de protections particulières. Il a simplement droit à une indemnité qui compense les congés payés qu'il n'a pas eus le temps de prendre, laquelle représente au minimum 10 % de la rémunération perçue (C. trav., art. L. 1242-16). Il a droit en outre à une *indemnité de précarité*[Q], qui se monte au dixième de la rémunération perçue pendant toute la durée du contrat, y compris ses éventuels renouvellements antérieurs (C. trav., art. L. 1243-8).

■ 177 Par définition, cette indemnité de précarité n'est pas due en cas de rupture anticipée par le salarié, en cas de rupture pour force majeure ou en cas de rupture pour faute grave du salarié, puisqu'elle ne s'impose qu'en cas de survenance du terme.

Elle n'est pas due non plus lorsque l'employeur propose au salarié un contrat de travail à durée indéterminée ou en cas de refus de la part du salarié de poursuivre la relation de travail aux mêmes conditions que précédemment. En revanche, l'indemnité reste due en cas de poursuite des relations contractuelles après le terme du contrat (Soc. 3 oct. 2007, n° 05-44.958 [P], *RDT* 2007. 721, obs. B. Reynès ; *contra* v. préc. Soc. 20 sept. 2006, *Bull. civ.* V, n° 270 ; *Dr. soc.* 2006. 1184, obs. C. Roy-Loustaunau). En quelque sorte, l'indemnité de précarité reste due tant qu'un contrat de travail à durée indéterminée n'a pas été « proposé » au salarié. Les décisions distinguent ainsi selon que la transformation du CDD en CDI a été subie par un employeur négligeant, ou bien expressément voulue par lui, volonté exprimée dans la proposition faite au salarié.

D'autres exceptions à la dette d'indemnité de précarité laissent en revanche plus sceptique. **178 ■**

Déjà, des lois de 2003 et 2004 avaient permis aux syndicats de salariés et aux employeurs de disposer, d'un commun accord, d'une partie des primes des salariés précaires : il leur suffit, pour réduire ces primes à 6 % de la rémunération, de prévoir par accord collectif, une « contrepartie », assez indéfinie, en matière de formation professionnelle (C. trav., art. L. 1243-9, v. cep. le contrôle effectué par la Cour de cassation du caractère effectif de cette contrepartie pour les salariés précaires : Soc. 11 juill. 2007, n° 06-41.765 [P] ; 23 janv. 2008, n° 06-44.190 [P]).

D'autres dispositions en réduisent le champ d'application (v. C. trav., art. L. 1243-10).

En plus des exceptions précédentes, l'indemnité de précarité n'est pas due :

– si le contrat à durée déterminée a été conclu « avec des jeunes pour une période comprise dans leurs vacances scolaires ou universitaires » ;

– pour les emplois saisonniers ;

– pour les emplois conclus dans des secteurs où il est d'« usage constant » de conclure des contrats à durée déterminée (sur ces secteurs, v. ss 151) ;

– et lorsqu'il s'agit d'un contrat spécial créé dans le cadre des politiques de l'emploi.

Ces situations recouvrent pourtant des cas dans lesquels la précarité n'est ni moins intense, ni moins durement ressentie qu'ailleurs. En tout état de cause, par deux décisions rendues le 13 juin 2014, le Conseil constitutionnel a jugé conformes à la Constitution et non contraires au principe d'égalité de traitement les dispositions par lesquelles les jeunes travaillant durant les périodes de vacances et les salariés recrutés par contrats dits saisonniers ou d'usage ne bénéficient pas de l'indemnité de fin de contrat, au motif que ces salariés sont placés dans une situation différente de celle des autres salariés engagés par contrat à durée déterminée (Cons. const. 13 juin 2014, décis. n° 2014-401-QPC et n° 2014-402-QPC, *D.* 2014. 1282).

Comme toute décision de l'employeur, le non-renouvellement d'un CDD fait l'objet d'un contrôle. Ceci explique que certaines des règles créées pour protéger les salariés du licenciement soient transposées et appliquées aux non-renouvellements du contrat à durée déterminée. Il en va ainsi de la prohibition des discriminations : le non-renouvellement discriminatoire est nul (C. trav., art. L. 1132-1, L. 1132-4 ; anc. art. L. 122-45), ce qui permet la réintégration du salarié dans l'entreprise. De même, la procédure spéciale qui protège du licenciement certains salariés exposés (DP, membre du CE, etc.) est applicable en cas de non-renouvellement du contrat à durée déterminée de ces salariés (ce non-renouvellement devra alors, à peine de nullité, faire l'objet d'une d'autorisation préalable de l'inspecteur du travail, v. ss 1179). **179 ■**

6

Compléments pédagogiques

Quid

■ Délai de carence n° 161

Délai que doit respecter l'employeur entre la conclusion de deux contrats à durée déterminée sur un même poste de travail.

■ Indemnité de précarité n° 176

Indemnité versée au salarié à l'issue du contrat à durée déterminée lorsque les relations ne se poursuivent pas par un contrat à durée indéterminée.

■ Indemnité de requalification n° 165

Indemnité à la charge de l'employeur accordée par le Conseil de prud'hommes au salarié en cas de requalification de son contrat à durée déterminée en contrat à durée indéterminée.

Biblio

- G. Couturier, « Le contrat de projet », *Dr. soc.* 2008. 295.
- R. Marié, « Intermittence et accroisement temporaire d'activité », *Dr. ouvrier* 2009. 270.
- C. Vigneau, « Les contrats à durée déterminée d'usage : l'exigence retrouvée de la nature temporaire de l'emploi », *D.* 2008. 1321.
- G. Auzero, « Contrat à durée déterminée d'usage : le retour à la *ratio legis* », *RDT* 2008. 170.
- D. Bogard, « Bref regard sur le formalisme des contrats de travail dérogatoires », *Cahiers sociaux (ex Cahiers sociaux du barreau)* 2013, n° 255, p. 374.

Documents

1) CDD et emplois durables

Soc. 11 oct. 2006
(*Bull. civ.* V, n° 29 ; et, dans le même sens, Soc. 26 janv. 2005, *Bull. civ.* V, n° 21)

« Qu'en statuant comme elle l'a fait, sans rechercher comme il lui était demandé si l'employeur n'avait pas eu recours de façon systématique aux contrats à durée déterminée de remplacement pour faire face à un besoin structurel de main-d'œuvre, la cour d'appel a privé sa décision de base légale au regard des textes susvisés ».

Soc. 23 janv. 2008, *Calori*
(n° 06-43.040, *Bull. civ.* V, n° 16 ; *GADT*, n° 38 ; *RDT* 2008. 170, obs. G. Auzero ; *RJS* 2008, n° 256 ; rapp. D. Ludet, *ibid.* 189 ; *Dr. ouvrier* 2008. 245, obs. J. Guyon)

« Vu les anciens articles L. 122-1, L. 122-1-1, L. 122-3-10 et D. 121-2 du Code du travail ensemble les clauses 1 et 5 de l'accord-cadre sur le travail à durée déterminée conclu le 18 mars 1999 et mis en œuvre par la directive n° 1999/70/CE du 28 juin 1999 ;
Attendu que s'il résulte de la combinaison des articles susvisés du Code du travail que dans les secteurs d'activité définis par décret ou par voie de convention ou d'accord collectif étendu, certains des emplois en relevant peuvent être pourvus par des contrats de travail à durée déterminée lorsqu'il est d'usage constant de ne pas recourir à un contrat à durée indéterminée, en raison de la nature de l'activité exercée et du caractère par nature temporaire de ces emplois, et que des contrats à durée déterminée successifs peuvent, en ce cas, être conclus avec le même salarié, l'accord-cadre susvisé, qui a pour objet, en ses clauses 1 et 5, de prévenir les abus résultant de l'utilisation de contrats à durée déterminée successifs, impose de vérifier que le recours à l'utilisation de contrats successifs est justifié par des raisons objectives qui s'entendent de l'existence d'éléments concrets établissant le caractère par nature temporaire de l'emploi ;
(…)
Qu'en se déterminant ainsi par des motifs inopérants tirés du caractère temporaire des programmes de télévision sans rechercher si l'emploi de journaliste pigiste occupé par la salariée dans le secteur de l'audiovisuel faisait partie de ceux pour lesquels il est d'usage constant de ne pas recourir au contrat à durée indéterminée et si l'utilisation de contrats à durée déterminée successifs était justifiée par l'existence d'éléments concrets et précis établissant le caractère par nature temporaire de cet emploi, la cour d'appel n'a pas donné de base légale à sa décision… ».

2) Sur les contrats des politiques de l'emploi

Soc. 18 nov. 2003
(*Bull. civ.* V, n° 284 ; *Dr. soc.* 2004. 131, obs. C. Roy-Loustaunau)

« Attendu qu'en vertu des anciens articles L. 322-4-2, L. 322-4-3 et L. 322-4-4 du Code du travail et de l'article 7 du décret n° 95-925 du 19 août 1995, les contrats initiative-emploi sont des contrats de travail de droit privé réservés aux demandeurs d'emploi de longue durée, aux bénéficiaires de minima sociaux et aux personnes qui, du fait de leur âge, de leur handicap, de leur situation sociale ou familiale, rencontrent des difficultés particulières d'accès à l'emploi, et conclus en application de conventions passées par les employeurs avec l'État ; qu'il en résulte que lorsqu'ils sont conclus pour une durée déterminée, qui ne peut excéder 24 mois aux termes de l'article L. 322-4-4 du Code du travail, ils peuvent, par exception au régime de droit commun des contrats à durée déterminée, être contractés pour pourvoir des emplois liés à l'activité normale et permanente de l'entreprise ;
Et attendu qu'ayant retenu que le contrat de travail était un contrat initiative-emploi à durée déterminée destiné à assurer à la salariée un emploi de caissière, la cour d'appel a exactement décidé qu'il pouvait avoir pour objet de pourvoir un emploi lié à l'activité normale et permanente de l'entreprise ».

3) Sur les ensembles à durée indéterminée

Soc. 22 janv. 1991
(*Bull. civ.* V, n° 30 ; *GADT*, n° 36)

« … la cour d'appel, qui a retenu que la salariée avait été embauchée par deux contrats de travail à durée déterminée successifs pendant toute la durée d'ouverture de l'établissement, a pu décider que la relation de travail qui s'était établie entre les parties était d'une durée globale indéterminée, alors même que ces contrats avaient été qualifiés de "saisonniers" ».

4) Sur la requalification

Soc. 16 juill. 1987, *Huguenot*
(*Bull. civ.* V, n° 481 ; *D.* 1988. Somm. 97, obs. J.-M. Béraud ; *GADT*, n° 35)

« … les dispositions prévues par les articles L. 122-1 et suivants du Code du travail ont été édictées dans un souci de protection du salarié qui peut seul se prévaloir de leur inobservation… ».

⇨ *L'article L. 122-1 du Code du travail était le premier article de la section de l'ancien Code du travail consacrée au contrat à durée déterminée… On devait en déduire que cette section était entièrement composée de dispositions d'ordre public de protection, comme telles insusceptibles d'être invoquées par l'employeur. Cette remarque reste valable au sein de l'actuel Code du travail : le successeur de l'article L. 122-1, l'article L. 1242-1, est lui aussi placé en tête du titre sur les contrats à durée déterminée, si l'on excepte l'article L. 1241-1 qui porte sur le champ d'application de ce titre.*

Soc. 10 nov. 2009
(n° 08-40088, Bull. civ. V, no 254)

« Mais attendu que la cour d'appel a relevé qu'il n'était pas établi que le salarié avait travaillé pour d'autres employeurs durant les périodes intermédiaires, et qu'elle a fait ressortir qu'il ne connaissait ses dates de début de mission qu'au fur et à mesure qu'il les effectuait , de sorte qu'il avait dû se tenir à la disposition de la SOVAB ; qu'elle a pu décider que des rappels de salaires étaient dus par cette entreprise pour les périodes intermédiaires ; que le moyen n'est pas fondé ».

chapitre 7

Les relations triangulaires de travail

qu'« éluder l'application des dispositions légales ou de stipulations d'une convention ou d'un accord collectif de travail » équivaut à réaliser un préjudice aux dépens du salarié. Or, il est vite apparu que l'opération de prêt de main-d'œuvre élude toujours, plus ou moins, l'application de certaines dispositions légales ou conventionnelles. Dès lors qu'un avantage est prévu par la convention collective appliquée aux salariés de l'entreprise utilisatrice, le salarié de l'entreprise prêteuse, ne pouvant en bénéficier, subi un préjudice.

L'opération élude souvent les règles sur la représentation du personnel (v. par ex. Crim. 23 mars 1993, n° 92-83.381) ; ou celles du contrat de travail à durée déterminée (Crim. 16 juin 1998, *Bull. crim.*, n° 195).

Au surplus, certains arrêts se contentent de noter que l'opération de prêt de main-d'œuvre à but lucratif est un moyen d'éluder les règles relatives au travail temporaire, pour caractériser le délit de marchandage (Crim. 26 mai 1988, *Dr. ouvrier* 1989. 362). Ce qui, on en conviendra, finit de généraliser la prohibition du prêt de main-d'œuvre à but lucratif.

Cette opération est finalement considérée comme éludant toujours au moins certaines règles légales. Et l'on en est finalement revenu à la logique qui guidait les cours d'appel de la fin du XIXe siècle, dans leurs arrêts rendus avant le blocage réalisé par l'arrêt *Loup* c/ *Bœuf* : celles-ci considéraient le sous-salariat comme en lui-même générateur d'« exploitation » au sens du décret de 1848.

C. Les sanctions

187 L'article L. 8241-1, désormais inclus dans le champ de l'article L. 8231-1, a perdu toute valeur normative propre. Il demeure que ces deux articles sont généralement utilisés de concert et visés tous deux dans la quasi-totalité des arrêts rendus par la Cour de cassation. Cette fusion de fait n'emporte au demeurant pas de difficulté particulière. Derrière une complexité apparente, on retrouve la simplicité d'une prohibition unique, celle du prêt de main-d'œuvre à but lucratif.

Outre les sanctions pénales auxquelles sont exposées les deux sociétés, la société utilisatrice s'expose à la reconnaissance de sa qualité d'employeur conjoint, dès lors qu'elle a exercé un pouvoir de direction sur le salarié (par ex., Soc. 4 avr. 1990, *Dr. soc.* 1990. 783, note Ph. Waquet).

La prohibition du prêt de main-d'œuvre à but lucratif n'est qu'un principe. Non seulement le prêt de main-d'œuvre « à prix coûtant » demeure licite, mais le législateur est intervenu pour autoriser certains prêts de main-d'œuvre à but lucratif.

§ 2 Les opérations autorisées

188 Le travail temporaire reste le principal type de prêt de main-d'œuvre à but lucratif licite (A). Il est désormais concurrencé par d'autres exceptions (B).

A. Le travail temporaire

189 Le « travail temporaire » est l'expression juridique qui vise ce que la pratique nomme, le plus souvent, « travail intérimaire ».

L'idée que poursuit la réglementation du travail temporaire est de garantir les salariés contre les principaux risques du prêt de main-d'œuvre à but lucratif. Il s'agit d'abord de s'assurer que le prêteur de main-d'œuvre présente certaines qualités et garanties (1). Il s'agit ensuite de préciser les rapports juridiques qui lient les trois personnes impliquées dans l'opération (2 à 5).

Dans le cadre du travail temporaire, le prêteur de main-d'œuvre est qualifié d'« entreprise de travail temporaire », le salarié prêté est un « travailleur temporaire » et le locataire de la main-d'œuvre reste qualifié d'« utilisateur ».

1. *L'entreprise de travail temporaire*

On peut craindre qu'une entreprise normale, qui travaillerait dans le bâtiment par exemple, décide de créer une succursale ayant pour fonction d'être l'employeur de ses salariés. Cette succursale serait seule employeur et donc en principe le seul débiteur des obligations du droit du travail. L'intermédiaire en main-d'œuvre n'est plus alors qu'une fiction juridique visant à dégager le bénéficiaire de la main-d'œuvre de ses obligations d'employeur. **190**

Pour lutter contre ce danger, l'article L. 1251-2 du Code du travail précise qu'une entreprise de travail temporaire a pour « activité exclusive » le prêt de main-d'œuvre à but lucratif. Il lui est interdit d'avoir une activité annexe. Il lui est *a fortiori* interdit d'être elle-même l'annexe d'une activité principale. Cette exigence trouve sa contrepartie dans le monopole reconnu aux entreprises de travail temporaire pour exercer leur activité (C. trav., art. L. 1251-3).

2. *Entreprise de travail temporaire et travailleur temporaire : le contrat de mission*

L'entreprise de travail temporaire (ETT) est l'employeur du travailleur mis à disposition. Et le contrat entre cette entreprise et son salarié est un contrat de travail. **191**

Si l'on trouve parfois le terme de « contrat de travail temporaire » (v. not. C. trav., art. L. 1244-3, L. 3122-15 ou L. 3322-4), l'expression « contrat de mission » est d'avantage employée.

Ce contrat est conclu pour une « mission », c'est-à-dire pour une tâche particulière à durée déterminée. À chaque nouvelle mission, le travailleur temporaire signe un nouveau contrat de travail avec l'entreprise de travail temporaire. Le contrat de travail temporaire est donc aujourd'hui nécessairement un contrat de travail à durée déterminée (même si l'accord étendu relatif à la sécurisation des parcours professionnels des travailleurs intérimaires a eu le bon goût d'inventer un contrat de travail intérimaire à durée indéterminée).

Il doit respecter plusieurs conditions pour être valablement conclu. En premier lieu, le contrat de mission ne peut être conclu que dans les cas prévus aux articles L. 1251-6 et L. 1251-7 du Code du travail, lesquels rappellent notamment les cas de recours du contrat à durée déterminée (v. ss 150). En second lieu, il ne peut avoir pour objet ou pour effet de pourvoir durablement un emploi lié à l'activité normale et permanente de l'entreprise (C. trav., art. L. 1251-5 ; v. not. Soc. 4 déc. 2013, n° 11-28.314 : l'entreprise utilisatrice ne peut recourir de façon systématique aux missions d'intérim pour faire face à un besoin structurel de main-d'œuvre).

Le contrat de mission doit enfin respecter l'ensemble de la législation qui régit ces contrats aux articles L. 1251-11 et suivants du Code du travail, relatifs au terme, à la durée du contrat, au renouvellement ou encore à la période d'essai, lesquels sont à peu de chose près la reproduction des dispositions relatives aux contrats à durée déterminée. Si un contrat de mission est conclu au mépris de ces règles de recours ou de durée, le salarié peut agir non seulement contre la société utilisatrice, mais également contre l'entreprise de travail temporaire (En ce sens, Soc. 12 juin 2014, n° 13-16362, *Bull. civ.* V., n° 145).

■ 192 L'article L. 1251-16 du Code du travail soumet le contrat de mission à des exigences formelles telles l'exigence d'un écrit et l'insertion de différentes mentions qui constituent la reproduction des clauses du contrat de mise à disposition (qualification du salarié, rémunération, période d'essai éventuelle prévues par l'article L. 1251-43 du Code du travail).

Le manquement aux exigences formelles conduit alors, à la demande du salarié, à la requalification en contrat de droit commun à durée indéterminée avec l'entreprise de travail temporaire (Soc. 19 avr. 2000, n° 97-45.508, *Bull. civ. V*, n° 146 ; Soc. 20 mai 2009, n° 07-44755 : le contrat de mission ne précisait pas la qualification du salarié et se trouve donc requalifié en contrat à durée indéterminée avec l'entreprise de travail temporaire ; Soc. 11 mars 2015, n° 12-27855 : même chose en cas d'absence de mention de l'indemnité de fin de mission).

Cette action n'empêche pas une action en requalification contre l'entreprise utilisatrice sur les fondements qui lui sont propres, lorsque l'entreprise utilisatrice n'a pas respecté les motifs de recours prévus aux articles L. 1251-40 du Code du travail (v. *infra*).

■ 193 Le contrat de mission peut, comme tout contrat à durée déterminée, être rompu pour faute grave ou pour cas de force majeure. L'article L. 1251-26 du Code du travail a cependant prévu une souplesse supplémentaire, en ayant à l'esprit les hypothèses dans lesquelles la mission s'arrête pour des motifs indépendants de la volonté de l'entreprise de travail temporaire, notamment du fait de la rupture du contrat de mise à disposition par l'utilisateur de la main-d'œuvre.

En cas de rupture avant terme du contrat de mission, l'entreprise de travail temporaire doit simplement retrouver une nouvelle mission au salarié dans un délai de trois jours. Celle-ci doit avoir le même salaire, la même qualification, le même type d'horaire, de temps de trajet et une durée égale ou supérieure au contrat rompu (C. trav., art. L. 1251-26). Ainsi le nouveau contrat peut se substituer à l'ancien. À défaut d'une telle substitution de mission, l'entreprise de travail temporaire devra verser au salarié une rémunération équivalente à celle qu'il aurait perçue jusqu'au terme du contrat qui a été rompu (C. trav., art. L. 1251-26, al. 3).

3. *Entreprise de travail temporaire et utilisateur : le contrat de mise à disposition*

■ 194 Le contrat entre l'entreprise de travail temporaire et l'utilisateur se nomme « *contrat de mise à disposition*[Q] » (v. C. trav., art. L. 1251-1). C'est un contrat entre deux entreprises qui relève du droit civil ou du droit commercial. Il doit être conclu par écrit et contenir de nombreuses mentions, motif, terme de la mission, caractéristiques du poste, etc. (C. trav., art. L. 1251-4) qui devront d'ailleurs être reprises dans le contrat de mission. Cette obligation est heureuse. En effet, par le contrat de mise à disposition, l'utilisateur bénéficie de travail subordonné sans assumer les obligations d'un employeur. Le droit du travail a été conçu pour être imposé aux utilisateurs de main-d'œuvre et non à des intermédiaires. En imposant ces précisions dans le contrat de mise à disposition, on permet ainsi un contrôle sur le respect des conditions posées par la loi, lequel suppose d'avoir des informations dont seul l'utilisateur est titulaire.

Les rapports entre entreprise de travail temporaire et entreprise utilisatrice ont été l'occasion de contentieux autour de la question de la responsabilité de l'employeur de l'entreprise de travail temporaire. En principe, ce dernier n'est tenu que d'une obligation de moyen, celle d'avoir été diligent dans le choix du salarié mis à disposition. Mais le contrat de mise à disposition peut contenir toutes sortes de clauses, qui réduisent ou accroissent la responsabilité de l'entreprise de travail temporaire en cas de faute commise par le salarié mis à disposition. Et ces clauses sont validées par la jurisprudence, dans la mesure où elles ne vont pas jusqu'à exonérer la faute lourde ou le dol (Civ. 1re, 1er mars 1983, *JS UIMM* 1984. 54).

Un contrat de mise à disposition peut prévoir qu'il pourra être rompu à tout moment par l'utilisateur. Et ce, alors même qu'une telle clause est parfaitement illicite dans le contrat de mission du salarié mis à disposition. **195**

Si l'utilisateur rompt le contrat de mise à disposition avant terme, le contrat de mission demeure en vigueur avec l'entreprise de travail temporaire (Soc. 9 juill. 2003*). Les salaires restent donc dus. L'entreprise de travail temporaire pourra cependant suivre l'exemple de son client et rompre le contrat de mission avant terme. Mais alors elle devra respecter les conditions d'une telle rupture (sur celles-ci, v. ss 193).

4. *Travailleur temporaire et utilisateur*

Les rapports entre entreprise utilisatrice et travailleur temporaire ne reposent pas sur un contrat de travail, puisque le seul contrat de travail est celui qui lie l'entreprise de travail temporaire et le travailleur temporaire. Mais cela ne veut pas dire qu'ils n'ont aucun lien juridique. L'existence d'un lien juridique ne dépend pas seulement de celle d'un contrat, mais des effets que le droit confère à une relation qu'il modèle. On observe alors une répartition des prérogatives et de la responsabilité entre l'utilisateur et l'employeur de l'entreprise de travail temporaire. **196**

En premier lieu, l'utilisateur dispose d'un pouvoir de direction, qui le conduit à diriger le salarié dans l'exécution de son travail. Le pouvoir disciplinaire, quant à lui, reste aux mains de l'employeur de l'entreprise temporaire.

En second lieu, la responsabilité est également distribuée corrélativement aux obligations de chaque employeur. L'utilisateur est responsable de l'ensemble des règles liées aux conditions de travail : réglementation du temps de travail, réglementation de l'hygiène et de la sécurité, etc. (C. trav., art. L. 1251-21). Par ailleurs, le législateur a prévu une obligation, pour l'utilisateur, de traiter en tout point le travailleur intérimaire comme il traite ses salariés : même rémunération, même accès aux avantages collectif, même accès aux avantages accordés par le comité d'entreprise (C. trav., art. L. 1251-24).

L'absence de tout contrat entre l'utilisateur et le travailleur temporaire ne doit pas faire oublier que si l'utilisateur a recours à un salarié d'une entreprise temporaire en méconnaissance des articles L. 1251-5 à L. 1251-7 du Code du travail, les contrats de mission peuvent être requalifiés en contrat à durée indéterminée avec lui. Ce dernier devra alors, à l'image de l'obligation qui est faite à l'employeur en cas de requalification des contrats à durée déterminée (v. ss 169), verser les salaires depuis la date d'embauche y compris pendant les périodes d'inactivité, dès lors que le salarié s'est **197** tenu à sa disposition (Soc. 10 nov. 2009, n° 08-40.088, *Bull. civ.* V, n° 254). Il sera également débiteur d'une indemnité de requalification.

198 En fin de mission, différentes règles coexistent.

En cas de poursuite du travail au-delà du terme fixé, l'utilisateur devient l'employeur du travailleur temporaire (C. trav., art. L. 1251-39 ; v. ss 191). Contrairement à la solution qui prévaut en matière de contrat à durée déterminée (v. ss 165), l'utilisateur est alors, dans ce cas également, débiteur d'une indemnité de requalification (Soc. 19 févr. 2014, n° 12-24.929).

Par ailleurs, lorsque le contrat de mission s'achève, l'utilisateur doit laisser s'écouler un délai de carence avant de pouvoir utiliser un autre travailleur temporaire pour le même poste, sauf pour certains motifs de recours (C. trav., art. L. 1251-37).

5. *Sanctions pénales*

199 En cas de violation des conditions du travail temporaire, la logique voudrait que l'on retombe dans le cadre de la prohibition du prêt de main-d'œuvre à but lucratif, du marchandage. Ces sanctions ayant pu paraître trop élevées pour les « petites » violations du droit du travail temporaire, certaines infractions de moindre ampleur ont été prévues à leur égard. La violation des principales règles du travail temporaire est passible des peines des articles L. 1254-1 à L. 1254-10 du Code du travail : six mois d'emprisonnement au maximum. Ce n'est que si la violation est suffisamment grave que les peines, plus lourdes, du marchandage seront encourues (deux ans d'emprisonnement, v. ss 187).

B. Les autres prêts de main-d'œuvre à but lucratif licites

1. *Le portage salarial*

200 Ces dernières années, le portage salarial a fait couler beaucoup d'encre.

Le portage salarial a d'abord consisté en une pratique pour éluder les dispositions juridiques normalement applicables. Un travailleur qui désire se mettre au service d'une entreprise dite « utilisatrice » tout en restant indépendant s'adresse à une société de portage avec qui il conclura un contrat de travail dont l'objet sera la réalisation de la mission qu'il a préalablement définie avec l'entreprise utilisatrice. Cette opération par laquelle « un travailleur indépendant devient le faux salarié d'une entreprise de portage qui l'embauche pour le mettre à la disposition d'une entreprise "cliente" qui a, en réalité, conclu directement les conditions de la prestation avec "le porté", a été dénoncée comme une opération frauduleuse » (J. Pélissier, art. cit. biblio).

Très décriée, cette pratique pouvait tomber sous le coup du délit de prêt de main-d'œuvre exclusif à but lucratif. La loi du 25 juin 2008, relayant l'accord interprofessionnel du 11 janvier 2008, a alors inséré un article L. 1251-64 dans le Code du travail définissant et validant la pratique du portage salarial. Elle a cependant renvoyé aux partenaires sociaux le soin de conclure une convention de branche définissant les conditions du portage. Un accord relatif à l'activité du portage a aussitôt été conclu le 24 juin 2010, posant des conditions de licéité du portage. Pendant une longue période, le portage a vu son avenir compromis. D'abord parce que la chambre sociale avait mis à la charge de l'organisme de portage l'obligation, comme à tout employeur, de fournir du travail au salarié, ce qui faisait radicalement obstacle à la possibilité de périodes de non-travail (Soc. 17 févr. 2010*, n° 08-45.298, *Bull. civ.* V, n° 41 ; Soc. 4 févr. 2015, n° 13-25627 [P]). Ensuite parce que le Conseil constitutionnel avait jugé que les dispositions de la loi du 25 juin 2008 contraires à la Constitution au motif que le législateur ne pouvait déléguer ainsi à la négociation collective le soin d'édicter les principes fondamentaux du droit du travail (Const. const. 4 avr. 2014, décis. n° 2014-387 QPC).

L'ordonnance du n° 2015-380 du 2 avril 2015 relative au portage salarial a donc eu pour objet d'organiser le portage salarial et de le sortir de l'ombre sous laquelle il demeurait. Il est dorénavant régi par les articles L. 1254-1 et s. du Code du travail.

L'ordonnance définit le portage salarial et les conditions de sa mise en œuvre. Le portage salarial concerne des salariés d'un haut niveau de qualification ou d'expertise, exerçant en grande autonomie. Le texte fixe également les très modestes garanties pour la personne portée, ainsi que les obligations, bien minces, de la société de portage. Surtout, le texte affirme, pour parer à la jurisprudence qui avait contribué à brider toute expansion du portage, que « l'entreprise de portage n'est pas tenue de fournir du travail au salarié porté ». Le mécanisme témoigne de cette propension des gouvernants à instrumentaliser les notions juridiques sans aucun souci ce de cohérence. Le contrat est bien un contrat de travail. Mais comme il n'est pas assorti d'une obligation de fournir du travail, aucune rémunération n'est due pendant les périodes sans prestation à une entreprise cliente (C. trav., art. L. 1254-21, II).

2. *Associations intermédiaires et travail à temps partagé*

Le législateur a, depuis quelques années, prévu des cas dans lesquels le formalisme du 201 ■
travail temporaire peut être assez fortement atténué. De nouveaux prêteurs de main-d'œuvre à but lucratif, qui ne sont pas des entreprises de travail temporaire, sont alors apparus. Tel est le cas, principalement, des associations intermédiaires et des associations de service aux personnes.

Les associations et entreprises de services à la personne se caractérisent par l'objet de leur activité : l'aide à domicile. Ce qui inclut notamment les gardes d'enfant, les aides ménagères, les aides aux personnes âgées dépendantes, aux handicapés, etc. (C. trav., art. L. 7231-1). Pour favoriser ces activités, les entreprises en question peuvent recourir au prêt de main-d'œuvre dans des conditions extrêmement simplifiées (C. trav., art. L. 7232-6). En guise de contrat de mise à disposition, par exemple, l'utilisateur de la main-d'œuvre peut se contenter de signer un chèque emploi-service universel (C. trav., art. L. 1271-1 s.). Les formes du contrat de mission ne sont guère plus explicites. Et ces contrats bénéficient en outre d'exemptions de charges sociales et d'aides diverses. L'absence de forme et la faculté de conclure avec le même salarié une foule de petits contrats de mise à disposition peut conduire à une précarité doublée d'une flexibilité extrême pour les salariés ayant pour profession l'aide à domicile.

Les associations intermédiaires sont des associations agréées, qui ont pour spécificité d'employer des « personnes sans emploi, rencontrant des difficultés sociales et professionnelles particulières » (C. trav., art. L. 5132-7) et de les prêter à but lucratif dans des formes et à des conditions très simplifiées (Soc. 23 févr. 2005, *Dr. soc.* 2005. 817). La définition des personnes employables par ces associations est floue au possible. Elle ouvre des possibilités de dérapage nombreuses : elle permet la création d'associations qui ressemblent à des entreprises de travail temporaire, mais pour lesquelles la réglementation aurait été en partie abrogée, en échange d'une simple obligation d'accueillir un public en difficulté sur le marché du travail (ce qui est généralement le cas des salariés qui passent par le travail intérimaire...).

■ 202 Enfin la loi n° 2005-882 du 2 août 2005 a créé « les entreprises de travail à temps partagé » (C. trav., art. L. 1252-1). Ces entreprises peuvent mettre, à certaines conditions, des salariés à disposition d'entreprises utilisatrices pour l'exécution d'une mission.

section 2

Les opérations à but non lucratif

■ 203 Le prêt de main-d'œuvre sans but lucratif peut permettre à un employeur, sur le papier, d'éviter une mise au chômage partiel en plaçant provisoirement ses salariés auprès d'autres entreprises. En pratique, il est surtout utilisé à la mobilité au sein des groupes de société, l'intérêt pour une société filiale de faire un bénéfice sur une autre société filiale étant fort réduit. La fiction de la personne morale peut alors être érigée comme un rempart entre le salarié et celui qui le dirige. Ce qui peut présenter certains dangers, malgré les quelques règles de droit protectrices, inspirées du droit du travail temporaire, qui sont applicables aux salariés objet d'un prêt de main-d'œuvre à but non lucratif (C. trav., art. L. 8241-2, al. 2).

L'affectation d'un salarié dans une filiale du même groupe se fait souvent sous la bannière du détachement. Lorsque le salarié se trouve en détachement à l'étranger, des règles de protection spécifiques s'appliquent en cas de licenciement par la filiale (C. trav., art. L. 1231-5).

Le prêt de main-d'œuvre sans but lucratif peut encore être réalisé par des groupements d'employeurs. Ces groupements, régis aux articles L. 1253-1 et suivant du Code du travail, sont des entités créées par plusieurs personnes morales et qui ont pour objet d'embaucher des salariés aux fins de les mettre à la disposition des membres du groupement. Ces groupements étaient à l'origine pensés pour les petites entreprises. Il s'agissait de permettre à plusieurs employeurs de se réunir pour embaucher ensemble un salarié, qui travaillerait tantôt chez l'un tantôt chez l'autre. Ils ont vu leur domaine s'accroître progressivement. L'idée est donc désormais différente. Il s'agit de simplifier la mise en place de barrières entre l'utilisateur de la main-d'œuvre et le salarié. Cette complexité structurelle risque de se retourner contre les salariés. Et ce d'autant plus que l'importante garantie que constitue la solidarité entre les membres du groupement pour le paiement des dettes salariales fait l'objet d'une exception introduite par la loi du 28 juillet 2011 (L. préc., n° 2011-893). Désormais, par dérogation au principe de solidarité, les statuts des groupements d'employeurs peuvent prévoir des règles de répartition de ces dettes entre les membres du groupement, opposables aux créanciers.

Compléments pédagogiques

Quid

■ Contrat de mise à disposition **n°s 194 s.**

Contrat par lequel l'entreprise de travail temporaire met le salarié à disposition de l'entreprise utilisatrice pour l'exécution d'une mission déterminée.

■ Contrat de mission **n°s 191 s.**

Contrat de travail conclu entre l'entreprise de travail temporaire et le salarié intérimaire.

■ Marchandage **n° 186**

Opération à but lucratif de fourniture de main-d'œuvre qui a pour conséquence de causer un préjudice au salarié ou d'éluder l'application de dispositions légales ou conventionnelles.

■ Portage salarial **n° 200**

Pratique légalisée consistant pour un travailleur à conclure avec une société de portage un contrat de travail dont l'objet est la réalisation d'une mission pour une entreprise utilisatrice.

■ Prêt de main-d'œuvre illicite **n° 183**

Opération à but lucratif de fourniture de main-d'œuvre ayant pour seul objet le prêt de salarié.

Biblio

1) Prêts de main-d'œuvre

- Y. Chalaron, « Pour un nouveau concept pénal de marchandage ou trafic de main-d'œuvre », *Dr. soc.* 1980. 507.
- Y. Chalaron, « La réforme du travail temporaire », *Dr. soc.* 1982. 372 s.
- H. Blaise, « À la frontière du licite et de l'illicite : la fourniture de main-d'œuvre », *Dr. soc.* 1990. 418.
- G. Auzero, « Le but lucratif dans les opérations de prêt de main-d'œuvre », *Dr. soc.* 2012. 115.

2) Portage salarial

- J.-J. Dupeyroux, « Le roi est nu », *Dr. soc.* 2007. 81.
- J. Pélissier, « Le portage salarial : une sécurisation inaboutie », note sous Soc. 17 févr. 2010, n°s 08-45.298 et 08-40.671, *Bull. civ.* V, n° 41, *RDT* 2010. 292.

- A. Fabre, « Le portage salarial au milieu du gué ? », *SSL* 2010, n° 1435.
- H. Gosselin, « Portage salarial : les enjeux de la qualification de contrat de travail quant à l'obligation pour l'employeur de fournir du travail au travailleur porté », *Dr. ouvr.* 2015, n° 1434.
- F. Canut, « Le portage salarial face au contrat de travail ? », *SSL* 2010, n° 1434.

Documents

1) Prêt de main-d'œuvre à but lucratif

Soc. 18 mai 2011
(n° 09-69.175, *D.* 2011. 1424 ; *RDT* 2011. 503, obs. A. Fabre)

« Toute opération à but lucratif ayant pour objet exclusif le prêt de main-d'œuvre est interdite ; que cette interdiction concerne également l'entreprise utilisatrice et que le caractère lucratif de l'opération peut résulter d'un accroissement de flexibilité dans la gestion du personnel et de l'économie de charges procurés à cette dernière.
Qu'en statuant ainsi, alors qu'il ressortait de ses constatations [...] que la société John Deere crédit ne supportait aucun frais de gestion de personnel hormis le strict remboursement du salaire et des charges sociales [...] la cour d'appel a violé les textes susvisés ».

2) Le travail temporaire

Soc. 9 juill. 2003
(*Bull. civ.* V, n° 230)

« La décision de l'entreprise utilisatrice de rompre le contrat de mise à disposition avant le terme de la mission du salarié intérimaire n'entraîne pas la rupture de plein droit du contrat de travail ; qu'il en résulte qu'en l'absence de rupture anticipée du contrat de travail par l'entreprise de travail temporaire, celle-ci n'est pas tenue de proposer au salarié un nouveau contrat dans les conditions prévues par l'ancien article L. 124-5 du Code du travail ».

3) Le portage salarial

Soc. 17 févr. 2010
(n° 08-45.298, *Bull. civ.* V, n° 41)

« Attendu que le contrat de travail comporte pour l'employeur l'obligation de fournir du travail au salarié ;
Qu'en statuant ainsi par des motifs tirés de ce que M. X... n'avait pas travaillé pendant plusieurs périodes faute d'avoir trouvé des missions à effectuer alors que c'était à la société AVS Concept, en sa qualité d'employeur, de lui fournir du travail, la cour d'appel a violé les textes susvisés ».

Quiz

1) Sujet corrigé

Cas pratique

M. Paul a été embauché en qualité d'ingénieur au sein de la société Supexpert, laquelle a pour activité le conseil en informatique. Dans ce cadre, M. Paul est amené à travailler sur le site de plusieurs clients, pendant trois ans. Le 3 septembre 2014, il lui est demandé d'aller aider la maintenance informatique de la société Aubopied, laquelle fabrique des chaussures. Pour cette intervention, des conditions financières particulièrement avantageuses sont accordées à la société Aubopied, eu égard au fait qu'elle appartient au même groupe de sociétés que la société Supexpert et que leur société mère commune a suggéré fermement d'accorder de telles conditions avantageuses (à prix coûtant).

Au sein de cette société, M. Paul est intégré dans une équipe d'informaticiens, dont deux ont été directement embauchés par la société Aubopied. Les trois hommes travaillent dans un esprit d'égalité pendant deux ans. M. Paul continue à recevoir sa rémunération de la société Supexpert et celle-ci continue à facturer ses services à la société Aubopied. M. Paul lui envoie tous les trois mois un court rapport (deux pages) sur le travail qu'il a fourni.

À partir de juin 2016, M. Paul ne reçoit plus aucun salaire de la société Supexpert. Il apprend en septembre 2016 que celle-ci est en cessation de paiement et qu'une procédure de liquidation judiciaire est engagée à son encontre.

Il vient vous voir pour connaître ses droits, vis-à-vis de la société Aubopied : *celle-ci doit-elle lui verser les salaires dus ? Est-il juridiquement possible de la faire reconnaître comme son employeur ?*

Voir le corrigé en fin de rubrique.

2) Corrigé

Cas pratique

Il s'agit tout d'abord de qualifier la relation entre la société Aubopied et M. Paul, de la ranger dans une case.

Il faut alors se poser une première question : qui détient, dans les faits, le pouvoir de direction ? la société Aubopied ou la société Supexpert ?

Pour répondre à cette question, il faut faire jouer les indices habituels de la subordination (sur lesquels, v. ss 46 s.). Dans le sens d'un pouvoir détenu par la société Aubopied, on notera l'intégration dans un service organisé, la présence de salariés de la société Aubopied dotés des compétences nécessaires au contrôle et à la supervision du travail de M. Paul, etc. En sens inverse, on notera les compétences spécifiques de M. Paul, compétences fort peu répandues au sein de la société Aubopied ; on montrera qu'aucun des informaticiens avec lesquels il travaillait n'était son supérieur hiérarchique ; on rappellera les rapports envoyés, significatifs du contrôle et de la direction toujours assurés par la société Supexpert…

En fonction de ces éléments, les juges tenteront de se forger une opinion. Si M. Paul avait été le seul informaticien de la société Aubopied, l'incompétence des membres de cette société en informatique l'aurait sans doute maintenu dans la sphère de commandement de la société Supexpert. Dans le cas d'espèce cependant, tel qu'il est décrit, les liens avec la société Supexpert semblent un peu trop lâches pour qu'ils soient significatifs d'une subordination maintenue et les liens avec la société Aubopied semblent un peu trop forts pour ne pas considérer que c'est cette société qui, de fait, exerçait le pouvoir de direction. Mais il s'agit d'une question, difficile, d'appréciation des faits, et les deux solutions doivent donc être envisagées.

• Hypothèse 1 : la société Supexpert est restée détentrice du pouvoir de direction

Dans ce cas, le contrat qui lie les sociétés Supexpert et Aubopied est un contrat d'entreprise. M. Paul bénéficie d'une action directe pour le paiement de ses salaires contre le maître de l'ouvrage, la société Aubopied, en vertu de l'article 1798 du Code civil : dans la limite des sommes que la société Aubopied reste à devoir à la société Supexpert, M. Paul pourra réclamer que ses arriérés de salaires lui soient payés directement par la société Aubopied. En revanche, M. Paul ne pourra pas être considéré comme un salarié de cette société. Et si celle-ci l'embauche pour continuer le travail en son sein, il n'aura aucune ancienneté dans ce nouvel emploi.

• Hypothèse 2 : la société Aubopied est détentrice du pouvoir de direction

Dans ce cas, le contrat qui lie les sociétés Supexpert et Aubopied est un contrat de prêt de main-d'œuvre. Il est à prix coûtant. Il faudra vérifier qu'aucune des deux parties au contrat n'en tire de bénéfice. Si tel est le cas, il s'agira d'un prêt de main-d'œuvre licite parce qu'à but non lucratif. Sinon, il s'agira d'un prêt de main-d'œuvre à but lucratif conclu hors des règles du travail temporaire et donc d'un délit de marchandage ou de prêt de main-d'œuvre à but lucratif (le caractère exclusif du prêt de main-d'œuvre est ici facilement démontré ; de plus, le préjudice subi par le salarié découle simplement de la perte des garanties qu'un licenciement par la société Supexpert lui aurait assurées).

– Hypothèse 2.1 : il s'agit d'un prêt de main-d'œuvre à but non lucratif. C'est l'hypothèse que suggère le plus l'énoncé du cas pratique. Dans ce cas, le prêt est licite. Le salarié ne peut pas être considéré comme ayant pour employeur la société Aubopied. Il ne bénéficie pas non plus d'une action directe en paiement de ses arriérés de salaires contre le locataire de main-d'œuvre : l'article L. 8232-2 du Code du travail ne prévoit une telle action que pour les locataires qui n'ont pas de fonds de commerce et la société Aubopied est clairement le propriétaire d'un tel fonds de commerce. C'est la pire des situations pour le salarié.

– Hypothèse 2.2 : le prêt de main-d'œuvre représente un gain pour une des parties au contrat de prêt (le « prix coûtant » a été sous-évalué ou surévalué). Les délits des articles L. 8234-1 et L. 8243-1 du Code du travail sont constitués. L'opération de prêt est donc invalidée. Comme dans le cas du travail temporaire illicite, le salarié peut se considérer comme étant le salarié de la société Aubopied et ce, depuis le début. Il pourra donc lui réclamer ses arriérés de salaires, mais aussi conserver son emploi, sauf à subir un licenciement que la société Aubopied devrait alors justifier et indemniser. C'est la solution la plus favorable pour le salarié.

chapitre 8

Le contrat de travail à temps partiel

Plan analytique

section 1

Le formalisme du contrat et sa sanction

section 2

Durée et répartition du temps de travail

§ 1 Durée minimale de travail

§ 2 Heures complémentaires

§ 3 Répartition du temps de travail

section 3

Égalité des salariés à temps partiel et des salariés à temps plein

Compléments pédagogiques

Le contrat de travail à temps partiel

En 2013, le Conseil économique social et environnemental, dans un rapport, a souligné combien le temps partiel constituait une source de « sous-emploi ». Le travail à temps partiel peut être un choix de vie, opéré par le salarié. Il est cependant souvent subi, plus que choisi et conduit à des situations de grande précarité au travail. Enfin, parmi les salariés travaillant à temps partiel, environ 82 % sont des femmes, le chiffre étant à peu près constant depuis plusieurs années. Ces situations de précarité ont été plus ou moins mollement prises en considération par le législateur. 204

La définition du travail à temps partiel est devenue simple (C. trav., art. L. 3123-1) : est à temps partiel le salarié qui travaille moins qu'un temps plein. Le travailleur à temps plein est en principe celui qui effectue au moins 35 heures par semaine, ou l'équivalent de cette durée en moyenne, sur le mois ou sur l'année (sur cette durée, dite « durée légale du travail », v. ss 429). La durée légale peut être réduite par une convention collective. Le salarié à temps partiel sera alors celui qui travaille moins que la durée conventionnelle applicable à son établissement. 205

L'instauration du temps partiel dans une entreprise peut être prévue par une convention collective. Mais elle peut tout aussi bien être le fruit d'une décision unilatérale de l'employeur. Celui-ci doit alors simplement consulter les représentants du personnel et transmettre leur avis à l'inspecteur du travail (C. trav., art. L. 3123-26). À défaut de représentants du personnel, il suffit d'informer directement l'inspecteur du travail (*ibid.*).

Après l'étude des formes du contrat de travail à temps partiel (section 1), le régime du contrat de travail fera l'objet d'une étude détaillée (sections 2). Sera ensuite envisagé le principe d'égalité appliqué aux salariés à temps partiel (section 3). De manière générale, toutes les dispositions relatives ont été redistribuées selon la nouvelle architecture du droit du temps de travail, par la loi dite « travail » du 8 août 2016 (v. ss 400 et 979).

section 1

Le formalisme du contrat et sa sanction

En vertu de l'article L. 3123-6 du Code du travail, le contrat de travail à temps partiel est un contrat écrit, comprenant plusieurs mentions obligatoires, parmi lesquelles la rémunération, la qualification, la durée du travail et la répartition de cette durée entre les jours de la semaine ou les semaines du mois. 206

Depuis 1987, il est constant que la violation des conditions de forme du contrat de travail à temps partiel n'emporte qu'une présomption simple de contrat de travail à temps complet (Soc. 14 mai 1987, *Dr. soc.* 1988. 444, obs. J. Savatier ; 29 janv. 1997, *Bull. civ.* V, n° 39 ; 12 nov. 1997, *Bull. civ.* V, n° 362). Le formalisme du contrat de travail à temps partiel n'est donc pas une condition de validité de la stipulation d'un temps partiel. Il ne s'agit que d'une exigence qui relève du droit de la preuve.

■ **207** La requalification en contrat de travail à temps complet signifie qu'un salaire à temps complet était dû, alors qu'un salaire calculé sur un temps partiel a été versé. Le salarié à tiers-temps qui voit son contrat requalifié en contrat de travail à temps complet recevra un rappel égal aux deux tiers du salaire à plein-temps, et ce sur 3 ans, car les dettes de salaire se prescrivent sur 3 ans depuis la loi du 14 juin 2013 relative à la sécurisation de l'emploi (v. ss 370). C'est dire la gravité, pour l'employeur, d'une telle requalification. D'autant plus que les sommes perçues auprès d'un autre employeur ne peuvent pas être déduites des rappels de salaire versés (Soc. 17 oct. 2012, n° 11-14.795).

■ **208** Pour renverser la présomption, l'employeur doit démontrer :

– D'une part que le salarié a, de fait, travaillé moins d'heures qu'un salarié à temps complet. À cet égard, il est nécessaire de prouver la durée exacte convenue et la répartition de cette durée de travail sur la semaine, le mois et le cas échéant, l'année (Soc. 29 janv. 1997*, *Barba* ; 12 mars 2002, *Bull. civ.* V, n° 90 ; 12 nov. 2002, *Bull. civ.* V, n° 341 ; 17 déc. 2014, n° 13-20627). Cette condition n'est pas satisfaite lorsque l'employeur se contente, sans autres précisions sur la durée exacte de travail convenue, d'affirmer que cette durée était variable tout en restant constamment inférieure à la durée légale (Soc. 9 janv. 2013, n° 11-16.433). La simple affirmation que le salarié travaillait pour un autre employeur n'est pas non plus suffisante (Soc. 21 nov. 2012, n° 11-10.258).

– D'autre part que « le salarié connaissait à l'avance ses horaires de travail et n'était pas placé dans l'impossibilité de prévoir à quel rythme (il) devait travailler et n'avait pas à se tenir en permanence à disposition de l'employeur » (Soc 27 sept. 2007*, et déjà Soc. 12 juill. 1999, *Bull. civ.* V, n° 351 ; 29 sept. 2004* ; 15 sept. 2010, n° 09-40.473*).

■ **209** Ces solutions sont pleinement justifiées par l'importance que revêt la précision de la durée et de la répartition du temps de travail, particulièrement pour le salarié à temps partiel. Du fait de sa durée réduite de travail, celui-ci n'a vocation qu'à recevoir un salaire partiel, lequel apparaît souvent insuffisant pour garantir à lui seul un niveau de vie minimal. Or, l'absence de répartition fixe du temps de travail bloque, en pratique, la recherche d'un complément de rémunération. Un salarié à temps partiel auquel l'employeur impose d'importantes variations dans la répartition de son temps de travail ne peut prévoir les périodes pendant lesquelles il pourrait s'engager envers un second employeur. Il se trouve ainsi contraint, dans les faits, à demeurer au service exclusif d'un seul employeur.

■ **210** Ces exigences formelles sont transposées à l'avenant par lequel la durée du travail est modifiée, conformément au principe de parallélisme des formes. Ainsi, à propos d'une salariée dont la durée de travail avait doublé, les juges ont-ils pu affirmer que « cette exigence légale d'un écrit s'applique non seulement au contrat initial mais aussi à ses avenants modificatifs de la durée du travail ou de sa répartition » (Soc. 20 juin 2013, n° 10-20.507 [P]), ce dont il s'ensuit que le contrat est finalement requalifié en contrat à temps plein. La règle a d'autant plus d'envergure que l'existence d'un avenant peut être déduite du seul fait que la durée du travail avait été augmentée sur un temps significatif. En somme, toute modification de la durée et de la répartition dépassant les prévisions du contrat doit être formalisée au sein d'un avenant écrit au contrat, sous peine de voir la présomption de contrat à temps plein s'appliquer à nouveau (v. déjà Soc. 15 oct. 2002, *Bull. civ.* V, n° 311).

En définitive, en l'absence des formes écrites requises, le salarié n'a rien à quoi se rattacher. Une stricte régularité de la durée du temps de travail et de la répartition de cette durée sera alors exigée en compensation. Cette régularité stricte doit pouvoir être prouvée par l'employeur. Et la moindre irrégularité conduira à la requalification du contrat de travail en contrat à temps plein. 211 ■

En présence des formes requises, et si des plages de liberté suffisamment régulières sont ménagées, en revanche, l'employeur peut bénéficier d'une certaine souplesse dans l'organisation du temps de travail de son salarié à temps partiel.

section 2

Durée et répartition du temps de travail

La loi de sécurisation de l'emploi du 14 juin 2013 a imposé une durée minimale au contrat de travail à temps partiel (§1). La durée du contrat peut être augmentée par le biais d'heures complémentaires (§ 2). Enfin, la répartition de cette durée peut être modifiée (§ 3). 212 ■

§ 1 Durée minimale de travail

Parmi les évolutions positives de la loi du 14 juin 2013 relative à la sécurisation de l'emploi, figure la détermination d'une durée minimale du travail à temps partiel : un salarié à temps partiel va désormais devoir travailler un certain nombre d'heures au minimum par semaine. Conformément à l'architecture définie par la loi du 8 août 2016, la loi prévoit une durée minimale, applicable en l'absence d'accord collectif. Cette durée minimale légale est de 24 heures par semaine (C. trav., art. L. 3123-19) ou l'équivalent si sa durée du travail est décomptée en mois sur l'année. De sorte que la précarité impliquée par le temps extrêmement partiel soit limitée. Cette disposition légale étant supplétive, elle ne s'applique pas si un accord collectif de branche est conclu, lequel peut alors fixer une durée minimale moindre. 213 ■

Par ailleurs, des exceptions à cette durée minimale sont prévues, qui valent, y compris en l'absence d'accord collectif.

Une durée inférieure peut en effet être fixée si le salarié le demande en raison de contraintes personnelles. L'ampleur de cette exception dépendra en partie du contrôle qu'opérera le juge sur cette notion de « contraintes personnelles » du salarié. Seul un véritable contrôle, non seulement du contenu de cette notion, mais également de la précision, dans l'instrumentum, de ces contraintes, serait de nature à faire obstacle à ce que cette clause ne devienne qu'une simple clause de style autorisant la généralisation de l'exception.

Une durée inférieure peut également être fixée si le salarié cumule plusieurs emplois lui permettant d'atteindre au moins cette durée minimale d'activité, si le salarié est un étudiant âgé de 26 ans qui a besoin d'une durée du travail compatible avec ses études.

Ce plancher est exclu dorénavant pour les contrats à durée déterminée d'une durée inférieure à une semaine et à ceux destinés à remplacer un salarié absent.

■ 214 Aucune sanction n'assortit cette règle. Et les juges auront donc à décider de la sanction applicable. La sanction pourrait être la réfaction du contrat, afin de le porter à 24 heures hebdomadaire (F. Favennec-Hery, art. cit. biblio), accompagnée d'une régularisation de la rémunération que le salarié aurait dû percevoir. Mais elle pourrait également consister dans la requalification du contrat en contrat à temps plein. Si la durée minimale de 24 heures est une condition de validité de ce contrat de travail, tout manquement à cette condition pourrait en effet conduire au retour au contrat de travail de droit commun.

§ 2 Heures complémentaires

■ 215 Les heures complémentaires sont des heures effectuées au-delà du temps partiel dont la durée a été contractuellement stipulée. Si ce temps partiel est de 25 heures par semaine, la 26e heure travaillée dans la semaine est une heure complémentaire. Cette notion « d'heure complémentaire » ne doit pas être confondue avec la notion « d'heure supplémentaire » : les heures supplémentaires sont des heures effectuées au-delà du temps plein, au-delà de la durée légale du travail actuellement fixée à 35 heures par semaine (sur les heures supplémentaires, v. ss 430 s.).

■ 216 L'utilisation des heures complémentaires est limitée.

Elles ne peuvent avoir pour effet d'accroître au-delà d'une certaine limite la durée hebdomadaire ou mensuelle de travail du salarié. Conformément à l'architecture définie par la loi « travail » du 8 août 2016, cette limite est déterminée comme suit :

– D'une part, les heures complémentaires ne peuvent porter la durée du travail au niveau de la durée légale de travail ou de la durée fixée conventionnellement (C. trav., L. 3123-9). Et il est admis que si les heures complémentaires effectuées portent la durée du travail au niveau de la durée légale, la requalification du contrat de travail à temps complet peut être obtenue (Soc. 5 avr. 2006, n° 04-43.180, *Bull. civ.* V, n° 143, *RDT* 2006. 22, obs. B. Lardy-Pélissier). Et ce même si ce dépassement ne se réalise que sur une courte durée (Soc. 12 mars 2014, 12-15014, *Bull.* V, n° 78 : dans cette affaire, le dépassement n'avait duré qu'un mois).

– Un accord collectif d'entreprise ou, à défaut, de branche, peut porter cette limite au tiers de la durée hebdomadaire ou mensuelle de travail (C. trav., art. L. 3123-20), la variation de la durée pouvant être demandée par l'employeur étant alors importante.

– À défaut d'accord collectif, l'augmentation de la durée possible par le biais des heures complémentaires est du dixième de la durée hebdomadaire ou mensuelle (C. trav., art. L. 3123-28 ; disposition supplétive). Par exemple, un salarié dont le contrat prévoit 20 heures par semaine pourra être conduit à travailler en plus 2 heures complémentaires ; un salarié dont le contrat prévoit une durée mensuelle de 100 heures, pourra se voir demander 10 heures complémentaires.

Les heures complémentaires donnent lieu à une majoration de salaire. Auparavant, seules les heures complémentaires effectuées au-delà de 10 % de la durée contractuelle faisaient l'objet d'une majoration de salaire de 25 %. Depuis la loi de sécurisation de l'emploi, ce taux a été diminué. Aujourd'hui, selon la loi, chacune des heures complémentaires donnera lieu à une majoration de salaire, de 10 % pour les heures accomplies dans la limite du 1/10e de la durée hebdomadaire ou mensuelle de travail, de 25 % pour les heures accomplies au-delà (C. trav., art. L. 3123-29). Cette disposition étant supplétive, elle ne s'applique pas si un accord de branche étendu est conclu. Accord collectif pouvant prévoir un taux différent, sans toutefois pouvoir être inférieur à 10 % (C. trav., art. L. 3123-21). 217 ■

Ces protections, déjà maigres, sont réduites à peau de chagrin par une disposition issue de la loi de sécurisation de l'emploi du 14 juin 2013, précisant que, si une convention de branche étendue le prévoit, un avenant au contrat de travail pourra augmenter temporairement la durée du travail prévue au contrat (C. trav., art. L. 3123-22). Les heures accomplies au-delà de la durée initiale, mais en deçà de la durée prévue par l'avenant ne constitueront plus des heures complémentaires. Si la loi prévoit que les parties ne pourront conclure plus de 8 avenants par an, une telle limite, qui permet tout de même de modifier 8 mois sur 12 la durée du travail, s'avère bien mince. Se trouve ainsi validée une pratique, pourtant condamnée par la Cour de cassation (Soc. 7 déc. 2010, n° 09-42.315 ; 2 juill. 2014, n° 13-15954 [P]). En somme, avant la loi de sécurisation de l'emploi, si un avenant était conclu pour augmenter temporairement la durée du travail, les juges décidaient de compter les heures prévues par l'avenant comme étant des heures complémentaires, malgré la volonté des parties exprimées par l'avenant. Aujourd'hui, un employeur pourra, 8 fois dans l'année, faire passer la durée initiale de 24 heures à 30 heures par exemple, sans que ces heures ne puissent être requalifiées en heures complémentaires. C'est dire la perte entraînée pour le salarié si les branches s'emparent de cette possibilité. Seule limite : l'employeur ne pourra pas porter la durée du contrat à celle d'un contrat de travail à temps complet, sauf à encourir un risque de requalification.

Enfin, l'utilisation systématique d'heures complémentaires peut provoquer une modification du contrat de travail. Si, pendant douze semaines sur une période de quinze semaines, l'horaire réellement effectué a dépassé celui prévu au contrat d'au moins 2 heures par semaine, la durée du travail contractuelle est automatiquement modifiée : on ajoute le temps complémentaire à la durée contractuelle de base, sauf opposition du salarié (C. trav., art. L. 3123-13). Cette disposition a pour objet d'interdire à l'employeur de revenir à une durée moindre de travail et donc à un salaire moindre sans l'accord exprès du salarié. 218 ■

Il demeure que, lorsque les formes et conditions sont respectées, la technique des heures complémentaires peut permettre à l'employeur de se saisir unilatéralement du temps libre du salarié. Ce pouvoir unilatéral sur le temps libre peut encore être accru par de possibles clauses de variation de la répartition du temps de travail.

§ 3 Répartition du temps de travail

Selon la loi, les salariés ne peuvent pas subir plus d'une interruption du travail par jour et cette interruption ne peut être supérieure à 2 heures (C. trav., art. L. 3123-30) : les horaires des travailleurs à temps partiel doivent être suffisamment ramassés pour 219 ■

qu'en échange du montant partiel de leur salaire, ils aient au moins la possibilité de jouir de davantage de temps libre qu'un travailleur à temps complet. Cet article du Code du travail prohibe donc le hachage du temps de travail tout au long de la journée. Par exemple, un salarié ne pourrait recevoir les horaires suivants : 8h/9h, 12h/13h, 16h/17h, 20h/21h. De tels horaires bloqueraient de fait toute la journée de ce salarié, le tout pour une rémunération de 4 heures dans la journée...

Toutefois, un accord collectif peut prévoir plusieurs interruptions par jour, et supérieures à deux heures, à condition de prévoir des contreparties spécifiques (C. trav., art. L. 3123-23).

■ 220 Par ailleurs, certains horaires rendent en pratique impossible toute recherche d'emploi complémentaire, même s'ils sont fixes et connus à l'avance. Dans ces cas, quoiqu'embauché à temps partiel, le salarié est *de facto* contraint de réserver toute son activité professionnelle à un seul employeur. C'est sur ce motif qu'a été requalifié en travail à temps plein le travail d'un salarié qui travaillait six jours sur sept durant trois semaines avant de bénéficier d'une semaine de repos la quatrième semaine et d'une semaine de repos supplémentaire toutes les trente-six semaines. Cette situation, pour la Cour, contraignait nécessairement le salarié « à demeurer constamment à la disposition de son employeur » (Soc. 9 janv. 2008*).

■ 221 Les horaires de travail d'un salarié à temps partiel ne peuvent être modifiés que du commun accord des parties au contrat de travail, à moins que ce contrat ait expressément prévu une clause de variation (C. trav., art. L. 3123-12).

La clause de variation doit prévoir un délai de prévenance d'au moins 7 jours (C. trav., art. L. 3123-21), délai qui peut, en échange d'une « contrepartie », être réduit à 3 jours par une convention collective étendue ou d'entreprise (C. trav., art. L. 3123-24). La clause doit préciser l'ampleur des variations possibles et, surtout, elle doit spécifier les cas dans lesquels elles peuvent intervenir (C. trav., art. L. 3123-12).

Cette dernière condition est peut-être la plus importante. L'imprécision des cas dans lesquels une variation peut intervenir équivaut en effet, pour la jurisprudence, à une absence de spécification de ces cas. Les clauses imprécises sont donc invalidées. Tel est le cas, par exemple, de clauses de variation « en fonction des nécessités du service » (Soc. 6 avr. 1999*) ou « si les circonstances le demandent » (Soc. 7 juill. 1998, *Bull. civ.* V, n° 373).

Lorsque la clause est correctement stipulée, le législateur a prévu que dans certains cas exceptionnels, le salarié pourrait tout de même refuser la modification de ses horaires. Pour bénéficier de ce droit au refus, le salarié doit démontrer des obligations familiales impérieuses ou le suivi d'un enseignement scolaire ou supérieur ou encore une période d'activité, soit chez un autre employeur, soit dans le cadre d'une activité professionnelle non salariée (C. trav., art. L. 3123-12, pour la reconnaissance de telles obligations familiales impérieuses dans le cas d'une veuve ayant deux enfants, v. Soc. 13 janv. 2009, n° 06-45.562, *Bull. civ.* V, n° 4).

Les protections légales du salarié à temps partiel restent ainsi relativement fragiles. Elles le sont d'autant plus que, dans leur quasi-totalité, elles sont susceptibles d'être détruites ou contournées par la conclusion d'une convention collective d'annualisation du travail à temps partiel.

section 3

Égalité des salariés à temps partiel et des salariés à temps plein

Le principe d'égalité entre salariés à temps partiel et à temps plein est affirmé avec force par les articles L. 3123-5 et suivants du Code du travail. L'article L. 3123-5 affirme même plus qu'une égalité, il exige une identité des droits : « le salarié à temps partiel bénéficie des droits reconnus au salarié à temps complet... ». Ce qui pose comme principe que les salariés à temps partiel bénéficient des exacts mêmes droits, en qualité comme en quantité, que les salariés à temps complet. L'article L. 3123-5 applique cette solution aux périodes d'essai : celles-ci ne peuvent avoir une durée calendaire plus longue que celles des salariés à temps plein. De même, le calcul de l'ancienneté se fait exclusivement au regard de la date d'embauche, comme pour les salariés à temps plein, sans aucunement prendre en compte le fait que le salarié n'a travaillé qu'à temps partiel (C. trav., art. L. 3123-5, al. 4). 222

En revanche, bien entendu, la rémunération d'un salarié à temps partiel doit simplement être proportionnelle à celle d'un salarié à temps plein (C. trav., art. L. 3123-5, al. 3).

Enfin, il s'agit d'éviter que le salarié licencié alors qu'il était à temps plein et n'est à temps partiel que depuis peu temps ne reçoive qu'une indemnité de licenciement calculée sur ses derniers salaires, partiels. L'article L. 3123-5 du Code du travail prévoit en conséquence que les indemnités de licenciement soient calculées en prenant en compte proportionnellement les périodes travaillées à plein-temps et à temps partiel par le salarié, depuis son entrée dans l'entreprise.

Malgré ces dispositions, dont certaines peuvent apparaître comme favorisant les travailleurs à temps partiel par rapport aux salariés à temps plein, la pratique reste généralement défavorable aux salariés à temps partiel. Ce qui est d'autant plus grave que cette égalité est fortement corrélé avec l'égalité homme-femme. C'est au demeurant sous cet angle que la jurisprudence de la Cour de justice européenne aborde la question : les mesures qui touchent le temps partiel, si elles dénotent une inégalité de traitement comparativement aux salariés à temps plein, sont condamnées comme discrimination sexiste indirecte, dès lors que la répartition des travailleurs à temps partiel ou à temps plein est fortement différenciée selon les sexes (v. par ex., CJCE 27 mai 2004* (v. ss 345 s.). 223

Compléments pédagogiques

Biblio

- « Minima sociaux, revenus d'activité, précarité », *Dr. soc.* n° spécial juill.-août 2000, avec not. les articles de M. Borgetto, « Minima sociaux et revenus d'activité : éléments d'une problématique générale » et de P. Concialdi, « Les travailleurs pauvres ».
- M. Del Sol, « Travail à temps partiel : le renforcement de la logique du temps choisi ? », *Dr. soc.* 2001. 728.
- « Le temps partiel, révélateur de la précarité (à propos du rapport du Conseil économique social et environnemental, *Le travail à temps partiel*, du 25 novembre 2013) », SSL 2013, n° 1608, p. 3.
- F. Favennec-Hery, « Temps partiel : travail choisi ou travail forcé », *Dr. soc.* 2013. 785.

Documents

1) Temps partiel et discriminations sexistes

CJCE 27 mai 2004, aff. C-285/02

« 17. Si cette rémunération apparaît égale dans la mesure où le droit à une rémunération des heures supplémentaires ne naît qu'au-delà de 3 heures supplémentaires pour les enseignants à temps partiel ainsi que pour les enseignants à temps plein, il convient cependant de constater que 3 heures supplémentaires représentent une charge plus grande pour les enseignants à temps partiel que pour ceux à temps plein. En effet, si un enseignant à temps plein doit travailler 3 heures de plus que son temps de travail mensuel de 98 heures, soit une augmentation d'environ 3 %, pour recevoir une rémunération de ses heures supplémentaires, un enseignant à temps partiel doit travailler 3 heures de plus que son temps de travail mensuel de 60 heures, soit une augmentation d'environ 5 %. Étant donné que, pour les enseignants à temps partiel, le nombre d'heures de cours supplémentaires qui donne droit à une rémunération n'est pas réduit de manière proportionnelle à leur temps de travail, il y a donc un traitement inégal de ceux-ci par rapport aux enseignants à temps plein en ce qui concerne la rémunération pour leurs heures supplémentaires de cours.

18. Il appartient à la juridiction nationale de déterminer, premièrement, si la différence de traitement instituée par la législation en cause affecte considérablement plus de femmes que d'hommes et, deuxièmement, si cette différence de traitement répond à un objectif étranger à toute appartenance à un sexe déterminé et est nécessaire pour atteindre l'objectif poursuivi (v., en ce sens, CJCE 7 mars 1996, *Freers et Speckmann*, aff. C-278/93, *Rec. CJCE* I-1165, pt 28).

19. Dans ces circonstances, il convient de répondre à la question posée que les articles 141 CE et 1er de la directive n° 75/117 doivent être interprétés en ce sens qu'ils s'opposent à une réglementation nationale selon laquelle les enseignants à temps partiel ne perçoivent — tout comme ceux employés à temps plein — aucune rémunération pour les heures supplémentaires lorsque le travail supplémentaire n'excède pas trois heures dans le mois civil, si cette différence de traitement affecte un nombre considérablement plus élevé de femmes que d'hommes et si une telle différence de traitement ne peut pas être justifiée par un objectif étranger à toute appartenance à un sexe déterminé ou n'est pas nécessaire pour atteindre l'objectif poursuivi [...] ».

2) La requalification en temps plein

Soc. 29 janv. 1997, *Barba*
(*Bull. civ.* V, n° 39 ; *Dr. soc.* 1997. 311, note F. Favennec)

« [...] en l'absence d'écrit, le contrat de travail est présumé conclu à temps complet, il appartient à l'employeur qui se prévaut d'un contrat à temps partiel de rapporter la preuve non seulement de la durée exacte du travail convenu mais également de sa répartition sur la semaine ou le mois ».

Soc. 29 sept. 2004
(*Bull. civ.* V, n° 232)

« Attendu que l'employeur fait encore grief à l'arrêt d'avoir décidé que le contrat de travail conclu par Mme X. avec la société des Autoroutes du Sud de la France le 5 décembre 1999 était un contrat à temps complet, alors, selon le moyen que [...] la société des Autoroutes du Sud de la France faisait valoir que par exemple, du 1er sept. au 31 décembre 1999, Mme X. n'a travaillé que vingt-sept jours [...], soit 22,5 % d'un temps plein [...].
Mais attendu que la cour d'appel, qui a fait ressortir que la salariée était placée dans l'impossibilité de prévoir à quel rythme elle devait travailler et qu'elle devait se tenir constamment à la disposition de l'employeur, a légalement justifié sa décision ».

Soc 27 sept. 2007, *Afeji Résidence Rembrandt*
(n° 06-41.086 [P], *RJS* 2007, n° 1312)

Sur le moyen relatif à une requalification du contrat en contrat de travail à temps complet :
« Mais attendu que la cour d'appel a retenu que l'employeur avait rapporté la preuve de ce que l'emploi de la salariée était à temps partiel et que celle-ci, qui connaissait à l'avance ses horaires de travail, n'était pas placée dans l'impossibilité de prévoir à quel rythme elle devait travailler et n'avait pas à se tenir en permanence à disposition de l'employeur ; que le moyen ne peut être accueilli [...] ».

Soc. 9 janv. 2008, n° 06-44.458

« Mais attendu que la cour d'appel qui, par motifs adoptés, a constaté que la répartition des horaires était telle que le salarié travaillait six jours sur sept durant trois semaines avant de bénéficier d'une semaine de repos la quatrième semaine et d'une semaine de repos supplémentaire toutes les trente-six semaines et retenu qu'une telle répartition des horaires de travail n'était pas compatible avec un autre emploi à temps partiel et le contraignait nécessairement à demeurer constamment à la disposition de son employeur, a, sans encourir les griefs du moyen, légalement justifié sa décision. [...] ».

3) Les clauses de variation

Soc. 6 avr. 1999
(*Bull. civ.* V, n° 166)

« Mais attendu, d'abord, que la répartition du travail, telle qu'elle doit être prévue, en application de l'article L. 212-4.3 du Code du travail, constitue un élément du contrat de travail à temps partiel, qui ne peut être modifié sans l'accord du salarié ;
Attendu, ensuite, qu'une clause du contrat ne peut valablement permettre à l'employeur de modifier l'horaire convenu en prévenant le salarié au moins 7 jours à l'avance qu'à la double condition, d'une part, de la détermination par le contrat de la variation possible, d'autre part, de l'énonciation des cas dans lesquels cette modification pourra intervenir ;
D'où il suit que la répartition du travail à temps partiel sur 6 jours au lieu de 5 jours constituait une modification du contrat de travail et que la clause contractuelle visée par le jugement, en accordant à l'employeur le pouvoir de modifier la répartition des horaires en fonction des nécessités du service, ne correspondait pas aux exigences légales ».

Quiz

1) Sujet corrigé

Cas pratique

La convention collective de l'entreprise Mélusine contient les deux clauses suivantes :

« Article 7 : Crèche

Une crèche est organisée dans les locaux de l'entreprise. Les salarié(e)s peuvent y déposer leur enfant gratuitement quatre demi-journées par semaine. Au-delà, les places sont attribuées selon les disponibilités et une contribution aux frais de garde est demandée aux salarié(e)s. (...)

Article 29 : Prime de rendement

Tout salarié ayant assemblé plus de 3 000 parapluies dans la semaine recevra, en fin de mois, une prime de 150 euros ».

La directrice du personnel, Mme Albertine, vient vous trouver. Elle vous demande ce qu'elle doit répondre à M. Marcel. Celui-ci travaille à mi-temps. Mais il demande à bénéficier des quatre demi-journées par semaine de crèche. Elle pense, qu'en bonne logique il devrait se contenter de deux demi-journées, d'autant qu'il a plus de temps libre que les autres pour s'occuper lui-même de ses enfants.

Ce M. Marcel réclame en outre qu'on lui paie une prime de rendement de 150 euros à chaque fois qu'il dépasse les 1 500 parapluies. Elle pense pour sa part que l'article 29 est très clair et qu'il n'accorde de prime qu'aux salariés qui atteignent les 3 000 parapluies.

Voir le corrigé en fin de rubrique.

2) Corrigé

Cas pratique

- Sur les jours de crèche

L'article L. 3123-5 du Code du travail est clair : « les salariés employés à temps partiel bénéficient des droits reconnus aux salariés à temps complet [...] sous réserve, en ce qui concerne les droits conventionnels, des modalités spécifiques prévues par une convention ou un accord collectif ». En l'absence de dispositions contraires, ils bénéficient donc exactement des mêmes droits que ceux des salariés à temps plein. L'article 7 de la convention collective aurait pu spécifier que pour les salariés à temps partiel le nombre de jours dû était réduit en proportion du temps travaillé. Il n'en a rien fait. Les salariés à temps partiel bénéficient donc tous de quatre demi-journées de crèche gratuites par semaine, comme les autres salariés.

- Sur la prime de rendement

Il s'agit d'un élément de rémunération. L'article L. 3123-5, alinéa 3 du Code du travail prévoit qu'en matière de rémunération la règle est celle de la proportionnalité selon le temps travaillé. Pour savoir ce à quoi M. Marcel a droit, il faut prendre la situation d'un salarié de même capacité, de mêmes fonctions, de même ancienneté... mais à temps plein. Puis il faut rechercher ce que gagne, ou ce que gagnerait un tel salarié. Il suffit alors de réduire la rémunération de ce salarié en proportion du temps de travail réalisé par M. Marcel, pour connaître le minimum de rémunération auquel il a droit.

M. Marcel est à mi-temps. À chaque fois qu'il dépasse les 1 500 parapluies hebdomadaires, on peut penser qu'il aurait dépassé les 3 000 parapluies s'il avait travaillé à temps plein. Et, toujours *s'il avait travaillé à plein-temps*, il aurait touché la somme de 150 euros. M. Marcel ne doit pas, cependant toucher cette somme. Il est à mi-temps et, selon l'article L. 3123-5, alinéa 3 précité, il n'a droit qu'à une rémunération proportionnelle à celle qu'il aurait touchée s'il avait travaillé à plein-temps. Puisqu'il travaille à mi-temps, il aura droit à la moitié de la prime de rendement (soit 75 euros) et ce, à chaque fois qu'il aura réalisé 1 500 parapluies hebdomadaires (sur ce nécessaire calcul au prorata, on peut citer, notamment, l'arrêt CJCE 27 mai 2004*).

Plan analytique

section 1

Le domaine d'application du droit disciplinaire

section 2

Le droit disciplinaire

§ 1 Le contrôle par le juge de la faute disciplinaire

A. Définition de la faute

B. Faute, vie personnelle, vie professionnelle

§ 2 Le contrôle de la procédure

§ 3 Les sanctions prohibées

A. Sanctions pécuniaires

B. Sanctions discriminatoires

C. Sanctions non prévues par le règlement intérieur

§ 4 De quelques règles diverses du droit disciplinaire

A. Interdiction du cumul des sanctions

B. Prescriptions

C. Particularité de la modification du contrat comme sanction disciplinaire

section 3

Les sanctions d'un exercice illégal du pouvoir disciplinaire

Compléments pédagogiques

Pouvoir disciplinaire

Le pouvoir disciplinaire est un droit de punir le salarié qui désobéit aux ordres. Il est l'expression ultime du pouvoir de direction, son fer de lance. Comme tel, il est sans doute le mode d'exercice du pouvoir qui a le plus vite concentré sur lui la méfiance. Sa manifestation la plus inacceptable était l'amende, qui permettait à l'employeur de reprendre d'une main ce qu'il avait accordé de l'autre. Elle fut prohibée par la loi du 5 février 1932. Hors cette limite, le pouvoir disciplinaire resta longtemps un pouvoir peu contrôlé, si ce n'est par la jurisprudence qui, occasionnellement, faisait application de la théorie de l'abus de droit. Ce n'est qu'à partir de la loi du 4 août 1982 qu'une véritable réglementation du pouvoir disciplinaire a été adoptée. Depuis cette loi, le pouvoir disciplinaire de l'employeur est strictement encadré. 226

Partie saillante du pouvoir de direction, le pouvoir disciplinaire a, avec le pouvoir réglementaire de l'employeur, concentré l'essentiel des débats existant autour du fondement du pouvoir patronal (sur ces débats, v. ss 225). La doctrine contractuelle, y voit un pouvoir accordé par contrat. Alors que les contrats de travail n'étaient pas réglementés, elle a donné lieu à des excès terribles, comme l'arrêt « des sabots » du 14 février 1866*. La théorie institutionnelle lui a succédé, et l'on a vu le pouvoir disciplinaire être qualifié d'« inhérent à la qualité de patron », avec pour conséquences l'absence de limites à ce pouvoir (Soc. 16 juin 1945, *Poliet et Chausson*, *Dr. soc.* 1946. 427, note P. Durand ; *GADT*, n° 65). Aujourd'hui, cette question a perdu de son acuité. Le pouvoir en général, et disciplinaire en particulier, trouve son origine dans le droit du travail lui-même.

Le droit disciplinaire (section 2), s'applique dès que l'employeur entend sanctionner des agissements qu'il considère comme fautifs (section 1).

section 1

Le domaine d'application du droit disciplinaire

Le droit disciplinaire s'applique dès lors que l'employeur prononce une sanction. 227

L'enjeu de la qualification de « *sanction disciplinaire*[Q] » n'est nullement de dire que telle ou telle mesure est valide. Il s'agit au contraire de dire que telle mesure s'annonce suspecte, dangereuse et qu'elle doit être passée au crible du droit disciplinaire avant de pouvoir être considérée comme valide. Ceci explique la définition légale de la notion de « sanction disciplinaire ». Aux termes de l'article L. 1331-1 du Code du travail (C. trav., anc. art. L. 122-40) : « Constitue une sanction toute mesure, autre que les observations verbales, prise par l'employeur à la suite d'un agissement du salarié considéré par l'employeur comme fautif, que cette mesure soit de nature à

Cette procédure minimale est restée limitée, en pratique, aux avertissements et autres mesures analogues.

■ 239 Lorsqu'en revanche la sanction a une incidence sur l'un de ces grands éléments de la relation de travail, la procédure disciplinaire complète doit être respectée.

Le principal ajout de la procédure complète est l'obligation, pour l'employeur, de réaliser un entretien préalable. L'employeur doit d'abord convoquer le salarié à l'entretien et cette convocation doit être écrite, préciser l'objet, la date, l'heure et le lieu de l'entretien et rappeler à l'intéressé qu'il a la faculté de se faire assister par un salarié de l'entreprise (C. trav., art. R. 1332-1). En revanche, il n'est pas nécessaire que cette lettre donne les griefs reprochés au salarié. Celui-ci n'en sera informé qu'au cours de l'entretien préalable. Le salarié est ainsi privé de la possibilité de préparer un peu sa défense. Ceci entame l'entretien préalable d'une partie de sa finalité qui est, en principe, l'organisation d'une procédure contradictoire.

L'entretien réalisé, l'employeur doit attendre au moins deux jours ouvrables avant de prononcer la sanction (C. trav., art. L. 1332-2). L'idée est d'éviter les mouvements impulsifs de l'employeur et de l'obliger à prendre le temps de la réflexion après avoir entendu le salarié. Il ne s'agit, bien entendu, que d'une garantie formelle et, en pratique, la décision de sanctionner de l'employeur a été arrêtée le plus souvent bien avant la convocation à l'entretien.

L'employeur doit, de plus, ne pas trop attendre pour sanctionner. Au-delà d'un mois après l'entretien préalable, l'employeur ne peut plus sanctionner les faits invoqués lors de l'entretien (C. trav., art. L. 1332-2). L'absence de sanction pendant un mois équivaut, en quelque sorte, à une décision définitive de ne pas sanctionner.

Cette procédure est applicable y compris au licenciement pour motif disciplinaire. La procédure de licenciement pour motif personnel n'est pas alternative, mais cumulative (v. par ex. Soc. 5 févr. 1997, *Bull. civ.* V, n° 52).

■ 240 Enfin, une procédure disciplinaire spécifique est parfois définie par les conventions collectives. Certaines conventions exigent par exemple ainsi la consultation préalable d'une instance, d'une commission disciplinaire. La méconnaissance de cette exigence conventionnelle est sanctionnée de manière rigoureuse, puisqu'elle prive le licenciement disciplinaire de cause réelle et sérieuse (Soc. 9 janv. 2013, n° 11-25.646).

§ 3 Les sanctions prohibées

■ 241 Même en présence d'une faute disciplinaire, toute sanction n'est pas valide, loin s'en faut. Certaines sanctions, quoique fondées par des fautes, sont prohibées. Il en va ainsi des sanctions pécuniaires (A) et des sanctions discriminatoires (B). Les sanctions doivent en outre avoir été prévues par le règlement intérieur, lorsque celui-ci est obligatoire, pour pouvoir être infligées par l'employeur (C).

A. Sanctions pécuniaires

■ 242 Depuis la loi du 5 février 1932, les amendes et autres sanctions pécuniaires sont interdites. Aujourd'hui, cette prohibition est prévue par l'article L. 1331-2 du Code du travail.

Sont cependant autorisées les sanctions pécuniaires indirectes. La rétrogradation d'un salarié, par exemple, est une sanction licite, même si les nouvelles fonctions du salarié sont moins bien rémunérées que ses fonctions précédentes. Le raisonnement de la Cour de cassation est d'affirmer que cette réduction du salaire n'est pas une sanction pécuniaire, mais l'effet pécuniaire de la rétrogradation, laquelle est une sanction licite (Soc. 7 juill. 2004, *Bull. civ.* V, n° 193). De même, une mise à pied prive le salarié de travail pendant un temps, et la réduction de salaire qui s'en suit n'est pas, pour la jurisprudence, une sanction pécuniaire, mais la simple conséquence du principe « pas de travail, pas de salaire ». Plus encore, l'absence du salarié pendant ses jours de mise à pied peut le priver non seulement du salaire correspondant à ces jours de travail, mais encore de la prime d'assiduité prévue dans l'entreprise (Soc. 19 juill. 1994, *Bull. civ.* V, n° 164 et les obs. critiques de G. Borenfreund ; *D.* 1995. Somm. 357). Les sanctions pécuniaires indirectes ne sont donc pas prohibées. Elles peuvent simplement être refusées par le salarié, une réduction de salaire étant une modification du contrat de travail (v. la jurisprudence *Le Berry*, v. ss 250).

Une manœuvre pour essayer de contourner la prohibition des sanctions pécuniaires avait été tentée par certains employeurs. Elle consistait à subordonner le versement d'une prime à l'adoption par le salarié, d'un comportement adéquat. Les juges ont déjoué cette manœuvre. Dès lors que la réduction de prime est une mesure prise à la suite d'un comportement considéré par l'employeur comme fautif, elle est une sanction, une sanction déguisée en réduction de prime. Mais cette sanction est pécuniaire, donc prohibée. Cette solution, initiée par le Conseil d'État, (CE 12 juin 1987, *Sté Hapian Frère*, *Dr. soc.* 1987. 651) a été suivie, après un temps d'hésitation, par la Cour de cassation (Soc. 19 mai 1988, *Bull. civ.* V, n° 307). Ainsi, par exemple, une prime de « rétribution pour la qualité et la productivité », ne peut être réduite par l'employeur à la suite d'un comportement considéré par l'employeur comme fautif (Soc. 16 févr. 1994, *Bull. civ.* V, n° 56). 243 ■

Le fait d'avoir eu recours à une sanction pécuniaire est pénalement sanctionné d'une amende pouvant aller jusqu'à 7 500 euros en cas de récidive (C. trav., art. L. 1334-1).

B. Sanctions discriminatoires

Une certaine individualisation des sanctions est autorisée. L'employeur n'est pas tenu de sanctionner de la même manière tous les auteurs d'une même faute, certains éléments de la relation de travail, comme l'ancienneté par exemple, pouvant le conduire à plus d'indulgence vis-à-vis des uns que vis-à-vis des autres. Une telle individualisation est simplement soumise au contrôle des juges qui vérifient qu'elle a été faite dans l'intérêt de l'entreprise et sans détournement de pouvoir (v. Soc. 1er févr. 1995, *Bull. civ.* V, n° 45 ; 31 mars 1998, *Dr. soc.* 1998. 732, obs. A. Jeammaud). 244 ■

Il faut aussi, bien entendu, qu'une telle différenciation ne débouche pas sur une discrimination, directe ou indirecte, prohibée par l'article L. 1132-1 du Code du travail. C'est au demeurant pour lutter contre les sanctions discriminatoires que ce texte, essentiel, a tout d'abord été adopté. Il est depuis devenu d'une portée beaucoup plus générale, et c'est pourquoi son étude détaillée doit être aujourd'hui sortie du cadre, devenu pour lui trop étroit, du pouvoir disciplinaire (pour cette étude, sanction (C. trav., art. L. 1332-2) court à partir du nouvel entretien préalable en vue de l'adoption de la nouvelle sanction (Soc. 27 mars 2007, n° 05-41.921, *Bull. civ.* V, n° 57). En outre, le refus exprimé par le salarié interrompt le délai de deux mois de l'article L. 1332-4 du Code du travail qui court en principe à compter du jour où l'employeur a eu connaissance du fait fautif. Dans cette hypothèse donc, le refus fait courir un nouveau délai durant lequel la convocation à un nouvel entretien doit avoir lieu (Soc. 28 avr. 2011, n° 10-13979, *Bull. civ.* V, n° 98). Enfin, la Cour de cassation a précisé que la notification par l'employeur, après l'engagement de la procédure disciplinaire, d'une proposition de modification de contrat de travail interrompt également le délai de deux mois prévu par l'article L. 1332-4 du Code du travail (Soc. 15 janv. 2013, n° 11-28109 [P]). Ces règles de computation des délais entraînent ainsi un allongement de la procédure disciplinaire, afin de laisser à l'employeur le temps de respecter cette dernière.

section 3

Les sanctions d'un exercice illégal du pouvoir disciplinaire

251 Le juge exerce un quadruple contrôle.

Aux termes de l'article L. 1333-2 du Code du travail, il vérifie d'abord que la sanction est justifiée. L'exigence de justification de la sanction n'est en fait qu'une reprise de l'exigence de la faute. Les faits doivent donc être établis, qualifiés de faute, et non prescrits.

Le juge vérifie également que la sanction est proportionnée. En effet, selon l'article L. 1333-2 du Code du travail, le juge peut annuler une sanction « disproportionnée » à la faute commise. Dans la typologie des contrôles du pouvoir qu'a dressée le Conseil d'État, le contrôle de proportionnalité est le plus détaillé des contrôles qu'un juge puisse être amené à exercer. L'intensité du contrôle ainsi légalement ordonné est l'effet le plus évident de la méfiance que suscite le pouvoir disciplinaire. L'appréciation du caractère proportionné de la sanction devra se faire *in concreto*, au vu des données de l'espèce. Ainsi, un licenciement disciplinaire peut être considéré comme disproportionné au regard d'une faute bénigne du salarié.

Le juge exerce en outre un contrôle de la régularité de la procédure.

Par ailleurs, le juge vérifie que la sanction n'est pas illicite (qu'il ne s'agit ni d'une sanction pécuniaire, ni d'une sanction discriminatoire, ni d'une sanction non prévue par le règlement intérieur).

252 Le juge des référés peut – et même doit – suspendre la sanction lorsqu'elle est manifestement illicite, même en présence d'une contestation sérieuse (C. trav., art. R. 1455-6 ; Soc. 23 nov. 1999, *Dr. soc.* 2000. 348 ; 20 févr. 1991, *ibid.* 1991. 469, note A. Mazeaud).

Quant au juge du fond, il peut annuler la sanction irrégulière, en la forme ou au fond, par violation de la loi ou d'une convention collective (C. trav., art. L. 1333-2 ; Soc. 17 janv. 1997, *Dr. soc.* 1998. 284, obs. A. Jeammaud). En somme, quelle que soit la cause de l'irrégularité, sanction injustifiée, sanction disproportionnée, procédure non respectée, sanction illicite (pécuniaire, discriminatoire), sanction non prévue par le règlement intérieur, l'annulation de la sanction est encourue.

Le pouvoir d'annulation accordé aux juges qui statuent au fond subit cependant deux importantes limites.

Tout d'abord, il ne s'agit que d'une faculté d'annulation et les juges peuvent refuser cette annulation, même lorsqu'elle est demandée, pour se contenter d'accorder des dommages-intérêts en fonction du préjudice subi. En cas d'irrégularité de forme ou de fond, cette annulation est cependant généralement accordée.

Ensuite et surtout, l'article L. 1333-3 du Code du travail affirme que la faculté d'annulation qu'il accorde au juge à l'alinéa précédent ne s'applique pas au licenciement. Le droit commun du licenciement reprend alors ses droits et seule une condamnation à des indemnités de licenciement pour absence de cause réelle et sérieuse est possible (ce que confirme C. trav., art. L. 1333-3, préc.).

À ces sanctions du droit disciplinaire, il faut cependant ajouter les sanctions spécifiques des discriminations. Par application de l'article L. 1132-4 du Code du travail toute mesure discriminatoire, y compris de licenciement, « est nulle ». L'indicatif valant impératif, le juge qui constate qu'une sanction disciplinaire est discriminatoire sera donc tenu d'annuler cette sanction, même s'il s'agit d'un licenciement.

9

Compléments pédagogiques

Quid

■ Faute n°s 232 s.

Violation par le salarié de ses obligations professionnelles.

■ Sanction disciplinaire n°s 227 s.

Toute mesure, autre que les observations verbales, prise par l'employeur à la suite d'un agissement du salarié considéré par l'employeur comme fautif, de nature à affecter la présence du salarié dans l'entreprise, sa fonction, sa carrière ou sa rémunération.

Biblio

1) Sur la qualification de faute d'un fait de la vie personnelle

- P. Adam, « vie personnelle/vie professionnelle : une distinction en voie de dissolution ? (Petit exercice de jardinage juridique) », *Dr. ouvrier* juill. 2013, p. 431.

2) Sur la sanction disciplinaire

- S. Frossard, « Les caractères de la sanction disciplinaire », *RDT* 2012. 685.
- P. Adam, « La sanction disciplinaire ou le songe de Nabuchodonosor », *RJS* 6/2012, p. 431. 3.

3) Sur les sanctions pécuniaires

- J. Pélissier, obs. sous CE 12 juin 1987, *D.* 1988. Somm. 104.
- G. Borenfreund, obs. sous Soc. 19 juill. 1994, *D.* 95. Somm. 357.

4) Sur le refus de la sanction

En faveur du droit de refuser une modification disciplinaire du contrat

- J. Pélissier, « Modification substantielle du contrat de travail et droit disciplinaire », *D.* 1992. Chron. 30.

Contre cette solution

- C. Radé, « À propos de la contractualisation du pouvoir disciplinaire de l'employeur : critique d'une jurisprudence hérétique », *Dr. soc.* 1999. 3.
- J. Mouly, « Disciplinaire donc non contractuel », *Dr. soc.* 2003. 395.

Documents

1) L'arrêt « des sabots »

Civ. 14 févr. 1866
(*Bull. civ.* n° 34 ; *RDT* 2006. 30, obs. N. Olszak, arrêt dit « des sabots »)

« Vu les articles 1134 et 1152 du code Napoléon ;
Attendu que le jugement attaqué constate que les demandeurs ont fait afficher à la porte de leurs ateliers un règlement faisant défense à leurs ouvriers d'entrer dans lesdits ateliers avec des sabots, sous peine d'une amende de 10 francs ;
Que la femme Julliard, admise comme ouvrière dans la fabrique des demandeurs, a adhéré à ce règlement et qu'elle y a contrevenu ;
Attendu que, sans dénier que ce règlement eût un caractère conventionnel et obligatoire pour la femme Julliard, le jugement attaqué a néanmoins réduit à la somme de 50 centimes l'amende stipulée à titre de dommages-intérêts, sur le fondement que cette amende est d'une exagération évidente, et qu'aux termes de l'article 1231 du code Napoléon, le juge peut modifier la peine lorsque l'obligation principale a été exécutée en partie ;
Mais attendu qu'aux termes des articles 1134 et 1152 du code Napoléon, les conventions légalement formées tiennent lieu de loi à ceux qui les ont faites, et que, lorsque la convention porte que celui qui manquera de l'exécuter payera une certaine somme à titre de dommages-intérêts, il ne peut être alloué à l'autre partie une somme plus forte ni moindre ;
Que, d'autre part, l'article 1231 du même code devenait sans application à l'espèce, où il est constaté que non seulement la femme Julliard n'a pas exécuté en partie l'obligation principale, mais qu'elle y a contrevenu pour la totalité ;
D'où il suit qu'en jugeant comme il l'a fait, le jugement attaqué a faussement appliqué ledit article 1231, et, par suite, violé les articles ci-dessus visés :
Par ces motifs, CASSE ».

⇨ *Pour bien comprendre l'arrêt ci-dessus reproduit, il faut savoir qu'une amende de 10 francs représentait, en l'espèce, près de la moitié du salaire mensuel de la salariée. Il faut aussi savoir que, dans certains milieux, à l'époque, l'achat d'une paire de souliers représentait une dépense importante, alors que les sabots étaient communs et bon marché, quand ils n'étaient pas faits directement par leurs utilisateurs(trices).*

2) La sanction

Soc. 26 oct. 2010
(n° 09-42.740, *SSL* 2011, n° 1477, note F. Champeaux)

« Attendu que dès lors que le règlement intérieur fixe les règles générales et permanentes relatives à la discipline, notamment la nature et l'échelle des sanctions que peut prendre l'employeur, une sanction ne peut être prononcée contre un salarié que si elle est prévue par ce règlement intérieur.
Son destinataire, la cour d'appel a violé les textes susvisés ».

3) Faute disciplinaire et vie personnelle

Cass., ch. mixte, 18 mai 2007

(n° 05-40.803, *Bull.* Chambre mixte, n° 3 ; *D.* 2007. 2137, obs. J. Mouly ; *ibid.* Pan. 3037, obs. Ch. Géniaut ; *SSL* 2007, n° 1310, note Ph. Waquet ; *RDT* 2007. 527, obs. T. Aubert-Montpeyssen, *JCP* 2007. II. 10129, obs. G. Loiseau ; *Dr. ouvrier* 2008. 25, note S. Ducrocq)

« Vu l'article 9 du Code civil, ensemble l'article L. 122-40 du Code du travail ;

Attendu que pour statuer comme elle a fait, la cour d'appel a retenu qu'il est patent que le document litigieux, particulièrement obscène, avait provoqué un trouble dans l'entreprise [...]

Qu'en statuant ainsi, alors, d'une part, qu'un trouble objectif dans le fonctionnement de l'entreprise ne permet pas en lui-même de prononcer une sanction disciplinaire à l'encontre de celui par lequel il est survenu, d'autre part, que la réception par le salarié d'une revue qu'il s'est fait adresser sur le lieu de son travail ne constitue pas un manquement aux obligations résultant de son contrat, et enfin, que l'employeur ne pouvait, sans méconnaître le respect dû à la vie privée du salarié, se fonder sur le contenu d'une correspondance privée pour sanctionner ».

Soc. 3 mai 2011

(n° 09-67.464 [P], *D.* 2011. 1568, G. Loiseau ; *JCP* 2011, n° 26, p. 754).

« Attendu qu'un motif tiré de la vie personnelle du salarié ne peut, en principe, justifier un licenciement disciplinaire, sauf s'il constitue un manquement de l'intéressé à une obligation découlant de son contrat de travail ; que le fait pour un salarié qui utilise un véhicule dans l'exercice de ses fonctions de commettre, dans le cadre de sa vie personnelle, une infraction entraînant la suspension ou le retrait de son permis de conduire ne saurait être regardé comme une méconnaissance par l'intéressé de ses obligations découlant de son contrat de travail ».

4) Le refus de la sanction

Soc. 16 juin 1998, *Hôtel Le Berry*

(*Bull. civ.* V, n° 320 ; *D.* 2000. Somm. 171, obs. M.-C. Amauger-Lattes ; *Dr. soc.* 1998. 803, rapp. Ph. Waquet ; *JCP E* 1998. 1789, note D. Corrignan-Carsin ; *GADT*, n° 67)

« Attendu qu'une modification du contrat de travail, prononcée à titre de sanction disciplinaire contre un salarié, ne peut lui être imposée ; que, cependant, en cas de refus du salarié, l'employeur peut, dans le cadre de son pouvoir disciplinaire, prononcer une autre sanction, aux lieu et place de la sanction refusée ».

chapitre 10

Pouvoir normateur

Plan analytique

Pouvoir normateur

Dès lors que le pouvoir de direction de l'employeur s'exprime par voie de disposition générale et permanente, il devient créateur de véritables règles de droit et peut s'analyser comme un pouvoir normateur. Ce pouvoir normateur trouve plusieurs expressions. Il s'illustre d'abord au sein des règlements intérieurs d'entreprise (section 1), lesquels sont, aux dires de la jurisprudence, de véritables « actes réglementaires de droit privé » (Soc. 25 sept. 1991*). Il s'agit de la première forme de pouvoir réglementaire de l'employeur à avoir été reconnue. Plus tard, il est apparu à la jurisprudence que l'employeur pouvait aussi créer unilatéralement, par voie de disposition générale et permanente, de nouveaux avantages. Est alors apparue l'importante catégorie des engagements unilatéraux de l'employeur (section 2). Il conviendra également de dire un mot des autres normes patronales (section 3). 253

section 1

Le règlement intérieur

Le règlement intérieur est né de l'exercice par voie de disposition générale et permanente du pouvoir de direction de l'employeur. Il n'est sans doute pas la forme la plus dangereuse de ce pouvoir de direction, puisqu'en se réglementant le pouvoir devient plus transparent, plus prévisible, moins arbitraire donc. Il est cependant l'une des formes les plus visibles de ce pouvoir. Et, par la nature des règles qu'il peut contenir, il peut être un mode particulièrement ostensible d'atteinte aux droits et libertés des personnes. Sa réglementation, initiée au début du siècle, est principalement le fruit de la loi du 4 août 1982. 254

Le règlement intérieur est un acte unilatéral de l'employeur. Il est obligatoire dans les entreprises d'au moins vingt salariés (C. trav., art. L. 1311-2). Son adoption doit être précédée d'une consultation du comité d'entreprise ou à défaut des délégués du personnel (C. trav., L. 1321-4). Le comité d'hygiène de sécurité et des conditions de travail doit aussi être consulté pour toutes les questions qui relèvent de sa compétence. 255

Le règlement intérieur fait l'objet d'une publicité obligatoire : affichage en bonne place dans les locaux de l'entreprise et dans les locaux du lieu où se fait l'embauche (C. trav., art. R. 1321-1), dépôt au secrétariat-greffe du Conseil de prud'hommes (C. trav., art. R. 1321-2). Il doit enfin être communiqué à l'inspecteur du travail, afin que celui-ci puisse contrôler sa légalité.

Ce n'est qu'une fois ces différentes formalités accomplies que le règlement intérieur est opposable aux salariés. Il est en revanche immédiatement obligatoire pour l'employeur, celui-ci ne pouvant se prévaloir d'une mauvaise réalisation des formalités qui lui incombent pour refuser d'appliquer son règlement intérieur (Soc. 28 mars 2000, *Dr. soc.* 2000. 653).

§ 1 Nature du règlement intérieur

256 Malgré plusieurs tentatives doctrinales présentant le règlement intérieur sur un mode institutionnaliste, cet acte de l'employeur a d'abord été perçu en jurisprudence comme une annexe du contrat individuel de travail. Le salarié, en contractant, était censé adhérer au règlement intérieur (v. par ex. Soc. 21 avr. 1961, *Dr. soc.* 1961. 48, arrêt qui affirme qu'une disposition du règlement intérieur est « constitutive d'une clause du louage de service »). Cette conception n'était cependant guère satisfaisante. Non seulement le consentement du salarié était tacite, mais il était encore censé être réitéré, toujours tacitement, à chaque modification du règlement intérieur alors même qu'on ne demandait aucunement son avis au salarié et qu'il n'avait aucun droit de refuser une modification du règlement intérieur.

Il est plus simple et plus cohérent de considérer que le règlement intérieur est bien le fruit du pouvoir de direction de l'employeur, lequel est reconnu et encadré par le droit, même s'il prend sa source dans le contrat de travail. De sorte qu'un règlement intérieur ne peut pas, bien entendu, modifier les contrats individuels de travail. Il est surtout symptomatique, en ce sens, de constater que lorsqu'un contrat de travail est suspendu et que par conséquent le pouvoir de direction l'est aussi, le règlement intérieur cesse d'être applicable aux salariés (Soc. 16 déc. 1968, *Bull. civ.* V, n° 593 ; 4 juill. 1972, *JCP* 1973. II. 17464, note J. Pélissier et, reprenant l'idée après la loi de 1982, CE 8 juill. 1988* ; 12 oct. 1992, *RJS* 1993, n° 32). Le sort du règlement intérieur suit ainsi le sort du pouvoir de direction, lequel est indissociable de celui du contrat.

257 Les ordres de l'employeur ne sont pas nécessairement individuellement adressés, ni à exécution instantanée. Ils peuvent avoir pour destinataires une collectivité de travailleurs et être doté d'une durabilité, d'une permanence. L'ordre de l'employeur a alors tous les caractères de la règle de droit. Il n'en faut pas plus pour constater, avec l'arrêt *Unigrain* du 25 septembre 1991*, que le règlement intérieur est « un acte réglementaire de droit privé », ce qui revient à reconnaître le pouvoir normateur de l'employeur.

§ 2 Domaine du règlement intérieur

258 L'article L. 1321-1 du Code du travail fixe le contenu obligatoire du règlement intérieur. Il s'agit d'un contenu maximal, le règlement intérieur doit être expurgé de toute disposition qui n'est pas incluse dans ce domaine. Il s'agit aussi d'un contenu minimal : le règlement intérieur doit obligatoirement traiter de l'ensemble des domaines visés par le texte. Il s'agit enfin d'un domaine exclusif : toute règle relevant de ce domaine doit être incluse dans le règlement intérieur. Il en résulte que tout document informel, du type « note de service » ou « circulaire » appartenant au domaine du règlement intérieur est considéré comme une adjonction à cet acte (C. trav., art. L. 1321-5). Comme tel, il doit en suivre les conditions d'adoption et de publicité. En somme, le règlement intérieur comprend ce qui est défini comme

appartenant au règlement intérieur dans les domaines qu'il vise, mais également toutes les prescriptions qui relèvent des domaines visés par le règlement intérieur même si, matériellement, ces prescriptions apparaissent dans des instrumentums divers.

L'article L. 1321-1 pose deux principaux domaines devant être traités par le règlement intérieur. 259 ■

Le premier est l'hygiène et la sécurité (C. trav., art. L. 1321-1 1° et 2°). Le règlement intérieur regroupe l'ensemble des normes d'application des obligations générales et particulières que l'employeur a en matière d'hygiène et de sécurité.

Le second est la discipline. Le règlement intérieur fixe, aux termes de l'article L. 1321-1 3°, « les règles générales et permanentes relatives à la discipline, et notamment la nature et l'échelle des sanctions que peut prendre l'employeur ». La discipline est le sujet le plus ouvert du domaine du règlement intérieur. Il ne s'agit pas des règles qui portent directement sur les modalités d'exécution du travail, mais de règles dont l'objet est d'aider au respect, à l'effectivité des premières. Ainsi, l'organisation des horaires n'est pas un objet du règlement intérieur. En revanche les règles qui disposent : « il est strictement interdit d'arriver en retard » ou « les salariés doivent pointer en arrivant » appartiennent à ce règlement. L'obligation de fixer une échelle des sanctions a pour conséquence l'interdiction faite à l'employeur de prendre une sanction disciplinaire qui ne serait pas prévue par le règlement intérieur (v. ss 245).

Outre ces deux domaines, le législateur a pensé que certaines publicités pourraient passer par le règlement intérieur d'entreprise. Ainsi, pour que l'information pénètre dans les entreprises, il est ordonné que soient incluses dans le règlement intérieur la teneur de la procédure disciplinaire applicable dans l'entreprise, les dispositions relatives au harcèlement sexuel (C. trav., art. L. 1153-1 s.) et au harcèlement moral (C. trav., art. L. 1152-1 s.).

§ 3 Respect des droits fondamentaux de la personne du salarié

Dans l'histoire de l'émergence des droits fondamentaux de la personne, le règlement intérieur a une place centrale. Parce qu'il était un lieu de violation ostentatoire de ces droits, parce que ces violations étaient écrites et diffusées et qu'elles pouvaient être prouvées très facilement, parce qu'il faisait l'objet d'un contrôle administratif et donc d'une compétence du Conseil d'État, juridiction habituée à user des droits de l'homme pour contrôler les pouvoirs publics, le règlement intérieur a été le premier acte de personne privée à être effectivement et systématiquement soumis à une obligation de respecter les droits et libertés fondamentaux. L'arrêt fondateur en la matière est l'arrêt du Conseil d'État *Peintures Corona* du 1er février 1980*. L'idée fut vite reprise par le législateur, dans la loi du 4 août 1982. Selon le texte issu de cette loi : « Il [le règlement intérieur] ne peut apporter aux droits des personnes et aux libertés individuelles et collectives des restrictions qui ne seraient pas justifiées par la nature de la tâche à accomplir ni proportionnées au but recherché » (C. trav., art. L. 1321-3 2). À cet égard d'ailleurs, la loi dite « travail » du 8 août 2016 a introduit cette fameuse disposition aux termes de laquelle le règlement intérieur peut contenir 260 ■

des dispositions consacrant un principe de neutralité, et dont il y aurait beaucoup à dire (v. ss 332).

Une dizaine d'années plus tard, la loi du 31 décembre 1992 a généralisé la formule en ces termes : « Nul ne peut apporter aux droits des personnes et aux libertés individuelles et collectives des restrictions qui ne seraient pas justifiées par la nature de la tâche à accomplir ni proportionnées au but recherché » (C. trav., art. L. 1121-1). Les droits fondamentaux de la personne du salarié ont ainsi acquis une vocation tout à fait générale à régir les actes des personnes privées. Leur importance croissante impose d'étudier leur impact dans un chapitre spécifique (v. ss 309).

§ 4 Contrôle

261 L'inspecteur du travail, auquel un exemplaire de chaque règlement intérieur est remis, possède un pouvoir de contrôle et d'injonction très étendu en la matière. Il peut ordonner à l'employeur la suppression, l'ajout ou la modification de toute clause qui lui semble contrevenir soit à l'objet du règlement intérieur, soit aux lois et conventions collectives, soit aux droits et libertés des personnes. Ce contrôle n'est enfermé dans aucun délai. L'inspecteur du travail pouvant « à tout moment » exiger le retrait ou la modification d'une clause (C. trav., art. L. 1322-1 s.), même plusieurs années après l'adoption du règlement. Il doit simplement motiver sa décision.

262 Cette compétence administrative n'ôte pas toute compétence aux tribunaux judiciaires. Le règlement intérieur reste un acte de droit privé. Il peut être attaqué par voie d'exception, lorsqu'il a fondé une sanction disciplinaire contestée devant les conseils de prud'hommes. Ses clauses peuvent aussi faire l'objet d'une action en nullité devant le tribunal de grande instance. Simplement, pour tenter d'éviter les conflits avec l'autorité administrative, la Cour de cassation a prévu que ce recours ne pouvait avoir lieu sur des clauses ajoutées ou modifiées sur ordre de l'administration (Soc. 16 déc. 1992, *Dr. soc.* 1993. 267, note A. Jeammaud).

section 2

L'engagement unilatéral de l'employeur

263 L'engagement unilatéral de l'employeur est une source définitivement consacrée par la jurisprudence en 1990 (v. Soc. 4 avr. 1990*). Malgré l'existence de nombreux signes précurseurs, cette date doit être retenue comme celle de la véritable reconnaissance de ce type de normes. Cette source, dont la reconnaissance est donc relativement récente, a permis à la Cour de cassation de rassembler un ensemble jusqu'ici passablement disparate de règles.

Le domaine actuel de l'engagement unilatéral de l'employeur est relativement étendu. Son régime est aujourd'hui fixé avec précision et stabilité.

§ 1 Domaine

Il existe, en pratique, plusieurs sortes d'engagements unilatéraux de l'employeur. 264

Les premiers sont les plus simples, les plus évidents. Ils peuvent être dits engagements unilatéraux « proclamés », puisqu'ils naissent simplement de l'affirmation, par l'employeur, de sa volonté d'accorder un avantage à ses salariés. De tels engagements s'expriment de toutes sortes de manières. Pour qu'elle vaille engagement, l'expression de la volonté de l'employeur doit simplement être suffisamment ferme pour avoir fait naître, dans l'esprit des salariés, une attente légitime. De tels engagements seront fréquemment découverts dans les nombreux documents que produisent de manière informelle les entreprises, ces « circulaires » (Soc. 3 févr. 1993, *RJS* 1993, n° 337), « notes » (Soc. 5 mars 1987, *Bull. civ.* V, n° 115) et autres guides du personnel. On en trouvera de nombreux autres au sein de textes unilatéralement adoptés suivant des formes plus officielles, comme les décisions du conseil d'administration (Soc. 17 mars 1993, *Dr. soc.* 1993. 457), les plans sociaux (Soc. 4 avr. 1990, préc.), les procès-verbaux de réunion du comité d'entreprise (Soc. 20 mai 1992, *RJS* 1992, n° 858). Seront encore des engagements unilatéraux les dispositions qui sont formellement incluses dans le règlement intérieur, sans pour autant appartenir à son domaine légal (Soc. 22 janv. 1992, *D.* 1992. 378, note B. Mathieu). On trouve encore des engagements unilatéraux dans les « recommandations patronales » qui valent injonction des organisations patronales à leurs membres d'appliquer les dernières propositions formulées lors d'une négociation de branche ayant échoué (il s'agit au demeurant du plus ancien des engagements unilatéraux ayant été reconnu comme tel, v. Soc. 31 mars 1981, *Dr. ouvrier* 1982. 106). En revanche, un engagement unilatéral suppose une volonté clairement exprimée, dotée d'une certaine solennité. Il ne saurait découler de simples commentaires figurant sur un document de travail sans valeur normative (Soc. 4 juill. 2006, n° 04-47.408). 265

La seconde catégorie d'engagements unilatéraux est connue sous le nom d'usage d'entreprise. Si aujourd'hui l'usage est bien rattaché à l'engagement unilatéral, son émergence n'obéit pas à la même logique. Il provient d'une pratique, suffisamment fixe, générale et constante pour faire naître dans l'esprit des salariés la croyance de l'existence d'une norme (v. ss 94). 266

La troisième catégorie d'engagements unilatéraux de l'employeur est composée d'accords conclus entre l'employeur et certains représentants des salariés. Ces accords, longtemps dits « atypiques », posent problèmes du fait du monopole de la négociation collective qui est accordé par la loi aux syndicats. Dès lors, les accords conclus entre l'employeur et des délégués du personnel, des membres du comité d'entreprise, un comité informel de grève ou toute autre instance qui n'est pas un syndicat représentatif de salariés ne sont pas valides comme accords collectifs. Plutôt que de les annuler, la Cour de cassation a préféré considérer comme non écrite la signature non valide émanant des salariés, de leurs leaders ou de leurs représentants. Cette signature invalidée, parce que non syndicale, il ne reste plus que la signature de l'employeur. Le rattachement de ces accords, longtemps dits « atypiques », à la catégorie des engagements unilatéraux était donc logique. En revanche, dès lors que ces accords sont signés conformément aux conditions légales pour que des élus 267 puissent signer des accords collectifs, ils sortent de la catégorie d'accords atypiques pour devenir des accords collectifs à part entière (v. ss 877).

§ 2 Régime

268 Bien qu'il s'agisse de normes différentes (v. ss 94 et v. ss 96), la Cour de cassation applique systématiquement le même régime juridique aux usages et aux engagements unilatéraux (v. par ex., Soc. 7 janv. 1992, *Bull. civ.* V, n° 2 ; 23 sept. 1992, *Bull. civ.* V, n° 479). Cette assimilation vaut tant pour la dénonciation (A) que pour l'articulation de ces normes avec d'autres normes (B).

A. Dénonciation

269 Du fait de la prohibition des engagements perpétuels, les engagements unilatéraux *à durée indéterminée* peuvent être dénoncés par l'employeur. Trois conditions cumulatives doivent alors être respectées pour que la dénonciation soit régulière (ces conditions sont régulièrement énoncées par la Cour de cassation dans un attendu de principe, v. not. Soc. 23 sept. 1992, préc. ; 20 juin 2000*).

La première de ces conditions est le respect d'un délai de préavis suffisant pour que puissent être engagées des négociations. La durée exacte de ce délai reste floue, comme tout délai de source jurisprudentielle, d'autant que l'appréciation de sa durée est laissée par la Cour de cassation au pouvoir souverain des juges du fond (v. par ex. Soc. 16 mars 1989, *Bull. civ.* V, n° 221). On peut cependant noter qu'il s'agit d'une exigence jurisprudentielle directement inspirée du délai de préavis de dénonciation des conventions collectives, délai pendant lequel les parties sont soumises à une obligation de négocier (C. trav., anc. art. L. 132-8 ; art. L. 2261-10). Ce délai de préavis est, pour les conventions collectives, d'une durée de trois mois. Un tel délai devrait *a priori* être suffisant s'agissant de simples engagements unilatéraux, lesquels sont des actes bien inférieurs aux conventions collectives dans la hiérarchie des normes (v. cep. Soc. 13 oct. 1988, *JS IUMM* 1989, n° 510, p. 505, à propos d'une cour d'appel ayant fixé souverainement à un an le délai de dénonciation nécessaire pour un engagement unilatéral dont l'objet était une prime annuelle).

La deuxième condition de la dénonciation d'un engagement unilatéral à durée indéterminée est l'information des représentants du personnel, à savoir des délégués du personnel et du comité d'entreprise, s'ils sont présents dans l'entreprise (sur les conditions de cette information, v. Soc. 5 janv. 2005, *Bull. civ.* V, n° 1).

La troisième condition est de loin la plus importante. Il s'agit de l'information individuelle de chacun des salariés intéressés par la dénonciation. Aucune forme particulière pour cette information n'est requise. Mais ce n'est qu'à compter de la fin des informations aux intéressés et aux représentants du personnel que commence à courir le délai de préavis. L'employeur doit donc se ménager la preuve que ces informations ont eu lieu et la preuve de la date de ces informations. En pratique, cela signifie qu'il doit soit transmettre cette information de la main à la main à chaque salarié, contre un reçu, soit informer chaque salarié par lettre recommandée avec accusé de réception.

À quels salariés l'information doit-elle parvenir ? Depuis 1996, l'employeur n'était tenu de notifier la dénonciation qu'aux salariés auxquels la disposition profite (v. Soc. 13 févr. 1996 ; 18 mars 1997 ; 20 sept. 2006, n° 04-47.343, *Bull. civ.* V, n° 279.). Une telle solution restreignait considérablement le champ de la notification. Il en était résulté par exemple que la dénonciation d'une prime d'ancienneté devait être considérée comme valide même si elle n'avait été notifiée qu'aux salariés qui avaient l'ancienneté requise pour la toucher (Soc. 11 janv. 2000, n° 97-44.148, *Bull. civ.* V, n° 17 ; *D.* 2000. 893, note G. Pignarre). La Cour de cassation est revenue sur cette solution, en considérant que la dénonciation doit être notifiée à *« tous les salariés individuellement s'il s'agit d'une disposition qui leur profite ou, s'agissant d'un usage dont le bénéfice est subordonné à une condition d'ancienneté dans l'entreprise, qui est susceptible de leur profiter »* (Soc. 13 oct. 2010, n° 09-13.110 [P], *D.* 2011. Pan. 1246, obs. L. Camaji). Le champ de la notification est ainsi élargi aux salariés à qui la disposition est *« susceptible »* de profiter. Une telle règle n'est prévue que pour les avantages liés à l'ancienneté. Les engagements unilatéraux et les usages font partie du statut collectif de l'ensemble des salariés de son champ d'application. Même si la règle ne produit pas d'effet concret sur chaque salarié, il n'en demeure pas moins qu'elle est modifiée et que ce changement de règle est applicable à tous.

Une fois les trois conditions remplies, la destruction de l'avantage est consommée et ce, même lorsqu'il s'agit d'un complément de salaire (v. not. Soc. 13 févr. 1996, *Bull. civ.* V, n° 53).

En revanche, ne peuvent pas être unilatéralement dénoncés, ni les engagements unilatéraux à durée déterminée (Soc. 4 avr. 1990, *Bull. civ.* V, n° 161 ; *GADT*, n° 176), ni les engagements à exécution instantanée (Soc. 16 déc. 1998, *Bull. civ.* V, n° 553, à propos d'une obligation de reclassement). **270**

Il faut encore noter qu'en cas de changement d'employeur par application de l'article L. 1224-1 du Code du travail (C. trav., anc. art. L. 122-12), les engagements unilatéraux sont maintenus avec les contrats individuels de travail (Soc. 23 sept. 1992, *Bull. civ.* V, n° 479 ; 16 déc. 1992, *Dr. soc.* 1993. 161 ; 13 sept. 2005, *Bull. civ.* V, n° 260 ; 22 nov. 2006, n° 05-40.018, *RDT* 2007. 102, obs. Ph. Waquet). **271**

B. Articulation avec d'autres normes

Un engagement unilatéral peut être détruit par une convention collective , dès lors que la volonté des parties à la convention va en ce sens (Soc. 19 déc. 1990, *Bull. civ.* V, n° 688 ; 27 sept. 2006, n° 05-40.232, *Dr. soc.* 2006. 1190, note Ph. Waquet). À condition toutefois que l'usage ait le même objet que l'accord collectif (Soc. 20 mai 2014*, n° 12-26322). La convention collective met fin à l'engagement ou à l'usage antérieur, peu importante son caractère plus ou moins favorable. Il s'agit d'une forme de dénonciation. Si au contraire l'usage ou l'engagement est postérieur à la convention collective, il ne sera valable que s'il est plus favorable. Plus généralement, l'employeur ne peut pas substituer à des avantages conventionnels des avantages différents par engagement unilatéral (Soc. 4 févr. 2015, n° 13-28034 [P]). **272**

En revanche, l'engagement ou l'usage ne peut être détruit par une stipulation contraire du contrat de travail ou par la renonciation expresse du salarié (Soc. 18 oct. 2006*). En cas de conflit, l'application de la disposition plus favorable s'impose (même arrêt).

section 3

Les autres normes patronales

273 Certains actes juridiques émanant de l'employeur suscitent la perplexité, comme les livrets de définition des méthodes d'évaluation, ou les instruments type chartes éthiques, codes de conduites, ou dispositifs d'alertes professionnelles. Ils ne se fondent pas dans le cadre juridique de l'engagement unilatéral qui n'est susceptible que d'englober les actes, décisions, par lesquels l'employeur crée au profit de ses salariés des *droits* nouveaux. Si certains d'entre eux se rattachent au règlement intérieur, comme relevant de la discipline dans son sens large, et donc du domaine matériel du règlement intérieur, tel n'est pas le cas de tous ces actes, et notamment des instruments par lesquels sont définies les méthodes d'évaluation des salariés. Ces « règles patronales innommées » (« L'ordonnancement des relations de travail », art. cit. en rubrique « Biblio »), appartiennent pourtant au statut collectif de l'entreprise. Aucun régime spécifique ne leur est attribué. La doctrine s'interroge fréquemment sur leur « juridicité ». En réalité, on peut considérer que dès lors qu'ils sont mobilisés pour produire un effet dans le champ du droit, ces instruments constituent des règles juridiques. À ce titre, ils doivent être soumis aux exigences du droit et, notamment à celles que l'article L. 1121-1 du Code du travail relatif au respect des droits de la personne fait prévaloir.

Il ne reste à M. Nonchalant qu'à prouver ce préjudice. En l'espèce, il risque fort de n'obtenir que des dommages et intérêts de faible montant, voire symboliques, le préjudice moral étant bien difficile à prouver (si tant est qu'il ait ici existé).

– Sur les machines à café :

L'avis du 24 janv. 2015 a été placardé, il est officiel, il a pu faire naître une attente légitime dans l'esprit des salariés. Il s'agit donc d'un engagement unilatéral de l'employeur. Cet engagement a durée indéterminée aurait pu être dénoncé dans les formes. Mais cela n'a pas été le cas. La note du 30 juin 2015 n'a pas, sur cette question, été transmise individuellement à chacun des intéressés. Elle n'a fait l'objet que d'une communication collective. Elle demeure donc inopposable aux salariés, qui peuvent se prévaloir de l'avis du 24 janv. 2015 pour obtenir la réinstallation des machines à café. En pratique, si l'employeur veut éviter ce résultat, il lui faudra réitérer la procédure de dénonciation, sans omettre, cette fois, l'information individuelle par lettre avec accusé de réception.

– Sur la prime :

L'avis du 24 janv. 2015 est, là encore, un engagement unilatéral de l'employeur. Simplement seuls deux versements étaient prévus. Il ne s'agit pas d'un engagement unilatéral à durée indéterminée, et encore moins d'un usage d'entreprise (un seul versement déjà réalisé). Il s'agit d'un engagement unilatéral à exécution instantanée ou à durée déterminée selon que l'on parle de prime annuelle pendant deux ans ou de primes deux fois versées. Dans les deux cas, cet engagement ne peut pas être dénoncé. Peu importe donc que les formalités de la dénonciation aient été respectées, la dénonciation n'était pas possible. Pour s'en débarrasser, l'employeur ne peut pas suivre la procédure de modification des contrats individuels de travail (Soc. 18 oct. 2006*). Il peut simplement tenter d'obtenir l'accord des syndicats et signer une convention collective qui, elle, pourra détruire cet avantage. Si un tel accord s'avère impossible, l'employeur devra respecter la parole donnée en 2015 et verser la prime de 2016.

II. M. Dur

(Sur la question de la modification du contrat, v. chap. 11, Pouvoir et contrat)

Paradoxalement, la réduction des salaires de base s'avère plus facile. Il suffit de suivre la procédure de modification des contrats individuels de travail. Pour cela, il faut envoyer aux salariés une lettre mentionnant que la réduction a un motif économique, qu'ils ont une faculté de refuser cette réduction dans un délai d'un mois, et qu'à défaut de réponse dans ce délai les salaires seront réduits de 10 % (C. trav., art. L. 1222-6). La principale difficulté d'une telle procédure est le refus du salarié. En ce cas, l'employeur devra se soumettre ou démettre le salarié. Dans ce dernier cas, il s'agira d'un licenciement économique, lequel devra trouver une cause réelle et sérieuse dans le motif de la réduction de salaire et devra être fait dans le respect de la procédure de licenciement pour motif économique (v. ss 669 s.)

Il demeure que cette procédure, qui suppose des acceptations individuelles, peut être plus facile que la procédure de réduction de l'engagement unilatéral à durée déterminée, qui suppose l'accord des syndicats. Le salaire contractuel s'avère ainsi parfois moins solide, en droit positif, que le contenu d'une rémunération fixée ponctuellement par un engagement unilatéral à durée déterminée. On peut rappeler toutefois que, le plus souvent, c'est l'inverse : la plupart des engagements unilatéraux sont à durée indéterminée. Ils peuvent alors être détruits unilatéralement, sans l'accord ni des salariés, ni des syndicats.

chapitre 11

Pouvoir et contrat

Plan analytique

Pouvoir et contrat

Le contrat renvoie une image d'égalité et de commun accord. Le pouvoir est inégalité et unilatéralisme. Contrat et pouvoir semblent donc *a priori* bien éloignés l'un de l'autre. Ils furent même, jusqu'à récemment, compris comme s'excluant l'un l'autre. 274

Au nom du principe d'égalité proclamé en 1789, il appartenait au contrat de régir les rapports entre individus égaux. Au nom de l'intérêt général, les rapports entre personnes publiques et administrés étaient, quant à eux, placés exclusivement sous le signe du pouvoir. Liant deux personnes privées, les rapports de travail furent conçus comme des rapports exclusivement contractuels, au sein desquels le pouvoir était exclu.

Cette conception devait vite céder devant l'incontestable fait du pouvoir. Et celui-ci fut peu à peu intégré au cœur du droit du travail. L'opposition des paradigmes de pouvoir et de contrat n'en restait pas moins toujours aussi forte. L'irruption du pouvoir en droit du travail fit alors sous-estimer la place du contrat. Une partie de la doctrine, parmi laquelle Paul Durand, alla même jusqu'à voir dans le rapport de travail un rapport non contractuel, naissant du seul fait de l'entrée dans l'entreprise. C'est ce qu'exprimait la notion de relation de travail. Le contrat de travail, dans cette optique, était relégué dans un rôle secondaire, voire négligeable. Pourtant, si le pouvoir est reconnu et encadré par le droit, le rapport d'emploi demeure bien déclenché par la conclusion d'un contrat de travail (v. ss 225). Réhabilité par Gérard Lyon-Caen à la fin des années 1960, le contrat individuel de travail a connu un puissant essor à partir de la fin des années 1980. Il est aujourd'hui redevenu une des dimensions juridiques centrales des rapports de travail.

Les rapports entre contrat et pouvoir sont au fondement d'une question centrale en droit du travail : celle de la modification du rapport d'emploi. Les transformations de l'organisation productive, les restructurations, les exigences d'adaptabilité, exposent les salariés à de nombreuses modifications affectant le contenu de leur prestation de travail aussi bien que les conditions de sa réalisation. D'où une question : quels sont les éléments du rapport d'emploi qui peuvent être changés de manière unilatérale par l'employeur ? La réponse réside aujourd'hui dans la distinction entre modification du contrat et changement des conditions de travail (section 1). La mise en œuvre de cette distinction suppose de déterminer le contenu de la sphère contractuelle (section 2). L'enjeu est de taille : celui de déterminer les conséquences d'un refus, par le salarié, d'une modification de la prestation de travail (section 3). Enfin, l'insertion par l'employeur de clauses permet de modifier l'étendue de la sphère contractuelle (section 4). 275

section 1

L'essor de la distinction entre modification du contrat de travail et changement des conditions de travail

276 Pendant longtemps, la Cour de cassation distinguait les « modifications substantielles » du contrat de travail et les « modifications non substantielles » du contrat de travail. Les premières étaient traitées en véritables modifications de contrat et ne pouvaient être réalisées que du commun accord des parties. Les secondes, dites « non substantielles », pouvaient être imposées unilatéralement par l'employeur.

277 Deux arrêts rendus par la Cour de cassation le 10 juillet 1996, dont le fameux arrêt *Le Berre* (*Bull. civ.* V, n° 278 ; *GADT*, n° 50) ont opéré un changement crucial.

Depuis ces arrêts, la terminologie jurisprudentielle est claire. Tout ce qui est « contrat » ne peut être modifié que du commun accord des parties. Il est certes toujours des aspects de la relation de travail qui peuvent être modifiés unilatéralement. Mais ces éléments ne sont plus dits être des « modifications non substantielles ». Ce sont des éléments qui relèvent du « pouvoir » de direction de l'employeur. La Cour de cassation a décidé de nommer « modification du contrat de travail » toute modification d'un élément contractuel, le reste étant dit « changement des conditions de travail ». Autrement dit, la chambre sociale oppose la modification du contrat de travail, qui doit s'opérer du commun accord des parties, au changement des conditions de travail, qui relève du pouvoir de direction de l'employeur. Le contrat de travail détermine bel et bien en partie les conditions d'emploi et de travail du salarié.

278 Cette évolution radicale a eu des conséquences fondamentales. D'un côté, elle a permis de faire du contrat de travail un moyen de résistance pour le salarié au pouvoir de l'employeur. Tout ce qui est contenu dans le contrat ne peut être modifié sans l'accord du salarié. D'un autre côté, elle conduit à apprécier la capacité de résistance du salarié à l'aune d'éléments définis objectivement et essentiellement comme étant des éléments du contrat, sans que soit prise en considération l'importance de la modification pour le salarié. Peu importe aujourd'hui le caractère substantiel ou non de la modification pour ce dernier. Dès lors que l'élément changé n'est pas considéré comme contractuel, le changement s'impose.

section 2

La qualification du changement de la prestation de travail

Comment déterminer ce qui relève du contrat et ce qui n'en relève pas ? 279 ■

Une première voie pourrait être empruntée qui consisterait à identifier, à partir de l'*instrumentum*, du contrat écrit, les éléments que les parties ont entendu contractualiser. Mais le contrat individuel de travail est en principe un acte consensuel, qui n'est soumis à aucune condition de forme. Le contrat peut donc fort bien ne pas être écrit (v. ss 126). Il est alors parfois difficile, *a priori*, de découvrir son exact contenu. En outre, même en présence d'un écrit, la Cour de cassation considère parfois que certaines clauses n'ont qu'une valeur informative et non contractuelle (v. ss 308). L'écrit ne peut donc servir de support à la recherche du contenu du contrat.

Une deuxième voie consisterait à traquer la volonté des parties. Les éléments du contrat seraient ceux sur lesquels les parties se sont accordées. Une telle quête paraît pourtant bien illusoire. D'abord en raison de l'absence de possibilité, pour le salarié, de négocier véritablement le contenu de son contrat. Ensuite parce que la commune intention des parties se laisse difficilement saisir.

C'est une troisième voie qu'a empruntée la Cour de cassation : le contenu du contrat se définit objectivement. Il y aurait, en quelque sorte, des éléments nécessairement contractuels, un socle contractuel. Ce socle contractuel est, en conséquence, contrôlé par la Cour de cassation, alors que, pendant longtemps, les juges du fond recherchaient le contenu du contrat *in concreto*, au cas par cas, en se laissant guider par la recherche de la volonté tacite des parties.

Les contours du champ contractuel ont ainsi été tracés par la jurisprudence qui a apporté des précisions sur la rémunération (§ 1), la qualification contractuelle (§ 2), le lieu (§ 3) et le temps (§ 4) du travail.

§ 1 Salaire

La Cour de cassation affirme que la rémunération constitue un élément du contrat de travail qui ne peut être modifié sans l'accord du salarié (Soc. 3 mars 1998, *Bull. civ.* V, n° 109 ; *RJS* 1998, n° 417 ; 29 janv. 2003, *RJS* 2003, n° 414). Elle ne peut ainsi être modifiée ni dans son montant, ni dans sa structure (Soc. 19 mai 2011, n° 09-69175). Toute modification du mode de rémunération est également une modification du contrat de travail, peu important que l'employeur prétende que le nouveau mode est plus avantageux (Soc. 28 janv. 1998, *RJS* 1998. 168, n° 274, obs. E. Dockès ; 18 juill. 2000, *Bull. civ.* V, n° 288 ; 5 mai 2010 n° 07-45.409, *Bull. civ.* V, n° 102). Cette solution est tout à fait générale. Elle vaut aussi pour une diminution de rémunération provoquée par une convention collective nouvelle, et ce même si cet effet n'est qu'indirect. Ainsi, une baisse du salaire provoquée par l'application d'une convention collective réduisant la durée du travail ne peut s'imposer aux salariés qu'après l'acceptation « claire et non équivoque » de chaque salarié (v. not. Soc. 27 mars 2001, *Bull. civ.* V, n° 109 ; 13 nov. 2002, *RJS* 2003, n° 42). En revanche, la baisse de 280 ■

rémunération résultant de la réduction des sujétions consécutive à un changement des horaires du cycle de travail ne constitue pas une modification du contrat de travail (Soc. 9 avr. 2015, n° 13-27624 [P]). Lorsque la baisse de la rémunération est indirecte, et qu'elle n'est que la conséquence de la modification d'un autre élément, lui, non contractuel, elle n'entraîne pas de modification du contrat.

Dire que la rémunération constitue un élément du contrat de travail signifie donc que l'employeur ne peut pas faire varier la rémunération sans l'accord du salarié (v. ci-dessous la section 3 sur Le régime du changement). Mais cette règle doit être nuancée. D'abord, l'employeur peut, à certaines conditions, insérer une clause de rémunération variable (v. ss 304). Ensuite, seule la partie qui n'est pas déterminée par le statut collectif est contractuelle.

■ 281 La partie de la rémunération déterminée par le statut collectif, l'usage ou la convention collective, n'est donc pas contractuelle.

Ainsi, lorsque la structure de la rémunération résulte, non pas du contrat de travail, mais d'un accord collectif d'entreprise, elle peut être modifiée selon les règles propres aux accords collectifs, sans que les salariés puissent se prévaloir d'une modification de leur contrat de travail (Soc. 27 juin 2000, n° 99-41135, *Bull. civ. V.* n° 247 : dans cet arrêt, suite à une fusion dissolution, un accord de substitution avait modifié la structure de rémunération dans la société Air France). Lorsqu'une prime, ou un complément du salaire, est prévue par un engagement unilatéral, la dénonciation dans les formes de cet engagement suffit à détruire l'élément de salaire en question (pour la destruction unilatérale d'une prime de 13e mois issue d'un usage d'entreprise, v. Soc. 13 févr. 1996, *Bull. civ.* V, n° 53 ; pour la suppression de primes d'assiduité et de vacances, pourtant payées depuis plus de vingt ans, Soc. 24 sept. 2008, n° 07-42.488, inédit). L'idée de la Cour de cassation est qu'il s'agit d'un supplément issu d'une source spéciale, distincte, qui ne s'incorpore pas au contrat individuel de travail. En somme, seule la rémunération contractuelle est contractuelle, même si la formule, issue d'un arrêt de la Cour de cassation, sonne de manière tautologique. En définitive, le salarié peut se voir privé d'une part de sa rémunération par décision unilatérale de l'employeur. En revanche, pour que la rémunération ne puisse pas être entièrement modifiée unilatéralement, la Cour de cassation a prévu une hypothèse particulière : celle dans laquelle la rémunération résulte exclusivement d'un usage ou d'un engagement unilatéral. Dans ce cas en effet, une dénonciation dans les formes ne permet pas à l'employeur de fixer unilatéralement le montant des salaires. À la suite d'une telle dénonciation, le montant du salaire sera soit maintenu par décision du juge, soit fixé par le commun accord des parties (Soc. 20 oct. 1998, *Bull. civ.* V, n° 435).

§ 2 Travail

■ 282 Un salarié est embauché pour exercer un certain type de tâches et ne peut se voir contraindre à exécuter des tâches qui sortent de ses attributions contractuelles. La difficulté est de préciser, au cas par cas, quelles peuvent être les attributions contractuelles de tel ou tel salarié.

Le seul point qui soit clair est que la qualification du travail et les responsabilités du salarié sont des éléments du contrat. Un salarié embauché pour tel type de tâche qualifiée ne peut être muté sur une tâche qui suppose une autre qualification sans son accord. Ainsi, un ingénieur est en droit de refuser une nouvelle qualification de développeur (Soc. 5 mars 2014, n° 12-29242). Il en est ainsi même si cette mutation équivaut à une promotion (Soc. 22 oct. 2002, *RJS* 2002, n° 1351). Dans le même esprit, la réduction des responsabilités d'un salarié est une modification de son contrat de travail (Soc. 28 janv. 2005, *Bull. civ.* V, n° 35 ; v. aussi, sur une rétrogradation : Soc. 23 mars 2011, n° 09-65.016), et ce même si la rémunération demeure la même (Soc. 30 nov. 2010, n° 09-42.625).

Lorsque la demande de l'employeur ne modifie pas l'ampleur des responsabilités du salarié et qu'elle ne le fait pas non plus sortir de sa qualification, les choses deviennent plus difficiles. Toute modification des tâches habituellement réalisées par le salarié ne constitue pas une modification du contrat de travail. Si les tâches sont connexes ou de même nature, la demande fait en général partie du pouvoir de l'employeur. Ainsi, par exemple, il peut être demandé à une ouvrière agricole chargée de la cueillette de citrons d'effectuer l'engainage de bananes (Soc. 10 mai 1999, *Bull. civ.* V, n° 791) ou à une femme de ménage affectée à l'entretien des appartements des copropriétaires d'effectuer le nettoyage des parties communes de l'immeuble (Soc. 24 avr. 2001, *Bull. civ.* V, n° 128). En revanche, dès que le type de travail diffère franchement et qu'il n'est pas habituellement associé à la tâche du salarié, on tombe vite dans la modification du contrat de travail (pour un veilleur de nuit en droit de refuser d'effectuer le dressage des couverts pour le petit-déjeuner, v. Soc. 24 janv. 2001, *RJS* 2001, n° 563).

§ 3 Lieu de travail

Le principe a été fixé par un arrêt du 4 mai 1999, *Hczysczyn**. Aux termes de cet arrêt, le changement de lieu de travail relève du pouvoir de l'employeur tant que le salarié reste dans un même « secteur géographique ». En revanche, la mutation d'un salarié en dehors de ce secteur est une modification du contrat de travail. Toute la question est de préciser quelle est l'étendue de ce fameux « secteur géographique ». La Cour de cassation se garde bien de donner une quelconque indication à cet égard. À titre d'exemple, dans l'arrêt *Hczysczyn**, l'espèce concernait une mutation de Versailles à Chartres, qui occasionnait une augmentation du temps de trajet du salarié d'une demi-heure. Pour la cour d'appel, le changement du lieu relevait du pouvoir de l'employeur. En cassant cette décision d'appel, la Cour de cassation signifie que, pour elle, Versailles et Chartres ne sont pas dans le même « secteur géographique ». 283 ■

Le juge appelé à se prononcer sur la mutation dans le même secteur géographique doit motiver sa décision par des éléments objectifs tels que la proximité entre les deux lieux (Soc. 21 mars 2000, n° 98-44.005, *Bull. civ.* V, n° 114 : « la cour d'appel qui a relevé que l'employeur avait affecté le salarié à l'atelier d'Arlebosc, village voisin de St Victor et donc situé dans le même secteur géographique »...) ou encore « la desserte en moyens de transport de chacun des sites litigieux » (Soc. 15 juin 2004, n° 01-44.707 : mutation de Paris à Roissy, constituant une modification du contrat).

On remarque, à cet égard, que sont seulement pris en considération des éléments qui concernent le nouveau lieu de travail par rapport à l'ancien lieu de travail (distance, transports). Peu importe donc l'importance du changement pour le salarié. Le secteur géographique peut ne pas être modifié, si par exemple la distance géographique entre les deux lieux de travail est faible, alors même que, pour le salarié, elle se traduirait par un temps de transport beaucoup plus long de son domicile au nouveau lieu de travail. Le déménagement d'une entreprise dans la région parisienne constitue un simple changement des conditions de travail, alors même que le temps de transport pour le salarié passe de 20 minutes à 3 heures (Soc. 20 oct. 1998, n° 96-40575). C'est là qu'on mesure ce qu'implique le changement de raisonnement depuis 1996 et l'abandon de l'ancienne distinction entre modification substantielle et non substantielle qui prenait davantage en considération l'impact, pour le salarié en question, du changement de lieu.

Ce principe de solution connaît des atténuations.

D'une part, la possibilité d'une affectation occasionnelle en dehors des limites du secteur géographique est possible « si elle est motivée par l'intérêt de l'entreprise, qu'elle est justifiée par des circonstances exceptionnelles, et que le salarié est informé préalablement dans un délai raisonnable du caractère temporaire de l'affectation et de sa durée prévisible » (Soc. 3 févr. 2010, n° 08-41.412, *Bull. civ.* V, n° 31, *RDT* 2010. 226, J.-Y. Frouin ; Le changement temporaire du lieu de travail du salarié : l'art de l'équilibre, *SSL* 2011, n° 1477, note A. Gardin).

D'autre part, l'appréciation du champ normal de mobilité intégré au contrat semble pouvoir varier selon les fonctions du salarié et ce même en l'absence de clause de mobilité. Ainsi, il découle de la « spécificité des fonctions » d'un chef de chantier ayant statut de cadre de pouvoir être déplacé, exceptionnellement, en dehors de sa région de travail habituelle (Soc. 22 janv. 2003, *Bull. civ.* V, n° 15). De même, un salarié ne saurait refuser un déplacement qui « s'inscrivait dans le cadre habituel de son activité de consultant international » (Soc. 11 juill. 2012, n° 10-30.219 [P]). Étranges solutions. Dès lors que la distinction entre modification substantielle et non substantielle est délaissée pour une appréciation objective du secteur géographique, on ne voit pas pourquoi il demeurerait possible de distinguer entre les salariés selon leur fonction. Cela aboutit finalement à réintroduire une dose de subjectivité dans l'appréciation du secteur. De sorte que l'indétermination du lieu devient un élément du contrat dans certains types de relations de travail (J. Porta, « Panorama Droit du travail », *D.* 2013. 1026).

En bref, le secteur géographique est un élément du contrat, mais ce périmètre n'est contractuellement fixé qu'avec une certaine souplesse.

§ 4 Temps de travail

284 Il est nécessaire, en matière de temps de travail, de bien distinguer la durée du travail de la répartition du travail. La question de la durée du travail vise le nombre d'heures effectuées (B). La question de la répartition touche à l'organisation de l'emploi du temps, à la précision du moment où ces heures seront effectuées, bref, aux horaires de travail (A) (pour une étude plus détaillée de ces questions, v. ss 416 s.)

A. Répartition du temps de travail

285 La répartition du temps de travail sur la journée ou sur la semaine est, en principe, laissée par la Cour de cassation au pouvoir de l'employeur (en ce sens, v. not. Soc. 17 oct. 2000, *Bull. civ.* V, n° 327 ; 17 oct. 2000, *Bull. civ.* V, n° 328 ; 25 mars 2009, n°s 07-44.744 et 07-44.745).

286 Mais en réalité, bien des nuances à ce principe existent.

D'abord, il apparaît que ce sont surtout les grandes lignes de la répartition des horaires qui sont contractuelles. Ainsi l'accord préalable du salarié est nécessaire pour le passage d'un horaire fixe à un horaire variable (v. Soc. 14 nov. 2000, *Bull. civ.* V, n° 365) ou encore pour le passage, même partiel, d'un horaire de jour à un horaire de nuit (Soc. 7 avr. 2004, *Bull. civ.* V, n° 107 : une vendeuse de supermarché, jusqu'ici employée en journée, a le droit de refuser de nouveaux horaires comportant des « nocturnes » jusqu'à 22 heures ; v. aussi not. Soc. 14 janv. 2015, n° 13-25767), d'un horaire continu à un horaire discontinu (Soc. 3 nov. 2011, n° 10-30.033), ou de tout changement ayant pour effet de priver, même partiellement, un salarié de son repos dominical (Soc. 26 sept. 2012, n° 11-18.410).

Ces exceptions permettent finalement de retrouver, même indirectement, la distinction entre modification substantielle et non substantielle que la Cour de cassation avait délaissée. Dès lors que le changement de répartition du temps de travail entraîne des conséquences importantes pour le salarié, c'est une modification du contrat.

Ensuite, la chambre sociale a ouvert une exception au principe selon lequel le changement de la répartition du travail relève du pouvoir de direction de l'employeur. En cas d'« *atteinte excessive au droit du salarié au respect de sa vie personnelle et familiale ou à son droit au repos* », cette répartition s'analyse en une modification du contrat de travail (Soc. 3 nov. 2011, n° 10-14.702*). Si bien que les droits fondamentaux sont mobilisés, non pas pour contrôler le pouvoir de l'employeur, mais pour déterminer l'étendue de la sphère contractuelle. La solution ne convainc guère. Cela signifie-t-il que le salarié pourrait accepter une modification du contrat qui porterait atteinte à l'un de ses droits fondamentaux, pourtant censés constituer des droits indisponibles.

Enfin, pour les salariés à temps partiel, les variations d'horaires peuvent conduire à une instabilité de plus grande ampleur que pour les salariés à temps plein. Elles peuvent aussi empêcher ces salariés de rechercher une activité complémentaire. Aussi le législateur a-t-il prévu expressément que la répartition des horaires des salariés à temps partiel était contractuelle et qu'elle ne pouvait donc être modifiée sans l'accord du salarié, sauf, il est vrai, quelques importantes exceptions (v. ss 221).

Quant à l'instauration d'une modulation du temps de travail, elle ne constitue pas non plus une modification du contrat (C. trav., art. L. 3122-6). Mais cette règle résulte d'une loi dont s'est fendu le législateur le 22 mars 2012 pour contrer un arrêt de la Cour de cassation qui avait décidé du contraire (Soc. 28 sept. 2010, n° 08-43.161). Cela étant, seules les mises en œuvre d'une modulation postérieures à cette loi ne produiront pas l'effet d'une modification de contrat (Soc. 25 sept. 2013, n° 12-17.776). 287 ■

B. Durée du travail

En principe, la durée du travail constitue un élément contractuel (Soc. 20 oct. 1998, *Bull. civ.* V, n° 433). 288 ■

Toutefois, par le biais des heures supplémentaires, la durée du travail peut être augmentée unilatéralement par l'employeur, dans une certaine mesure. Depuis 1961, la Cour de cassation affirme que l'employeur dispose d'un pouvoir d'ordonner aux salariés la réalisation d'heures supplémentaires, sans que ceux-ci puissent les refuser (Soc. 20 mars 1961, *Dr. soc.* 1961. 424, note J. Savatier). Cette position a depuis été réitérée à plusieurs reprises (v. par ex., Soc. 12 mars 1996, *RJS* 1996, n° 549 ; 9 mars

1999, *Bull. civ.* V, n° 103 ; *Dr. soc.* 1999. 630, obs. P.-H. Antonmattéi). Ce pouvoir unilatéral reste cependant limité. D'une part, l'employeur doit respecter la réglementation des heures supplémentaires et, d'autre part, la Cour affirme qu'au-delà d'un certain nombre d'heures, dès lors que celles-ci deviennent systématiques, l'exigence de l'employeur s'analyse en une offre de modifier le contrat, offre que les salariés peuvent refuser (Soc. 16 mai 1991, *Dr. soc.* 1994. 863, obs. J. Mouly). Même ainsi limité, le pouvoir d'ordonner unilatéralement des heures supplémentaires permet à l'employeur de se saisir d'une partie du temps libre du salarié.

La baisse de la durée du travail dans la mesure où elle conduit à une réduction du salaire est, en revanche, nécessairement une modification du contrat de travail, même si elle est minime (Soc. 23 janv. 2001, *Bull. civ.* V, n° 19 ; 4 mai 2011, n° 10-14.767).

Cette solution, logique, connaît cependant une étrange exception. L'employeur peut imposer à ses salariés une mise en activité partielle, même si celle-ci se traduit pour eux par une perte de salaire (Soc. 18 juin 1996, *Gury*, *Bull. civ.* V, n° 252 ; *GADT*, n° 79). La seule condition mise à cette faculté de l'employeur par la jurisprudence est qu'elle entre dans le cadre du chômage partiel indemnisé. Il demeure que cette mesure peut amputer la rémunération des salariés de manière conséquente.

section 3

Le régime du changement de la prestation de travail

■ 289 S'intéresser au régime du changement de la prestation de travail revient à traiter une question cardinale : le salarié peut-il refuser un tel changement ? Ou plutôt, quelle peut être la riposte d'un employeur face au refus opposé par le salarié ? À cet égard, la modification du contrat de travail (§ 1) et le changement des conditions de travail (§ 2) relèvent de régimes bien distincts.

§ 1 Le refus de la modification du contrat

■ 290 L'acceptation par le salarié de la modification proposée entraîne une novation du contrat de travail. Mais, bien sûr, la question suscitant le plus de discussion est celle du refus du salarié. Ce dernier dispose d'un droit au refus (A), ce qui entraîne des conséquences sur le régime de la rupture du contrat qui ferait suite à un tel refus (B).

A. Le droit au refus du salarié

■ 291 Le salarié dispose d'un droit au refus de la modification de son contrat de travail. C'est ce qu'a affirmé la Cour de cassation dans un arrêt fondamental, l'arrêt *Raquin* du 8 oct. 1987 (*Bull. civ.* V, n° 541 ; *GADT*, n° 49).

Avant l'arrêt *Raquin*, lorsqu'un important changement dans les rapports de travail avait lieu, le fait que le salarié exécute son travail aux nouvelles conditions, sans protester, permettait au juge d'en déduire que le salarié avait consenti au changement. L'exécution du contrat de travail aux nouvelles conditions valait acceptation tacite de ces nouvelles conditions. Les conséquences étaient considérables. En effet, la soumission, dans un contexte de travail subordonné, est monnaie courante. Si bien que l'employeur pouvait ordonner sans crainte. Si son commandement allait au-delà du contrat cela n'importait guère : pour peu que les salariés se soumettent, leurs contrats étaient automatiquement modifiés.

Depuis l'arrêt *Raquin*, l'acceptation du salarié ne peut plus découler de la poursuite du travail. Elle ne peut plus être tacite. Le salarié accepte la modification expressément ou il ne l'accepte pas. Conséquence : lorsque le salarié le souhaitera, des années après la modification imposée par l'employeur peut-être, il pourra se retourner contre l'employeur et exiger l'application du contrat aux conditions initiales, et ce même s'il a commencé à exécuter son contrat de travail aux nouvelles conditions. Si son salaire a été baissé, ce sont des rappels de salaires sur 3 ans qui pourront être ainsi réclamés (les dettes de salaires sont prescrites au bout de 3 ans, v. ss 370). Qui ne dit mot ne consent plus.

La loi du 20 décembre 1993 a introduit une exception à cette règle à l'article L. 1222-6 du Code du travail. Ce texte permet d'éviter, sous condition, l'application de la jurisprudence *Raquin*. Pour ce faire, l'employeur qui propose une modification du contrat *pour un motif économique* doit envoyer à tous les salariés une lettre recommandée avec accusé de réception. Cette lettre doit mentionner expressément que le salarié peut refuser la modification et qu'il a un mois pour ce faire. Si au bout de ce mois le salarié est resté silencieux, il est réputé avoir accepté la modification de son contrat. Le silence ainsi, à nouveau, vaut acceptation. 292 ■

Ce changement législatif n'a pas fait disparaître la jurisprudence *Raquin*. Celle-ci reste seule applicable lorsque la modification du contrat est demandée par l'employeur *pour un motif personnel*, que le salarié se montre incompétent ou qu'il ait commis une faute. De plus, la procédure de l'article L. 1222-6 n'opère pas un complet retour en arrière. Elle requiert tout de même quelques formes, ce qui n'est pas en pratique négligeable.

B. La rupture du contrat

Le refus du salarié est un droit. Cette règle aux conséquences juridiques précises (1) a été profondément entamée par la loi du 14 juin 2013 relative à la sécurisation de l'emploi (n° 2013-504) dans plusieurs hypothèses (2). 293 ■

1. *Le droit commun de la modification*

Affirmer que le refus est un droit signifie simplement que ce refus ne peut être considéré comme étant fautif (v. par ex. Soc. 13 avr. 2005, *Bull. civ.* V, n° 137). Pour le dire autrement, l'employeur pourra tout à fait tirer les conséquences de ce refus et licencier le salarié. Mais, comme le rappelle la Cour de cassation, « le seul refus d'accepter une modification de son contrat de travail ne constitue pas en soi une cause réelle et sérieuse de licenciement » (Soc. 14 nov. 2007, n° 06-43.762). Le licenciement prononcé devra être fondé sur une cause réelle et sérieuse. Et la cause sera celle de la modification prononcée. Ainsi, si l'employeur propose une baisse de la rémunération en raison de difficultés économiques, que le salarié la refuse, que l'employeur licencie le salarié, les juges devront vérifier que les difficultés 294 ■

économiques sont réelles et sérieuses ou que cette proposition de modification s'inscrit dans une réorganisation nécessaire à la sauvegarde de la compétitivité (sur les conditions du licenciement pour motif économique, v. ss chap. 19). En outre, si plusieurs salariés refusent une modification de leur contrat de travail proposée pour une même raison économique (par exemple des difficultés économiques), les licenciements qui s'ensuivront devront se voir appliquer les règles des licenciements économiques collectifs. En particulier, si 10 salariés refusent une modification de leur contrat, l'employeur devra mettre en œuvre un plan de sauvegarde de l'emploi.

■ 295 Une hypothèse particulière doit être envisagée : celle du passage en force de l'employeur. Dans ce cas, ce dernier modifie unilatéralement le contrat sans obtenir l'acceptation du salarié, par exemple en ne lui donnant pas d'autre travail tant que le salarié ne se sera pas conformé aux nouvelles conditions d'exécution de la prestation de travail, ou encore prend des mesures de rétorsion. Cette modification unilatérale constitue un manquement par l'employeur à ses obligations contractuelles. Jusque-là, le salarié pouvait prendre acte de la rupture qui produisait alors les effets d'un licenciement sans cause réelle et sérieuse (v. par ex. Soc. 5 mai 2010, n° 07-45.409), avec toutes les conséquences indemnitaires qui s'ensuivent (v. ss 612 s.). Il pouvait également saisir le juge d'une demande en résiliation judiciaire de son contrat de travail. Le seul fait de modifier unilatéralement constituait donc un manquement grave par l'employeur à ses obligations. Mais la chambre sociale a radicalement infléchi sa jurisprudence. Elle a en effet considéré, s'agissant de la résiliation judiciaire, que la modification unilatérale du contrat de travail, pour entraîner la résiliation judiciaire, devait avoir empêché la poursuite du contrat de travail (Soc. 12 juin 2014*, n° 13-11.448 [P]). Il en ressort que la modification du contrat de travail sans l'accord du salarié ne suffit plus, à elle seule, à justifier la résiliation judiciaire. Dans l'arrêt cité, la cour d'appel avait relevé que cette modification n'avait pas exercé d'influence défavorable sur le montant de la rémunération du salarié.

C'est dire le retour en arrière opéré par la chambre sociale et la gravité des conséquences qui en découleront (v. également sur la prise d'acte : v. ss 551). Car si le salarié ne peut faire valoir l'illégalité de la modification par une demande de résolution judiciaire ou une prise d'acte, il ne lui reste que peu de moyens juridiques, à l'exception d'une demande en exécution forcée du contrat de travail.

2. *Les droits spéciaux de la modification*

■ 296 Le rappel du droit commun de la modification (v. ci-dessus) permet de comprendre que le contrat de travail est un instrument de résistance aux changements imposés, non seulement par l'employeur dans le cadre de son pouvoir de direction, mais également par l'accord collectif. Si un accord collectif modifie un élément du contrat de travail du salarié, le changement constitue alors une modification du contrat qui peut être refusée par le salarié. Ainsi, une baisse du salaire provoquée par l'application d'une convention collective réduisant la durée du travail ne peut s'imposer aux salariés qu'après l'acceptation « claire et non équivoque » de chaque salarié (v. not. Soc. 27 mars 2001, *Bull. civ.* V, n° 109). Et si l'employeur désire licencier suite au refus du salarié, il lui faut alors justifier son licenciement. C'est pour briser cette capacité de résistance par le biais du contrat de travail que le législateur a réformé, dans des hypothèses toujours plus nombreuses, le droit de la modification du contrat de travail. Nous envisagerons deux de ces hypothèses.

La première hypothèse a été introduite par la loi de sécurisation de l'emploi du 14 juin 2013. Lorsqu'un accord de maintien de l'emploi est signé, son entrée en vigueur impose aux salariés une baisse de leur rémunération ou une modification de la durée du travail. L'article L. 5125-2 du Code du travail prévoit alors que le licenciement consécutif au refus de cette modification constitue un licenciement individuel pour motif économique et qu'il « repose sur une cause réelle et sérieuse ».

La seconde hypothèse concerne les accords de préservation de l'emploi, introduits par la loi dite « travail » relative au travail, à la modernisation du dialogue social et à la sécurisation des parcours professionnels, du 8 août 2016. Ces derniers sont destinés à faciliter davantage la possibilité de baisser temporairement la rémunération des salariés, ou d'augmenter la durée du travail. En effet, alors que les accords de maintien de l'emploi supposent, pour être conclus, qu'il y ait des « graves difficultés économiques conjoncturelles », les accords de préservation de l'emploi n'exigent, comme leur nom l'indique, qu'une nécessité de « préserver » l'emploi. L'article L. 2254-2 du Code du travail prévoit alors que le licenciement consécutif au refus des modifications impliquées par l'entrée en vigueur de l'accord collectif « repose sur un motif spécifique qui constitue une cause réelle et sérieuse et est soumis aux seules modalités [...] applicables au licenciement individuel pour motif économique ».

Malgré des formulations différentes, dans ces deux hypothèses, la logique est semblable. Elle repose sur deux mécanismes. 297 ■

Le premier mécanisme consiste en une pré-qualification de la cause réelle et sérieuse. Dans cette optique, il est à craindre que le contrôle du juge de la cause réelle et sérieuse se limite dorénavant au contrôle de la conformité du licenciement aux dispositions de l'accord collectif, comme cela avait été le cas en matière de réduction du temps de travail. Et si le contrôle demeure, restera encore à préciser si le motif doit être recherché dans la définition du motif économique (C. trav., art. L. 1233-2), ou bien dans la seule conformité de l'accord collectif aux dispositions légales (v. ss 741).

Le second mécanisme consiste en l'affirmation que le licenciement est individuel. Les dispositions relatives aux licenciements économiques collectifs ne s'appliqueront donc pas, même si plusieurs salariés refusent la modification proposée. Application sera donc faite d'un droit du licenciement pour motif économique allégé. Et l'employeur ne sera tenu, par exemple, ni de consulter les représentants du personnel, ni de mettre en œuvre un plan de sauvegarde de l'emploi.

En définitive, les rapports entre convention collective et contrat de travail sont là modifiés, pour deux types d'accord collectif particuliers, laissant sans doute présager une redéfinition à venir plus générale de l'articulation entre contrat de travail et convention collective.

§ 2 Le refus d'un changement des conditions de travail

L'employeur peut imposer, dans le cadre de son pouvoir de direction, un changement des conditions de travail. Après avoir précisé que le refus du salarié de se soumettre à un tel changement constitue, en principe, une faute grave (Soc. 10 juill. 1996, *Dr. soc.* 1996. 976, obs. H. Blaise), la Cour de cassation a nuancé une telle solution. Elle a ainsi affirmé que « le refus par le salarié d'un changement de ses conditions de travail, s'il rend son licenciement fondé sur une cause réelle et sérieuse, 298 ■

ne constitue pas à lui seul une faute grave » (Soc. 23 févr. 2005, 03-42.018, *Bull. civ.* n° 64 ; *Dr. soc.* 2006. 634, note P. Bouaziz et I. Goulet).

■ 299 En tout état de cause, l'exercice de son pouvoir par l'employeur n'est pas sans limite et fait l'objet d'un contrôle de la part des juges. Les voies de ce contrôle ont été découvertes progressivement par la Cour de cassation.

Ce contrôle peut s'opérer par le recours à l'idée de bonne foi. Le contrat et par voie de conséquence le pouvoir qui en est issu doivent respecter l'exigence de « bonne foi » (v. not. Soc. 12 juill. 2010, n° 08-45516). En outre, il est souvent fait recours à l'idée selon laquelle l'acte de pouvoir doit toujours être conforme à l'intérêt de l'entreprise, contrôle qui s'apparente davantage à un contrôle de détournement du pouvoir. Sur le papier, ce motif est issu d'une vision plus institutionnelle du pouvoir, véhiculée par l'idée « d'intérêt de l'entreprise ». Ces différents fondements sont souvent utilisés ensemble pour motiver une même décision de la Cour de cassation (pour un usage cumulatif de la « bonne foi » et de « l'intérêt de l'entreprise », v. not. Soc. 23 févr. 2005, 03-42.018). Cette simultanéité est inévitable : la motivation des arrêts vise à convaincre et, pour cette raison, elle ne peut guère éviter le risque de surabondance.

En outre, la problématique des droits fondamentaux et l'article L. 1121-1 du Code du travail joue un rôle croissant dans le contrôle de l'exercice du pouvoir. Après avoir mobilisé ce mécanisme pour contrôler la mise en œuvre d'une clause de mobilité, la chambre sociale en fait usage pour contrôler la décision de changement des conditions de travail. Ainsi les juges doivent-ils rechercher si la décision de l'employeur de muter un salarié de Compiègne à Paris ne portait pas une atteinte au droit du salarié, lequel faisait valoir qu'il venait de déménager ensuite de son divorce afin d'offrir de meilleures conditions d'accueil à ses enfants, à une vie personnelle et familiale et si une telle atteinte pouvait être justifiée par la tâche à accomplir et était proportionnée au but recherché (Soc. 23 mars 2011, n° 09-69.127).

section 4

Les clauses contractuelles

■ 300 Le champ contractuel et, par conséquent, la sphère du pouvoir de l'employeur peuvent être, à certaines conditions, aménagés par les parties par l'insertion de clauses contractuelles. Certaines clauses viennent étendre le pouvoir de l'employeur (§ 1). D'autres sont susceptibles d'accroître le champ du contrat (§ 2).

§ 1 Les clauses d'accroissement du pouvoir

■ 301 Le contrat de travail est, dans la très grande majorité des cas, un contrat d'adhésion. Le candidat à un emploi accepte ou refuse ce que propose l'employeur. Il n'est pas en mesure de tenter de modifier les termes de telle ou telle clause. Même si en droit le contrat est bien issu de la commune volonté des parties, en fait, le contenu du contrat est le plus souvent imposé au salarié. Il n'est donc pas rare de trouver des clauses du contrat qui ont pour objet de renforcer le pouvoir de l'employeur. Et l'on voit éclore toutes sortes de clauses telles les clauses de mobilité géographique ou fonctionnelle, ou encore les clauses de variation de la rémunération.

L'insertion d'une clause de variation dans le contrat modifie le régime de la modification de la prestation de travail. Ce qui aurait constitué une modification du contrat de travail devient un changement des conditions de travail. Ainsi, la mutation ordonnée en application d'une clause de mobilité s'analyse en un changement des conditions de travail, alors qu'elle aurait pu constituer, en l'absence de toute clause, une modification du contrat, si elle avait entraîné un changement de secteur géographique.

Ces clauses ne sont pas prohibées en tant que telles. Mais leur validité obéit à plusieurs conditions.

A. Exigence de précision et prévisibilité

En vertu de l'article 1129 du Code civil, les obligations contractuelles doivent être déterminées ou déterminables. Une clause qui rendrait tel ou tel aspect de la relation de travail totalement indéterminé serait donc nulle, par application de ce texte. La Cour de cassation s'est engagée clairement dans cette direction, même si l'article 1129 du Code civil n'est pas expressément utilisé pour motiver les décisions qui vont en ce sens. Ainsi la clause, on ne peut plus floue, qui prévoyait que « l'employeur peut changer l'horaire de travail selon les nécessités du service », a été jugée « inopérante » par la Cour de cassation (Soc. 5 juin 2001, *Bull. civ.* V, n° 206). 302 ■

1. *Les clauses de mobilité*

Les clauses de mobilité doivent répondre à deux conditions. D'une part, elles doivent fixer avec précision leur zone géographique d'application, sous peine d'être invalidées (Soc. 7 juin 2006*; 12 juill. 2006, *Bull. civ.* V, n° 241; *RDT* 2006. 313-314, obs. J. Pélissier; 24 janv. 2008, n° 06-45.088, *Bull. civ.* V, n° 23); 14 oct. 2008, n° 06-46.400, *Bull. civ.* V, n° 191). D'autre part une clause de mobilité « ne peut conférer à l'employeur le pouvoir d'en étendre unilatéralement la portée » (Soc. 7 juin 2006*). Sont notamment privées d'effets les clauses de mobilité qui fixent leur champ d'application sur toutes les implantations de l'employeur : un tel champ est nécessairement indéterminé, puisqu'appelé à varier selon l'évolution des implantations de l'entreprise (v. arrêts préc.). En particulier, dans une décision, (Soc. 14 oct. 2008, n° 07-42.352), la Cour avait invalidé une clause précisant que le salarié pouvait être muté sur l'ensemble de la zone d'activité de l'employeur, soit le territoire français tout entier. Dans la même logique, les clauses de mobilité intra-groupes, par lesquelles le salarié s'engage à accepter par avance toute mutation dans une autre société du même groupe, sont condamnées (Soc. 23 sept. 2009, n° 07-44.200 [P], *RDT* 2009. 647, note G. Auzero ; Soc. 16 févr. 2012, n° 10-26542). 303 ■

Cette jurisprudence a toutefois été vidée de sa portée par un arrêt de la chambre sociale qui a considéré qu'une clause imposant une sphère de mobilité « dans la limite géographique du territoire français » « définissait de façon précise sa zone géographique d'application et ne conférait pas à l'employeur le pouvoir d'en étendre unilatéralement la portée » (Soc. 9 juill. 2014*, n° 13-11.906 à 13-11.909 [P]). Si les conditions posées en 2006 ne sont pas formellement remises en cause, elles le sont toutefois indirectement. D'une part, en validant une clause élargie à l'ensemble du territoire français, on permet indirectement à l'employeur de faire varier l'activité au gré de l'implantation de ses établissements, puisqu'il lui suffit de définir une zone sur l'ensemble du territoire français pour échapper à l'interdiction de la potestativité. D'autre part, une clause étendue à l'ensemble du territoire français ne semble pas satisfaire à l'exigence de précision pourtant toujours affirmée par la chambre sociale, ne serait-ce que parce qu'elle est contraire à celle de prévisibilité, le salarié ne pouvant pas prévoir les lieux où il est susceptible d'être muté (voir en ce sens, J. Mouly, art. cit. rubrique « Biblio »). C'est dire que, sous couvert d'une réaffirmation formelle des conditions posées en 2006, la décision du 9 juillet 2014 opère un revirement important. En définitive, la contestation de la clause devra s'appuyer davantage, non pas sur la validité de la clause, mais sur l'usage qui en est fait par l'employeur (v. *infra* sur le respect des droits et libertés).

2. *Les clauses de variations de la rémunération*

304 L'exigence de détermination s'exprime avec une force particulière à propos des clauses relatives à la rémunération. De manière générale, une clause du contrat de travail ne peut permettre à l'employeur de modifier, même indirectement, unilatéralement la rémunération contractuelle du salarié (Soc. 16 juin 2004* : dans cet arrêt une clause réservait à la société le droit de modifier le secteur du salarié et avait eu donc une incidence sur la rémunération du salarié).

Plus précisément, la Cour de cassation a affirmé qu'« une clause du contrat de travail peut prévoir une variation de la rémunération dès lors qu'elle est fondée sur des éléments objectifs indépendants de la volonté de l'employeur, qu'elle ne fait pas porter le risque d'entreprise sur le salarié et n'a pas pour effet de réduire la rémunération au-dessous des minima légaux et conventionnels » (Soc. 2 juill. 2002, *Saucier*, *Bull. civ.* V, n° 229). En premier lieu, le salaire fixé doit respecter les minimas légaux et conventionnels. En second lieu, la clause de variation de la rémunération ne doit pas transférer le risque de l'entreprise sur le salarié. En réalité, il apparaît que, en présence d'une clause de variation de la rémunération, le risque d'entreprise est nécessairement en partie transféré sur le salarié. Simplement, le transfert ne doit pas être total. Ainsi, une clause qui subordonne la rémunération au règlement par le client de la commande que le salarié a enregistrée est illicite (v. Soc. 10 mai 2007, *RDT* 2007. 594, obs. M. Véricel, *Dr. soc.* 2007. 1177, obs. D. Jourdan et J. Barthelemy ; v. cep. l'exception faite pour les commissions des VRP, Soc. 17 déc. 1986, *Bull. civ.* V, n° 622). Enfin, la clause doit être fondée sur des éléments objectifs, pas uniquement dépendants de la volonté de l'employeur.

Parmi ces éléments figurent notamment les objectifs atteints par le salarié, la clause de variation de la rémunération revêtant alors les habits d'une clause d'objectifs (sur les conséquences de la clause d'objectifs en matière de licenciement pour insuffisance professionnelle, v. ss 631).

Des conditions sont précisées quant à la validité d'une telle clause.

D'abord concernant le mode de fixation de ces objectifs. Ces derniers peuvent bien sûr être fixés contractuellement. Dans ce cas, en cas de désaccord entre les parties, il appartient au juge de fixer lui-même le montant de cette rémunération, en fonction des critères fixés au contrat de travail et des accords conclus les années précédentes (Soc. 9 mai 2007, n° 05-45.613). Mais ils peuvent également être également déterminés ou même modifiés unilatéralement par l'employeur, dès lors dès lors qu'ils sont réalisables et qu'ils ont été portés à la connaissance du salarié en début d'exercice (Soc. 2 mars 2011, n° 08-44.977 [P]).

Ensuite, les objectifs doivent être raisonnables et compatibles avec le marché (Soc. 13 janv. 2009, n° 06-46.208, *Bull. civ.* V, n° 12). La règle permet d'imposer que la non-atteinte de ces objectifs soit imputable au salarié, et non le résultat d'une situation économique extérieure atone.

B. Abus de droit, bonne foi et détournement de pouvoir

Une fois admise la validité de la clause, sa mise en œuvre doit encore être contrôlée. 305 ■
Le mécanisme de l'abus de droit a d'abord été utilisé. L'utilisation de la clause ne doit pas être entachée d'un abus de droit. Ainsi, un employeur a abusé de son droit en imposant un changement de lieu de travail à une salariée, en l'absence de transports en commun permettant à la salariée de rejoindre à l'heure le nouveau lieu de travail et faute pour l'employeur de lui assurer les moyens de le faire (Soc. 10 janv. 2001, n° 98-46226, *Bull. civ.*, n° 3).

La clause doit également être mise en œuvre de bonne foi. Un salarié peut contester sa mutation décidée en application d'une clause de mobilité géographique en démontrant que l'employeur a agi dans un intérêt distinct de l'intérêt de l'entreprise ou dans des conditions exclusives de la bonne foi (Soc. 23 févr. 2005, *Leviel**, n° 04-45.463, *Bull. civ.* V, n° 64 ; *Dr. soc.* 2005. 567, obs. J. Mouly). Il peut notamment, à cet effet, faire valoir des éléments tirés de sa vie personnelle et familiale. Le licenciement décidé suite au refus d'une clause mise en œuvre de mauvaise foi pourra être considéré comme dépourvu de toute cause réelle et sérieuse.

C. Respect des libertés

Le contrôle de l'usage des différentes clauses d'accroissement du pouvoir se fait 306 ■
également à l'aune de l'article L. 1121-1 du Code du travail (C. trav., anc. art. L. 120-2). En vertu de cet article, aucune clause du contrat individuel ne peut restreindre une liberté du salarié, sans être justifiée par la nature de la tâche à accomplir et proportionnée au but recherché (v. ss 309 s.). C'est le cas, par exemple, des clauses qui portent atteinte à la vie privée, ou au libre choix du domicile (Soc. 12 janv. 1999*, *Bull. civ.* V, n° 7 ; 13 avr. 2005, *Dr. soc.* 2005. 809).

Depuis 2008, la clause de mobilité fait l'objet d'un tel contrôle. Ainsi la Cour de 307 ■
cassation a-t-elle affirmé que les juges du fond devaient rechercher si « la mise en œuvre de la clause contractuelle ne portait pas atteinte au droit de la salariée à mener une vie personnelle et familiale et si une telle atteinte pouvait être justifiée par la tâche à accomplir et proportionnée au but recherché » (Soc. 14 oct. 2008* ; v. aussi Soc. 13 janv. 2009, n° 06-45.562, *Bull. civ.* V, n° 4, pour une salariée qui faisait valoir qu'elle était veuve et élevait seule deux jeunes enfants).

§ 2 Les clauses d'accroissement du contrat

Une clause contractuelle peut, bien évidemment, réduire le champ du pouvoir de 308 ■
l'employeur. Si, par exemple, une clause du contrat fixe un lieu de travail ou des

horaires précis, ce lieu ou ces horaires doivent logiquement être considérés comme des éléments du contrat. Le contrat dit ce qui est contractuel : voilà qui semblait être une pure lapalissade.

Pourtant, par deux arrêts du 3 juin 2003, *Suret* et *Résoserv**, la Cour de cassation a su démontrer aux juristes qu'il fallait douter de tout. Par ces arrêts, la Cour affirme que la clause qui fixe le lieu de travail dans un contrat écrit n'a pas valeur contractuelle, mais qu'elle n'a que « valeur d'information » (dans le même sens, v. not. Soc. 21 janv. 2004, *Bull. civ.* V, n° 26 ; 15 mars 2006, *Bull. civ.* V, n° 102). Dans les affaires *Suret* et *Résoserv*, une salariée entendait user de la clause de son contrat pour refuser une mutation. La Cour lui répond qu'elle avait tort de se fier ainsi au contenu de son contrat. La clause écrite du contrat était totalement dépourvue de la force obligatoire des contrats. Pour qu'une disposition contractuelle sur le lieu de travail ait valeur contractuelle, encore faut-il qu'elle le dise expressément. Sa seule position dans un contrat n'y suffit pas.

Ces clauses contractuelles sans valeur contractuelle sont dites par les arrêts n'avoir que « valeur d'information ».

Voilà une drôle d'information. Une clause qui dit que le lieu de travail est fixé à Antony, doit être lue comme : « vous travaillerez dans un secteur géographique peu défini, mais qui inclut au moins l'Est et le Sud de la région parisienne [la salariée avait été mutée, dans l'arrêt *Résoserv*, d'Antony à Chaville, lesquelles sont distantes de 13 km, ce qui représente un temps de trajet, aux heures des bouchons, que les parisiens apprécieront]. Et vous pourrez être mutée en n'importe quel point de ce secteur selon les bons désirs de votre employeur ». La clause écrite apparaît alors trompeuse (En ce sens v. J. Pélissier*).

En l'absence d'élargissement de l'étrange jurisprudence *Suret* et *Résoserv*, hors du lieu de travail, les clauses du contrat conservent leur valeur contractuelle. Elles ne peuvent dès lors faire l'objet de modification sans l'accord des deux parties au contrat.

11

Compléments pédagogiques

Biblio

1) Sur la place du contrat individuel en droit du travail

- P. Durand, « À la frontière du contrat et de l'institution : la relation de travail », *JCP* 1944. I. 337.
- G. Lyon-Caen, « Défense et illustration du contrat de travail », *Archives Phil. dr.* t. 13, 1968, p. 59.
- A. Lyon-Caen, « Actualité du contrat de travail », *Dr. soc.* 1988. 540.
- A. Jeammaud, « Les polyvalences du contrat de travail », in *Mélanges G. Lyon-Caen*, Dalloz, 1989, p. 299.
- J.-M. Béraud, « Autour de l'idée de constitution sociale de l'entreprise », in *Études offertes à J. Pélissier*, Dalloz, 2004, p. 55 s.
- E. Dockès, « De la supériorité du contrat de travail sur le pouvoir de l'employeur », in *Études offertes à J. Pélissier*, Dalloz, 2004, p. 203 s.

2) Sur la bonne foi

- C. Vigneau, « L'impératif de bonne foi dans l'exécution du contrat de travail », *Dr. soc.* 2004. 706.

3) Sur la jurisprudence *Le Berre*

- J. Pélissier, « Difficultés et dangers de l'élaboration d'une théorie jurisprudentielle : l'exemple de la distinction entre la modification du contrat de travail et le changement des conditions de travail », in *Mélanges offerts à P. Couvrat*, PUF, 2001, p. 101 s.

4) Sur les accords de maintien de l'emploi et de mobilité interne

- G. Borenfreund, « Le refus du salarié face aux accords collectifs de maintien de l'emploi et de mobilité interne », *RDT* 2013. 309.
- P. Lokiec, « La face cachée des accords de mobilité interne », *SSL* 2013, n° 1587, p. 5.

5) Sur les clauses de variation

- E. Dockès, « La détermination de l'objet des obligations nées du contrat de travail », *Dr. soc.* 1997. 140 s.
- J. Pélissier, « Pour un droit des clauses du contrat de travail », *RJS* 2005, n° 499.
- F. Canut, « Tir groupé autour de la clause de mobilité », *Dr. ouvrier* 2009. 7.
- T. Pasquier, « Réviser les objectifs salariaux », *RDT* 2013. 1982.

6) Sur la jurisprudence *Suret* et *Résoserv*

- J. Pélissier, « Clauses informatives et clauses contractuelles », *RJS* 2004. 3-6.

Documents

1) Le contenu de principe du contrat

Soc. 4 mai 1999, *Hczysczyn* (*Bull. civ.* V, n° 186, *GADT*, n° 51)

« Attendu que M. Hczyszyn a été embauché par la société Paul Jacottet le 16 décembre 1968 en qualité de cadre comptable ; que, par lettre du 2 février 1993, la société, se référant à une note de service du 21 janvier 1993, l'a informé qu'en raison d'un transfert de ses bureaux de Versailles à Chartres, il devait se présenter à compter du 15 décembre 1993 dans les nouveaux bureaux ; qu'estimant que ce changement constituait une modification de son contrat de travail, M. Hczyszyn l'a refusé et a imputé à la société la rupture du contrat ; que, le 26 février 1993, la société a licencié le salarié pour faute grave ;

Attendu que, pour décider que le licenciement était justifié par une faute grave, la cour d'appel énonce que le salarié, qui reconnaît que l'utilisation de son véhicule personnel n'aurait augmenté la durée du trajet quotidien que d'environ une demi-heure [...]

Attendu, cependant, que le changement du lieu de travail doit être apprécié de manière objective ;

Qu'en statuant comme elle l'a fait, sans rechercher si le lieu de travail auquel était affecté M. Hczyszyn était situé dans un secteur géographique différent de celui où il travaillait précédemment et si, dès lors, le déménagement constituait une modification du contrat de travail, la cour d'appel n'a pas donné de base légale à sa décision ».

2) Modification unilatérale du contrat et résiliation judiciaire

Soc. 12 juin 2014 (n° 13-11.448, *Bull. civ.* V, n° 139)

« Attendu que le salarié fait grief à l'arrêt de le débouter de sa demande de résiliation judiciaire de son contrat de travail aux torts de l'employeur, alors, selon le moyen, que le mode de rémunération contractuel d'un salarié constitue un élément du contrat de travail qui ne peut être modifié sans son accord, peu important que le nouveau mode soit plus avantageux ; qu'en statuant comme elle l'a fait, motif pris que les manquements aux règles contractuelles de principe n'avaient pas été préjudiciables au salarié, alors qu'elle avait constaté que l'employeur avait, sans recueillir l'accord du salarié, modifié sa rémunération contractuelle, ce dont elle devait déduire que la demande en résiliation judiciaire était fondée, la cour d'appel, qui n'a pas tiré les conséquences légales de ses constatations, a violé les articles 1134 et 1184 du code civil ;

Mais attendu qu'ayant constaté que la modification appliquée par l'employeur n'avait pas exercé d'influence défavorable sur le montant de la rémunération perçue par le salarié pendant plusieurs années, la cour d'appel , qui a ainsi fait ressortir qu'elle n'était pas de nature à empêcher la poursuite du contrat de travail, n'encourt pas les griefs du moyen ».

3) Les clauses illicites

Soc. 27 févr. 2001
(*Bull. civ.* V, n° 60)

« La clause, par laquelle l'employeur se réserve le droit de modifier, en tout ou partie, le contrat de travail, est nulle comme contraire aux dispositions de l'article 1134, alinéa 2, du Code civil, le salarié ne pouvant valablement renoncer aux droits qu'il tient de la loi ».

Soc. 16 juin 2004
(*Bull. civ.* V, n° 166)

« Une clause du contrat de travail ne peut permettre à l'employeur de modifier unilatéralement la rémunération contractuelle du salarié ».

Soc. 7 juin 2006
(*Bull. civ.* V, n° 209 ; *RDT* 2006. 313-314, obs. J. Pélissier ; *Dr. soc.* 2006. 926, note F. Favennec-Héry, *GADT*, n° 52)

« La clause contenue dans son contrat de travail imposait au salarié une mobilité sur toute la zone d'activité de son employeur qui, depuis 1991, avait été étendue à l'ensemble du territoire national ;
Attendu, cependant, qu'une clause de mobilité doit définir de façon précise sa zone géographique d'application et qu'elle ne peut conférer à l'employeur le pouvoir d'en étendre unilatéralement la portée ».

Soc. 9 juill. 2014
(n° 13-11906 à 13-11909 [P] ; *Dr. soc.* 2014. 857, obs. J. Mouly)

« Attendu que pour dire le licenciement dépourvu de cause réelle et sérieuse, les arrêts retiennent que la seule mention du "territoire français" ne peut suffire à rendre précise la clause de mobilité puisque n'excluant pas les "DOM-TOM", que cette clause ne comporte aucune précision sur sa zone géographique d'application et ne permet pas au salarié, au moment de la signature du contrat, de savoir si elle concerne les établissements existants ou également ceux à venir ;
Qu'en statuant ainsi, alors que la clause de mobilité définissait de façon précise sa zone géographique d'application et ne conférait pas à l'employeur le pouvoir d'en étendre unilatéralement la portée, la cour d'appel a violé les textes susvisés ».

Soc. 23 févr. 2005, *Leviel*
(*GADT*, n° 53 ; *Bull. civ.* V n° 64, arrêt n° 2 ; *Dr. soc.* 2005. 576, obs. J. Mouly, *ibid.* 634, note P. Bouaziz et I. Gourlet, *Dr. ouvrier* 2005. 213, obs. P. Moussy, *JCP* 2005. II. 10076, note D. Corrignan-Carsin)

« Sur le moyen unique :
Attendu que Mme Caulier, salariée depuis 1989 de la société Leviel, y exerçait en dernier lieu des fonctions d'accueil et administratives dans une succursale située à Soissons ; qu'en décembre 2000, son employeur lui a notifié sa mutation dans un autre magasin situé à Saint-Quentin en application d'une clause de mobilité de son contrat de travail stipulant qu'elle s'engageait, compte tenu de la structure de l'entreprise, à travailler dans les départements de l'Aisne et de la Marne ; qu'à la suite de son refus, elle a été licenciée pour faute grave, mais que

l'arrêt confirmatif attaqué (Amiens, 12 mai 2004) a décidé que son licenciement était sans cause réelle et sérieuse ;

Attendu que la société Leviel reproche à la cour d'appel d'avoir ainsi statué en se fondant sur des motifs tirés du fait qu'elle ne démontrait pas que la mutation de Mme Caulier était conforme à l'intérêt de l'entreprise, alors, selon le moyen :

1/ qu'il appartient au salarié de rapporter la preuve du détournement de pouvoir de l'employeur lors de la mise en œuvre d'une clause de mobilité et non à l'employeur de justifier des motifs pour lesquels il a eu recours à cette clause ;

2/ que le salarié ne peut s'opposer à la mise en œuvre d'une clause de mobilité géographique prévue à son contrat de travail qu'en cas de détournement de l'employeur dans l'exercice de son pouvoir de direction, de sorte qu'auraient été violés les articles 1315 et 1134 du Code civil et l'article L. 122-4 du Code du travail ;

Mais attendu que, la bonne foi contractuelle étant présumée, les juges n'ont pas à rechercher si la décision de l'employeur de faire jouer une clause de mobilité stipulée dans le contrat de travail est conforme à l'intérêt de l'entreprise ; qu'il incombe au salarié de démontrer que cette décision a en réalité été prise pour des raisons étrangères à cet intérêt, ou bien qu'elle a été mise en œuvre dans des conditions exclusives de la bonne foi contractuelle ; que, nonobstant un motif erroné faisant état de la nécessité pour la société Leviel de démontrer que sa décision d'appliquer la clause de mobilité était conforme à l'intérêt de l'entreprise, il ressort d'autres motifs, propres ou adoptés, que les conditions dans lesquelles la décision relative à la mutation avait été prise procédaient d'une précipitation suspecte vis-à-vis d'une salariée ayant une telle ancienneté et qui, peu de temps avant, avait fait l'objet de deux avertissements fondés sur des griefs non établis ; que le moyen ne peut, dès lors, être accueilli ;

Par ces motifs : rejette le pourvoi ».

Soc. 14 oct. 2008

(*Bull. civ.* V, n° 192 ; *D.* 2008. AJ 2672, obs. L. Perrin ; *D.* 2009. Pan. 590, obs. A. Fabre. ; *RDT* 2008. 731, obs. G. Auzero ; 13 janv. 2009, n° 06-45.562, *Bull. civ.* V, n° 4).

« En se déterminant ainsi, sans rechercher si la mise en œuvre de la clause contractuelle ne portait pas une atteinte au droit de la salariée à une vie personnelle et familiale et si une telle atteinte pouvait être justifiée par la tâche à accomplir et était proportionnée au but recherché, la cour d'appel n'a pas donné de base légale à sa décision ».

4) Les clauses informatives

Soc. 3 juin 2003, deux arrêts, *Suret* (n° 01-40.376) ; *Résoserv* (n° 01-43.573)

(Bull. civ. V, n° 185 ; *Dr. soc.* 2003. 884, obs. J. Savatier ; *JCP* 2003. II. 10165, note M. Véricel ; 21 janv. 2004, *Bull. civ.* V n° 26 ; *Dr. ouvrier* 2004. 222, note B. Lardy-Pélissier)

« la mention du lieu de travail dans le contrat de travail a valeur d'information à moins qu'il soit stipulé par une clause claire et précise que le salarié exécutera son travail exclusivement dans ce lieu… ».

J. Pélissier, « Clauses informatives et clauses contractuelles » (*RJS* 2004. 6)

« La solution retenue dans les deux arrêts du 3 juin 2003 apparaît contestable à un double titre. La clause du contrat mentionnant le lieu de travail, traduisant la volonté commune des parties, est une clause contractuelle qui ne peut, en application de l'article 1134 du Code civil, être modifiée que par un accord des cocontractants. Même si, par l'effet d'une déqualification injustifiée, la clause fixant le lieu de travail est considérée comme une simple clause d'information, elle ne laisse pas l'auteur de l'information libre de faire exécuter la prestation de travail dans un autre lieu. Décider le contraire est assimiler l'information à la désinformation. ».

Quiz

1) Sujet corrigé

Cas pratique

La société Bioscoop, filiale du groupe LEGOBIO, est spécialisée dans la vente par correspondance de fruits et légumes issus de l'Agriculture Biologique. Elle emploie 200 salariés, répartis entre son siège social situé à Puteaux et une dizaine d'établissements en France. L'activité de la société Bioscoop, jusqu'ici florissante, risque cependant d'être affectée à très court terme par la commercialisation du bio dans les filières classiques de distribution. Afin d'endiguer les risques de perturbation liés à la modification à venir de sa politique commerciale, la société envisage de procéder à une réorganisation des services commerciaux. Elle propose ainsi, par une lettre recommandée avec accusé de réception à 12 commerciaux du service de Toulouse de rejoindre le site de Montpellier. Huit de ces salariés refusent. Parmi eux se trouve Madame Mut qui travaille dans l'entreprise depuis plus de 20 ans et élève seule ses deux adolescents. Son contrat de travail contient une clause de mobilité qui stipule : « la salariée accepte une mobilité sur l'ensemble du territoire français ». Monsieur Bricot, qui fait également partie des salariés refusant la proposition, estime, lui, qu'en raison de l'absence de clause de mobilité dans son contrat, il est en droit de refuser une telle mutation. La direction notifie alors à ces 8 salariés leur licenciement, après les avoir entendus au cours d'un entretien préalable. Le licenciement de Madame Mut est un licenciement pour faute grave, en raison de l'existence d'une clause de mobilité dans son contrat. Celui de Monsieur Bricot est un licenciement pour motif économique.

Madame Mut et Monsieur Bricot souhaiteraient savoir si leur licenciement peut être contesté.

Voir le corrigé en fin de rubrique.

2) Corrigé

Cas pratique

Madame Mut

a) La validité de la clause de mobilité peut-elle est contestée ?

La clause de mobilité, pour être valable, doit être définie avec précision et ne pas permettre à l'employeur de modifier unilatéralement sa portée (Soc. 7 juin 2006). Toutefois, depuis la décision du 9 juillet 2014, la clause de mobilité étendue à l'ensemble du territoire français est considérée comme suffisamment précise. Madame Mut ne pourra donc pas la contester.

b) Peut-elle alors contester l'usage qui est fait de la clause ?

L'employeur est tenu de mettre en œuvre la clause de mobilité sans porter une atteinte excessive aux droits et libertés fondamentales du salarié (Soc. 14 oct. 2008).

En l'espèce, la discussion doit donc porter sur l'atteinte à la vie privée de Madame Mut, et peut s'appuyer sur son statut de mère célibataire.

On peut donc considérer que la mise en œuvre de la clause porte atteinte de manière injustifiée et disproportionnée à sa vie privée. Son licenciement pour faute grave pourra être considéré comme dépourvu de cause réelle et sérieuse.

Monsieur Bricot

a) S'agit-il d'une modification du contrat de travail, ou d'un changement des conditions de travail ?

Sans clause de mobilité, il convient de faire application de la notion de secteur géographique.

De Toulouse à Montpellier, au regard de la distance géographique séparant les deux villes, il s'agit bien d'une modification de secteur.

b) Le licenciement doit alors être justifié par la cause justifiant la proposition de modification du contrat de travail. En l'occurrence, le licenciement est notifié pour un motif économique, sans que l'énoncé ne donne d'autres précisions. Il est néanmoins possible de discuter à partir des éléments de cet énoncé qui pourraient laisser penser qu'il existe une nécessité de réorganiser l'entreprise pour sauvegarder sa compétitivité (réorganisation du secteur en raison de la distribution de bio dans le secteur de la grande distribution). Le licenciement pourrait donc être justifié par ce motif.

chapitre 12

Droits fondamentaux et exigence d'égalité

Plan analytique

section 1

L'irruption des droits de la personne du salarié

§ 1 L'apparition récente de la problématique des droits de la personne du salarié

§ 2 Une méthode particulière

§ 3 Les rôles des droits de la personne du salarié

section 2

Panorama des droits de la personne du salarié

§ 1 Le droit du salarié au respect de sa vie privée

- **A.** Protection du secret de la vie privée du salarié
- **B.** Le droit au respect des choix personnels

§ 2 La liberté vestimentaire

§ 3 La liberté religieuse

§ 4 La liberté d'expression

§ 5 Les libertés liées à l'action en justice

section 3

L'exigence d'égalité

§ 1 Définitions

§ 2 Le principe de non-discrimination

- **A.** Les différences illicites
- **B.** L'usage exceptionnel de critères illicites
- **C.** La preuve des discriminations
- **D.** Les sanctions des discriminations

§ 3 L'égalité de traitement

- **A.** L'émergence du principe
- **B.** Le cercle de comparaison
- **C.** La justification des différences
- **D.** La preuve

Compléments pédagogiques

Droits fondamentaux et exigence d'égalité

Les droits et libertés fondamentaux des travailleurs sont actuellement les seules protections dont l'impact soit croissant. La place de ces droits fondamentaux est donc devenue centrale. Certes, les travailleurs bénéficient de longue date d'un certain nombre de droits fondamentaux : droit syndical, droit de grève, liberté du travail. La nouveauté est ailleurs : elle gît dans la possibilité d'invoquer des droits attachés ordinairement au *citoyen* ou à *la personne humaine* – et non au travailleur – dans le cadre de relations salariées. Ces droits de la personne du salarié ont surgi sur la scène du droit du travail au tournant des années 1980 (section 1) et n'ont cessé de se développer depuis, au point qu'il est nécessaire aujourd'hui d'en dresser un panorama complet (section 2). 309

À côté de ces droits de la personne du salarié, une autre catégorie de prérogatives rattachées à l'individu a connu un essor particulier, celles liées à l'exigence d'égalité (section 3).

section 1
L'irruption des droits de la personne du salarié

L'apparition des droits de la personne du salarié est assez récente (§ 1) et ces droits remplissent des fonctions plus diversifiées que ce que l'on pourrait croire (§ 3). Mais ce ne sont pas seulement des droits nouveaux aux fonctions variées qui ont fait leur irruption dans cette branche du droit, c'est aussi (et surtout) une méthode particulière qui a surgi dans les raisonnements judiciaires (§ 2). 310

§ 1 L'apparition récente de la problématique des droits de la personne du salarié

A priori, plusieurs raisons incitent à penser que le droit du travail est rétif à la promotion des droits fondamentaux de la personne. D'abord, la subordination – soumission juridique d'une personne au pouvoir d'une autre – se situe aux antipodes des principes généraux d'égalité et de liberté, voire de dignité qui irriguent la totalité des droits fondamentaux. Ce n'est pas pour rien si au XIXe siècle, les syndicats militaient pour l'abolition du salariat (v. ss 25). Ensuite, les règles qui composent le droit du travail ont été pendant longtemps des règles très techniques et spécifiques aux travailleurs. Dès les premières lois du travail, celles sur l'interdiction 311 du travail des enfants, la réglementation est détaillée, percluse de dérogations. On est bien loin de la généralité de formulation et d'application des droits fondamentaux. Droit du travail et droits fondamentaux de la personne semblent donc de prime abord s'exclure mutuellement.

■ 312 Cette ignorance mutuelle prend fin au tournant des années 1980, avec l'arrêt du Conseil d'État *Peintures Corona*, du 1er février 1980 (*Dr. soc.* 1980. 310, concl. A. Baquet ; *Dr. ouvrier* 1980. 211, note S. Alter) qui consacre un contrôle de légalité du règlement intérieur au regard des « droits des personnes et des libertés individuelles et collectives ». Le législateur prend ensuite le relais du juge dans la période 1981-1982. Il a pour ambition d'instaurer une démocratie économique, où les salariés seraient des citoyens dans l'entreprise. Bien que les résultats escomptés n'aient pas été atteints, les réformes de cette période, conjuguées à un certain activisme doctrinal (v. le numéro de *Droit social* de mai 1982), ont ouvert un nouvel horizon au droit du travail : celui des droits fondamentaux. S'est ainsi produite une rupture dans la manière de concevoir le droit du travail, et plus précisément le contrôle du pouvoir de l'employeur. C'est le pouvoir en action, dans ses manifestations et mesures singulières, qui se voit encadré par la reconnaissance de droits dont les travailleurs sont titulaires hors de l'entreprise. Bref, les droits de la personne forcent les portes de l'entreprise et viennent limiter le sacro-saint pouvoir de l'employeur.

L'horizon des droits fondamentaux dans le rapport d'emploi est maintenant largement atteint. L'irrigation du droit du travail par les droits de la personne du salarié a été consacrée par la recodification du Code du travail. Le nouveau code s'ouvre en effet par des dispositions préliminaires où figure en bonne place le Titre intitulé « Droits et libertés dans l'entreprise ». Ce Titre abrite un article unique : l'article L. 1121-1 (C. trav., anc. art. L. 120-2) qui dispose « nul ne peut apporter aux droits des personnes et aux libertés individuelles et collectives des restrictions qui ne seraient pas justifiées par la nature de la tâche à accomplir ni proportionnées au but recherché ».

§ 2 Une méthode particulière

■ 313 Pour savoir si l'atteinte à un droit de la personne du salarié est légale, une méthode en trois temps peut être mise en œuvre : identification d'un droit de la personne, justification de l'atteinte, caractère approprié et proportionné de l'atteinte. Cette méthode ne correspond pas parfaitement à la lettre de l'article L. 1121-1 du Code du travail et n'est pas toujours respectée par la Cour de cassation (v. par exemple, Soc., 26 nov. 2002, *Bull. civ.* V, n° 352 qui mélange justification et disproportion : « une atteinte à la vie privée [...], insusceptible d'être justifiée, eu égard à son caractère disproportionné, par les intérêts légitimes de l'employeur »). Néanmoins, elle constitue le canon du contrôle de l'atteinte aux droits fondamentaux par de nombreuses juridictions supérieures étrangères ou internationales tout en permettant de retracer les solutions rendues par la Cour de cassation et le Conseil d'État.

■ 314 Premier temps, il faut reconnaître qu'un droit de la personne est affecté. La Cour de cassation fait une lecture large de l'article L. 1121-1 du Code du travail. Elle y inclut même des droits qui ne sont pas fondamentaux, comme la liberté de se vêtir à sa guise (Soc. 28 mai 2003, *Dr. soc.* 2004. 132, note P. Lokiec) ou « le droit de faire usage d'un titre ou un grade au temps et au lieu de travail » (Soc. 24 avr. 2013, n° 12-12.411 [P]). Tous les droits attribués aux citoyens, aux « personnes », peuvent ainsi faire l'objet de cette méthode d'appréciation.

Deuxième temps, l'atteinte à un droit fondamental ou plus précisément à un droit de la personne du salarié, ne peut être faite sans raison. La restriction à un tel droit doit être justifiée. Il s'agit là du contrôle de *justification* selon lequel l'employeur doit exhiber des motifs valables. Les justifications données par l'employeur sont très variées. Certaines tiennent à l'intérêt de l'entreprise. Mais bien d'autres considérations peuvent être mises en avant. Ainsi, l'ouverture par l'employeur des vestiaires des salariés est justifiée « par les nécessités de l'hygiène ou de la sécurité » (CE 8 juill. 1988*). Mais ne serait vraisemblablement pas admise une justification telle que la volonté « d'éviter l'encombrement excessif » des vestiaires. 315 ■

La justification donnée par l'employeur doit être valable ; elle doit de surcroît être *cohérente* avec le contexte. La justification doit ainsi être en rapport avec la tâche à accomplir. Ainsi, le salarié qui dispose d'une liberté d'organisation dans le travail ne peut être soumis à un système de géolocalisation en vue de contrôler son temps de travail (Soc. 3 nov. 2011*. Voir également sur cette question, délib. CNIL 2015-165, *RDT* 2015. 544, note A. Gardin). De manière assez similaire, un employeur ne peut exiger d'une gouvernante qu'elle demeure près de son lieu de travail alors qu'elle travaille certes auprès de personnes âgées dépendantes mais selon des horaires fixes et sans astreinte. Effectivement, à défaut d'obligation contractuelle impliquant d'être rapidement sur place, la sujétion imposant à la salariée de résider près de son travail ne saurait être valable (Soc. 28 févr. 2012, *Bull. civ.* V, n° 78, n° 10-18.308). Dans le même esprit, un employeur ne peut justifier par les nécessités de sécurité des opérations bancaires dans son établissement, le fait d'exiger de ses salariés qu'ils indiquent s'ils ont des comptes bancaires dans une autre banque (CE 3 oct. 1997, *Synd. FO des employés et cadres de la CRCA du Midi*, req. n° 144006).

La cohérence de la justification doit se manifester aussi dans les actions de l'employeur. Ainsi, lorsque ce dernier a indiqué à la CNIL les finalités en vue desquelles il a mis en place un système de géolocalisation de ses salariés, en l'espèce l'amélioration de la production, il ne peut invoquer d'autres justifications devant le juge, comme celle tenant à la volonté de contrôler le temps de travail du salarié (Soc. 3 nov. 2011, *Bull. civ.* V, n° 247). Le système ayant été détourné de ses finalités déclarées, il est devenu illicite (ce qui du reste pourrait constituer une infraction pénale, v. art C. pén., art. 226-21).

Troisième temps, le plus important, l'atteinte à un droit de la personne du salarié doit être proportionnée. Ce contrôle de *proportionnalité* regroupe deux types de contrôle différents. 316 ■

La proportionnalité exige en premier lieu d'examiner s'il n'existait pas des moyens moins attentatoires aux droits du salarié pour atteindre le même objectif. C'est un contrôle de l'existence de mesures alternatives, un contrôle de *modération*. Pour démontrer que l'atteinte est légale, il faut montrer que le but recherché ne pouvait être atteint à l'aide de mesures plus douces que celle employée. Ainsi, la géolocalisation des salariés, procédé très attentatoire à leurs droits, doit être considérée comme l'ultime mesure lorsqu'il s'agit de contrôler la durée du travail (Soc. 3 nov. 2011*). Le contrôle de modération permet également de valider une mesure de l'employeur se limitant à exiger des salariés, en période de risque d'attentats, l'ouverture des sacs et non leur fouille (Soc. 3 avr. 2001, *Dr. soc.* 2001. 675, obs. B. Gauriau).

La proportionnalité impose de manière proche que la mesure ne heurte pas de manière excessive les droits de la personne salariée ; il y a là un contrôle de *l'excès*. Ainsi, un contrôle salivaire avec possibilité de détection ADN est disproportionné lorsqu'il s'agit de détecter simplement l'aptitude au travail, surtout s'ils s'appliquent à tous les salariés, même ceux dont le travail n'est pas potentiellement dangereux (rappr. Soc. 24 févr. 2004, *Bull. civ.* V, n° 60).

§ 3 Les rôles des droits de la personne du salarié

317 Les droits de la personne du salarié, et plus largement les droits fondamentaux, sont susceptibles de remplir plusieurs rôles. Le premier est évident. Les droits de la personne du salarié restreignent l'étendue du pouvoir de l'employeur. L'employeur doit toujours examiner si son action ne porte pas atteinte à un droit de la personne du salarié, quand bien même cette action paraîtrait *a priori* licite puisqu'autorisée par le contrat, le règlement intérieur ou même par le pouvoir de direction qui lui est reconnu. Les droits de la personne du salarié constituent donc un réservoir de remise en cause de la légalité des actions de l'employeur. L'atteinte à un droit fondamental est sanctionnée par la nullité de la mesure attentatoire (Soc. 13 mars 2001, *Dr. soc.* 2001. 1117, obs. C. Roy-Loustaunau), alors que les atteintes à des libertés ordinaires (qui ne seraient pas par ailleurs protégées par le principe de non-discrimination) n'emportent pas nullité du licenciement. La reconnaissance de la nullité permet au juge des référés d'ordonner l'arrêt d'une procédure de licenciement et la poursuite du contrat de travail (Soc. 31 mars 2004, *Bull. civ.* V, n° 101).

318 Les autres rôles sont moins visibles. Les droits de la personne du salarié sont parfois convoqués pour fonder et légitimer une règle posée par le législateur ou par la Cour de cassation. La nécessité d'une contrepartie financière aux clauses de non-concurrence est ainsi adossée au libre exercice d'une activité professionnelle (Soc. 10 juill. 2002*).

319 Les droits de la personne du salarié peuvent également servir à influencer l'interprétation d'autres dispositions, ou règles. C'est ainsi que la liberté de se vêtir à sa guise a inspiré une interprétation stricte de la convention collective des entreprises de sécurité, qui prévoit de manière générale le port d'un uniforme. La Cour de cassation a ainsi approuvé la cour d'appel qui a réservé le port de l'uniforme aux seuls salariés en contact avec la clientèle (Soc. 3 juin 2009, *D.* 2010. 342, obs. B. Géniaut).

section 2

Panorama des droits de la personne du salarié

Les droits de la personne du salarié sont multiples. Leurs fondements sont divers. Aux côtés des articles L. 1121-1 et L. 1321-3 du Code du travail (lesquels concernent les dispositions du règlement intérieur), siègent parfois dans les arrêts l'article 9 du Code civil relatif à la protection de la vie privée, ainsi que les dispositions de la Convention européenne de sauvegarde des droits de l'homme, auxquelles la Cour de cassation assure une applicabilité horizontale (v. ss 80). 320 ■

Le panorama des droits de la personne, ci-dessous esquissé, est loin d'être exhaustif et certaines solutions ne peuvent être aisément rangées dans une catégorie de droits bien identifiée. Les articles L. 1121-1 et L. 1321-3 du Code du travail ont été mobilisés pour contester toute sorte de mesures de l'employeur prises dans le cadre de son pouvoir de direction ou de son pouvoir normateur. Ont ainsi été jugées contraire aux droits et libertés des salariés, l'interdiction de toute conversation étrangère au service (CE 25 janv. 1989, *SITA*, *Dr. soc.* 1990. 201), l'interdiction faite aux caissières d'accepter à leur caisse un membre de leur famille (CE 9 déc. 1994, *Lebon* 547). 321 ■

La faculté accordée à l'employeur de procéder à des alcootests a également été soumise au crible des droits et libertés. Pour le Conseil d'État, cette mesure peut être justifiée par des impératifs de sécurité. Mais alors seuls les salariés exécutant des travaux dangereux pourront y être soumis et ce dans un objectif préventif et non de sanction (CE 8 juill. 1988*). La chambre sociale pose également de strictes conditions : le contrôle d'alcoolémie doit être justifié par les fonctions du salarié, et par le risque pour les personnes et les biens que ferait encourir un état d'ébriété. À ces justifications de fond, la Cour de cassation ajoutent des règles de procédure : le contrôle doit être prévu par le règlement intérieur et ses modalités doivent permettre la contestation du résultat obtenu (Soc. 31 mars 2015 (PB), n° 13-25436). Cette dernière exigence implique donc une conservation fiable des tests (V. déjà Soc. 22 mai 2002, Bull. civ. V, n° 176 ; Dr. ouvrier 2002. 549, note A. de Senga).

Ces précisions faites, il convient d'étudier successivement les vies personnelle et privée du salarié (§ 1), la liberté vestimentaire (§ 2), la liberté religieuse (§ 3), la liberté d'expression (§ 4) et les libertés liées à l'action en justice (§ 5).

§ 1 Le droit du salarié au respect de sa vie privée

L'employeur peut contrôler le travail, la manière de l'exécuter. Il n'y a là aucun doute. Il peut surveiller son salarié et sanctionner le mauvais accomplissement des tâches confiées. Mais il ne saurait avoir un accès sans contrainte à la vie privée du salariée. Le droit du salarié au respect de sa vie privée est protégé à la fois par l'article 9 du Code civil, qui dans un alexandrin, dispose : « Chacun a droit au respect de sa vie privée » et par l'article 8 de la Conv. EDH qui proclame « Toute personne a droit au respect de sa vie privée et familiale, de son domicile et de sa 322 ■

correspondance ». Ce droit au respect de la vie privée se dédouble. Il protège d'abord l'intimité du salarié, et ce même aux temps et lieux de travail. C'est alors le secret de la vie privée qui est garanti (A). Le droit au respect de la vie privée oblige ensuite, à l'opposé, l'employeur à tenir compte des choix personnels du salarié (B).

■ 323 Le pouvoir de l'employeur doit s'arrêter aux portes du travail. À défaut, le salariat n'est plus que servitude. Mais, il reste néanmoins à placer la frontière entre activité professionnelle, vie personnelle, et vie privée. La jurisprudence et la terminologie ont fluctué (v. P. Adam, « Vie personnelle/vie professionnelle, une distinction en voie de dissolution (petit exercice de jardinage juridique », *Dr. ouvrier* 2013. 431) et il faut aujourd'hui bien distinguer le droit fondamental au respect de la vie privée du salarié et l'immunité dont il bénéficie quant aux faits relevant de sa *vie personnelle*[Q]. Cette immunité ne constitue pas un droit fondamental ou un droit de personne au sens de l'article L. 1121-1 du Code du travail, même si elle esquisse également la sphère de « tranquillité » du salarié (sur la vie personnelle, v. ss 236 s. et v. ss 640).

A. Protection du secret de la vie privée du salarié

■ 324 Dans un arrêt célèbre, l'arrêt *Nikon* (Soc. 2 oct. 2001, *Nikon**), la Cour de cassation a consacré le droit du salarié au respect de l'intimité de sa vie privée, même aux temps et lieu de travail. La proclamation est solennelle, les applications multiples.

Le droit au secret de la vie privée prohibe d'abord toute intrusion de l'employeur dans l'intimité de la vie du salarié. C'est d'ailleurs ce droit qui interdit à celui-là de poser des questions intimes à celui-ci, sans rapport avec l'emploi (v. ss 324). C'est également cet aspect du droit au respect de la vie privée qui rend illégale l'obligation d'informer l'employeur de l'existence de comptes détenus dans d'autres établissements (CE 3 oct. 1997, *Synd. FO des employés et cadres de la CRCA du Midi*, req. N°144006). C'est encore le respect dû au secret de la vie privée qui permet au salarié de refuser « de travailler à son domicile, ou d'y installer ses dossiers et ses instruments de travail » (Soc. 2 oct. 2001, n° 99-42727). Sur le terrain de la preuve, les filatures de salariés constituent des modes de preuve illicites (Soc. 26 nov. 2002, *Bull civ.* V, n° 352).

■ 325 Le droit au respect de l'intimité permet également d'encadrer l'accès de l'employeur à des éléments susceptibles de dévoiler la vie privée du salarié. Se voient ainsi dotés d'une relative protection les courriers et documents personnels du salarié. Le secret des correspondances privées est garanti, que le courrier soit postal ou électronique (arrêt *Nikon*). De manière assez proche, l'employeur ne peut pas librement accéder aux fichiers identifiés comme personnels par le salarié sur l'ordinateur de l'entreprise. Ce droit à l'intimité ne fait toutefois l'objet que d'une protection relative. Le salarié est loin d'être à l'abri de toute intrusion de l'employeur. La qualification de ficher, courrier ou dossier *personnel* impose simplement une procédure pour que l'employeur puisse accéder à leur contenu : il suffit que le salarié soit présent lors de l'ouverture du document ou qu'il ait été dûment appelé (Soc. 17 juin 2009, *Bull. civ.* V, n° 153 ; Soc. 23 mai 2012, *Bull. civ.* V, n° 156, à propos de l'enregistrement sur le dictaphone personnel du salarié). Plus encore, l'ouverture d'un fichier ou d'un mail personnel peut s'opérer en l'absence du salarié si elle est justifiée par un « risque ou événement particulier » (Soc. 17 juin 2009, préc.). La formule est très vague et semble pouvoir légitimer un peu trop facilement l'intrusion de l'employeur dans des fichiers pourtant spécifiquement désignés comme personnels par le salarié. En outre, l'employeur qui a des motifs légitimes de suspecter des actes de concurrence déloyale peut demander une mesure d'instruction pour accéder au contenu de l'ordinateur mis à la disposition du salarié, dans le cadre de la procédure sur requête de l'article 145 du Code de procédure civile (Soc. 23 mai 2007, n° 05-17.818, *D.* 2007. AJ. 1590, obs. A. Fabre ; *JCP* 2007. II. 10140, note L. Weiller ; 10 juin 2008, n° 06-19.229, *Bull. civ.* V, n° 129).

Les documents et courriers qualifiés de professionnel peuvent quant à eux être librement consultés par l'employeur. Peu importe que ces documents soient électroniques, et stockés sur l'ordinateur de l'entreprise ou physiques et accessibles sur le bureau du salarié (Soc. 4 juill. 2012, n° 11-12.330 : documents papiers ; Soc. 11 juill. 2012, n° 11-22.972 : courriers postaux).

La question cruciale est donc de savoir si les documents et courriers doivent être considérés comme personnnels ou professionnels. La claire identification du courrier postal ou électronique comme « personnel » interdit à l'employeur d'y avoir librement accès. De même, les courriels issus de la messagerie personnelle du salarié, même intégrés sur le disque dur professionnel, demeurent personnels (Soc. 26 janv. 2016, n° 14-15.360). En revanche, l'employeur peut prendre connaissance des fichiers qui ne sont pas spécialement classés comme « personnels » ou « privés », lesquels sont présumés professionnels (Soc. 18 oct. 2006, *Bull. civ.* V, n° 308 ; *RDT* 2006. 395, obs. R. de Quenaudon ; 18 oct. 2011, n° 10-25.706). Quant aux connexions établies par un salarié sur des sites Internet pendant son temps de travail grâce à l'outil informatique mis à sa disposition, elles sont également présumées professionnelles (Soc. 9 juill. 2008, n° 06-45.800, *Bull. civ.* V, n° 150). De manière contestable, la Cour de cassation a jugé que demeurent professionnels le dossier ayant pour intitulé les initiales du salarié tout comme le contenu du dossier « mes documents » (Soc. 21 oct. 2009, n° 07 43.877 ; Soc. 10 mai 2012, n° 11-13.884). De manière encore plus contestable, la Cour de cassation a estimé que la clé usb connectée à l'ordinateur de l'entreprise n'est plus personnelle (Soc. 12 févr. 2013, n° 11-28.649 [PB]). Quant aux SMS envoyés du ou reçus sur le téléphone portable appartenant à l'entreprise, ils sont présumés professionnels, à moins que le salarié les identifie comme personnels. On se demande bien comment étiqueter comme « personnels » des SMS, les Hauts magistrats de la chambre commerciale ont des compétences en NTIC que peu de salariés détiennent (Com 10 févr. 2015, n° 13-14779, *RDT* 2015. 191, obs. P. Adam). La belle formule de l'arrêt *Nikon* — « le salarié a droit même au temps et au lieu de travail au respect de l'intimité de sa vie privée » — paraît, en définitive, bien loin. 326

Il faut enfin ajouter que, bien que l'employeur puisse accéder aux courriels, fichiers et documents professionnels ou présumés tels, il ne pourra pas, si ces documents s'avèrent relever de sa vie privée, les produire en justice (Soc. 18 oct. 2011, n° 10-25.706 : correspondance amoureuse du salarié ; Soc. 10 mai 2012 n° 11-11.252) ou les utiliser pour sanctionner le salarié (Soc. 5 juill. 2011 n° 10-17.284).

Le droit au respect de la vie privée permet plus efficacement de protéger les biens appartenant au salarié. Le respect de la vie privée du salarié conduit à une jurisprudence assez stricte sur les fouilles des sacs et l'ouverture des armoires, qui peuvent contenir toutes sortes de biens personnels. L'ouverture des sacs des salariés n'est possible qu'avec l'accord du salarié, celui-ci ayant été averti qu'il pouvait refuser ou demander la présence d'un témoin, sauf circonstances exceptionnelles (Soc 11 févr. 327

2009, *Bull. civ.* V, n° 40). Mais le respect d'une procédure n'est pas suffisant, il faut encore que l'atteinte au secret de la vie privée soit justifiée par la nature de la tâche à accomplir et proportionnée au but recherché. Ainsi, dans une entreprise qui travaille sur des métaux précieux, la mise en place d'un détecteur de métaux à la sortie peut s'avérer proportionnée, mais la fouille additionnelle des « sacs, effets et véhicules du personnel » ne l'est pas (CE 8 juill. 1988*, préc. ; v. égal. Soc. 11 févr. 2009, préc.). L'ouverture des vestiaires devrait être soumise aux mêmes règles puisque ce qui se trouve dans un vestiaire a souvent vocation à se retrouver dans le sac du salarié. Toutefois, la jurisprudence n'est pas encore clairement fixée. La Cour de cassation exige simplement la présence de l'intéressé (Soc. 11 déc. 2001, *Bull. civ.* V, n° 377) et que l'ouverture soit justifiée par d'impérieux motifs.

B. Le droit au respect des choix personnels

328 Le droit au respect de la vie privée a une face plus active : il permet d'obliger l'employeur à prendre en considération des éléments de la vie privée et/ou familiale avant d'arrêter une décision. À défaut, sa décision sera annulée ou privée d'effet. Ainsi le libre choix du domicile, qui se présente comme une déclinaison du respect de la vie privée, fait l'objet d'une attention particulière. Il permet de paralyser l'usage d'une clause précisant que l'employeur se réservait le droit de modifier la région d'activité en demandant au salarié d'être domicilié dans cette région (Soc. 12 janv. 1999, *Dr. soc.* 1999. 287, obs. J.-E. Ray). De même, une clause d'un contrat de travail imposant à des employés de résider dans l'immeuble qu'ils étaient chargés d'entretenir, restreint leur liberté de choisir leur domicile, dès lors que les salariés pouvaient fort bien réaliser leurs fonctions tout en résidant à l'extérieur de leur lieu de travail (Soc. 13 avr. 2005, *Dr. soc.* 2005. 809, obs. J. Savatier ; v. aussi Soc. 28 févr. 2012, n° 10-18.308 [P]). Mais comme tout droit fondamental, le droit au respect du domicile peut être limité dès lors que l'atteinte portée est justifiée et proportionnée. Ainsi l'interdiction faite aux membres du personnel éducatif d'un établissement spécialisé de recevoir à leur domicile des mineurs placés dans l'établissement constitue une restriction à l'usage fait par le salarié de son domicile. Mais cette restriction est justifiée par la nature du travail à accomplir et proportionnée au but recherché (Soc. 13 janv. 2009, n° 07-43.282, *Bull. civ.* V, n° 3).

329 L'invocation de la vie privée et familiale permet aussi de contrecarrer la mise en œuvre par l'employeur d'une clause de mobilité. Cette clause doit, si elle porte atteinte au droit de la salariée à une vie privée et familiale, être justifiée par la tâche à accomplir et proportionnée au but recherché (Soc. 14 oct. 2008, n° 07-40.523, *Bull. civ.* V, n° 192). L'atteinte à la vie privée que peut entraîner l'application d'une clause de mobilité sera sans doute jugée de manière plus sévère s'agissant d'une veuve ayant deux jeunes enfants, que s'il s'agissait d'un célibataire sans charge de famille (Soc. 13 janv. 2009, n° 06-45.562, *Bull. civ.* V, n° 4 ; v. ss 303 s.). La Cour de cassation a également jugé que le changement d'horaire qui en principe s'analyse en un changement des conditions de travail, constitue une modification du contrat, dès lors qu'il a porté une atteinte excessive à la vie privée et familiale du salarié (Soc. 3 nov. 2011, n° 10-14.702). L'obligation de prendre en considération la vie privée et familiale du salarié conduit ici à modifier la détermination du contenu du contrat de travail, et à tout le moins, à accorder au salarié un droit, bien fragile, au refus d'un changement d'horaire qui porte atteinte à l'un de ces droits

fondamentaux. Ne faudrait-il pas de surcroît soumettre un tel changement à des justifications suffisantes ?

§ 2 La liberté vestimentaire

Une place est faite à la liberté vestimentaire. Un salarié ne peut se voir opposer de contraintes vestimentaires que si elles sont justifiées par la nature de la tâche à accomplir et proportionnées au but recherché (Soc. 28 mai 2003, *Dr. soc.* 2004. 132, note P. Lokiec, sanction du port d'un bermuda). Ceci dit, les entorses qu'elle peut subir semblent relativement faciles à justifier. Dès lors que les fonctions du salarié l'amènent à se trouver en contact avec la clientèle, la restriction à la liberté de se vêtir est susceptible d'être justifiée par la nature de la tâche à accomplir (v. le deuxième arrêt *Montribot*, Soc. 12 nov. 2008, n° 07-42.220 ; v. égal. Soc. 3 juin 2009, n° 08-40.346, *Bull. civ.* V, n° 144). 330 ■

§ 3 La liberté religieuse

La question qui s'est principalement posée est la suivante : l'employeur peut-il interdire le port de signes religieux dans l'entreprise ? La réponse à cette délicate question peut se faire en trois temps. 331 ■

Une interdiction *générale et absolue*, qui équivaudrait à imposer aux salariés du secteur privé une obligation de neutralité, ne saurait être admise, contrairement à ce que soutenaient certains (v. not. l'avis du HCI du 1er sept. 2011, *Dalloz actualité*, 15 sept. 2011, obs. Dechristé). L'article 9 de la Convention européenne des droits de l'homme protège explicitement « la liberté de manifester sa religion ou sa conviction individuellement ou collectivement, en public ou en privé, par le culte, l'enseignement, les pratiques et l'accomplissement des rites ». De plus, le principe de neutralité ne s'adresse qu'à l'État, et aux agents des services publics. C'est ce qu'a rappelé la chambre sociale : le principe de laïcité instauré par l'article 1er de la Constitution n'est pas applicable aux salariés des employeurs de droit privé qui ne gèrent pas un service public (Soc. 19 mars 2013*, n° 11-28845 [P], *Baby-Loup*). Aucune prohibition générale, à l'image de celle qui existe dans les services publics, ne peut donc être appliquée dans une entreprise du secteur privé. Cependant la loi dite « travail » du 8 août 2016 a introduit la possibilité (et non l'obligation) pour l'employeur d'inscrire dans le règlement intérieur un principe de neutralité, susceptible de restreindre la liberté religieuse. Cette restriction n'est possible qu'à condition que les manifestations des convictions des salariés heurtent d'autres droits et libertés ou sont justifiées par le bon fonctionnement de l'entreprise (C. trav., art. L. 1321-2-1). Les atteintes à la liberté religieuse ainsi que les actes discriminatoires que sont susceptibles d'autoriser un tel texte pourraient bien ne pas être conformes au droit européen (v. ci-dessous). 332 ■

Toutefois, les principes de neutralité et de laïcité sont applicables à l'ensemble des services publics, y compris lorsque ceux-ci sont assurés par des organismes de droit privé (Soc. 19 mars 2013*, n° 12-11.690 [P] *CPAM*). Restera alors, et ce n'est pas la moindre des difficultés, à délimiter « le champ des organismes de droit privé assurant un service public », qu'il faut distinguer des entités en charge d'une simple activité 333 ■

d'intérêt général. Il s'agit en principe d'organismes désignés par la loi ou par le règlement qui se voient chargés d'une mission de service public pour laquelle ils disposent de prérogatives exorbitantes du droit commun (tel est le cas de la CPAM). Il peut s'agir également d'entités qui se voient confiés par l'administration une mission d'intérêt général et avec des prérogatives de puissance publique, tel est le cas des délégataires privés de service public (eau, déchets, restauration collective, etc.). Enfin, relèvent de cette catégorie des entités pour lesquelles il résulte que l'administration a entendu leur confier une mission de service public, laquelle ressort d'un faisceau d'indice : contrôle, financement, organisation, création par l'État ou ses démembrements, prérogative exorbitante du droit commun (CE, sect., 22 févr. 2007, *APREI* ; CE, sect., 6 avr. 2007, *Commune d'Aix en Provence*, n° 284736). L'application d'un principe de neutralité à des organismes relevant du droit privé pourrait donc se révéler assez fréquente, sans que l'on comprenne bien pourquoi les salariés des nombreuses entreprises privées délégataires de service public devraient être soumis à un principe de laïcité.

334 L'éventualité d'une *interdiction circonstanciée* de porter des signes religieux appelle une réponse plus nuancée, comme l'a précisé la chambre sociale de la Cour de cassation dans l'arrêt *Baby-Loup* (Soc. 19 mars 2013*). Pour que l'interdiction soit admise, l'employeur doit non seulement mettre en avant le caractère justifié et proportionné de la clause (justification énoncée aux articles L. 1121-1 et L. 1321-3 du Code du travail sur le règlement intérieur), mais aussi l'existence d'une exigence professionnelle essentielle et déterminante (justification propre à l'article L. 1133-1 du Code du travail sur les discriminations). Deux types de contrôle sont ainsi combinés ; celui attaché aux libertés dans l'entreprise et celui attaché aux règles de non-discrimination.

Ce double contrôle paraît remis en cause. En effet, l'Assemblée plénière de la Cour de cassation n'a retenu que le contrôle attaché aux libertés et a ainsi accepté, dans l'affaire *Baby Loup*, que la salariée portant un foulard soit licenciée (Cass., ass. plén., 25 juin 2014*). La formation la plus solennelle de la Cour de cassation a considéré que la restriction à la liberté de manifester sa religion était justifiée et proportionnée, la justification tenant à la relation directe avec des enfants et leurs parents dans une structure de petite taille ayant paru suffisante aux yeux des magistrats français.

Le feuilleton concernant les restrictions à la liberté religieuse n'est pas terminé et va continuer à se jouer du côté de Luxembourg. La CJUE a en effet été saisie par la chambre sociale de la Cour de cassation d'une question préjudicielle par une décision du 9 avril 2015 (n° 13-19.855). Elle devra indiquer si la demande de retrait d'un signe religieux constitue une discrimination et si les exigences de la clientèle peuvent justifier une telle discrimination. Cette justification a peu de chance de prospérer devant la CJUE (v. les concl. de M. Poiares Maduro sous CJCE 10 juill. 2008, *Feryn*, aff. C-54/07).

L'autre grande juridiction européenne, si elle était saisie, ne devrait pas avoir une position très différente. La CEDH a en effet déjà estimé que la volonté « d'afficher une certaine image de la société » ne peut permettre, à elle seule, de porter atteinte à la liberté religieuse (CEDH 15 janv. 2013, n° 48420/10, *Eweida et autres c/ Royaume-Uni*, *AJDA* 2013. 81). Pareilles justifications — souhait des cliens, image de l'entreprise — apparaissent du reste très dangereuses, car les admettre conduirait à « imprégner le droit des préjugés et représentations discriminatoires, réelles ou supposées, des clients de l'entreprise » (v. à propos du trouble objectif : P. Adam, cit. ; v. aussi C. Wolmark, art. cit., rubrique « Biblio »).

En revanche, parmi les justifications admissibles, figurent sûrement celles qui tiennent à l'exigence du respect de l'obligation de sécurité (v. Délib. de la Halde n° 2006-242 du 6 avr. 2006 ; comp. le raisonnement tenu par la CEDH 11 janv. 2005, req. n° 35753/03 ; 4 mars 2008, req. n° 15585/06). Ainsi, la CEDH a estimé que l'interdiction faite à une infirmière de porter une croix n'est jugée ni disproportionnée, ni discriminatoire, dès lors qu'elle vise à « protéger la santé et la sécurité des infirmières et des patients » (CEDH 15 janv. 2013, préc). 335

§ 4 La liberté d'expression

Tout a commencé par un arrêt, resté célèbre, l'arrêt *Clavaud* (Soc. 28 avr. 1988 *Dr. ouvrier* 1988. 250 ; *Dr. soc.* 428). M. Clavaud avait fait des critiques à l'égard de son entreprise dans l'*Humanité*. Le salarié est licencié et son affaire est portée devant la Cour de cassation. Celle-ci, pour rejeter le recours contre l'arrêt ayant annulé le licenciement, indique que le droit d'expression s'exerce hors de l'entreprise dans toute sa plénitude, réservant néanmoins la limite de l'abus. Elle ajoute que cette liberté d'expression s'exerce aussi dans l'entreprise. La liberté d'expression, ainsi consacrée, permet donc aux salariés de critiquer leur entreprise, et sa politique. Elle interdit aussi que soient sanctionnées les prises de position des salariés (v. Soc. 1er juill. 2015, n° 14-13.871). 336

Plus récemment, la liberté d'expression a été mise au service du droit d'alerte des salariés : ceux-ci peuvent ainsi dénoncer, de bonne foi, des faits dont ils ont eu connaissance dans l'exercice de leurs fonctions et qui, s'ils étaient établis, seraient de nature à caractériser des infractions pénales (Soc. 30 juin 2016* [PBRI], n° 15-10.157. Comp. CEDH 17 sept. 2015, *Langner c/ Allemagne*, n° 14464/1). Plus encore, le fait pour un salarié de porter à la connaissance du procureur de la République des faits concernant l'entreprise qui lui paraissent anormaux, qu'ils soient au non susceptibles de qualification pénale, ne constitue pas en soi une faute (même décision). La protection des lanceurs d'alerte est ainsi organisée par la Cour de cassation, avec un régime légèrement différent de celui qui s'applique pour la liberté d'expression en général.

En effet, la liberté d'expression hors hypothèse de l'alerte, connaît aujourd'hui deux limites. Selon la formule prétorienne aujourd'hui consacrée, « sauf abus, le salarié jouit, dans l'entreprise et en dehors de celle-ci, de sa liberté d'expression à laquelle seules des restrictions justifiées par la nature de la tâche à accomplir et proportionnées au but recherché peuvent être apportées » (Soc. 16 déc. 2009, n° 08-44.830 ; 28 avr. 2011, n° 10-30.107, *JCP* S 2011. 1374, obs. B. Bossu). Mais contrôle de l'abus, d'une part, et contrôle de justification et de proportionnalité, d'autre part, évoquées dans la formule jurisprudentielle, n'ont pas le même rôle. Le contrôle de l'abus permet aux juges de contrôler les paroles ou les écrits du salarié. Le contrôle de nécessité et de proportionnalité permet de vérifier que la restriction *ex ante*, faite par l'employeur à la liberté d'expression du salarié, est bien légale.

L'abus correspond à l'usage de termes injurieux, diffamatoires ou excessifs (Soc. 2 mai 2001, *Bull. civ.* V, n° 142, *Dr. soc.* 2002. 1003, obs. B. Gauriau ; 30 oct. 2002, *Dr. soc.* 337

2003. 136, obs. F. Dusquesne). De manière générale, l'abus de la liberté d'expression du salarié est assez strictement entendu, de sorte que les salariés conservent un véritable droit de critique de la politique menée dans l'entreprise. Ainsi a-t-il été jugé qu'un cadre supérieur qui formule des critiques très vives contre la nouvelle stratégie de l'entreprise dans le cadre d'un comité de direction n'abuse pas de sa liberté d'expression (Soc. 14 déc. 1999, *Dr. soc.* 2000. 163. Rappr. Soc. 17 déc. 2014, n° 13-19659 : lettre à l'actionnaire majoritaire pour dénoncer les orientations et pratiques de la société). L'abus est néanmoins apprécié en fonction des circonstances de chaque espèce et de la position du salarié. Font pencher la balance du côté de l'abus les accusations que les salariés ne peuvent démontrer (Soc. 28 oct. 2014, n° 13-21.320) tout comme le fait que les propos soient publics. Ainsi la chambre sociale a-t-elle retenu l'abus dans une affaire qui concernait un salarié qui avait apposé sur le balcon de son domicile une banderole mettant en cause publiquement et nommément son employeur (Soc. 22 juin 2011, n° 10-10.856). Toutefois, dans le cadre d'une polémique médiatique, un sportif salarié peut mettre en cause son entraîneur (Soc. 28 avr. 2011, n° 10-30.107, *JCP* S 2011. 1374, obs. B. Bossu). Dans la même perspective, la dénonciation de la politique de l'entreprise par des tracts diffusés aux clients ou aux passants ne constitue pas, en l'absence d'injure ou de diffamation, un exercice abusif de la liberté d'expression (Soc. 23 sept. 2009, n° 08-42.201 ; Soc. 14 nov. 2013, n° 12-10082).

L'usage des réseaux sociaux influence également bien sûr la conception juridique de l'abus de la liberté d'expression. La cour d'appel de Besançon avait à cet égard affirmé que l'usage de facebook « doit être nécessairement considéré, au regard de sa finalité et de son organisation, comme un espace public » et, dès lors, qu'il appartient à chacun de s'assurer « préalablement auprès de son interlocuteur qu'il a limité l'accès » avant de poster un message sur le « mur » du correspondant (Besançon, ch. soc., 15 nov. 2011, RG n° 10/02642). La première chambre civile (car il s'agissait d'une action en diffamation, et non d'un litige lié au licenciement de la salariée) de la Cour de cassation a récemment décidé que les propos diffusés sur facebook n'étaient en l'espèce accessibles qu'aux seules personnes agréées par l'intéressée, en nombre très restreint, de sorte que l'injure publique n'était pas constituée (Civ. 1re, 10 avr. 2013, n° 11-19530). Bien loin de déclarer privées toutes les conversations sur facebook, la Cour de cassation suggère au contraire en posant ces deux conditions cumulatives qu'il vaut mieux limiter le nombre de ses amis…

338 Le contrôle de la nécessité et de la proportionnalité de l'atteinte à la liberté d'expression vise quant à lui à examiner si les restrictions imposées par l'employeur au salarié sont valables. Le contrôle est assez strict. Ainsi, dans une affaire où une entreprise avait, dans un code de conduite des affaires, restreint la faculté pour les salariés de divulguer des informations confidentielles et à usage interne, la Cour de cassation a affirmé que « les informations à usage interne dont la divulgation est soumise à autorisation préalable par le code de conduite de la société Dassault systèmes ne faisaient pas l'objet d'une définition précise, de sorte qu'il était impossible de vérifier que cette restriction à la liberté d'expression était justifiée par la nature de la tâche à accomplir et proportionnées au but recherché » (Soc. 8 déc. 2009, *D.* 2010. Pan. 10, obs. O. Leclerc, *SSL* 2010, n° 1433, note I. Meyrat ; *Dr. ouvrier* 2010. 244, note J. Porta). Toutefois, la Cour de cassation admet la validité d'une transaction interdisant tout propos public critique ou dénigrant entre un présentateur de journal télévisé licencié et son employeur. La justification, résidant dans la protection de la réputation de la chaîne et de ses dirigeants, est considérée comme une justification valable, et la restriction à la liberté d'expression est proportionnée, dès lors qu'elle était précise quant à son objet et limitée dans le temps (Soc. 14 janv. 2014, n° 12-27284 [PB]).

§ 5 Les libertés liées à l'action en justice

L'article 6§1 de la Convention européenne des droits de l'homme proclame solennellement que « Toute personne a droit à ce que sa cause soit entendue équitablement, publiquement et dans un délai raisonnable ». Ce droit à un procès équitable peut rester bien illusoire dans les relations de travail où les salariés risquent d'être licenciés ou sanctionnés s'ils agissent ou témoignent contre leur employeur. Pour donner un peu corps à ce droit d'action en justice, le législateur a prévu quelques hypothèses où le licenciement motivé par l'action judiciaire du salarié peut être annulé. C'est ainsi le cas en matière de discrimination (C. trav., art. L. 1134-4) ou de violation du principe d'égalité de traitement entre les hommes et les femmes (C. trav., art. L. 1144-3). Surtout la Cour de cassation a, par une salve d'arrêts rendu en 2013, entouré le droit fondamental d'agir ou de témoigner en justice d'une protection suffisante pour rendre ce droit plus effectif. Elle se conforme ainsi à l'article 5c de la convention 158 de l'OIT. Dès lors doit être annulé le licenciement qui fait suite à l'action en justice du salarié (Soc. 6 févr. 2013* ; 18 déc. 2013, n° 12-27.383), même si d'autres griefs sont reprochés par l'employeur au salarié (Soc. 3 févr. 2016, n° 14-18.600, *RDT* 2016. 433, note L. Enroljas). Cette violation permet de surcroît d'obtenir au salarié la réintégration en référé (Soc. 6 févr. 2013*). Doit également être annulé, le licenciement d'un salarié qui a témoigné contre son employeur. La protection de ce salarié témoin joue sauf en cas de mauvaise foi (Soc. 29 oct. 2013*). 339 ■

section 3

L'exigence d'égalité

L'aspiration à l'égalité revêt plusieurs habits juridiques. Souvent confondus, il faut néanmoins les distinguer. Des définitions doivent être données (§ 1) avant d'examiner plus attentivement les différentes notions — discrimination (§ 2), égalité de traitement (§ 4) — et le régime de preuve instauré (§ 3). 340 ■

§ 1 Définitions

La lutte contre les discriminations est promue au rang de priorité nationale et européenne. Mais qu'est-ce au juste, une discrimination ? 341 ■

Une discrimination est constituée par la prise en compte d'un critère illicite (origine, sexe, handicap, âge, etc.) afin d'arrêter une décision, une mesure, une règle, etc. La démonstration de la prise en compte d'un tel critère suffit à caractériser la discrimination. L'employeur qui refuse une augmentation à une salariée parce que c'est une femme commet un acte discriminatoire. La comparaison avec d'autres salariés n'est donc pas nécessaire pour prouver la discrimination (Soc. 10 nov. 2009, *Bull. civ.* V, n° 246, *D.* 2010. 672, note J. Porta), bien qu'elle soit néanmoins fréquemment utilisée, notamment en raison de la répartition originale de la charge de la preuve (v. pour une utilisation de la preuve par comparaison en matière de discrimination en fonction de l'origine, Soc 7 févr. 2012, *Bull. civ.* V, n° 54, v. égal. v. ss 352). En somme, la comparaison n'est pas indispensable, ce que n'ont pas bien compris les rédacteurs de la loi du 27 mai 2008 portant diverses dispositions d'adaptation au droit communautaire dans le domaine de la lutte contre les discriminations. L'article 1er qualifie de « discrimination » le fait pour une personne d'être « traitée de manière moins favorable qu'une autre ne l'est, ne l'a été ou ne l'aura été dans une situation comparable ». Grammaticalement incorrecte puisqu'un futur antérieur ne peut être utilisé après un présent, cette définition impose bien, semble-t-il, une comparaison avec d'autres personnes. À ce titre, elle ne respecte pas les directives qu'elle est censée transposer. Les directives nos 2000/43/CE du 29 juin 2000 relative à la mise en œuvre du principe de l'égalité de traitement entre les personnes sans distinction de race ou d'origine ethnique et 2000/78/CE du 27 novembre 2000 portant création d'un cadre général en faveur de l'égalité de traitement en matière d'emploi et de travail définissent la discrimination comme la situation où « une personne est traitée de manière moins favorable qu'une autre ne l'est, ne l'a été ou ne le serait dans une situation comparable ». La comparaison peut donc être uniquement virtuelle, elle sert juste à démontrer le désavantage (en ce sens, J. Porta, obs. préc.). Il suffira, par exemple, à un salarié de démontrer une rupture dans la progression de carrière concomitante à la participation à un mouvement de grève pour que soit reconnue une discrimination (Soc. 10 nov. 2009, préc. Voir toutefois faisant prévaloir une conception de la discrimination ancrée dans la comparaison : CJUE 1er oct. 2015, aff. C-432/14).

Même ainsi définie, la discrimination se heurte toujours à la difficulté de prouver que l'employeur a pris en compte un critère prohibé. Il n'est pas facile de démontrer l'intention de discriminer, ce que l'on appelle la *discrimination directe*Q. Le droit antidiscrimination offre alors plusieurs outils pour faciliter la lutte contre des pratiques discriminatoires. L'aménagement de la charge de la preuve constitue un premier outil (v. ss 352). La notion de « discrimination indirecte » en constitue un second, bien qu'il remplisse également d'autres fonctions.

342 La *discrimination indirecte*Q est définie par la loi du 27 mai 2008 transposant les directives nos 2000/43 et 2000/78. Il s'agit d'une mesure d'apparence neutre qui affecte défavorablement une personne ou un groupe de personnes qui présente l'un des critères dont la prise en compte est prohibée. Un exemple permettra de donner corps à ce concept.

Une entreprise de restauration collective occupe deux types de travailleurs. Certains sont affectés à la confection de plateaux-repas, d'autres à leur livraison et présentation. L'employeur décide de retirer aux seuls préparateurs des plateaux une pause qui est accordée à tous les salariés. Voilà une mesure apparemment neutre, en ce qu'elle n'emporte pas de discrimination. Or, les salariés affectés à la fabrication des plateaux-repas sont tous, ou presque, des salariées, alors que les livreurs sont quasiment tous des hommes. Le système conduit donc à un allongement du temps de travail qui affecte globalement et principalement les femmes, et ce même si certains hommes travaillent également dans l'atelier de fabrication de plateaux-repas, et que quelques rares femmes sont livreuses. Il y a ici discrimination sexiste indirecte : le résultat de la décision de l'employeur est d'entraîner un désavantage particulier pour une catégorie définie sur la base d'un critère illicite (l'appartenance à l'un ou l'autre sexe)

On le voit bien à travers cet exemple, la discrimination indirecte peut jouer deux rôles. Elle peut faciliter la preuve de l'intention de discriminer, si en réalité l'employeur souhaitait défavoriser les femmes. En effet, dès que l'auteur d'une discrimination prend soin de déguiser un peu ses motivations, il est souvent difficile, voire impossible, de démontrer que son acte a été inspiré par l'utilisation d'un critère prohibé. Mais la discrimination indirecte est aussi un moyen de lutte contre les inégalités liées à des critères illicites, mais qui ne procèdent d'aucune volonté consciente. Les inégalités « structurelles », liées aux habitudes, à l'inattention, à la reproduction de schémas anciens, sont, en elles-mêmes dangereuses, même sans intention de défavoriser telle ou telle catégorie de personnes.

Ainsi se comprend la définition légale de la discrimination indirecte contenue à l'article premier alinéa 2 de la loi du 27 mai 2008 : « Constitue une discrimination indirecte une disposition, un critère ou une pratique neutre en apparence, mais susceptible d'entraîner, pour l'un des motifs mentionnés au premier alinéa, un désavantage particulier pour des personnes par rapport à d'autres personnes, à moins que cette disposition, ce critère ou cette pratique ne soit objectivement justifié par un but légitime et que les moyens pour réaliser ce but ne soient nécessaires et appropriés ».

À côté des règles de non-discrimination est promu le *principe d'égalité de traitement* 343 ■
entre salariés d'un même employeur qui effectuent un travail similaire ou un travail de valeur égale. La comparaison est ici indispensable pour savoir si un salarié est moins bien traité qu'un autre (v. plus nuancé, Soc. 23 mars 2011, n° 09-42.666 [P], qui indique que la différence peut résulter des termes mêmes de l'accord collectif). En revanche, le motif des différences de traitement entre salariés n'intervient pas pour savoir si la règle d'égalité a été violée.

Ces séparations nécessaires pour la compréhension (mais pas toujours appliquées ; 344 ■
v. CJUE 1er oct. 2015, aff. C-432/14), emportent quelques conséquences, moins convaincantes. Par exemple, les licenciements décidés en rétorsion à une action en justice visant à faire condamner une discrimination sont nuls (C. trav., L. 1134-4), alors que le licenciement qui réprime une demande en justice basée sur l'égalité de traitement n'est pas nul, mais simplement dépourvu de cause réelle et sérieuse (Soc. 20 févr. 2008, *Alcatel*, nos 06-40.085 et 06-40.615 [B], *Dr. soc.* 2008. 535, obs. crit. C. Radé).

§ 2 Le principe de non-discrimination

Les discriminations que subissent les personnes du fait notamment de leur genre, 345 ■
masculin ou féminin, de leurs origines ou de leur âge sont un des problèmes majeurs de notre société. Ces discriminations s'expriment de manière particulièrement dure dans le monde du travail. Les combattre est l'une des tâches les plus difficiles et les plus urgentes du droit du travail.

La prohibition des discriminations, même complétée de celle des discriminations indirectes, demeure loin d'être suffisante pour rétablir l'égalité. Les obstacles et les désavantages que connaissent les femmes ou les jeunes issus de l'immigration ont fait l'objet de constatations statistiques éloquentes (V. *Économie et Statistique, Inégalités et discriminations : questions de mesure* 2013, n° 464-465-466). Afin de remédier à l'ineffectivité de l'exigence proclamée de non-discrimination, la lutte contre les comportements discriminants s'est enrichie. Elle n'est plus simplement répressive. Elle tente de devenir préventive. Une loi de 2006 a ainsi demandé aux employeurs de rendre anonyme les *curriculums vitæ* qu'ils reçoivent de la part de candidats à un emploi Mais, inappliquée, cette obligation est devenue une simple possibilité depuis la loi du 17 août 2015, ce qui constitue un recul de la lutte contre les discriminations (C. trav., art. L. 1221-7). Par ailleurs, des procédures de négociation et de consultation pour organiser la lutte contre les discriminations sont imposées (v. not. C. trav., art. L. 2242-7 et L. 2242-8. V., N. Moizard, « La négociation sur l'égalité professionnelle et la lutte contre les discriminations après la loi rebsamen du 17 août 2015 », *RDT* 2015. 616).

La répression des discriminations conserve cependant sa place, centrale. C'est elle qui fait l'objet des développements qui suivent. Il faut identifier les différences illicites (A). Mais l'utilisation d'un critère illicite peut, dans certains cas, être autorisée (B). Preuve (C) et sanction (D) des discriminations en facilitent la répression.

A. Les différences illicites

■ 346 La clef, en la matière, se trouve aux articles L. 1132-1 et suivants du Code du travail, lesquels sont issus de l'article L. 122-45 de l'ancien Code du travail. Ces articles livrent une liste d'actes prohibés et de critères illicites.

■ 347 Lors de son adoption par la loi du 4 août 1982, l'article L. 122-45 de l'ancien Code du travail n'avait pour champ d'application que le licenciement et les sanctions disciplinaires. Il s'agissait d'une vision un peu limitée des actes potentiellement discriminatoires. Le législateur est venu compléter à plusieurs reprises la liste des actes susceptibles de générer des discriminations. Aujourd'hui, la liste est devenue très complète. L'article L. 1132-1 du Code du travail vise, outre le licenciement et les sanctions disciplinaires, les actes qui permettent d'écarter un salarié « d'une procédure de recrutement ou de l'accès à un stage ou à une période de formation en entreprise », ainsi que tous les actes « en matière de rémunération [...] d'intéressement et de distribution d'action, de formation, de reclassement, d'affectation, de qualification, de classification, de promotion professionnelle, de mutation ou de renouvellement de contrat ». La multiplication des lois a, une fois n'est pas coutume, généré une simplification : il est désormais possible de dire qu'aucune mesure, qu'aucun acte de gestion du personnel ne peut être discriminatoire.

■ 348 La discrimination gît dans l'usage de critères illicites pour arrêter certaines décisions. Tous les critères ne sont pas illicites. Le mérite, les talents sont des raisons valables pour prendre une décision : tout n'est pas discrimination. Seules les raisons mentionnées à l'article L. 1132-1 du Code du travail sont discriminatoires. Deux grandes catégories de critères peuvent être schématiquement distinguées dans cet article.

Tout d'abord, est proscrite la prise en compte de l'« origine », du « sexe », de l'« âge », de « l'identité sexuelle », « l'orientation sexuelle », de l'« appartenance ou non-appartenance, vraie ou supposée, à une ethnie, une nation, ou une race », de l'« apparence physique », du « patronyme », de « la grossesse », de « l'état de santé », du « lieu de résidence », des « caractéristiques génétiques », du « handicap », ou « de la particulière vulnérabilité résultant de leur situation économique, apparente ou connue de son auteur » (ces éléments sont communs aux listes de C. pén., art. 225-1 ; C. trav., art. L. 1132-1). L'utilisation d'un de ces motifs comme critère d'évaluation génère une évaluation globale de la personne indépendamment de son comportement réel, de ses actes, de ses résultats. Est seulement pris en compte, défavorablement, *ce qu'elle est*, ce qui caractérise une violation du principe d'égalité des êtres humains, et corrélativement du principe de dignité.

Ne peuvent davantage être pris en considération les « mœurs », « la situation de famille », « les opinions politiques », « les activités syndicales » (C. pén., art. L. 225-1 ; C. trav., art. L. 1132-1) ou « l'exercice normal du droit de grève » (C. trav., art. L. 1132-2). L'utilisation par un employeur d'un de ces critères prohibés porte atteinte à l'exercice de droits fondamentaux et vient sanctionner le salarié pour *ce qu'il fait*, alors que son action est protégée par la loi. Le principe de non-discrimination vient ici en renfort tout autant de l'égalité que de la liberté (syndicale, politique, religieuse, de disposition de son corps, etc.).

B. L'usage exceptionnel de critères illicites

Les critères prohibés peuvent parfois être utilisés pour favoriser une catégorie de personnes habituellement victimes de discrimination. Ces mesures sont alors qualifiées de « positives ». Mais il s'agit ici d'étudier une question bien différente : celle de la justification, très exceptionnelle, de l'utilisation d'un critère prohibé pour refuser à la personne qui présente ce critère un droit ou un avantage. 349 ■

Ainsi, il n'est pas interdit d'exclure les aveugles des concours de recrutement de pilote d'avion et il est possible (quoique non nécessaire) de donner la préférence aux hommes pour jouer des rôles masculins. L'article L. 1133-1 autorise ainsi des distinctions fondées sur un motif normalement illicite si ces différences de traitement « répondent à une exigence professionnelle essentielle et déterminante et pour autant que l'objectif soit légitime et l'exigence proportionnée ». Cet article constitue la transposition de la directive n° 2000/78/CE. Dans le domaine des discriminations, il n'y a donc plus de place pour la règle jurisprudentielle ancienne qui se contentait pour admettre une mesure défavorable que le comportement du salarié constitue un trouble objectif au fonctionnement de l'entreprise (v. en ce sens, Soc. 19 mars 2013, *Baby loup**). La CJUE a rappelé, dans le même sens, qu'un objectif légitime ne suffit pas pour justifier une discrimination directe (CJUE 12 déc. 2013, aff. C-267/12). En somme, la discrimination directe ne saurait être que très exceptionnellement admise.

Les discriminations liées à l'âge (C. trav., art. L. 1133-2) ou au handicap (C. trav., art. L. 1133-3) font l'objet de règles particulières. C'est dans ce cadre spécifique qu'a été jugé qu'était valable la mise à la retraite prononcée par l'employeur lorsque le salarié a atteint l'âge légal pour bénéficier d'une retraite à taux plein (Soc. 26 nov. 2013, n° 12-21.758)

Pour les discriminations indirectes, la justification de la différence de traitement paraît plus facile. Selon l'article 1er de la loi du 27 mai 2008, est autorisée dans ce cas une mesure justifiée par un but légitime dès lors que les moyens pour réaliser ce but sont nécessaires et appropriés.

350 La détermination de ces exigences professionnelles essentielles et déterminantes sera au cœur des enjeux judiciaires à venir. Tentons donc de les préciser.

Il faut que les fonctions du salarié et/ou la nature de l'entreprise justifient l'usage d'un critère illicite. Ainsi une limite d'âge, fixé à 30 ans, pour les pompiers qui sont en service d'intervention constitue une exigence professionnelle essentielle et déterminante (v. CJUE 12 janv. 2010, *Wolf*, aff. C-88/08). La sécurité de la clientèle figure également parmi les exigences professionnelles essentielles (v. en ce sens, CEDH 15 janv. 2013, *Eweida et autres*, n° 48420/10). Il est possible en outre que dans les entreprises de tendance - partis politiques, syndicats, institutions cultuelles... - l'exigence professionnelle essentielle soit plus facilement admise (CEDH 3 févr. 2011, *Siebenhaar*, req n° 18136/02, D. 2011. 1637, chron. J.-P. Marguénaud et J. Mouly. V. toutefois, Soc. 17 févr. 1991* : le licenciement d'un sacristain homosexuel dans une église traditionaliste n'est pas justifié).

Mais on ne saurait invoquer au titre des exigences professionnelles essentielles et déterminantes les préférences de la clientèle (Soc. 11 janv. 2012, n° 10-28.213 [P], *D.* 2012. 290, affaire dite de la boucle d'oreille) ou des autres salariés. Cela conduirait à admettre la propagation et la répétition des préjugés (rappr. CEDH 28 sept. 1999, *Smith et Grady c/ RU* et *Lustig-Prean-Beckett c/ RU*, req. n°s 33985/96 et 33985/96. Voir également, CEDH 3 oct. 2013, req. no 552/10, spéc. pt 87). Est bien évidemment coupable de discrimination un entrepreneur qui refuserait d'embaucher (ou qui déclarerait refuser d'embaucher) un Noir à un poste en contact avec la clientèle en arguant du racisme de cette clientèle et du risque de perte que cette embauche occasionnerait (CJCE 10 juill. 2008, aff. C-54/07). La soumission au racisme ou au sexisme d'autrui a les mêmes effets qu'une action directement raciste ou sexiste, ce qui justifie encore qu'elle doive être condamnée comme l'est une discrimination directement causée par les opinions inégalitaires de son auteur.

351 Des justifications un peu plus souples sont prévues pour la prise en compte de l'âge. L'article L. 1133-2, transposant l'article 6 de la directive n° 2000/78/CE, autorise des différences de traitement en fonction de l'âge si « elles sont objectivement et raisonnablement justifiées par un but légitime, notamment par des objectifs de politique de l'emploi, du marché du travail et de la formation professionnelle », ce qui se situe de prime abord un cran en dessous de l'exigence professionnelle essentielle. La Cour de cassation n'est guère sensible à la nuance : elle a ainsi déclaré illicite l'utilisation d'un âge couperet pour la mise à retraite d'office (v. not. Soc. 11 mai 2010 (2 arrêts), *D.* 2010. 2489, note S. Laulom ; rupture du contrat de travail d'office à 60 ans pour les pilotes et pour le personnel de l'Opéra de Paris). De même, elle a déclaré discriminatoire une mesure prise par les écoles de ski organisant la réduction d'activité des moniteurs à partir de 62 ans. En effet, ni l'objectif — « répondre à la demande de la clientèle » — n'est apparu légitime, ni les moyens mis en place — absence de garantie d'embauche et de stabilité des jeunes moniteurs — n'ont été considérés comme appropriés (Soc. 17 mars 2015, PB, n° 13-27.142).

C. La preuve des discriminations

352 Dans la lutte contre les discriminations, se dressait pendant longtemps un obstacle de taille. La victime devait démontrer l'intention de l'auteur de la discrimination. Or, il est bien rare qu'un employeur se déclare publiquement raciste, sexiste, anti-syndicaliste, anti-vieux, anti-jeune, etc. Le législateur communautaire, plus en pointe

que le législateur français sur ces questions, a dès 1997 imposé un partage du fardeau de la preuve aujourd'hui inscrit dans le Code du travail à l'article L. 1134-1. Il appartient au salarié de « présenter des éléments de fait laissant supposer l'existence d'une discrimination » : il n'a donc pas à prouver une intention discriminatoire mais une apparence de discrimination. Une intéressante illustration en est donnée par une affaire jugée il y a peu. Un salarié homosexuel d'une grande banque a passé avec succès l'examen pour être sous-directeur puis a postulé en vain à 14 reprises à un poste de ce niveau. Précisons qu'il est le seul de sa promotion à ne pas avoir obtenu de poste. Enfin, des témoins font état « d'une ambiance homophobe dans les années 1970 à 90 dans l'entreprise ». Tous ces éléments laissent présumer l'existence d'une discrimination en raison de l'orientation sexuelle (Soc. 23 avr. 2013 [P], n° 11-15204).

Ce sera ensuite à l'employeur de combattre cette apparence. Deux voies (pas toujours bien distinctes) peuvent être empruntées. Soit l'employeur réussit à démontrer que les éléments de fait ne suffisent pas pour supposer l'existence d'une discrimination. Soit, il réussit à convaincre que la mesure prétendument discriminatoire est justifiée par des « éléments objectifs étrangers à toute discrimination ».

Un exemple aidera à saisir les étapes du débat judiciaire. Un salarié syndicaliste prétend qu'il a été discriminé tout au long de sa carrière en raison de son appartenance syndicale. Pour étayer sa demande, il s'appuie sur la progression de carrière de deux de ses collègues non syndiqués qui, ayant commencé au même échelon que lui, sont aujourd'hui à un niveau beaucoup plus élevé dans la hiérarchie (v. aujourd'hui, les dispositions spécifiques de l'article L. 2141-5-1 du Code du travail). Le salarié apporte ainsi des éléments qui laissent supposer l'existence d'une discrimination. L'employeur pourra combattre ces éléments de fait en apportant le relevé de carrière d'autres salariés, qui non syndicalistes, ont connu une évolution proche de celle du salarié demandeur (sans que cela ne soit toujours suffisant Soc. 26 nov. 2014, n° 13-20.855). Il tente ainsi de démontrer qu'il n'y a pas de réel désavantage et donc que l'apparence est fausse. Mais il pourra également expliquer que la progression de carrière de ce salarié a été ralenti par des performances moins brillantes, des concours internes qu'il n'a pas réussi (...sous réserve bien évidemment que ces désavantages ne résultent pas eux-mêmes d'une discrimination, v. Soc. 28 janv. 2010, n° 08-44.486). Ce sont là des « éléments objectifs étrangers à toute discrimination ». Il est rare que les plaideurs et les tribunaux suivent précisément ce raisonnement. Il n'en demeure pas moins qu'il est bien celui que suggèrent les énoncés nationaux et européens. 353 ■

L'aménagement de la charge de la preuve vaut également pour la discrimination indirecte. Mais en cette matière, un tel aménagement n'est pas très pertinent en raison de l'objet de la preuve que doit rapporter le salarié victime. Il s'agit pour ce dernier de montrer qu'une mesure apparemment neutre a pour *effet* un traitement défavorable d'une catégorie définie par un des critères illicites (le sexe, l'âge, l'origine, etc.). Le salarié n'a donc pas à démontrer une apparence de discrimination, mais à dénoncer les conséquences d'un acte de l'employeur. Dans cette perspective, le salarié peut utiliser une preuve dite « statistique » (il vaudrait mieux dire « quantitative ») qui conduit à démontrer qu'une mesure affecte défavorablement un groupe de personnes protégées par le droit anti-discrimination, et ce de manière importante (CJCE 9 févr. 1999, *Seymour Smith*, aff. C-167/97, pt 60-61). Ainsi un refus d'affiliation à 354 ■

la retraite des cadres, d'une catégorie de salariés, où sont très majoritairement présentes des femmes, constitue une discrimination indirecte (Soc. 6 juin 2012, n° 10-21489, *D.* 2012. 1619 ; *Dr. soc.* 2012. 813, rapp. H. Gosselin). Il suffit de produire les pourcentages de salariées touchées par la mesure et de le comparer à celui des salariés. Mais une autre forme de démonstration est envisageable pour convaincre de l'existence d'une discrimination indirecte : une démonstration qualitative. Il faut alors justifier grâce à une argumentation logique en quoi une mesure apparemment neutre affecte un groupe protégé. Un exemple tiré de la jurisprudence permet de saisir ce cas de figure (Soc. 12 févr. 2013, n° 11-27.689 [P]). En l'espèce, un employeur avait mis en œuvre des entretiens « retour d'absence », pour sensibiliser aux « perturbations de l'organisation de l'entreprise résultant de l'absence », autant de méthode pour faire pression sur les salariés absents. Ces méthodes étaient appliquées à toutes les absences. Mais, ce faisant, elles affectaient défavorablement les salariés absents pour maladie, car, implicitement mais nécessairement, étaient mises en cause l'opportunité de leur arrêt de travail et la possibilité pour le salarié d'y recourir.

Reste que les frontières entre discrimination indirecte et directe ne sont pas toujours très nettes : la Cour de justice voit dans certaines mesures neutres mais dont la portée discriminatoire est immédiatement perceptible des discriminations directes (v. emblématique : CJCE (GC), 1er avril 2008, *Maruko c/ Versorgungsanstalt der deutschen Bühnen*, aff. C-267/06, à propos d'une prestation aux survivants refusée en l'absence de mariage à un couple de partenaires civils homosexuel en Allemagne, pays qui n'autorise pas le mariage entre personnes du même sexe).

D. Les sanctions des discriminations

■ 355 Les sanctions d'un acte discriminatoire sont claires. Outre d'éventuelles conséquences indemnitaires, toute disposition ou tout acte discriminatoire est « nul de plein droit ». Il s'ensuit notamment qu'un salarié licencié de manière discriminatoire pourra obtenir sa réintégration, y compris en référé, y compris sous astreinte (V. Soc. 6 févr. 2013* ; sur la nullité du licenciement, v. ss 619 s.). De surcroît, si l'acte discriminatoire est un licenciement, une sanction disciplinaire (entendue largement, v. Crim. 28 avr. 2009, *Bull. civ.* V, n° 74) ou un refus d'embaucher, il tombe dans le champ de la répression pénale. Les peines alors encourues peuvent aller jusqu'à trois ans d'emprisonnement (C. pén., art. 225-2).

§ 3 L'égalité de traitement

■ 356 Contrairement à ce que l'on pourrait croire, le principe d'égalité de traitement n'a pas pour fonction principale d'égaliser la situation de tous les salariés ou de leur accorder des droits identiques. Il sert surtout à contrôler que les différences instaurées par l'employeur sont légitimes. Le principe d'égalité de traitement constitue donc un instrument de contrôle de l'arbitraire en faisant peser sur l'employeur une obligation de s'expliquer sur les différences faites entre les salariés. Cette explication peut porter sur deux fronts, sachant que dans certains cas, l'employeur pourra tenter de réfuter l'existence même d'un désavantage (v. Soc. 10 oct. 2012, n° 10-18.672 : abstraction faite de la prime de précarité, le salarié en CDI, demandeur à l'instance, était mieux rémunéré que son collègue en CDD et ne pouvait donc se plaindre d'une rupture d'égalité). Le premier front est celui de la démonstration de l'absence de comparaison des situations : les situations n'étant pas identiques, les salariés n'ont pas à se comparer (B). L'employeur montera sur le second front si le premier est perdu. Il avancera alors qu'en dépit de situation identique, les différences constatées sont justifiées par des raisons objectives, raisons dont le juge devra vérifier la réalité et la pertinence (C).

Il est vrai que la décomposition proposée paraît un peu schématique. D'une part, elle n'est pas systématiquement respectée dans les arrêts et jugements. D'autre part, la justification d'une différence de traitement – le second front – est parfois très proche de la démonstration d'une différence de situation – le premier front (v. en ce sens G. Auzero, « L'application du principe d'égalité de traitement dans l'entreprise », *Dr. soc.* 2006. 82) – comme en témoigne l'incertitude sur la différenciation entre cadres et non-cadres (v. ci-dessous). Néanmoins, la distinction permet de bien saisir une jurisprudence aujourd'hui foisonnante dont l'émergence commence à être ancienne (A). Les questions de preuve seront évoquées dans un dernier temps (D).

A. L'émergence du principe

De divers textes (C. trav., art. L. 2261-22, L. 2261-26, L. 2271-1), la jurisprudence a tiré l'existence d'un principe d'« égalité de traitement entre tous les salariés d'une même entreprise, pour autant que les salariés en cause sont placés dans une situation identique » (Soc. 16 mai 2007, n° 05-44.565, *D.* 2007. Pan. 3035, obs. A. Jeammaud). 357 ■

Ce principe d'égalité de traitement est apparu en matière salariale dans un arrêt resté fameux (Soc. 29 oct. 1996, *Ponsolle*, *Bull. civ.* V, n° 359 ; *Dr. soc.* 1996. 1013, note A. Lyon-Caen ; *GADT*, n° 71. V. pour le Conseil d'État, CE 8 juill. 1998, *Adam*, *Lebon* 301 ; 27 juill. 2001, *Fédé. Santé et action sociale CGT*, *RJS* 2001, n° 1374). Il s'est ensuite élargi pour devenir un principe général d'égalité de traitement valable pour tout avantage accordé par l'employeur (Soc. 16 mai 2007, préc.).

Étonnamment, il reste un domaine qui n'est pas couvert par l'égalité de traitement : celui de la sanction disciplinaire. L'employeur est en effet doté d'un pouvoir d'individualisation des sanctions, qui n'est pas borné par le principe d'égalité de traitement. Il peut donc sanctionner différemment des salariés qui ont commis des fautes similaires, sous les réserves de la discrimination et du détournement de pouvoir (Soc. 5 févr. 2014, n° 12-24.980, *Dr. Soc.* 2014. 385, note J. Mouly). Il peut même sanctionner différemment des salariés qui ont participé à la même faute (Soc. 6 juin 2012, n° 10-28.199). La non-application du principe d'égalité de traitement pourrait conduire à ce que l'employeur n'ait jamais à s'expliquer. Toutefois, l'invocation d'un traitement discriminatoire par le salarié ou même l'allégation d'un détournement de pouvoir devrait contraindre l'employeur à justifier son choix (en sens, J. Mouly, préc.). Ne faudrait-il pas alors, plus simplement, abandonner cette jurisprudence ? On peut du reste s'étonner que ce soit dans le domaine où les risques pour l'emploi du salarié sont les plus importants que l'égalité de traitement ne s'applique pas, au risque de laisser libre cours à l'arbitraire patronal.

B. Le cercle de comparaison

Pour mettre en œuvre le principe d'égalité de traitement, il faut d'abord examiner le cercle de la comparaison : « le club des égaux ». Autrement dit : à qui un salarié est-il en droit de se comparer ? Au sein de l'entreprise, peut-il être question de comparer un ouvrier et le responsable des ressources humaines ? La question est moins simple 358 ■

qu'il n'y paraît. On accepte assez facilement que leur rémunération soit différente, mais on ne comprendrait pas si la carte d'abonnement aux transports en commun était remboursée aux uns mais pas aux autres. En réalité, le cercle de la comparaison change en fonction de *l'avantage* revendiqué par celui qui se plaint d'être moins bien traité. Le cercle des égaux connaît donc des rayons très différents. La jurisprudence donne toutefois quelques indications claires.

Le cercle le plus large de la comparaison est la personne morale employeur (ce qui exclut que le principe d'égalité soit invoqué pour comparer la situation d'un médecin salarié avec des médecins travaillant pour la même personne morale mais à titre libéral, Soc. 16 déc. 2015, n° 14-11.294). La comparaison ne va pas au-delà de la sphère de la personne morale. Ainsi, lorsqu'est revendiqué un avantage qui n'est reconnu qu'au sein d'une des entités d'une unité économique et sociale (UES), les salariés des autres entités ne peuvent invoquer une rupture d'égalité (Soc. 2 juin 2010, n° 08-44.152). La même règle a été affirmée au sein du groupe (Soc. 23 nov. 2011, n° 10-24.897).

Comme la comparaison dépend de l'avantage, il n'est pas possible pour l'employeur de poser une distinction *a priori* entre salariés de l'entreprise. Ainsi, la différence de statut ne suffit pas à elle seule à distinguer les situations au regard de l'égalité de traitement (Soc. 12 juin 2013, n° 12-17.273 [B]; Cass., ass. plén., 27 févr. 2009, n° 08-40.059, *RDT* 2009. 316, obs. H. Tissandier : différence entre fonctionnaire et salarié au sein de La Poste ; Soc. 15 mai 2007, n° 05-42.894, *D.* 2007. 3034, obs. A. Jeammaud : distinction entre salariés en CDD et salariés en CDI). De même, le fait pour les salariés d'une même entreprise d'être soumis à des conventions collectives distinctes n'est pas pertinent (Soc. 4 déc. 2013, n° 12-19667).

359 Toutefois, l'octroi de certains avantages ou d'avantages plus importants à certaines catégories professionnelles – notamment cadres et non-cadres, mais plus largement toute catégorie définie par l'accord collectif (v. Soc. 8 juin 2016, PBRI, n° 15-11.324) – est *a priori* justifié, lorsque cette répartition inégalitaire est établie par une convention collective (Soc. 27 janv. 2015*). Revenant sur sa jurisprudence antérieure (Soc. 20 févr. 2008, *Bull. civ.* V, n° 39 : refus de la distinction pour les tickets-restaurant ; Soc. 1er juill. 2009, *Pain*, n° 07-42.675, *Bull. civ.* V, n° 168 : les salariés non-cadres bénéficiaient de 25 jours de congés payés par an, alors que les cadres disposaient de 30 jours), la Cour de cassation décide que l'accord collectif en raison de la légitimité dont il serait doté fait présumer que l'octroi d'avantages différents à des catégories de salariés différentes est conforme au principe d'égalité de traitement. Cette présomption ne peut être renversée que par la démonstration que la distinction est « étrangère à toute considération de nature professionnelle », démonstration plus difficile à rapporter que celle habituellement requise (v. ss 360). Le salarié qui se prétend victime d'une rupture d'égalité devra montrer que « rien dans l'organisation du travail, les fonctions des salariés, leurs conditions d'emploi ne pourrait en justifier l'existence » (A. Fabre, *Dr. Soc.* 2015. 237). Tel pourrait être le cas de l'octroi de tickets-restaurants ou encore de jour de congés pour maladie des enfants. Cette jurisprudence suscite deux séries de critiques. Tout d'abord, on peut s'interroger sur la force de l'accord collectif, lequel impose aux juges de ne pas remettre en cause leur choix. N'est-ce pas une défaite de l'intérêt général face à l'intérêt collectif ? Ensuite, les arrêts du 27 janvier 2015 conduisent à ratifier des choix conventionnels qui pourraient être très préjudiciables aux catégories de salariés les moins bien représentés. Il n'est pas inconcevable que des salariés ayant

peu de relais syndicaux et par ailleurs peu considérés par l'employeur ne puissent obtenir lors des négociations collectives des avantages équivalents à ceux obtenus par les autres salariés. Les arrêts du 27 janvier 2015 rendent plus difficile la contestation de ces salariés les plus vulnérables.

Avant le revirement du 27 janvier 2015, la Cour de cassation avait du reste déjà accepté de tenir pour justifiée la distinction entre catégories professionnelles, lorsqu'est en jeu la prévoyance complémentaire : mutuelle d'entreprise, retraite supplémentaire, etc. (Soc. 13 mars 2013, n° 11-20.490, n°s 11-23.761, 10-28.022). La Cour acceptait et accepte toujours que ceux qui perçoivent des salaires moins élevés soient obligés de cotiser, alors que ceux qui ont des rémunérations plus importantes en sont dispensés (n° 11-20.490). Elle admet également que les employés n'aient pas de mutuelle à la différence des cadres de l'entreprise (n° 10-28.022). La Cour de cassation met en avant, dans tous les arrêts, une « évaluation des risques garantis, en fonction des spécificités de chaque catégorie professionnelle [...], un objectif de solidarité et [...] la garantie d'un organisme extérieur à l'entreprise ». On laissera à chacun le soin d'apprécier cette motivation bien étrange où l'objectif de solidarité est mis en avant alors que les ouvriers cotisent et non les cadres, ce qui implique que la solidarité joue désormais au profit des mieux lotis.

Pour ce qui est de l'avantage que constitue la rémunération, la comparaison porte sur des salariés qui accomplissent un travail égal ou de valeur égale, ce qui conduit à inclure dans le cercle tous ceux qui occupent non un emploi analogue mais simplement équivalent. On peut ainsi comparer une « responsable des ressources humaines, du juridique et des services généraux » avec ses collègues masculins membres comme elle du comité de direction (Soc. 6 juill. 2010*).

C. La justification des différences

À l'intérieur du « club des égaux », des différences peuvent être faites. Elles doivent résulter de « raisons objectives et matériellement vérifiables » (Soc. 21 juin 2005*), dont le juge apprécie la réalité et la pertinence (Soc. 1er juill. 2009, n° 07-42.675 [P]). 360 ■

Au titre de ces raisons, on peut citer l'ancienneté (si elle n'est pas déjà prise en compte par une prime), le rendement, la qualité du travail fourni... Mais les raisons ne tiennent pas qu'à la personne des salariés. Les difficultés de recrutement peuvent justifier de meilleures conditions pour les nouveaux venus (Soc. 21 juin 2005*). De même, et sous réserve que l'avantage profite à tous les salariés, une indemnité prévue dans un plan de sauvegarde de l'emploi peut ne pas respecter le principe d'égalité, s'il s'agit de privilégier les plus bas salaires (Soc. 28 oct. 2015 [PB], n° 14-16115).

En revanche, ne constitue pas une justification objective de traitement différencié le seul fait que des salariés aient été embauchés avant ou après la dénonciation d'un engagement unilatéral (Soc. 12 févr. 2008, n°s 06-45.397), ou qu'ils appartiennent à des établissements différents (Soc. 28 oct. 2009, n° 08-40.457, *JCP S* 2010. 1008, note J.-F. Césaro *Dr. ouvrier* 2009. 94, obs. I. Meyrat : il s'agissait d'un accord d'entreprise prévoyant des différences entre salariés d'établissements différents), ou encore que la différence ait été instaurée par un accord collectif (même arrêt). Sur ce dernier point, une importante exception a été apportée par l'arrêt du 8 juin 2011* et surtout par l'arrêt du 27 janvier 2015 (précité). Dès lors que les partenaires sociaux ont négocié et prévu des avantages ou des désavantages réservés à certaines catégories de salariés, les dispositions les instaurant sont *a priori* régulières. Mais ces dispositions peuvent être remises en cause, si la distinction qu'elles instaurent est étrangère à toute considération de nature professionnelle (Soc. 27 janv. 2015*, préc., v. ss 359).

Lorsque la différence de traitement résulte de l'application de règles légales ou jurisprudentielles, elle est automatiquement justifiée. Ainsi des salariés d'une entreprise absorbante ne peuvent se plaindre de ne pas bénéficier d'une prime que perçoivent des salariés d'une entreprise absorbée au titre des avantages individuels acquis dont le maintien est commandé par les articles L. 2261-13, L. 2261-14 du Code du travail (Soc. 4 déc. 2007, n° 06-44.041, *Dr. soc.* 2008. 244, obs. C. Radé. Rappr. Soc. 15 janv. 2014, n° 12-25.402 [PB]). De la même manière, des différences de rémunération peuvent être justifiées par l'application de règles de droit public (Soc. 12 juin 2013, n° 12-17.273 [PB]).

D. La preuve

361 La preuve de la violation du principe d'égalité de traitement fait l'objet de règles particulières, similaires à celles qui s'appliquent en matière de discrimination. Le salarié doit tout d'abord montrer l'apparence d'une différence de traitement : il doit apporter des éléments de fait susceptibles de caractériser une inégalité de traitement (Soc. 20 oct. 2010, n° 08-19.748 [PB]). Il incombe alors à l'employeur soit de combattre cette apparence, soit de justifier cette différence, en apportant la preuve des « raisons objectives et matériellement vérifiables » (Soc. 28 sept. 2004*). Cet aménagement de la charge de preuve souffre une exception lorsque l'on compare des avantages conventionnels réservés à une catégorie professionnelle : cadres/non cadres, puisque la différence est *a priori* justifiée (Soc. 8 juin 2011, préc.).

12

Compléments pédagogiques

Quid

■ Discrimination directe n°s 341 s.

Traitement, mesure, règle, défavorable et fondée sur la prise en compte d'un critère illicite.

■ Discrimination indirecte n°s 342 s.

Traitement, mesure, règle apparemment neutre mais qui affecte défavorablement soit un groupe de personnes défini sur la base d'un critère illicite soit une seule personne appartenant à un tel groupe.

■ Vie personnelle n°s 323 s.

Part de la vie du salarié qui échappe au contrôle et à l'emprise de l'employeur.

Biblio

1) Sur le problème, en général, des droits de l'homme et du droit du travail

- G. Lyon-Caen, *Les libertés publiques et l'emploi*, Doc. fr., 1992.
- I. Meyrat, « Réflexions critiques autour d'une problématique ambivalente », *Dr. ouvrier* 2002. 343.
- A. Lyon-Caen et P. Lokiec (dir.), *Droits fondamentaux et droit social*, Dalloz, coll. « Thèmes & commentaires », 2005.

2) Sur la vie privée et la vie personnelle

- Ph. Waquet, « Vie privée, vie professionnelle et vie personnelle », *Dr. soc.* 2010. 14.
- P. Adam, « Vie personnelle/vie professionnelle, une distinction en voie de dissolution (petit exercice de jardinage juridique) », *Dr. ouvrier* 2013. 431.

3) Sur les libertés

- P. Adam, « L'entreprise, sans foi… ni voile ? », *RDT* 2011. 182.
- C. Wolmark et Ph. Waquet, « Convient-il d'interdire le port de signes religieux dans l'entreprise », *RDT* 2009. 485.
- C. Mathieu, « Le respect de la liberté religieuse dans l'entreprise », *RDT* 2012. 17.
- B. Dabosville, « Les contours de l'abus d'expression du salarié », *RDT* 2012. 275.
- E. Dockès « Liberté, laïcité, Baby Loup : de la très modeste et très contestée résistance de la Cour de cassation face à la xénophobie montante », *Dr. soc.* 2013. 388.

- L. Gratton, O. Leclerc, « Action en justice et mesure de rétorsion », *RDT* 2014. 321.
- C. Wolmark, « La discrimination voilée (Ass. Plén. 25 juin 2014, *Baby-Loup*) », *Dr. ouvrier* 2014. 835

3) Sur les discriminations et l'égalité

- G. Borenfreund, I. Vacarie (dir.), *Le droit social, l'égalité et les discriminations*, Dalloz, coll. « Thèmes et commentaires », 2013.
- J. Porta, « Égalité, discrimination et égalité de traitement. À propos des sens de l'égalité dans le droit de la non-discrimination », *RDT* 2011. 290 (1re partie) ; *ibid.* 355 (2e partie).
- D. Lochak, « La notion de discrimination », *Dr. soc.* 1987. 778.
- M.-T. Lanquetin, « Un tournant en matière de preuve des discriminations », *Dr. soc.* 2000. 589.
- K. Berthou, « Différence de traitement : esquisse des exigences professionnelles essentielles après la loi du 27 mai 2008 », *Dr. soc.* 2009. 410.
- A. Jeammaud, « Du principe d'égalité de traitement des salariés », *Dr. soc.* 2004. 694.
- G. Auzero, « L'application du principe d'égalité de traitement dans l'entreprise, *Dr. soc.* 2006. 822.
- I. Meyrat, « L'égalité de traitement à la croisée des chemins », *RDT* 2008. 648.
- J. G. Huglo, « Accords collectifs et principe d'égalité de traitement », SSL n° 1727, 13 juin 2016.
- Voir également les commentaires des arrêts du 27 janvier 2015 (ci-dessous).

Documents

1) Exigence de justification et de proportionnalité

CE 8 juill. 1988, *Sté Comptoir Lyon, Alemand, Louyot* (*D.* 1990. Somm. 134, obs. D. Chelle et X. Prétot ; *Lebon T.* 1403)

« (...) l'article 2-4 du règlement intérieur établi par la société requérante dispose que : "En raison de l'obligation faite au chef d'établissement d'assurer la sécurité dans l'entreprise, il est interdit à tout membre du personnel de pénétrer ou séjourner en état d'ébriété dans l'établissement. En cas de doute l'employeur invitera l'intéressé à faire la preuve qu'il n'est pas en état d'ébriété, notamment au moyen de l'alcootest" ;

Considérant que ces dispositions ne pourraient être justifiées, eu égard à l'atteinte qu'elles portent aux droits de la personne, qu'en ce qui concerne les salariés occupés à l'exécution de certains travaux ou à la conduite de certaines machines ; qu'ainsi, elles excèdent, par leur généralité, l'étendue des sujétions que l'employeur pouvait légalement imposer en vue d'assurer la sécurité dans son entreprise, (...) ;

(Dans) une entreprise spécialisée dans la métallurgie et la chimie des métaux précieux (...) si le contrôle des membres du personnel au moyen d'appareils permettant de détecter la présence de métal constitue une atteinte aux droits des personnes, une telle atteinte doit être regardée, en l'espèce, comme justifiée par les nécessités spécifiques de la prévention des vols et proportionnée à ce but, (...) ;

Mais (...) la nature particulière de l'activité de la société ne saurait légalement justifier la fouille par le service de surveillance des sacs, effets et véhicules du personnel ; (...) un salarié de l'entreprise doit pouvoir refuser de se soumettre à la détection susmentionnée pour un motif légitime ; (...) enfin, la personne contrôlée doit avoir la faculté d'exiger la présence d'un témoin ; (...) en dehors des opérations périodiques de nettoyage prévues par le dernier alinéa de l'ancien article R. 232-24 du Code du travail, et dont les salariés intéressés doivent être prévenus à l'avance, l'employeur ne peut faire procéder au contrôle de l'état et du contenu des vestiaires ou armoires individuelles, en présence des intéressés sauf cas d'empêchement exceptionnel, que si ce contrôle est justifié par les nécessités de l'hygiène ou de la sécurité ; que, faute de contenir cette précision, les dispositions précitées du règlement intérieur excèdent l'étendue des restrictions qui peuvent être légalement apportées sur ce point aux droits des personnes ».

2) À la recherche d'un trouble caractérisé

Soc. 17 avr. 1991, affaire du « sacristain homosexuel » (*Bull. civ.* V, n° 201 ; *Dr. soc.* 1991. 485, note J. Savatier ; *JCP* 1991. II. 21724, note A. Seriaux)

« Vu l'article L. 122-35 du Code du travail et l'article L. 122-45 du même code, dans sa rédaction alors en vigueur ;
Attendu, d'une part, que ces textes interdisent à l'employeur de congédier un salarié pour le seul motif tiré de ses mœurs ou de ses convictions religieuses ;
Attendu, d'autre part, qu'il peut être procédé à un licenciement dont la cause objective est fondée sur le comportement du salarié qui, compte tenu de la nature de ses fonctions et de la finalité propre de l'entreprise, a créé un trouble caractérisé au sein de l'entreprise (...) ;
Qu'en statuant ainsi (en reconnaissant que le licenciement du salarié était justifié), alors qu'elle s'était bornée à mettre en cause les mœurs du salarié sans avoir constaté d'agissements de ce dernier ayant créé un trouble caractérisé au sein de l'association, la cour d'appel a violé les textes susvisés ;
PAR CES MOTIFS : CASSE ET ANNULE... ».

Soc. 22 janv. 1992, *Rossard* (*Bull. civ.* V, n° 30)

« Vu l'article 9 du code Civil ;
Attendu que, selon ce texte, chacun a droit au respect de sa vie privée ; qu'il en résulte qu'il ne peut être procédé à un licenciement pour une cause tirée de la vie privée du salarié que si le comportement de celui-ci, compte tenu de la nature de ses fonctions et de la finalité propre de l'entreprise, a créé un trouble caractérisé au sein de cette dernière ;
(En l'espèce, une salariée d'un concessionnaire Renault avait été licenciée parce qu'elle avait acheté une Peugeot. La Cour d'appel considère que le licenciement est doté d'une cause réelle et sérieuse, la salariée ayant ainsi marqué sa défiance dans la qualité de la marchandise) ;
Qu'en statuant ainsi, alors que, d'une part, dans sa vie privée, le salarié est libre d'acheter les biens, produits ou marchandise de son choix et alors que, d'autre part, elle s'est bornée à constater le simple achat d'un véhicule sans relever le moindre trouble objectif apporté à l'entreprise par le comportement incriminé de la salariée, la cour d'appel a violé le texte susvisé ».

3) Respect de la vie privée du salarié

Soc. 2 oct. 2001, *Nikon*
(*Bull. civ.* V, n° 291 ; *Dr. soc.* 2001. 915, note J.-E. Ray)

« Attendu que le salarié a droit, même au temps et au lieu de travail, au respect de l'intimité de sa vie privée ; que celle-ci implique en particulier le secret des correspondances ; que l'employeur ne peut dès lors sans violation de cette liberté fondamentale prendre connaissance des messages personnels émis par le salarié et reçus par lui grâce à un outil informatique mis à sa disposition pour son travail et ceci même au cas où l'employeur aurait interdit une utilisation non professionnelle de l'ordinateur ».

4) Sanction de la violation d'une liberté fondamentale – liberté d'agir en justice

Soc. 6 févr. 2013
(n° 11-11.740, Dr. soc. 2013. 415, note J. Mouly ; RDT 2013. 630, note P. Adam)

« Vu les articles L. 1121-1, L. 1243-1, R. 1455-6 du Code du travail, ensemble les articles 1315 du Code civil et 6 §1 de la Convention de sauvegarde des droits de l'homme et des libertés fondamentales ;
Attendu qu'il résulte de l'article R. 1455-6 du Code du travail que le juge des référés peut, même en l'absence de disposition l'y autorisant, ordonner la poursuite des relations contractuelles en cas de violation d'une liberté fondamentale par l'employeur ; que lorsque la rupture illicite d'un contrat à durée déterminée avant l'échéance du terme comme intervenue en dehors des cas prévus par l'article L.1243-1 du Code du travail, fait suite à l'action en justice engagée par le salarié contre son employeur, il appartient à ce dernier d'établir que sa décision est justifiée par des éléments étrangers à toute volonté de sanctionner l'exercice, par le salarié, de son droit d'agir en justice ».

5) Liberté religieuse et discrimination

Soc. 19 mars 2013, n° 11-28845 [P], *Baby-Loup*
(*D.* 2013 963, art. J. Mouly ; *Dr. soc.* 2004. 388, art. E. Dockès).

« Attendu que le principe de laïcité instauré par l'article 1er de la Constitution n'est pas applicable aux salariés des employeurs de droit privé qui ne gèrent pas un service public ; qu'il ne peut dès lors être invoqué pour les priver de la protection que leur assurent les dispositions du Code du travail ; qu'il résulte des articles L. 1121-1, L. 1132-1, L. 1133-1 et L. 1321-3 du Code du travail que les restrictions à la liberté religieuse doivent être justifiées par la nature de la tâche à accomplir, répondre à une exigence professionnelle essentielle et déterminante et proportionnées au but recherché ; ».
« Qu'en statuant ainsi, alors qu'elle avait constaté que le règlement intérieur de l'association Baby Loup prévoit que "le principe de la liberté de conscience et de religion de chacun des membres du personnel ne peut faire obstacle au respect des principes de laïcité et de neutralité qui s'appliquent dans l'exercice de l'ensemble des activités développées par Baby Loup, tant dans les locaux de la crèche ou ses annexes qu'en accompagnement extérieur des enfants confiés à la crèche", ce dont il se déduisait que la clause du règlement intérieur, instaurant une restriction générale et imprécise, ne répondait pas aux exigences de l'article L. 1321-3 du Code

du travail et que le licenciement, prononcé pour un motif discriminatoire, était nul, sans qu'il y ait lieu d'examiner les autres griefs visés à la lettre de licenciement, la cour d'appel, qui n'a pas tiré les conséquences légales de ses constatations, a violé les textes susvisés ».

Soc. 25 juin 2014, n° 13-28369 [P], *Baby-Loup* (*AJDA* 2014. 1842, note S. Mouton, T. Lamarche ; *D.* 2014. 1656, obs. C. Radé ; *JCP E* 2014. 1445, note I. Desbarats ; JCP S 2014. 1287, note B. Bossu)

« Attendu qu'ayant relevé que le règlement intérieur de l'association Baby-Loup, tel qu'amendé en 2003, disposait que « le principe de la liberté de conscience et de religion de chacun des membres du personnel ne peut faire obstacle au respect des principes de laïcité et de neutralité qui s'appliquent dans l'exercice de l'ensemble des activités développées, tant dans les locaux de la crèche ou ses annexes qu'en accompagnement extérieur des enfants confiés à la crèche », la cour d'appel a pu en déduire, appréciant de manière concrète les conditions de fonctionnement d'une association de dimension réduite, employant seulement dix-huit salariés, qui étaient ou pouvaient être en relation directe avec les enfants et leurs parents, que la restriction à la liberté de manifester sa religion édictée par le règlement intérieur ne présentait pas un caractère général, mais était suffisamment précise, justifiée par la nature des tâches accomplies par les salariés de l'association et proportionnée au but recherché ».

6) Clauses de non-concurrence et libre exercice d'une activité professionnelle

Soc. 10 juill. 2002, *Barbier* (*Bull. civ.* V, n° 239, 2e esp., n° 2724 ; *D.* 2002. 2491, note Y. Serra ; *ibid.* Somm. 3111, obs. J. Pélissier ; *Dr. soc.* 2002. 954, obs. R. Vatinet ; *GADT*, n° 46)

« Sur le moyen relevé d'office, pris de la violation du principe fondamental de libre exercice d'une activité professionnelle, ensemble l'ancien article L. 120-2 du Code du travail [C. trav., art. L. 1121-1] : Attendu qu'une clause de non-concurrence n'est licite que si elle est indispensable à la protection des intérêts légitimes de l'entreprise, limitée dans le temps et dans l'espace, qu'elle tient compte des spécificités de l'emploi du salarié et comporte l'obligation pour l'employeur de verser au salarié une contrepartie financière, ces conditions étant cumulatives ».

7) Liberté d'expression

Soc. 28 avril 2011 (*Bull. civ.* V, no 96, *JCP* S 2011. 1374, note B. Bossu)

« Mais attendu que, sauf abus, le salarié jouit, dans l'entreprise et en dehors de celle-ci, de sa liberté d'expression, à laquelle seules des restrictions justifiées par la nature de la tâche à accomplir et proportionnée au but recherché peuvent être apportées ;
Et attendu, d'abord, que la cour d'appel a constaté, d'une part, que le joueur avait déclaré dans la presse que l'entraîneur manquait de cohérence et de diplomatie et salissait les joueurs pour laver sa responsabilité, alors que, de son côté, l'entraîneur avait affirmé que le joueur n'avait plus le niveau de ligue 1 et était très orgueilleux et égocentrique, et, d'autre part, que le président n'avait pu ou avait été incapable d'arrêter un lynchage médiatique ; que les propos reprochés

s'inscrivant dans une polémique médiatique avec l'entraîneur, la cour d'appel a pu décider que le salarié n'avait pas abusé de sa liberté d'expression ;
Attendu, ensuite, que, sauf mauvaise foi, le dépôt d'une plainte, qui constitue l'exercice d'un droit, ne peut être constitutif d'une faute justifiant la rupture du contrat de travail ».

Soc. 30 juin 2016, *Lanceur d'alerte* (nº 15-10.557)

« Mais attendu que le fait pour un salarié de porter à la connaissance du procureur de la République des faits concernant l'entreprise qui lui paraissent anormaux, qu'ils soient au non susceptibles de qualification pénale, ne constitue pas en soi une faute ;
Et attendu qu'ayant constaté d'abord, que le salarié avait informé le procureur de la République de ce que le directeur du centre avait tenté de se faire payer des salaires pour un travail qui n'avait pas été accompli et obtenu du président de l'association la signature d'un contrat de travail alors qu'il était dans le même temps administrateur de l'association, de tels faits étant susceptibles de constituer une escroquerie ou un détournement de fonds publics, et ensuite, que sa bonne foi ne pouvait être mise en doute, la cour d'appel, sans avoir à procéder à une recherche que ses constatations rendaient inopérante, en a exactement déduit que le salarié n'avait commis aucune faute en révélant les faits aux autorités judiciaires ;
D'où il suit que le moyen n'est pas fondé ;
Mais sur le premier moyen du pourvoi principal du salarié :
Vu l'article 10 § 1 de la de la Convention de sauvegarde des droits de l'homme et des libertés fondamentales ;
Attendu qu'en raison de l'atteinte qu'il porte à la liberté d'expression, en particulier au droit pour les salariés de signaler les conduites ou actes illicites constatés par eux sur leur lieu de travail, le licenciement d'un salarié prononcé pour avoir relaté ou témoigné, de bonne foi, de faits dont il a eu connaissance dans l'exercice de ses fonctions et qui, s'ils étaient établis, seraient de nature à caractériser des infractions pénales, est frappé de nullité ».

8) Le principe de l'égalité de traitement

Soc. 15 mai 2007 (*Bull. civ.* V, nº 75 ; *D.* 2007. 3034, note A. Jeammaud)

« Attendu, cependant, d'une part, qu'une différence de statut juridique entre des salariés effectuant un travail de même valeur au service du même employeur ne suffit pas, à elle seule, à caractériser une différence de situation au regard de l'égalité de traitement en matière de rémunération ; d'autre part, qu'une différence de traitement entre des salariés placés dans la même situation doit reposer sur des raisons objectives dont le juge doit contrôler concrètement la réalité et la pertinence ;
Qu'en statuant comme elle l'a fait, par des motifs généraux, sans rechercher concrètement si les différences de rémunération constatées [des formateurs occasionnels ou vacataires, en CDD, avaient bénéficié de rémunérations plus importantes que les formateurs en CDI] étaient justifiées en l'espèce par des raisons objectives matériellement vérifiables, la cour d'appel a privé sa décision de base légale, au regard du principe susvisé ».

Soc. 28 sept. 2004
(*Bull. civ.* V, n° 228)

« S'il appartient au salarié qui invoque une atteinte au principe "à travail égal, salaire égal" de soumettre au juge les éléments de fait susceptibles de caractériser une inégalité de rémunération, il incombe à l'employeur de rapporter la preuve d'éléments objectifs justifiant cette différence ».

Soc. 6 juill. 2010
(n° 09-40.021 [PBR], *RDT* 2010. 723, obs. Th. Aubert-Montpeyssen)

« Mais attendu qu'aux termes de l'article L. 3221-2 du Code du travail, l'employeur est tenu d'assurer pour un même travail ou un travail de valeur égale, l'égalité de rémunération entre les femmes et les hommes ; que selon l'article L. 3221-4 du même code, sont considérés comme ayant une valeur égale les travaux qui exigent des salariés un ensemble comparable de connaissances professionnelles consacrées par un titre, un diplôme ou une pratique professionnelle, de capacités découlant de l'expérience acquise, de responsabilités et de charge physique ou nerveuse ;

Et attendu qu'appréciant les éléments de fait et de preuve qui lui étaient soumis, la cour d'appel a relevé entre les fonctions exercées d'une part, par Mme X... et d'autre part, par les collègues masculins, membres comme elle du comité de direction, avec lesquels elle se comparait, une identité de niveau hiérarchique, de classification, de responsabilités, leur importance comparable dans le fonctionnement de l'entreprise, chacune d'elles exigeant en outre des capacités comparables et représentant une charge nerveuse du même ordre ; qu'en l'état de ses constatations caractérisant l'exécution par les salariés d'un travail de valeur égale, elle en a exactement déduit que Mme X... qui, pour une ancienneté plus importante et un niveau d'études similaire, percevait une rémunération inférieure à celles de ses collègues masculins, avait été victime d'une inégalité de traitement dès lors que l'employeur ne rapportait pas la preuve d'éléments étrangers à toute discrimination justifiant cette inégalité ; que le moyen n'est pas fondé ».

Soc. 27 janvier 2015
(n° 13-22.179, *Dr. soc.* 2015. 237, étude A. Fabre ; *Sem. soc. Lamy,* 9 févr. 2015, obs. L. Pécaut-Rivolier, p. 7 ; *JCP* 2015. I. 261, obs. J.-F. Cesaro et A. Teissier, ibid. I. 282, obs P. Lokiec ; *RJS* 2015. 155, chron. J.-G. Huglo ; *RDT* 2015. 339, obs. E. Peskine)

« Mais attendu que les différences de traitement entre catégories professionnelles opérées par voie de conventions ou d'accords collectifs, négociés et signés par des organisations syndicales représentatives, investies de la défense des droits et intérêts des salariés et à l'habilitation desquelles ces derniers participent directement par leur vote, sont présumées justifiées de sorte qu'il appartient à celui qui les conteste de démontrer qu'elles sont étrangères à toute considération de nature professionnelle ; ».

Quiz

1) Sujet corrigé

Cas pratique

L'exercice suivant suppose d'avoir étudié également les règles du chapitre 19 et 20, relatives au droit commun du licenciement, ainsi qu'aux motifs personnels de licenciement.

La société Bonragout, qui compte une centaine de salariés répartis sur plusieurs établissements en France, est spécialisée dans la préparation de réceptions.

Monsieur Durand a été embauché dans l'entreprise en contrat à durée indéterminée depuis maintenant 2 ans en qualité de chauffeur. Il est chargé de transporter les salariés en charge de l'organisation des réceptions sur les lieux où celles-ci se tiennent.

Malheureusement, M. Durand a un goût prononcé pour la boisson. Au cours d'un week-end, alors qu'il revient d'une soirée « arrosée » au volant de son véhicule personnel, il finit sa course dans la vitrine d'un magasin. Les gendarmes arrivés sur les lieux constatent que Monsieur Durand a un taux d'alcoolémie élevé. Il est condamné par la juridiction pénale à deux mois de prison avec sursis.

Le directeur des ressources humaines, Monsieur Carre, est au courant de ce qui s'est passé, comme tout le monde dans l'entreprise puisque l'accident et la condamnation ont fait l'objet d'un entrefilet dans la presse locale. Monsieur Carre en avise alors sa hiérarchie qui lui demande d'« enquêter ». Il demande à un agent de sécurité travaillant pour l'entreprise de l'accompagner afin d'ouvrir le vestiaire de Monsieur Durand, ils y découvrent un pack de bière. Le lendemain matin, Monsieur Carre (toujours accompagné de son agent de sécurité) décide de procéder à la fouille du sac du salarié dès sa prise de fonction. Ils y découvrent à nouveau une canette de bière. Le règlement intérieur interdit pourtant l'introduction de toute boisson alcoolisée au sein de l'entreprise.

Monsieur Carre décide de licencier Monsieur Durand. Après avoir respecté la procédure légale, il lui envoie une lettre de licenciement qui contient le passage suivant :

« Nous avons le regret de vous notifier votre licenciement pour les raisons qui ont déjà été évoquées lors de l'entretien préalable de licenciement, à savoir les différents faits liés à votre alcoolisme. En effet, vous avez enfreint les règles de l'entreprise en y introduisant des boissons alcoolisées. De plus, vous avez eu un grave accident et les salariés que vous transportez craignent que vous n'ayez de nouveau un accident. Pour ces raisons, nous ne pouvons vous conserver dans notre effectif ».

Voir le corrigé en fin de rubrique.

2) Corrigé

Cas pratique

Première question juridique : celle de l'énonciation des motifs dans la lettre de licenciement

Conformément à la jurisprudence, ces motifs doivent pouvoir être qualifiés de griefs matériellement vérifiables.

En l'occurrence, les faits invoqués semblent être suffisamment précis pour pouvoir considérer qu'il s'agit là de griefs matériellement vérifiables.

Deuxième question juridique : celle de la cause réelle et sérieuse de licenciement

Premier motif invoqué

La faute pour avoir enfreint le règlement intérieur. Ce motif pose la question des modes de preuve : le directeur pouvait-il ouvrir le sac du salarié ?

Il ressort de plusieurs arrêts, relatifs au secret des correspondances, ou à l'ouverture des armoires individuelles, que la fouille doit être justifiée par un risque ou un événement particulier, aux conditions prévues par le règlement intérieur et en présence de l'intéressé ou celui-ci ayant été prévenu (par ex., Soc. 11 déc. 2001).

Discussion en l'espèce :

- sur le fait que l'accident constitue un risque particulier, ce qui semble peu probable ;

- sur le fait que le salarié ait ou non été prévenu. En l'occurrence, le salarié semble ne pas avoir été prévenu.

Sanction : Le licenciement justifié par des preuves rapportées de manière illicite sera donc considéré comme sans cause réelle et sérieuse.

Second motif invoqué

Le licenciement est également motivé par l'accident. Donc licenciement pour un fait tiré de la vie privé. Seul le trouble objectif au fonctionnement de l'entreprise peut alors justifier le licenciement. En l'occurrence, la lettre mentionne également le fait que les salariés transportés craignent pour leur sécurité. Donc on peut penser que le trouble objectif existe. En outre, l'entrefilet dans la presse locale peut constituer un élément supplémentaire.

Troisième question juridique

Les deux motifs invoqués dans la lettre de licenciement peuvent-ils être tous deux considérés ?

Soc. 23 septembre 2003 : oui : s'ils procèdent de faits distincts et à condition de respecter les procédures correspondant à chacune des causes invoquées. En d'autres termes, dans un tel cas, il suffit que l'un des motifs constitue une cause réelle et sérieuse de licenciement pour que le licenciement soit justifié.

En l'espèce, l'énoncé précise que l'employeur a respecté la procédure légale, ce dont on peut tirer qu'il a également respecté la procédure disciplinaire pour la faute invoquée.

Conclusion : le licenciement peut être justifié par le seul motif tiré de l'accident ayant créé un trouble caractérisé au fonctionnement de l'entreprise.

titre 5

Le rapport de travail

Le rapport de travail contient fondamentalement un échange : celui d'un salaire (chap. 13) contre une prestation de travail. Mais cette prestation de travail est une prestation subordonnée : elle emporte une forme de soumission. À cette soumission, deux limites sont apportées depuis les premières lois sur le travail et forment la spécificité du droit du travail. Tout d'abord, la soumission ne saurait être permanente. Cantonnée, elle devient *disposition* au service de l'employeur durant le seul temps de travail (chap. 14). Ensuite, la soumission est un devoir d'obéissance qui emporte une restriction de la liberté du salarié, pas de sa santé. Le respect de la santé et de la sécurité des travailleurs (chap. 15) se place ainsi, aujourd'hui comme hier, au premier rang des conditions d'exécution de la prestation de travail. 362

chapitre 13

Le salaire

Plan analytique

13

Le salaire

Le *salaire*^Q est évidemment un élément crucial pour les personnes au travail. De son niveau et de sa stabilité vont dépendre bien souvent les conditions d'existence du salarié : où il habite, ce qu'il mange, qui il rencontre, autant d'éléments de la vie quotidienne qui sont étroitement liés au niveau de revenu. L'importance sociologique du salaire est proportionnelle à la complexité juridique de la notion. 363

En droit, il faut distinguer plusieurs significations du mot « salaire ». Le salaire, au sens strict, constitue la contrepartie du travail effectué. Il est utilisé pour déterminer si l'employeur verse bien le salaire minimum. Le salaire au sens large, souvent appelé *rémunération*^Q, regroupe toutes les sommes versées au salarié à l'occasion du travail même si ce n'est pas exactement la contrepartie du salaire effectué. C'est la conception retenue par le droit de la sécurité sociale pour la base de calcul des cotisations sociales (CSS, art. L. 241-1). Une prime versée à l'anniversaire de l'entreprise fera partie de la rémunération mais pas du salaire au sens strict. Enfin, le salaire au sens très large contient tous les éléments et avantages pécuniaires versés par l'employeur en conséquence du contrat de travail. L'article L. 3221-3 du Code du travail, dans cette perspective, évoque le salaire versé « en raison de l'emploi » du salarié. Il sert à comparer les rémunérations des différentes catégories de salariés (CDD et CDI, travailleur à temps partiel et travailleur à temps complet, hommes et femmes). Dans cette conception très large, la participation aux résultats de l'entreprise, l'accès à une protection sociale complémentaire (mutuelle d'entreprise, par ex.), sont des éléments de salaire.

À cette première couche de complexité, vient s'en superposer une seconde. Le salaire est rarement d'un seul bloc, il est composé de différents étages, de différents éléments, qui ne font l'objet que de rares précisions. L'imagination des employeurs, parfois suscitée par celle des syndicats de salariés, conduit à des structures de rémunérations passablement baroques : un salaire de base, calculé, en général, en fonction du nombre d'heures effectuées côtoie fréquemment une part variable, ainsi que, le cas échéant, des heures supplémentaires, des primes diverses, des gratifications aux appellations changeantes, des commissions, éventuellement des pourboires... Des avantages en nature (logement, repas) peuvent compléter le tout. 364

Derrière cette complexité, si l'on se limite aux principes gouvernant principalement le salaire au sens strict, trois grandes thématiques émergent : l'obligation de payer le salaire (section 1), le paiement du salaire (section 2), la fixation de son montant (section 3).

section 1

L'obligation de payer le salaire

365 Le contrat de travail, c'est fondamentalement l'échange d'un salaire, versé par l'employeur contre un travail, fourni par le salarié. Une question vient alors immédiatement à l'esprit : l'employeur a-t-il le droit de refuser de verser le salaire si le travail n'est pas fourni (§ 1) ou pas correctement fourni (§ 2) ? Inversement, que peut-il se passer si l'employeur n'exécute pas sa part de contrat, c'est-à-dire ne verse pas, en partie ou en totalité, le salaire dû (§ 3) ?

§ 1 L'absence de fourniture du travail

366 L'absence de fourniture de travail par le salarié entraîne normalement une retenue strictement proportionnelle sur son salaire. Cette solution est rattachée à l'exception d'inexécution du droit des contrats : l'employeur n'exécute pas sa prestation tant que le salarié n'exécute pas la sienne. Mais cette règle est atténuée de deux manières.

D'abord, certaines absences donnent lieu au versement d'un somme par l'employeur. Les congés payés, les congés maternité, par exemple sont des absences pendant lesquelles le salarié a droit au maintien intégral de sa rémunération. En cas d'absence pour maladie, le salarié perçoit également un revenu de remplacement, inférieur à son salaire cependant (v. ss 485).

Ensuite, il existe des situations où le salarié ne fournit pas de prestation de travail mais va néanmoins être payé. Ce sont toutes les situations où le salarié reste à la disposition de l'employeur, sans que celui-ci lui donne du travail. Ainsi, un acteur engagé pour tourner un film doit recevoir les salaires prévus quand bien même le film ne se fait pas (Soc. 28 févr. 1962, *D.* 1962. 605, obs. G. Lyon-Caen). De même un livreur à qui son employeur ne fournit plus de missions doit être rémunéré dès lors qu'il se tient à la disposition de l'employeur (Soc. 3 juill. 2001, *Dr. soc.* 2001. 1005, note C. Radé). Cependant un salarié qui viendrait au travail mais refuserait sans raison d'exécuter la totalité des tâches pour lesquelles il a été embauché ne pourrait revendiquer le paiement de ses salaires (même arrêt).

367 L'idée selon laquelle le salarié qui reste à la disposition de son employeur doit percevoir son salaire se retrouve dans le contentieux du travail à temps partiel. Ainsi, lorsque le salarié a des horaires très changeants, une durée de travail qui varie d'une semaine sur l'autre, il peut être considéré comme étant à la totale disposition de l'employeur et recevoir le salaire correspondant à un travail à temps plein (v. ss 219). De même, le salarié titulaire de contrats à terme (CDD classique ou contrat de travail temporaire) qui voit ses contrats requalifiés en CDI, peut demander paiement des périodes non travaillées entre deux contrats, s'il est resté à la disposition de l'employeur (Soc. 10 nov. 2009, n° 08-40.088, *Bull. civ.* V, n° 254 ; 22 sept. 2010, n° 09-42.343 ; égal., v. ss 169)

368 La raison d'être de ces règles est simple : lorsque le salarié, en raison de la variation ou de la fréquence de ses périodes de travail, n'a pas la possibilité de trouver un autre

emploi, il est considéré comme se tenant en réalité à la disposition permanente de son employeur, et doit donc être intégralement rémunéré.

§ 2 La fourniture défectueuse du travail

Si la non-fourniture du travail permet dans de rares cas de ne pas payer le salaire, la mauvaise exécution du travail, quant à elle, ne peut jamais être prise en compte dans le calcul du salaire. Il est interdit à l'employeur de retenir une partie du salaire de son salarié. Il s'agirait en effet d'une sanction pécuniaire, et les sanctions pécuniaires sont illicites, selon l'article L. 1331-2 du Code du travail. Cette interdiction des amendes et autres sanctions pécuniaires est très vigoureuse puisque, par exemple, l'employeur ne peut faire payer à son salarié un badge que ce dernier a détérioré, même si ce badge constitue un outil de travail et permet d'accéder au site de travail, au restaurant d'entreprise et de pointer (Soc. 20 avr. 2005, n° 03-40.069). De même, le salarié ne peut pas être obligé de prendre en charge le coût de la remise en état de son véhicule de fonction (Soc. 19 oct. 1995, n° 94-41.146). Contrairement à une pratique répandue, les erreurs de caisse ne peuvent pas davantage être défalquées du salaire (Soc. 9 juin 1993, *Bull. civ.* V, n° 161). C'est seulement en cas de faute lourde, définie par l'intention de nuire à son employeur, que le salarié peut être amené à rembourser l'employeur des préjudices qu'il a causés. Au fond, l'employeur, en embauchant un salarié, a accepté de prendre à sa charge le risque d'une exécution défectueuse du travail. Il ne peut reporter sur la rémunération le coût d'une malfaçon, la perte de clientèle ou celui d'un dommage causé par le travail : destruction, perte, dégradation... 369 ■

Toutefois, l'employeur n'est pas démuni. S'il ne peut prononcer ou prévoir de pénalités financières, il peut utiliser son pouvoir disciplinaire en cas de faute du salarié et le licencier pour insuffisance professionnelle quand les conditions sont réunies (v. ss 628 s.). Il a également la possibilité, pour tenir compte de la productivité du salarié, de faire varier sous certaines conditions la rémunération (v. ci-dessous).

§ 3 L'absence de versement des salaires

Si l'employeur ne respecte pas son obligation de paiement du salaire – en partie ou en totalité – le salarié peut agir en justice. Il fera alors une demande de rappel de salaires devant le conseil de prud'hommes. Cette demande en justice connaît quelques particularités procédurales. Notamment au premier stade du bureau de conciliation et d'orientation, le juge peut ordonner la délivrance des bulletins de paie. Il peut aussi ordonner le versement de provisions sur les éléments de salaire et indemnités, lorsque l'existence du salaire n'est pas sérieusement contestable (C. trav., art. R. 1454-14). Ces provisions ne peuvent toutefois excéder six mois de salaire (C. trav. art. R. 1454-15). L'action se prescrivait par cinq ans jusqu'à l'entrée en vigueur de la loi du 14 juin 2013 relative à la sécurisation de l'emploi (Soc. 15 mars 2005, *Bull. civ.* V, n° 89, *Dr. soc.* 2005. 820, obs. C. Radé). Depuis l'entrée en vigueur de cette loi, la prescription de l'action est triennale (C. trav., art. L. 3245-1). Mais la demande peut porter, lorsque le contrat est rompu, sur les sommes dues au titre des trois dernières années de la relation de travail, sous réserve que la demande ait été faite dans les trois ans à compter du jour où le salarié a connu ou aurait dû connaître 370 ■

les faits lui permettant de l'exercer (même article). En somme, lorsque l'employeur n'a pas payé l'intégralité du salaire, il est à l'abri de toute réclamation trois ans après. La loi relative à la sécurisation de l'emploi introduit ici des dispositions plus favorables pour les employeurs et passablement complexes pour les salariés.

section 2

Le paiement du salaire

371 Le paiement du salaire, normalement mensuel (§ 1) est entouré de garanties, qui concernent le mode de paiement (§ 2) et la justification de ce paiement par l'intermédiaire du bulletin de paie (§ 3). Pour éviter que le salarié se trouve dépouillé de tout revenu, des protections du salaire ont été mises en place (§ 4).

§ 1 La mensualisation

372 La mensualisation est issue d'un accord national interprofessionnel du 10 décembre 1977, lequel a été consacré et élargi par la loi du 19 janvier 1978, puis intégré dans le Code du travail à l'occasion de la recodification (C. trav., art. L. 3242-1 s.).

La mensualisation conduit d'abord à un paiement mensuel et non pas hebdomadaire, ou quotidien. Une exception est prévue pour les salariés payés uniquement au rendement qui doivent être payés par quinzaine. La mensualisation n'interdit pas le versement d'un *acompte*[Q] au milieu du mois, équivalent à un demi-mois de salaire (C. trav., art. L. 3242-1, al. 3).

373 La mensualisation est ensuite un mode de calcul simplifié du salaire. Le nombre de jours ouvrables, et donc d'heures travaillées, est variable d'un mois à l'autre. Et il est plus simple, pour l'employeur, de verser tous les mois un même salaire, et pour le salarié, plus confortable de toucher la même somme tous les mois. Pour arriver à un salaire constant tous les mois, il suffit d'opérer ce qu'on appelle un « lissage » du salaire. Il faut calculer combien d'heures en moyenne un salarié travaille dans un mois. Il convient donc de multiplier le nombre d'heures hebdomadaire (35 heures pour un temps plein) par le nombre de semaines dans l'année, c'est-à-dire 52. Puis on divise le résultat par le nombre de mois dans l'année. Ce qui donne pour un salarié à temps plein. 35 × 52/12 = 151,67 heures par mois. On calcule donc le salaire mensualisé en multipliant le taux horaire par 151,67 pour un salarié à temps plein, et ce même si le temps de travail ce mois-là est inférieur ou supérieur. On ajoutera les heures supplémentaires, et on retranchera les absences (non payées). La mensualisation a également présenté comme intérêt majeur pour les salariés d'imposer que le chômage des jours fériés ne soit pas pris en compte dans le calcul (C. trav., art. L. 3133-3). Ce qui assure de facto le paiement de ces jours fériés, pour les salariés à temps plein.

§ 2 Le mode de paiement

Durant le XIXe siècle, et jusqu'au début du XXe siècle, le mode de paiement était libre. Certains patrons payaient leurs employés en jetons ou en bons d'achat, utilisables dans les seuls magasins de l'employeur, dits « économats ». Cette pratique, présentée comme un moyen de lutter contre l'alcoolisme et la dilapidation de la paie voire comme une moralisation des achats des ouvriers, était aussi le moyen de faire payer cher des produits de mauvaise qualité. L'employeur récupérait ainsi d'une main ce qui avait été donné de l'autre. En raison de l'injustice du système, et de la concurrence déloyale que les économats faisaient aux commerces traditionnels, ces pratiques ont été interdites par une loi du 25 mars 1910. Aujourd'hui, les salaires doivent être payés en espèces, par chèque ou par virement bancaire ou postal (C. trav., art. L. 3241-1). En général, les salariés sont payés par virement ou par chèque ; le paiement en espèces n'est admis que si le montant du salaire est inférieur à 1 500 euros. 374 ■

Le paiement partiel par des avantages en nature reste possible, mais il connaît une limite. En effet, si les avantages en nature sont trop largement évalués, il ne va pas rester grand-chose pour le salarié. Il convient donc d'empêcher que des salariés soient rémunérés exclusivement ou principalement par un logement et une nourriture fournis par l'employeur. Le Code du travail fixe les règles permettant de faire descendre le salaire en numéraire à un niveau inférieur au SMIC en raison de la prise en compte des avantages en nature (C. trav., art. D. 3231-9 s.). Certaines règles de calcul sont un peu anciennes, comme celle de l'article D. 3231-11 qui limite à 60 centimes par mois, la prise en compte du logement. Ces règles ne sont applicables qu'à défaut de conventions collectives. Chose rare en droit du travail, la convention collective peut en cette matière être moins favorable que la loi. 375 ■

Il faut cependant bien garder à l'esprit que ces évaluations des avantages en nature ne servent qu'à déterminer le salaire minimum en numéraire que le salarié doit percevoir. Si le salarié perçoit une rémunération supérieure au Smic, les parties retrouvent leur liberté de négociation (sauf règle particulière, comme dans l'hotellerie-restauration) et de fixation de la valeur des avantages, sous réserve que les minima conventionnels soient respectés et que l'évaluation ne soit pas fantaisiste.

§ 3 Le bulletin de paie

L'employeur doit accompagner le paiement du salaire de la remise d'un bulletin de paie. Ce document comporte de nombreuses dispositions obligatoires (C. trav., art. R. 3243-1 et R. 3243-2). Il est régi par l'article L. 3243-2 du Code du travail. 376 ■

Il s'agit, pour le salarié, d'un élément capital vis-à-vis des tiers. Il démontre à ces derniers l'existence d'un emploi, d'un montant de la rémunération, et donc d'une solvabilité du salarié. De fait, le bulletin de paie est devenu une condition quasi indispensable pour accéder au logement et au crédit. Le bulletin de paie n'intéresse donc pas uniquement les relations employeur-salarié. Dans ces relations toutefois, se posent deux questions principales : la valeur probante du bulletin de paie (A), et ses modalités de délivrance (B)

A. Valeur probante

377 La solution est simple : le bulletin de paie n'a aucune valeur probante à l'encontre du salarié, qui n'en est pas l'auteur. Sa délivrance, même sans protestation, ne peut ni valoir accord du salarié sur les sommes versées, ni constituer une preuve du versement de ces sommes, ni bien sûr engager le salarié à ne pas agir en justice pour réclamer des arriérés de salaire. En somme, les indications portées dans un bulletin de paie ne sont pas opposables au salarié : l'employeur ne peut pas invoquer à son profit le bulletin de paie (v. par ex., Soc. 12 févr. 1999, *Dr. soc.* 1999. 225, concl. P. Lyon-Caen : paiement du salaire ; Soc. 7 mai 2008, n° 06-43.058 : mention de droits à repos). En revanche, le salarié peut se prévaloir des informations contenues sur le bulletin de paie (Soc. 19 mars 2003 : *Dr. soc.* 2003. 662, obs. Radé : mention de l'emploi sur le bulletin ; Soc. 15 nov. 2007, *RDT* 2008.44, obs. H. Tissandier : mention de la convention collective).

B. Modalités de délivrance

378 Le bulletin de paie peut être remis en main propre ou envoyé par voie postale. Cette remise peut se faire par voie électronique, sauf opposition du salarié (C. trav., art. L. 3243-2). Dans l'hypothèse où un bulletin de paie n'a pas été délivré, il peut être réclamé sous astreinte devant la formation de référé du conseil de prud'hommes, ou devant le bureau de conciliation et d'orientation.

379 L'obligation de délivrer un bulletin de paie connaît cependant aujourd'hui quelques exceptions ou aménagements importants. Les très petites entreprises et les associations, ayant au plus neuf salariés (C. trav., art. L. 1273-1 s., L. 1272-1 ; CSS, art. D. 133-13-1 s.) peuvent payer leurs salariés par un « titre emploi-service entreprise » pour les premières ou par un « chèque-emploi associatif » pour les secondes. Les titres emploi-service sont aussi autorisés pour les entreprises de toutes tailles, pour des salariés dont l'activité dans la même entreprise n'excède pas la limite de cent jours, consécutifs ou non, ou de 700 heures de travail, par année civile (C. trav., art. L. 1273-2).

Un organisme gestionnaire de ces titres remet au salarié un document, lequel sera, au dire des textes, « réputé » remplir les conditions relatives au bulletin de paie. Ces chèques et titres permettent en outre à l'employeur de ne plus respecter de nombreuses obligations, et notamment celles relatives à la forme des contrats à durée déterminée ou à temps partiel, ou bien encore les formalités relatives à l'embauche (C. trav., art. L. 1273-5, L. 1272-4). Ce qui offre des possibilités de flexibilité et de travail dissimulé vraiment importantes. La solution est particulièrement effarante en ce qu'elle prive de tout droit à un contrat écrit certains salariés à temps partiel dans de très grandes entreprises, sous prétexte qu'ils sont à temps très partiel. Ils devraient au contraire faire l'objet d'une protection renforcée.

La Cour de cassation ne s'y est pas trompée et s'emploie à cantonner la dérogation apportée par ces modes de paiement simplifiés. L'économie du dispositif a pu conduire à penser que sa spécificité était « de permettre à l'employeur de s'attacher ponctuellement les services d'un salarié sans être lié par un contrat de travail à durée déterminée », le contrat n'étant pas écrit (selon les motifs de la cour d'appel ayant donné lieu à l'arrêt du 6 novembre 2013, n° 12-24.053). Il n'y aurait donc aucune règle de rupture particulière à respecter, le salarié étant juridiquement « jetable ». Cette position a été clairement condamnée dans l'arrêt du 6 novembre 2013 (n° 12-

24.053) qui précise que « les dispositions du code du travail sur la rupture du contrat de travail ne sont pas écartées en cas de recours à ce dispositif ». La vigilance de la Cour de cassation porte également sur les conditions du recours au travail à temps partiel. Pour la Cour de cassation, l'absence de mention du nombre d'heures sur le premier titre de paiement simplifié laisse présumer l'existence d'un contrat de travail à temps plein (Soc 5 mai 2014, n° 12-17809 [PB]). En somme, la Cour de cassation invite à faire du volet d'identification – document prévu par les actuels articles D. 1272-5 et D. 1273-3 et envoyé aux organismes sociaux – le substitut des contrats écrits pour le CDD et le contrat de travail à temps partiel. Dès lors, ni le Cese ni le Tese ne doivent minorer les droits des salariés, il s'agit uniquement de modalités d'établissement des bulletins de paie.

§ 4 La protection du salaire

Parce qu'il constitue souvent l'essentiel des revenus et donc des moyens de subsistance du salarié, le salaire est protégé. Il est garanti en cas de défaillance de l'employeur, s'il devient insolvable ou disparaît (A). Le salaire est également partiellement insaisissable par les créanciers du salarié (B). 380 ■

A. Contre l'insolvabilité de l'employeur

La protection du salaire se traduit par des privilèges sur les biens de l'employeur, c'est-à-dire par un droit pour le salarié impayé de se faire payer en priorité par rapport aux autres créanciers de l'employeur. Rappelons schématiquement comment fonctionne un privilège. Lorsque l'employeur ne peut plus faire face à ce qu'il doit, qu'il est « en faillite », ses biens sont vendus et la somme résultant de cette vente est partagée entre les créanciers. Il n'y a généralement pas assez d'argent pour payer tous les créanciers. La loi peut décider d'un partage égal ou proportionnel à la créance ou encore en fonction de la rapidité du créancier. Les divers procédés sont employés. Néanmoins, certaines créances paraissent plus importantes que les autres, notamment celles du salarié, car son salaire constitue souvent la source principale de ses revenus. Aux créances importantes, la loi donne un privilège. Les créanciers bénéficiaires d'un privilège auront alors le droit de prélever la totalité de leur créance sur la somme obtenue par la vente des biens du débiteur (ici l'employeur) avant que les autres créanciers puissent prélever leur dû. Comme de nombreux créanciers sont privilégiés (salariés, Trésor public, créanciers des frais funéraires), la loi leur a donné un rang pour les départager. 381 ■

Les salaires des six derniers mois de travail font l'objet d'un privilège prévu par les articles 2331 et 2375 du Code civil auquel renvoie l'article L. 3253-1 du Code du travail. Ce privilège dit général place les salariés en deuxième rang ou quatrième rang selon que le bien vendu est immeuble ou meuble. Plus intéressant, le superprivilège prévu en cas de procédure de sauvegarde, de redressement ou de liquidation (C. trav., art. L. 3253-2 s.) permet au salarié de recevoir la rémunération des deux derniers mois. Ces créances viennent au premier rang et font l'objet d'un paiement accéléré après autorisation du juge-commissaire (C. com., art. L. 625-8). 382 ■

383 Pour éviter enfin que, malgré les privilèges, les créances de somme d'argent dues au salarié ne demeurent impayées, la loi impose aux employeurs de s'assurer contre leur insolvabilité. Le taux de cotisation est de 0,25 % des salaires depuis le 1er janvier 2016. L'assurance est obligatoire et intervient en cas de liquidation, de redressement judiciaires et en cas d'ouverture d'une procédure de sauvegarde. Mais même si l'employeur n'y a pas cotisé, le salarié est couvert. Cette assurance est gérée par une association patronale, l'Association pour la gestion des créances d'origine salariale, dite « AGS ». Elle est régie par les articles L. 3253-6 et suivants du Code du travail. L'assurance garantit le paiement des salaires, de nombreux accessoires de la rémunération (comme l'épargne salariale) mais aussi toutes les sommes liées à la rupture du contrat dans la limite d'un plafond. Ce plafond dépend de l'ancienneté (C. trav., art. D. 3253-5). Il varie de 51 488 € en 2015 pour les salariés ayant moins de six mois d'ancienneté, à 77 232 € en 2015 pour ceux qui ont plus de deux ans d'ancienneté.

B. Contre les créanciers du salarié

384 La créance de salaire peut être saisie par les créanciers du salarié, mais seulement partiellement. Le pourcentage de la rémunération qui peut être saisi augmente en fonction de la tranche de salaire sur laquelle il s'applique (sur le barème des fractions saisissables, v. C. trav., art. R. 3252-2). Certains créanciers ont néanmoins le droit de saisir la totalité du salaire : ce sont les créanciers d'une pension alimentaire, et le Trésor public pour le recouvrement d'impôts (LPF, art. L. 262, L. 263)

385 Il peut également arriver que l'employeur soit créancier de son salarié. Le plus souvent, parce qu'il lui a prêté de l'argent. Le risque est que l'employeur se rembourse directement sur le salaire qu'il doit verser. Il opérerait une *compensation*Q entre ce qu'il doit et ce que le salarié lui doit. Cette compensation qui est prévue par le Code civil (C. civ., art. 1347, art. 1290 anc.) est dangereuse pour le travailleur. Aussi, le Code du travail ne l'autorise que pour les sommes d'argent, et pas pour des fournitures que l'employeur auraient avancées. Surtout, cette compensation n'est autorisée que dans la limite de 10 % du salaire (C. trav., art. L. 3251-1 s.).

section 3

La fixation du salaire

386 L'on dit souvent, à la suite du Conseil constitutionnel que la fixation du salaire est libre (§ 1). Mais il s'agit d'une liberté bien surveillée : il faut que soient respectés les minima de rémunération (§ 2) et le principe général : « à travail égal, salaire égal » (§ 3). Les variations du salaire sont toutefois autorisées, mais sous de strictes conditions (§ 4).

§ 1 Liberté de fixation

387 Le Conseil constitutionnel dans une décision n° 63-5 FNR du 11 juin 1963 a proclamé que « la fixation des rémunérations salariales, ainsi que de leurs accessoires de toute

nature, relève des contrats librement passés entre employeur et salarié ». Mais en réalité, l'accord de volonté entre les parties au contrat de travail ne détermine souvent qu'une partie de ce salaire. Le salaire et ses différentes composantes résultent de différentes sources (v. Quiz). Certes, le contrat est souvent le lieu de fixation, après une négociation plus ou moins intense, du salaire de base et, le cas échéant, de compléments de rémunération. Mais les conventions collectives ont un rôle important. Elles prévoient des minima (v. ss 392). Elles peuvent aussi consacrer certains suppléments de rémunération ou des règles d'augmentation qui seront obligatoires pour les parties. Les usages et engagements unilatéraux de l'employeur sont également la source d'une partie de certaines rémunérations (voire, dans des hypothèses assez rares, de la totalité de la rémunération). Ces différentes origines du salaire doivent se combiner dans le respect des règles d'articulation des sources, propres au droit du travail (v. chapitre 3). La liberté de fixation contractuelle de la rémunération déjà entamée par ces règles est encore limitée par le respect de salaires minimum.

§ 2 Le salaire minimum

Différents dispositifs ont été mis en place pour éviter que la libre négociation de la rémunération conduise à des salaires de misère. La loi tout d'abord impose un salaire minimum : le SMIC (A). Ce minimum s'impose à tous les employeurs privés en France (et même aux employeurs de droit public puisque le paiement d'une rémunération au moins égale au SMIC est un principe général du droit pour le Conseil d'État, CE 23 avr. 1982, req. n° 36851). Mais, l'existence du SMIC ne protège pas tous les travailleurs du dénuement : les salariés à temps partiel payés au SMIC naviguent bien souvent autour du seuil de pauvreté. 388 ■

Les interlocuteurs sociaux ensuite, dans les conventions collectives, établissent également des barèmes de salaire minimum (B). Mais la révision des montants minimums n'étant pas souvent faite, le salaire conventionnel est parfois inférieur au SMIC. Dans un cas comme dans l'autre, se pose la question juridique de la détermination des éléments de rémunération pris en compte pour savoir si ce salaire minimum est atteint.

A. Le SMIC

Le salaire minimum de croissance (SMIC) a succédé en 1970 au salaire minimum interprofessionnel garanti (SMIG), qui avait été créé par une loi de 1950. Il est aujourd'hui une des dispositions du droit du travail les plus importantes, tant au niveau pratique qu'au niveau symbolique. Cette force symbolique permet, pour l'heure, de le protéger des velléités de destruction. 389 ■

Le SMIC concerne tous les salariés. Ou presque, puisque certains apprentis, les titulaires d'un contrat de professionnalisation et les salariés de moins 18 ans en sont néanmoins exclus (avant 17 ans les salariés souffrent d'un abattement de 20 %, et de 17 à 18 ans l'abattement est de 10 % : C. trav., art. D. 3231-3 ; cet abattement est supprimé après 6 mois de pratique professionnelle).

Le SMIC est une somme minimale due par heure travaillée, c'est un taux horaire. L'employeur qui ne le respecte pas s'expose à des sanctions pénales (C. trav., art. R. 3233-1), à savoir des amendes prévues pour les contraventions de 5e classe, soit 1 500 euros et 3 000 euros en cas de récidive. Ces amendes sont appliquées autant de fois qu'il y a de salariés rémunérés en dessous du SMIC. L'employeur s'expose également à un rappel de salaires demandé par le salarié.

1. Réévaluation

390 En raison de l'augmentation du coût de la vie, et de l'inflation, il est nécessaire de réévaluer périodiquement le SMIC. En effet, le SMIC a pour objet d'assurer aux salariés, dont les rémunérations sont les plus basses, « la garantie de leur pouvoir d'achat et une participation au développement économique de la nation » (C. trav., art. L. 3231-2). Pour garantir le pouvoir d'achat, un système complexe mais intéressant a été mis sur pied.

Le SMIC est relevé automatiquement si l'indice national des prix à la consommation (ce que l'on appelle souvent l'inflation), mesuré pour les 20 % de ménages aux revenus les plus faibles, augmente de plus de 2 % (C. trav., art. L. 3231-5). Le relèvement est égal à celui de l'indice. Il a lieu très vite : le premier jour du mois suivant la parution de l'indice. Le SMIC suit l'inflation ce qui a pour but de garantir le maintien du pouvoir d'achat

Le SMIC est également révisé, et la plupart du temps relevé, tous les ans à date fixe par le gouvernement (C. trav., L. 3231-6). Avant, c'était au 1er juillet (avant le départ en vacances, ce qui avait sa cohérence). Aujourd'hui, le relèvement est décidé le 1er janvier. Ce relèvement est laissé à l'appréciation du gouvernement, qui prend sa décision après avis de la commission nationale de la convention collective. Toutefois, le relèvement annuel décidé par le gouvernement ne peut être inférieur à la moitié de l'augmentation des salaires moyens des ouvriers et employés (C. trav., art. L. 3231-8). L'idée est simple : il faut éviter que les écarts entre les rémunérations les plus faibles et les rémunérations moyennes s'accroissent trop. Mais il n'a pas été prévu de combler cet écart. Il a été uniquement prévu que si le salaire moyen croît de 2, le SMIC croît de 1. Ce qui a permis au SMIC de rester à un niveau honorable et de ne pas trop creuser les inégalités de revenu.

Au 1er janvier 2016, le SMIC atteignait 9,67 euros brut de l'heure. Pour un travail de 35 heures par semaine (soit 151,67 heures de travail par mois en moyenne dans l'année), ce taux conduit à un minimum de 1 466,62 euros brut par mois, pour un salarié mensualisé.

2. Vérification du respect du SMIC

391 La principale difficulté juridique que pose le SMIC est celle des sommes qui doivent, ou non, être intégrées dans son assiette, pour vérifier si son montant est respecté. Ce qui se comprend mieux au travers d'un exemple.

Soit un salarié dont la rémunération brute comprend un fixe de 1 000 euros par mois et une prime de dureté de 650 euros par mois. Au total, ce salarié touche 1 650 euros par mois. Le niveau du SMIC est-il pour autant respecté ? Tout dépend de l'intégration ou non de la prime dans l'assiette du SMIC. Si l'on considère que cette prime doit être additionnée au salaire de base pour former le « salaire » qui doit être comparé au SMIC, le minimum est respecté. Si l'on considère au contraire qu'elle doit en être exclue, le SMIC n'est pas respecté. Des sanctions pénales sont encourues, et le salarié peut demander un rappel de salaires.

À cette question de l'intégration des primes et des versements divers dans l'assiette du SMIC, la Cour de cassation a choisi de répondre de manière assez favorable aux salaires modestes : il faut que la rémunération constitue la

« contrepartie du travail » fourni (Soc. 19 juin 1996* ; Soc. 17 oct. 2012, n° 11-15.699 [PB]). Ainsi, il faut exclure, pour savoir si le SMIC est respecté, les primes d'assiduité ou d'ancienneté (Soc. 19 juin 1996*), ou encore de rendement. Pareillement, la prime justifiée par la cherté de la vie dans les départements d'outre-mer ne doit pas être incluse dans la rémunération pour savoir si le montant du SMIC est atteint (Soc. 4 mars 2003*). Enfin, la rémunération des temps de pause ne peut être incluse dans le salaire à comparer avec le SMIC, car ces versements ne rémunèrent pas un temps de travail effectif (Crim. 15 févr. 2011, n° 10-83.988 [PBI] ; Soc. 21 mars 2012, n° 10-27.425 [PBR], *Dr. soc.* 2012. 630, obs. C. Radé). Les primes liées aux résultats de l'entreprise et non au travail individuel du salarié ne doivent pas être prises en compte pour le calcul du respect du montant du SMIC par l'employeur (Soc. 2 avr. 2003, *RJS* 2003, n° 74). En revanche, une prime qui dépend à la fois du travail individuel du salarié et du travail collectif d'un équipe ou d'un service doit être incluse dans le décompte pour savoir si le montant du salaire minimum est atteint (Soc. 4 févr. 2015, n° 13-18.523, *Cah. soc.* 2015. 156, obs. J. Icard).

D'autres raisonnements auraient pu être empruntés pour savoir si le SMIC est respecté, lorsque la rémunération est en partie versée sous forme de primes ou d'éléments variables. La chambre criminelle (Crim. 18 juill. 1991, *RJS* 1991, n° 1155) et certains juges du fond (v. par ex. la décision censurée par Soc. 30 mars 1994, n° 92-40.531 ou par Soc. 4 févr. 2015, préc.) ont fait prévaloir une solution assez simple et intéressante : la fixité de la rémunération. Seule la partie fixe de la rémunération, sur laquelle le salarié peut compter, doit être prise en compte. L'objectif de garantie d'un minimum pour vivre qui sous-tend une telle solution aurait pu être pertinemment retenu.

B. Le salaire minimum conventionnel

Les salaires minimums conventionnels sont issus des grilles de classification prévues par les conventions collectives, au niveau des branches notamment. Au prix d'un fort schématisme, on peut résumer une grille de classification à un tableau à trois colonnes. Dans la première colonne, se trouve le nom du métier ou du poste. Dans la deuxième colonne, il y a une description des tâches, responsabilités, compétences liées à ce métier ou poste. L'ancienneté est parfois prise en compte à ce stade. Dans la troisième colonne enfin, est indiqué un salaire (souvent par un système de coefficient : un nombre de points auxquels est associé un taux). Le salaire indiqué est un salaire minimal qui dépend donc des tâches, responsabilité, compétences, et souvent ancienneté, du salarié. 392

Tout comme pour le SMIC, la question de l'assiette du salaire pris en compte pour déterminer ce salaire minimum conventionnel est centrale. Il suffit de se reporter à l'exemple précédent. La rémunération du salarié n'est pas du tout la même selon que l'on tient compte ou non d'un complément de rémunération pour savoir si le salaire conventionnel minimum est atteint. Dans certains cas, les conventions collectives déterminent elles-mêmes les éléments à prendre en compte ; le juge est alors tenu de les respecter (Soc. 7 mai 2002, *Bull. civ.* V, n° 152, *Dr. soc.* 2002. 776, obs. C. Radé ; Soc. 4 févr. 2015, n° 13-20879, *Cah. soc.* 2015. 156, obs. J. Icard). Lorsque la convention collective est muette, la Cour de cassation a donné une clé pour savoir si l'élément de rémunération est pris en considération. Il faut rechercher si cet élément constitue la contrepartie du travail. Il s'agit du même critère que celui utilisé pour le calcul du 393 salaire à comparer au SMIC ; les solutions sont donc transposables (Soc. 2 juill. 2008, n° 06-45.987 ; 23 sept. 2009, n° 08-42.142 ; toutefois Soc. 7 avr. 2010, n° 07-45.322, *Dr. soc.* 2010. 712, obs. C. Radé : prime de pouvoir d'achat).

§ 3 À travail égal, salaire égal

394 Dans un premier temps, la Cour de cassation considérait que l'employeur était libre de fixer, dans l'exercice de son pouvoir de direction, les augmentations de rémunération qui ne lui sont pas imposées par le contrat et par la loi. Dès lors que l'employeur respectait les minima légaux, conventionnels et le salaire convenu, il disposait d'une grande liberté dans la fixation individuelle des rémunérations. Mais une telle solution laissait libre cours à l'arbitraire des employeurs. Une première limite, fixée assez tôt puisque résultant du texte même du traité de Rome de 1957, tenait au principe de non-discrimination entre homme et femme en matière de rémunération. De cette interdiction de la discrimination salariale sexiste, la Cour de cassation en a déduit un principe plus général « à travail égal, salaire égal » (Soc. 29 oct. 1996, *Dr. soc.* 1996. 1013, obs. A. Lyon-Caen ; v. ss 356). Ce principe s'est peu à peu étendu à tous les éléments de la rémunération (Soc. 20 févr. 2008, *Bull. civ.* V, n° 39 : tickets-restaurant). Il s'applique même à des primes discrétionnaires (Soc. 10 oct. 2012 [B], 11-15.296). En revanche et de manière très surprenante, il ne s'applique pas à l'attribution d'heures supplémentaire et d'astreinte, attribution qui emporte pourtant des conséquences directes sur la rémunération (Soc. 10 oct. 2012, n° 11-10454 [PB] et 11-10455, *SSL* 2012, 1560, note A. Fabre)

L'application du principe suppose un travail égal ou un travail de valeur égale (Soc. 6 juill. 2010* ; v. aussi v. ss 358). Les juges vont prendre en compte les connaissances professionnelles exigées, les capacités découlant de l'expérience acquise, les responsabilités et la charge physique ou nerveuse. Toutefois, même si le travail est similaire, des différences de rémunération peuvent être introduites. Il faut qu'elles reposent sur des éléments objectifs et contrôlables. Tel est le cas de l'ancienneté, si elle n'est pas déjà prise en compte par une prime d'ancienneté (Soc. 10 avr. 2008, n° 06-44.933), d'un diplôme (Soc. 24 sept. 2008, n° 07-40.848) ou, plus spécifiquement, de la pénurie de candidats entraînant le risque de fermeture de l'établissement (Soc. 21 juin 2005, *Bull. civ.* V, n° 181). Des règles de preuve particulières ont été instaurées (v. ss 361).

§ 4 La variation de la rémunération

395 Le salarié a besoin d'une certaine stabilité de sa rémunération, ne serait-ce que parce qu'il a contracté des crédits, que son loyer est fixe... Pourtant, sous réserve du respect du principe d'égalité de traitement et des minimums légaux et conventionnels, la rémunération peut varier. Aucun principe de fixité du salaire n'a jamais été consacré. Cette partie variable de la rémunération peut résulter d'un engagement unilatéral, d'un usage, d'une convention collective et surtout du contrat. Les clauses contractuelles faisant évoluer la rémunération sont légion : clauses liant la rémunération aux résultats de l'entreprise, aux chiffres d'affaires générés par le salarié, aux objectifs, pécuniaires ou non, fixés en début d'année... Elles ne sont cependant pas toujours valables (v. aussi v. ss 304).

Seules les variations prévues et réglées à l'avance sont autorisées, et encore à une triple condition (Soc. 2 juill. 2002*). Il faut que la variation soit fondée sur des éléments objectifs indépendants de la volonté de l'employeur, qu'elle ne fasse pas porter les risques de l'entreprise sur le salarié et que les minima légaux et conventionnels soient atteints. Ces conditions témoignent d'une double volonté de la Cour de cassation : protéger le salarié de l'arbitraire de l'employeur (« éléments objectifs ») et amortir les aléas du marché sur la rémunération (ne pas « faire porter le risque de l'entreprise sur le salarié »). Ainsi les clauses qui feraient dépendre le versement de la partie variable des « résultats suffisants de l'entreprise » ou qui feraient évoluer la rémunération en fonction de la « conjoncture économique », sans autre précision, ne sont pas valables.

Lorsque les oscillations de la rémunération procèdent d'une clause d'objectifs, qui n'est qu'un genre particulier mais fréquent de clauses de variation, il faut que lesdits objectifs soient raisonnables, compatibles avec le marché et portés à la connaissance du salarié en début d'exercice. De plus, et cela paraît bien logique, l'employeur doit donner aux salariés les moyens de les réaliser (Soc. 10 févr. 2004, *Bull. civ.* V, n° 44). Par exemple, il n'est pas possible de fixer à un agent immobilier salarié un objectif élevé de vente d'appartements, alors qu'en raison de l'attentisme des vendeurs, plus aucun bien n'est proposé dans le secteur d'intervention de l'agent. 396 ■

Si les objectifs sont impossibles à réaliser, le salarié n'est pas pour autant privé de cette partie de salaire, ce serait illogique. La Cour de cassation a donc décidé qu'il appartenait aux juges de fixer la rémunération en fonction des critères visés au contrat, des accords conclus les années précédentes et, à défaut des données de la cause (Soc. 13 janv. 2009, n° 06-46.208, *D.* 2009. 1931, note Th. Pasquier). Ceci laisse une grande appréciation aux juges du fond.

Normalement, les objectifs sont prévus dans le contrat, mais la Cour de cassation a, dans le cadre du contentieux du licenciement, affirmé que « les objectifs peuvent être fixés unilatéralement par l'employeur dans son pouvoir de direction » (Soc. 22 mai 2001, *Bull. civ.* V, n° 180). Cette solution a été transposée de manière inopportune dans le domaine de la rémunération. La chambre sociale a, en effet, décidé que si les objectifs sont définis unilatéralement, ils peuvent alors être modifiés unilatéralement, à condition toutefois d'être réalisables et portés à la connaissance du salarié en début d'exercice (Soc. 2 mars 2011, n° 08-44.977 [PB] ; 30 mars 2011, n° 09-42.737). Cette solution remet en cause le caractère nécessairement contractuel de la rémunération, rappelée à de nombreuses reprises à propos de la variation d'une partie du salaire (Soc. 3 juill. 2001, n° 99-42.761 ; 16 juin 2004, n° 01-43.124, *Bull. civ.* V, n° 166). Elle permet à l'employeur de faire varier la rémunération du salarié sans son accord.

13

Compléments pédagogiques

Quid

■ Acompte n° 372

Versement d'une partie du salaire que le salarié a déjà gagné par son travail. Ainsi, lorsque le salarié demande le 15 du mois, la moitié de son salaire, il demande un acompte.

■ Avance

Paiement anticipé d'une partie du salaire. À la différence de l'acompte, l'avance constitue une dette du travailleur à l'égard de son employeur, puisqu'elle ne correspond pas à un travail déjà effectué.

■ Compensation n° 385

Mécanisme qui permet lorsque deux personnes sont débitrices l'une envers l'autre d'éteindre simultanément les deux dettes, si elles sont liquides et exigibles, à concurrence du montant de la dette la moins importante.

■ Rémunération n°s 363 s.

La rémunération, dans un sens large, regroupe toutes les sommes et tous les avantages, qui ont été versés dans le cadre, ou à l'occasion de la relation de travail.

■ Salaire n°s 363 s.

Dans un sens strict, ensemble des versements effectués en contrepartie du travail effectué au profit de l'employeur. Dans un sens large, voir rémunération.

Biblio

- J. Savatier, « La portée du droit du SMIC selon les modalités de rémunération », *Dr. soc.* 1985. 811.
- G. Couturier, « De quoi le salaire est-il la contrepartie ? », *Dr. soc.* 2011. 10
- F. Gaudu, « Le salaire et la hiérarchie des normes », *Dr. soc.* 2011. 24
- Th. Pasquier, « Réviser les objectifs salariaux », *RDT* 2013. 83

Documents

1) L'intégration des primes dans l'assiette du SMIC

Soc. 19 juin 1996
(*RJS* 1996, n° 1048)

« ... le conseil de prud'hommes qui a fait ressortir que les primes d'ancienneté et d'assiduité n'étaient pas versées en contrepartie du travail, mais pour récompenser la stabilité et l'assiduité des salariés, a décidé à bon droit qu'elles ne pouvaient être prises en compte pour l'application du SMIC ».

Soc. 4 mars 2003
(*Bull. civ.* V, n° 78 ; *Dr soc.* 2003. 658)

« ... une indemnité spéciale dite « Indemnité DOM » est versée douze fois par an et est calculée selon un pourcentage défini par note de service, appliqué au salaire à la grille du coefficient de chaque salarié ; qu'ayant relevé que l' « Indemnité DOM » avait pour objet de compenser la cherté de la vie dans les départements d'outre-mer, le conseil de prud'hommes a décidé à bon droit, sans encourir les griefs du moyen, que n'ayant pas été perçue en contrepartie du travail de la salariée, cette prime ne constituait pas un complément de salaire au sens de l'article D. 141-3 ».

2) À travail égal, salaire égal

Soc. 6 juill. 2010
(*Bull. civ.* V, n° 158 ; *RDT* 2010. 723, obs. Th Aubert-Montpeyssen)

« ... aux termes de l'article L. 3221-2 du Code du travail, l'employeur est tenu d'assurer pour un même travail ou un travail de valeur égale, l'égalité de rémunération entre les femmes et les hommes ; que selon l'article L. 3221-4 du même code, sont considérés comme ayant une valeur égale les travaux qui exigent des salariés un ensemble comparable de connaissances professionnelles consacrées par un titre, un diplôme ou une pratique professionnelle, de capacités découlant de l'expérience acquise, de responsabilités et de charge physique ou nerveuse ;
Et attendu qu'appréciant les éléments de fait et de preuve qui lui étaient soumis, la cour d'appel a relevé entre les fonctions exercées d'une part, par Mme X... et d'autre part, par les collègues masculins, membres comme elle du comité de direction, avec lesquels elle se comparait, une identité de niveau hiérarchique, de classification, de responsabilités, leur importance comparable dans le fonctionnement de l'entreprise, chacune d'elles exigeant en outre des capacités comparables et représentant une charge nerveuse du même ordre ; qu'en l'état de ses constatations caractérisant l'exécution par les salariés d'un travail de valeur égale, elle en a exactement déduit que Mme X... qui, pour une ancienneté plus importante et un niveau d'études similaire, percevait une rémunération inférieure à celles de ses collègues masculins, avait été victime d'une inégalité de traitement dès lors que l'employeur ne rapportait pas la preuve d'éléments étrangers à toute discrimination justifiant cette inégalité »

3) Variation de la rémunération

Soc. 2 juill. 2002
(*GADT*, 4e éd., n° 54, *Dr. soc.* 2002. 998, obs. C. Radé)

« Attendu que M. X... fait grief à l'arrêt de l'avoir débouté de sa demande en dommages-intérêts en réparation du préjudice subi par suite de la diminution de sa rémunération au cours des exercices 1993 à 1995, alors, selon le moyen, que la rémunération est un élément essentiel du contrat de travail qui ne peut être modifié sans l'accord du salarié ; que si le montant de la rémunération variable en fonction du chiffre d'affaires ne peut être garanti au salarié, l'employeur doit l'indemniser de la baisse de cette rémunération imputable non aux aléas de la clientèle mais à une cause structurelle propre à l'entreprise ; qu'ainsi, en considérant que M. X... ne pouvait être indemnisé de la perte de la clientèle attachée à deux avocats démissionnaires car son intéressement sur le chiffre d'affaires variait en fonction de la clientèle gagnée ou perdue, la cour d'appel a violé l'article 1134 du Code civil ;
Mais attendu qu'une clause du contrat de travail peut prévoir une variation de la rémunération du salarié dès lors qu'elle est fondée sur des éléments objectifs indépendants de la volonté de l'employeur, ne fait pas porter le risque d'entreprise sur le salarié et n'a pas pour effet de réduire la rémunération en dessous des minima légaux et conventionnels ;
Et attendu que la cour d'appel, qui a constaté qu'une partie de la rémunération du salarié était constituée par un pourcentage sur le chiffre d'affaires de la société et que ce dernier avait baissé pour des motifs indépendants de la volonté de l'employeur, a légalement justifié sa décision ;
D'où il suit que le moyen n'est pas fondé ; »

4) Fixation de la rémunération

Soc. 20 oct. 1998
(*Bull. civ.* V, n° 435, *Dr. soc.* 1999. 125, note Ph. Langlois)

« Attendu cependant que la rémunération, contrepartie du travail du salarié, résulte en principe du contrat de travail sous réserve, d'une part, du SMIC et, d'autre part, des avantages résultant des accords collectifs, des usages de l'entreprise ou des engagements unilatéraux de l'employeur ; que dans l'hypothèse où la rémunération du salarié résulterait en totalité d'un accord collectif, la dénonciation de cet accord, qui ne serait pas suivi d'un accord de substitution dans le délai de l'article L. 132-8 [C. trav., nouv. art. L. 2261-10] du Code du travail, entraînerait le maintien du salaire antérieur, par intégration dans le contrat de l'avantage individuel acquis ; que, dans le cas où la rémunération du salarié résulterait exclusivement de l'usage ou de l'engagement unilatéral de l'employeur, la dénonciation régulière de cet usage ou de l'engagement unilatéral ne permet pas à l'employeur de fixer unilatéralement le salaire ; que celui-ci doit alors résulter d'un accord contractuel, à défaut duquel il incombe au juge de se prononcer ; »

Quiz

1) Sujet corrigé

Commentaire d'affirmation

Le commentaire d'affirmation est un exercice développé à l'Université Paris-Ouest Nanterre. Il permet de tester la précision des connaissances. Très souvent, l'affirmation est partiellement vraie (ou partiellement fausse, selon le point de vue, optimiste ou pessimiste que l'on adopte). Après une courte introduction, il faut en faire apparaître le degré de véracité et aussi de fausseté. Un plan est nécessaire, mais il n'a pas à être aussi élaboré que celui d'une dissertation.

Commentez l'affirmation suivante : Le salaire est contractuel.

Voir le corrigé en fin de rubrique.

2) Corrigé

Commentaire d'affirmation

Dans son sens le plus restreint, et quand on prend soin de le distinguer de la rémunération, le salaire regroupe l'ensemble des versements effectués en contrepartie du travail effectué au profit de l'employeur (v. Quid). L'affirmation selon laquelle le salaire est contractuel provient de certaines formules de la chambre sociale de la Cour de cassation qui a pu indiquer que « la rémunération du salarié constitue un élément du contrat de travail qui ne peut être modifié sans son accord » (Soc. 29 janv. 2003, n° 00-45.134) ou encore que « le mode de rémunération d'un salarié constitue un élément du contrat de travail qui ne peut être modifié sans son accord » (Soc. 18 juill. 2000, *Bull. civ.* V, n° 288). Néanmoins affirmer que le salaire est toujours contractuel est une assertion qui par sa généralité semble d'abord profondément erronée (I). Elle traduit cependant une tendance jurisprudentielle qui vise à interdire à l'employeur de fixer unilatéralement la rémunération (II).

I. Le salaire n'est pas nécessairement contractuel

Tout d'abord, il faut rappeler que le contrat n'est pas tout puissant. Il doit respecter les règles d'ordre public en matière de salaire, notamment le SMIC. De même, un salaire prévu contractuellement inférieur au salaire minimum conventionnel sera irrémédiablement écarté.

Ensuite et surtout, le salaire peut être valablement fixé hors du contrat. C'est souvent le cas pour des compléments de salaire, notamment des primes, qui sont fréquemment prévus par des conventions collectives, des normes patronales ou des usages. C'est également le cas de prime discrétionnaire qui relève du pouvoir de direction de l'employeur (Soc. 10 oct. 2012, 11-15.296). Mais ce peut être aussi le cas du salaire de base. La Cour de cassation l'a expressément rappelé dans l'arrêt du 20 octobre 1998*. La rétribution de base est ainsi susceptible d'être déterminée par une convention collective ou un usage.

Quand le salaire ou sa structure ne trouve pas leur source dans le contrat, le salarié n'a pas à consentir à leur variation. Ainsi, dans une affaire où le contrat prévoyait un montant global de salaire, mais où les éléments de ce salaire étaient déterminés par la convention collective, la modification de ces éléments sans modification du montant global s'impose au salarié (Soc. 10 juin 2003, *Dr. soc.* 2003. 887, obs. C. Radé).

En définitive, la détermination de la source du salaire ou de l'avantage salarial reste essentielle car elle gouverne le régime de modification du salaire ou de l'avantage en cause (v. par ex., Soc. 7 nov. 2007, n° 06-40.115, *RDT* 2008. 31, note G. Pignarre).

II. Le refus du pouvoir unilatéral de l'employeur

Le salaire constituant la contrepartie du travail, il est au cœur de l'échange entre l'employeur et le salarié. La promesse d'un salaire constitue même un élément de définition du contrat de travail (v. ss 66). L'existence du salaire est donc contractuelle, au sens où le salaire est une condition de validité du contrat. La nature contractuelle du salaire a alors pour conséquence principale d'exclure le pouvoir unilatéral de l'employeur. C'est en ce sens qu'il faut comprendre les énoncés jurisprudentiels rappelés dans l'introduction. L'employeur ne peut donc déterminer unilatéralement le montant ou les modalités de la rémunération. Il faut un accord entre les parties (Soc. 20 oct. 1998*). En l'absence d'un tel accord, ce sera au juge de décider, et ce, « en fonction des critères visés au contrat et des accords conclus les années précédentes » (Soc. 20 oct. 1998, n° 96-40.908 ; 13 juill. 2004, n° 02-14.140, *Bull. civ.* V, n° 208).

Plus encore, le salarié ne peut consentir à ce que la rémunération ne soit plus contractuelle et dépende uniquement du pouvoir de l'employeur : une clause du contrat ne peut valablement permettre à l'employeur de modifier unilatéralement la rémunération contractuelle (Soc. 16 juin 2004, n° 01-43.124). Une telle clause est nulle comme contraire aux dispositions de l'article 1134, alinéa 2, du Code civil, le salarié ne pouvant valablement renoncer aux droits qu'il tient de la loi (Soc. 30 mai 2000, *D.* 2001. 738, obs. P. Lokiec). Cette jurisprudence condamnait les clauses d'objectifs et de résultat réservant à l'employeur le pouvoir de fixer seul la base de calcul de la rémunération variable. Il est toutefois possible que cette règle soit remise en cause par un arrêt du 2 mars 2011 (n° 08-44.977) qui autorise la définition et la modification unilatérale des objectifs pris en compte pour déterminer la partie variable du salaire.

chapitre 14

Le temps de travail

Plan analytique

Le temps de travail

Au cœur du contrat de travail se loge un échange simple : une rémunération contre une subordination. Tout comme la rémunération, la subordination n'est pas illimitée : le salarié n'offre qu'une partie de son temps. Cette limitation du temps de la subordination est cruciale. Elle permet que le salarié puisse développer sa vie personnelle, que les effets néfastes du travail sur la santé ne soient pas trop importants et qu'un minimum d'équilibre existe dans l'échange constitutif du contrat. En un mot, la limitation du temps de travail évite que la condition de salarié se rapproche trop de celle d'esclave. En ce sens, la réduction du temps de travail a contribué à rendre plus digne et plus supportable la situation de subordination. 397

Sur longue période, l'évolution du droit est assez lisible et va dans le sens d'une réduction permanente du temps passé au travail (subordonné) : limitation du temps de travail quotidien (dès 1841), hebdomadaire (1919, 1936, 1982), annuel par les congés payés (1936, 1982). Mais si l'on examine la période la plus récente, on ne peut qu'observer une tendance inverse, certes chaotique, d'assouplissement et d'allongement de la durée du travail. Surtout, les principes de stabilité et de réduction du temps de travail sont sabotés par la multiplication des exceptions prévues par les lois et les règlements et le pullulement des dérogations ouvertes aux partenaires sociaux. Ce constat est vrai tant en droit interne qu'en droit de l'Union européenne. La grande directive n° 2003/88 du 4 novembre 2003 prévoit ainsi des règles de limitation du temps de travail dans ses premiers articles que les articles finaux s'emploient à vider consciencieusement de leur portée. La jurisprudence interne et européenne tente toutefois, en proclamant certains principes, de limiter la portée de ces exceptions et dérogations défavorables. La Cour de cassation déclare ainsi que les prescriptions minimales des directives constituent des « règles de droit social d'une importance particulière dont doit bénéficier chaque travailleur [...] pour assurer la protection de sa sécurité et de sa santé » (Soc. 29 juin 2011, n° 10-14.743 [PB]). 398

En dépit de ces fluctuations, la réglementation du temps de travail se construit autour de notions de base, permettant notamment de définir ce qui est et ce qui n'est pas du travail (section 1). Ces notions de base constituent le pivot sur lequel vont s'articuler les horaires de travail (Section 3), et la durée du travail (section 2) pour laquelle les possibilités de flexibilité sont immenses. Cette flexibilité est également la caractéristique de modalités de travail qui conduisent des salariés à être décalés des rythmes collectifs sociaux, ce sont des temps « désynchronisés » (section 4). 399

La flexibilité en matière de temps de travail résulte également de l'agencement des normes. Depuis l'entrée en vigueur de la loi dite « travail » du 8 août 2016, l'accord d'entreprise est le support privilégié des règles en ce domaine. C'est donc au niveau le plus décentralisé, là où les syndicats de salariés sont généralement plus faibles, que les règles vont être décidées, au risque de surcroît de distorsion de concurrence entre les entreprises. Effectivement, l'accord d'entreprise écarte l'accord de branche, ce qui 400 s'induit de la généralisation de formules du type « une convention ou un accord d'entreprise ou d'établissement ou, *à défaut*, une convention ou un accord de branche peut prévoir [...] ». De plus, la « supplétivité » de la loi en la matière a été soulignée par la généralisation d'une organisation des textes selon un rubricage tripartite : « ordre public », « champ de la négociation collective » « dispositions supplétives », répétée tout au long des chapitres relatifs à la durée et l'aménagement du temps de travail (V. la rubrique « Documents » du chapitre 3).

section 1

Les notions de base

401 Le travail salarié, et donc la subordination, n'a pas toujours la même intensité. S'il est évident que celui qui est à une réunion ou sur une chaîne durant ses heures de travail est « au travail », d'autres situations sont moins nettes. Que penser du technicien de maintenance dont la seule activité est d'être dans un local, parfois spécialement aménagé avec lit, télévision, etc., pour intervenir en cas de problème ? Que penser également de la serveuse qui reste dans le restaurant qui l'emploie entre le service de midi et celui du soir ? S'il s'agit de travail, on peut néanmoins se dire qu'il s'agit d'un travail « poreux ». Inversement, l'ouvrier qui, lors de sa pause, ne peut pas s'éloigner des machines ou la médecin en chef qui en rentrant chez elle peut être appelée à tout moment en cas de problème à la clinique, sont-ils véritablement sortis de la sphère du travail ? Il est assez difficile de distinguer précisément ce qui relève du travail et ce qui appartient au domaine du temps libre.

La jurisprudence et la loi ont ainsi créé différentes catégories pour découper les périodes de la vie du salarié affectées ou non par le travail. Il faut ainsi distinguer, en allant du temps le plus contraint au temps le plus libre, le temps de travail effectif (§ 1), les équivalences (§ 2), les astreintes (§ 3), les pauses (§ 4) et le repos (§ 5).

§ 1 Le temps de travail effectif

402 La notion de temps de travail effectif est centrale. Le salaire et la durée du travail sont en principe calculés sur cette base. Une heure de travail effectif est rémunérée et comptée dans la durée du travail ; une heure qui n'est pas un temps de travail effectif n'est ni rémunérée, ni imputée sur les durées maximales du temps de travail. Signe de l'importance de cette qualification, le Code du travail, à l'article L. 3121-1* et la directive n° 2003/88/CE du 4 novembre 2003, en son article 2*, donnent une définition de ce temps de travail effectif. Mais, ces définitions ne réussissent pas à trancher la question de fond : le salarié est-il au travail dès lors qu'il est à la disposition de l'employeur, ou n'est-il juridiquement au travail que dans les seules périodes où il accomplit une activité ? Autrement dit, est-ce le temps contraint ou le temps productif qui constitue un temps de travail effectif ? La Cour de cassation et la CJCE ont clairement tranché. Toutes les périodes où le salarié est à la disposition de l'employeur, même s'il ne fait « rien », constituent du temps de travail (Soc 29 juin 1999, *Bull. civ.* V, n° 307 ; CJCE 3 oct. 2000, *Simap,* aff. C303/98). Ainsi les salariés

obligés de demeurer en « salle de repos », qui n'attendent qu'un ordre de l'employeur pour travailler sont en réalité au travail. Est dans la même situation, un salarié, installé par l'employeur dans un petit studio situé dans l'entreprise et auquel il était demandé d'y rester afin d'être capable d'intervenir à tout moment (Soc. 2 juin 2004*). Cette solution a été confirmée par plusieurs arrêts dans lesquels les salariés bénéficiaient d'aménagements plus ou moins confortables, privatifs, situés dans l'entreprise (v. not. Soc. 2 avr. 2003, *Dr. soc.* 2003. 62, obs. Ph. Waquet; 31 janv. 2006, *RDT* 2006. 34, obs. M. Véricel; v. toutefois, Soc. 7 avr. 2010, n° 09-40.020, arrêt rendu dans l'hypothèse particulière de la convention collective des chauffeurs routiers). Dans toutes ces espèces, les salariés bénéficiaient certes d'une chambre dans laquelle ils pouvaient dormir, mais ils n'avaient ni le choix du lieu ni celui de la période et bien évidemment ils demeuraient à la disposition immédiate de l'employeur.

Cette conception du travail effectif, comme temps contraint, irradie l'ensemble des temps liés au travail. Elle se retrouve dans l'analyse de l'astreinte, des temps de pause et de repos, qui sont définis par rapport à cette conception (v. ci-dessous § 4 et 5).

Allant plus loin dans l'idée que tout temps contraint constitue un travail effectif, la Cour de cassation a jugé que les déplacements effectués par les salariés depuis des vestiaires jusqu'à la pointeuse et de la pointeuse à la salle de repos où ils prennent leur pause doivent être considérés comme un temps de travail effectif (Soc. 13 juill. 2004, *Dr. ouvrier* 2005. 1, note E. Dockès). Dans des arrêts plus récents, la Cour de cassation a tempéré cette solution en exigeant de surcroît que les salariés puissent être sollicités durant ces déplacements à l'intérieur de l'entreprise (v. par ex., Soc. 13 janv. 2009, n° 07-40.638: des salariés, travaillant dans un célèbre parc d'attractions à l'enseigne d'une souris à grandes oreilles, accomplissent un travail effectif dès lors qu'ils sont en contact avec la clientèle et qu'ils ont revêtu leur costume. Morale de l'arrêt: Minnie est déjà Minnie même si elle n'a pas encore pointé). **403**

En revanche, le temps de trajet pour se rendre sur le lieu de travail, n'est pas considéré comme un temps de travail effectif. La Cour de cassation avait apporté un bémol à cette règle en indiquant que le temps de trajet anormalement long pour se rendre sur un lieu différent du lieu de travail habituel devait être compris comme un temps de travail effectif (Soc. 5 nov. 2003, *D.* 2004. Somm. 391, obs. C. Wolmark). Mais le législateur ne l'a pas entendu ainsi. La loi du 18 janvier 2005 est intervenue pour briser cette solution : ces temps de déplacement anormalement longs ne sont pas décomptés de la durée du travail et font l'objet d'une simple « contrepartie » (sans précision), sachant que la part de ce temps de déplacement qui coïncide avec l'horaire de travail ne doit toutefois pas être prise en compte au titre du temps de trajet (C. trav., art. L. 3121-4. Comp. pour les représentants du personnel, Soc. 12 juin 2013, n° 12-16.064 [PB] et Soc. 9 déc. 2014, n° 12-22.212, et pour les chauffeurs routiers, Soc 12 janv. 2016, n° 13-26.318). Prenons un salarié marseillais dont le travail habituel commence à 9h, qui doit se rendre à une réunion à 10 heures à Paris. Il a environ 3h de TGV. Avant la loi de 2005, le salarié était considéré comme accomplissant un travail effectif à partir de 7h, puisque les trois heures de TGV étaient assimilées à du travail effectif. Depuis cette loi, il faut décomposer : de 7h à 9h, c'est un temps de trajet anormalement long, qui doit donc faire l'objet d'une **404** contrepartie. À partir de 9h, débute une période de travail effectif, puisqu'il s'agit du temps de trajet qui correspond à son horaire habituel de travail.

À l'inverse, tous les déplacements entre deux lieux de travail (du même employeur) sont considérés comme étant à part entière du travail effectif (Soc. 16 juin 2004, *Bull. civ.* V, n° 171). Tel est le cas, par exemple, des déplacements entre le siège de l'entreprise, où les salariés viennent prendre leurs outils, et un chantier. De même, le déplacement en vue d'une intervention durant une période d'astreinte constitue un temps de travail effectif (Soc. 31 oct. 2007, n° 06-43.834 [P], *RDT* 2008. 41, note M. Véricel et, sur l'astreinte, v. ss 408 s.). La CJUE a ajouté que le temps de trajet des travailleurs qui n'ont pas de lieu de travail fixe ou habituel, constitue du « temps de travail », au sens de la directive 2003/88/CE (CJUE 10 sept. 2015, *Tyco*, aff. C-266/14, *RDT* 2016. 46, obs. préc.). Ce sont, au premier chef, les décomptes des durées maximales de travail, et non la rémunération de ces temps de trajet, qui sont affectés par cette solution en raison du champ d'application de la directive (v. cep. les réflexions de M. Véricel, note préc.).

■ 405 Autour du temps de travail sont accolés d'autres moments pendant lesquels le salarié est déjà sous l'emprise de l'entreprise : tel est le cas des périodes d'habillage et de déshabillage. Le législateur, lors du passage aux 35 heures, les a exclus de la durée légale du travail (C. trav., art. L. 3121-3). Ils ne donnent lieu qu'à une simple contrepartie, sous forme financière ou sous forme de repos, et encore sous réserve que les salariés aient l'obligation de revêtir et d'enlever leur tenue, dont le port est imposé, sur le lieu de travail (Cass., ass. plén., 18 nov. 2011, n° 10-16.491, *Dr. soc.* 2012. 307, obs. A. Johansson, *RDT* 2012. 104, obs. M. Véricel). Cette contrepartie peut être fixée par accord collectif (qui en vertu de la règle de faveur est susceptible également d'assimiler ces périodes à du temps de travail effectif) ou à défaut par le contrat.

§ 2 Le système des équivalences

■ 406 Les *équivalences*[Q] constituent une technique qui rappelle à quel point le droit peut se jouer de la réalité. Grâce à un système d'équivalence, le nombre d'heures décomptées « juridiquement » est inférieur, voire très inférieur, au nombre d'heures passées réellement au travail. L'idée, ancienne puisqu'elle date de 1936, consiste à dire que certains emplois comportent des périodes d'inaction. Il faut donc par principe et de manière forfaitaire soustraire du temps de travail ces temps improductifs. Ces systèmes d'équivalence exigent la conclusion d'un accord de branche étendu (depuis la loi dite « travail » du 8 août 2016) ou, à défaut, l'adoption d'un décret (C. trav., art. L. 3121-13). Par exemple, le décret 2005-908 du 2 août 2005 prévoit que dans le secteur de l'animation, pour les salariés qui accompagnent un groupe et qui restent auprès du groupe y compris la nuit, une journée de 13 heures de présence journalière équivaut à une journée de 7 heures de travail effectif. Il n'est pas sûr que l'accompagnement d'un groupe d'adolescents soit aussi reposant que le suggère le décret (v. du reste, CE 10 oct. 2011, req. n° 3011014 ; CASF, art. D. 432-3, issu du Décr. du 26 avr. 2012, sur le repos des animateurs).

■ 407 Ce mécanisme a été condamné par la Cour de justice de l'Union européenne (v. not. CJCE 1er déc. 2005, *Abdelkader Dellas*, aff. C-14/04*). Mais la solution a été sérieusement édulcorée par les juridictions françaises. La Cour de cassation (Soc. 26 mars

2008, n° 06-45.469, *RJS* 2008, n° 549, p. 400, rapp. H. Gosselin), tout comme le Conseil d'État (CE 28 avr. 2006, *Dellas*, *Lebon* 206) ont considéré que la décision de la CJCE devait être cantonnée aux seules questions couvertes par le droit communautaire, principalement l'interdiction de dépasser les durées maximales du travail (v. ss 416 s.). Pour le reste, notamment la rémunération et le déclenchement du seuil de paiement des heures supplémentaires, le mécanisme des équivalences continue à s'appliquer.

§ 3 L'astreinte

Le Code du travail donne une définition de l'*astreinte*[Q] : « Une période d'astreinte s'entend comme une période pendant laquelle le salarié, sans être sur son lieu de travail et sans être à la disposition permanente et immédiate de l'employeur doit être en mesure d'intervenir pour accomplir un travail au service de l'entreprise. » (C. trav., art. L. 3121-9). Il s'agit ainsi de l'obligation faite au salarié de demeurer joignable pour intervenir au service de l'entreprise. Le salarié doit se tenir prêt. 408 ■

Toute la difficulté consiste à distinguer les astreintes du temps de travail effectif. Il est sûr que l'« astreinte » effectuée dans un local spécialement aménagé par l'employeur constitue en réalité un temps de travail effectif (Soc. 4 mai 1999, *Bull. civ.* V, n° 187 ; *GADT*, n° 59). En revanche, lorsque l'astreinte est accomplie au domicile du salarié, même si c'est un logement de fonction, elle n'est pas qualifiée de temps de travail effectif (v. par ex., Soc. 31 mars 2006, n° 04-41.595, *JCP S* 2006. 1577, note P.-Y. Verkindt). Il ne faut cependant pas que sous couvert d'une astreinte, le salarié accomplisse un vrai travail. Si les tâches demandées au salarié dépassent la seule intervention ponctuelle pour se muer en une activité continue, il y travail effectif (Soc. 9 nov. 2010, n° 08-40.535 [PB] ; 6 févr. 2001, *Bull. civ.* V, n° 42). 409 ■

L'astreinte peut être mise en place par convention d'entreprise ou à défaut par accord de branche ; elle s'impose alors aux salariés, même en l'absence de stipulation contractuelle (Soc. 16 déc. 1998, *Bull. civ.* V, n° 556). Mais l'accord collectif n'est même pas indispensable. La décision unilatérale de l'employeur peut à elle seule mettre en place des astreintes. Il suffit alors de consulter les institutions représentatives et d'informer l'inspecteur du travail (C. trav., art. L. 3121-12). Bien évidemment, l'astreinte peut également être prévue par le contrat. Les périodes d'astreinte sont communiquées 15 jours à l'avance, sauf circonstances exceptionnelles (C. trav., art. L. 3121-13). Celles-ci permettent de réduire le délai de prévenance à un jour franc. 410 ■

Quelle qu'en soit la source, l'astreinte doit donner lieu à une « contrepartie ». En l'absence de contrepartie contractuelle ou conventionnelle, ou si la contrepartie est dérisoire, il appartient aux juges du fond d'en évaluer souverainement le montant (pour une contrepartie fixée au niveau du salaire horaire normal, v. Soc. 10 mars 2004, *Bull. civ.* V, n° 77). 411 ■

Le temps d'intervention tout comme le temps de déplacement pour se rendre dans l'entreprise sont assimilés à une période de travail effectif (Soc. 31 oct. 2007, n° 06-43.834 [P], *RDT* 2008. 41, note M. Véricel).

412 L'astreinte, bien qu'elle ne soit pas un travail effectif, n'est pas non plus une période où le salarié bénéficie de son temps libre comme il l'entend. C'est pourquoi la Cour de cassation a décidé que les périodes d'astreinte ne peuvent pas être assimilées à des périodes de repos (Soc. 10 juill. 2002*). Le législateur français est venu contredire cette solution (C. trav., art. L. 3121-6, issu de la L. du 17 janv. 2003). Toutefois, il n'est pas sûr que la solution législative soit bien praticable, puisque dès que le salarié intervient, il est considéré comme réalisant un travail effectif qui interrompt le temps de repos. Le respect des minima (v. ss 422 s.) impose donc une récupération immédiate.

§ 4 La pause

413 Lors de la pause, le salarié doit recouvrer sa liberté et ne plus être sous les ordres de l'employeur. Tout au plus, l'employeur peut-il demander des interventions éventuelles et exceptionnelles « en cas de nécessité » (Soc. 1er avr. 2003, *Bull. civ.* V, n° 129 ; *Dr. soc.* 2003. 651, obs. Ph. Waquet ; *GADT*, n° 61). Le salarié ne saurait être tenu de demeurer dans un local déterminé, ni être obligé d'accomplir une tâche de surveillance, sinon, il s'agit de temps de travail effectif (Soc. 12 oct. 2004*). En bref, la pause est un temps durant lequel, normalement, le salarié n'est pas dérangé par l'employeur. Par conséquent, le salarié qui peut être appelé à tout moment pour effectuer des interventions de sécurité, interventions en l'occurrence fréquentes, ne se trouve pas en pause mais effectue un travail effectif qui doit être rémunéré et décompté du temps de travail (Soc. 20 févr. 2013, n° 11-26.401).

En revanche, la Cour de cassation ne prend pas en compte les conditions réelles de prise de pause. Le fait que la pause soit prise de nuit, loin de tout centre urbain, dans une zone industrielle ou un aéroport, sûrement désert, n'empêche pas le salarié de « vaquer librement à des occupations personnelles », puisqu'il n'est plus à la « disposition de l'employeur » (v. Soc. 10 oct. 2007, n° 06-41.107, *RDT* 2008. 187, note M. Véricel). D'habitude soucieuse de prendre en compte les conditions concrètes de travail, la Cour de cassation fait preuve ici d'un certain aveuglement devant les faits. Une demande fondée sur l'obligation de bonne foi, qui n'a visiblement pas présidé à l'organisation des tâches par l'employeur, aurait peut-être mieux prospéré.

414 La pause, si elle n'est pas requalifiée en temps de travail effectif, ne fait pas l'objet d'une rémunération. Mais une convention d'entreprise ou d'établissement ou, à défaut, une convention de branche peut prévoir une rémunération quand bien même les pauses ne sont pas reconnues comme du temps de travail effectif (C. trav., art. L. 3121-6).

§ 5 Le repos

415 Pour la Cour de cassation, le repos « suppose que le salarié soit totalement dispensé, directement ou indirectement, sauf cas exceptionnels, d'accomplir une prestation de travail, même si elle n'est qu'éventuelle ou occasionnelle » (Soc. 10 juill. 2002*). C'est un temps libre de toute subordination. On comprend d'autant mieux cette fermeté que le droit au repos a valeur constitutionnelle (Préamb. de la const. de 1946, al. 11). Comme le dit la Cour de cassation dans un domaine proche, celui des congés, le

salarié est dispensé de poursuivre une collaboration avec l'employeur (Soc. 15 juin 1999, *Bull. civ.* V, n° 243). Seuls des événements exceptionnels et ponctuels peuvent interrompre le repos : donner un mot de passe informatique indispensable, restituer un dossier conservé à domicile...

section 2

La durée du travail

On pressent bien que la durée du travail est un enjeu crucial. Limiter la durée du travail constitue un impératif de santé publique pour l'État et une nécessité pour le salarié. Faire varier cette durée en fonction de l'intensité de la production, une souplesse pour l'entreprise. Le droit oscille entre ces impératifs. D'un côté, il impose le respect de durées maximales de travail (§ 1). De l'autre, il permet, aujourd'hui très facilement, un dépassement de la durée légale, fixée à 35h (§ 2). Après avoir traité ces questions de fond, il faudra enfin s'intéresser aux difficultés liées à la preuve de la durée du travail (§ 3). 416 ■

§ 1 Le respect des durées maximales de travail

Il existe deux manières de limiter le temps de travail des salariés. La manière la plus simple et la plus directe est de déterminer des durées maximales de travail (A). Mais une autre voie, indirecte, peut également être empruntée : la fixation de durées minimales de repos (B). Les cadres dirigeants échappent à cette réglementation impérative (C). 417 ■

A. Durées maximales de travail

L'article L. 3121-18 du Code du travail prévoit que la durée maximale de travail par jour est de 10 heures. Cette durée peut être portée à 12 heures, par convention d'entreprise ou à défaut par accord de branche (C. trav., art. L. 3121-19). Même en l'absence d'une telle convention, en cas de « coup de chauffe », c'est-à-dire en termes plus juridiques en cas de « surcroît temporaire d'activité », l'inspecteur du travail peut accorder une possibilité de travailler y compris au-delà de 12 heures par jour (C. trav., art. L. 3121-18 et D. 3121-15 s.). 418 ■

L'article L. 3121-20 du Code du travail prévoit une limite maximale de 48 heures par semaine. Mais cette limite peut être dépassée « en cas de circonstance exceptionnelle entraînant temporairement un surcroît extraordinaire de travail », sur autorisation de la Direccte sans que le temps de travail ne puisse toutefois dépasser 60 heures (C. trav., art. L. 3121-21). 419 ■

Le maximum en moyenne sur une durée de 12 semaines est fixé à 44 heures par l'article L. 3121-22, alinéa 1er du Code du travail. Là encore des exceptions sont prévues. Un accord d'entreprise ou de branche peut porter ce maximum à 46 heures (C. trav., art. L. 3121-23). Ces durées, de 44 et de 46 heures, peuvent être dépassées de 420 ■

manière exceptionnelle dans des secteurs, régions ou entreprises déterminées (C. trav., art. L. 3121-25). Un décret fixe les conditions de pareil dépassement (v. C. trav., art. R. 3121-24 s., adopté avant la loi du 8 août 2016). Sur ces questions, on ne peut attendre guère de secours venus de l'Union européenne. La directive du 4 novembre 2003 prévoit une durée maximale du travail de 48 heures par semaine en moyenne (art. 6 b). Mais l'article 17.1 ouvre la voie à des dérogations.

Les meilleures limites à un accroissement massif de la durée du travail doivent être recherchées dans les temps de repos minimaux que prévoit, par ailleurs, la loi française, inspirée du droit communautaire.

B. Durées minimales de repos

421 L'espoir d'une limitation efficace du temps de travail par le temps de repos est vite déçu.

422 L'article L. 3131-1 du Code du travail et l'article 3 de la directive de 4 novembre 2003 prévoient un temps de repos quotidien minimal de 11 heures par jour. Mais l'article 17 de la directive a prévu des dizaines d'exceptions. Les exceptions européennes sont suffisamment nombreuses et larges pour que celles prévues par le droit interne y soient conformes. En droit français, la durée quotidienne minimale de repos peut être réduite à 9 heures par jour (C. trav., art. D. 3131-3) par convention d'entreprise ou à défaut par accord de branche et ce pour toutes sortes de raisons (C. trav., art. D. 3131-1, D. 3131-2). Ces règles de niveau réglementaire adoptées avant la modification du Code du travail issue de la loi du 8 août 2016 devraient être maintenues. En définitive, lorsque cela s'avère utile pour l'entreprise, il est le plus souvent possible de prévoir, par convention collective, des journées de travail ayant une amplitude de 15 heures. Un décret peut aussi en cas de surcroît d'activité ou d'urgence déroger à la règle des 11 heures de repos quotidien (C. trav., art. L. 3131-3).

423 L'article L. 3121-16 du Code du travail prévoit qu'une pause de 20 minutes doit être accordée aux salariés toutes les 6 heures. La pause ne peut être fractionnée. Cette règle ne souffre, pour une fois, aucune dérogation et fait l'objet d'un contrôle scrupuleux par la Cour de cassation. Ne respecte pas l'obligation qui lui est faite l'employeur qui met en place le système suivant : faire travailler 3 heures 30 les salariés, leur accorder 15 minutes de pause, puis de nouveau 3 heures de travail avec 15 minutes de pause à la fin (Soc. 20 févr. 2013, n° 11-28.612 [PB]). La limite semble donc assez solide. Il est vrai que, sur une journée de travail de 12 heures, accorder au salarié 20 minutes consécutives pour se nourrir et satisfaire ses besoins naturels ne semble pas excessif.

424 L'article L. 3132-2 du Code du travail et l'article 5 de la directive du 4 novembre 2003 prévoient encore un temps de repos de 24 heures tous les 7 jours. Ce droit au repos hebdomadaire, qui en droit français doit être accordé en principe le dimanche (v. ss 452), s'additionne avec le droit au repos de 11 heures consécutives de l'article L. 3131-1 du Code du travail pour former un droit au repos de 35 heures par semaines. En droit communautaire, on retrouve pour le repos hebdomadaire la longue liste d'exceptions de l'article 17 de la directive. Mais pour l'heure, la règle du repos hebdomadaire demeure encore impérative en droit français.

Le temps de repos annuel minimum porte le nom de « congés payés ». Ces congés, créés en 1936, sont réglementés aux articles L. 3141-1 et suivants du Code du travail et subissent la forte influence du droit de l'Union européenne (v. par ex., CJUE 24 janv. 2012, aff. C-282/10). Le droit à congé est acquis d'une année (la période de référence) sur l'autre (la période de prise des congés). En principe, il est de 2,5 jours ouvrables par mois travaillé, sans que la durée totale du congé exigible puisse excéder 30 jours ouvrables, soit 5 semaines de congés (C. trav., art. L. 3141-3). Ces congés sont payés en suivant le principe selon lequel le départ en congé du salarié ne doit être l'occasion d'aucune diminution de son salaire. 425

Il est toutefois notable que la cinquième semaine de congés payés (*i.e.* la part de congés excédant la durée de 24 jours ouvrables) puisse être placée sur un compte épargne-temps depuis la loi du 31 mars 2005 (C. trav., art. L. 3151-2). Ce qui, en clair, signifie que le salarié ne bénéficiera pas dans l'immédiat de sa cinquième semaine de congés : il la conservera pour plus tard...

Il existe toutes sortes d'autres congés, payés ou non, liés à des événements ponctuels ou accidentels : congé maternité, congé parental, congé pour événements familiaux, mais aussi congés sabbatiques, pour création d'entreprise, de formation, etc. Le nombre des congés exigibles par le salarié est en constante augmentation. 426

C. Les cadres dirigeants

Pour les cadres dirigeants, le droit du temps de travail est vraiment très simple : plus rien ou presque, ne leur est applicable (C. trav., art. L. 3111-2). Ils n'ont ni temps de travail maximal, ni temps de repos minimal quotidien ou hebdomadaire, ni jours fériés. Sont encore inapplicables, notamment, les règles concernant les heures supplémentaires et les dispositions sur le travail de nuit ou sur le temps partiel. Ils ne conservent que le droit aux congés, comme les congés payés et le congé maternité. Il est donc légal de les faire travailler 24 heures sur 24, 7 jours sur 7 et pendant 47 semaines par an. 427

La disparition de la législation du temps de travail est ici rendue possible par l'idée selon laquelle, à ce niveau hiérarchique, les salariés ne sont plus tout à fait des salariés.

On comprend dès lors tout l'enjeu de la définition des cadres dirigeants. Aux termes de l'article L. 3111-2 du Code du travail, ce sont « les cadres auxquels sont confiées des *responsabilités* dont l'importance implique une grande *indépendance dans l'organisation de leur emploi du temps*, qui sont habilités à prendre des *décisions de façon largement autonome* et qui perçoivent une *rémunération* se situant dans les niveaux les plus élevés des systèmes de rémunération pratiqués dans l'entreprise ou leur établissement ». De prime abord, cette définition n'est pas suffisante, car de nombreux cadres de haut niveau pourraient tomber dans le piège de cette qualification. Aussi, la Cour de cassation veille-t-elle à ce que n'importe quel salarié cadre ne devienne pas « cadre dirigeant ». Dans cette perspective, elle rappelle que les critères de l'article L. 3111-2 sont cumulatifs (Soc.13 janv. 2009 ; *Bull. civ.* V, n° 12 ; *D.* 2009. 1931, note T. Pasquier) et qu'ils doivent correspondre à des fonctions réellement exercées (Soc. 30 nov. 2011, *Bull. civ.* V, n° 281), peu important les prévisions de l'accord collectif (Soc. 13 janv. 2009, préc.). Surtout, elle a indiqué, avec beaucoup de sagesse, qu'un cadre dirigeant doit diriger (Soc. 31 janv. 2012, n° 10-23.828, *D.* 2012. 428

1167, art. P. Lokiec). Seul le noyau central de l'équipe de direction devrait donc être soumis au régime des cadres dirigeants. Mais substituant à la sagesse la confusion, la chambre sociale est venue indiquer que « la participation à la direction de l'entreprise ne constitue pas un critère autonome et distinct se substituant aux trois critères légaux » (Soc. 22 juin 2016 [PBR], n° 14-29.246, *Dalloz actualités* obs. M. Roussel). La participation à la direction ressort-elle nécessairement de la réunion des trois critères légaux ou doit-elle être encore caractérisée ou à tout le moins explicitée par les juges du fond ? À cette question, aucune réponse tranchée ne peut encore être rendue (v. M. Roussel, obs. préc.).

En revanche, la Cour ne paraît pas avoir été assez attentive à la rémunération du cadre dirigeant. En effet, elle ne s'attache pas au montant de la rémunération en valeur absolue. Elle s'intéresse seulement au niveau de cette dernière par rapport à celui atteint par les salaires des autres membres de la direction. Cela signifie que dans une petite entreprise, un cadre dirigeant, avec ce que cela comporte comme absence de protections, peut très bien ne percevoir qu'une rémunération moyenne ou faible (Soc. 31 janv. 2012, préc ; v. égal. Soc. 30 nov. 2011, préc.). On peut penser pourtant que le caractère quasiment illimité du temps de travail doit avoir pour contrepartie nécessaire une rémunération très élevée.

§ 2 Le dépassement de la durée légale du travail

429 Les 35 heures par semaine, si débattues, si médiatiques, ne sont en rien une durée maximale du travail. Il s'agit de la « durée légale du travail », prévue à l'article L. 3121-27 du Code du travail. Cette durée légale a pour principale signification juridique de définir à partir de quels seuils sont déclenchées les heures supplémentaires. Toute heure réalisée lors de la semaine au-delà de la durée légale (ou conventionnelle si elle est plus basse) est en principe une heure supplémentaire. Le recours aux heures supplémentaires (A) et les majorations auxquelles elles donnent lieu (B) peuvent être contredits par différentes formules : la modulation (C) et les conventions de forfait (D).

A. Le recours aux heures supplémentaires

430 Les heures supplémentaires peuvent être souhaitées par l'employeur pour mieux ajuster le temps de travail à la production nécessaire. Elles peuvent aussi être réclamées par certains salariés qui souhaitent gagner plus, comme le disait un slogan présidentiel. Cette présentation égalitaire occulte toutefois une asymétrie importante : le salarié ne peut exiger l'accomplissement d'heures supplémentaires. Seul l'employeur peut imposer des heures supplémentaires, et ce pouvoir est unilatéral. Le salarié commettrait une faute à refuser de les accomplir. La solution est nette et constante (Soc. 20 mars 1961, *Dr. soc.* 1961. 424 ; 9 mars 1999, *Bull. civ.* V, n° 103 ; *ibid.* 1999. 630, obs. P.-H. Antonmattéi). L'employeur peut aussi supprimer unilatéralement des heures supplémentaires précédemment imposées (Soc. 10 mars 1998, *Bull. civ.* V, n° 124). Le salarié n'a en l'état actuel de la jurisprudence aucun secours à attendre du droit de l'Union européenne (CJCE 8 févr. 2001, *Lange*, aff. C/350-99, *Dr. soc.* 2001. 540).

Dans le cadre du respect des durées maximales de travail (v. ss 417 s.), les heures supplémentaires peuvent être demandées librement par l'employeur. Le contingent d'heures supplémentaires, qui autrefois constituait une limite à leur recours, est devenu depuis la loi du 20 août 2008 une simple référence pour le calcul des heures de repos associées à l'accomplissement des heures supplémentaires (v. ss 433).

Toutefois, dans certaines hypothèses limites, le salarié bénéficie d'un droit au refus. 431 ■
Ce sera le cas lorsque l'employeur n'a pas payé régulièrement les heures supplémentaires précédemment accomplies (Soc. 7 déc. 1999, *Bull. civ.* V, n° 473), lorsque la charge de travail est excessive (rappr. Soc. 13 janv. 2003, *Bull. civ.* V, n° 282) ou lorsque le caractère systématique du recours aux heures supplémentaires conduit à une modification du contrat de travail (Soc. 16 mai 1991, *Dr. soc.* 1994. 863, art. J. Mouly). De manière générale, on peut dire que le refus d'effectuer des heures supplémentaires est justifié, lorsque le salarié vise à sauvegarder ses droits fondamentaux : droit à la santé, droit à une vie familiale normale...

À l'heure où l'intensification des tâches est généralisée, une autre question peut se poser : le salarié peut-il exécuter des heures supplémentaires sans que l'employeur lui ait demandé de le faire ? En principe, le salarié ne peut pas de lui-même effectuer des heures supplémentaires. Mais des exceptions existent. Un accord implicite suffit au paiement des heures supplémentaires, accord implicite qui peut résulter de l'inertie de l'employeur. Ainsi, l'employeur qui, en connaissance de cause, laisse un salarié effectuer des heures supplémentaires sans s'y opposer y a implicitement consenti (Soc. 2 juin 2010, n° 08-40.628, *Bull. civ.* V, n° 124). Une demande indirecte résultant d'un accroissement de la charge de travail peut aussi conduire à considérer que le paiement des heures supplémentaires et de leur majoration est dû, et ce parfois même en dépit de l'opposition de son employeur, si ces heures supplémentaires sont indispensables à l'accomplissement des tâches (Soc. 25 sept. 2013, n° 12-13.965, *Dr. soc.* 2013. 957, note J. Mouly).

B. Les majorations associées aux heures supplémentaires

Les heures supplémentaires doivent être rémunérées davantage que les heures 432 ■
normales. Les suppléments dus ne dépendent plus de la taille de l'entreprise, ni du respect ou non du contingent annuel. Voici les taux de majoration, qui s'appliquent à défaut d'accord (C. trav., art. L. 3121-36) :

Heures par semaines	Majoration due
De la 36e à la 43e	**25 %**
44e s.	**50 %**

Une convention d'entreprise ou à défaut une convention de branche peut réduire ce supplément de rémunération à 10 %, dans tous les cas (C. trav., art. L. 3121-33), elle peut également prévoir une majoration plus forte.

En plus de cette majoration, une « contrepartie obligatoire en repos » peut-être due. 433 ■
L'obligation de donner une « contrepartie obligatoire en repos », et la durée de cette contrepartie dépendent du respect du contingent annuel d'heures supplémentaires. Le contingent annuel est déterminé par convention collective (C. trav., art. L. 3121-33). À défaut, il est fixé à 220 heures (C. trav., art. D. 3121-14-1).

Accomplies dans le cadre du contingent annuel, les heures supplémentaires ne donnent pas nécessairement lieu à un repos. La contrepartie sous forme de repos n'est pas obligatoire. Les interlocuteurs sociaux sont toutefois invités à prévoir un « repos compensateur » (C. trav., art. L. 3121-33 II).

Au-delà du contingent annuel, la loi retrouve un certain rôle. Les durées minimales de contrepartie obligatoires en de repos sont les suivantes (C. trav., art. L. 3121-33, et L. 3121-38), sachant qu'elles peuvent être améliorées par accord collectif.

Heures par semaine	Entreprises de 20 salariés au plus	Entreprises de plus de 20 salariés
Dès la 36^{e}	**50 %**	**100 %**

434 La souplesse de ce système pour les entreprises est immense. Sous réserve de trouver une partie syndicale qui accepte de signer la convention collective, un employeur peut ainsi faire faire à ces salariés 9 heures supplémentaires hebdomadaires toute l'année, soit près de 2 h par jour, avec un surcoût faible. Explication : 9 heures supplémentaires toutes les semaines correspond sur une année, qui contient 47 semaines travaillées, à un contingent d'heures supplémentaires de 423 heures. Or, rien n'interdit de conclure une convention collective prévoyant un tel contingent. Aller au-delà de ces 423 heures paraît néanmoins difficile, car l'article L. 3121-22 du Code de travail fixe à 44 heures en moyenne la durée hebdomadaire maximale. Le surcoût peut, quant à lui, être très réduit si une convention collective fixe la majoration salariale à 10 % et accorde une contrepartie obligatoire en repos faible.

435 La flexibilité accordée à l'employeur peut être encore accrue. En effet, la rémunération des heures supplémentaires peut être partiellement ou totalement remplacée par du repos compensateur. Cette possibilité est ouverte par l'article L. 3121-33 II du Code du travail. Une convention d'entreprise ou à défaut une convention de branche est en principe nécessaire. En l'absence de délégué syndical, cette convention peut être remplacée par un acte de l'employeur auquel le comité d'entreprise ou, à défaut, des délégués du personnel ne se seront pas opposés (C. trav., art. L. 3121-37).

Le paiement des heures supplémentaires en repos peut alors permettre de faire varier d'une semaine sur l'autre la durée du travail. Une semaine, par exemple, les salariés travailleront 4 heures supplémentaires, soit 39 heures. Ces heures ne donneront lieu à aucune rémunération ; simplement, une autre semaine, les salariés remplaceront ces heures par du repos compensateur. Si l'on suppose que les heures supplémentaires auraient dû être payées au taux majoré de 25 % (ce qui est le principe), la semaine où est pris le repos compensateur, les salariés travailleront 4 heures + 25 %, soit 5 heures de moins. Au lieu de travailler 35 heures, ils travailleront donc 30 heures sans réduction de salaire.

Cette solution peut être intéressante pour une entreprise où la quantité de travail est moins importante à certaines périodes de l'année qu'à d'autres périodes. Cette possibilité de payer en repos les heures supplémentaires, leurs majorations et bonifications, est au demeurant assez souple, puisque la convention ou l'acte dépourvu d'opposition qui la prévoit peuvent « aménager » très librement l'organisation du repos compensateur (rien n'interdit, par exemple, de l'organiser sous la forme de congés payés supplémentaires...). De plus, cette flexibilité peut prendre une très grande ampleur puisqu'elle n'est pas limitée par la règle du contingent annuel : le législateur a en effet prévu que les heures supplémentaires rémunérées exclusivement en repos compensateur ne s'imputaient pas sur le contingent annuel (C. trav., L. 3121-30).

Ce système ne supprime pas les majorations dues pour les heures supplémentaires. Il les convertit en repos. D'autres systèmes permettent d'aller plus loin, c'est-à-dire de faire travailler les salariés plus de 35 heures certaines semaines et moins d'autres semaines, sans que jamais aucune heure ne soit qualifiée d'heure supplémentaire et donc sans aucune majoration. Il s'agit des dispositifs de modulation du temps de travail.

C. La modulation du temps de travail

La modulation conduit à faire varier les horaires d'une semaine sur l'autre, tantôt au-dessus des 35 heures, tantôt en dessous, sans que les heures effectuées au-delà de la 35e soient considérées comme des heures supplémentaires. La modulation permet alors de calculer si les 35 heures sont respectées sur une période supérieure à la semaine. On fait alors une moyenne sur le mois, deux mois, une année... On parle, dans ce dernier cas, assez fréquent en pratique, d'*annualisation du temps de travail*[Q]. 436 ■

Le régime de la modulation diffère selon qu'elle a été décidée unilatéralement par l'employeur ou mise en place par convention collective.

En l'absence d'accord collectif, l'employeur peut faire varier le temps de travail sur une durée de 9 semaines au plus dans les entreprises de plus de 50 salariés et de 4 semaines dans les autres (C. trav., art. L. 3121-41 ; cette durée était de 4 semaines dans toutes les entreprises avant l'entrée en vigueur de la loi dite « travail »), après avoir consulté les représentants du personnel, s'ils existent. L'employeur doit établir un programme de variation de la durée du travail. Cela signifie qu'un planning sur plusieurs semaines doit être établi. Mais ce programme n'est qu'indicatif. La seule règle permettant aux salariés de prévoir leur emploi du temps est la suivante : ils doivent être informés de leur horaire de travail au moins une semaine à l'avance. 437 ■

La majoration pour heures supplémentaires est due si l'un ou l'autre de ces seuils est dépassé (C. trav., art. D. 3122-7-3) :

- 39 heures sur une semaine. À partir de la 40e heure, il y aura donc heure supplémentaire, même si le second seuil est respecté

- ou 35 heures en moyenne sur la période de référence. Ainsi sur 4 semaines, toute heure effectuée au-delà de la 140e heure (35 h multiplié par 4 semaines) est une heure supplémentaire, sauf pour les heures déjà déclarées heures supplémentaires selon le premier seuil.

Ces règles de niveau réglementaire adoptées avant la modification du Code du travail issue de la loi du 8 août 2016 devraient être maintenues.

La conclusion d'un accord collectif offre des possibilités de modulation plus larges, d'autant plus que le salarié ne peut brandir son contrat de travail pour s'opposer à la mise en place de la modulation (C. trav., art. L. 3121-43). La durée du travail peut être modulée sur une période qui peut aller jusqu'à une année, la seule limite tenant aux durées maximales de travail (v. ss 417 s.) et jusqu'à trois ans si un accord de branche le prévoit (C. trav., art. L. 3121-44). Un employeur peut alors faire travailler les salariés 44 heures pendant 12 semaines, puis les laisser sans travail pendant quatre semaines. 438 ■

Là encore, le programme de modulation n'est qu'indicatif, car les salariés ne doivent être tenus au courant de leurs heures de travail que dans un délai raisonnable (C. trav., art. L. 3121-42) fixé à 7 jours en l'absence d'accord collectif (C. trav., art. L. 3121-47). Le délai de prévenance pourrait être plus faible par accord collectif. Les salariés qui se fondant sur le planning indicatif croyaient pouvoir bénéficier d'un temps libre pourraient en réalité être appelés à venir travailler dans un délai extrêmement court. En somme, les salariés restent à la disposition de leur employeur, même lorsqu'ils ne travaillent plus, et ce sans augmentation de salaire.

En effet, la majoration pour heures supplémentaires n'est due que si la moyenne de 35 heures sur la période de référence est dépassée. Il n'y a pas, à la différence de la modulation sans accord collectif, de majoration pour dépassement d'une durée de travail hebdomadaire, sauf stipulations de la convention collective. Pour la modulation sur une période supérieure à un an, l'accord mettant en place la modulation doit prévoir une limite hebdomadaire, supérieure à trente-cinq heures, au-delà de laquelle les heures de travail effectuées au cours d'une même semaine constituent en tout état de cause des heures supplémentaires dont la rémunération est payée avec le salaire du mois considéré.

Sur quatre semaines, la moyenne de 35h sur la période de référence, correspond à 140 heures (35 heures multipliées par 4). Sur une année, le code a fait le calcul : toute heure accomplie au-delà de la 1 607e est une heure supplémentaire. Voici comment le législateur est arrivé à ce résultat : 35 heures multipliées par 47 semaines (52 moins 5 semaines de congés payés) font 1 645. Enlevez une poignée de jours fériés, recherchez à faire un compte rond, et vous aurez 1 600 heures (L. du 19 janv. 2000). Rajoutez un bon gros jour férié de « solidarité » (L. du 30 juin 2004) et vous arrivez au total de 1 607 heures (C. trav., L. 3122-4, 1°).

Sur trois ans, la durée de référence est de 4 821 heures (1607*3), ce qui induit que les heures supplémentaires ne seront payées qu'une fois 4 821 heures accomplies sur trois ans (sauf pour les heures effectuées au-delà de la durée hebdomadaire fixée par accord et entraînant le paiement immédiat des heures supplémentaires). Au fond, la triannualisation du temps de travail est une manière de remettre en cause les 35 heures hebdomadaires. C'est également une forme de crédit à moyen terme que les salariés font à leur employeur puisqu'ils doivent attendre trois ans pour que leurs heures supplémentaires leur soit payées (sous réserve qu'ils aient travaillé plus de 4 821 heures sur les trois années de référence), en espérant que la comptabilisation de ces heures soit bien faite...

D. Les conventions de forfait

439 Les *conventions de forfait*[Q] forment encore une alternative au régime des heures supplémentaires. Il s'agit de conventions qui permettent de prévoir par avance que des heures supplémentaires seront effectuées. Il faut bien distinguer les conventions de forfait en heures et les conventions de forfait en jour. Les conventions de forfait en heures ne sont pas censées affecter le paiement majoré des heures supplémentaires, elles se contentent de contractualiser le recours aux heures supplémentaires. Les conventions de forfait en jour constituent une entorse plus importante au régime des heures supplémentaires puisqu'à la fois le paiement et le recours aux heures supplémentaires sont dérogatoires.

1. *Forfait en heures*

Les conventions de forfait en heures reviennent en réalité à une contractualisation des heures supplémentaires. Le forfait d'heures de travail peut être hebdomadaire mensuel ou annuel. L'employeur ne peut toutefois recourir à une convention de forfait annuelle que s'il existe une convention collective d'entreprise ou à défaut une convention de branche qui prévoit la possibilité et les limites du recours aux conventions de forfait (C. trav., art. L. 3121-63). Dans tous les cas, la convention de forfait doit être écrite (C. trav., art. L. 3121-55). Il s'agit d'inscrire dans le contrat un nombre d'heures qui seront effectuées par le salarié par mois ou par an. Par exemple, une clause indiquera que le salarié travaille 180 h par mois, alors que la durée légale mensuelle est de 151h57, ou encore 1 800 heures par an, alors que la durée légale annuelle est fixée à 1607 heures. 440 ■

Les conventions de forfait annuelles en heures ne peuvent être signées que par des salariés dont l'autonomie dans l'organisation de leur emploi du temps est suffisante ainsi que par des cadres dont la nature des fonctions ne les conduit pas à suivre un horaire collectif (C. trav., art. L. 3121-56). En somme, les conventions de forfait ne peuvent être conclues par les salariés qui ne sont pas intégrés à un collectif de travail.

Les conventions de forfait en heures, hebdomadaires, mensuelles ou annuelles, ne dispensent pas l'employeur d'une comptabilisation des heures réellement effectuées. Les heures accomplies au-delà du forfait sont des heures supplémentaires auxquelles il faut appliquer le régime normal. Surtout les conventions de forfait doivent correspondre à une rémunération correspondant à la rémunération minimale applicable dans l'entreprise, augmentée des majorations pour heures supplémentaires.

Avant la loi du 20 août 2008, les conventions de forfait en heures présentaient un intérêt important, notamment pour contourner la réduction du temps de travail : elles évitaient que le salarié bénéficie de son repos compensateur. Aujourd'hui, la « contrepartie obligatoire en repos », nouveau nom du repos compensateur, peut devenir optionnelle. Le recours aux conventions de forfaits en heure perd un peu de son intérêt. À l'inverse du recours aux conventions de forfait en jours.

2. *Forfait en jours*

Le temps de travail n'est plus calculé en heures mais en jours, non plus sur la semaine mais sur l'année. Les bornes habituelles du droit du temps de travail disparaissent. Il ne reste plus que les durées minimales de repos (v. *supra*), ce qui peut conduire à des doses de travail bien trop fortes (v. rubrique « Quiz »). Le recours à une convention de forfait en jours est soumis à certaines conditions. 441 ■

La convention de forfait en jours fixe un nombre de jours à travailler sur l'année qui ne peut être supérieur à 218, sauf accord individuel entre l'employeur et le salarié prévu par l'accord collectif sur le fondement de l'article L. 3121-59 du C. trav. et portant le nombre de jours travaillés jusqu'à 235 (C. trav., art. L. 3121-66), voire plus par accord collectif (C. trav., art. L. 3121-64 *in fine*). La convention collective doit notamment prévoir « le nombre de jours travaillés dans l'année »,, « les catégories de salariés susceptibles de conclure une convention de forfait », « les caractéristiques principales de ces conventions », et les modalités d'évaluation et de discussion sur la charge de travail du salarié (C. trav., art. L. 3121-64). En somme, les conditions de recours aux forfaits doivent être précisément définies par l'accord collectif

(Soc. 31 janv. 2012, *Bull. civ.* V, n° 43, *RDT* 2012. 500, obs. S. Amalric), à défaut les conventions individuelles de forfait sont nulles.

La Cour de cassation exerce un contrôle approfondi sur les prévisions des accords collectifs. Elle a ainsi déclaré qu'un accord qui ne respecterait pas suffisamment les exigences constitutionnelles que constituent les droits à la santé et au repos rendrait illicite le recours aux forfaits jours (Soc. 29 juin 2011, n° 09-71.107 [PBRI]). La Cour de cassation a même ajouté que les accords doivent garantir que « l'amplitude et la charge de travail restent raisonnables » (Soc. 26 sept. 2012, n° 11-14.540, *Bull. civ.* V, n° 11-14.540), ce que la loi rappelle désormais à l'article L. 3121-60 du Code du travail. Il est donc nécessaire que les accords collectifs spécifient avec précision les conditions imposées par le Code du travail et indiquent, notamment, les modalités et les caractéristiques principales des conventions susceptibles d'être conclues, ainsi que les procédures de contrôle du temps et de la charge de travail (pour des exemples, v. ci-après les Compléments pédagogiques). À défaut de tels accords précis et détaillés, le système mis en place n'est pas valable et le salarié a droit au paiement des heures supplémentaires pour les heures effectuées au-delà de la 35e heure, pour chaque semaine travaillée. Pour sauver les conventions de forfait mises en place dans le cadre d'accords de branche ou d'entreprise qui ne remplissent pas les conditions posées par la jurisprudence, la loi dite « travail » du 8 août 2016 donne compétence à l'employeur pour établir un document de contrôle, et s'assurer que la charge de travail est compatible avec les temps de repos, et organiser un entretien annuel (art. L. 3121-65 et art. 12 III de la loi dite « travail » du 8 août 2016). Le laconisme des négociateurs sur l'évaluation et le suivi régulier de la charge de travail du salarié pourrait ainsi être pallié par l'employeur (et lui éviter de subir les conséquences de la nullité de la convention de forfait).

Bien évidemment, si l'employeur ne respecte pas les clauses de l'accord destinées à protéger le salarié, la convention de forfait est également nulle (Soc. 2 juill. 2014, n° 13-11.940).

Le recours au forfait-jours exige l'accord individuel et écrit du salarié (C. trav., art. L. 3121-40) indiquant le nombre précis de jours travaillés (Soc 12 févr. 2015, n° 13-17.516) et non un simple renvoi vers l'accord collectif prévoyant le dit forfait (Soc. 31 janv. 2012, *Bull. civ.* V, n° 44). En somme, la Cour de cassation articule finement le consentement individuel à un dispositif négocié collectivement.

442 De tels rythmes de travail ne sont heureusement pas généralisables à tous les salariés. Peuvent le subir les cadres non soumis à l'horaire collectif qui bénéficient d'une « autonomie dans l'organisation de leur emploi du temps » ainsi que les salariés non-cadres dont la durée du temps de travail « ne peut être prédéterminée et qui disposent d'une réelle autonomie dans l'organisation de leur emploi du temps pour l'exercice des responsabilités qui leur sont confiées » (C. trav., art. L. 3121-58). Le forfait-jour n'est pas (encore ?) ouvert à tous les salariés. Les juges vérifient notamment l'existence d'une *réelle* autonomie dans l'organisation par le salarié de son emploi du temps. Un emploi du temps déterminé par les supérieurs hiérarchiques suffira à invalider le recours au système du forfait-jour, nonobstant toute convention collective contraire (Soc. 31 oct. 2007, n° 06-43.876 [P], *RDT* 2008. 110, note M. Véricel ; *Dr. soc.* 2008. 448, chron. A. Bugada).

443 Le forfait jours constitue, avec l'intensification du travail qui souvent l'accompagne, une réelle menace pour la santé des salariés, notamment des cadres. Ce risque est

d'ailleurs pris en compte par le législateur puisque l'employeur doit s'assurer régulièrement que la charge de travail du salarié est raisonnable et permet une bonne répartition dans le temps du travail du salarié (C. trav., art. L. 3121-60). Cette obligation de l'employeur passait avant l'entrée en vigueur de la loi dite « travail » par un entretien dont l'absence de réalisation constitue, non pas une cause d'annulation de la convention de forfait, mais une inexécution qui donne lieu à une indemnisation spécifique du salarié (Soc. 12 mars 2014, n° 12-29.141). Cette solution jurisprudentielle devrait se maintenir.

§ 3 La preuve de la durée du travail

C'est, en principe, l'employeur qui détient les moyens de la preuve du temps travaillé. Parfois même, la convention collective lui impose des mécanismes particuliers de décompte du temps de travail (Soc. 10 janv. 2012, n° 10-28.207 [PB]). Ce sont les raisons pour lesquelles une atténuation de la règle selon laquelle la preuve incombe au demandeur, qui se trouve être quasiment toujours le salarié, a été instaurée. S'appuyant sur l'article L. 3171-4 du Code du travail, les juges déduisent que « la preuve des heures de travail effectuées n'incombe spécialement à aucune des parties » et la Cour de cassation procède à une répartition originale de la charge de la preuve. Le salarié apporte dans un premier temps des éléments détaillés quant aux horaires effectivement réalisés, par exemple des tableaux récapitulatifs qu'il a établis (Soc. 24 nov. 2010*, *Bull. civ.* V, n° 266). Il faut que son allégation soit suffisamment précise pour que l'employeur puisse s'expliquer. Il appartient donc ensuite à ce dernier de répondre en apportant ses propres éléments qui seront alors discutés. À défaut de réponse, il succombe. La règle est la même pour la preuve du nombre de jours travaillés en cas de forfaits jours (Soc. 23 sept. 2009, n° 08-41.377 [P]). 444

Cette répartition entre l'allégation précise, qui incombe au salarié, et le risque de la preuve des heures de travail effectuées qui pèse sur l'employeur n'est pas applicable à la preuve du respect des seuils et plafonds, prévus tant par le droit de l'Union européenne que par le droit interne. Dans ce domaine, la charge de la preuve incombe totalement à l'employeur (Soc. 17 oct. 2012, n° 10-17.370 [P] ; 20 févr. 2013, n° 11-28.811 [P]). Il appartient donc à ce dernier de démontrer qu'il a bien donné la pause de 20 minutes, le repos quotidien de 11 heures, le repos hebdomadaire de 35, etc. À défaut, il devra verser des dommages et intérêts (mêmes arrêts).

section 3

Les horaires quotidiens de travail

Les horaires de travail sont, en principe, collectifs. Ce qui signifie que les mêmes horaires doivent être appliqués à tout un établissement, à tout un atelier, ou à tout le moins, à toute une équipe. Ces horaires doivent être affichés (C. trav., L. 3171-2). 445

Des horaires plus souples peuvent être mis en place : il s'agit des « horaires individualisés ». Les salariés peuvent débuter et terminer le travail à l'intérieur de plages horaires définies par l'employeur. Par exemple, le système peut prévoir que le travail débutera entre 8h00 et 10h00 et s'achèvera entre 16h00 et 18h00. Ces horaires individualisés, importants pour adapter le travail à la vie sociale et familiale des salariés, ne peuvent être mis en place qu'à la condition de ne pas avoir fait l'objet d'une opposition de la part du comité d'entreprise ou, à défaut, des délégués du personnel. Il s'agit de l'une des très rares mesures où le comité d'entreprise a un rôle qui n'est pas simplement consultatif et où il détient un véritable droit de veto (C. trav., art. L. 3121-48). En l'absence de représentation du personnel, l'inspecteur du travail peut accorder l'autorisation à l'employeur de pratiquer des horaires individualisés (même art.). Un accord d'entreprise ou à défaut un accord de branche ou à défaut un décret précise les limites et modalités du report d'heures d'une semaine sur l'autre.

■ 446 Il faut rappeler qu'en principe la modification des horaires de travail relève du pouvoir de direction de l'employeur. Le salarié ne peut normalement pas refuser cette modification, sauf modification importante (v. ss 285 s.). Pourtant, un changement apparemment mineur des horaires de travail peut avoir une incidence majeure sur la vie des salariés. L'on songe notamment à la compatibilité entre les horaires de travail et les horaires scolaires. Les juges ne sont pas totalement insensibles à ces considérations (v., Soc. 10 févr. 1993, n° 91-40.569 ; 17 oct. 2000, *Bull. civ.* V, n° 327 : ne commet pas de faute la salariée qui refuse de nouveaux horaires ne lui permettant plus de s'occuper de ces enfants le midi). Il est désormais acquis que la nouvelle répartition des horaires ne doit pas porter une atteinte excessive à à la vie familiale du salarié et son droit au repos (Soc. 3 nov. 2011, n° 10-14.702, *D.* 2012. 67, note P. Lokiec).

Ces difficultés liées à la compatibilité entre le temps du travail et les autres temps de la vie des salariés sont au cœur des dispositifs mettant en place des temps désynchronisés.

section 4

Les temps désynchronisés

■ 447 Par temps désynchronisés, il faut entendre toutes les organisations de travail qui déconnectent les salariés des rythmes collectifs de la société. Parmi ces dispositifs, deux sont suffisamment répandus pour faire l'objet de quelques développements ici : le travail de nuit (§ 1) et le travail dominical (§ 2).

§ 1 Le travail de nuit

■ 448 Longtemps, la réglementation interdisait le travail de nuit des femmes et des enfants. Le travail de nuit des hommes ne faisait en revanche pas l'objet de restriction, si ce n'est de détail. Cette différence faite entre homme et femme était une disposition sexiste, qui a été condamnée comme telle par le droit communautaire (v. ss 102). La suppression du régime protecteur destiné exclusivement aux femmes a été l'occasion de créer un régime de protection moins strict, mais applicable aux hommes comme aux femmes (L. du 9 mai 2001). Pour les mineurs de moins de 18 ans, le travail de nuit est toujours en principe prohibé (C. trav., art. L. 3163-2, L. 3163-3).

De nombreuses études ont démontré que le travail de nuit est à l'origine de perturbations de la vie sociale, produit un important surcroît de fatigue et présente un certain nombre de risques, à moyen terme, sur la santé des salariés qui y sont soumis (v. dernièrement, F. Édouard, *Le travail de nuit : impact sur les conditions de travail et de vie des salariés*, rapport au CESE 2010, p. 40 s.). Pourtant le travail de nuit s'étend. 449 ■

Le travail de nuit s'entend du travail effectué entre 21 heures et 7 heures. Il doit être d'au moins 9 heures et comprendre la période entre minuit et 5 heures du matin (C. trav., art. L. 3122-2), sauf dans certains secteurs particuliers (v. art. L. 3122-3 : audiovisuel, et L. 3122-4 : vente au détail dans les zones touristiques internationales). À défaut de convention ou d'accord collectif, tout travail accompli entre 21 heures et 6 heures est considéré comme du travail de nuit (C. trav., art. L. 3122-20). 450 ■

Est travailleur de nuit, celui dont le travail quotidien habituel contient au moins trois heures de nuit, deux fois par semaine (C. trav., art. L. 3122-5). Sauf convention d'entreprise ou à défaut convention de branche contraire, est en outre un travailleur de nuit celui qui exécute plus de 270 heures de travail de nuit par an (C. trav., art. L. 3122-23).

La mise en place, ou l'extension, du travail de nuit doit être exceptionnelle et être motivée par la nécessité d'assurer la continuité de l'activité économique ou des services d'utilité sociale, tout en tenant compte de la santé des travailleurs (C. trav., art. L. 3122-1, article qui n'est pas contraire à la liberté d'entreprendre : Cons. const. 4 avr. 2014, décis. n° 2014-373 QPC statuant sur l'article L. 3122-32 aux termes similaires). Dès lors, le travail de nuit n'est pas un mode d'organisation normal du travail (Soc. 24 sept. 2014*). Il faut donc démontrer que des exigences fortes liées au fonctionnement de l'entreprise imposent le recours à ce type de travail, néfaste à la santé des travailleurs. Tel est le cas pour des cliniques ou encore des usines à feu continu.

L'employeur ne peut instaurer seul le travail de nuit dans son entreprise. Le recours au travail de nuit passe par la conclusion d'une convention collective d'entreprise ou à défaut par une convention de branche. En l'absence de convention collective, l'employeur n'est pas démuni. Peut autoriser le travail de nuit l'inspecteur du travail, qui devra vérifier que l'employeur a préalablement essayé de conclure une convention collective, plus précisément, qu'il a, dit le texte, engagé « sérieusement et loyalement » des négociations (C. trav., art. L. 3122-21 et s.). Le Conseil constitutionnel ayant mis l'accent sur la nécessité à la fois d'une motivation suffisante du recours au travail de nuit et sur le poids des impératifs de protection de la santé et de la sécurité des travailleurs (Cons. const. préc.), on peut considérer que la mise en place du travail de nuit sans prise en compte de telles justifications n'est pas valable et pourrait donner lieu à une indemnisation, à l'image de ce qui a été jugé en matière de forfait jours (v. ss 441).

Selon l'article L. 3122-6 du Code du travail le temps de travail d'un travailleur de nuit est limité, en principe, à 8 heures quotidiennes. Sur 12 semaines consécutives, il ne saurait dépasser, toujours en principe, les 40 heures par semaine (C. trav., art. L. 3122-7). Limite qui peut être portée à 44 heures par décret ou par convention d'entreprise 451 ■

ou à défaut par accord de branche. L'article L. 3122-8 du Code du travail exige que le travailleur de nuit reçoive une « contrepartie » du fait de ses horaires de nuit, sous forme de repos compensateur et, éventuellement, sous forme de salaire. Le texte ne prévoit pas de contrepartie minimale, mais une contrepartie dérisoire sera assimilée par les juges à une absence de contrepartie. Les travailleurs de nuits bénéficient en outre d'une surveillance médicale particulière, eu égard aux dangers pour la santé de ce type de travail (C. trav., art. L. 3122-11 et R. 3122-18 s.).

§ 2 Le travail dominical

452 En principe, le repos hebdomadaire est pris le dimanche, « dans l'intérêt des salariés » (C. trav., art. L. 3132-3). Ce principe – et donc sa finalité – subit des pages et des pages d'exceptions (C. trav., art. L. 3132-4 s., R. 3132-5 s.), que le législateur ne cesse d'allonger. Il existe trois modes de dérogations.

453 Tout d'abord, des dérogations permanentes sont déterminées par la loi ou par décret. L'amateur de pittoresque trouvera, dans la liste des exceptions réglementaires, son bonheur. Ainsi, la nouvelle partie réglementaire du Code du travail a su conserver en annexe, dans la liste des établissements pouvant faire des exceptions au dimanche chômé, les « moulins à vent » et les « fabriques de paille pour chapeaux » ou encore les « sécheries de cossettes de chicorée » (C. trav., art. R. 3132-5). On pourra aussi découvrir au fil de la lecture, l'utile régime juridique spécifique applicable aux activités de « confection et réparation des voiles de navires armés pour la grande pêche » (C. trav., art. R. 3132-1). Texte qui démontre que notre droit anticipe de brutales crises pétrolières... Plus importante, la dérogation de l'article L. 3132-13 permet aux commerces de détail alimentaires d'ouvrir le dimanche jusqu'à 13 heures (mais pas après), le salaire devant être majoré de 30 % dans les grands établissements.

Il existe ensuite des dérogations fixées par voie de convention collective, notamment pour organiser le travail en continu (C. trav., art. L. 3132-14).

Il existe enfin des dérogations accordées par l'autorité administrative : le maire ou le préfet. Il s'agit fréquemment de dérogations accordées aux activités en relation avec le public. Le préfet peut ainsi accorder une dérogation pour les commerces situés dans les zones à forte affluence touristique ou dans les zones caractérisées par une demande potentielle particulièrement importante (C. trav., art. L. 3132-24, L. 3132-25 et L. 3132-25-1, issus de la loi « Macron »). La dérogation n'est octroyée que si un accord collectif déterminant notamment les contreparties salariales a été conclu (C. trav., art. L. 3132-25-3). Plus limitée mais moins contrainte, une dérogation accordée par le maire permet aux commerces de détail une ouverture exceptionnelle cinq dimanches par année civile. La loi pour la croissance et l'activité, dite loi « Macron », a porté ce nombre à douze (C. trav., art. L. 3132-26). Durant ces dimanches, les rémunérations sont doublées et un repos compensateur équivalent doit être accordé (C. trav., art. L. 3132-27).

Les salariés, contrairement à ce qu'on entend parfois, ne bénéficient pas d'un droit de refuser de travailler le dimanche. Seuls ceux qui travaillent le dimanche en vertu d'une dérogation accordée par le préfet doivent donner leur accord (C. trav., art. L. 3132-25-4).

Compléments pédagogiques

Quid

■ Annualisation du temps de travail n°s 436 s.

Système mis en place par voie de convention collective consistant à décompter le temps de travail sur une base annuelle.

■ Astreinte n°s 408 s.

Obligation imposée au salarié, en dehors de son temps de travail, de rester disponible afin d'intervenir immédiatement dans l'entreprise.

■ Conventions de forfait n°s 439 s.

Avenant ou partie du contrat de travail prévoyant que des heures supplémentaires seront effectuées par le salarié.

■ Équivalences n°s 406 s.

Mode de décompte du temps de travail consistant à ne pas prendre en compte la totalité des heures réellement effectuées mais seulement une partie.

Biblio

- A. Supiot, « Temps de travail : pour une concordance des temps », *Dr. soc.* 1995. 947.
- A. Jeammaud, « Le temps de travail effectif, entre jurisprudence et législation », *Dr. soc.* 1998. 744.
- P. Waquet, « Le temps de repos », *Dr. soc.* 2000. 288.
- M. Grévy, « Où en est le temps de travail ? », *Dr. ouvrier* 2009. 193-199.
- M. Véricel, « La loi du 20 août 2008 relative au temps de travail : une loi de revanche ? », *RDT* 2008. 574.
- V. Pontif, « Les rythmes de travail », *RDT* 2012. 208.
- F. Ducloz, Ph. Florès, « La sauvegarde du forfait en jours : le juge et la combinaison des normes », *RDT* 2016. 140.

Documents

1) Notion de temps de travail effectif

Directive n° 2003/88/CE du 4 novembre 2003

« Article 2 : Définitions

Aux fins de la présente directive, on entend par :

1. "temps de travail" : toute période durant laquelle le travailleur est au travail, à la disposition de l'employeur et dans l'exercice de son activité ou de ses fonctions, conformément aux législations et/ou pratiques nationales ;
2. "période de repos" : toute période qui n'est pas du temps de travail (...) ».

C. trav., art. L. 3121-1 (C. trav., anc. art. L. 212-4, al. 1er)

« La durée du travail effectif est le temps pendant lequel le salarié est à la disposition de l'employeur et se conforme à ses directives sans pouvoir vaquer librement à des occupations personnelles. »

Soc. 2 juin 2004 (*Bull. civ.* V, n° 147)

« Vu l'article L. 212-4 du Code du travail, dans sa rédaction alors en vigueur ;

Attendu que constitue un travail effectif, au sens de ce texte, le temps pendant lequel le salarié est à la disposition de son employeur et doit se conformer à ses directives sans pouvoir vaquer librement à des occupations personnelles ; que constitue, en revanche, une astreinte et non un travail effectif une période pendant laquelle le salarié, sans être à la disposition permanente et immédiate de l'employeur, a l'obligation de demeurer à son domicile ou à proximité afin d'être en mesure d'intervenir pour effectuer un travail au service de l'entreprise (...) la cour d'appel, (...) retient que lorsqu'il assurait sa permanence, ayant alors la responsabilité générale de l'internat, le directeur adjoint avait la disposition non pas d'un local de permanence mais d'un studio, où il avait placé des meubles lui appartenant, qu'il occupait avec son épouse, ; que la cour d'appel en a déduit que ce studio était « l'un de ses domiciles » où il pouvait assumer ses obligations professionnelles tout en vaquant à ses occupations personnelles,

Qu'en statuant ainsi, alors qu'il résulte de ses constatations que le salarié était tenu de rester sur le lieu du travail afin de répondre à toute nécessité d'intervention sans pouvoir vaquer librement à ses occupations personnelles, dans des locaux déterminés par l'employeur, peu important les conditions d'occupation de tels locaux, la cour d'appel a violé le texte susvisé ; ... »

Soc. 12 oct. 2004 (*Bull. civ.* V, n° 253 ; *Dr. soc.* 2005. 102 ; *Dr. ouvrier* 2005. 180, note A. Johansson)

« Mais attendu que si la période de pause, qui s'analyse comme un arrêt de travail de courte durée sur le lieu de travail ou à proximité, n'est pas incompatible avec des interventions éventuelles et exceptionnelles demandées durant cette période au salarié en cas de nécessité, en particulier pour des motifs de sécurité, la cour d'appel, qui a relevé que les salariés, employés de la société Atofina dans son établissement de Pierre Bénite classé "Seveso 2", étaient tenus pendant leur pause de rester dans un local vitré d'où ils devaient surveiller leurs machines pour répondre et intervenir en cas d'alerte des signaux de leur poste de travail, aucun roulement n'étant mis en place pour leur remplacement, a pu en déduire que ces périodes de pause, rémunérées mais non prises en compte dans le décompte du temps de travail effectif, n'étaient pas conformes aux dispositions légales et conventionnelles ».

Soc. 11 févr. 2004
(*Bull. civ.* V, n° 53)

« Attendu que M. Bloch et 8 autres salariés de la société Arlux, exerçant une activité nécessitant l'utilisation de peinture et préparations contenant du plomb, ont saisi la juridiction prud'homale de demandes en paiement d'un quart d'heure par jour, temps nécessaire pour la prise d'une douche, sur les cinq dernières années ;
… les salariés effectuaient des travaux nécessitant la prise d'une douche quotidienne, ce dont il résultait que l'employeur devait payer le temps quotidien de douche au tarif normal des heures de travail… »

Soc. 5 mai 2004
(*Bull. civ.* V, n° 121)

« … les déplacements de la salariée, qui devait se rendre régulièrement à Lyon, Marseille, Lille, Paris, auprès d'entreprises clientes de l'employeur et à la demande de ce dernier, étaient effectués hors période de travail et dépassaient en durée le temps normal du déplacement entre le domicile et le lieu de travail habituel, a exactement décidé qu'ils devaient être assimilés à un temps de travail effectif ».

2) Horaires d'équivalence

CJCE 1er déc. 2005, *Abdelkader Dellas*, aff. C-14/04
(*RDT* 2006. 33, obs. M. Véricel)

« 43. Force est de constater dans ce contexte que, d'une part, la directive n° 93/104 ne prévoit pas de catégorie intermédiaire entre les périodes de travail et celles de repos et que, d'autre part, parmi les éléments caractéristiques de la notion de "temps de travail" au sens de cette directive, ne figure pas l'intensité du travail accompli par le salarié ou le rendement de ce dernier.
44. La Cour a également jugé à cet égard que les notions de "temps de travail" et de "période de repos" au sens de la directive n° 93/104 ne doivent pas être interprétées en fonction des prescriptions des différentes réglementations des États membres, mais qu'elles constituent des notions de droit communautaire qu'il convient de définir selon des caractéristiques objectives, en se référant au système et à la finalité de ladite directive, visant à établir des prescriptions minimales destinées à améliorer les conditions de vie et de travail des travailleurs. En effet, seule une telle interprétation autonome est de nature à assurer à cette directive sa pleine efficacité ainsi qu'une application uniforme des dites notions dans l'ensemble des États membres (v. arrêt Jaeger, préc., pt 58).
45. La Cour en a déduit que les États membres ne sauraient déterminer unilatéralement la portée de ces mêmes notions ainsi que des autres dispositions de la directive 93/104, en subordonnant à quelque condition ou restriction que ce soit le droit, reconnu aux travailleurs par cette directive, à ce que les périodes de travail et, corrélativement, celles de repos soient dûment prises en compte. Toute autre interprétation tiendrait en échec l'effet utile de cette dernière et méconnaîtrait sa finalité, qui vise à garantir une protection efficace de la sécurité et

de la santé des travailleurs au moyen de prescriptions minimales (v. arrêts préc. *Jaeger*, pts. 59, 70 et 82, ainsi que *Pfeiffer et a.*, pt 99).

46. Or, d'une part, il ressort d'une jurisprudence constante que les services de garde que le travailleur effectue selon le régime de la présence physique dans l'établissement de l'employeur doivent être considérés dans leur intégralité comme du temps de travail au sens de la directive n° 93/104, indépendamment des prestations de travail réellement effectuées par l'intéressé durant ces gardes (v. arrêts préc. *Simap*, pt 52 ; *Jaeger*, pts. 71, 75 et 103 ; *Pfeiffer et a.*, pt 93 ; Ord. du 3 juill. 2001 ; *CIG*, aff. C-241/99, *Rec. CJCE* I 5139, pt 34).

47. Le fait que les services de garde comportent certaines périodes d'inactivité est donc dépourvu de toute pertinence dans ce contexte.

48. En effet, selon ladite jurisprudence, même si des périodes d'inactivité professionnelle sont inhérentes aux services de garde que le travailleur effectue selon le régime de la présence physique dans l'établissement de l'employeur, étant donné que, à la différence du temps de travail normal, la nécessité des interventions urgentes pendant l'accomplissement desdits services n'est pas susceptible d'être planifiée à l'avance et l'activité effectivement déployée varie selon les circonstances, le facteur déterminant pour considérer que les éléments caractéristiques de la notion de "temps de travail", au sens de la directive n° 93/104, sont présents dans de tels services de garde qu'un travailleur effectue sur le lieu même de son emploi est le fait qu'il est contraint d'être physiquement présent au lieu déterminé par l'employeur et de s'y tenir à la disposition de ce dernier pour pouvoir immédiatement fournir les prestations appropriées en cas de besoin. Il y a dès lors lieu de considérer ces obligations comme relevant de l'exercice des fonctions de ce travailleur (v. arrêts préc. *Simap*, pt 48, ainsi que *Jaeger*, pts. 49 et 63) (...) ».

CE, 1re et 6e sous-sect. réun., 30 juin 2006, *Dellas* (req. n° 243766)

« (...) Considérant que s'il résulte des dispositions de la directive, telles qu'interprétées par la Cour de justice des Communautés européennes, que le temps pendant lequel les fonctionnaires hospitaliers sont physiquement présents sur leur lieu de travail doit être regardé dans sa totalité comme du temps de travail, quelle que soit la durée réelle de leur activité pendant cette période, les dispositions de la directive visent à fixer des prescriptions minimales de sécurité et de santé en matière d'aménagement du temps de travail ; qu'elles n'ont ni pour objet ni pour effet d'interdire la définition au niveau national de durées d'équivalence, dès lors que l'application de celles-ci ne conduit pas à la méconnaissance des normes qu'elles édictent, notamment celles relatives à la durée maximale hebdomadaire de travail ; qu'ainsi, l'article 18 du décret attaqué, qui s'est borné à prévoir l'institution par décret en Conseil d'État d'une durée équivalente à la durée légale du travail pour ceux des personnels dont les fonctions impliquent une présence dans l'établissement comportant des temps d'inaction, n'a pas méconnu les dispositions de la directive n° 93/104/CE du Conseil (...) ».

3) Astreinte et repos

– La Cour de cassation

Soc. 10 juill. 2002 (*Bull. civ.* V, n° 238)

« … les périodes d'astreinte si elles ne constituent pas un temps de travail effectif durant les périodes où le salarié n'est pas tenu d'intervenir au service de l'employeur, ne peuvent être considérées comme un temps de repos, lequel suppose que le salarié soit totalement dispensé directement ou indirectement, sauf cas exceptionnels, d'accomplir pour son employeur une prestation de travail même si elle n'est qu'éventuelle ou occasionnelle ; qu'il en résulte qu'un salarié ne bénéficie pas de son repos hebdomadaire lorsqu'il est d'astreinte ».

– La loi

C. trav., art. L. 3121-5, L. 3121-6 (C. trav., anc. art. L. 212-4 *bis*)

L. 3121-5 : « Une période d'astreinte s'entend comme une période pendant laquelle le salarié, sans être à la disposition permanente et immédiate de l'employeur, a l'obligation de demeurer à son domicile ou à proximité afin d'être en mesure d'intervenir pour effectuer un travail au service de l'entreprise, la durée de cette intervention étant considérée comme un temps de travail effectif. »
L. 3121-6 : « Exception faite de la durée d'intervention, la période d'astreinte est prise en compte pour le calcul de la durée minimale de repos quotidien prévue à l'article L. 3131-1 et des durées de repos hebdomadaire prévues aux articles L. 3132-2 et L. 3164-2. »

4) Preuve

Soc. 24 nov. 2010 (*Bull. civ. V,* n° 266, *JSL 2011*, n° 292-3, obs. Lhernould)

« Vu l'article L. 3171-4 du Code du travail ;
Attendu qu'en cas de litige relatif à l'existence ou au nombre d'heures de travail accomplies, il appartient au salarié d'étayer sa demande par la production d'éléments suffisamment précis quant aux horaires effectivement réalisés pour permettre à l'employeur de répondre en fournissant ses propres éléments ;
Attendu que pour rejeter la demande de la salariée en paiement d'heures complémentaires, l'arrêt retient que Mme P… ne produit pas d'éléments de nature à étayer sa demande lorsqu'elle verse aux débats un décompte établi au crayon, calculé mois par mois, sans autre explication ni indication complémentaire ;
Qu'en statuant ainsi, alors que la salariée avait produit un décompte des heures qu'elle prétendait avoir réalisées auquel l'employeur pouvait répondre, la cour d'appel a violé le texte susvisé ».

5) Convention de forfait

⇨ *Sont présentées ici la décision de principe sur le forfait jours puis différentes décisions appliquant ces principes à des accords collectifs mettant en place le forfait jours.*

Soc. 29 juin 2011
(*RDT* 2011. 474 ; *ibid.* 481, controverse B. Van Craeynest et P. Masson, études M.-F. Mazars, S. Laulom, C. Dejours ; *Cah. Cons. const.* 2012. 192, note A. Duffy-Meunier ; *JCP S*, n° 28, p. 14, note M. Morand)

« Vu l'alinéa 11 du Préambule de la Constitution du 27 octobre 1946, l'article 151 du Traité sur le fonctionnement de l'Union européenne se référant à la Charte sociale européenne et à la Charte communautaire des droits sociaux fondamentaux des travailleurs, l'article L. 3121-45 du Code du travail, dans sa rédaction antérieure à la loi n° 2008-789 du 20 août 2008, interprété à la lumière de l'article 17, paragraphes 1 et 4 de la directive n° 1993-104 CE du Conseil du 23 novembre 1993, des articles 17, paragraphe 1, et 19 de la directive n° 2003-88 CE du Parlement européen et du Conseil du 4 novembre 2003 et de l'article 31 de la Charte des droits fondamentaux de l'Union européenne, ensemble l'article 14 de l'accord du 28 juillet 1998 étendu sur l'organisation du travail dans la métallurgie ;
Attendu, d'abord, que le droit à la santé et au repos est au nombre des exigences constitutionnelles ;
Attendu, ensuite, qu'il résulte des articles susvisés des Directives de l'Union européenne que les États membres ne peuvent déroger aux dispositions relatives à la durée du temps de travail que dans le respect des principes généraux de la protection de la sécurité et de la santé du travailleur ;
Attendu, encore, que toute convention de forfait en jours doit être prévue par un accord collectif dont les stipulations assurent la garantie du respect des durées maximales de travail ainsi que des repos, journaliers et hebdomadaires ; »

Soc. 11 juin 2014
(n° 11-20.985)

« ni les dispositions du titre III de l'accord national du 6 novembre 1998 relatif à la durée du travail dans les entreprises de bâtiment et travaux publics ni les stipulations de l'accord d'entreprise qui, s'agissant de l'amplitude des journées de travail et la charge de travail qui en résulte, prévoient seulement qu'il appartient aux salariés de tenir compte des limites journalières et hebdomadaires et d'organiser leurs actions dans ce cadre et en cas de circonstances particulières d'en référer à leur hiérarchie de rattachement, ne sont de nature à garantir que l'amplitude et la charge de travail restent raisonnables et assurent une bonne répartition, dans le temps, du travail de l'intéressé, et, donc, à assurer la protection de la sécurité et de la santé du salarié, ce dont elle [la Cour d'appel] aurait dû déduire que la convention de forfait en jours était nulle »

Soc. 13 novembre 2014
(n° 13-14.206)

« Les dispositions de l'article 8. 4. 2 de la convention collective nationale du notariat du 8 juin 2001, qui se bornent à prévoir, en premier lieu, que l'amplitude de la journée d'activité ne doit pas dépasser 10 heures sauf surcharge exceptionnelle de travail, en second lieu que chaque trimestre, chaque salarié concerné effectue un bilan de son temps de travail qu'il communique à l'employeur et sur lequel il précise, le cas échéant, ses heures habituelles d'entrée et de sortie afin de pouvoir apprécier l'amplitude habituelle de ses journées de travail et de remédier aux éventuels excès, ne sont de natureà garantir que l'amplitude et la charge de travail restent raisonnables et assurent une bonne répartition, dans le temps, du travail de l'intéressé, et, donc, à assurer la protection de la sécurité et de la santé du salarié, ce dont elle aurait dû déduire que la convention de forfait en jours était nulle, la cour d'appel a violé les textes susvisés »

Soc. 17 décembre 2014 (n° 13-23.230)

« Attendu, enfin, que l'accord d'aménagement et de réduction du temps de travail dans le secteur des banques du 29 mai 2001 prévoit que « Le décompte des journées et demi-journées travaillées se fait sur la base d'un système auto-déclaratif », que « l'organisation du travail de ces salariés devra faire l'objet d'un suivi régulier par la hiérarchie qui veillera notamment aux éventuelles surcharges de travail », que « dans ce cas, il y aura lieu de procéder à une analyse de la situation, de prendre le cas échéant toutes dispositions adaptées pour respecter, en particulier, la durée minimale du repos quotidien prévue par l'article L. 220-1 du code du travail et de ne pas dépasser le nombre de jours travaillés, et ce dans les limites prévues au dernier alinéa de l'article L.212-15-3-III dudit code », que « La charge du travail confiée et l'amplitude de la journée d'activité en résultant doivent permettre à chaque salarié de prendre obligatoirement le repos quotidien visé ci-dessus » et que « la durée minimale de ce repos est fixée légalement à 11 heures prises d'une manière consécutive et, le cas échéant, selon les modalités de l'article 63 de la convention collective de la banque. » ;
Attendu que pour dire que la convention de forfait en jours doit être considérée comme illicite, l'arrêt retient que l'avenant au contrat de travail du salarié mentionne que « l'organisation du travail du salarié fera l'objet d'un suivi régulier avec sa hiérarchie afin que la durée minimale de repos quotidien soit respectée et que le nombre de jours travaillés ne soit pas dépassé. En cas de surcharge de travail, M. X... devra informer dès que possible sa hiérarchie », et qu'il apparaît ainsi que ces dispositions contractuelles, prises en application de l'accord de branche, ne sont pas de nature à garantir que l'amplitude et la charge de travail restent raisonnables et assurent une bonne répartition dans le temps de travail de l'intéressé et donc à assurer la protection de la santé et de la sécurité du salarié, qu'en effet, le système auto-déclaratif qui tend en réalité à faire peser sur le salarié la garantie de son droit à la santé et au repos ne saurait être considéré comme licite puisqu'il appartient à l'employeur, seul, soumis à une obligation de sécurité de résultat de veiller à garantir le droit à la santé et au repos de ses salariés ;
Qu'en statuant ainsi, alors que répondent aux exigences relatives au droit à la santé et au repos, les dispositions de l'accord d'aménagement et de réduction du temps de travail dans le secteur des banques du 29 mai 2001 imposant notamment à l'employeur de veiller à la surcharge de travail et d'y remédier, de sorte qu'est assuré le contrôle de la durée maximale raisonnable de travail, la cour d'appel, qui s'est référée au seul contrat de travail, a violé les textes susvisés ; »

Soc. 4 février 2015 (n° 13-20.891)

« Ni les dispositions de l'article 5-7-2 de la convention collective du commerce de détail et de gros à prédominance alimentaire, qui dans le cas de forfait en jours, se limitent à prévoir, s'agissant du suivi de la charge et de l'amplitude de travail du salarié concerné, un entretien annuel avec le supérieur hiérarchique, ni celles de l'accord d'entreprise du 26 janvier 2000 qui, s'agissant de l'amplitude des journées de travail et la charge de travail qui en résulte, prévoient seulement l'organisation sur cinq jours de l'activité des salariés concernés, aux fins qu'ils puissent exercer utilement leur droit au repos hebdomadaire et l'établissement d'un document récapitulant leur présence sur l'année, ne sont de nature à garantir que l'amplitude et la charge de travail restent raisonnables et assurent une bonne répartition, dans le temps, du travail de l'intéressé, et, donc, à assurer la protection de la sécurité et de la santé du salarié ; qu'il en résulte que la convention de forfait en jours était nulle »

Quiz

1) Sujet corrigé

A) Commentaire de texte

Commentez cet extrait de l'article L. 3121-10 du Code du travail :

« Exception faite de la durée d'intervention, la période d'astreinte est prise en compte pour le calcul de la durée minimale de repos quotidien prévue à l'article L. 3131-1 et des durées de repos hebdomadaire prévues aux articles L. 3132-2 et L. 3164-2 ».

Voir le corrigé en fin de rubrique.

B) Devinette juridique

Dans quel cas un technicien réparateur d'ascenseur qui n'intervient qu'en cas de panne et qui gère lui-même l'ordre de ses interventions peut légalement travailler 3050 heures dans l'année sans majoration de salaire ?

Rappelons qu'un salarié à 35 heures travaille normalement 1607 heures par an.

Voir le corrigé en fin de rubrique.

2) Corrigés

Commentaire de texte

De nombreux plans sont possibles. On peut choisir celui qui consiste à suivre le fil du texte en inversé.

I. « … la période d'astreinte est prise en compte pour le calcul de la durée minimale de repos quotidien prévue à l'article L. 3131-1 et des durées de repos hebdomadaire prévues aux articles L. 3132-2 et L. 3164-2. »

A. « … durée minimale de repos quotidien prévue à l'article L. 3131-1 et des durées de repos hebdomadaire prévues aux articles L. 3132-2 et L. 3164-2 »

Sont visés le repos quotidien de 11 heures par jour (C. trav., art. L. 3131-1) et le repos hebdomadaire supplémentaire de 24 heures consécutives (C. trav., art. L. 3132-2). Parmi les temps de repos, outre la pause de 20 minutes toutes les 6 heures (C. trav., art. L. 3121-16) ne sont pas visés les différents congés, et notamment les congés annuels payés. Ces temps de repos ne sont donc pas concernés par le texte et la jurisprudence qui distingue astreinte et repos n'est donc pas, dans cette mesure, remise en cause.

B. « … la période d'astreinte est prise en compte… »

Cela signifie que, pour le Code du travail, les périodes d'astreinte sont assimilées à du temps de repos, que ce soit pour le repos quotidien ou le repos hebdomadaire. La solution est critiquable. On pourra reprendre ici, notamment, les fondements de la jurisprudence contraire de la Cour de cassation et les motifs de la condamnation adoptée par le Comité européen des droits sociaux du Conseil de l'Europe (v. Doc.). Il faut aussi évoquer la possibilité pour les juges d'écarter le texte au nom du pacte international de 1966.

II. « Exception faite de la durée d'intervention… »

A. « … la durée d'intervention… »

Il s'agit de la période travaillée effectivement, à la suite d'un appel. La jurisprudence considère que le temps de trajet est, dans ce cas, un temps de travail effectif.

B. « Exception faite… »

L'exception de la durée d'intervention interdit de réclamer le travail du salarié pendant l'écoulement de sa durée de repos minimale. Ce qui, dans la plupart des cas, prive le texte de tout impact. Voir cependant les articles L. 3132-4, R. 3172-6 et suivants du Code du travail.

Devinette juridique

Le salarié n'est pas cadre mais sa durée de travail ne peut être prédéterminée. Il dispose d'une réelle autonomie dans l'organisation de son emploi du temps pour l'exercice des tâches qui lui sont confiées. Les critères de l'article L. 3121-58 sont donc remplis et le salarié peut alors être soumis au système du forfait jour (sous réserve du respect des autres conditions : accord individuel et convention collective). Voyons maintenant la durée maximale de travail annuelle

Le temps de repos minimum de 11 heures par jour, prévu par l'article L. 3131-1 du Code du travail reste applicable. Le temps de repos de 20 minutes toutes les 6 heures de l'article L. 3121-16 du Code du travail est lui aussi applicable (bien qu'il ne soit pas expressément visé par l'art. L. 3121-41 C. trav., cette interprétation étant dictée par la Dir. n° 2003/88/CE). Pour travailler 13 heures, il faut donc deux pauses. Il faut encore rappeler que l'article L. 3132-2 du Code du travail, qui restt applicables, prévoit un repos hebdomadaire obligatoire de 35 heures par semaine.

Cela nous fait des maxima de 12 heures et 20 minutes de travail par jour (13 heures de travail moins 40 minutes de pause). Mieux, sous certaines conditions, qui sont loin d'être impossibles à réaliser, une convention étendue ou d'entreprise peut réduire à 9 heures le temps de repos quotidien minimal (C. trav., art. D. 3131-1 à D. 3131-3, et pour le salarié v. spécialement D. 3131-1, 2°). Ce qui permet d'atteindre les 14 heures et 20 minutes par jour.

À ce rythme, une semaine peut conduire à travailler environ 86 heures par semaine (par exemple 5 jours, du lundi au vendredi, à 14h20 et une journée, le samedi, à 12h20 pour respecter les 35 heures de repos hebdomadaires). Sur 218 jours, on obtient un total dans l'année de près de 3050 heures, car dans 218 jours il y a 36 samedis et 181 autres journées travaillées. Et le tout, faut-il le rappeler, sans qu'aucune heure ne soit considérée comme une heure supplémentaire.

Ajoutons que pour le salarié courageux qui souhaite travailler davantage de jours dans l'année, l'article L. 3121-45 a prévu qu'une « majoration de son salaire » devra lui être versée. Cette majoration ne peut être inférieure à 10 % (C. trav., art. L. 3121-64 *in fine*). Le nombre maximal de jours travaillés est fixé, en principe, à 235 (C. trav., art. L. 3121-66). Mais ce nombre peut être augmenté par la convention collective sans autres limites que celles qui résultent des congés payés, du repos hebdomadaire et des jours fériés chômés dans l'entreprise. Les employeurs prêts à payer la majoration pour jours supplémentaires pourraient ainsi obtenir 282 jours de travail. Ces 282 jours correspondent à 235 journées à 14 heures 20 et 47 journées de 12 heures 20. Nous arrivons ainsi au total à un peu moins de 4000 heures. De telles cadences n'ont plus rien à envier au système juridique chinois.

chapitre 15

La santé et la sécurité au travail

Plan analytique

section 1

Les prescriptions légales et réglementaires

§ 1 Des obligations légales et réglementaires détaillées

A. Une réglementation précise

B. Contrôle administratif et répression pénale

§ 2 Le droit de retrait accordé au salarié

section 2

L'essor jurisprudentiel de l'obligation de sécurité

§ 1 L'obligation de sécurité de l'employeur

§ 2 L'obligation de sécurité du salarié

section 3

Les risques psychosociaux

§ 1 Le stress au travail

§ 2 La violence au travail

§ 3 Le harcèlement moral

Compléments pédagogiques

La santé et la sécurité au travail

Le travailleur laisse une part de sa liberté à la porte de l'entreprise. En revanche, il n'abandonne ni sa santé, ni sa sécurité lorsqu'il y entre. De longue date, la sécurité des travailleurs a fait l'objet d'une réglementation précise (v. L. du 12 juin 1893). Cette réglementation occupe aujourd'hui une Partie entière du Code du travail ; la partie IV intitulée « Santé et sécurité au travail ». Cette formule remplace celle d'« hygiène et sécurité », autrefois employée et désormais désuète. Le changement n'est pas seulement terminologique, il touche également les finalités de la réglementation. Au XIXe siècle, les lois et décrets visaient à protéger non seulement la santé du travailleur mais aussi sa moralité (par la séparation des hommes, d'un côté, des femmes et enfants de l'autre), et son hygiène, pour enrayer la propagation des maladies et favoriser la constitution d'une armée robuste. Aujourd'hui, c'est la santé qui est bien évidemment au cœur des dispositifs adoptés, les préoccupations hygiénistes ayant reculé. 454

Au titre des évolutions, il faut noter aussi l'irruption du droit de l'Union européenne. Une directive-cadre n° 89/391/CEE du 12 juin 1989 et une trentaine de directives spécialisées forment un maillage serré de dispositions qui s'imposent aux autorités françaises. Ces règles européennes irriguent un droit de la santé et la sécurité qui résultent principalement de la loi et du règlement (section 1). Cette prééminence d'une réglementation légale et réglementaire n'a pas empêché l'essor de la jurisprudence qui a consacré une obligation de sécurité pesant sur l'employeur (section 2). Enfin la santé que le droit protégeait était principalement celle du corps ; la santé mentale occupe aujourd'hui toute sa place, comme en témoigne la montée en puissance de la problématique des risques psychosociaux, dits RPS (section 3).

section 1

Les prescriptions légales et réglementaires

La « santé et la sécurité » font l'objet d'une partie complète du Code du travail (C. trav., art. L. 4111-1 s., R. 4111-1 s). Mais la Partie IV du Code du travail ne regroupe pas l'intégralité des dispositions ayant pour objet principal la santé des salariés. Les dispositions sur le harcèlement (v. ss section 3) sont logées dans la première Partie, tout comme celles sur l'inaptitude du salarié (v. chap. 16). La réparation pécuniaire des atteintes à la santé et à la sécurité des salariés est largement prise en charge par le droit de la sécurité sociale à travers la réglementation des accidents du travail et des maladies professionnelles. La technicité de la matière ne nous permet que de renvoyer aux manuels sur ce dernier point. La Partie IV du Code du travail constitue cependant le support de l'essentiel des développements qui vont suivre. Pour assurer la sécurité des travailleurs, le Code prévoit — outre la mise en place d'institutions 455 spécialisées (principalement le CHSCT, chap. 26) – des obligations détaillées (§ 1), et a consacré un droit pour un salarié de se retirer d'une situation dangereuse (§ 2).

§ 1 Des obligations légales et réglementaires détaillées

456 Les obligations relatives à la santé et la sécurité au travail s'étendent sur des dizaines et des dizaines de pages. Elles forment une réglementation précise (A), réglementation qui englobe des systèmes de contrôle et de répression, pour en assurer le respect (B)

A. Une réglementation précise

457 D'abord des principes (très) généraux sont censés guider la matière. Ils sont égrenés aux articles L. 4121-1 et L. 4121-2 du Code du travail. On y trouve des formules creuses : « l'employeur veille à l'adaptation des mesures [protégeant la santé et la sécurité] pour tenir compte du changement des circonstances et tendre à l'amélioration des situations existantes » (le contraire aurait été inquiétant). On y côtoie quelques évidences : « Remplacer ce qui est dangereux par ce qui n'est pas dangereux ou par ce qui est moins dangereux ». Mais l'ensemble des principes généraux dessine un tableau assez net de l'exigence de prévention pesant sur l'employeur. Celui-ci doit veiller en permanence à abaisser le niveau de risques de l'activité, notamment en mettant en place une évaluation continue et une information/formation des salariés. Il doit même se coordonner avec d'autres entreprises dans certains cas de travail en commun (art. L. 4511-1 s. pour les travaux réalisés dans un établissement par une entreprise extérieure, art. L. 4531-1 s. pour certains chantiers du bâtiment et du génie civil).

458 Après ces principes très généraux, on découvre, en passant de la partie législative à la partie réglementaire, une multitude de dispositions. Celles-ci visent à conjurer le risque d'une atteinte à la sécurité ou à la santé du salarié. Elles concernent notamment les locaux, les équipements de travail et protections, certains risques graves d'exposition (chimiques ou biologiques, bruits, vibrations, rayonnements). On apprend à leur lecture que la vitesse des escaliers mécaniques et trottoirs roulants ne doit pas excéder 15 m/s (C. trav., art. R. 4214-15) ou encore que les armoires des vestiaires doivent permettre de suspendre au moins deux vêtements de ville (C. trav., art. R. 4228-6). Les précisions font sourire mais elles ne sont pas risibles car elles ne s'adressent pas uniquement à l'employeur mais aussi au constructeur/concepteur de bâtiments destinés à recevoir des salariés ou aux concepteurs d'équipements de protection ou d'outils de travail. C'est ce que l'on appelle la sécurité intégrée : la prévention des accidents est prise en compte dès la fabrication des objets avec lesquels le salarié va être amené à travailler, ce qui conduit à des prescriptions très spécifiques.

B. Contrôle administratif et répression pénale

459 Le respect de ces multiples et minutieuses obligations est assuré par l'inspection du travail, à qui incombe la charge de veiller à l'application de la législation sur le travail (C. trav., art. L. 8112-1 ; v. aussi chap. 29). Pour assurer cette mission, l'inspecteur du

travail dispose de plusieurs possibilités en vue de faire cesser un risque d'atteinte à la sécurité des travailleurs. Il peut arrêter un chantier en cas de risque de chute, d'ensevelissement, de contamination par l'amiante, d'électrocution, ou d'utilisation d'équipements dangereux (C. trav., art. L. 4731-1). Dans des hypothèses plus nombreuses, il peut saisir le juge des référés qui dispose de la possibilité d'immobiliser les machines ou de saisir les produits (C. trav., art. L. 4732-1, disposition en réalité très peu utilisée ; v. rubrique « Document » du chapitre 29). Enfin et surtout, l'inspecteur du travail a le pouvoir d'adresser un rapport au directeur régional de la Direccte en vue du prononcé d'une amende administrative ou de dresser des procès-verbaux lorsqu'il constate des infractions aux règles du droit du travail, notamment celles posées en matière de santé et de sécurité. Ces procès-verbaux peuvent conduire à déclencher des poursuites pénales à l'encontre du contrevenant.

L'article pivot de la répression pénale dans le domaine de la santé et la sécurité est l'article L. 4741-1 du Code du travail. Il punit de 10 000 euros d'amende par salarié concerné (peine maximale, bien entendu) le non-respect de la plupart des prescriptions relatives à la santé et à la sécurité contenue dans la partie IV du Code du travail. La peine est portée à un an de prison et 30 000 euros d'amende en cas de récidive (peine maximale). Les principes généraux de prévention échappent toutefois au filet de l'article L. 4741-1, sûrement parce qu'ils sont trop généraux. Il n'y a donc pas d'infraction pénale à ne pas respecter ces principes. **460 ■**

Pour bien comprendre le fonctionnement de la répression pénale, il faut introduire ici une distinction cardinale, même si elle n'est pas faite par le Code du travail, entre l'employeur et le chef d'entreprise. L'employeur est le cocontractant du salarié : c'est le plus souvent une personne morale (société, association, etc.). Le chef d'entreprise est le dirigeant de la personne morale. Ce n'est que dans l'hypothèse, devenue rare, où l'entreprise est exploitée en nom propre qu'employeur et chef d'entreprise coïncident. La répression pénale vise avant tout le chef d'entreprise, c'est-à-dire la personne physique qui se trouve juridiquement à la tête de la personne morale. La responsabilité pénale de l'employeur, personne morale, peut toutefois être engagée, dès lors qu'un de ses préposés a commis une infraction. Cette responsabilité est généralement mise en œuvre de manière complémentaire à celle de la personne physique (C. pén., art. 121-2. Voir également, Crim. 2 oct. 2012, n° 11-85.032 [PB], *RSC* 2013. 73, art. Y. Mayaud). La sanction pénale atteint donc en priorité des êtres humains, ce qui peut sembler normal puisque ce sont eux qui prennent effectivement les décisions touchant à l'organisation du travail.

L'infraction est constituée si le chef d'entreprise a volontairement omis une règle de sécurité ou s'il a obligé un préposé à ne pas l'observer. Mais elle est également constituée dès lors qu'il n'a pas veillé au strict et constant respect des dispositions édictées en vue d'assurer la sécurité des travailleurs (Crim 22 mai 1973, *Bull. crim.* n° 230). *A priori* toute entorse à la réglementation est donc susceptible de déclencher la répression pénale. La faute pénale n'est pas constituée par une atteinte à la santé, même potentielle, mais par l'inobservation des règles juridiques. Comme nul n'est censé ignorer la loi, il sera très difficile à un chef d'entreprise de s'exonérer de sa responsabilité, sauf s'il invoque une délégation de pouvoirs.

Le chef d'entreprise peut effectivement se dégager de sa responsabilité en invoquant une délégation de pouvoirs. La délégation correspond à la situation où le pouvoir de prendre des décisions a été transmis à un subordonné. Pour que la délégation soit **461 ■**

valable, il faut qu'elle soit expresse et acceptée (le préposé doit être au courant, ce qui est la moindre des choses). Il faut de surcroît que le délégataire soit investi des pouvoirs nécessaires pour assurer sa mission et qu'il détienne la compétence suffisante (Crim. 18 janv. 1973, *Bull. crim.* n° 25). La responsabilité d'un chantier de travaux publics ne saurait être par exemple transmise à un jeune contremaître qui ne détient aucune possibilité de sanctionner directement les manquements à la sécurité.

En cas de délégation valable, la responsabilité pénale est transférée du délégant au délégataire. Une telle possibilité de disposer de la responsabilité pénale ne peut pas se comprendre sans avoir à l'esprit que la délégation permet aussi de responsabiliser le délégataire, qui est, si les conditions juridiques sont bien réunies, le mieux à même de faire respecter les règles en matière d'hygiène et de sécurité.

§ 2 Le droit de retrait accordé au salarié

462 Le droit de retrait a été introduit en droit français par la loi du 23 décembre 1982. Il est désormais codifié à l'article L. 4131-1 du Code du travail. Il permet à un salarié de cesser d'effectuer son travail s'il craint pour sa vie ou sa santé.

Le texte est plus précis : le salarié peut se retirer d'une situation dont il a un « motif raisonnable de penser qu'elle présente un danger grave et imminent pour sa vie et sa santé ». L'interprétation faite par les juges est assez large et c'est heureux. Il suffit que le salarié redoute qu'une situation soit nocive pour sa santé, peu important que cette croyance, par la suite, se révèle fausse. Ne sont exclus du droit de retrait que les motifs manifestement illégitimes, parce que farfelus ou dénotant un détournement de la procédure. On peut citer en ce sens le changement unilatéral de bureau décidé par un salarié en raison des courants d'air, sous couvert de l'exercice prétendu du droit de retrait (Soc. 17 oct. 1989, n° 86-43.272 ; comp. Soc. 20 mars 1996, *Bull. civ.* V, n° 107 : allergie).

Le salarié doit alerter son employeur sur la situation (C. trav., art. L. 4131-1, al. 1er), sans toutefois que le non-respect de cette obligation conduise à rendre illicite l'exercice du droit de retrait. En effet, les salariés exercent parfois leur droit de retrait sans le savoir, ce qui laisse à penser que le droit de retrait n'est entouré d'aucune formalité (Soc. 2 mars 2010, n° 08-45.086). Il n'est effectivement pas nécessaire que le travailleur alerte par écrit l'employeur ni avant (Soc. 28 mai 2008, *Bull. civ.* V, n° 120) ni après l'alerte (CE 12 juin 1987, n° 72388). Reste que l'absence de signalement d'une situation de danger peut conduire à une sanction (Soc. 21 janv. 2009, n° 07-41.935 [D]), et ce en raison de l'obligation générale pesant sur le salarié de veiller à sa propre sécurité et à celle de ses collègues (v. ss 470).

Si le droit de retrait a été exercé conformément à l'article L. 4131-1, le salarié a légitimement cessé le travail, L'employeur peut cependant l'affecter à une tâche ne présentant pas de danger. Mais il ne peut prononcer ni sanction ni effectuer de retenue sur salaire (C. trav., art. L. 4131-3). Ces mesures sont nulles (Soc. 28 janv. 2009*). À l'inverse, si le salarié a mal apprécié la situation et n'avait pas de motif raisonnable pour se retirer de son poste de travail, il risque une réduction de son salaire, proportionnelle à la période non travaillée, et une sanction disciplinaire pour abandon de poste.

La Cour de cassation a estimé que l'employeur pouvait refuser de verser le salaire pour la période de retrait en portant, avant même tout recours au juge, une appréciation sur la légitimité de l'exercice de ce droit de retrait (Crim. 25 nov. 2008, n° 07-87.650, *Bull. crim.* n° 239). L'employeur dispose ici du « privilège du préalable ». On ne peut que regretter cette décision – du reste limitée à l'appréciation pénale du délit d'illicéité des sanctions pécuniaires – qui paralyse doublement l'intérêt du droit de retrait. Du côté du salarié, la perspective de perdre immédiatement son salaire n'est pas de nature à encourager l'exercice d'un droit qui concerne pourtant la santé et la sécurité au travail. Mais la voie du référé pour récupérer les sommes indûment prélevées par l'employeur est ouverte (Soc. 31 mars 2016, n° 14-25.237). Du côté de l'employeur, la possibilité de refuser de payer le salaire n'incite pas à remédier au plus vite à la situation. Il faudrait en définitive imposer une obligation de paiement immédiat assortie d'une contestation par l'employeur *a posteriori*, et ce à l'image du régime des heures de délégation (v. ss 994).

section 2

L'essor jurisprudentiel de l'obligation de sécurité

Dans le domaine de la santé et la sécurité au travail, le scandale de l'amiante a amené la jurisprudence sur le devant de scène. L'amiante est une fibre minérale, faite de minuscules « cheveux », qui a été massivement utilisée dans les constructions jusqu'en 1997, alors que les risques pour la santé, notamment cancérigènes, étaient connus depuis des décennies. Les dégâts de l'amiante sont principalement causés par l'inhalation de ces minuscules fibres et leur dépôt au fond des poumons. Les séquelles et maladies se déclarent des années après l'exposition. Le poids des fabricants et des constructeurs a permis un temps de minimiser la catastrophe sanitaire et de repousser l'interdiction totale de son utilisation en France (l'amiante est encore utilisée et de manière croissante dans de nombreux pays à revenu faible et intermédiaire). Aujourd'hui, on sait que l'amiante tue au moins 3 000 personnes par an, pour la quasi-totalité infectées lors du travail ; près de 5 000 déclarations de maladies professionnelles sont effectuées chaque année (chiffres 2003 et 2004, derniers chiffres disponibles. Voir également Rapport d'information n° 37 de G. Dériot et J.-P. Godefroy, Sénat, 26 octobre 2005). Autres chiffres effrayants : l'estimation du nombre de décès attendu entre 2009 et 2050 par cancer du poumon liés à l'exposition à l'amiante serait de l'ordre de 50 à 75 000, auxquels s'ajoutent de 18 à 25 000 dus au mésothéliome, sans compter d'autres cancers tels que ceux du larynx ou des ovaires pour lesquels la responsabilité de l'amiante a été confirmée (Rapport du Haut Conseil en Santé Publique, 23 mai 2014, p. 5). 463 ■

C'est dans le cadre de la reconnaissance juridique des maladies professionnelles dues à l'amiante qu'est née la jurisprudence proclamant que l'employeur est tenu à l'égard de son salarié d'une obligation de sécurité de résultat (Soc. 28 févr. 2002*). La référence à l'obligation de sécurité a permis à la Cour de cassation de livrer une conception plus large de la faute inexcusable. La reconnaissance de la faute inexcusable de l'employeur ouvre en effet droit pour le salarié à une majoration de la rente 464 ■

(ou de son indemnité en capital) et à la possibilité de demander réparation de tous les préjudices non réparés forfaitairement par la sécurité sociale. Dans la branche où est née cette obligation – le droit de la sécurité sociale et plus précisément celui des risques professionnels – l'obligation de sécurité ne correspond pas en réalité à une obligation de résultat, au sens strict, mais à une obligation de moyens renforcée ou à une obligation de résultat atténuée (V. pour cette dernière qualification, G. Pignarre, L.-F. Pignarre, cités en rubrique « Biblio »). L'employeur peut s'exonérer en prouvant qu'il ne pouvait pas avoir conscience du danger ou bien encore qu'il avait pris toutes les mesures nécessaires pour préserver le salarié de ce danger (Soc. 28 févr. 2002*). Impulsée en droit de la sécurité sociale, l'obligation de sécurité de l'employeur a pris une place croissante en droit du travail (§ 1). La place prise par l'obligation pesant sur l'employeur ne saurait occulter l'existence d'une obligation à la charge du salarié (§ 2)

§ 1 L'obligation de sécurité de l'employeur

465 En droit du travail, l'obligation de sécurité pesant sur l'employeur a un temps présenté tous les traits d'une obligation de résultat (v. sur le terrain de la preuve, Soc. 12 janv. 2011, *Bull. civ.* V, n° 14 ; Soc 3 févr. 2010, n°s 08-44.019 et n° 08-40144 [P]. Déjà en matière de harcèlement moral, v. Soc. 21 juin 2006*). Mais la Cour de cassation a opéré un revirement de jurisprudence en 2015-2016. Elle considère désormais que l'employeur respecte son obligation de sécurité dès lors qu'il a pris les mesures de prévention qu'imposent les articles L. 4121-1 et L. 4121-2 du Code du travail (Soc. 25 nov. 2015*, Soc. 1er juin 2016*, en matière de harcèlement moral). Désormais, le seul constat d'une atteinte à la santé dans le cadre de la relation de travail ne permet plus d'engager la responsabilité de l'employeur. La responsabilité sera notamment engagée dès lors qu'est constaté un défaut de prévention. L'arrêt du 1er juin 2016 insiste sur le fait que la prévention doit tout autant être mise en œuvre en amont de la survenance de l'atteinte (prévention dite primaire) qu'au moment de l'atteinte elle-même, dans la prise en charge de la personne dont la santé est affectée et ce afin de réduire les effets délétères (prévention dite secondaire).

466 L'obligation de sécurité a pris un tel essor aujourd'hui qu'elle sert un peu à tout, d'autant que l'employeur ne doit pas seulement la respecter mais également en assurer l'effectivité (Soc. 28 févr. 2006*).

467 L'obligation de sécurité permet tout d'abord d'imputer la responsabilité de la rupture du contrat de travail à l'employeur.

Le non-respect de cette obligation autorisait automatiquement une prise d'acte par le salarié aux torts de l'employeur (Sur la prise d'acte, v. ss 546 s.) et ce, même si le risque n'était que potentiel (Soc. 6 oct. 2010, n° 09-65.1023 : exposition au tabagisme des collègues). Mais cette jurisprudence est désormais remise en cause puisque la prise d'acte n'est justifiée que si le manquement de l'employeur empêche la poursuite du contrat de travail. Il n'y a donc plus de trait d'union entre la violation de l'obligation de sécurité par l'employeur et le caractère justifié de la prise d'acte par le salarié (Soc. 11 mars 2015, n° 13-18.603, rendu en matière de harcèlement).

Plus assurée est la solution rendue en matière de licenciement. Sur le fondement de l'obligation de sécurité, la Cour de cassation interdit à l'employeur de se prévaloir d'une cause réelle et sérieuse lorsqu'il licencie un salarié déclaré inapte à la suite d'une maladie ou d'un accident dû au manquement à son obligation de résultat (v. par ex., Soc. 2 déc. 2009, n° 08-44.969). On comprend bien que l'employeur ne puisse valablement licencier un salarié qui ne peut plus travailler par sa faute. La solution avait été consacrée assez tôt en matière de harcèlement moral (Soc. 11 oct. 2006, *Bull. civ.* V, n° 301, *RDT* 2007. 30 obs. E. Dockès).

De manière générale, l'obligation de sécurité a été utilisée par la Cour de cassation comme un argument d'autorité permettant de renforcer les sanctions à l'encontre de l'employeur et corrélativement la réparation accordée au salarié : définition plus large de la faute inexcusable permettant une meilleure indemnisation du salarié (Soc. 28 févr. 2002, préc.), nullité du licenciement en cas d'exercice du droit de retrait (Soc. 28 janv. 2009*), engagement de la responsabilité contractuelle de l'employeur en cas d'accident du travail, lorsque la législation spécifique n'est pas applicable (Soc 7 déc. 2011, n° 10-22875 : expatriés pour le compte de l'Institut Pasteur). 468 ■

Dans cette perspective d'aggravation des sanctions, l'obligation de sécurité est aussi la justification d'une jurisprudence très stricte sur la procédure permettant de déclarer inapte un salarié (Soc. 28 févr. 2006* ; 13 déc. 2006, *Bull. civ.* V, n° 373).

Enfin, la mise en avant de l'obligation de sécurité permet de contrecarrer les décisions issues du pouvoir de direction économique de l'employeur qui ferait fi de la santé des salariés. Ainsi, toute mesure d'organisation du travail peut désormais être suspendue en référé si elle apparaît présenter des dangers pour la sécurité des personnes (Soc. 5 mars 2008*), à moins que l'employeur ne mette en place des mesures d'accompagnement et de prévention suffisante (Soc. 22 oct. 2015*). Le pouvoir de direction des personnes est également concerné : l'employeur ne saurait donner des ordres ou des directives susceptibles de compromettre la sécurité des travailleurs. C'est ainsi qu'ont été jugées nulles les clauses imposant une cadence trop élevée (Soc. 13 nov. 2003, n° 01-46.075). Semblablement, dans le transport routier, ou pour les coursiers, toutes les rémunérations variables en fonction du nombre de courses sont interdites. D'ailleurs, la Convention collective des transports routiers interdit ce type de rémunération (Soc.15 oct. 2014, n° 12-29.235). 469 ■

§ 2 L'obligation de sécurité du salarié

Introduite sous l'effet de l'article 13 de la directive n° 89/391/CEE du Conseil, du 12 juin 1989, l'obligation de sécurité du salarié n'est pas le symétrique de celle de l'employeur. L'obligation de sécurité qui pèse sur le salarié l'oblige à prendre soin de sa propre sécurité et de celle de ses collègues. Cependant les obligations des travailleurs dans le domaine de la sécurité et de la santé au travail n'affectent pas le principe de responsabilité de l'employeur (Soc 10 févr. 2016, n° 14-24.350, *SSL* n° 1717, p. 11, obs. H. Tissandier). Dès lors l'employeur ne peut se prévaloir d'une faute du salarié pour réduire son indemnisation (même arrêt). La responsabilité du salarié, telle qu'elle résulte de l'article L. 4122-1 du Code du travail, ne s'entend du reste que dans le cadre d'un rapport subordonné, où l'employeur a donné les moyens et instructions suffisants pour que le salarié soit en mesure de ne pas causer d'atteintes à sa propre santé et à celle de ses collègues. 470 ■

Même si cette première condition est remplie, le non-respect de l'obligation de sécurité pesant sur le salarié ne semble pas pouvoir donner lieu en tant que telle à des sanctions disciplinaires, notamment à un licenciement pour faute. En effet pour être sanctionné, un tel non-respect doit s'accompagner d'une faute « classique » du salarié : insubordination (Soc. 23 juin 2010, n° 09-41.607), refus réitéré d'obéir (Soc. 23 mars 2005, *Bull. civ.* V, n° 99 : non-port d'un casque), violation du règlement intérieur (Soc. 22 mai 2002, *Bull. civ.* V, n° 176 : salarié en état d'ébriété). L'obligation de sécurité ne paraît donc pas avoir modifié franchement les solutions classiques en matière de droit disciplinaire. L'obligation de sécurité ne saurait donc conduire à une sanction que si l'employeur a rappelé le salarié aux obligations qui lui incombent (*contra* Soc. 28 févr. 2002, *Bull. civ.* V, n° 82, dont la solution paraît isolée). Plus encore, il a pu être jugé qu'en l'absence de sanctions antérieures, le comportement pourtant dangereux d'un salarié n'était pas fautif, le pourvoi de l'employeur invoquant l'obligation de sécurité du salarié étant par là même rejeté (Soc. 25 juin 2008, n° 07-41.653 [D]).

Certaines solutions paraissent plus nouvelles. Ainsi, en raison de l'obligation de sécurité qui pèse sur lui, un supérieur hiérarchique doit personnellement indemniser les salariés qu'il a intentionnellement harcelés moralement (Soc. 21 juin 2006, *RDT* 2006. 245, obs. P. Adam).

section 3

Les risques psychosociaux

■ 471 Le mal-être psychique au travail constitue l'une des problématiques centrales des salariés. Il n'est plus vraiment question aujourd'hui de s'épanouir au travail, mais d'éviter d'en souffrir… ou d'en mourir. La souffrance au travail est au cœur des difficultés des salariés et devient l'une des principales préoccupations des employeurs. Entre les différentes manières de désigner les maux du travail, un terme a été privilégié, celui de RPS : risques psycho-sociaux. Cette catégorie générique permet de regrouper, un peu grossièrement, le stress, l'épuisement professionnel (*burn out*), le harcèlement, les addictions, le suicide, la dépression et même parfois les discriminations. Si l'on veut donner un peu de sens à cette catégorie très plastique, il faut la limiter aux causes de la souffrance au travail : le stress (§ 1), les violences (§ 2) et le harcèlement moral (§ 3).

§ 1 Le stress au travail

■ 472 Le stress au travail a fait l'objet de deux accords collectifs. Le premier, conclu au niveau européen (accord-cadre européen sur le stress au travail du 8 octobre 2004), a très fortement influencé celui conclu au niveau national par tous les syndicats représentatifs et organisations professionnelles patronales (accord national interprofessionnel sur le stress au travail du 2 juillet 2008). Ces accords n'imposent guère de comportements précis et ressemblent parfois davantage à des slogans de managers qu'à de véritables sources d'obligations. Ils définissent le stress comme le

« déséquilibre entre la perception qu'une personne a des contraintes que lui impose son environnement et la perception qu'elle a de ses propres ressources pour y faire face ». Les accords, européen et national, identifient les signaux appelant une vigilance particulière (absentéisme, taux de rotation important, plaintes, violences) et rappellent quelques éléments du droit de la santé et de la sécurité au travail.

Heureusement pour les salariés, le juge judiciaire a été plus créatif dans la lutte contre le stress au travail. Tout d'abord la mise en place d'entretiens annuels d'évaluation, parce qu'elle conduit à une « pression psychologique entraînant des répercussions sur les conditions de travail » a été reconnue comme dotée d'un impact sur la santé suffisant pour que la consultation préalable du CHSCT soit requise (v. Soc. 28 nov. 2007, n° 06-21.964 [P], reproduit au chap. 27). Le simple fait d'être écouté lors de son travail est générateur de stress, et le système d'évaluation doit être soumis au CHSCT, « dès lors que l'absence d'autonomie renforce la pénibilité du travail » (CA Paris 5 déc. 2007 *SFR*, n° 07/11402). Le benchmarking (la comparaison chiffrée permanente) entre salariés et entre équipes a même été interdit (TGI Lyon, 4 sept. 2012, RG n° 11/05300, *Dr. soc.* 2013. 42, étude F. Petit), tout comme le ranking par quotas préétablis (Soc. 27 mars 2013, n° 11-26.539 [B]). Ce mouvement s'inscrit dans le sillon de protection de la santé des salariés ouvert par l'arrêt *Snecma* du 5 mars 2008* (préc.). 473 ■

Les juges remettent également en cause des licenciements dont la faute est liée à un état de stress (Soc. 19 mars 1998, *Bull. civ.* V, n° 159 ; Soc. 3 juill. 2001, n° 99-43.541 : insultes proférées par une caissière à l'égard d'une cliente un jour de grande affluence). Et ils déclarent sans cause réelle et sérieuse les licenciements pour maladie, souvent une dépression, consécutive à une situation de travail stressante, quand bien même le salarié n'aurait pas averti son employeur de ses difficultés (Soc. 13 mars 2013, n° 11-22.082). Enfin, le stress peut donner lieu à une indemnisation autonome (non liée à la rupture du contrat), et ce au titre du non-respect de l'obligation de sécurité (Soc. 23 sept. 2009, n° 08-43.198). Reste que la réparation sera le plus souvent recherchée sur le terrain de la législation relative aux accidents du travail et aux maladies professionnelles (v. par ex. Civ. 2e, 8 nov. 2012, n° 11-23.855).

§ 2 La violence au travail

La violence au travail avait déjà fait l'objet de constatations alarmantes dans un rapport du Conseil économique et social en 1999 (*Travail, violences et environnement*, nov. 1999). 10 ans plus tard, les interlocuteurs sociaux se sont emparé de la question dans un accord du 26 mars 2010 sur le harcèlement et la violence au travail. À l'image de l'accord sur le stress, l'accord sur le harcèlement et la violence au travail n'a rien de révolutionnaire. La définition de la violence est très large et va du « manque de respect » à « l'agression physique », sans toutefois inclure les incivilités. On peut s'étonner du fait que les incivilités ne constituent pas des signes d'un manque de respect. Toutefois, l'incertitude sur les termes ne prête guère à conséquence, puisque l'accord n'impose aucune obligation concrète et se contente soit de mesures de bon sens, soit d'un rappel de la législation. 474 ■

La Cour de cassation a adopté une position plus ferme. L'employeur était tenu d'une obligation de sécurité de résultat sur le lieu de travail et il était responsable civilement de toute agression, qu'elle vienne de collègues ou non, qui s'est produit sur le lieu de travail, quand bien même il aurait pris des mesures pour éviter que de tels faits surviennent (Soc. 23 janv. 2013, *Bull. civ.* V, n° 15: agression par des collègues; Soc. 26 sept. 2012, n° 10-16307: braquages à répétition). Depuis le revirement de 2015 (v. ss 465), la responsabilité de l'employeur ne sera engagée, en cas de violences sur le lieu de travail, que si un défaut de prévention est caractérisé.

Les conséquences physiques et psychologiques des violences sur le lieu de travail sont réparées également par le biais de la législation sur les accidents du travail (Civ. 2e 15 juin 2004, *Bull. civ.* II, n° 298).

§ 3 Le *harcèlement moral*°

475 Le milieu de travail comme d'autres collectivités peut effectivement abriter des bourreaux, dont certains du reste s'ignorent. Le préjudice que subissent les victimes doit être prévenu et/ou réparé. C'est ce que tentent de réaliser les règles relatives au harcèlement moral, l'un des outils juridiques utilisés pour enrayer la souffrance au travail.

Le harcèlement moral, désormais rattaché à l'obligation de sécurité de l'employeur (Soc. 21 juin 2006*), fait l'objet d'une définition par l'article L. 1152-1 du Code du travail. Cet article exige, pour que soit reconnu un harcèlement moral, des agissements répétés ayant pour objet ou pour effet une dégradation des conditions de travail qui peut porter atteinte à la santé, à la dignité ou aux droits du salarié. Cette définition est interprétée de manière souple par la Cour de cassation. Une dégradation de l'état de santé potentielle suffit (rappr. Soc. 6 oct. 2010, préc.). Les agissements s'ils doivent être répétés (Soc. 9 déc. 2009, n° 07-45.521 [P]) peuvent avoir lieu dans un laps de temps court (Soc. 26 mai 2010, n° 08-43.152 [P]). La solution est logique : la détresse liée au harcèlement ne doit pas se prolonger. Surtout, la Cour de cassation a admis que le harcèlement moral n'exige pas que soit constatée l'intention de nuire à la victime (Soc. 10 nov. 2009, n° 08-41.497, *Bull. civ.* V, n° 248 ; *D.* 2010. 672, obs. T. Pasquier ; *RDT* 2010. 39, obs. F. Géa ; 3 févr. 2010 n° 08-44.107 ; 27 oct. 2010, n° 09-42.488). Par conséquent, des méthodes de gestion peuvent être à l'origine d'un harcèlement moral (Soc. 10 nov. 2009*). Les pratiques de management se voient ici directement remises en cause par les règles du droit du travail. La protection contre le harcèlement qui incombe à l'employeur ne se limite pas à empêcher le harcèlement entre la direction et les salariés ou entre salariés : il doit aussi veiller à ce que les consultants extérieurs, qui peuvent exercer en fait une autorité sur le personnel, ne soient pas harcelants (Soc. 1er mars 2011, n° 09-69.616 [P]).

476 La répression du harcèlement serait pour partie inefficace si les règles du procès n'étaient pas un peu aménagées au profit des victimes. Deux mesures en leur faveur ont été édictées. D'une part, les collègues de la victime doivent pouvoir témoigner sans craindre pour leur poste. L'article L. 1152-2 du Code du travail prévoit en ce sens qu'ils ne peuvent être sanctionnés pour avoir relaté des faits de harcèlement. La jurisprudence est venue préciser que seule la mauvaise foi, entendue comme la connaissance de la fausseté des faits dénoncés (Soc. 10 juin 2015, n° 13-25.554), et non la simple erreur sur les faits pouvait faire disparaître la protection (Soc. 7 févr. 2012, n° 10-18.305 [P]). Seconde mesure édictée au profit de la victime de harcèlement, l'allégement du fardeau de la preuve leur permet, en matière civile, de n'avoir à établir, selon l'article L. 1154-1 du Code du travail, que des faits qui laissent

présumer l'existence d'un harcèlement. La Cour de cassation est très scrupuleuse sur le respect de cette règle (Soc. 24 sept. 2008, n° 06-45.747, *D.* 2009. 590, note C. Wolmark ; *Dr. soc.* 2009. 57, note J. Savatier). Elle impose aux juges de prendre en compte les éléments apportés par le salarié dans leur ensemble afin de savoir si cette présomption peut jouer, et non de les considérer un par un. C'est un tableau général que les juges doivent examiner.

Le droit recèle cette richesse de ne pas cantonner la sanction du harcèlement aux seules actions contre l'auteur physique du harcèlement. C'est en effet principalement dans la relation entre les salariés et leur employeur que va jouer la répression du harcèlement moral : responsabilité civile pour non-respect de l'obligation de prévenir le harcèlement, imputation de la rupture du contrat à l'employeur, sous réserve de démontrer que le harcèlement rend impossible le maintien du salarié dans l'entreprise (Soc. 11 mars 2015, n° 13-18.601) et que l'employeur n'a pas pris toutes les mesures pour prévenir le harcèlement (Soc. 1er juin 2016*). Les deux actions peuvent être menées concomitamment (Soc. 19 nov. 2014, n° 13-17.729). Sur le terrain de la sécurité sociale, le harcèlement moral à l'origine d'un accident du travail ou d'une maladie professionnel constitue bien souvent une faute inexcusable. 477 ■

L'auteur véritable du harcèlement n'est toutefois pas à l'abri de toute sanction. Il encourt une sanction pénale (C. pén., art. 222-33-2 ; C. trav., art. L. 1155-2) et peut faire l'objet d'une demande d'indemnisation formulée à son encontre par la victime. L'auteur du harcèlement peut également faire l'objet de sanctions disciplinaires de la part de son employeur : avertissement, mise à pied, mutation, licenciement.

15

Compléments pédagogiques

Quid

■ Harcèlement moral n° 475 s.

Comportements répétés du chef d'entreprise, d'un collègue ou d'un tiers exerçant une autorité de fait sur le personnel, qui ont pour objet ou pour effet une dégradation des conditions de travail susceptible de porter atteinte aux droits du salarié et à sa dignité, d'altérer sa santé physique ou mentale, ou de compromettre son avenir professionnel.

Biblio

1) Sur l'obligation de sécurité

- S. Bourgeot et M. Blatman, « De l'obligation de sécurité de l'employeur au droit à la santé des travailleurs », *Dr. soc.* 2006. 635.
- « La sécurité dans l'entreprise », *Dr. soc.* 2007, n° spéc., p. 671-741, avec not. P. Morvan, « *Securitas omnia corrumpit* ou le principe selon lequel il incombe à l'employeur de protéger la sécurité et la santé des travailleurs ».
- F. Debord et J.-F. Paulin, « La santé aux confluents du droit du travail et du management », dans Cyril Wolmark et E. Mazuyer (dir.), *Droit du travail et pratiques de management*, Supplément, *SSL* 18 mars 2013, p. 50.
- P.-Y. Verkindt, « Obligation de résultat en matière de santé au travail : à l'impossible l'employeur est tenu ? », *Dr. soc.* 2013. 229.
- H. K. Gaba « Obligation de sécurité pesant sur le salarié : ombre et lumière jurisprudentielles », *Dr. ouvrier* 2011. 114.
- A. Thébaud-Mony, Ph. Davezies, L. Vogel, S. Volkoff (dir.), *Les risques du travail*, La Découverte, 2015.
- A. Gardin, « La redéfinition de l'obligation de sécurité de l'employeur », *RJS* 2016. 99.
- G. Pignarre, L.-F. Pignarre, « La prévention : pierre angulaire ou/et maillon faible de l'obligation de sécurité de l'employeur ? », *RDT* 2016. 151.

2) Sur le harcèlement moral

- P. Adam, V° Harcèlement moral, *Répertoire Dalloz*, 2008, 54 p.
- Ph. Davezies, « Les impasses du harcèlement moral », *Travailler* 2004/1, n° 11, p. 83-90.

3) Sur le droit pénal de la santé et la sécurité au travail

- D. Hennebelle, « La place de l'infraction formelle en droit pénal du travail : regard d'un travailliste », *Dr. soc.* 2004. 935.
- A. Coeuret, E. Fortis, *Droit pénal du travail*, Litec 2012.

4) Sur les risques psychosociaux

- L. Lerouge (dir), *Les risques psychosociaux au travail en droit social : approche juridique comparée. France - Europe - Canada - Japon*, Dalloz, 2014
- Y. Clot, L. Wolf, « Faut-il encore parler des RPS ? », Controverse, *RDT* 2015. 228.

Documents

1) Sur l'obligation de sécurité de résultat

Soc. 28 févr. 2002, les arrêts « amiante » (*Bull. civ.* V, n° 81 ; *D.* 2002. 2696-2701, note X. Prétot ; *Dr. soc.* 2002. 445-447, note A. Lyon-Caen ; *RTD civ.* 2002. 310-312, note P. Jourdain ; *RJS* 2002. 495-504, note P. Morvan)

« Mais attendu qu'en vertu du contrat de travail le liant à son salarié, l'employeur est tenu envers celui-ci d'une obligation de sécurité de résultat, notamment en ce qui concerne les maladies professionnelles contractées par ce salarié du fait des produits fabriqués ou utilisés par l'entreprise ; que le manquement à cette obligation a le caractère d'une faute inexcusable, au sens de l'article L. 452-1 du code de la sécurité sociale, lorsque l'employeur avait ou aurait dû avoir conscience du danger auquel était exposé le salarié, et qu'il n'a pas pris les mesures nécessaires pour l'en préserver ; ».

Soc. 28 févr. 2006 (*Bull. civ.* V, n° 87 ; *RDT* 2006. 23, note B. Lardy-Pélissier ; *Dr. soc.* 2006. 514-517, obs. J. Savatier ; *ibid.* 661, obs. S. Bourgeot et M. Blatman (arrêt rendu pour le quatrième anniversaire des arrêts « amiante »)

« Vu l'article L. 230- 2 I, du Code du travail interprété à la lumière de la directive CE n° 89/391 du 12 juin 1989.
… l'employeur, tenu d'une obligation de sécurité de résultat en matière de protection de la santé et de la sécurité des travailleurs dans l'entreprise, doit en assurer l'effectivité… ».

Soc. 21 juin 2006 (*Bull. civ.* V, n° 223 ; *D.* 2006. 2831-2835, note M. Miné ; *ibid.* 2007. Pan. 183-185, note E. Dockès ; *Dr. soc.* 2006. 832, note C. Radé ; *RDT* 2006. 245, obs. P. Adam)

« Engage sa responsabilité personnelle à l'égard de ses subordonnés le salarié qui leur fait subir intentionnellement des agissements répétés de harcèlement moral (…)

l'employeur est tenu envers ses salariés d'une obligation de sécurité de résultat en matière de protection de la santé et de la sécurité des travailleurs dans l'entreprise, notamment en matière de harcèlement moral et que l'absence de faute de sa part ne peut l'exonérer de sa responsabilité ».

Soc. 5 mars 2008, *SNECMA* (n° 06-45.888, *RDT* 2007. 216, note F. Guiomard, *Dr. soc.* 2008. 607, note P. Chaumette)

« Mais attendu que l'employeur est tenu, à l'égard de son personnel, d'une obligation de sécurité de résultat qui lui impose de prendre les mesures nécessaires pour assurer la sécurité et protéger la santé des travailleurs ; qu'il lui est interdit, dans l'exercice de son pouvoir de direction, de prendre des mesures qui auraient pour objet ou pour effet de compromettre la santé et la sécurité des salariés ;
Et attendu que, dans l'exercice de son pouvoir souverain d'appréciation des éléments de preuve qui lui étaient soumis et sans dénaturation, la cour d'appel a constaté que la nouvelle organisation mise en place par l'employeur en février 2005 réduisait le nombre des salariés assurant le service de jour et entraînait l'isolement du technicien chargé d'assurer seul la surveillance et la maintenance de jour, en début de service et en fin de journée, ainsi que pendant la période estivale et à l'occasion des interventions, cet isolement augmentant les risques liés au travail dans la centrale, et que le dispositif d'assistance mis en place était insuffisant pour garantir la sécurité des salariés ; qu'elle a pu en déduire, sans modifier l'objet du litige et abstraction faite des motifs surabondants critiqués par les sixième, neuvième et douzième branches du moyen, que cette organisation était de nature à compromettre la santé et la sécurité des travailleurs concernés et que sa mise en œuvre devait en conséquence être suspendue ».

Soc. 22 oct. 2015, *Areva NC* (n° 14-20.173, *SSL* 2015 n° 1697 ; *Dr. soc.* 2016. 457, note P.-H. Antonmattéi)

« Mais attendu que c'est dans l'exercice de son pouvoir souverain d'appréciation des éléments de preuve qui lui étaient soumis, sans les dénaturer ni être tenue de se justifier sur ceux qu'elle écartait, qu'après avoir constaté que si la question des risques psycho-sociaux avait été particulièrement aiguë au sein du DI/PE à la fin de l'année 2010 et au cours de l'année 2011, il résultait des pièces produites que l'employeur avait initié, outre un processus de reclassement des salariés, un plan global de prévention des risques psycho-sociaux comportant notamment un dispositif d'écoute et d'accompagnement ainsi qu'un dispositif d'évolution des conditions de vie au travail et de formation des managers et que cette démarche s'était poursuivie dans la durée, donnant lieu à un suivi mensuel, la cour d'appel a, motivant sa décision, pu décider qu'il n'y avait pas lieu d'interdire la mise en œuvre du projet d'externalisation de l'activité du service DI/PE ; que le moyen n'est pas fondé »

Soc. 25 nov. 2015, *Air France* (n° 14-24.444, *RDC* 2016. 217, obs. G. Viney ; *JcP S* 2016, n° 2, p. 13, note M. Babin ; *Dr. soc.* 2016. 457, note P.-H. Antonmattéi ; *Dr. Ouv.* 2016. P.10, note F. Héas)

« Mais attendu que ne méconnaît pas l'obligation légale lui imposant de prendre les mesures nécessaires pour assurer la sécurité et protéger la santé physique et mentale des travailleurs, l'employeur qui justifie avoir pris toutes les mesures prévues par les articles L. 4121-1 et L. 4121-2 du code du travail ;

Et attendu qu'appréciant souverainement les éléments de fait et de preuve qui lui étaient soumis et procédant aux recherches qui lui étaient demandées, la cour d'appel a constaté, d'une part que l'employeur, ayant pris en compte les événements violents auxquels le salarié avait été exposé, avait, au retour de New-York le 11 septembre 2001, fait accueillir celui-ci, comme tout l'équipage, par l'ensemble du personnel médical mobilisé pour assurer une présence jour et nuit et orienter éventuellement les intéressés vers des consultations psychiatriques, d'autre part que le salarié, déclaré apte lors de quatre visites médicales intervenues entre le 27 juin 2002 et le 18 novembre 2005, avait exercé sans difficulté ses fonctions jusqu'au mois d'avril 2006 ; qu'ayant relevé que les éléments médicaux produits, datés de 2008, étaient dépourvus de lien avec ces événements dont il avait été témoin, la cour d'appel a, par ces seuls motifs, propres et adoptés, dont elle a pu déduire l'absence de manquement de l'employeur à son obligation de sécurité de résultat, légalement justifié sa décision »

2) Sur le droit de retrait

Soc. 28 janvier 2009
(nº 07-44.556, *RDT* 2009. 167, obs. M. Miné, *Dr. soc.* 2009. 486, obs. P. Chaumette ; *JCP S* 2009. 1226, obs. P.-Y. Verkindt)

« Vu l'article L. 231-8-1 devenu l'article L. 4131-3 du Code du travail, ensemble l'article L. 1121-1 du même code interprété à la lumière de l'article 8 § 4 de la directive nº 89/391/CEE du 12 juin 1989 ;

Attendu d'une part qu'aucune sanction, aucune retenue de salaire ne peut être prise à l'encontre d'un travailleur ou d'un groupe de travailleurs qui se sont retirés d'une situation de travail dont ils avaient un motif légitime de penser qu'elle présentait un danger grave ou imminent pour chacun d'eux ; d'autre part que l'employeur, tenu d'une obligation de sécurité de résultat en matière de protection et de sécurité au travail, doit en assurer l'effectivité ; qu'il s'ensuit qu'est nul le licenciement prononcé par l'employeur pour un motif lié à l'exercice légitime par le salarié du droit de retrait de son poste de travail dans une situation de danger ».

3) Sur le harcèlement moral

Soc. 10 novembre 2009
(nº 07-45.321, *D.* 2010. 672, obs. T. Pasquier ; *RDT* 2010. 39, obs. F. Géa ; *Dr. ouvrier* 2010. 117, art. P. Adam ; *JCP S* 2010, nº 13, note C. Leborgne-Ingelaere)

« Mais attendu que peuvent caractériser un harcèlement moral les méthodes de gestion mises en œuvre par un supérieur hiérarchique dès lors qu'elles se manifestent pour un salarié déterminé par des agissements répétés ayant pour objet ou pour effet d'entraîner une dégradation des conditions de travail susceptibles de porter atteinte à ses droits et à sa dignité, d'altérer sa santé physique ou mentale ou de compromettre son avenir professionnel ;

Et attendu que la cour d'appel a relevé que le directeur de l'établissement soumettait les salariés à une pression continuelle, des reproches incessants, des ordres et contre-ordres dans l'intention de diviser l'équipe se traduisant, en ce qui concerne M. X..., par sa mise à l'écart, un mépris affiché à son égard, une absence de dialogue caractérisée par une communication par l'intermédiaire d'un tableau, et ayant entraîné un état très dépressif ; qu'ayant constaté que ces agissement répétés portaient atteinte aux droits et à la dignité du salarié et altéraient sa santé, elle a ainsi caractérisé un harcèlement moral, quand bien même l'employeur aurait pu prendre des dispositions en vue de le faire cesser ».

Soc. 1er juin 2016 (nº 14-19.702, *JCP G* 2016, nº 28, p. 1410, note J. Mouly)

« Attendu que ne méconnaît pas l'obligation légale lui imposant de prendre les mesures nécessaires pour assurer la sécurité et protéger la santé physique et mentale des travailleurs, notamment en matière de harcèlement moral, l'employeur qui justifie avoir pris toutes les mesures de prévention prévues par les articles L. 4121-1 et L. 4121-2 du code du travail et qui, informé de l'existence de faits susceptibles de constituer un harcèlement moral, a pris les mesures immédiates propres à le faire cesser ;

Attendu que, pour rejeter la demande du salarié au titre du harcèlement moral, la cour d'appel a retenu que s'agissant des dispositifs de prévention du harcèlement moral que tout employeur doit mettre en œuvre dans son entreprise, il convient de souligner que de par la nature même des faits de harcèlement moral qu'il s'agit de prévenir, un tel dispositif ne peut avoir principalement pour objet que de faciliter pour les salariés s'estimant victimes de tels faits la possibilité d'en alerter directement leur employeur ou par l'intermédiaire de représentants qualifiés du personnel, que l'employeur justifiait avoir modifié son règlement intérieur pour y insérer une procédure d'alerte en matière de harcèlement moral, avoir mis en œuvre dès qu'il a eu connaissance du conflit personnel du salarié avec son supérieur hiérarchique immédiat une enquête interne sur la réalité des faits, une réunion de médiation avec le médecin du travail, le directeur des ressources humaines et trois membres du comité d'hygiène, de sécurité et des conditions de travail en prenant la décision au cours de cette réunion d'organiser une mission de médiation pendant trois mois entre les deux salariés en cause confiée au directeur des ressources humaines ;

Qu'en statuant ainsi, sans qu'il résulte de ses constatations que l'employeur avait pris toutes les mesures de prévention visées aux articles L. 4121-1 et L. 4121-2 du code du travail et, notamment, avait mis en œuvre des actions d'information et de formation propres à prévenir la survenance de faits de harcèlement moral, la cour d'appel a violé les textes susvisés ».

Quiz

1) Sujet corrigé

Cas pratique

Madame Bully travaille en tant qu'assistante commerciale de la société VLH. Elle vient relater au gérant le comportement du directeur commercial, M. Paul, à l'égard de plusieurs salariés du service, notamment à son égard. Depuis plusieurs mois, celui-ci ne cesse de leur faire des reproches de tous ordres aussi bien verbalement que par l'envoi répété d'e-mails, au point que de nombreux salariés sont en arrêt maladie. À la suite de ce signalement, le gérant a demandé à M. Paul de cesser ces reproches permanents.

Mais la situation ne s'est pas améliorée. Pour vérifier les « aptitudes de l'équipe » après des résultats qu'il trouvait « catastrophiques », M. Paul a demandé à chacun de ses subordonnés de procéder à une simulation de réponse à client devant lui et devant les autres salariés. Mme Bully, pour qui la simulation s'était mal passée, est rentrée chez elle en larmes. Le lendemain, de retour au travail, elle refuse d'ouvrir ses mails, qui contiennent les résultats de la simulation que M. Paul a compilés pendant la nuit et refuse de continuer à travailler dans ses conditions. Que pouvez-vous lui conseiller ?

Voir le corrigé en fin de rubrique.

2) Corrigé

Cas pratique

Différentes possibilités doivent être explorées afin de conseiller correctement Mme Bully : l'exercice du droit de retrait et l'invocation du harcèlement moral. Les deux intiatives peuvent être menées parallèlement.

Droit de retrait

En premier lieu, il faut examiner si Mme Bully peut mettre en œuvre son droit de retrait et refuser ainsi de travailler sous les ordres de M. Paul.

Selon l'article L. 4131-1 du Code du travail, tout salarié peut se retirer d'une situation de travail dont il a un motif légitime de penser qu'elle présente un danger grave ou imminent pour sa vie ou sa santé. Bien que la question n'ait pas encore été examinée par la Cour de cassation, rien n'interdit d'envisager que le droit de retrait soit utilisé pour se retirer d'une situation dangereuse non pas pour la santé physique mais pour la santé mentale (v. toutefois CE 16 déc. 2009, n° 320840). Selon la jurisprudence, il faut et il suffit que la crainte ne soit ni déraisonnable, ni farfelue. En l'espèce, l'énoncé laisse entendre que de nombreux arrêts maladie ont été pris par des collègues de Mme Bully en raison des conditions de travail. Mme Bully peut légitimement craindre que si elle reste sous les ordres de M. Paul, elle soit elle-même affectée.

Par conséquent, Mme Bully peut se retirer de la situation. Elle devra continuer à recevoir son salaire et se tenir à la diposition de la société, au cas où le gérant décide de l'affecter à une nouvelle tâche. Si toutefois le gérant refusait de continuer à lui verser son salaire, Mme Bully devra introduire une action devant le conseil de prud'hommes, action dont l'issue peut être longue.

Il faut noter ici que l'exercice du droit de retrait est indépendant de la reconnaissance d'un harcèlement moral.

L'invocation du harcèlement moral

Mme Bully peut invoquer le harcèlement moral. Une fois cette qualification confirmée, il faudra examiner les conséquences que la salariée peut en tirer.

Le harcèlement moral exige, selon l'article L. 1152-1 du Code du travail, que soit constatés des agissements répétés ayant pour objet ou pour effet une dégradation des conditions de travail qui peut porter atteinte à la santé, à la dignité ou aux droits du salarié. Il convient de préciser qu'une dégradation de l'état de santé potentielle suffit, comme l'indique le verbe « pouvoir » utilisé à l'article L. 1152-1, et que des méthodes de gestion peuvent être à l'origine d'un harcèlement moral, sous réserve que puissent être individualisés leurs effets sur le salarié qui prétend être victime de harcèlement (Soc. 10 nov. 2009, n° 07-45.321). Il n'est pas nécessaire de prouver l'intention de nuire du salarié harceleur.

Ici, les agissements de M. Paul sont bien répétés et continus. Ils sont également à l'origine d'une dégradation des conditions de travail de Mme Bully. Les effets sur l'état de santé de Mme Bully demeurent potentiels, puisque la salariée n'a pas déclaré de pathologie spécifique. En l'absence de certicat médical constatant un état psychologique dégradé, la demande de Mme Bully reste toutefois un peu fragile, même si la présentation d'un certificat médical n'est pas une condition du harcèlement. Les actions de M. Paul ont enfin été personnellement dirigées sur Mme Bully : reproches, évaluation visiblement humiliante. Là encore, les éléments paraissent suffisants eu égard à la jurisprudence, mais il serait bon que Mme Bully puisse étayer sa demande. En dépit de quelques incertitudes, il semble bien que le harcèlement moral soit constitué.

Quelles en sont les conséquences ?

En cas de harcèlement, la victime peut demander à son employeur des dommages et intérêts pour défaut de prévention (Soc. 19 nov. 2014, n° 13-17.729). Elle peut également s'appuyer sur le harcèlement pour demander une prise d'acte aux torts de l'employeur. Il faut alors que le harcèlement rende impossible le maintien du salarié dans l'entreprise (Soc. 11 mars 2015, n° 11-18.603).

Ici, le gérant a demandé à M. Paul de cesser ces agissements. Cette seule requête, non accompagnée d'un suivi, ne remplit pas les conditions pour que l'obligation de prévention soit satisfaite. Dans l'accord du 26 mars 2010 sur le harcèlement et la violence au travail, l'accent est mis sur l'existence d'une procédure ou d'une charte de référence, autant d'éléments formalisés non présents en l'espèce. Mme Bully pourra donc obtenir des dommages et intérêts sur ce terrain. Ensuite, Mme Bully ne peut plus venir travailler dans ces conditions, elle pourra prendre acte de la rupture. Le harcèlement de M. Paul rend en effet impossible la poursuite du contrat pour Mme Bully. La prise d'acte produira ainsi les effets d'un licenciement sans cause réelle et sérieuse.

Notons enfin que Mme Bully pourrait, sur le terrain pénal, porter plainte contre M. Paul. Cette initiative a peu de chances d'aboutir, car l'intention de nuire, ou à tout le moins la conscience des conséquences de ses actions, demeure une condition de la culpabilité du harceleur. Sur le terrain civil, Mme Bully peut demander des dommages et intérêts à M. Paul et, ce, devant le Conseil de prud'hommes.

titre 6

Le contrat préservé

La maladie, la maternité, la grève, la vente de l'usine... tous ces événements, au début du XXe siècle, rompaient d'eux-mêmes le contrat de travail. Aujourd'hui, ce contrat n'a plus cette fragilité originelle. Il résiste grâce à deux mécanismes désormais bien rodés : la suspension du contrat de travail (chap. 16) et le transfert des contrats de travail en cas de changement d'employeur (chap. 17). 478

chapitre 16

La suspension du contrat de travail

Plan analytique

section **1**

La maladie et l'accident

§ **1** La période de suspension du contrat

A. Le déroulement de la période de suspension : droits du salarié

B. Le terme de la période de suspension : la visite de reprise

§ **2** Après la période de suspension du contrat

A. Avis d'aptitude

B. Avis d'inaptitude

section **2**

L'activité partielle

Compléments pédagogiques

16

La suspension du contrat de travail

Maladie, catastrophes naturelles, accidents, grève, service militaire (autrefois), congés, autant d'événements qui entravent ou interdisent l'accomplissement du travail. Le contrat de travail se trouve alors dépourvu d'objet. Mais cette disparition n'est bien souvent que momentanée. Pour éviter de rompre un contrat qui pourrait revivre, on le suspend. Autrement dit, on met en sommeil la principale obligation qui en découle : le salarié n'a plus à fournir son travail. Symétriquement, l'employeur est parfois, mais pas toujours, autorisé à ne plus le rémunérer. 479

Durant toute période de suspension, certaines obligations secondaires demeurent. Le salarié doit ainsi respecter une certaine loyauté envers son employeur : il devra par exemple donner le code d'accès à son ordinateur, restituer des fichiers qu'il conservait chez lui. Mais il n'est pas tenu à plus que cela. L'employeur de son côté doit laisser la jouissance gratuite du logement de fonction (Soc. 26 janv. 2011, n° 09-43.193 [PB]).

Schématiquement, il est possible de distinguer les événements empêchant la fourniture du travail en fonction de la source de déclenchement de la suspension. Certaines suspensions sont tout simplement *imposées par la loi* ; elles sont automatiques. Les congés, les repos obligatoires en sont l'illustration même. Ils font l'objet de quelques indications dans le chapitre relatif au temps de travail (v. ss 422 s.). D'autres suspensions trouvent leur origine dans le *salarié*. Au premier chef, on trouve la grève, qui est étudiée dans un chapitre propre : c'est une suspension volontaire du contrat (v. chap. 21). Mais la maladie et l'accident, suspensions involontaires, font aussi obstacle à la fourniture du travail (section 1). Du côté de *l'employeur*, on retrouve une dichotomie assez proche. Il peut volontairement suspendre l'obligation d'un salarié : c'est la mise à pied (v. ss 247). Il peut aussi subir des événements extérieurs qui rendent impossible ou trop difficile la fourniture du travail. Il pourra alors recourir au chômage partiel (section 2). 480

Les causes de suspension sont multiples et, dans certaines situations de fait, elles vont se superposer. Un salarié gréviste va par exemple tomber malade. Est-il en grève ou en arrêt maladie ? Ce sont des concours de causes de suspension. Ces concours sont en principe réglés par un critère temporel : la première cause de suspension absorbe les autres. Le salarié de notre exemple sera considéré comme gréviste et non comme malade, il n'aura donc pas droit au revenu de remplacement. Mais des exceptions existent. Notamment, le salarié malade durant la période de congés de l'entreprise peut reporter ces congés payés non pris une fois rétabli (CJCE 20 janv. 2009, aff. C-350/06, C-520/06 ; Soc. 24 févr. 2009, n° 07-44.488, *RDT* 2009. 241, obs. M. Véricel ; CJUE 10 sept. 2009, aff. C-277/08, *RDT* 2009. 725, note M. Véricel). De manière plus générale, les congés payés, ne peuvent être absorbés par une autre cause de suspension (CJUE 22 avr. 2010, aff. C-486/08 : congés payés et congé parental ; CJUE 21 juin 2012, aff. C-78/11, congés payés et incapacité de travail). En effet, le droit aux 481 congés constitue un « principe de droit social communautaire revêtant une importance particulière » (mêmes arrêts).

section 1

La maladie et l'accident

482 À défaut de toute protection par le droit, le salarié malade ou accidenté ne pouvant plus travailler risquerait de perdre sa rémunération, voire son emploi. Du côté de la rémunération, le droit de la protection sociale accorde aux salariés dans l'impossibilité de travailler un revenu de remplacement et, une rente ou un capital pour les victimes d'un accident ou une maladie ayant son origine dans le travail. Les dispositions du droit du travail vont quant à elles venir davantage protéger le salarié contre la rupture de son contrat de travail. Ce souci du maintien de l'emploi est apparu récemment. Dans un premier temps, la Cour de cassation considérait que la maladie longue ou répétitive constituait un cas de force majeure qui autorisait l'employeur à déclarer le contrat rompu, sans indemnités (Soc. 14 déc. 1960, *Bull. civ.* IV, n° 1181). Puis la Cour de cassation a considéré que la maladie professionnelle et l'accident du travail étaient imputables à l'entreprise et que la rupture du contrat de travail devait s'analyser en un licenciement (v. Soc. 10 juill. 1975, *Barba*, *Bull. civ.* V, n° 396). Elle a, longtemps après, admis la même solution pour les maladies et accidents non professionnels (Soc. 21 avr. 1988, deux arrêts, *Bull. civ.* V, n° 250 ; *GADT*, n° 75). Très souvent du reste, le régime de la maladie professionnelle et de l'accident du travail sert de modèle, si bien qu'aujourd'hui le régime de l'incapacité d'origine non professionnelle est assez proche de celui de l'incapacité d'origine professionnelle.

483 L'étude de ce régime doit suivre un ordre chronologique. Le salarié est malade ou accidenté : c'est la période de suspension de son contrat (§ 1), puisqu'il ne peut plus fournir son travail. Mais cette période n'est que temporaire. Soit le salarié se rétablit, totalement ou partiellement, soit son incapacité de travail devient définitive. Dans tous les cas, il faut examiner ce qui se passe à l'issue de la période de suspension : rupture ou maintien du contrat ? (§ 2).

§ 1 La période de suspension du contrat

484 Le début de la période de suspension du contrat ne pose guère de problèmes. Elle commence en général par l'envoi par le salarié d'un arrêt de travail, parfois appelé arrêt maladie, établi par son médecin. Ce sont les conventions collectives qui en général imposent un délai de 48h pour faire parvenir cette preuve de la maladie ou de l'accident (v. égal. C. trav., art. L. 1226-1). Ne pas prévenir l'employeur constitue une faute. Pour un accident du travail, la règle est également assez simple : la période de suspension commence à la date de l'accident. Les difficultés se concentrent sur le déroulement de la période de suspension (A) et sur son terme (B).

A. Le déroulement de la période de suspension : droits du salarié

1. *Revenus de remplacement*

Durant la période de suspension, le salarié perçoit un revenu de remplacement, qui est pour partie versé par la Sécurité sociale, et pour partie par l'employeur. La rémunération versée par les caisses de sécurité sociale prend le nom d'indemnités journalières (souvent appelées IJ). Elle est égale à une fraction du salaire perdu : la moitié, en principe, en cas de simple maladie et de 60 à 80 % en cas de maladie professionnelle ou d'accident du travail. Le droit de la Sécurité sociale ayant alors assuré un minimum nécessaire à la subsistance des malades, le droit du travail est intervenu pour améliorer le salaire de substitution. De nombreuses conventions collectives traitaient, depuis longtemps, de cette question. Les compléments de rémunération ont été généralisés par l'accord national interprofessionnel sur la mensualisation du 10 décembre 1977, consacré et élargi par la loi du 19 janvier 1978, puis intégré dans le Code du travail à l'occasion de la recodification. La loi du 25 juin 2008 sur la modernisation du marché du travail et ses décrets d'application ont encore légèrement amélioré les protections. Les articles L. 1226-1 et D. 1226-1 du Code du travail prévoient désormais que, pour les salariés ayant plus d'un an d'ancienneté, l'employeur est tenu de compléter les indemnités journalières reçues jusqu'à hauteur de 90 % du salaire pendant 30 jours et de 60 % du salaire pendant les 30 jours suivants. Ces deux durées de 30 jours sont augmentées de 10 jours chacune par tranche de 5 ans d'ancienneté (C. trav., art. D. 1226-2, la première année ne comptant pas). L'indemnisation commence au 1er jour d'absence pour les maladies professionnelles et les accidents du travail (C. trav., art. D. 1226-3, al. 2). Elle commence à partir du 8e jour pour les autres maladies et accidents (C. trav., art. D. 1226-3, al. 2). 485

2. *Protection contre le licenciement*

Outre le maintien d'un revenu, les salariés bénéficient d'une protection contre la rupture de leur contrat durant la période de suspension. Cette protection ne s'applique qu'à la résiliation unilatérale prononcée par l'employeur. Notamment, le salarié peut conclure une rupture conventionnelle (sur laquelle, v. ss 561), dès lors qu'il n'y a ni fraude, ni vice du consentement (Soc. 30 sept. 2014, n° 13.16297, *RDT* 2014. 684, obs. B. Lardy-Pélissier ; *JCP S* 11 nov. 2014, n° 46, p. 14, note G. Loiseau). Sans même s'interroger sur la lecture très lâche de l'article L. 1226-9 du Code du travail, on peut se demander pour quelle raison le salarié souhaiterait mettre fin à la relation de travail, alors qu'il est en arrêt maladie, et qu'il devrait bénéficier à l'issue de cette période de dispositions protectrices (v. §2, ci-dessous). La solution antérieure de la chambre sociale (Soc. 29 juin 1999, n° 96-44.160, *Bull. civ.* V 1999, n° 304) interdisant toute rupture amiable durant la période de suspension était bien plus en prise avec la réalité des relations de travail. Elle suggérait que la renonciation aux garanties prévues pour les salariés inaptes ne pouvait être obtenue que d'un consentement extorqué ou en vue de contourner les règles légales applicables. Sous le bénéfice de cette observation, il faut ici distinguer ceux dont l'incapacité de travailler est d'origine professionnelle et les autres. 486

487 Pour les salariés victimes d'un accident du travail ou d'une maladie professionnelle, tout licenciement durant la période de suspension est nulle, sauf faute grave du salarié ou impossibilité pour l'employeur de maintenir le contrat pour un motif étranger à la maladie ou à l'accident (C. trav., art. L. 1226-9, L. 1226-13). La jurisprudence a eu l'occasion de préciser que l'existence de difficultés économiques, ou l'application des critères d'ordre des licenciements ne constituent pas des impossibilités de maintenir le contrat (Soc. 12 mai 1998, *Bull. civ.* V, n° 242 ; 21 nov. 2000, *Bull. civ.* V, n° 381). Il faut, pour la chambre sociale, une cause exceptionnelle, quasiment un cas de force majeure, comme la cessation d'activité pure et simple (Soc. 15 mars 2005, *Dr. soc.* 2005. 695, obs. J. Savatier).

488 Pour les autres salariés, victimes d'un accident ou d'une maladie non professionnel, la situation est moins favorable. D'une part, ils peuvent être licenciés pour faute (simple) ou pour motif économique (classique). D'autre part, en cours de période de suspension, l'employeur peut également démontrer que la durée de l'absence du salarié ou la répétition de ses absences rend nécessaire son remplacement définitif (Soc. 3 juill. 1986, *Bull. civ.* V, n° 346 ; 13 mars 2001, *Herbaut** ; 27 mars 2001, *Bull. civ.* V, n° 106 ; 19 oct. 2005, *Bull. civ.* V, n° 294 ; *Dr. soc.* 2006. 106, obs. J. Savatier). Il ne faut pas cependant que le comportement de l'employeur soit à l'origine de l'absence : harcèlement, stress (v. Soc. 13 mars 2013, n° 11-22.082 [PB]). Dans ce cas, même si l'accident du travail ou la maladie professionnelle n'est pas encore reconnu, le licenciement est nul.

Pour être justifié, il faut que l'employeur mentionne dans la lettre de licenciement à la fois les perturbations dues aux absences et la nécessité de procéder au remplacement définitif. Une longue absence ne signifie pas nécessairement que le licenciement sera justifié. On peut même penser qu'une absence qui dure ne désorganise pas l'entreprise qui peut s'adapter à la situation. En revanche, des arrêts de travail courts, répétés, sont plus difficiles à gérer. C'est le cas typique dans le contentieux du licenciement justifié (v. Soc. 13 mars 2001, préc.). Quant au remplacement, il n'est pas définitif si l'employeur recourt à un prestataire de services ou réorganise l'équipe des salariés le temps de l'absence. Il ne faudrait pas en effet qu'en admettant des palliatifs à l'absence, la maladie du salarié soit l'occasion pour l'employeur de supprimer un poste (Soc. 25 janv. 2012, n° 10-26.502 [P]).

Si le salarié n'a pas été licencié pour un des motifs ci-dessus, la sanction devrait être la nullité du licenciement. En effet, le licenciement est fondé sur l'état de santé, il est donc discriminatoire et nul, à l'image de ce qui est, du reste, décidé pour les accidents et maladies professionnels Il suffit de reprendre le raisonnement qui a cours dans le droit anti-discrimination (v. ss 352). La rupture du contrat de travail durant la période de suspension permet de laisser supposer l'existence d'une discrimination en raison de l'état de santé. Il incombe donc à l'employeur de prouver que sa décision est dictée par des éléments objectifs étrangers à toute discrimination. S'il existe une faute, un motif économique ou une désorganisation de l'entreprise nécessitant le remplacement définitif du salarié, l'employeur a rapporté la preuve nécessaire. À défaut, il succombe, et la discrimination est caractérisée. La chambre sociale n'a pas validé ce raisonnement pourtant rigoureux. Elle considère que le défaut de justification du licenciement ne laisse pas automatiquement supposer une discrimination (Soc. 27 janvier 2016 [PB], n° 14-10.084).

B. Le terme de la période de suspension : la visite de reprise

Même si la période de suspension s'achève souvent en pratique à la fin de l'arrêt de travail, juridiquement, la fin de la période de suspension dépend de la visite de reprise effectuée par le médecin du travail à l'initiative en principe de l'employeur, lorsque cette visite est obligatoire. Le refus de se soumettre à la visite de reprise constitue une faute grave du salarié. Quant à l'absence d'initiative de la part de l'employeur, il s'agit d'un manquement à l'obligation de sécurité de résultat, manquement qui entraînera la nullité d'un éventuel licenciement du salarié. Cette visite est obligatoire après une maladie professionnelle, ou une absence de plus de 30 jours pour maladie non professionnelle ou un accident du travail (C. trav., art. R. 4624-22) et l'on comprend la force de cette obligation au regard des enjeux attachés cette visite. 489 ■

La visite de reprise a plusieurs objets : établir l'aptitude médicale du salarié à reprendre son poste et préconiser éventuellement des aménagements de poste. L'avis d'aptitude, rendu à l'issue de cette visite, déclenche la reprise du travail. L'avis d'inaptitude exige normalement que deux examens aient été effectués, espacés d'au moins deux semaines, sauf urgence (C. trav., art. R. 4624-31). Après le second examen, le salarié devra être reclassé ou licencié dans le mois. La Cour veille scrupuleusement au respect de la procédure. Ainsi, le simple fait que les deux visites soient espacées de 13 jours (au lieu de 15) conduit à la nullité du licenciement prononcé à l'issue de cette procédure entachée d'irrégularité (Soc. 20 sept. 2006, *Bull. civ.* V, n° 275 ; *RDT* 2006. 385, obs. G. Pignarre) et les possibilités de reclassement doivent être recherchées en tenant compte des deux visites (Soc. 4 nov. 2015, n° 14-11.879). 490 ■

Faire dépendre la fin de la période de suspension de la visite de reprise peut conduire à une situation étonnante où le travail, repris en fait, est considéré comme suspendu en droit (Soc. 28 févr. 2006, *Bull. civ.* V, n° 87). Tel est donc le cas lorsque le salarié n'a pas passé la visite de reprise. Un tel paradoxe montre l'attachement de la Cour de cassation à l'obligation de faire passer la visite médicale de reprise effectuée par la médecine du travail. Et la situation d'un contrat exécuté mais suspendu est menée par la Cour de cassation au bout de sa logique : l'employeur ne peut donc pas licencier le salarié pour des absences injustifiées sur une période durant laquelle il n'était pas censé avoir repris le travail (Soc. 25 mars 2009, F-P+B, n° 07-44.408). 491 ■

§ 2 Après la période de suspension du contrat

Les règles à suivre après la période de suspension du contrat dépendent de l'avis du médecin du travail. L'avis d'aptitude, même assorti de réserves, exige une réintégration (A) ; l'avis d'inaptitude, même partielle (Soc. 28 janv. 2010 [P], *RDT* 2010. 240, note G. Pignarre), appelle un reclassement et à défaut un licenciement (B). C'est bien l'intitulé de l'avis que l'employeur doit prendre en compte. Plus encore, l'avis du médecin s'impose aux juges qui ne peuvent le requalifier en substituant leur appréciation à celle du médecin du travail (Soc. 10 nov. 2009, n° 08-42.674, *JCP S* 2010. 1009, note P.-Y. Verkindt, *contra* Soc. 14 juin 2007, n° 06-40.474). La contestation de l'avis du médecin du travail devait être portée, avec information de l'autre partie, devant l'inspecteur du travail (C. trav., art. L. 4624-1, al. 3 anc.). La loi dite « travail » du 8 août 2016 a modifié le recours : il est désormais exercé devant le 492 ■

conseil de prud'hommes auquel est demandé la désignation d'un médecin-expert inscrit sur la liste des experts près la cour d'appel. L'affaire est directement portée devant la formation de référé (C. trav., art. L.4624-7).

A. Avis d'aptitude

493 Si un avis d'aptitude est rendu, l'employeur doit donc réintégrer le salarié. Pour garantir à la fois le droit à l'emploi et le droit à la santé du salarié, la réintégration doit être effectuée sur son ancien poste de travail si nécessaire aménagé, ou dans un emploi similaire, en tenant compte des préconisations du médecin du travail (Soc. 6 févr. 2013, n° 11-28038 [P]). Le Conseil d'État dans un arrêt à la motivation sybilline laisse entendre, qu'une fois le salarié réintégré, l'employeur peut de nouveau solliciter l'avis du médecin du travail (CE 20 nov. 2009, req. n° 315965). En somme en cas de doute sur l'état de santé du salarié dans le poste aménagé, l'employeur a la possibilité de demander au médecin de réexaminer son avis.

L'inexécution de l'obligation de réintégration n'est pas sanctionnée de manière claire. Elle a pu, à la demande du salarié, être qualifiée de licenciement illicite donc nul (en ce sens, Soc. 23 nov. 1999, *Bull. civ.* V, n° 450). Cette solution est plus stricte que celle préconisée par le Code du travail, en tout cas pour les victimes d'un accident du travail ou d'une maladie professionnelle (il n'y a pas d'indication pour les accidents et maladies non professionnels). Ceux-ci bénéficient en cas de rupture du contrat d'une indemnité qui ne peut être inférieure à 12 mois de salaire (C. trav., L. 1226-15). En dépit de ces textes, il faut reconnaître que la nullité, retenue par la chambre sociale, demeure une sanction plus logique et plus adéquate. Plus logique puisqu'à défaut, c'est tout simplement l'obligation de réintégration qui est réduite à néant : l'employeur pouvant s'en exonérer par un licenciement sans cause réelle et sérieuse. Plus adéquate, car il ne fait pas de doute que le salarié déclaré apte qui ne retrouve pas un emploi « paye » les conséquences de sa maladie, et fait donc l'objet d'une mesure discriminatoire dont la sanction habituelle est la nullité.

B. Avis d'inaptitude

494 Un avis d'inaptitude interdit à l'employeur de faire retravailler son salarié sur le même poste de travail. Pareil avis ne peut être émis qu'après qu'aient été envisagées toutes les possibilités d'adaptation au poste (C. trav., art. L. 4624-4). Si tel est le cas, l'avis d'inaptitude n'autorise pas pour autant l'employeur à licencier le salarié immédiatement. Au contraire, il doit d'abord chercher à le reclasser dans un emploi aussi proche que possible de l'ancien, en tenant compte des indications formulées par le médecin du travail (C. trav., art. L. 1226-2, L. 1226-10), à moins que le médecin ait expressément indiqué sur son avis que « tout maintien du salarié dans l'entreprise serait gravement préjudiciable à sa santé » ou que « l'état de santé du salarié fait obstacle à tout reclassement dans l'emploi » (C. trav., art. L. 1226-2-1 et L. 1226-12). L'employeur doit, de plus, prendre en compte dans les entreprises de plus de 50 salariés les indications du médecin sur le bénéfice d'une éventuelle formation afin que le salarié retrouve un emploi. Quelle que soit l'origine de l'inaptitude, les délégués du personnel doivent être consultés et, ce, après que l'inaptitude du salarié a été constatée et avant la proposition à l'intéressé d'un poste de reclassement approprié à ses capacités (Soc. 25 mars 2015, n 13-28.229 [PB]).

Le reclassement doit être recherché dans toute l'entreprise et même au sein du groupe auquel appartient l'entreprise (Soc. 10 mars 2004, *Bull. civ.* V, n° 84 ; 7 juill. 2004, *Bull. civ.* V, n° 196 ; 24 juin 2009, n° 07-45.656, *RDT* 2009. 581, obs. M. Kocher ; Soc. 20 janv. 2016, n° 14-18.416 : un ordre professionnel ne constitue pas un groupe, comp. Soc. 6 janv. 2010, n° 08-44.113). L'employeur doit proposer un emploi aussi comparable que possible à l'emploi précédemment occupé, au besoin par la mise en œuvre de mesures telles que mutations, transformations de postes ou aménagement du temps de travail (C. trav., art. L. 1226-2 et L. 1226-10). Mais l'employeur n'a pas l'obligation d'assurer une formation à un métier différent, tel un emploi administratif ou commercial pour un menuisier (Soc. 11 mai 2016, n° 14-12.169). 495 ■

Ce reclassement doit être recherché même si le médecin a déclaré le salarié inapte à tout emploi dans l'entreprise (Soc. 7 juill. 2004, trois arrêts, *Bull. civ.* V, n° 196*, 197 et 198 ; 16 sept. 2009, *Dr. soc.* 2009. 1190, note crit. J. Savatier). La solution peut paraître étrange de prime abord. Mais en réalité, elle s'explique. D'une part, la recherche de reclassement se fait au niveau du groupe. D'autre part, même si le médecin peut faire des propositions de mutations, transformations de postes ou d'aménagement du temps de travail, seul l'employeur connaît précisément les possibilités d'aménagement des postes de travail (Soc. 9 juill. 2008, *Dr. soc.* 2008. 1138, obs. J. Savatier). En dépit de sa logique, cette solution a été partiellement remise en cause par la loi du 17 août 2015 qui prévoit que l'employeur est dispensé de son obligation de reclassement si l'avis du médecin « mentionne expressément que tout maintien du salarié dans l'entreprise serait gravement préjudiciable à sa santé » ou que « l'état de santé du salarié fait obstacle à tout reclassement dans l'emploi » (C. trav., art. L. 1226-2-1 et L. 1226-12)

Reste que les indications du médecin du travail sont centrales. C'est pourquoi en cas de désaccord sur le poste proposé entre le salarié et l'employeur, l'employeur doit resaisir le médecin du travail, pour apprécier la compatibilité du poste proposé et des aptitudes physiques du salarié. Ce n'est qu'après cet avis, que l'employeur peut soit refaire des propositions de reclassement, soit licencier pour inaptitude et impossibilité de reclassement (Soc. 23 sept 2009, n° 08-42.525, *RDT* 2010. 710, Th. Pasquier). Si l'employeur n'a pas respecté cette procédure, le salarié peut refuser de travailler, et le licenciement est sans cause réelle et sérieuse.

Si le salarié a refusé des offres de reclassement réelles et sérieuses ou si l'employeur, ayant recherché le reclassement, n'a pas pu trouver de poste disponible, le contrat de travail pourra être valablement rompu. L'indemnisation de ce licenciement fait l'objet de règles particulières. Les indemnités légales ou conventionnelles de licenciement seront dues. En revanche, l'indemnité compensatrice de préavis n'est pas due, dans la mesure où le salarié, inapte, ne peut exécuter son préavis, (ce qui lui permet de percevoir plus rapidement les éventuelles prestations chômage). En cas d'accident du travail ou de maladie professionnelle, l'indemnité légale de licenciement est multipliée par deux et à elle s'ajoute une indemnité compensatrice de préavis même si le salarié est inapte à exécuter ce préavis (C. trav., art. L. 1226-14). 496 ■

Si un licenciement a été prononcé sans que les règles relatives au reclassement aient été respectées, le licenciement est sans cause réelle et sérieuse. L'indemnité de préavis et l'indemnité de licenciement sont dues. Pour les salariés victimes d'un accident du travail ou d'une maladie professionnelle, l'indemnisation du licenciement illicite est égale au minimum à 12 mois de salaire, lesquels s'ajoutent aux 497 ■

indemnités précédentes (C. trav., art. L. 1226-15 qui prévoit de surcroît un doublement de l'indemnité légale de licenciement).

498 Le législateur a enfin prévu le cas où l'employeur resterait totalement passif après la déclaration d'inaptitude du salarié. En effet, un employeur pourrait arguer de l'absence du salarié pour ne plus le payer sans pour autant le licencier. Afin d'éviter cette situation, les articles L. 1226-4 et L. 1226-11 prévoient la reprise du paiement des salaires, un mois après l'avis d'inaptitude. En aucun cas, salarié et employeur ne peuvent contourner ces obligations par une rupture d'un commun accord (Soc. 12 févr. 2002, *Bull. civ.* V, n° 66).

section 2

L'activité partielle

499 Le chômage partiel, parfois dénommé mise à pied économique ou chômage technique, a été rebaptisé « activité partielle » par la loi du 14 juin 2013 relative à la sécurisation de l'emploi. Derrière le changement de nom se profile un changement de philosophie : les heures chômées ne sont plus une forme temporaire de chômage mais une modalité de gestion de l'activité. Le maintien de l'emploi paraît en sortir sémantiquement renforcé mais, chemin faisant, il se produit un déplacement vers les salariés et la collectivité nationale du poids de la prise en charge des risques de l'activité de l'employeur. Plus profondément, l'activité partielle peut être utilisée, plus encore que son prédécesseur, comme une phase préparatoire au licenciement pour motif économique.

L'activité partielle demeure la situation dans laquelle l'entreprise réduit son activité pour des raisons économiques ou à la suite de certains événements particuliers : difficultés d'approvisionnement en matières premières ou en énergie, sinistres ou intempéries de caractère exceptionnel. Le contrat de travail est alors suspendu et les salaires réduits. Unilatérale mais provisoire, une telle dérogation aux obligations du contrat de travail n'est possible que sur autorisation préfectorale. Cette autorisation est expresse ou tacite.

500 L'article R. 5122-1 du Code du travail énumère les hypothèses dans lesquelles l'employeur peut placer ses salariés en position d'activité partielle. Il faut que l'entreprise soit « contrainte » de suspendre ou réduire temporairement son activité. Mais l'énoncé des possibles raisons de cette « contrainte » démontre que l'on est loin du caractère contraignant de la force majeure. Ces raisons, outre les traditionnels « sinistres ou intempéries de caractère exceptionnel » et autres « difficultés d'approvisionnement », incluent notamment la « conjoncture économique », la « transformation, restructuration ou modernisation de l'entreprise » ou encore « toute autre circonstance de caractère exceptionnel ». En particulier, cette contrainte peut être, si l'on en croit le texte, le fait d'une entreprise prospère, procédant, par exemple, à l'introduction de nouvelles technologies. Le recours à l'activité partielle indemnisé demeure ainsi très ouvert.

Tout comme le chômage partiel, l'activité partielle ne peut être une situation permanente ou durable. L'indemnisation de l'activité partielle est limitée, en principe, à 1 000 heures par an (Arr. du 26 août 2013 *JO* 6 sept. 2013 ; C. trav., art. R. 5122-6). L'autorisation d'activité partielle est octroyée pour une durée maximum de 6 mois par an, renouvelable. 501 ■

Le salarié doit toucher 70 % de sa rémunération brute durant l'activité partielle. Il perçoit même 100 % de son salaire s'il suit une formation durant la période d'activité partielle. Le plancher de la rémunération minimale mensuelle, en somme le smic mensuel, est applicable (C. trav., art. L. 3232-5). 502 ■

L'employeur perçoit en contrepartie de l'indemnisation de l'activité partielle versée au salarié une allocation financée par l'État et les partenaires sociaux. Le montant de cette allocation varie selon la taille de l'entreprise. Elle est de 7,74 euros par heure dans les entreprises de moins de 250 salariés, et de 7,23 euros dans les autres. De surcroît, les indemnités d'activité partielle versées par l'employeur à ses salariés ne sont pas assujetties aux cotisations de sécurité sociale. 503 ■

Le versement de l'allocation dépend de la décision administrative statuant sur la demande d'activité partielle. En effet, pour se mettre en activité partielle, l'employeur doit faire une demande préalable à l'autorité préfectorale, détaillant les motifs et la durée de l'activité partielle ainsi que le nombre de salariés concernés. L'administration a quinze jours pour répondre, à défaut, l'autorisation est acquise. Si une demande d'activité partielle a déjà été faite dans les 36 mois précédant la nouvelle demande, l'administration peut définir des engagements que l'employeur doit accepter et qui constituent la contrepartie de l'autorisation. Ces engagements peuvent aller du plus contraignant – obligation de maintien de l'emploi – au très vague – « action en matière de gestion prévisionnelle des emplois et des compétences ». Le non-respect des engagements fait normalement l'objet d'un remboursement des sommes perçues par l'employeur, sauf « motif légitime » ou incompatibilité avec la situation économique. En bref, l'administration peut s'accommoder de l'absence d'engagements ou, pour faire bonne figure, d'engagements légers et non contraignants, au risque de transformer l'activité partielle en modalité de gestion des à-coups de la production.

Quelles qu'en soient les conditions, l'activité partielle indemnisée se traduit par une baisse de rémunération. En dépit de cette baisse, l'employeur peut imposer la réduction de travail et la réduction de salaire qui s'en suit, sans que le salarié puisse s'y opposer (sauf à ce que le rémunération mensuelle minimale ne soit pas atteinte). Le salarié qui refuse l'amputation de sa rémunération, n'aura plus que la possibilité de démissionner (Soc. 18 juin 1996, *Gury**). La solution a été confirmée (v. not. Soc. 9 mars 1999, deux arrêts, *Bull. civ.* V, n°s 103, 110). Cette solution, largement transposable à l'activité partielle mise en place par la loi du 14 juin 2013, ne vaut toutefois que lorsque l'employeur s'est placé dans le champ d'application des articles L. 5122-1 et suivants. Hors du dispositif de chômage partiel – ou d'activité partielle désormais – une réduction unilatérale de salaire liée à une baisse d'activité constitue une modification du contrat (v. not. Soc. 11 janv. 1962, *Bull. civ.* IV, n° 5 ; 24 juin 1982, *Bull. civ.* V, n° 418 ; 23 oct. 1991, *Dr. soc.* 1991. 961). L'arrêt *Gury* réalise donc une exception à la jurisprudence qui considère que toute réduction du salaire par l'employeur s'analyse en une modification du contrat de travail (sur cette jurisprudence, v. ss 280). 504 ■

16

Compléments pédagogiques

Biblio

- H. Gosselin, *Aptitude et inaptitude médicale au travail: diagnostic et perspectives*, rapport pour le ministre délégué à l'emploi, au travail et à l'insertion professionnelle des jeunes, janv. 2007
- D. Boulmier, « Le remplacement du salarié malade à l'épreuve du pouvoir d'organisation de l'employeur », *Dr. ouvrier* 2008. 233.
- P.-Y. Verkindt, « Le licenciement pour inaptitude médicale », *Dr. soc.* 2008. 941.
- P. Lokiec, « Chômage partiel : pour une autre approche », *Dr. soc.* 2009. 399.
- M. Vericel, « L'étendue de l'obligation de sécurité de l'employeur en matière de reclassement des salariés inaptes », *RDT* 2010. 30
- A. Fabre, « Le chômage partiel ne connaît pas la crise ! Retour sur une réforme au long cours », *RDT* 2012. 286

Documents

1) La maladie

Civ. 3 déc. 1934, *Hôtel Terminus P.L.M. c/ Dame Spagnoli* (*DH* 1935. 84 ; *GADT*, n° 74)

« La maladie de l'employé ne rompt pas de plein droit le contrat de travail ».

Soc. 13 mars 2001, *Herbaut* (*Bull. civ.* V, n° 84 ; *GADT*, n° 77)

« Attendu que, si l'ancien article L. 122-45 du Code du travail, qui fait interdiction de licencier un salarié notamment en raison de son état de santé ou de son handicap, sauf inaptitude constatée par le médecin du Travail dans le cadre du titre IV du Livre II de ce même code, ne s'oppose pas à son licenciement motivé, non par l'état de santé du salarié, mais par la situation objective de l'entreprise dont le fonctionnement est perturbé par l'absence prolongée ou les absences répétées de l'intéressé, celui-ci ne peut toutefois être licencié que si ces perturbations entraînent la nécessité pour l'employeur de procéder à son remplacement définitif ».

Soc. 7 juill. 2004 (*Bull. civ.* V, n° 196)

« l'avis du médecin du travail déclarant un salarié inapte à tout travail s'entend nécessairement d'une inaptitude à tout emploi dans l'entreprise ; qu'un tel avis ne dispense pas l'employeur de recherchercher une possibilité de reclassement au sein de l'entreprise et, le cas échéant, du groupe auquel elle appartient, au besoin par la mise en œuvre de mesures telles que mutations, transformations de poste ou aménagement du temps de travail ».

2) Le chômage partiel

Soc. 18 juin 1996, *Gury*
(*Bull. civ.* V, n° 252 ; *Dr. soc.* 1996. 978, obs. H. Blaise ; *GADT*, n° 79)

« la mise au chômage partiel du personnel, pendant la période d'indemnisation, prévue par l'article L. 351-25 [art. L. 5122-1 nouveau] du Code du travail, ne constitue pas une modification des contrats de travail ».

3) Les concours de cause de suspension

Soc. 4 déc. 1996, *Col*
(*Bull. civ.* V, n° 420 ; *GADT*, n° 82)

« si le salarié qui tombe malade au cours de ses congés payés ne peut exiger de prendre ultérieurement le congé dont il n'a pu bénéficier du fait de son arrêt de travail, l'employeur s'étant acquitté de son obligation à son égard, le salarié dont le contrat de travail est déjà suspendu par un arrêt de travail pour maladie à la date des départs en congé fixée par l'employeur conserve son droit à congé et peut demander à en bénéficier ultérieurement en sorte que l'employeur, qui n'est pas libéré de son obligation, demeure tenu de lui permettre d'exercer ce droit pour la part de congé non prise du fait de l'arrêt de travail, lorsque celui-ci prend fin avant que ne soit close la période des congés payés ».

Soc. 27 sept. 2007, *Sté Arcadie Sud-Ouest*, n° 05-42.293 [P]

« Mais attendu qu'eu égard à la finalité qu'assigne aux congés payés annuels la directive n° 93/104/CE du conseil de l'Union européenne, du 23 novembre 1993, concernant certains aspects de l'aménagement du temps de travail, lorsque le salarié s'est trouvé dans l'impossibilité de prendre ses congés payés annuels au cours de l'année prévue par le Code du travail ou une convention collective, en raison d'absences liées à un accident du travail ou une maladie professionnelle, les congés payés acquis doivent être reportés après la date de la reprise du travail ; qu'il s'ensuit que le jugement a, à bon droit, alloué au salarié des dommages-intérêts en réparation du préjudice que lui a causé le refus de l'employeur de le faire bénéficier du report des congés payés non pris en raison de l'accident du travail dont il avait été victime ».

chapitre 17

Transferts d'entreprise

Plan analytique

section 1

Domaine d'application

§ 1 Historique

§ 2 Une entité économique

§ 3 Une entité économique autonome

§ 4 Une entité économique transférée

A. L'indifférence de l'acte à l'origine du transfert

B. Le maintien de l'identité de l'entité économique

section 2

Effets

§ 1 Le maintien des mandats des représentants du personnel

§ 2 Un transfert imposé aux employeurs successifs

§ 3 Un transfert imposé aux salariés

Compléments pédagogiques

17

Transferts d'entreprise

Voici quelques situations très courantes dans la vie des affaires mais lourdes de menaces pour les salariés : une société exploitant un fonds de commerce de vente de vêtements cède ce fonds de commerce ; une grande entreprise automobile qui auparavant assurait elle-même la restauration de ces salariés décide que cette activité ne fait pas partie de son « cœur de métier » : elle sous-traite le restaurant d'entreprise à une société spécialisée ; une mairie n'est plus satisfaite de la gestion du camping municipal, elle choisit de ne pas renouveler le contrat avec le gestionnaire et de confier cette tâche à une autre société. Que deviennent les salariés affectés à ces activités qui passent de mains en mains ? 505

La personne avec laquelle ils ont conclu leur contrat de travail risque de ne plus avoir de travail à leur donner. L'employeur initial et les salariés pourraient donc tirer avantage à ne plus travailler ensemble. De son côté, le repreneur de l'activité a besoin de travailleurs pour assurer les mêmes tâches. Son intérêt peut être de reprendre les anciens salariés, qui ont une expérience, un savoir-faire, une connaissance des fournisseurs et des clients etc.

Une règle ancienne, puisqu'elle s'est imposée par une loi du 19 juillet 1928, prévoit le transfert des contrats de travail du personnel vers la nouvelle structure chargée de l'activité. Plus précisément, on dit qu'il y a poursuite des contrats de travail en cas de « modification de la situation juridique de l'employeur », selon la formule issue de la loi de 1928, ce que la pratique désigne par l'expression « transfert d'entreprise ». La règle du maintien des contrats de travail est aujourd'hui logée à l'article L. 1224-1 du Code du travail, article qui est venu remplacer le célèbre article L. 122-12 alinéa 2. Il y a, en droit de l'Union européenne, un dispositif similaire, prévu par la directive n° 2001/23 du 12 mars 2001 (qui a succédé à une Dir. n° 77/187 du 14 févr. 1977). La situation des salariés en cas de transfert d'entreprise est donc aujourd'hui le produit des articles du Code du travail français, de ceux de la directive, et de la jurisprudence de la Cour de cassation et de la CJUE.

La règle du maintien des contrats de travail en cas de transfert d'entreprise offre une certaine protection aux salariés lors des *restructurations*[Q], c'est-à-dire lors des différentes opérations qui viennent modifier la configuration des entreprises : *externalisation*[Q], filialisation, concentration, fusion, absorption... C'est pourquoi les conditions d'application de cette règle (section 1) et sa teneur exacte (section 2) sont le lieu d'importants débats. 506

section 1

Domaine d'application

507 À suivre les différents articles consacrant la règle de poursuite des contrats de travail, le champ d'application recouvre des opérations très diverses. « Succession, vente, fusion, transformation du fonds, mise en société de l'entreprise » sont ainsi mentionnées par l'article L. 1224-1 du Code du travail. L'article 1.1 a. de la directive du 12 mars 2001 vise le « transfert d'entreprise, d'établissement, ou de partie d'entreprise ou d'établissement », auquel l'article 1.1 b vient ajouter « le transfert... d'une entité économique maintenant son identité ».

508 L'application de ces textes n'a jamais posé de problème lorsqu'une personne morale, une entreprise tout entière est transférée. Ainsi lorsqu'une société A absorbe une société B, la société A doit reprendre les contrats de travail des salariés de la société B. De même, le décès de l'employeur personne physique impose à la succession le maintien des contrats de travail conclus par le défunt. Les difficultés naissent véritablement quand seule une partie de l'entreprise, de la personne morale ou de l'activité est cédée.

Ces difficultés ont donné lieu à une histoire un peu chaotique (§ 1). Aujourd'hui, les conditions pour que les contrats de travail soient poursuivis, sont stabilisées. Il doit y avoir une entité économique (§ 2), elle doit être autonome (§ 3) et se maintenir après le transfert (§ 4).

Il faut toutefois garder à l'esprit que, dans une matière aussi difficile à saisir que des restructurations soumises au droit national et au droit de l'Union européenne, l'excessive rigueur est à proscrire. Une certaine marge d'appréciation demeure. Et l'on chercherait en vain des certitudes applicables mécaniquement. La CJUE du reste n'a pas élaboré des règles abstraites mais bien davantage une méthode pour guider les juridictions nationales, qui dans leur travail de qualification doivent prendre en compte « l'activité exercée, voire les méthodes de production ou d'exploitation utilisée » (CJCE 20 nov. 2003, *Abler*, aff. C-340/01).

§ 1 Historique

509 Pour résoudre les difficultés liées au champ d'application de la règle de maintien des contrats de travail, la jurisprudence, dans un premier temps, retenait une solution simple. Aux termes de sa première grande décision en la matière, la Cour de cassation explique que la règle est « destinée à assurer aux salariés des emplois plus stables » (Civ. 27 févr. 1934, *Goupy**). Elle en déduira dans toute sa jurisprudence ultérieure qu'à chaque fois qu'un emploi se déplaçait d'un employeur à un autre, le salarié devait suivre. Il y avait une sorte de droit du salarié à conserver son emploi. Le champ d'application de la règle, logiquement, s'étendait alors à toutes les hypothèses dans lesquelles l'emploi du salarié est transféré. Il n'y avait pas vraiment à s'interroger sur les caractéristiques de l'activité et de l'organisation transférée, le juge devait se demander où le salarié avait le plus de chance de garder son travail.

Pareil champ d'application a pu paraître cependant excessivement large. On lui reprochait pêle-mêle de fausser la concurrence, d'obliger le nouvel employeur à conserver des salariés qui n'étaient pas satisfaisants, de décourager la reprise d'entreprise en difficultés. Ces critiques, plus idéologiques que réelles, ont conduit la Cour de cassation à restreindre le domaine d'application de la règle. La Cour a ainsi exigé qu'un lien de droit existe entre les employeurs successifs (Soc. 12 juin 1986, *Dr. soc.* 1986. 505, concl. G. Picca, note G. Couturier) et a refusé que « la seule perte de marché » déclenche le transfert des contrats de travail (AP, 15 nov. 1985*). La rupture des relations contractuelles avec une entreprise puis l'accomplissement des prestations par une autre ne caractérisait donc pas un transfert. Cela revient à dire que le seul déplacement de l'emploi ne suffit pas. Sous l'effet de la jurisprudence de la CJCE (désormais CJUE), la Cour de cassation a ensuite fait partiellement machine arrière. Elle a abandonné l'exigence d'un lien de droit, mais a continué à indiquer que dans le cas de la seule perte de marché, la règle de maintien des contrats n'est pas applicable (Cass., ass. plén., 16 mars 1990, *D.* 1990. 305, note A. Lyon-Caen). Surtout, elle a aligné sa jurisprudence sur celle de la CJCE en exigeant pour qu'il y ait transfert d'entreprise qu'il y ait une « entité économique conservant son identité et dont l'activité est poursuivie ou reprise ».

Ce qui déclenche le changement d'employeur, ce n'est donc plus le transfert des possibilités d'emplois, mais quelque chose d'un peu plus organisé : le transfert d'un morceau d'entreprise : une part d'activité suffisamment structurée.

§ 2 Une entité économique

En principe, le transfert doit porter sur une *entité économique*[Q]. L'entité économique est définie comme « un ensemble organisé de moyens en vue de la poursuite d'une activité économique, que celle-ci soit essentielle ou accessoire » (Dir. du 12 mars 2001, art. 1.1 b). L'entité économique, c'est donc une activité, mais aussi certains des « moyens » avec lesquels cette activité est effectuée. Ce peut être des moyens corporels (des machines, des camions, des locaux, etc., sans que la propriété de ces moyens importe, v. CJUE 26 nov. 2015, aff. C-509/14, pt 39-40) ou incorporels (marques, brevets, listes de clients, droit au bail, etc.). 510 ■

Dans les entreprises très mécanisées, le transfert des machines sera donc un indice essentiel. Lorsqu'en revanche l'activité repose essentiellement sur de la main-d'œuvre, comme dans les entreprises de nettoyage, aucun moyen particulier n'est parfois transféré (trois aspirateurs et deux éponges, mais sinon pas grand-chose...). Alors, l'absence de transfert d'éléments corporels ou incorporels ne pourra pas empêcher le transfert des contrats. Les « moyens » visés par la directive seront simplement des moyens humains. La reprise volontaire par le cessionnaire d'une partie du personnel sera l'indice de l'existence d'une entité économique (CJCE 24 janv. 2002, *Temco Services**). En somme, le fait de reprendre une partie des salariés oblige à les reprendre tous. Dans l'arrêt *Jouini* du 13 septembre 2007 (CJCE 13 sept. 2007, aff. C-458/05, *JCP S* 2008. 1005, note P. Morvan), le transfert d'une partie d'entreprise de travail temporaire a même pu être ordonné, en l'absence de véritable collectivité de travail, par le seul transfert d'un ensemble composé des employés chargés de la gestion, des travailleurs intérimaires et du savoir-faire (v. pt 37 de l'arrêt).

La Cour de cassation n'a pas totalement aligné sa jurisprudence en ce domaine, car elle exige la reprise de « moyens corporels ou incorporels significatifs et nécessaires à l'exploitation » (Soc. 17 juin 2009, n° 08-42.615 ; 3 nov. 2011, n° 10-11.820 [PB]) sans distinguer selon les activités exercées et les modes de production (CJCE 20 nov. 2003, *Abler*, préc.). Toutefois, la chambre sociale admet que le transfert des moyens d'exploitation soit indirect (Soc. 24 nov. 2009, *Bull. civ.* V, n° 264). Par exemple, une clinique confie successivement à deux prestataires successifs l'activité de restauration tout en mettant à leur disposition les locaux et le matériel. Le transfert des locaux et du matériel (tables, chaises, gamelles) est indirect ; il ne passe pas directement du premier prestataire au second. Pour autant, les salariés du prestataire initial passent au service du second.

§ 3 Une entité économique autonome

■ 511 Une deuxième condition qui n'est pas présente en tant que telle dans les énoncés du droit de l'Union européenne s'est imposée dans la jurisprudence française. L'entité économique doit être « autonome » (Soc. 18 juill. 2000, *Perrier Vittel*, *Bull. civ.* V, n° 285* ; 10 juill. 2007, n° 06-41.158, *RDT* 2007. 582, obs. Ph. Waquet). L'autonomie se caractérise par différents indices : une certaine stabilité, une organisation minimale que caractérise l'affectation d'un personnel propre, d'une comptabilité spécifique, etc. Autrement dit, l'entité économique est autonome si elle est individualisable et détachable du reste de l'entreprise.

§ 4 Une entité économique transférée

A. L'indifférence de l'acte à l'origine du transfert

■ 512 L'acte à l'origine du transfert de l'entité économique importe peu, ce qui permet à l'article L. 1224-1 du Code du travail de saisir la variété des formes de circulation du capital. Il peut s'agir d'une convention entre le cédant et le cessionnaire, telle une cession d'activité ou même une vente de clientèle. Des opérations plus complexes, comme celle présidant à une fusion de sociétés, sont tout autant concernées. Un acte unilatéral – reprise en gestion directe par une personne publique ou reprise de la représentation de la marque par la société propriétaire, par exemple – est également susceptible de donner lieu au transfert. Parfois, il n'existe aucune convention, voire aucun lien entre l'ancien et le nouvel employeur, sans toutefois que soit exclue l'application de l'article L. 1224-1 (sur le lien de droit, v. ss 509). Ainsi en est-il en cas de succession de prestataires de services ou de changement de distributeur/concessionnaire exclusif.

B. Le maintien de l'identité de l'entité économique

■ 513 Le transfert de l'entité économique autonome implique-t-il son maintien après le transfert ? La directive pose une telle exigence de maintien de l'identité (Dir. préc., art. 1. b). Mais cette condition s'est, en réalité, largement, atténuée et le maintien de l'identité n'impose pas une pérennité de l'entité après le transfert.

D'une part, le transfert de l'entité économique est indifférent à la nature de sa gestion. L'entité économique peut fort bien être passée du secteur privé au secteur public tout en étant « maintenue ». La jurisprudence ne considère plus que la reprise en gestion directe d'une activité par une personne publique emporte modification de l'identité de l'entité interdisant l'application de l'article L. 1224-1. Désormais, dès lors que l'organisation, les emplois et certains éléments corporels ou incorporels sont transférés à cette occasion, les salariés doivent suivre, et les contrats sont maintenus sous forme de contrat de droit public (CJCE 26 sept. 2000, *Mayeur,* aff. C-179/99, *Rec. CJCE* I-7755 ; Soc. 14 janv. 2003, *Bull. civ.* V, n° 3 ; *Dr. soc.* 2003. 437, obs. A. Mazeaud ; CE 22 oct. 2004, *Lamblin**, solution entérinée et précisée depuis par l'art. L. 1224-3 C. trav.).

D'autre part, la Cour de cassation se contente désormais d'un maintien de l'identité au seul moment du transfert ; il suffit d'une reprise des moyens corporels et incorporels nécessaires à l'exploitation (Soc. 17 juin 2009, *Bull. civ.* V, n° 151) et les changements intervenus postérieurement ne sont pas pris en compte (v. par ex., Soc. 10 juill. 2007, n° 06-40.406, *RDT* 2007. 582, obs. Ph. Waquet). Il serait en effet un peu trop facile pour le repreneur d'arguer des modifications qu'il fait subir à une entité économique pour faire échec au transfert des contrats de travail (rappr. CJCE 12 févr. 2009, aff. C-466/07, *SSL* 2009, n° 1444, obs. S. Laulom, pt 43). Le changement d'organisation de l'activité n'a pas d'incidence sur le transfert (même arrêt).

Cependant, lorsque l'activité est reprise *en vue* d'être profondément modifiée le transfert des contrats de travail ne s'impose pas. Tel est le cas lorsque l'entreprise passe d'une gestion commerciale à une gestion associative dans un objectif d'insertion de travailleurs handicapés, ou lorsqu'elle est reprise en vue de la disparition ou de la dispersion de ses activités (Soc. 23 oct. 2007, *Bull. civ.* V, n° 170 ; 12 juill. 2010, *Bull. civ.* V, n° 164). Tel est aussi le cas lorsqu'un mandat de gestion assuré par une société est répartie entre plusieurs sociétés (Soc. 12 janv. 2016 [PB], n° 14-22.216).

section 2

Effets

En cas de transfert d'une « entité économique » au sens défini ci-dessus, l'article L. 1224-1 du Code du travail produit un effet simple et radical : les contrats individuels de travail sont maintenus. L'ancien contrat demeure. Mais il lie désormais le salarié à un nouvel employeur. C'est un maintien à l'identique du contrat. Le salarié conserve donc son ancienneté, son salaire, ses fonctions, etc. Si le nouvel employeur veut faire évoluer les éléments du contrat, il devra obtenir l'accord du salarié, selon les règles habituelles en matière de modification du contrat de travail (v. ss 290). Le transfert d'entreprise ne justifie pas, à lui seul, la modification du contrat : le salarié est toujours en droit de la refuser. De surcroît, le nouvel employeur est tenu des dettes que l'ancien employeur avait à l'égard des salariés, sous réserve qu'il y ait une convention entre les deux (C. trav., art. L.1224-2). 514

Les engagements unilatéraux et les usages sont eux aussi maintenus (v. not. Soc. 23 sept. 1992, *Bull. civ.* V, n° 479 ; 16 déc. 1992, *Dr. soc.* 1993. 161 ; 22 nov. 2006, 515 n° 05-40.018 ; *RDT* 2007. 102, obs. Ph. Waquet). Le sort des conventions collectives, plus complexe, est traité par la suite (v. ss 958 s.), tout comme celui de la représentativité (v. ss 827).

Les principales questions juridiques portent sur les points suivants : le maintien des mandats des représentants du personnel (§ 1), la question de savoir si les employeurs successifs peuvent éluder le transfert des contrats (§ 2) et la faculté d'opposition du salarié à son transfert (§ 3).

§ 1 Le maintien des mandats des représentants du personnel

516 En cas d'application de l'article L. 1224-1 du Code du travail, les salariés sont transférés. Mais que devient leur représentation ? Demeure-t-elle ? Il est difficile de concevoir que les contrats soient maintenus mais que les salariés ne soient plus défendus par les délégués du personnel, les représentants syndicaux ou le comité d'entreprise ou d'établissement qui représentait leurs intérêts auparavant. La directive européenne et le Code du travail organisent donc un maintien des mandats des représentants.

517 Le maintien des mandats n'est pas automatique. Ce n'est pas parce que l'article L. 1224-1 du Code du travail s'applique que la poursuite des mandats s'impose. Une telle poursuite est subordonnée au maintien de l'autonomie de l'entité transférée. Les textes français parlent d'« autonomie juridique » (C. trav., art. L. 2143-10, L. 2314-28, L. 2324-26) mais la Cour de cassation, s'alignant sur les exigences européennes, se contente d'une « autonomie matérielle » (Soc. 28 juin 1995, *Bull. civ.* V, n° 219). La Cour de justice estime que l'autonomie demeure lorsque le pouvoir de direction tel qu'il était réparti au sein de la structure initiale n'est pas substantiellement modifié (CJUE, 29 juill. 2010, *UGT-FSP*, aff. C-151/09, *RJS* 2010. 807, chron. P. Morvan ; *SSL* 2011, n° 1489, p. 38, obs. S. Laulom), ce qui rapproche l'entité autonome de l'établissement distinct (P. Morvan, chron. préc. ; v. aussi, Soc. 15 nov. 2011, n° 10-23.609).

518 Le maintien des mandats n'est pas éternel. Le mandat des représentants élus s'achève au terme prévu (en général, 4 ans après les élections ayant eu lieu avant le transfert). Mais afin d'éviter que les mandats des représentants transférés soient décalés par rapport à ceux des représentants de la structure d'accueil, un accord, conclu dans les conditions de droit commun (v. ss 900) entre l'employeur et les organisations syndicales représentatives dans l'entité transférée peut proroger ou réduire la durée initiale (Soc. 17 déc. 2014, n° 14-14.917 [PB]). Cet accord pourra aligner la fin du mandat sur « la date habituelle des élections dans l'entreprise d'accueil » (C. trav., art. L. 2314-28, L. 2324-26). Des règles particulières sont prévues pour le comité central d'entreprise, lorsque l'entreprise est absorbée par une autre (C. trav., art. L. 2327-11). Pour le délégué syndical, aucune règle spécifique n'est prévue. Son mandat sera poursuivi jusqu'aux prochaines élections dans la structure d'accueil (Soc. 19 févr. 2014, n° 13-14.608 [PBR]), puis, conformément aux règles générales, il conservera son mandat si son syndicat a obtenu plus de 10 % des voix aux élections professionnelles. Il cessera dans le cas contraire (v. ss 1163).

§ 2 Un transfert imposé aux employeurs successifs

L'article L. 1224-1 du Code du travail est d'ordre public pour l'ancien comme pour le nouvel employeur. Le transfert des contrats de travail s'impose à eux et ils ne doivent pas chercher à contourner cette règle. C'est pourquoi les licenciements prononcés « à l'occasion » du transfert ne sont pas valables (v. Soc. 20 mars 2002, *Maldonado**). Il faut encore distinguer le refus du cessionnaire de reprendre le salarié à son service, les licenciements prononcés avant le transfert et ceux prononcés après. 519 ■

Le refus du cessionnaire de reprendre le salarié est interdit, puisque la poursuite des contrats de travail est impérative. Un tel refus peut donner lieu à diverses réactions du salarié. Ce dernier peut demander sa réintégration et donc obtenir le paiement des salaires jusqu'à la date de rupture du contrat (Soc. 5 juill. 2006, n° 05-44127). Mais il peut également prendre acte de la rupture, demander la résolution judiciaire ou même considérer qu'un licenciement a été prononcé. Dans tous ces cas, le salarié obtiendra des dommages-intérêts pour licenciement sans cause réelle et sérieuse réparant le dommage né de la perte d'emploi (v. Soc. 19 janv. 2010, n° 08-45002). 520 ■

Les licenciements prononcés avant le transfert sont prohibés. Un employeur ne peut licencier une partie des salariés de l'entité transférée ni pour améliorer la rentabilité de cette entité ni sur la demande de l'éventuel repreneur. Ce serait comme une fraude à l'application de la règle de transfert des contrats de travail. 521 ■

Lorsqu'un licenciement est prononcé par le cédant en violation de l'article L. 1224-1, la Cour de cassation considère qu'il est « privé d'effet » (Soc. 15 févr. 2006, *Bull. civ.* V, n° 67 ; *Dr. soc.* 2006. 572-573, obs. A. Mazeaud). Le salarié a alors une option (v. not. Soc. 28 janv. 2004, *Bull. civ.* V, n° 28 ; 20 mars 2002, préc. ; 15 févr. 2006, préc.). Première possibilité : il peut demander sa réintégration, c'est-à-dire la poursuite de son contrat avec le cessionnaire de l'entreprise ; dans ce cas, il pourra aussi exiger le paiement des salaires non perçus entre la date du transfert et la date de sa réintégration. Seconde possibilité : le salarié peut se contenter de constater la faute commise par l'employeur qui l'a licencié et demander des dommages-intérêts à hauteur du préjudice qui découle de la rupture du contrat de travail. Cependant, le salarié ne pourra pas invoquer le licenciement illégal prononcé par son ancien employeur lorsque le nouveau l'a informé de son intention de poursuivre le contrat sans modification avant la fin de son préavis (Soc. 11 mars 2003, *GADT*, 4e éd., n° 64) ou lorsque le contrat de travail a effectivement été poursuivi avec le cessionnaire.

Une fois le transfert réalisé, la question des licenciements trouve une réponse plus nuancée. 522 ■

L'ancien employeur est normalement libéré de ses obligations à l'égard de ses anciens salariés, sauf collusion frauduleuse (Soc. 13 mai 2009, n° 08-40.447 [P] : le cédant ne peut être tenu pour responsable des modifications — baisse de rémunération et non reprise de l'ancienneté — apportées par le repreneur dès lors que les salariés étaient effectivement passés au service de ce dernier).

Le nouvel employeur, à qui incombe l'obligation de reprendre le salarié, recouvre en principe le droit de licencier dans les conditions de droit commun, et il pourra invoquer un motif économique (v. ss 729 s.). Très souvent, le transfert est à l'origine d'une réorganisation de l'entreprise cessionnaire. Cette réorganisation, si elle est nécessaire à la sauvegarde de la compétitivité, autorise des licenciements : c'est l'application des règles normales du licenciement pour motif économique. La seule volonté de l'employeur d'éviter après une fusion les « doublons » de poste ou d'harmoniser les salaires ne suffit toutefois pas à justifier le licenciement (Soc. 23 juin 1999, n° 97-42.380).

Mais le transfert ne saurait être en lui-même un motif de licenciement ou de modification des contrats de travail (en ce sens, v. Dir. du 12 mars 2001, art. 4 § 1). Il faut néanmoins distinguer deux situations. Première situation, l'application mécanique de l'article L. 1224-1 entraîne une modification du contrat de travail. Tel est le cas lorsque le changement d'employeur n'affecte qu'une partie des tâches du salarié. Tel est encore le cas lorsque le lieu de travail est modifié en raison de la localisation du siège du nouvel employeur. Le salarié peut alors s'opposer à la modification, et l'employeur doit d'abord chercher à maintenir les conditions antérieures, puis formuler de nouvelles propositions et, peut ensuite licencier le salarié (Soc. 30 mars 2010, n° 08-44.227 [P] ; Soc. 1er juin 2016, n° 14-21.143, *SSL*, n° 1728, p. 9, art. P. Bailly). Le licenciement devrait être un licenciement pour motif économique (*contra*, Soc. 1er juin 2016, mais le pourvoi ne portait pas sur ce point). Seconde situation, la rupture ou la modification résulte d'une initiative de l'employeur et intervient très peu de temps après le transfert. Ces pratiques sont souvent destinées à éluder l'application de l'article L. 1224-1 et sont donc condamnées. De manière caricaturale, le licenciement pour cause de suppression de poste décidé le jour même de la cession constitue une *fraude* à la loi (Paris, 4 juill. 1991, *D.* 1991. IR 228) qui prive de cause réelle et sérieuse les licenciements prononcés contre les salariés transférés. Tout aussi caricaturale est la proposition de mutation-rétrogradation faite le jour du transfert ; le salarié est alors en droit de la refuser et ne peut être licencié pour ce motif (Soc. 14 janv. 2004, *Bull. civ.* V, n° 9. Voir aussi pour une modification de la rémunération le jour du transfert, Soc. 9 mars 2004, n° 02-42.140 ; V. également Soc. 28 janv. 2015, n° 13-16.719 [PB] : condamnation du cédant et du cessionnaire).

§ 3 Un transfert imposé aux salariés

523 Le salarié peut-il s'opposer à son transfert ? La question est importante. Sur le plan pratique, l'application de l'article L. 1224-1 du Code du travail n'est plus nécessairement favorable aux salariés. La disposition est même utilisée aujourd'hui par les employeurs pour vendre une partie de leur entreprise tout en se débarrassant des salariés attachés à l'entité économique transférée (v. pour un cas d'utilisation stratégique de l'article L. 1224-1, les arrêts *Perrier* du 18 juillet 2000*. *Adde*, Soc. 21 juin 2006, *Bull. civ.* V, n° 224, n° 05-42.418). Un droit au refus accordé aux salariés permettrait de faire échec à de telles utilisations de l'article L. 1224-1.

Sur un plan plus théorique, le salarié a contractuellement accepté d'être soumis à tel employeur, mais peut-on lui en imposer un nouveau sans qu'il ait son mot à dire ? La Cour de justice des Communautés européennes, par un arrêt *Katsikas** du 16 décembre 1992 a adopté face à cette question une attitude paradoxale à la limite de l'hypocrisie. Elle a reconnu que le libre choix de son employeur constituait une liberté fondamentale (pt. 32). Heureusement. Mais elle ne tire pas les conséquences de cette reconnaissance. Au lieu d'en tirer le droit de s'opposer au transfert de contrat qui se traduirait par le droit de rester au service du premier employeur, elle déclare que le droit national peut décider que le salarié est considéré comme démissionnaire (pt. 36 et dans le même sens, CJCE 24 janv. 2002, *Temco Services*, préc., pt 36). Eu égard à cette position de la CJCE, la Cour de cassation n'a pas eu à modifier sa jurisprudence et refuse toujours tout véritable droit d'opposition au salarié. Le salarié n'a qu'un choix, soit il passe au service du cessionnaire, soit il démissionne. La solution est d'autant plus choquante qu'il n'existe aucune obligation d'information du salarié sur le transfert et ses conséquences en droit français alors que la directive la prévoit (Soc. 17 déc. 2013, n° 12-13.503 [PB]).

Le refus de passer au service de l'employeur n'est donc pas autorisé en droit français, ce qui emporte plusieurs conséquences. D'abord, le licenciement prononcé par l'employeur initial en raison du refus du salarié de changer d'employeur n'a aucune efficacité. Le licenciement, est « privé d'effet », comme s'il n'existait pas, ce qui a néanmoins une certaine logique puisque le salarié, par l'effet du transfert, n'est plus au service du premier employeur. Puisque le licenciement est privé d'effet, le salarié n'a droit à aucune indemnité de rupture de la part de l'employeur initial (Soc. 14 déc. 2004, *Auchan** ; 25 oct. 2007, n° 06-42.436). 524 ■

N'ayant pas rejoint son nouveau poste de travail, le salarié est exposé à être licencié pour faute par le nouvel employeur. Un arrêt à la motivation étrange (Soc. 10 oct. 2006, *Bull. civ.* V, n° 295 ; *RDT* 2007. 390, obs. Ph. Waquet) a même semblé admettre que le refus du salarié de passer au service du repreneur soit considéré par ce dernier comme une « démission ». Cette motivation, sans influence sur la solution de l'espèce, est cependant en contradiction avec la notion classique de « démission », qui doit être claire et non équivoque (sur la notion de démission, v. ss 538).

Le bateau qui porte la solution du transfert impératif du contrat de travail semble néanmoins prendre l'eau de toutes parts. Certes, naguère, la Cour de cassation a pu suggérer qu'un employeur peut transmettre son pouvoir de direction à un tiers sans que le salarié ne puisse s'y opposer : la mise à disposition du salarié auprès d'une autre société n'était pas considérée, *a priori*, comme une modification du contrat de travail (Soc. 15 mars 2005, *Bull. civ.* V, n° 88). Mais plus récemment, elle a décidé que la clause de mobilité à l'intérieur d'un groupe de sociétés était nulle, en déclarant au visa de l'article L. 1222-1 du Code du travail « qu'un salarié ne peut accepter par avance un changement d'employeur » (Soc. 23 sept. 2009, *RDT* 2009. 647, obs. G. Auzero). De surcroît, dès lors que l'article L. 1224-1 du Code du travail ne s'applique pas, le salarié peut s'opposer au changement d'employeur, que le changement résulte d'un accord entre employeurs successifs ou de l'application de la convention collective (Soc. 9 nov. 2005, *Sté Sécuritas*, *Dr. soc.* 2006. 273, obs. A. Supiot ; 10 oct. 2006, *D.* 2007. 472, note J. Mouly ; 13 mai 2009, n° 08-42.485, arrêt qui qualifie le changement d'employeur de *novation*[Q]). La Cour de cassation a enfoncé le clou dans un arrêt de 2016 en déclarant que « le changement d'employeur prévu et organisé par voie conventionnelle suppose l'accord exprès du salarié, qui ne peut résulter de la seule poursuite de son contrat de travail sous une autre direction » (Soc. 19 mai 2016 [PB], n° 14-26.556). 525 ■

Enfin, le principe de libre exercice d'une activité professionnelle consacré depuis 2002 par la Cour de cassation devrait interdire que le contrat de travail soit transféré sans que l'intéressé n'ait pu s'y opposer (v. F. Fouvet, *Le principe de libre exercice d'une activité professionnelle*, Thèse Lyon II, 2015).

17

Compléments pédagogiques

Quid

■ Entité économique n°s 510 s.

Le plus souvent, partie d'entreprise qui réunit un « ensemble organisé de moyens en vue de la poursuite d'une activité économique, que celle-ci soit essentielle ou accessoire » (Dir. du 12 mars 2001, art. 1.1 b).

■ Externalisation n°s 506 s.

L'externalisation est une des formes de restructuration, elle consiste à confier à une entreprise extérieure, une activité jusqu'alors réalisée par l'entreprise (« en interne »).

■ Novation n° 525

Notion de droit civil désignant le remplacement et l'effacement d'une obligation par une autre, la première. Il y a notamment une novation par changement de contractant ; l'opération consiste à éteindre la première obligation conclue et à la remplacer par une seconde obligation avec un nouveau partenaire.

■ Restructuration n°s 506 s.

Terme générique qui désigne toute opération affectant les structures, les activités ou encore l'organisation d'une entreprise.

Biblio

- G. Couturier, « L'article L. 122-12 du Code du travail et les pratiques d'« externalisation » », *Dr. soc.* 2000. 845 (à propos des arrêts *Perrier-Vittel* du 18 juill. 2000).
- F. Gaudu, « Entre concentration économique et externalisation : les nouvelles frontières de l'entreprise », *Dr. soc.* 2001. 471.
- A. Mazeaud, « Licenciements économiques à l'occasion du transfert d'entreprises : les droits des salariés », *Dr. soc.* 2003. 482.
- A. Supiot, « Les salariés ne sont pas à vendre — En finir avec l'envers de l'article L. 122-12, alinéa 2 », *Dr. soc.* 2006. 264-273.
- B. Teyssié, J.-F. Cesaro, F. Favennec-Héry, A. Mazeaud, J.-M. Olivier, P.-Y. Verkindt, et P. Morvan, « Les transferts d'entreprise en droit social », *Dr. soc.* juill.-août 2005, n° spécial, p. 715-788.
- C. Wolmark, « Le sort des contrats de travail en cas de reprise en gestion directe d'un service public administratif », *RDT* 2006. 159-167.
- « Faut-il reconnaître au salarié la faculté de refuser le transfert de son contrat de travail ? », controverse entre Y. Chagny et P. Rodière, *RDT* 2007. 216-221.

- P. Morvan, « Les effets du licenciement « sans effet » dans le transfert d'entreprise », *Dr. soc.* 2013. 135.

Documents

1) Domaine

Civ. 27 févr. 1934, *Goupy* (*DH* 1934. 252 ; *Gaz. Pal.* 1934. 2. 40 ; *GADT*, n° 62)

« Vu le paragraphe 7 de l'article 23 nouveau, livre 1er (C. trav., anc. art. L. 122-12, actuel art. L. 1224-1) ;
Attendu que ce texte, destiné à assurer aux salariés des emplois plus stables, doit recevoir application dans tous les cas où la même entreprise continue à fonctionner sous une direction nouvelle ».

Cass., ass. plén., 15 nov. 1985, *Nova services* (*Bull. civ.* V, n° 7 ; *Dr. soc.* 1986. 1, concl. G. Picca, note G. Couturier)

« ... l'article L. 122-12, alinéa 2 [L.1224-1 nouveau], du Code du travail ne reçoit application qu'en cas de modification dans la situation juridique de l'employeur ; qu'une telle modification ne peut résulter de la seule perte d'un marché ».

Soc. 18 juill. 2000, *Perrier Vittel* (*Bull. civ.* V, n° 285 ; *Dr. soc.* 2000. 850)

« ... constitue une entité économique pour l'application de l'article L. 122-12, alinéa 2 [L.1224-1 nouveau] du Code du travail un ensemble organisé de personnes et d'éléments corporels ou incorporels permettant l'exercice d'une activité économique poursuivant un objectif propre ; que la reprise par un autre employeur d'une activité secondaire ou accessoire de l'entreprise n'entraîne le maintien des contrats de travail que si cette activité est exercée par l'entité économique autonome ».

CJCE 24 janv. 2002, *Temco Services* (aff. C-51/00)

« 26... dans certains secteurs dans lesquels l'activité repose essentiellement sur la main-d'œuvre, une collectivité de travailleurs que réunit durablement une activité commune peut correspondre à une entité économique. Une telle entité est, en conséquence, susceptible de conserver son identité par-delà son transfert quand le nouveau chef d'entreprise ne se contente pas de poursuivre l'activité en cause, mais reprend également une partie essentielle, en termes de nombre et de compétences, des effectifs que son prédécesseur affectait spécialement à cette tâche (CJCE 11 mars 1997, *Süzen*, aff. C-13/95, *Rec. CJCE* I-1259, pt 21). Concernant une entreprise de nettoyage, un ensemble organisé de salariés qui sont spécialement et durablement affectés à une tâche commune peut, en l'absence d'autres facteurs de production, correspondre à une entité économique (CJCE 10 déc. 1998, *Hernández Vidale et a.*, *Rec CJCE* I-8179, pt 27) ... ».

2) Effets

CJCE 16 déc. 1992, *Katsikas* (*Rec. CJCE* I-6577)

« 31. la directive (…) ne saurait être interprétée comme obligeant le travailleur à poursuivre la relation de travail avec le cessionnaire.

32. Une telle obligation mettrait en cause les droits fondamentaux du travailleur, qui doit être libre de choisir son employeur et ne peut pas être obligé de travailler pour un employeur qu'il n'a pas librement choisi.

33. Il suit de là que les dispositions de l'article 3, paragraphe 1, de la directive ne font pas obstacle à ce qu'un travailleur décide de s'opposer au transfert de son contrat ou de sa relation de travail et, ainsi, de ne pas bénéficier de la protection que lui accorde la directive. (…)

35. dans l'hypothèse où le travailleur décide librement de ne pas poursuivre le contrat ou la relation de travail avec le cessionnaire, la directive ne fait pas obligation aux États membres de prévoir que le contrat ou la relation de travail est maintenu avec le cédant. Dans une telle hypothèse, il appartient aux États membres de déterminer le sort réservé au contrat ou à la relation de travail.

36. Les États membres peuvent, en particulier, prévoir que, dans ce cas, le contrat ou la relation de travail doit être considéré comme résilié soit à l'initiative du salarié soit à l'initiative de l'employeur. Ils peuvent aussi prévoir que le contrat ou la relation de travail est maintenu avec le cédant ».

Soc. 20 mars 2002, *Maldonado* (*Bull. civ.* V, n° 94 ; *Dr. soc.* 2002. 519, obs. A. Mazeaud)

« Mais attendu que le licenciement d'un salarié prononcé à l'occasion du transfert d'une entité économique autonome dont l'activité est poursuivie, est privé d'effet ; que le salarié peut, à son choix, demander au repreneur la poursuite du contrat de travail illégalement rompu ou demander à l'auteur du licenciement illégal la réparation du préjudice en résultant ».

Soc. 14 déc. 2004, *Auchan* (*Bull. civ.* V, n° 331 ; *Dr. soc.* 2005. 229, obs. C. Radé)

« Attendu, cependant, que le changement d'employeur résultant de plein droit du transfert d'une entité économique autonome s'impose tant aux employeurs successifs qu'aux salariés concernés ; qu'il en résulte que le licenciement prononcé par le cédant est privé d'effet et que le salarié licencié en raison de son refus de changer d'employeur ne peut prétendre au paiement d'indemnités de rupture et de dommages-intérêts » (licenciement opéré par l'employeur à la suite d'une opération d'externalisation de certaines de ses activités de transport et du refus du salarié d'être transféré).

Quiz

1) Sujet corrigé

Cas pratique

La société Boisnet est une société de fabrication de meubles en bois qui commercialise ses produits exclusivement par Internet. Elle emploie 350 salariés. Les activités de fabrication et de maintenance informatique sont assurées à Chalon-sur-Saône. L'entreprise possède en outre un entrepôt à Dijon, au sein duquel les meubles finis sont emballés, stockés et d'où partent les livraisons. Cet établissement emploie 20 salariés. Sa direction est confiée à M. Kauléric, individu dont l'incompétence ne fait que s'aggraver avec le temps.

Pour cette raison, mais aussi afin de concentrer l'activité de l'entreprise sur son métier principal, il est décidé d'externaliser les tâches d'emballage, de stockage et de transport. Des pourparlers sont engagés en ce sens avec la société Vitetbien, laquelle accepterait de reprendre l'entrepôt de Dijon et le personnel qui y est affecté. La société Vitetbien, qui comprend par ailleurs 2 750 salariés, assure qu'elle ne bouleversera pas l'organisation de l'établissement. Le comité d'entreprise de la société Boisnet, consulté le 1er février 2008, désapprouve à l'unanimité le projet. Un contrat qui réalise l'opération est cependant signé le 30 avril 2008 entre les sociétés Boisnet et Vitetbien. M. Kauléric est licencié pour incompétence professionnelle le 10 mai 2008. Avant le transfert, M. Kauléric était secondé par trois responsables d'équipes. Après le départ de M. Kauléric, les trois responsables d'équipes deviennent la « direction collégiale de l'établissement de Dijon ».

Pour le principe, M. Grognon, salarié qui travaille à l'entrepôt de Dijon avait envoyé le 2 mai 2008 une lettre affirmant qu'il refusait de passer au service d'un nouvel employeur. Mais il a continué d'effectuer son travail normalement, au sein de la société Vitetbien. En janv. 2009, la société Vitetbien décide de fermer son établissement de Dijon et de reporter ses activités sur d'autres sites. Le 1er mars 2009, à la suite de cette décision, M. Grognon est licencié pour motif économique. On suppose que la procédure a été pleinement respectée et que la réalité et le sérieux du motif économique sont incontestables. M. Grognon vous demande s'il ne pourrait pas se retourner contre la société Boisnet et/ou contre la société Vitetbien.

Voir le corrigé en fin de rubrique.

2) Corrigé

Cas pratique

Il est nécessaire, tout d'abord, de savoir si l'opération entre dans le champ d'application de l'article L. 1224-1 du Code du travail.

L'argumentation devra reprendre l'ensemble des définitions issues de la directive et de la jurisprudence. Elle devra s'attacher à chacun des éléments de ces définitions.

Il faut tout d'abord évacuer les difficultés touchant la question du maintien de l'identité de l'unité transférée. Le changement intervenu dans l'organisation hiérarchique ne saurait suffire à caractériser le changement d'identité, car la condition de maintien de l'identité n'est appliquée que dans des cas particuliers de modification radicale de l'entité économique. De la même manière, la disparition de l'établissement quelques mois plus tard n'a aucune incidence sur la question de savoir si l'entité économique a été maintenue, puisque les juges examinent seulement la période se situant immédiatement après le transfert.

La question de l'autonomie doit également être examinée. En l'espèce, l'entrepôt est éloigné géographiquement du reste de l'entreprise Boisnet, l'activité des salariés paraît différente de celle des autres salariés de l'entreprise, un responsable est affecté spécifiquement à l'atelier. L'autonomie ne fait aucun de doute.

En revanche, existe-t-il un « ensemble organisé de personne et moyens corporels ou incorporels permettant l'exercice d'une activité économique » ? À cette question, la réponse est affirmative : l'atelier dans son ensemble (locaux, outillages et personnel) est repris.

Par conséquent, l'article L. 1224-1 du Code du travail s'applique. Le transfert des contrats est automatique (v. Soc. 14 déc. 2004, *Auchan**). Examinons la situation des deux salariés.

M. Kauléric est licencié à une date très proche du transfert, et ce pour incompétence professionnelle. Or, il paraît difficile pour la nouvelle société de pouvoir en 10 jours apprécier la réalité et l'importance de l'incompétence professionnelle. Un autre élément jette la suspicion sur le licenciement de M. Kauléric : il a été remplacé par une direction collégiale. Le licenciement paraît donc totalement commandé par le transfert d'entreprise. Ce licenciement devrait être déclaré sans cause réelle ni sérieuse.

La lettre envoyée par M. Grognon n'est d'aucune utilité puisque la poursuite du contrat de travail avec le nouveau repreneur s'impose à lui. S'il agit contre la société Boisnet qui est libérée de toute obligation envers ses anciens salariés grâce au transfert, ses chances de succès sont nulles. Quant à la société Vitetbien, il n'y a rien à lui reprocher se rapportant au transfert.

titre 7

L'emploi perdu

Les voies juridiques de la perte d'emploi sont multiples. La rupture et le non-renouvellement des contrats à durée déterminée ont déjà été évoqués (v. chap. 6). Ici, la question sera centrée sur la perte de l'emploi au sens fort, sur la perte de l'emploi stable ou du moins de l'emploi perçu comme tel. Il s'agit ici de traiter de la rupture du contrat à durée indéterminée. 526

Par leurs conséquences humaines, par la crainte constante qu'elles suscitent, par les tensions et les conflits qu'elles génèrent, ces ruptures sont un point central du droit du travail. Il en résulte un régime complexe. 527

La rupture du contrat de travail à durée indéterminée peut recouvrer de nombreuses qualifications, qui vont de la démission, à la rupture d'un commun accord, en passant par la prise d'acte, la résiliation judiciaire, la mise à la retraite ou le licenciement. L'étude de ces différentes qualifications (chap. 18) précédera l'approfondissement de la plus importante d'entre toutes : le licenciement. Le licenciement s'impose comme la qualification de principe de la rupture. L'étude de sa réglementation est ici l'essentiel. Elle comprend d'abord un droit commun à tous les licenciements (chap. 19) et un droit propre aux licenciements économiques (chap. 21). Mais la mise en place d'un droit autonome du licenciement pour motif économique a fait naître, indirectement, un corpus de règles propres au motif personnel de licenciement. De sorte que, si l'exigence d'un motif de licenciement s'applique aux licenciements pour motifs économiques comme aux licenciements pour motif personnel, l'interprétation de ce motif est spécifique à chacun de ces licenciements. Les règles relatives aux motifs personnels de licenciement méritent donc une étude à part entière (chap. 20).

chapitre 18

Qualifications de la rupture

Plan analytique

section 1

Ruptures à l'initiative de l'employeur

§ 1 Les ruptures impossibles

A. Résiliation judiciaire

B. Prise d'acte

§ 2 La force majeure

§ 3 La mise à la retraite

section 2

Ruptures à l'initiative du salarié

§ 1 Démission

A. Qualification de démission

B. Régime de la démission

§ 2 Prise d'acte par le salarié

A. Les effets de la prise d'acte

B. La qualification des faits commis par l'employeur

§ 3 Résiliation judiciaire

A. Qualification des manquements de l'employeur

B. Régime de la résiliation judiciaire

§ 4 Départ à la retraite

section 3

Rupture d'un commun accord

§ 1 La rupture amiable du droit commun

§ 2 La rupture conventionnelle

A. Procédure

B. Rupture conventionnelle et motif économique

C. Des causes de nullité de la rupture conventionnelle

Compléments pédagogiques

Depuis quelques années, le droit de la rupture du contrat de travail s'est à ce point développé et sophistiqué qu'il existe aujourd'hui, à côté des règles relatives au licenciement, des règles relatives aux modes de rupture. On distinguera les ruptures à l'initiative de l'employeur, largement contrôlées (section 1), des ruptures à l'initiative du salarié (section 2), et des ruptures d'un commun accord (section 3). 528

section 1

Ruptures à l'initiative de l'employeur

La plus réglementée des ruptures est, de loin, le licenciement. Rompre en évitant l'application du droit du licenciement est donc devenu une sorte de sport auquel se sont adonnés certains employeurs. Les voies sont diverses : pousser le salarié à la démission, l'inciter à signer une rupture d'un commun accord, demander au juge de prononcer une résiliation judiciaire, etc. La jurisprudence a réagi en interprétant restrictivement tous les modes de rupture autres que le licenciement. Lorsqu'une décision unilatérale de l'employeur est à l'origine de la rupture, la qualification de licenciement est désormais presque systématique. Les modes de rupture tels la résiliation judiciaire ou la prise d'acte ne sont pas offerts à l'employeur (§ 1). En théorie, la force majeure rompt le contrat de travail, mais dans des cas extrêmement marginaux (§ 2). La mise à la retraite constitue une autre voie de rupture autonome, même si certaines règles du droit du licenciement lui sont applicables (§ 3). 529

§ 1 Les ruptures impossibles

Pendant fort longtemps, la jurisprudence a considéré que certains événements, indépendants de la volonté de l'employeur, rompaient d'eux-mêmes le contrat de travail. Il ne restait plus à l'employeur qu'à constater cette rupture, sans être débiteur d'aucune des obligations liées au licenciement. 530

L'évolution s'est faite par raréfaction progressive de ces événements auxquels le contrat de travail était incapable de résister.

Aujourd'hui, non seulement la maternité, la grève ou la maladie ne rompent plus d'elles-mêmes le contrat, mais il s'agit même de situations dotées de protections particulières contre le licenciement. La faute du salarié, quelle qu'elle soit, n'est plus jamais que la justification d'un licenciement disciplinaire. Elle ne peut en aucun cas rompre le contrat d'elle-même (v. pour une absence injustifiée de plus d'un an, Soc. 20 avr. 2005, *RJS* 2005, n° 717). Sorte d'achèvement de cette évolution, la voie de la résiliation judiciaire du contrat de travail n'est pas ouverte à l'employeur (A). La « prise d'acte » est assimilée à un licenciement (B).

A. Résiliation judiciaire

531 Depuis l'arrêt *Mulin*, du 13 mars 2001*, l'employeur ne peut plus demander la résiliation judiciaire du contrat de travail (v. aussi not. Soc. 3 nov. 2005, *Bull. civ.* V, n° 308). Une telle demande, irrecevable, est considérée comme un contournement illicite du droit du licenciement et peut être qualifiée de licenciement sans cause réelle et sérieuse à la demande du salarié (Soc. 5 juill. 2005, *Bull. civ.* V, n° 232 ; *RJS* 2005, n° 971).

B. Prise d'acte

532 Si l'employeur tente de « prendre acte » de la rupture, en l'imputant à un événement extérieur à sa volonté, la Cour de cassation affirme désormais sans nuance qu'il s'agit d'un licenciement (Soc. 25 juin 2003, *Faucher* ; 25 juin 2003, *Roto France'Ilienne*, *Bull. civ.* V, n° 208 ; *Dr. soc.* 2003. 825 ; 11 févr. 2004, *Bull. civ.* V, n° 49). Ce licenciement a été, par hypothèse, réalisé sans suivre la procédure requise, puisque l'employeur s'est contenté de prendre acte de la rupture. Et un tel licenciement est assimilé à un licenciement sans cause réelle et sérieuse (v. Soc. 25 juin 2003 ; 11 févr. 2004, préc.).

§ 2 La force majeure

533 La force majeure entraînant l'impossibilité pour l'une des parties d'exécuter ses obligations, elle a pour effet de rompre le contrat de travail sans qu'aucune volonté ne s'exprime et donc sans que le régime du licenciement ne soit appliqué. En théorie, la rupture du contrat pour force majeure existe bel et bien en droit du travail Toutefois, la force majeure comme cause de rupture du contrat de travail est une espèce en voie de disparition. Elle correspond à des hypothèses si rares qu'elle semble aujourd'hui relever de la curiosité ou de l'hypothèse d'école. Pendant quelques années, la chambre sociale avait délaissé l'un des éléments traditionnels de la force majeure, l'imprévisibilité, pour privilégier l'extériorité et l'irrésistibilité (Soc. 12 févr. 2003, *Bull. civ.* V, n° 50). Récemment, la chambre sociale en est revenue à une définition plus classique et plus restrictive de la force majeure, précisant que cette dernière s'entendait d'un événement extérieur, irrésistible mais aussi imprévisible (Soc. 16 mai 2012*).

La Cour de cassation exige donc, pour qu'un événement soit qualifié de force majeure, qu'il rende « impossible » la continuation de la relation de travail. Et à cœur vaillant, rien d'impossible. Ainsi, l'emploi d'un salarié dont l'inaptitude totale et définitive a été déclarée n'est pas à proprement parler « impossible » et la rupture qui s'en suit n'est donc pas une rupture pour force majeure, v. ss 496 s.).

De plus, l'événement doit bloquer non seulement totalement, mais définitivement, la possibilité de réaliser un travail. Ainsi, un cataclysme naturel qui détruit partiellement un hôtel n'est pas un cas de force majeure, dès lors qu'après réalisation de travaux l'exploitation pourrait reprendre (Soc. 12 févr. 2003, arrêt n° 1, préc. ; v. aussi, Soc. 7 déc. 2005, n° 04-42.907, arrêt pour lequel la destruction par incendie des bâtiments de production n'est pas un cas de force majeure, dès lors que le travail pouvait reprendre après reconstruction...). De même, l'incarcération du salarié, puisque temporaire, n'est pas un cas de force majeure, mais un cas de suspension du contrat de travail.

Enfin, la force majeure suppose que l'événement qui cause la cessation définitive du travail n'ait aucunement pu être prévu et évité par l'employeur. Ainsi, la fermeture administrative d'un établissement a toujours lieu pour quelque raison et il est difficile d'imaginer une raison qu'il aurait été totalement impossible à l'employeur d'éviter (pour un exemple de fermeture administrative d'un établissement qui ne caractérise pas un cas de force majeure, v. Soc. 1er févr. 2005, *RJS* 2005, n° 377).

De même, le retrait, par l'autorité publique, de l'habilitation conférée à un salarié pour travailler en zone réservée chez Air France, ne constitue pas, en soi, un cas de force majeure (Soc. 12 sept. 2012, n° 11-12.547 ; Soc. 9 avr. 2015, n° 13-25813). Ainsi, le droit de la rupture du contrat de travail s'est construit sur l'amenuisement des possibilités pour l'employeur de rompre le contrat de travail par d'autres voies que celle du licenciement. Ce n'est pas dire que l'employeur est dépouvu de tout moyen d'agir. Simplement, il doit licencier le salarié en respectant les règles propres à ce mode de rupture.

§ 3 La mise à la retraite

En dehors de la rupture du contrat pendant la période d'essai (sur laquelle, v. ss 130 s.), l'employeur ne conserve plus, en pratique, qu'une seule autre voie que le licenciement : la mise à la retraite. La mesure n'est pas anodine. Et les salariés peuvent être placés, par la mise à la retraite, dans une situation d'extrême fragilité : même s'il bénéficie d'une retraite à taux plein, ce bénéfice n'est aucunement l'assurance d'une retraite suffisante. Le salarié peut ainsi avoir besoin de son emploi et des revenus qu'il génère. 534

Les conditions de mise à la retraite sont prévues par l'article L. 1237-5 du Code du travail. La loi du 21 août 2003, l'avait limitée aux salariés âgés de 65 ans ou plus. La loi du 17 décembre 2008, précisée par le décret du 30 décembre 2008, permet de reculer encore cet âge. Elle institue la procédure suivante (C. trav., art. L. 1237-5, al. 7 8, D. 1237-2-1) : trois mois avant le 65e anniversaire de son salarié, l'employeur est tenu de lui demander s'il souhaite prendre sa retraite. En cas de refus exprès du salarié dans le mois qui suit la demande, aucune mise à la retraite d'office n'est possible. La même procédure est applicable tous les ans, jusqu'au 69e anniversaire inclus. La mise à la retraite d'office ne pourra donc plus concerner que les salariés qui auront omis de répondre à la demande de l'employeur et ceux de 70 ans et plus.

Le texte prévoit que le salarié mis à la retraite bénéficie du préavis du licenciement et de l'indemnité légale de licenciement (C. trav., art. L. 1237-6, L. 1237-7). Mais, hors ces règles, le droit commun du licenciement n'est pas applicable. Ainsi, en principe, la mise à la retraite n'a pas à être motivée (Soc. 12 janv. 1993, *Bull. civ.* V, n° 4 ; *D.* 1993. Somm. 255, obs. A. Bouilloux). Et elle ne doit pas non plus être précédée d'une procédure particulière, ce qui conduit parfois à des annonces brutales. La jurisprudence n'exige qu'une lettre de rupture mentionnant expressément que la rupture est une mise à la retraite (Soc. 9 mars 1999, *Bull. civ.* V, n° 59). 535

Lorsque les conditions de mise à la retraite ne sont pas réunies, la rupture du contrat de travail par l'employeur constitue un licenciement (C. trav., art. L. 1237-8). En outre, une soi-disant « mise à la retraite » décidée par l'employeur en dehors des conditions légales et motivée par l'âge du salarié est un licenciement discriminatoire et, par conséquent, nul, en application des articles L. 1132-1 et L. 1132-4 du Code du travail (v. Soc. 21 déc. 2006, n° 05-12.816, *Bull. civ.* V, n° 412).

536 La question de l'application à la mise à la retraite des règles spéciales du droit du licenciement est *a priori* relativement difficile : aux règles spéciales sur la mise à la retraite s'opposent d'autres règles spéciales. La jurisprudence a décidé que, dans de tels conflits, les règles spéciales du licenciement, plus favorables, devaient s'appliquer. La jurisprudence applique ainsi au salarié mis à la retraite les règles relatives au licenciement économique (Soc. 18 avr. 2000, *Soderbanque, Bull. civ.* V, n° 142 ; *Dr. soc.* 2000. 790, obs. J. Savatier ; *GADT*, n° 97), au licenciement des représentants du personnel (Soc. 5 mars 1996, *Bull. civ.* V, n° 84 ; *Dr. soc.* 1996. 537, obs. M. Cohen) ou encore au licenciement pour inaptitude physique (Soc. 29 janv. 2002, *Bull. civ.* V, n° 37). La loi spéciale sur la retraite ne déroge pas aux lois spéciales sur le licenciement.

section 2

Ruptures à l'initiative du salarié

537 La qualification la plus ancienne des modes de rupture par le salarié du contrat de travail à durée indéterminée est la démission (§ 1). Ce mode de rupture, longtemps hégémonique, reste une référence centrale. Mais il est aujourd'hui sérieusement concurrencé par d'autres modes de rupture, de création ou de développement plus récent. Le plus important est sans conteste la prise d'acte de la rupture, même si la Cour de cassation a récemment considérablement restreint le périmètre des faits susceptibles de justifier la prise d'acte (§ 2). Les risques et inconvénients de la prise d'acte peuvent cependant faire préférer aux salariés la voie de l'action en résiliation judiciaire (§ 3). Sous conditions, la rupture peut encore être qualifiée de départ à la retraite (§ 4).

§ 1 Démission

538 Un acte de rupture ne peut être qualifié de démission que s'il répond à plusieurs conditions (A). Le régime de la démission est très succinct (B).

A. Qualification de démission

539 La faculté du salarié de rompre unilatéralement son contrat de travail à durée indéterminée est soutenue par la prohibition des engagements perpétuels, mais aussi par la prohibition du travail forcé et de l'esclavage. Un travailleur ne peut se subordonner pour une durée indéfinie. Il est donc toujours libre de démissionner.

La qualification de « démission » est aujourd'hui strictement limitée par la Cour de cassation. Pour que l'acte du salarié soit qualifié de « démission », deux conditions cumulatives doivent être remplies. 540 ■

Il faut tout d'abord que l'acte du salarié exprime une volonté claire et non équivoque de rompre le contrat de travail. Ainsi, l'absence du salarié n'est pas l'expression d'une telle volonté (Soc. 1er févr. 1995, n° 90-43.686). Cela ne signifie pas que l'employeur se trouve désarmé face à un salarié absent sans motif depuis longtemps. Il lui appartient alors de solliciter la reprise du travail et d'engager, au besoin, une procédure disciplinaire à l'encontre du salarié défaillant. Par ailleurs, la volonté de démissionner doit être libre. Une démission donnée sous la pression de l'employeur, puis vite retirée n'est pas une manifestation de volonté suffisante (Soc. 26 sept. 2002, n° 00-45.684). Il en est de même d'une démission donnée dans les locaux de la direction (Soc. 13 nov. 1986, n° 84-41.013 ; dans cet arrêt, les juges ont estimé que les circonstances dans lesquelles la démission avait été donnée caractérisaient une violence morale constitutive d'un vice du consentement).

Une fois la volonté de rompre établie, il convient ensuite de qualifier cette rupture : il peut en effet s'agir soit d'une démission, soit d'une prise d'acte de la rupture par le salarié. Cette deuxième condition pour que la rupture soit qualifiée de démission est apparue relativement récemment. La Cour de cassation avait déjà admis très nettement qu'un acte qualifié de « démission » par le salarié devait être analysé « en une prise d'acte » de la rupture lorsque le salarié avait démissionné en faisant état, au moment de la démission, de faits qu'il reprochait à son employeur (Soc. 15 mars 2006, *RJS* 2006, n° 727). Elle a ensuite jugé que même des démissions données sans réserve (Soc. 9 mai 2007*) pouvaient être requalifiées en « prise d'acte de la rupture » si la rupture initiée par le salarié a été motivée par un différend entre l'employeur et lui-même et ce, nonobstant l'emploi du terme de « démission » dans la lettre de rupture envoyée par le salarié. La démission, qui est alors dite « équivoque », se voit analysée en une prise d'acte.

Dès lors, le champ d'application de la démission s'est considérablement réduit. La qualification de « démission » est réservée, désormais, aux ruptures voulues par le salarié *indépendamment de tout différend survenu avec l'employeur*. On peut dire ainsi qu'il n'y a démission que si la volonté de mettre fin au contrat résulte de convenances personnelles (J. Pélissier, « La remise en cause des démissions », *RJS* 2007. 591). Tel sera le cas, par exemple, d'une rupture motivée exclusivement par la découverte d'un nouvel emploi plus intéressant ou plus rémunérateur.

Une démission peut être à bon droit qualifiée d'« équivoque » si la lettre mentionne un certain nombre de reproches faits à l'employeur (Soc. 15 mars 2006, préc.), mais aussi simplement si « la lettre de démission était accompagnée d'un décompte des sommes que le salarié prétendait lui être dues au titre de ses heures supplémentaires et repos compensateur » (Soc. 9 mai 2007, n° 05-40.315, *Bull. civ.* V, n° 70). Mais la démission peut également être équivoque, alors même que le salarié précise dans sa lettre démissionner pour « convenances personnelles », sans formuler aucun grief. Il suffit qu'il invoque ensuite devant le juge l'existence de griefs, par exemple si peu de temps avant des entorses à la législation sur les heures supplémentaires et le temps de travail avaient été signalées à l'inspecteur du travail (Soc. 9 mai 2007, n° 05-41.324, *Bull. civ.* V, n° 70). Toutefois, une certaine diligence est requise des salariés : plus le salarié laisse passer de temps à la suite de sa « démission » et plus sa volonté de démissionner apparaît dépourvue d'équivoque (pour une démission sans équivoque, 541 ■

alors que l'action en justice avait eu lieu plusieurs mois après la démission, v. not. Soc. 9 mai 2007, n° 05-40.518, *Bull. civ.* V, n° 70 ; 9 mai 2007, n° 04-48.029, inédit ; 19 déc. 2007, n° 06-42.550, *Bull. civ.* V, n° 218). Il demeure, dans l'ensemble, que l'équivoque est facilement retenue par les juges.

La rupture du contrat de travail à l'initiative du salarié est donc désormais très facilement requalifiée en prise d'acte de la rupture. Cela ne signifie nullement, cependant, que le salarié obtiendra facilement une indemnisation. La qualification de « prise d'acte de la rupture » n'est que le préalable à une recherche de l'imputabilité de la rupture du contrat de travail. Il faut ensuite, déterminer si, au regard de la gravité des faits, la prise d'acte produit les effets d'un licenciement sans cause réelle et sérieuse ou ceux d'une démission (sur la prise d'acte, v. ss 546).

■ 542 De tout cela il ressort que la démission peut être contestée en justice selon deux modes différents. Le salarié peut d'abord demander l'annulation de la démission, s'il peut invoquer un vice du consentement : violence, pression ou absence de réelle volonté de démissionner. Il peut également demander la requalification de la démission en une prise d'acte de la rupture si les griefs qu'il impute à son employeur donnent à sa démission un caractère équivoque.

B. Régime de la démission

■ 543 La démission n'a pas à être motivée.

Le salarié doit simplement respecter un délai de préavis, lequel est fixé par les conventions collectives, par les usages de la profession, ou par le contrat individuel de travail. Exceptionnellement, pour certaines catégories de salariés, il est fixé par la loi (C. trav., art. L. 7112-2 pour les journalistes, art. L. 7313-9 pour les VRP, etc.). Si le salarié démissionne brutalement sans respecter ce délai de préavis, il doit à l'employeur une indemnité forfaitaire égale à la rémunération qu'il aurait perçue durant la durée de ce préavis (Soc. 29 mars 1995, *RJS* 1995, n° 506).

■ 544 La liberté de démissionner trouve des limites. L'article L. 1237-2 du Code du travail précise ainsi que « la résiliation d'un contrat à durée indéterminée, à l'initiative du salarié, ouvre droit, si elle est abusive, à dommages-intérêts pour l'employeur ».

■ 545 En principe, le salarié qui démissionne et ne retrouve pas d'emploi n'a pas droit à l'indemnisation du chômage. Il existe toutefois une série de motifs de démission jugés légitimes par Pôle emploi, qui permettent au salarié démissionnaire de bénéficier de cette indemnisation.

§ 2 Prise d'acte par le salarié

■ 546 Dans plusieurs arrêts du 25 juin 2003, la Cour de cassation a consacré un mode de rupture particulier : la prise d'acte de la rupture du contrat par le salarié (Soc. 25 juin 2003, *Technoram** et deux arrêts du même jour). La qualification de « prise d'acte de la rupture » vise originellement les cas dans lesquels le salarié affirme considérer le contrat comme rompu du fait de l'employeur. Cette qualification de prise d'acte a ensuite été étendue aux ruptures à l'initiative du salarié qualifiées de démission mais qui ont pour origine un différend avec l'employeur (v. ss 538). Il s'agit donc pour un salarié d'affirmer que son contrat est rompu, mais d'imputer cette rupture à l'employeur qui a commis des manquements. La spécificité de ce mode de rupture tient donc dans la déconnexion entre l'initiative de la rupture (laquelle provient du salarié) et l'imputabilité de la rupture (dont la cause réside dans les manquements de l'employeur). Les effets de la prise d'acte (B) vont dépendre de la qualification des faits reprochés à l'employeur, c'est-à-dire de la mesure de leur gravité (A).

A. Les effets de la prise d'acte

Au gré de ses décisions, la Cour de cassation a progressivement conféré un régime juridique à la prise d'acte. 547 ■

La prise d'acte produit principalement deux types d'effets juridiques.

Elle peut soit avoir les mêmes conséquences qu'un licenciement sans cause réelle et sérieuse, lorsque la décision de rompre était justifiée par les faits reprochés à l'employeur (Soc. 25 juin 2003, *Technoram** et deux arrêts du même jour; Soc. 19 oct. 2004*).

Elle peut au contraire produire les effets d'une simple démission, si les faits invoqués ne justifient pas la rupture.

S'ajoute un troisième effet possible. La prise d'acte peut produire les effets d'un licenciement nul, si elle est justifiée notamment par l'absence dans le plan de sauvegarde de l'emploi d'un plan de reclassement interne (Soc. 25 janv. 2012 [P]). Elle emprunte donc les effets dessinés par le droit du licenciement, à ceci près toutefois qu'elle n'ouvre pas droit à réintégration (Soc. 29 mai 2013, n° 12-15.974).

Si les faits invoqués sont prouvés et apparaissent suffisants, le salarié bénéficiera non seulement d'indemnités de préavis (Soc. 2 juin 2010, n° 09-40.215, *Bull. civ.* V, n° 128) et de licenciement, mais de l'indemnisation spéciale du licenciement sans cause réelle et sérieuse. 548 ■

En revanche, le salarié qui prend acte de la rupture court le risque d'être privé de toute indemnité, si les faits qu'il invoque n'apparaissent pas suffisants. Et ce d'autant plus qu'il supporte le risque de la preuve de ces faits : en cas de doute sur la réalité des faits invoqués, la rupture produira les effets d'une démission (Soc. 19 déc. 2007, n° 06-44.754, *Bull. civ.* V, n° 219, *RDT* 2008. 254, note S. Bernard et T. Grumbach). Au point que le salarié doit verser à l'employeur le montant de l'indemnité compensatrice de préavis (Soc. 8 juin 2011, n° 09-43.208). Il n'est donc pas de demi-mesure.

C'est dire le risque pris par le salarié qui prend acte de la rupture de son contrat, puisqu'il ne sait pas, en tout cas pas certainement, au moment où il prend acte, comment seront qualifiés les faits par les juges. Et il demeure, tant que le juge n'a pas statué, dans l'incertitude, non seulement sur les indemnités consécutives à la rupture qui lui seront éventuellement attribuées, mais également sur ses droits sociaux, c'est-à-dire sur son droit à percevoir des indemnités chômage. L'enjeu considérable a conduit le législateur à adopter une procédure spéciale par une loi n° 2014-743 du 1er juillet 2014 obligeant le conseil de prud'hommes, lorsqu'il est saisi par le salarié, à statuer au fond dans un délai d'un mois suivant sa saisine (C. trav., art. L. 1451-1).

La date de rupture au jour de la prise d'acte emporte d'importantes conséquences. D'abord, le retour en arrière est exclu. Le contrat de travail est rompu et la prise d'acte ne peut donc être rétractée (Soc. 14 oct. 2009, n° 08-42.878, *Bull. civ.* V, n° 221, *SSL* 2009, n° 1418, note F. Géa ; *D.* 2010. Pan. 672, obs. E. Peskine ; *RDT* 2009. 712, obs. J. Pélissier ; 30 juin 2010, n° 09-41.456, *Bull. civ.* V, n° 155). L'employeur ne peut 549 ■

pas non plus intervenir en catastrophe pour licencier le salarié en suivant la procédure requise et en invoquant une cause réelle et sérieuse : on ne peut rompre un contrat déjà rompu (Soc. 19 janv. 2005, n° 03-45.018, *Bull. civ.* V, n° 12). Ensuite, il n'est pas possible d'invoquer des manquements survenus postérieurement à la prise d'acte. Du reste, il n'est pas non plus possible pour le salarié d'invoquer des faits antérieurs à celle-ci s'il n'en a pas eu connaissance au moment de la rupture (Soc. 9 oct. 2013, n° 11-24.457). C'est là la conséquence d'une autre idée, celle selon laquelle le juge ne s'intéresse qu'aux griefs qui ont véritablement et subjectivement causé la décision de rupture du salarié.

La prise d'acte produit les effets d'un licenciement ; mais elle demeure une rupture à l'initiative du salarié, ce dont il découle des spécificités irréductibles. Ainsi, l'écrit ne fixe pas, au contraire de la lettre licenciement, les limites du litige (Soc. 29 juin 2005, n° 03-42.804). Le salarié peut donc invoquer devant le juge des éléments dont il n'a aucunement fait mention dans sa lettre de rupture. De même, le salarié ne peut prétendre obtenir une indemnité pour procédure irrégulière (Soc. 19 févr. 2014, n° 12-28.153).

B. La qualification des faits commis par l'employeur

■ 550 La difficulté réside dans la qualification des faits commis par l'employeur : quels sont les faits qui justifient la rupture et quels sont ceux qui ne la justifient pas ?

Pour justifier la prise d'acte, les faits doivent être « suffisamment graves » (Soc. 19 janv. 2005*). C'est la formule utilisée pendant plusieurs années par la chambre sociale.

L'appréciation de la gravité a évolué. Auparavant, la Cour de cassation avait dégagé des motifs qui, en soi, justifiaient la prise d'acte, sans qu'il soit nécessaire de mener une analyse circonstanciée de la gravité des raisons avancées par le salarié. Le manquement de l'employeur à son obligation de fournir à son salarié le travail convenu constituait, à lui seul, un motif suffisamment grave pour justifier la prise d'acte (Soc. 3 nov. 2010, n° 09-65.254, *JCP S* 2011. 1006, note J.-Y. Frouin ; *D.* 2011. 1246, « Panorama Droit du travail », obs. J. Porta). La violence physique ou morale exercée contre le salarié (Soc. 8 juin 2011, n° 10-15.493 [P]) constituait un manquement grave de l'employeur à ses obligations, de même que le manquement de l'employeur à son obligation de sécurité (Soc. 23 janv. 2013, n° 11-18.555 [P] : à propos d'une altercation entre salariés, peu importe que l'employeur ait pris des mesures pour faire cesser ces agissements).

■ 551 Depuis 2014, la Cour de cassation a ajouté une condition pour que les faits invoqués justifient la prise d'acte. Le manquement grave susceptible de justifier la prise d'acte doit être tel qu'il empêche la poursuite du contrat de travail (Soc. 26 mars 2014*, n° 12-23634 [P]). Cette précision s'est traduite par une restriction de l'étendue des faits susceptibles de justifier la prise d'acte. Ainsi, l'ancienneté des faits allégués par le salarié peut témoigner du fait qu'ils n'étaient pas de nature à empêcher la poursuite du contrat de travail, puisque précisément, le salarié n'avait pas rompu son contrat (Soc. 26 mars 2014, précit., pour le non-respect d'une visite médicale d'embauche). De même, le fait pour l'employeur d'imposer unilatéralement une modification du contrat de travail ne suffit pas pour que la prise d'acte du salarié soit justifiée. Il faut, pour cela, que cette modification ait fait obstacle à la poursuite du contrat de travail (sur les conséquences en matière de modification du contrat, v. ss 295). Cette vision restrictive des causes justificatives de la prise d'acte a été confortée par le fait qu'il n'existe plus, désormais, de causes la justifiant, par nature. Ainsi la prise d'acte de la rupture de son contrat de travail par une salariée ayant été victime de harcèlement moral et sexuel n'est pas nécessairement justifiée. Encore faut-il que les juges du fond recherchent si le manquement à son obligation de sécurité par l'employeur avait empêché la poursuite du contrat de travail (Soc. 11 mars 2015, n° 13-18603 [P]). Malgré cette ré-orientation jurisprudentielle, certains manquements ont été considérés comme justifiant la prise d'acte (Soc. 7 déc. 2014, n° 13-20.703 : non-paiement d'heures de délégation pendant 5 mois ; Soc. 15 avr. 2016, n° 15-11041 : défaut de fourniture de travail et non-paiement du salaire consécutifs à un refus de modification du contrat de travail).

Cette vision subjective de la gravité des faits est malheureuse. La gravité des faits devrait supposer une appréciation de ces faits en eux-mêmes, et non rapportée à la décision effective du salarié de rompre le contrat. C'est là méconnaître que la volonté de rompre en raison de la gravité des faits pour le salarié peut être contrariée par la peur des conséquences qu'elle entraînerait. En outre, si la prise d'acte est loin d'être un mode de rupture à l'abri de toute critique, elle partage néanmoins le mérite, avec la résiliation judiciaire du contrat de travail, de dissocier l'initiative de la rupture – prise par le salarié – et l'imputabilité de la rupture, qui peut être celle de l'employeur. Sans prise d'acte possible, que reste-t-il au salarié ? La possibilité de demander l'exécution forcée du contrat de travail. Mais une telle demande est bien illusoire et difficile pour un salarié qui, précisément, demeure dans l'entreprise. 552 ■

§ 3 Résiliation judiciaire

Le salarié peut toujours demander la résiliation judiciaire de son contrat de travail : en cas de succès d'une telle action c'est la décision de justice qui prononcera la rupture. 553 ■

A. Qualification des manquements de l'employeur

Devant le juge, le salarié doit prouver des manquements de l'employeur qui présentent « une gravité suffisante pour (...) justifier la résiliation (du contrat) » (Soc. 15 mars 2005*, deux arrêts). L'appréciation des manquements susceptibles de justifier la résiliation judiciaire a évolué de la même manière que pour la prise d'acte (v. ss 550). Auparavant, la Cour de cassation dégageait des lignes directrices en considérant que certaines atteintes constituaient, en elles-mêmes, des manquements suffisamment graves de l'employeur à ses obligations. Ainsi en était-il de l'atteinte à la dignité du salarié (Soc. 7 févr. 2012, n° 10-18.686 [P]). 554 ■

Aujourd'hui, la chambre sociale précise que les manquements de l'employeur doivent, pour être susceptibles d'entraîner la résiliation judiciaire du contrat, avoir empêché la poursuite du contrat (Soc. 26 juin 2014, n° 12-35.040 [P]). Conséquence : même si l'employeur modifie unilatéralement la rémunération, cette modification ne justifie pas la résiliation, dès lors qu'elle n'avait pas exercé d'influence défavorable sur le montant de la rémunération pendant plusieurs années (Soc. 12 juin 2014, n° 13-11.448 [P]*). Ont été considérés comme des faits susceptibles de justifier la résiliation judiciaire du contrat de travail la suspension unilatérale du contrat de travail

(Soc. 26 mars 2014, n° 12-21.372), le défaut de fourniture de travail (Soc. 13 mai 2015, n° 13-26.849) ou encore le défaut de paiement du salaire (Soc. 2 juill. 2015, n° 14-10.649).

B. Régime de la résiliation judiciaire

555 S'il obtient gain de cause, le salarié bénéficiera d'une indemnisation qui ne peut être inférieure à celle d'un licenciement sans cause réelle et sérieuse (Soc. 20 janv. 1998 ; 17 mars 1998, *Bull. civ.* V, n° 149 ; 7 juill. 2004, *RJS* 2004, n° 1033). Mais la résiliation judiciaire prononcée en raison d'une situation de harcèlement moral produit les effets d'un licenciement nul (Soc. 20 févr. 2013, n° 11-26.560 [P]).

L'intérêt d'une demande en résiliation judiciaire, pour le salarié, est que cette demande ne rompt pas le contrat de travail. Le salarié continuera ainsi à bénéficier de son salaire et de son emploi pendant la procédure : la date de la rupture sera la date du jugement, au moins si le salarié est resté à son poste (Soc. 11 janv. 2007, n° 05-40.626, *Bull. civ.* V, n° 6 ; *RDT* 2007. 237, obs. J. Pélissier). Mais la logique a son revers. Les juges ont ainsi pu estimer que les manquements imputés par une salariée à l'employeur, dont ils avaient constaté l'entière régularisation au jour de sa décision, n'étaient pas d'une gravité suffisante pour justifier la résiliation du contrat de travail (Soc. 29 janv. 2014, n° 12-24951 [P]).

En cas de demande infondée, le juge se contentera de refuser la résiliation, le contrat sera maintenu et le salarié conservera son emploi. Sauf, bien entendu, si l'employeur licencie ce salarié qui a osé l'attaquer en justice. Ce qui n'est pas une hypothèse d'école...

556 Un tel licenciement resterait à motiver. Le fait que le salarié ait exercé son droit d'agir en justice n'est pas une justification valide du licenciement (Soc. 21 mars 2007, n° 05-45.392, *Bull. civ.* V, n° 52). Un licenciement pour un tel motif peut même être annulé comme attentatoire au droit fondamental d'agir en justice (Sur le droit fondamental d'agir en justice et la sanction des décisions de l'employeur prises en violation de ce droit, v. ss 339).

Il demeure que, du fait de la tension générée par le procès, le licenciement reste relativement probable, dans les faits. S'il intervient en cours de procédure de résiliation judiciaire, le contrat de travail est rompu par le licenciement de manière anticipée. La date de la rupture sera bien celle de la date d'envoi de la lettre de licenciement (Soc. 15 mai 2007, n° 04-43.663, *Bull. civ.* V, n° 76). Mais ce licenciement ne permet pas à l'employeur d'éviter le débat judiciaire initié par le salarié (ce serait trop facile...). Le juge saisi doit d'abord se prononcer sur le caractère justifié ou non de la demande en résiliation judiciaire. Si la résiliation judiciaire est justifiée, le débat est clos et l'employeur en subit les conséquences pécuniaires. Si la résiliation judiciaire n'est pas justifiée, il reste à traiter du licenciement et de ses justifications (Soc. 22 mars 2006, *Bull. civ.* V, n° 121 ; 21 juin 2006, *Bull. civ.* V, n° 225 ; 7 févr. 2007*). Ce qui constitue en quelque sorte une seconde chance de gain pour le salarié.

En sens inverse, la Cour de cassation a précisé que la demande de résiliation du contrat de travail engagée par le salarié postérieurement à l'envoi de la lettre de licenciement est sans objet. Mais dans une telle hypothèse le juge doit, pour apprécier le bien-fondé du licenciement, prendre en considération les griefs qui étaient invoqués par le salarié dès lors qu'ils sont de nature à avoir une influence sur cette appréciation (Soc. 7 mars 2012, n° 10-17.090 [P]).

§ 4 Départ à la retraite

Le départ à la retraite se différencie de la mise à la retraite, qui est un acte de l'employeur (v. ss 534 s.) : il est la décision du salarié qui quitte volontairement son emploi pour bénéficier du droit à une pension vieillesse. Cette rupture ne diffère de la démission que par deux effets de droit : 557 ■

– le salarié qui part à la retraite a droit à une indemnité de départ à la retraite (C. trav., art. D. 1237-1, D. 1237-2). Cette indemnité ne vise que les salariés qui ont plus de 10 ans d'ancienneté. Et elle est d'un montant très modeste, puisqu'elle varie d'un demi-mois de salaire pour les salariés ayant au moins 10 ans d'ancienneté à, au maximum, 2 mois de salaire pour les salariés ayant plus de 30 ans d'ancienneté ;

– au lieu de devoir respecter un préavis de démission, le salarié qui part à la retraite doit respecter le préavis légal prévu pour le licenciement, lequel est en général plus long (C. trav., art. L. 1237-6 et sur la durée de ce préavis, v. ss 592 s.).

section 3

Rupture d'un commun accord

La rupture d'un commun accord du contrat de travail est un mode de rupture déduit du droit commun des obligations : les parties à un contrat sont libres, d'un commun accord, de mettre fin à leurs relations contractuelles. 558 ■

Ce mode de rupture, traditionnel, n'est pas sans dangers. Un employeur peut en effet être tenté de faire pression sur le salarié pour qu'il signe une rupture « amiable », en échange d'une somme d'argent inférieure aux indemnités de licenciement auxquelles il pourrait avoir droit. Le salarié, en train de perdre son emploi, peut être dans une situation psychologique particulièrement fragile. Il peut encore, plus simplement, ne pas avoir les moyens d'attendre les longues années d'un procès et préférer accepter les conditions de rupture, même défavorables, qui lui sont proposées par l'employeur. De manière générale, le droit du travail a toujours nourri une véritable suspicion à l'égard de la volonté exprimée par le salarié en situation de subordination.

Dans ces conditions, les ruptures dites « amiables » ont été entourées d'une certaine méfiance. Ce qui explique que leur validité et leurs effets aient été strictement encadrés par la jurisprudence (§ 1). À ces ruptures amiables dites « de droit commun » s'est substituée la rupture conventionnelle adoptée par l'ANI sur la « modernisation » du marché du travail, et entérinée par la loi du 25 juin 2008 (§ 2).

§ 1 La rupture amiable du droit commun

Il est clair aujourd'hui que les parties désirant rompre d'un commun accord doivent le faire dans les conditions requises par l'article L. 1237-11 du Code du travail, c'est-à-dire selon les règles de la rupture conventionnelle instaurées par la loi de 2008 (v. *infra*). Si elles procèdent à une rupture amiable en dehors de ces conditions, cette rupture peut être requalifiée en licenciement sans cause réelle et sérieuse (Soc. 15 oct. 559 ■

2014, n° 11-22251, [P]). Néanmoins, quelques exceptions demeurent, lorsque la loi prévoit explicitement la possibilité de rompre d'un commun accord (comme par exemple pour le congé mobilité, C. trav., art. L. 1233-77 (v. ss 690)). Parmi ces exceptions, figure la possibilité de conclure un accord de départ volontaire lors d'une restructuration décidée par l'employeur. En tout état de cause, les règles relatives à ces ruptures amiables de droit commun méritent d'être rappelées, ne serait-ce que pour mesurer la distance qui les séparent des faibles exigences requises pour la validité de la rupture conventionnelle (v. *infra*).

■ 560 La jurisprudence a tâché d'empêcher que la rupture amiable soit un biais trop commode pour éviter l'application du droit du licenciement, lequel est d'ordre public. Certaines règles du droit du licenciement ont, pour cette raison, traversé avec succès l'écran que la rupture d'un commun accord dressait devant elles. Et la validité des ruptures d'un commun accord a été cantonnée aux hypothèses dans lesquelles le contournement du droit du licenciement était le moins à craindre.

La rupture d'un commun accord est nulle si elle s'oppose à l'application d'une règle spéciale du droit du licenciement. Sont ainsi annulées les ruptures d'un commun accord conclues après qu'a été constatée l'inaptitude physique du salarié pour une cause professionnelle (Soc. 12 févr. 2002, *RJS* 2002, n° 423) ou non professionnelle (Soc. 29 juin 1999, *Bull. civ.* V, n° 304). De même, sont annulées les ruptures conclues par des salariés « protégés » ou « exposés » pour lesquels une autorisation administrative de licenciement est exigée (Soc. 2 déc. 1992, *Bull. civ.* V, n° 578).

Les garanties de la procédure de licenciement économique sont applicables, dès lors qu'une rupture pour motif économique est envisagée. Elles doivent donc être respectées avant toute résiliation d'un commun accord pour motif économique (v. Soc. 2 déc. 2003, *Bull. civ.* V, n° 309 ; 7 déc. 2004, n° 02-44.248, *RJS* 2005, n° 134 ; 16 déc. 2008, n° 07-15.019, *Bull. civ.* V, n° 254). Cette solution établie a été par la suite consacrée par le législateur (C. trav., art. L. 1233-3). Les ruptures conventionnelles, en revanche, sont explicitement exclues de cette règle. Toutes les règles du droit du licenciement pour motif économique ne sont toutefois pas applicables aux ruptures amiables de droit commun. Ainsi, aucune notification de licenciement ne doit être effectuée lors de la conclusion de ces accords (Soc. 2 déc. 2003, préc.). Sont également exclues les règles relatives à l'ordre des licenciements (Soc. 12 juill. 2004, n° 02-19.175 ; sur l'exclusion grandissante des règles du droit du licenciement, v. ss 658).

Au nom de la différence existant entre l'accord de rupture et la transaction, et du fait des risques qu'un mélange des genres peut faire courir au salarié, la Cour de cassation annule les ruptures d'un commun accord conclues en même temps qu'une transaction (Cass., ch. mixte, 12 févr. 1999, *SCP Coulombie-Gras c/ Le Coq, Bull. ch. mixte*, n° 1 ; *GADT*, n° 92).

Par ailleurs, une rupture d'un commun accord n'est valide qu'*en l'absence de tout litige entre les parties* (Soc. 2 déc. 1997, *Dr. soc.* 1998. 29, concl. P. Lyon-Caen ; 31 mars 1998, *Bull. civ.* V, n° 189 ; 26 oct. 1999, *Bull. civ.* V, n° 411 ; *Dr. soc.* 2000. 183, note C. Radé ; 31 oct. 2007, n° 06-43.570 ; 6 févr. 2008* ; 11 févr. 2009, n° 08-40.095, *Bull. civ.* V, n° 43), à moins qu'il soit démontré que la négociation de rupture s'est engagée « à l'initiative du salarié » (Soc. 21 janv. 2003*, v. cep. Soc. 11 févr. 2009, préc., lequel semble écarter la rupture d'un commun accord y compris dans ce cas).

L'idée qui guide ces solutions est simple : la rupture d'un commun accord ne peut être utilisée pour éluder le droit du licenciement. *Elle n'est donc valide qu'à la condition d'être conclue dans un contexte où le licenciement semble exclu*. Soit il s'agit d'une négociation initiée par le salarié (Soc. 21 janv. 2003, préc.), soit il s'agit d'une négociation engagée en l'absence de tout différend entre les parties : il s'agit d'une rupture véritablement amiable.

Enfin, conformément au droit des obligations, l'accord peut être annulé pour vice du consentement et notamment pour violence morale (v. not. Soc. 30 nov. 2004, n° 03-41757 ; Soc. 20 mai 1998, n° 96-41.314 ; Soc. 28 oct. 1997, n° 94-44.916).

§ 2 La rupture conventionnelle

La rupture conventionnelle a été instituée par la loi sur la « modernisation » du marché du travail du 25 juin 2008, qui faisait suite à l'ANI du 11 janvier 2008. La rupture conventionnelle était très attendue par le patronat ainsi que par une partie des syndicats. On lui prêtait deux vertus. Celle de ne pas priver le salarié du bénéfice des indemnités-chômage, au contraire de la démission ; et celle de permettre une rupture sécurisée répondant aux situations fréquentes dans lesquelles les deux parties désirent se séparer. Mais la rupture conventionnelle s'inscrit également dans une autre perspective, actuelle, qui est celle de la déjudiciarisation de la relation de travail ou, pour le dire plus crûment, du contournement du juge judiciaire. La consécration d'un tel mode de rupture tend ainsi à une baisse du recours au juge, consécutive d'une part au fait que les parties se sont « accordées », d'autre part à l'homologation de cette convention par l'autorité administrative. Outre une procédure qui lui est propre (A), ce mode de rupture connaît des règles particulières lorsqu'il est utilisé dans un contexte de suppression d'emploi (B). Malgré l'objectif implicite de déjudiciarisation, les contentieux n'ont pas manqué et ne manqueront pas de surgir (C). 561

A. Procédure

La conclusion d'un accord de rupture conventionnelle obéit à une procédure formalisée. 562

Un ou plusieurs entretiens doivent avoir lieu, au cours desquels l'employeur et le salarié peuvent se faire assister (C. trav., art. L. 1237-12). La convention doit alors être rédigée en deux exemplaires signés par chacune des parties, à défaut de quoi elle encourt la nullité (Soc. 6 févr. 2013, n° 11-27.000 [P]). Hormis cette règle des deux exemplaires, les irrégularités de procédure ne sont sanctionnées que par de simples dommages et intérêts. Tel est le cas du défaut d'information du salarié sur la possibilité de se faire assister (Soc. 29 janv. 2014, n° 12-27.594) ou même de l'erreur sur la date d'expiration du délai de rétractation (Soc. 29 janv. 2014, n° 12-24.539).

Après la conclusion de la rupture conventionnelle, le salarié et l'employeur disposent d'un délai de rétractation de 15 jours (C. trav., art. L. 1237-13). À l'issue de ce délai, la plus diligente des parties peut envoyer l'accord pour homologation auprès de l'autorité administrative. Cette dernière a alors 15 jours calendaires pour l'homologuer (C. trav., art. L. 1237-14, al. 2). Une fois ce délai écoulé, l'acte est tacitement homologué. Le salarié a alors droit à une indemnité égale au minimum à l'indemnité légale de licenciement (C. trav., art. L. 1237-13). Et, surtout, il bénéficie de l'indemnisation du chômage (C. trav., nouv. art. L. 5421-1, L. 5422-1 ; Arr. du 9 oct. 2008, *JO* 22 nov. 2008).

B. Rupture conventionnelle et motif économique

563 La rupture conventionnelle est exclue pour les ruptures qui sont l'effet d'un plan de gestion prévisionnelle de l'emploi et des compétences, ou bien pour celles qui s'accompagnent d'un plan de sauvegarde de l'emploi (C. trav., art. L. 1237-16). Il faut donc comprendre que, si l'employeur met en place un plan de sauvegarde de l'emploi, il ne peut prévoir de ruptures conventionnelles. En revanche, alors que les ruptures d'un commun accord de droit commun doivent se voir appliquer certaines des règles relatives au licenciement pour motif économique (v. ss 560 et 661), le législateur, saisissant l'occasion qui s'est offerte à lui lors de la procédure parlementaire ayant abouti à la loi du 25 juin 2008, a explicitement exclu cette solution pour les ruptures conventionnelles. L'article L. 1233-3, alinéa 2 du Code du travail dispose ainsi que les dispositions du chapitre relatif au licenciement pour motif économique sont applicables à toute rupture du contrat de travail « à l'exclusion de la rupture conventionnelle [...] résultant de l'une des causes énoncées au premier alinéa » (c'est-à-dire de la rupture conventionnelle pour un motif économique). La rupture conventionnelle peut donc s'affranchir des règles du licenciement pour motif économique. Bref, voilà un beau coup de grâce porté à la construction jurisprudentielle qui, depuis des années, tendait à faire application des règles relatives au licenciement pour motif économique aux divers modes de rupture, dès lors que la rupture du contrat de travail intervenait pour un motif économique.

564 Mais la direction du travail a, dans une instruction, précisé que la conclusion de ruptures conventionnelles procède d'une fraude si l'employeur a volontairement étalé dans le temps la conclusion de ces ruptures pour contourner « les règles du licenciement pour motif économique » et, notamment, pour rester en dessous des seuils d'interdiction (Instr. DGT n° 02 du 23 mars 2010 ; v. les obs. d'A. Fabre, « Ruptures conventionnelles et suppressions d'emplois pour motif économique : possibilité offerte par la loi ou fraude à la loi ? », *RDT* 2010. 369).

En outre, dans un arrêt fondamental du 9 mars 2011*, la chambre sociale a exigé que soient comptabilisées les ruptures conventionnelles afin de déterminer si le seuil requis pour engager la procédure de licenciement pour motif économique est atteint. Elle a depuis nuancé son affirmation en précisant que seules les ruptures homologuées devaient être prises en compte (Soc. 29 oct. 2013, n° 12-15.382). En d'autres termes, si les contrats finalement rompus sont en nombre inférieurs à 10 en raison de la non-homologation de ruptures conventionnelles, la procédure de grand licenciement collectif n'aura pas à s'appliquer.

En définitive, la rupture conventionnelle économique semble possible sauf dans les cas où un plan de sauvegarde de l'emploi s'impose, et seulement si elle n'a pas pour objet de contourner le droit du licenciement économique... La complexité qui résulte de ces limites ne peut que conduire à un conseil : celui d'éviter les ruptures conventionnelles pour motif économique...

C. Des causes de nullité de la rupture conventionnelle

565 Le contentieux que font naître les ruptures conventionnelles a été intégralement attribué aux conseils de prud'hommes, y compris pour juger de la validité de l'homologation administrative, puisque la juridiction prud'homale connaît *« tout*

litige concernant la convention, l'homologation ou le refus d'homologation », (C. trav., art. L. 1237-14, al. 4).

L'homologation administrative de la rupture conventionnelle est requise à peine de validité. Mais elle n'emporte aucune force de chose jugée. L'accès au juge reste ainsi ouvert.

En revanche, les causes d'annulation de la rupture conventionnelle sont limitées par la chambre sociale à deux hypothèses : la fraude et les vices du consentement (Soc. 25 mars 2015*, n° 14-10149 ;). Plusieurs enseignements peuvent en être tirés.

En premier lieu, la chambre sociale se refuse à transposer à la rupture conventionnelle la jurisprudence établie pour les ruptures amiables, lesquelles ne peuvent produire d'effets si elles sont conclues concomitamment à l'existence d'un différend entre l'employeur et le salarié (v. ss 560). Au contraire, l'existence, au moment de sa conclusion, d'un différend entre les parties au contrat de travail n'affecte pas par elle-même la validité de la convention de rupture conclue en application de l'article L. 1237-11 du Code du travail (Soc. 23 mai 2013, n° 12-13.865 [P] ; Soc. 16 déc. 2015, n° 13-27212). Plus généralement, le fait que l'employeur soit à l'initiative de la rupture conventionnelle ne suffit pas à vicier le consentement du salarié (Soc. 15 janv. 2014, n° 12-23.942). 566 ■

En somme, pour pouvoir remettre en cause la rupture conventionnelle, il faut prouver que ce différend a conduit à vicier le consentement du salarié. Et ce n'est pas chose aisée que d'établir le vice. Les juges reconnaissent ainsi que le vice du consentement est constitué, après avoir relevé que « l'employeur avait engagé une procédure de licenciement quelques semaines avant la signature de la convention de rupture, qu'il avait ensuite infligé à la salariée une sanction disciplinaire injustifiée et l'avait convoquée à un entretien destiné à déterminer les modalités de la rupture du contrat de travail qui n'avait duré qu'un quart d'heure et au cours duquel les parties n'avaient pas eu d'échange » (Soc. 12 févr. 2014, n° 12-29.208). La violence morale est par ailleurs constituée si la salariée est, au moment de la signature, victime d'un harcèlement moral (Soc. 30 janv. 2013, n° 11-22.332 [P]). Au contraire, le vice n'est pas constitué en présence de deux avertissements et de reproches dans les six mois précédant la signature de la convention de rupture (Soc. 15 janv. 2014, n° 12-23.942).

Le refus d'admettre la nullité de la convention lorsque l'employeur en est à l'initiative est largement contestable. Selon l'article L. 1237-11 du Code du travail, la rupture conventionnelle est « exclusive du licenciement ou de la démission ». Or, l'article 3 de la convention n° 158 de l'OIT dispose que « Aux fins de la présente convention, le terme licenciement signifie la cessation de la relation de travail à l'initiative de l'employeur ». Il n'est pas certain, dès lors, qu'une rupture conventionnelle conclue à l'initiative de l'employeur puisse s'abstraire des règles qu'impose la convention n° 158 de l'OIT en matière de licenciement. Voilà qui confirme, s'il en était besoin, que la rupture conventionnelle relève d'une illusion : comment songer qu'aucune des deux parties n'a pris l'initiative d'une telle rupture ? Illusion qui procède d'une confusion : une chose est l'accord de volonté ; une autre est l'initiative de la rupture.

En second lieu, à l'exception de la fraude et du vice du consentement, rien ne permet d'invoquer la nullité de la rupture conventionnelle. Ainsi, la rupture conventionnelle est valable, même si elle a été conclue au cours des périodes de suspension (Soc. 25 mars 2015, n° 14-10149 : concernant les périodes de suspension du contrat 567 ■

de travail auxquelles la salariée a droit au titre de son congé de maternité, ainsi que pendant les quatre semaines suivant l'expiration de ces périodes ; Soc. 16 déc. 2015, n° 13-27212 : concernant la période de suspension du contrat de travail consécutive à un accident du travail ou une maladie professionnelle). Alors qu'il ne peut être procédé à aucun licenciement pendant cette période, sauf pour faute grave ou pour impossibilité de maintenir le contrat de travail pour un motif étranger à la grossesse (C. trav., art. L. 1225-4), le consentement du salarié à la rupture de son contrat permet de vaincre les règles de protection les plus immédiates. Il y a là l'expression la plus flagrante de ce processus de déconstruction dont fait l'objet le droit du travail à l'heure actuelle. Jusqu'où iront les juges ? *Quid* d'une rupture conventionnelle discriminatoire ?

18

Compléments pédagogiques

Biblio

- J. Pélissier, « Modernisation de la rupture du contrat de travail », *RJS* 2008. 672-684.
- G. Auzero, « La rupture conventionnelle du contrat de travail : l'illusion de la sécurisation », *RDT* 2008. 522-526.
- G. Couturier, « Les ruptures d'un commun accord », *Dr. soc.* 2008. 923.
- A. Fabre, « Rupture conventionnelle et champ du licenciement pour motif économique : une exclusion troublante », *RDT* 2008. 653.
- J. Mouly, « La prise d'acte, un mode de rupture à préserver », *Dr. soc.* 2014. 821.
- F. Flores, « Prise d'acte de la rupture et résiliation judiciaire du contrat de travail : les nouveaux atours de la jurisprudence », *RDT* 2014. 447.

Documents

1) Résiliation judiciaire demandée par l'employeur

Soc. 13 mars 2001, *Mulin*
(*Bull. civ.* V, n° 89 ; *GADT*, n° 90 ; *JCP* 2001. II. 10562, note J. Mouly ; *Dr. soc.* 2001. 629, obs. C. Radé)

« … l'employeur, qui dispose du droit de résilier unilatéralement un contrat de travail à durée indéterminée par la voie du licenciement, en respectant les garanties légales, n'est pas recevable, hors les cas où la loi en dispose autrement, à demander la résiliation judiciaire dudit contrat ».

2) Force majeure

Soc. 12 mai 2006
(n° 10-17.726)

« Attendu que la force majeure permettant à l'employeur de s'exonérer de tout ou partie des obligations nées de la rupture d'un contrat de travail s'entend de la survenance d'un événement extérieur, imprévisible lors de la conclusion du contrat et irrésistible dans son exécution ».

3) Démission

Soc. 9 mai 2007, neuf arrêts dont cinq publiés au *Bulletin*
(n°s 05-42.301, 05-40.315, 05-41.324, 05-41.325, 05-40.518 ; *D.* 2007. Pan. 3039, obs. E. Dockès ; *RDT* 2007. 150, chron. J.-Y. Frouin ; *ibid.* 452, obs. J. Auzero ; *GADT*, n° 88)

« La démission est un acte unilatéral par lequel le salarié manifeste de façon claire et non équivoque sa volonté de mettre fin au contrat de travail ; que lorsque le salarié, sans invoquer un vice du consentement de nature à entraîner l'annulation de sa démission, remet en cause celle-ci en raison de faits ou manquements imputables à son employeur, le juge doit, s'il résulte de circonstances antérieures ou contemporaines de la démission qu'à la date à laquelle elle a été donnée, celle-ci était équivoque, l'analyser en une prise d'acte de la rupture qui produit les effets d'un licenciement sans cause réelle et sérieuse si les faits invoqués la justifiaient ou dans le cas contraire d'une démission. »

4) Prise d'acte de la rupture par le salarié

Soc. 25 juin 2003, *SARL Technoram* (et deux arrêts de rejet du même jour)
(*Bull. civ.* V, n° 209 ; *GADT*, n° 86 ; *D.* 2003. 2396, note J. Pélissier ; *Dr. soc.* 2003. 817, note G. Couturier et J.-E. Ray ; *RJS* 2003, n° 994, p. 647, note J.-Y. Frouin)

« Attendu que lorsqu'un salarié prend acte de la rupture de son contrat de travail en raison de faits qu'il reproche à son employeur, cette rupture produit les effets, soit d'un licenciement sans cause réelle et sérieuse si les faits invoqués la justifiaient, soit, dans le cas contraire, d'une démission ; Attendu que M. X..., qui avait été embauché le 1er février 1996 par la société Technoram en qualité de cadre commercial, a pris acte le 10 novembre 1998 de la rupture de son contrat de travail aux torts de l'employeur ; qu'il a saisi la juridiction prud'homale d'une demande tendant notamment au paiement d'une indemnité pour licenciement sans cause réelle et sérieuse ; Attendu que pour condamner l'employeur à payer diverses indemnités au titre de la rupture, l'arrêt attaqué relève que la démission ne se présumant pas, la rupture du contrat de travail par le salarié motivée par des fautes qu'il impute à l'employeur ne caractérise pas une volonté claire et non équivoque de démissionner, peu important le caractère réel ou non des fautes ainsi alléguées, et ne peut donc s'analyser qu'en un licenciement réputé sans cause réelle et sérieuse ;

Qu'en statuant ainsi, la cour d'appel a violé les textes susvisés ;

Soc. 19 oct. 2004 ; Soc. 19 janv. 2005 (deux arrêts)
(*Bull. civ.* V, n° 263 ; *Bull. civ.* V, n° 11 et 12 ; *Dr. soc.* 2005. 474, note F. Favennec-Hery)

« ... lorsqu'un salarié prend acte de la rupture de son contrat de travail en raison de faits qu'il reproche à son employeur, cette rupture produit les effets, soit d'un licenciement sans cause réelle et sérieuse si les faits invoqués la justifiaient, soit, dans le cas contraire, d'une démission ».

Soc. 29 juin 2005
(*Bull. civ.* V, n° 233 ; *Dr. soc.* 2005. 1058, obs. G. Couturier)

« … l'écrit par lequel le salarié prend acte de la rupture du contrat de travail (…) ne fixe pas les limites du litige… ».

Soc. 26 mars 2014
(n° 12-23634, *Bull. civ.* V, n° 85).

« Mais attendu que la prise d'acte permet au salarié de rompre le contrat de travail en cas de manquement suffisamment grave de l'employeur empêchant la poursuite du contrat de travail ; Et attendu que la cour d'appel, qui a retenu que les manquements de l'employeur étaient pour la plupart anciens, faisant ainsi ressortir qu'ils n'avaient pas empêché la poursuite du contrat de travail, a légalement justifié sa décision . »

5) Résiliation judiciaire demandée par le salarié

Soc. 20 janv. 1998, *Leudière c/ Sté Trouillard*
(*Bull. civ.* V, n° 21 ; *GADT*, n° 89 ; *D.* 1998. 350, note C. Radé ; *JCP E* 1998. I. 152, note J. Mouly)

« … la résiliation judiciaire du contrat de travail prononcée à l'initiative du salarié et aux torts de l'employeur produit les effets d'un licenciement dépourvu de cause réelle et sérieuse ».

Soc. 15 mars 2005
(*Bull. civ.* V, n° 90 ; *Dr. soc.* 2005. 824, note C. Radé, deux arrêts)

Au sujet de demandes de salariés en résiliation judiciaire, selon l'arrêt :
« … il relève du pouvoir souverain des juges du fond d'apprécier si l'inexécution de certaines des obligations résultant d'un contrat synallagmatique présente une gravité suffisante pour en justifier la résiliation ».

Soc. 12 juin 2014
(n° 13-11448, *Bull. civ.* V, n° 139)

« Mais attendu qu'ayant constaté que la modification appliquée par l'employeur n'avait pas exercé d'influence défavorable sur le montant de la rémunération perçue par le salarié pendant plusieurs années, la cour d'appel, qui a ainsi fait ressortir qu'elle n'était pas de nature à empêcher la poursuite du contrat de travail, n'encourt pas les griefs du moyen »

Soc. 7 févr. 2007
(n° 06-40.250, *Bull. civ.* V, n° 20)

« lorsqu'un salarié a demandé la résiliation judiciaire de son contrat de travail et que son employeur le licencie ultérieurement, le juge doit d'abord rechercher si la demande de résiliation était justifiée ; que c'est seulement s'il ne l'estime pas fondée qu'il doit statuer sur le licenciement ».

6) Rupture d'un commun accord

Soc. 21 janv. 2003
(*Dr. soc.* 2003. 547, obs. G. Couturier ; *GADT*, n° 94)

« … l'objet de la convention litigieuse conclue entre les parties par l'intermédiaire de leur avocat respectif, dûment mandaté à cet effet, à la suite de pourparlers minutieux et précis, était de mettre fin d'un commun accord à leurs relations contractuelles dans le cadre d'un départ négocié à l'initiative du salarié ; qu'au vu de ces constatations d'où il résultait que les parties étaient pleinement informées de leurs droits et que ceux du salarié avaient été préservés, la cour d'appel, sans encourir les griefs du moyen, a légalement justifié sa décision ».

Soc. 30 nov. 2004
(*Bull. civ.* V, n° 303)

« M. Buret, nonobstant la nature du contrat de qualification s'inscrivant dans le cadre d'un BTS, imposait à Mlle B. de travailler à temps complet et la harcelait de diverses manières, notamment en lui demandant de lui faire des massages de nature sexuelle et qu'il en était résulté des troubles psychologiques, angoisses et anxiété pour cette dernière ; que ces constatations caractérisant des faits de violence, au sens de l'article 1112 du Code civil, c'est à bon droit que la cour d'appel a annulé l'acte signé sous l'empire de cette violence et alloué des dommages-intérêts à Mlle B. ».

Soc. 6 févr. 2008
(n° 06-40.507)

« le contrat de travail ne peut faire l'objet d'une résiliation d'un commun accord entre les parties qu'en l'absence de tout litige entre elles sur la rupture et (…) un salarié ne peut renoncer par avance au droit de se prévaloir des règles relatives au licenciement ».

7) Rupture conventionnelle

Soc. 9 mars 2011
(*RDT* 2011. 226, Rapp. J.-M. Béraud ; *SSL* 2011, n° 1484, note J. Pélissier ; *RDT* 2011. 244, note F. Géa, *JCP S* 2011, n°s 16, 1200, note F. Favennec-Hery).

« Vu les articles L. 1233-3, alinéa 2, du Code du travail et 12 de l'accord national interprofessionnel étendu du 11 janvier 2008 relatif à la modernisation du marché du travail, appliqués à la lumière de la directive n° 98/59/CE du Conseil du 20 juillet 1998 concernant le rapprochement des législations des États membres relatives aux licenciements collectifs ;

Attendu que lorsqu'elles ont une cause économique et s'inscrivent dans un processus de réduction des effectifs dont elles constituent la ou l'une des modalités, les ruptures conventionnelles doivent être prises en compte pour déterminer la procédure d'information et de consultation des représentants du personnel applicable ainsi que les obligations de l'employeur en matière de plan de sauvegarde de l'emploi ;

Attendu que pour débouter le comité et les syndicats de leur demande de dommages-intérêts pour non-respect de la procédure de licenciement limitée au seul projet de dix-huit licenciements économiques proprement dits, l'arrêt retient que les ruptures conventionnelles résultant d'un motif économique échappent légalement au droit du licenciement économique ;

Qu'en statuant ainsi, alors qu'elle constatait que de nombreuses ruptures conventionnelles résultant d'une cause économique étaient intervenues dans un contexte de suppressions d'emplois dues à des difficultés économiques et qu'elles s'inscrivaient dans un projet global et concerté de réduction des effectifs au sein de l'unité économique et sociale, la cour d'appel a violé les textes susvisés ; ».

Soc. 25 mars 2015 (n° 14-10149 [P])

Mais attendu que la cour d'appel a retenu à bon droit que, sauf en cas de fraude ou de vice du consentement, non invoqués en l'espèce, une rupture conventionnelle peut être valablement conclue en application de l'article L. 1237-11 du code du travail au cours des périodes de suspension du contrat de travail auxquelles la salariée a droit au titre de son congé de maternité, ainsi que pendant les quatre semaines suivant l'expiration de ces périodes ; que le moyen n'est pas fondé.

Plan analytique

section 1

Procédure

§ 1 L'entretien préalable

§ 2 La lettre de licenciement

section 2

La cause réelle et sérieuse

§ 1 Notion de cause réelle et sérieuse

A. Une cause réelle

B. Une cause sérieuse

§ 2 Preuve de la cause réelle et sérieuse

section 3

Les suites du licenciement licite

§ 1 Préavis

§ 2 Indemnités de licenciement

§ 3 Documents à transmettre

§ 4 Transaction

A. Concessions réciproques

B. Date de conclusion

C. Nullité de la transaction

section 4

Sanctions du licenciement illicite

§ 1 Licenciement irrégulier

A. Sanctions de principe

B. Exceptions aux sanctions de principe

§ 2 Licenciement injustifié

A. Sanctions de principe

B. Exceptions aux sanctions de principe

§ 3 La nullité du licenciement

§ 4 Les barèmes d'indemnités

Compléments pédagogiques

Droit commun du licenciement

Le licenciement est un acte juridique unilatéral par lequel l'employeur rompt un contrat de travail à durée indéterminée. 568

Il fait perdre au salarié son emploi et, généralement, sa source principale de revenu. Il peut s'agir, selon le contexte de son édiction, de l'un des actes juridiques les plus violents qui soit. Par sa possibilité d'y recourir, l'employeur détient un moyen d'influence, de menace, qui lui permet de détenir, dans les faits, un pouvoir qui dépasse souvent de loin le pouvoir que le droit lui accorde.

Le licenciement est à la source de nombreux conflits et d'un abondant contentieux. Sa réglementation juridique a été modestement initiée par les lois du 27 décembre 1890 et du 19 juillet 1928. Elle s'est développée avec les lois du 13 juillet 1973 et du 3 janvier 1975. Depuis, le rythme des interventions législatives s'est constamment accéléré, parfois pour créer des garanties nouvelles, le plus souvent pour les réduire.

Le droit commun du licenciement comprend des règles de procédure (section 1) et une grande règle de fond : l'exigence d'une cause réelle et sérieuse de licenciement (section 2). Il organise les effets des ruptures licites (section 3) et prévoit les sanctions attachées aux ruptures illicites (section 4). 569

section 1

Procédure

La procédure de licenciement de droit commun se résume à l'organisation d'un entretien préalable de licenciement et à l'envoi d'une lettre de licenciement dûment motivée. Il n'existe pas, dans le Code du travail, de chapitre commun aux licenciements pour motif personnel et pour motif économique, même si la plupart des règles qui suivent sont communes aux deux licenciements. Les textes ont donc été recopiés à deux, parfois trois endroits différents du Code du travail. 570

§ 1 L'entretien préalable

L'entretien préalable est obligatoire pour tout licenciement, à une seule exception près, celle des grands licenciements économiques collectifs (au moins 10 salariés licenciés dans une période de 30 jours) lorsqu'il existe des représentants du personnel dans l'entreprise (C. trav., art. L. 1233-38). Il est organisé par les articles L. 1232-2 à L. 1232-5 et L. 1233-11 à L. 1233-14 du Code du travail. 571

572 L'employeur doit tout d'abord convoquer le salarié à cet entretien. La lettre de convocation doit être soit recommandée avec accusé de réception, soit remise en main propre contre décharge. Elle doit être transmise au moins 5 jours ouvrables avant la date de l'entretien. En effet, l'entretien étant conçu, en principe, comme un élément d'une procédure contradictoire, le salarié doit avoir le temps d'organiser sa défense. L'article R. 1232-1 du Code du travail fixe les mentions obligatoires que la lettre doit contenir. La première est l'objet de l'entretien, ce dernier étant prévu afin d'étudier une possible mesure de licenciement. En revanche, il n'est pas nécessaire de mentionner, à ce stade de la procédure, les griefs qui sont reprochés au salarié, alors même qu'une telle mention permettrait au salarié de préparer sa défense, conformément à l'objet même de l'entretien (Soc. 6 avr. 2016, n° 14-23198 [P]). La deuxième est la fixation des jours, heure et lieu de l'entretien. La troisième est l'information expresse du salarié de son droit de se faire assister lors de cet entretien, soit par un membre de l'entreprise, soit, en l'absence de représentants du personnel dans l'entreprise, par un conseiller extérieur choisi sur une liste dressée dans chaque préfecture (sur le statut de ces conseillers extérieurs, v. C. trav., art. D. 1232-2 s.).

573 L'entretien préalable est, bien sûr, une obligation *pour l'employeur*. Le salarié n'est pas tenu de s'y rendre. Si la convocation a été faite dans les formes et que le salarié ne peut s'y rendre, même pour raisons de santé, l'employeur n'est pas tenu de faire droit à la demande du salarié d'un autre entretien préalable (Soc. 25 nov. 1992, n° 89-42.186). Et en cas de report de l'entretien à la demande du salarié, l'employeur est tenu d'aviser ce dernier en temps utile des dates et horaire de cet entretien, mais n'est pas tenu de lui adresser une nouvelle convocation, conforme aux exigences légales (Soc. 29 janv. 2014, n° 12-19.872).

574 Fondamental en théorie, l'entretien n'est en pratique qu'un simulacre de procédure contradictoire. L'employeur n'est nullement tenu de dévoiler dans la lettre de convocation à l'entretien les causes qui font envisager son licenciement (v. not. Soc. 4 nov. 1992, *Bull. civ.* V, n° 530 ; 19 déc. 2007, n° 06-44.592). Il n'est tenu de les dire qu'au cours de l'entretien. Le salarié, parfois surpris, est alors dans l'impossibilité de préparer véritablement une défense. Le texte, qui prévoit que l'employeur est tenu de recueillir les explications du salarié, est donc compris comme une simple possibilité de présenter des remarques improvisées à chaud.

De plus, l'employeur se doit simplement de recueillir la vision des choses du salarié, sans être tenu véritablement de discuter ou de débattre. Un employeur qui n'avait pas fait asseoir le salarié et qui avait refusé de s'expliquer avec lui n'a ainsi en rien violé ses obligations étant donné que, selon la Cour de cassation, l'employeur « n'est pas tenu d'engager une discussion sur le bien-fondé d'un éventuel licenciement » au cours de l'entretien (Soc. 22 nov. 2006, n° 04-41.768, *RDT* 2007. 6). L'entretien préalable est donc une obligation très légère pour l'employeur. Et ce d'autant plus que les sanctions d'une violation de l'obligation d'organiser un entretien préalable sont peu comminatoires (v. ss 608 s.).

Les chances du salarié de renverser le cours des choses lors d'un entretien préalable sont, en pratique, minimes. Dans ces conditions, le plus souvent, le conseiller n'aura qu'un rôle réduit. Il pourra cependant intervenir pour rappeler les droits du salarié quant aux conséquences de la rupture et l'aider à négocier celles-ci.

§ 2 La lettre de licenciement

La lettre de licenciement est l'élément le plus important de la procédure de licenciement. 575 ■

Le texte exige une lettre recommandée (C. trav., art. L. 1232-6, L. 1233-15, L. 1233-39). Mais la jurisprudence accepte une lettre simple remise contre récépissé (Soc. 15 déc. 1999, *RJS* 2000, n° 264, n° 97-44.431). Une lettre recommandée avec accusé de réception reste en pratique préférable pour des raisons de preuve des dates. La lettre de licenciement fixe en effet les principales dates d'effet du licenciement. L'envoi de la lettre est la date de la rupture (Cass., ass. plén., 28 janv. 2005, *Bull. ass. plén.*, n° 1 ; *D.* 2005. Pan. 2503, obs. B. Lardy-Pélissier ; Soc. 6 mai 2009, n° 08-40.395 [P]) et est donc la date à laquelle l'ancienneté du salarié est décomptée (Soc. 26 sept. 2006, *Bull. civ.* V, n° 288 ; *RDT* 2006. 386, obs. B. Reynès ; *Dr. soc.* 2006. 1193 ; *ibid.* 2005. 581, obs. G. Couturier) ou encore celle qui doit être prise en compte pour savoir si l'on est encore en cours d'essai (Soc. 11 mai 2005, *Dr. soc.* 2005. 920, obs. J. Mouly ; 23 mai 2007, n° 06-41.338). Le point de départ du préavis est fixé à la date de présentation de la lettre (C. trav., art. L. 1234-3 ; Soc. 26 oct. 2006, *Bull. civ.* V, n° 327) et c'est à compter de la réception de celle-ci qu'une transaction peut être signée (v. Soc. 14 juin 2006, *Bull. civ.* V, n° 215 ; *RDT* 2006. 172, obs. B. Lardy-Pélissier ; v. ss 597). Si l'absence de lettre de notification entraîne l'absence d'énonciation du motif, et donc l'absence de cause réelle et sérieuse du licenciement (v. ss 579), l'irrégularité de la notification ne donne lieu en revanche qu'à des dommages et intérêts pour procédure irrégulière (Soc. 23 oct. 2013, n° 12-12.700).

La lettre ne peut être envoyée que 2 jours ouvrables après l'entretien préalable (C. trav., art. L. 1232-6). L'idée est d'obliger l'employeur à ne pas agir sur le coup de la colère et à méditer quelque peu les résultats de l'entretien préalable, même si, en réalité, la décision est mûrement réfléchie avant même l'entretien. Il faut aussi y voir la compréhension, par le législateur, de la nécessité de ralentir la prise de décision, afin d'éviter les licenciements « minute », les mouvements trop impulsifs et afin de laisser au salarié un peu de temps pour réaliser ce qui lui arrive. 576 ■

Une durée plus longue est accordée dans certains cas (C. trav., art. L. 1233-15). Cette durée est de 7 jours en cas de licenciement économique concernant moins de 10 salariés sur une période de 30 jours. Elle est de 15 jours pour les cadres (au sens de C. trav., art. L. 1441-6) dont le licenciement est individuel. Cette solution, qui permet une sorte d'allongement de la durée du préavis en cas de licenciement pour motif économique, est un avantage pour les cadres qui est loin d'être négligeable. Ces différents allongements ne sont pas applicables en cas de redressement et de liquidation judiciaire (C. trav., art. L. 1233-59).

Le point essentiel, dans la lettre de licenciement, est la mention obligatoire du motif de la rupture (C. trav., art. L. 1232-6, L. 1233-16). 577 ■

D'abord, ce motif est le seul qui pourra être invoqué par l'employeur au soutien de sa décision en cas de contestation judiciaire de cette dernière. On dit ainsi de la lettre qu'elle fixe les limites du litige (v. déjà Soc. 20 mars 1990, *Bull. civ.* V, n° 124 ; 21 mars 2007, n° 05-45.060, *Bull. civ.* V, n° 53).

réelle et sérieuse de licenciement. De telles dispositions, favorables au salarié, sont efficaces (Soc. 28 févr. 1996, *RJS* 1996, n° 390) : elles ne contredisent pas la règle qui impose qu'un licenciement soit, *au minimum*, fondé par une cause réelle et sérieuse.

Progressivement ont été dégagées différentes règles relatives à la notion (§ 1) et à la preuve (§ 2) de la cause réelle et sérieuse.

§ 1 Notion de cause réelle et sérieuse

581 La loi du 13 juillet 1973 ne donne aucune définition de la cause réelle et sérieuse. Quant à la jurisprudence, elle a dégagé, plutôt qu'une définition, les grands traits de la cause réelle (A) et sérieuse (B).

A. Une cause réelle

582 La cause d'un licenciement n'est réelle que si elle est objective (1), existante (2) et exacte (3).

1. *Une cause objective*

583 La cause est dite objective si elle se traduit par des manifestations extérieures susceptibles de vérification. Cette exigence d'objectivité impose d'exclure tous les licenciements reposant sur des sentiments subjectifs de l'employeur tels la perte de confiance ou encore la mésentente (sur ces motifs, v. ss 637 et v. ss 639 s.).

2. *Une cause existante*

584 La nécessité pour la cause d'être existante est relativement évidente : les faits invoqués par l'employeur pour justifier la rupture doivent avoir existé. En droit, cela signifie que ces faits doivent pouvoir être prouvés devant le juge : *idem est non esse et non probari* (ne pas être ou ne pas être prouvé, c'est tout un). Et de simples soupçons que l'employeur peut avoir quant à des actes répréhensibles du salarié ne constituent pas une cause réelle de licenciement (Soc. 25 juin 1991, *RJS* 1991, n° 1081 ; 16 mai 1991, *RJS* 1991, n° 825 ; 12 mars 1991, *JCP E* 1991. II. 176 ; v. cep., Soc. 14 janv. 1992, *RJS* 1992, n° 149 ; 12 mars 1991, *Dr. soc.* 1991. 626).

3. *Une cause exacte*

585 L'exigence que la cause soit exacte invite à vérifier que la raison invoquée par l'employeur est véritablement celle qui se trouve au fondement de la décision. Ainsi, par exemple, un licenciement prononcé au motif d'un vol mineur, qui a bien eu lieu, a été déclaré sans cause réelle et sérieuse, dès lors qu'il était avéré que la cause exacte, véritable, du licenciement, était le témoignage de la salariée, défavorable à l'employeur, dans un procès de divorce (Soc. 28 oct. 1981, *Demoiselle G. c/ SA Hôtel Foch, Bull. civ.* V, n° 836 ; *Dr. ouvrier* 1982. 195 ; *GADT*, n° 102).

Ainsi, la cause invoquée peut être avérée, objective, suffisamment sérieuse et ne pas permettre de légitimer le licenciement : les juges écarteront cette cause.

586 Une telle situation est fréquente. Lorsqu'un employeur veut se séparer d'un salarié pour des raisons inavouables, le premier prétexte qui passera à portée de sa main se transforme facilement en tentation. Pour peu qu'un certain autoritarisme règne, les

syndicalistes, grévistes, ou tout simplement les salariés qui ne se « courbent » pas assez vite feront souvent les frais de tels licenciements pour cause objective, existante, sérieuse, mais inexacte. La preuve de l'inexactitude est souvent difficile. Ce n'est guère, en pratique, qu'en présence d'une forte raison illégitime de licencier que le prétexte invoqué sera écarté (v. par ex. Soc. 28 avr. 1994, *Dr. soc.* 1994. 719).

Des causes personnelles inexactes sont aussi parfois utilisées pour contourner la procédure de licenciement pour motif économique. Si tel est le cas, le licenciement est jugé sans cause réelle et sérieuse (v. not. Soc. 13 févr. 2008, n° 06-43849). Les sanctions encourues sont relativement élevées : la cause personnelle mentionnée dans la lettre de licenciement est la seule qui puisse être invoquée en justice. Si elle est écartée comme inexacte, le licenciement sera sans cause réelle et sérieuse, même si l'invocation d'une cause économique aurait permis de justifier le licenciement. De plus, la procédure de licenciement économique ayant été violée, cela conduira à l'annulation des licenciements prononcés pour cause personnelle inexacte, à chaque fois qu'un plan de sauvegarde de l'emploi aurait été impératif (v. par ex. Soc. 2 déc. 2009, n° 07-45028). 587 ■

B. Une cause sérieuse

Le caractère sérieux de la cause est une mesure de l'intensité : pour légitimer la rupture, la cause doit être suffisamment intense. Il y a là un contrôle des juges non de l'opportunité de la rupture, mais d'une certaine nécessité de la mesure adoptée par rapport à la cause invoquée. En matière disciplinaire, ce contrôle prend véritablement la forme d'un contrôle de proportionnalité (v. C. trav., art. L. 1333-2). En matière de licenciement économique (v. ss 728 s.) ou de licenciement pour motif personnel non fautif, il s'agit plutôt d'un contrôle du caractère mesuré du licenciement par rapport au motif invoqué. Ce contrôle, doit être mené *in concreto* par les juges. Il a donné lieu à une casuistique importante. 588 ■

§ 2 Preuve de la cause réelle et sérieuse

La charge de la preuve du caractère réel et sérieux du licenciement est répartie entre toutes les parties au procès et le juge peut y contribuer par toutes mesures d'instruction utiles (C. trav., art. L. 1235-1, al. 1er). Mais le risque de la preuve pèse entièrement sur l'employeur : un doute irréductible sur l'existence des faits invoqués pour motiver le licenciement équivaut à une absence de cause réelle et sérieuse : « si un doute subsiste, il profite au salarié » (C. trav., art. L. 1235-1, al. 2). 589 ■

Les procédés de preuve déloyaux sont bien entendu écartés. 590 ■

Sur la base de cette prohibition des « dispositifs de surveillance clandestins », la jurisprudence a pu condamner tout « stratagème » et interdire ainsi la méthode consistant à envoyer de faux clients pour tester un salarié (Soc. 18 mars 2008*) et ce même lorsque ces faux clients sont envoyés par un huissier de justice (Soc. 18 mars 2008, n° 06-40.852, *Bull. civ.* V n° 65 ; *Dr. soc.* 2008. 611, obs. C. Radé). Cette règle souffre aujourd'hui d'une exception notable : le contrôle organisé par un service interne à l'entreprise et limité aux horaires de travail peut constituer un mode de preuve licite, même sans information préalable du salarié (Soc. 5 nov. 2014, n° 13-

- un reçu pour solde de tout compte, qui est un document récapitulant les sommes versées par l'employeur lors de la rupture du contrat de travail. La loi du 25 juin 2008 portant modernisation du marché du travail a rétabli le caractère libératoire du reçu pour solde de tout compte qui avait été supprimé par une loi du 17 janvier 2002. En conséquence, lorsque le salarié signe ce reçu, il dispose d'un délai de 6 mois pour le dénoncer. En l'absence de dénonciation dans ce délai, le reçu devient libératoire pour l'employeur pour les sommes qui y sont mentionnées, de sorte que le salarié ne pourra plus les contester (C. trav., art. L. 1234-20, al. 2).

§ 4 Transaction

597 La transaction est un acte issu du droit commun et réglementé par le Code civil (C. civ., art. 2044 à 2058). Une transaction est un contrat très particulier. Elle a pour objet et pour effet de clore un litige, ce dont il découle, aux termes de l'article 2052 du Code civil, que « les transactions ont, entre les parties, l'autorité de la chose jugée en dernier ressort ». L'objet de la transaction ne peut plus être soumis au juge. Les demandes en justice qui seraient présentées par l'une ou l'autre des parties à la transaction sont déclarées irrecevables.

Cette irrecevabilité peut avoir un large champ d'application, pour peu que la transaction soit rédigée en termes très généraux (v. not. Cass., ass. plén., 4 juill. 1997, *Gaudinat*, *Bull. ass. plén.*, n° 10 ; *GADT*, n° 121 ; *Dr. soc.* 1997. 978, obs. G. Couturier ; *JCP* 1997. II. 22952, note D. Corrignan-Carsin). Seules les questions qui n'ont pas été traitées peuvent encore faire l'objet de demandes en justice (Soc. 6 mai 1998, *Bull. civ.* V, n° 228 ; *D.* 1999. Somm. 43, obs. Serge Frossard ; 12 oct. 1999, *Bull. civ.* V, n° 377).

598 Cet effet radical rend les transactions particulièrement dangereuses. Pendant longtemps leur validité fut très largement admise. Il suffisait alors aux employeurs d'obtenir la signature d'une transaction, lors de l'entretien préalable ou même avant (v. par ex. Soc. 17 nov. 1982, *Bull. civ.* V, n° 627), pour priver le salarié de tout recours ultérieur. La manœuvre était grossière, fréquente et terriblement efficace. Les salariés, mal informés de leurs droits et psychologiquement affaiblis par l'annonce de leur licenciement, signaient souvent de larges renonciations à leurs droits en échange d'un petit chèque, bien inférieur à leur dû et présenté comme un geste généreux (pour l'acceptation de telles transactions, v. par ex., Soc. 14 janv. 1988, *Dr. soc.* 1998. 437, note H. Blaise). Sauf à démontrer un vice du consentement, il n'était plus, alors, de recours possibles. Dans ce contexte, l'ouvrier, peu au fait de ses droits, était en général définitivement spolié. Malheur aux ignorants ! Aujourd'hui, leur validité est admise à certaines conditions.

L'exigence de concessions réciproques a pris beaucoup d'ampleur (A) et les transactions ne peuvent être conclues qu'après que la rupture du contrat a été consommée (B).

A. Concessions réciproques

599 Depuis 1989, la chambre sociale exige, à peine de nullité, que les transactions sur les conséquences de la rupture du contrat de travail contiennent des concessions

réciproques, c'est-à-dire des concessions de l'employeur comme du salarié (Soc. 18 oct. 1989, *Bull. civ.* V, n° 604 ; 27 mars 1996, *Interlac**).

En droit du licenciement, comme souvent, l'employeur a le privilège du préalable : c'est lui qui accorde ou qui n'accorde pas certaines sommes aux salariés. Dès lors, si action en justice il y a, cette action en justice est toujours diligentée par le salarié. La concession du salarié est ainsi facile à trouver : il s'engage à ne pas agir en justice. En revanche, la concession de l'employeur de ne pas agir en justice n'en est pas une, puisqu'en toute hypothèse il n'aurait, en l'occurrence, aucun intérêt à agir en justice. Les concessions de l'employeur doivent donc être ailleurs. La solution s'est alors imposée : pour que ses concessions soient réelles, l'employeur doit accorder au salarié des sommes supérieures à celles dues par application des règles légales et conventionnelles.

La difficulté est de savoir quelles étaient ces sommes. Celles-ci dépendent en effet du motif du licenciement : s'il s'agit d'un licenciement sans cause réelle et sérieuse, les sommes dues ne sont pas les mêmes que s'il s'agit d'un licenciement pour cause réelle et sérieuse ou d'un licenciement pour faute grave. L'appréciation du motif est nécessaire à l'appréciation des concessions de l'employeur. **600 ■**

Ceci compris, il semble que la transaction ne bloque plus l'action en justice que d'une manière bien théorique. Certes, elle interdit au salarié de réclamer directement un supplément d'indemnité de licenciement. Mais elle ne lui interdit pas d'attaquer la validité de la transaction, laquelle dépend des sommes qui lui sont dues. Il y aurait là une sorte d'hypocrisie juridique. Par la transaction, le salarié ne peut réclamer les sommes qui lui sont dues. Mais si ces sommes ne lui ont pas été accordées, la transaction est nulle. Et il peut les réclamer. Les transactions ne rendraient irrecevables que les demandes vouées à l'échec. Elles ne bloqueraient pas les demandes vouées au succès.

Pour éviter de rendre ainsi les transactions transparentes, la jurisprudence a adopté une position plus nuancée. Les juges sont maîtres de la qualification des faits évoqués dans la transaction. Mais il leur est interdit de revenir sur la preuve de ces faits. Face à une transaction, le rôle du juge serait ainsi assez proche de celui de la Cour de cassation : contrôle de la qualification des faits et non-appréciation de la preuve des faits. Cette solution a été affirmée très clairement par la Cour de cassation. L'arrêt *Interlac* du 27 mars 1996* affirme le pouvoir des juges de redresser une qualification erronée (les faits mentionnés n'étaient pas constitutifs d'une faute grave) et un arrêt du 21 mai 1997 (*Dr. soc.* 1997. 745, obs. G. Couturier) casse un arrêt d'appel qui avait apprécié les faits et les preuves. Entre qualification et appréciation de la preuve, la frontière est souvent poreuse. La différence juridique n'en est pas moins claire. Et une transaction bien rédigée, imputant au salarié de grandes fautes, sera incontestable, même si ces fautes se révèlent être de purs mensonges. **601 ■**

La qualification du motif de la rupture appartient au juge qui apprécie la validité d'une transaction. Cela signifie que les parties ne peuvent transiger sur cette qualification. Une transaction qui aurait pour objet de transiger sur le caractère de démission ou de licenciement d'une rupture est donc sans effet (Soc. 16 juill. 1997, *Dr. soc.* 1997. 977, obs. G. Couturier). **602 ■**

En revanche, rien n'interdit de conclure d'abord une rupture d'un commun accord, puis de conclure une transaction. Une transaction peut aussi suivre une rupture conventionnelle homologuée dès lors qu'elle est postérieure à l'homologation et qu'elle règle un différend relatif à l'exécution du contrat sur des éléments non compris dans la convention de rupture (Soc. 25 mars 2015, n° 13-23368).

603 Des concessions sont nécessaires, mais la Cour ne vérifie pas si les concessions sont suffisantes. Elles doivent simplement ne pas être négligeables. Mieux, une concession qui n'est pas « appréciable » n'est pas une concession. Il a ainsi été jugé, par exemple que la concession de verser 15 000 francs alors que l'indemnité due s'élevait à 12 496 francs était insuffisante (Soc. 19 févr. 1997*).

B. Date de conclusion

604 L'article L. 1231-4 du Code du travail interdit aux salariés de renoncer par avance aux règles du licenciement. En application de ce texte, la Cour de cassation annule toute transaction conclue avant que la rupture soit « intervenue et définitive » (Soc. 29 mai 1996, *Purier**). Cette solution permet d'éviter les signatures extorquées lors de l'entretien préalable : le salarié ne peut valablement signer que lorsqu'il a en main la lettre de licenciement, laquelle fixe le motif, et met le salarié dans une situation de plus grande indépendance (l'irrémédiable a déjà eu lieu...). La Cour a précisé que la transaction ne peut être valablement conclue qu'après la réception de la lettre de licenciement (Soc. 21 mars 2000, *RJS* 2000, n° 528, 2e esp. ; 14 juin 2006, *Bull. civ.* V, n° 215 ; *RDT* 2006. 172, obs. B. Lardy-Pélissier ; 20 déc. 2006, n° 05-44.071) et que cette lettre devait être une « lettre recommandée avec demande d'avis de réception » (Soc. 18 févr. 2003*). Cette exigence d'une lettre recommandée avec accusé de réception ajoute un peu à la procédure de licenciement. Mais en matière de transaction il est particulièrement important d'avoir une date certaine.

C. Nullité de la transaction

605 Si elle a été conclue en violation de l'une des conditions sus-décrites, la transaction est nulle. La question est de savoir de quel type de nullité il s'agit. Tout dépend des causes de la nullité invoquée.

Lorsque la transaction est conclue de manière anticipée, il s'agit d'une nullité relative, qui ne peut être invoquée que par le salarié (Soc. 28 mai 2002*). On peut penser qu'il en va de même en l'absence de concessions de l'employeur. Par application de l'article 1304 du Code civil, la nullité relative est prescrite après 5 ans (Soc. 14 janv. 2003, *RJS* 2003, n° 343).

En revanche, la protection contre le licenciement d'un représentant du personnel ou un délégué syndical ne correspond pas à leurs seuls intérêts mais à l'intérêt de la collectivité des salariés (Soc. 10 juill. 2002, n° 00-40301, *Bull.* V. n° 249 ; Soc. 16 mars 2005, *Bull. civ.* V, n° 98). La nullité de la transaction signée en violation de ces règles est alors une nullité absolue, qui peut être invoquée par l'employeur..

section 4

Sanctions du licenciement illicite

Le vocabulaire juridique utilisé par la doctrine permet de distinguer différents types d'illicéité. Le licenciement irrégulier est celui qui n'est pas conforme à des règles de forme (§1). Le licenciement injustifié est celui qui est dénué de cause réelle et sérieuse (§2). Le licenciement nul, quant à lui, est le licenciement non-conforme aux règles prohibant le licenciement (§3). Mais cette partition ternaire ne doit pas faire oublier le fait que le non-respect de certaines exigences, comme celles relatives à la notification du licenciement, est sanctionné par des indemnités pour licenciement sans cause réelle et sérieuse, car l'absence ou l'insuffisance de motif exprimé, et *a fortiori* l'absence de lettre, équivalent à une absence de cause réelle et sérieuse (v. ss 577). Enfin, des barèmes d'indemnités ont été institué pour les licenciements irréguliers et injustifiés (§4). 606

§ 1 Licenciement irrégulier

Les sanctions de principe des irrégularités de forme sont prévues l'article L. 1235-2 du Code du travail (A). Cependant, ces sanctions de principe subissent deux très importantes exceptions, puisqu'elles ne s'appliquent pas aux petites entreprises de moins de onze salariés, ni aux salariés de moins de deux ans d'ancienneté (C. trav., art. L. 1235-5) (B). 607

A. Sanctions de principe

Selon l'article L. 1235-2 du Code du travail, en présence d'une cause réelle et sérieuse de licenciement, la violation de la procédure de licenciement peut entraîner deux sanctions cumulatives : « le tribunal saisi doit imposer à l'employeur d'accomplir la procédure prévue et accorder au salarié, à la charge de l'employeur, une indemnité qui ne peut être supérieure à un mois de salaire ». 608

L'obligation d'accomplir la procédure est une sanction automatique selon le texte du Code du travail (C. trav., art. L. 1235-2 : « ... le juge impose à l'employeur... »). Pourtant, cette *obligation* univoque a été interprétée comme une simple *faculté*, pour le juge, d'ordonner un tel accomplissement (Soc. 16 mars 1978, *Debeaurain** ; 15 nov. 1979, *Bull. civ.* V, n° 855). 609

Finalement, seule l'indemnité maximale d'1 mois de salaire est appliquée automatiquement par les juges. Un tel maximum, si original en droit de la responsabilité, est un signe du peu de cas que le législateur a fait de la procédure de licenciement qu'il a instituée. Pourvu qu'il reste inférieur à 1 mois de salaire, le montant de l'indemnité est souverainement évalué par les juges du fond. La Cour de cassation a précisé qu'il devait tout de même être non nul (Soc. 23 janv. 1991, *RJS* 1991, n° 1308 ; 11 mars 1998, *RJS* 1998, n° 585). 610

n° 87 ; *Dr. soc.* 2001. 1117 ; ce qui inclut notamment les licenciements prononcés en violation de l'obligation de sécurité de l'employeur, contre des salariés ayant utilisé leur droit de retrait (Soc. 28 janv. 2009, n° 07-44.556, *Bull. civ.* V, n° 24 ; *Dr. ouvrier* 2009. 287, note M. Estevez).

620 Lorsque le licenciement est nul, le salarié peut obtenir sa réintégration, en référé comme au fond. C'est là toute la différence avec l'absence de cause réelle et sérieuse, laquelle n'offre au juge qu'une faculté de proposer la réintégration qui doit en outre être acceptée par chaque partie. Il a fallu en réalité plus d'un demi-siècle à partir de la reconnaissance des cas de nullité du licenciement, en 1948, pour que cette solution s'impose comme une solution générale pour tous les licenciements nuls. Les premières réintégrations furent ordonnées, pour les seuls salariés protégés, à partir des célèbres arrêts *Detœuf* du 25 octobre 1968 (*GADT*, n° 153) et *Revet-Sol* du 14 juin 1972 (*GADT*, n° 154). Puis la solution s'est peu à peu étendue, après l'arrêt *Clavaud* relatif au licenciement nul pour violation de la liberté d'expression (Soc. 28 avr. 1988, *Bull. civ.* V, n° 257), aux autres hypothèses de licenciement nul (pour la réintégration en référé d'un gréviste dont le licenciement est nul, v. Soc. 7 juill. 1988, *Bull. civ.* V, n° 432 ; pour la réintégration d'un salarié irrégulièrement licencié en cours de suspension de son contrat pour cause d'accident du travail, v. Soc. 12 nov. 1997, *RJS* 1997, n° 1358 ; en cours de suspension pour simple maladie, Soc. 23 nov. 1999, *Bull. civ.* V, n° 450). Ce n'est finalement qu'avec l'arrêt du 30 avril 2003 (*Bull. civ.* V, n° 152 ; *Dr. soc.* 2003. 831, obs. B. Gauriau), qui finit par accepter le droit à réintégration d'une salariée licenciée alors qu'elle était enceinte et ce malgré le silence en la matière de l'article L. 1225-71 du Code du travail, que la solution apparaît enfin pleinement généralisée à toutes les hypothèses de licenciement nul.

621 L'obligation de réintégrer signifie, pour l'employeur, une obligation de rendre au salarié qui le réclame « le poste qu'il occupait avant son licenciement » et non un poste simplement similaire (Soc. 11 déc. 2001, *Bull. civ.* V, n° 378, rejet d'une proposition de réintégration sur un poste équivalent situé à deux stations de métro de son lieu de travail d'origine). Ce n'est que si ce poste a été supprimé que l'employeur peut proposer un poste simplement équivalent, pourvu que celui-ci ne s'analyse pas en une modification du contrat du salarié.

Seule la preuve de l'« impossibilité matérielle » de la réintégration peut exonérer l'employeur de l'exécution en nature de cette obligation (Soc. 2 févr. 2005, n° 02-45.085, *Bull. civ.* V, n° 43). Le cas du licenciement économique illicite pour défaut de plan de sauvegarde de l'emploi est spécialement traité, depuis la loi du 18 janv. 2005 (C. trav., art. L. 1235-11,). En cas d'« impossibilité » de prononcer la réintégration, ce texte permet de substituer une indemnité de 12 mois de salaire à la réintégration. L'impossibilité ici exprimée est peut-être un peu plus ouverte que la jurisprudence susvisée, le texte visant comme exemple le cas d'« absence d'emploi disponible de nature à permettre la réintégration ».

622 Lorsque le salarié ne demande pas sa réintégration ou lorsque celle-ci est impossible, le salarié bénéficie d'une indemnité qui ne peut être inférieure aux salaires des 6 derniers mois. Cette règle était auparavant d'origine jurisprudentielle (Soc. 5 mai 1993, *Bull. civ.* V, n° 127 ; 17 mars 1998, *Bull. civ.* V, n° 156 ; 16 nov. 1999, *Bull. civ.* V, n° 440 ; 28 mars 2000, *Bull. civ.* V, n° 134 ; 12 juin 2001, *Bull. civ.* V, n° 219 ; 10 juill. 2001, *Bull. civ.* V, n° 260 ; 5 févr. 2002, *Bull. civ.* V, n° 53 ; 22 mai 2002, *Bull. civ.* V,

n° 175 ; 2 juin 2004*). Elle est, depuis la loi « travail » du 8 août 2016, consacrée à l'article L. 1235-3-1 du Code du travail, pour les cas de licenciement nul prévus par la loi, en d'autre termes pour le licenciement discriminatoire (C. trav., art. L. 1132-1), le licenciement consécutif au refus du salarié de subir un harcèlement sexuel (C. trav., art. L. 1253-2) et le licenciement d'une femme enceinte (C. trav., art. L. 1225-4 et L. 1225-5).

Dans tous les cas, les indemnités liées à la nullité du licenciement se cumulent avec l'éventuelle indemnité pour violation de la procédure de licenciement (Soc. 23 janv. 2008, n° 06-42.919, *Bull. civ. V*, n° 20).

Avant la loi dite « travail » du 8 août 2016, les licenciements nuls ne donnaient pas lieu à remboursement des indemnités chômage versées au salarié licencié (Soc. 2 mars 2016, n° 14-23009 et n° 14-23216). Cette règle n'était donc pas alignée sur celle prévalant en matière de licenciement sans cause réelle et sérieuse (v. ss 616). Dorénavant, l'article L. 1235-4 du Code du travail permet à Pôle emploi d'obtenir le remboursement des indemnités de chômage versées au salarié dans les cas de nullité du licenciement prévus par la loi. 623 ■

Mais ce qui rend la nullité du licenciement plus rigoureuse que la simple absence de cause réelle et sérieuse vient surtout de la dette de salaire qu'elle génère. 624 ■

Qu'il demande ou non sa réintégration, le salarié dont le licenciement est annulé a droit aux versements de la totalité des salaires dus par application du contrat depuis la date du licenciement jusqu'à la date de la rupture. Cette date peut être située plusieurs années après le licenciement, pour peu que la procédure judiciaire ait été un peu longue (ce qui est la norme). S'est donc posée la question de savoir si les indemnités qu'il percevait devaient être amputées des salaires que le salarié avait entre-temps perçus. La réponse à cette question varie selon les causes de nullité.

En cas de licenciement économique nul pour absence de plan social, la Cour de cassation a considéré que les salaires dus pendant toute la période couverte par la nullité devaient être réduits des revenus reçus par les salariés dans l'intervalle (Soc. 3 juill. 2003, *Bull. civ.* V, n° 214 ; 16 déc. 2008, n° 07-45.001, inédit ; 18 mars 2009, n° 07-45.307, inédit). Cette solution est également retenue lorsque l'autorisation administrative de licenciement d'un salarié protégé a été annulée (Soc. 2 mai 2001, *RJS* 2001, n° 894 ; *Bull. civ.* V, n° 148 ; 14 févr. 2007, *RJS* 2007, n° 633).

En revanche, s'agissant de la nullité du licenciement d'un salarié gréviste, le salarié doit percevoir une indemnité, qu'il ait reçu ou non dans l'intervalle un revenu de remplacement (Soc. 2 févr. 2006*). La solution vaut également lorsque le licenciement du salarié protégé est nul pour refus d'autorisation ou pour absence d'autorisation (v. not. Soc. 10 oct. 2006, préc.). Même solution pour le licenciement d'un salarié en raison de ses activités syndicales dont la nullité est prononcée : Soc. 2 juin 2010, n° 08-43.277, *RDT* 2010. 592, obs. M. Grevy). Ou encore pour le licenciement fondé sur l'état de santé du salarié (Soc. 11 juill. 2012, n° 10-15.905). Les sommes dues par l'employeur ne sauraient non plus être réduites du montant des indemnités versées par l'assurance chômage pendant la période couverte par la nullité (Soc. 11 mars 2009, n° 07-43.336 [P]).

Cette réduction de l'indemnisation due, dans certains cas de nullité seulement, exprime sans doute une volonté de la Cour de cassation d'atténuer la sanction de l'employeur, dans quelques cas de nullité jugés moins graves. Mais ces exceptions résiduelles confondent « indemnisation selon le préjudice subi » et restitution consécutive à l'inexécution des obligations contractuelles. De plus, elles séparent certaines nullités du licenciement des autres, sans qu'aucune justification juridique ne permette une telle séparation.

§ 4 Les barèmes d'indemnités

625 Depuis quelques années, l'idée s'est imposée qu'il était nécessaire que le juge fixe les indemnités dues en cas de licenciement illicite en fonction de barèmes pré-établis. Le législateur, dans la loi du 6 août 2015 pour la croissance, l'activité et l'égalité des chances a d'abord tenté d'introduire un barème consistant en la fixation de montants minimaux et maximaux d'indemnités. Par conséquent, cette loi avait introduit un plafonnement des indemnités, lequel était établi en fonction de deux critères, les effectifs de l'entreprise, et l'ancienneté du salarié. Très clairement, l'objectif poursuivi était de « sécuriser » la décision de licencier en permettant à l'employeur, au moment du licenciement, de connaître le montant de l'indemnité dont il allait devenir débiteur et, par conséquent, de limiter le pouvoir d'évaluation du juge.

Cette disposition a été censurée par le Conseil constitutionnel au motif qu'une distinction au regard des effectifs était contraire au principe d'égalité de traitement (DC n° 2015-715 DC du 5 août 2015).

Après la censure du Conseil constitutionnel, le législateur a modifié sa version du texte, en introduisant un barème valant pour les indemnités relatives aux licenciements irréguliers, comme injustifiés (C. trav., art. L. 1235-1, al. 5). Le dispositif retenu est différent. D'une part, le barème est indicatif. Il ne s'impose donc pas au juge. Par ailleurs, les parties peuvent choisir d'y faire référence. D'autre part, ce barème doit être fixé par décret en tenant compte « notamment » de l'ancienneté, de l'âge et de la situation du demandeur par rapport à l'emploi. Si le barème n'est donc finalement qu'indicatif, il vise néanmoins toujours à promouvoir une « évalutation normalisée » du juge (G. Bargain, T. Sachs, art. cit. en rubrique « Biblio »).

Compléments pédagogiques

Biblio

- G. Couturier, « Les nullités du licenciement », *Dr. soc.* 1977. 215.
- G. Couturier, « L'impossibilité de réintégrer — sur l'article 77-V de la loi du 18 janv. 2005 », *Dr. soc.* 2005. 403.
- M. Grevy, « Vidéosurveillance dans l'entreprise, un mode normal de contrôle des salariés ? », *Dr. soc.* 1995. 329.
- G. Bargain, T. Sachs, « La tentation du barème », *RDT* 2016. 256.

Documents

1) Sanctions de la procédure de licenciement

Soc. 16 mars 1978, *Debeaurain* (*Bull. civ.* V, n° 199 ; *GADT*, n° 98)

« … le licenciement d'un salarié entaché d'une irrégularité formelle n'est pas nul, mais sanctionné par l'attribution d'une indemnité d'un mois de salaire au plus ; qu'en allouant cette indemnité à Debeaurain, les juges d'appel ont pu estimer qu'il n'y avait aucun intérêt en l'espèce à recommencer une procédure de licenciement déjà tentée à deux reprises et devenue inutile en raison de l'écoulement de plus d'une année depuis son prononcé ».

Cass., ass. plén., 27 nov. 1998 (*Bull. ass. plén.*, n° 7 ; *GADT*, n° 100)

« … l'employeur est tenu d'énoncer le ou les motifs du licenciement dans la lettre de notification de licenciement mentionnée à l'ancien article L. 122-14-1 (…) à défaut le licenciement est sans cause réelle et sérieuse ».

2) Titularité du pouvoir de licencier dans les SAS

Chambre mixte 19 nov. 2010 (G. Auzero et N. Ferrier, « La délégation du pouvoir de licencier dans les SAS (et les autres groupements personnalisés) », *RJS* 2011, n° 2, p. 83, A. Lyon-Caen ; « Le pouvoir entre droit du travail et droit des sociétés. À propos du licenciement dans une SAS(U) », *RDT* 2010. 494).

« Selon [C. com., art. L. 227-6], la société par actions simplifiée est représentée à l'égard des tiers par son président et, si ses statuts le prévoient, par un directeur général ou un directeur général délégué dont la nomination est soumise à publicité, cette règle n'exclut pas la possibilité, pour ces représentants légaux, de déléguer le pouvoir d'effectuer des actes déterminés tel que celui d'engager ou de licencier les salariés de l'entreprise ».

3) Notion de cause réelle et sérieuse

Soc. 2 mars 2005 (*RJS* 2005, n° 490)

« ... aucune clause du contrat de travail ne peut valablement prévoir qu'une circonstance quelconque constituera un motif de rupture, et (...) l'insuffisance de résultats ne peut en soi constituer une cause de licenciement ; (...) il appartient au juge d'apprécier, dans le cadre des pouvoirs qu'il tient de l'ancien article L. 122-14-3 du Code du travail, si les faits invoqués par l'employeur dans la lettre de licenciement peuvent caractériser une cause réelle et sérieuse de licenciement ».

4) Preuve de la cause réelle et sérieuse

Soc. 18 mars 2008, *Bonnici* (n° 06-45.093 [P], *Dr. soc.* 2008. 608, obs. C. Radé)

« Vu l'article 9 du Code de procédure civile ;
Attendu que si l'employeur a le pouvoir de contrôler et de surveiller l'activité de son personnel pendant le temps de travail, il ne peut mettre en œuvre un dispositif de surveillance clandestin et à ce titre déloyal ; (...)
Qu'en statuant ainsi, alors qu'elle constatait que des agents EDF, mandatés par le chef de centre, s'étaient rendus dans l'établissement tenu par l'épouse de l'intéressé en se présentant comme de simples clients, sans révéler leurs qualités et le but de leur visite, ce dont il résultait que leurs vérifications avaient été effectuées de manière clandestine et déloyale, en ayant recours à un stratagème, la cour d'appel, qui a retenu à tort comme moyen de preuve les rapports établis dans ces conditions, a violé le texte susvisé ».

5) Transactions

– Concessions réciproques

Soc. 27 mars 1996, *Interlac* (*Bull. civ.* V, n° 124 ; *GADT*, n° 119)

« ... l'existence de concessions réciproques, qui conditionne la validité d'une transaction, doit s'apprécier en fonction des prétentions des parties au moment de la signature de l'acte ; que s'il en résulte que le juge ne peut, pour se prononcer sur la validité d'une transaction, rechercher, en se livrant à l'examen des preuves, si ces prétentions étaient justifiées, il peut néanmoins se fonder sur les faits invoqués lors de la signature de l'acte, indépendamment de la qualification juridique qui leur a été donnée ;
Qu'ayant constaté que, pour justifier la qualification de faute grave qu'elle donnait aux faits invoqués à l'appui du licenciement, la société ne faisait état, dans la lettre de licenciement, que d'un manque de compétence du salarié dans l'exercice de ses fonctions de directeur technique, fait qui ne pouvait être constitutif d'une faute grave privative de l'indemnité de préavis, la cour

d'appel a justifié sa décision (d'annuler une transaction qui n'aurait contenu de concession de l'employeur qu'en présence d'une faute grave) ».

Soc. 19 févr. 1997
(*Bull. civ.* V, n° 74)

« ... la cour d'appel a relevé que Mme Amoyal n'avait pas été licenciée pour faute grave et qu'elle avait donc droit à l'indemnité conventionnelle de licenciement, qu'ayant constaté que celle-ci s'élevait à la somme de 12 496,66 francs, alors que la somme allouée en vertu de la transaction s'élevait à 15 000 francs, la cour d'appel a pu décider que la transaction était nulle, faute d'une concession appréciable ».

– Date de la transaction

Soc. 29 mai 1996, *Purier*
(*Bull. civ.* V, n° 215 ; *D.* 1997. 49, note J.-P. Chazal ; *Dr. soc.* 1996. 689, note J. Savatier ; *GADT*, n° 120)

« Vu les articles L. 122-14 et L. 122-14-7 du Code du travail
(...) la transaction ayant pour objet de mettre fin au litige résultant d'un licenciement ne peut valablement être conclue qu'une fois la rupture intervenue et définitive ».

Soc. 18 févr. 2003
(*Bull. civ.* V, n° 61)

« ... une transaction, ayant pour objet de mettre fin, par des concessions réciproques, à toute contestation née ou à naître résultant de la rupture du contrat de travail, ne peut être valablement conclue qu'après notification du licenciement par lettre recommandée avec demande d'avis de réception ».

Soc. 28 mai 2002
(*Bull. civ.* V, n° 182)

« ... la nullité d'une transaction résultant de ce qu'elle a été conclue avant la notification du licenciement est une nullité relative instituée dans l'intérêt du salarié et qui ne peut, dès lors, être invoquée par l'employeur ».

6) Le licenciement nul

Soc. 2 févr. 2006
(*Bull. civ.* V, n° 53, n° 03-47.481)

« ... la cour d'appel a exactement décidé que les salariés, dont les contrats de travail n'avaient pas été rompus et dont les licenciements étaient nuls, avaient droit au paiement d'une indemnité égale au montant de la rémunération qu'ils auraient dû percevoir entre leur éviction de l'entreprise et leur réintégration, peu important qu'ils aient ou non reçu des salaires ou un revenu de remplacement pendant cette période. ».

Soc. 2 juin 2004
(*Bull. civ.* V, n° 153; *Dr. ouvrier* 2005. 33, note S. Ducroq (à propos d'un salarié accidenté du travail trois mois après son embauche, licencié en cours de période de suspension))

« … le salarié dont le licenciement est nul, et qui ne demande pas sa réintégration, a droit, en toute hypothèse, outre les indemnités de rupture, à une indemnité réparant l'intégralité du préjudice résultant du caractère illicite du licenciement et au moins égale à six mois de salaires,… … lorsque le licenciement est nul, le salarié a droit à l'indemnité compensatrice de préavis, peu important les motifs de la rupture ».

Soc. 24 juin 1998
(*Bull. civ.* V, n° 340)

« Attendu que le licenciement d'un salarié investi d'un mandat représentatif prononcé en violation du statut protecteur est atteint de nullité et ouvre droit, pour ce salarié, à sa réintégration, s'il l'a demandée ; que ce n'est qu'au cas où l'entreprise a disparu, ou celui où il existe une impossibilité absolue de réintégration, que l'employeur est libéré de son obligation… ».

⇨ *En l'espèce, la Cour casse un arrêt d'appel qui avait considéré la réintégration impossible du fait de la suppression du poste du salarié depuis près de 10 ans et du licenciement économique récent de plus de 100 salariés de l'entreprise.*

Débats

La titularité du pouvoir de licencier

S'est posée une question particulière, propre aux sociétés par actions simplifiées (SAS) : celle de la titularité du pouvoir de licencier. L'article L. 227-6 du Code de commerce dispose en effet que cette société est représentée à l'égard des tiers par un président désigné dans les conditions prévues par les statuts. Les statuts peuvent toutefois prévoir les conditions dans lesquelles une ou plusieurs personnes autres que le président peuvent exercer les pouvoirs de représentation. Appliquant de manière stricte les dispositions de l'article L. 227-6 du Code de commerce, certaines cours d'appel avaient considéré que, dans les sociétés par actions simplifiées, le pouvoir de licencier ne pouvait être exercé que par les personnes expressément visées par ce texte. Par des arrêts rendus le 19 novembre 2010*, la chambre mixte de la Cour de cassation a au contraire décidé que l'article L. 227-6 du Code de commerce n'exclut pas la possibilité, pour le président ou le directeur général, de déléguer le pouvoir d'effectuer des actes déterminés tels que celui de licencier les salariés de l'entreprise. Est ainsi valide le licenciement effectué par un responsable des ressources humaines.

Une telle solution prête pourtant à discussion. La spécificité de la SAS repose sur la grande souplesse tant dans sa constitution que dans son organisation et son fonctionnement, lesquels sont largement déterminés par ses statuts. Une telle liberté peut être source d'insécurité juridique pour les tiers, en ce que le titulaire du pouvoir est difficilement identifiable. En confiant ce pouvoir au président, ou aux personnes visées par les statuts, le législateur avait comme objectif de limiter cette insécurité juridique.

C'est cette limitation de l'insécurité juridique qui est mise à mal dans les arrêts de la chambre mixte, puisque des personnes non visées par les statuts peuvent exercer le pouvoir de licencier, sans que la délégation de pouvoirs en vertu de laquelle ils exercent ce pouvoir ne soit rendue publique.

notamment de l'état du marché correspondant. D'autre part, le non-respect d'un objectif doit être dû à une faute ou à une véritable insuffisance professionnelle du salarié, qui doit elle-même être prouvée (v. par ex. Soc. 2 déc. 2003, *RJS* 2004, n° 184 ; 18 mai 2005, *RJS* 2005, n° 819). Ainsi, le seul fait que les résultats d'une salariée soient inférieurs à ceux d'une autre salariée ne suffit pas à établir l'insuffisance professionnelle et, par conséquent, son insuffisance de résultat (Soc. 25 juin 2014, n° 13-14.580).

section 2

La faute

Pour qu'elle constitue un motif de licenciement, la faute doit revêtir un certain caractère de gravité. La faute dite légère ne peut constituer un motif de licenciement. Elle doit être au minimum « sérieuse », pour constituer une cause réelle et sérieuse (Sur la notion de faute professionnelle et l'application du droit disciplinaire, v. chap. 9, Pouvoir disciplinaire, v. ss 233 s.). 632 ■

Mais la faute est susceptible de revêtir plusieurs degrés de gravité. 633 ■

La faute peut être qualifiée de faute grave, ce qui a pour conséquence de priver le salarié d'indemnités de préavis et de licenciement.

La faute grave s'entendait de celle qui rend « impossible le maintien du salarié dans l'entreprise pendant la durée même limitée du préavis » (Soc. 2 févr. 2005*). La référence au préavis a aujourd'hui disparu des arrêts de la chambre sociale. La faute grave est celle qui rend impossible le maintien du salarié dans l'entreprise (Soc. 27 sept. 2007, n° 06-43.867, *Bull. civ.* V n° 146).

La faute s'apprécie *in concreto*, c'est-à-dire au regard du contexte concret, spécifique à chaque affaire. Il serait ainsi trompeur de dresser une liste des fautes qui ont été ou non qualifiées de graves : telle ou telle faute pouvant être grave ou non selon son contexte. Traiter un supérieur hiérarchique de « pauvre tâche » pourrait être moins qu'une cause sérieuse sur un chantier du bâtiment et une faute grave au sein de l'équipe dirigeante d'une banque commerciale.

A priori, les fautes « graves » sont relativement rares, si l'on en croit les termes utilisés par la Cour de cassation : le maintien du salarié dans l'entreprise, même pendant une durée limitée, est dit « impossible ». Mais il faut plus qu'une simple désobéissance ponctuelle pour rendre « impossible » le maintien du salarié à son poste pendant la durée limitée du préavis.

Le comportement de l'employeur peut exclure la qualification de faute grave. L'employeur qui laisse travailler le salarié même après qu'il a découvert la faute, démontre que le salarié, malgré sa faute, pouvait continuer à travailler. Rien n'empêchait dès lors de lui faire exécuter son préavis. Il ne s'agit pas d'une faute grave. 634 ■

La jurisprudence tient ce raisonnement de manière constante depuis de nombreuses années. Elle considère ainsi que le fait d'avoir laissé le salarié exécuter son préavis (Soc. 12 juill. 2005* ; 5 déc. 2007, n° 06-41.313) ou simplement d'avoir tardé à entamer la procédure de licenciement après avoir eu connaissance de la faute (Soc. 22 oct. 1991*) empêche l'employeur de se prévaloir d'une faute grave. Le délai de mise en œuvre de la rupture du contrat de travail doit être, selon la Cour de cassation, « restreint » (Soc. 6 oct. 2010, n° 09-41.294 [P]). En revanche, la Cour de cassation admet que l'employeur invoque une faute grave s'il n'a conservé le salarié dans l'entreprise que pendant le temps d'expédier au plus vite la procédure de licenciement (Soc. 8 juill. 1985, *Bull. civ.* V, n° 406, maintien dans l'entreprise pendant une semaine, le temps d'exécuter la procédure de licenciement). Et ce, bien que la faute grave permette de justifier une mise à pied conservatoire, qui éloigne le salarié de l'entreprise pendant la procédure de licenciement. L'idée de la Cour est de ne pas obliger l'employeur qui veut invoquer une faute grave à utiliser de telles mesures conservatoires (Soc. 4 nov. 1992, *Bull. civ.* V, n° 530).

635 Sommet de la hiérarchie des fautes que peut commettre le salarié, la faute lourde est la faute qui fait tomber toutes les protections. Elle permet de licencier un salarié gréviste. Elle seule permet encore d'engager la responsabilité contractuelle du salarié vis-à-vis de son employeur (solution admise depuis Soc. 27 nov. 1958, *Sté des forges stéphanoises*, *Bull. civ.* IV, n° 1258 ; *GADT*, n° 47 ; *D.* 1959. 20, note R. Lindon ; *JCP* 1959. II. 11143, note J. Brethe de la Gressaye ; *RTD civ.* 1959. 753, note J. Carbonnier ; Soc. 21 oct. 2008, n° 07-40.809 [P], *RDT* 2009. 112, note G. Pignarre ; *Dr. ouvrier* 2009. 217, note Ch. Mathieu-Géniau ; 6 mai 2009, n° 07-44.485 [P]). Non seulement le salarié pourra ainsi être licencié sans aucune indemnité, mais encore il devra indemniser l'employeur du préjudice que sa faute lui a fait subir. Elle prive, comme la faute grave, le salarié de préavis et d'indemnités de licenciement. Jusqu'il y a peu, elle lui ôtait également le droit à l'indemnité de congés payés (C. trav., anc. art. 3141-26), ce qui revenait à le priver de droits qu'il avait préalablement acquis. Le Conseil constitutionnel a jugé cette disposition contraire à la Constitution (Cons. const. 2 mars 2016, décis. n° 2015-523 QPC). Elle est donc devenue inapplicable, et a par là-même été abrogée.

Cette faute n'est logiquement reconnue que très exceptionnellement par les juges. Elle doit non seulement être d'une exceptionnelle gravité, mais elle doit en outre avoir été commise volontairement, sciemment, dans l'intention de nuire à l'employeur (v. par ex. Soc. 16 févr. 1989, *Aznar*, *RJS* 1989, n° 380 ; 16 mai 1990, *Bazillet* ; *Bull. civ.* V, n° 228 ; 31 mai 1990* ; 29 nov. 1990, *Laborie*, *RJS* 1991, n° 17 ; 5 déc. 1996, *Dr. soc.* 1997. 195, obs. G. Couturier ; 28 nov. 2001, *RJS* 2002, n° 144 ; 29 avr. 2009, n° 07-42.294). La faute lourde est, en droit du travail, une faute intentionnelle. Et le seul fait que l'entreprise ait subi un préjudice n'est pas suffisant, l'intention de nuire ne pouvant se déduire de la seule commission d'un acte préjudiciable à l'entreprise (Soc. 22 oct. 2015, n° 14-11801 et 14-11291 [P]). Il faut, véritablement, une volonté de porter préjudice à l'employeur (Soc. 22 oct. 2015, précit.). Qu'un salarié ait détourné sur son compte personnel la somme de 60 000 euros, comme dans l'une des affaires précitées, témoigne bien sûr de l'existence d'une faute, mais en aucune manière de son intention de nuire à l'employeur, qu'il faut démontrer par ailleurs (Soc. 22 oct. 2015, n° 14-11291).

section 3

Les motifs d'ordre subjectif

Progressivement, les motifs d'ordre subjectif ont été considérés par la jurisprudence comme insusceptibles de constituer une cause réelle et sérieuse de licenciement. 636

C'est souvent pour des raisons de mésentente, de perte de confiance, qu'un employeur souhaite se séparer d'un salarié. Ces causes subjectives, psychologiques, ne sont pas des justifications suffisantes. Ce n'est pas un état d'esprit insusceptible d'être prouvé qui peut motiver juridiquement un licenciement. Seuls des faits objectifs le peuvent. 637

Cette solution ne s'est imposée que tardivement, à la suite de l'arrêt *Fertray*, du 29 novembre 1990*, lequel a affirmé expressément cette exigence d'objectivité et le rejet qui en résultait de la perte de confiance comme motif de licenciement. À la suite de cet arrêt, il a encore semblé, un temps que les motifs psychologiques pouvaient être des justifications, à la condition d'être étayés par des faits objectifs. Cependant, l'état d'esprit de l'employeur peut être à l'origine de la décision, mais il n'est pas une *justification*. Il était donc plus juste de dire que seuls les faits objectifs invoqués à l'appui d'un motif psychologique pouvaient être des causes justificatives de licenciement, le motif psychologique devant, lui, être franchement écarté des débats (en ce sens, v. Soc. 29 mai 2001*). De toute cette évolution il ressort toutefois que si l'employeur invoque une perte de confiance qu'il étaye, dans la lettre de notification, par des éléments objectifs, les juges doivent rechercher si ces éléments constituent, en eux-mêmes, une cause de licenciement (Soc. 30 mars 2005, *RJS* 2005, n° 670).

De même, les comportements des proches du salarié ne peuvent être en eux-mêmes des causes objectives : le comportement d'un parent ou d'un allié du salarié ne crée aucune perturbation objective dans les rapports de travail entre le salarié et l'employeur. Ils ne peuvent que créer des angoisses, des craintes, des méfiances, soit autant de sentiments, de causes subjectives non justifiantes. Du reste, en matière de licenciement pour motif personnel, l'exigence d'objectivité rejoint souvent celle d'imputabilité : il est nécessaire que le fait reproché soit imputable au salarié. Ce qui conduit, logiquement, à invalider les licenciements motivés par le comportement du conjoint (Soc. 29 nov. 1990*, préc. ; 21 sept. 2006*), du concubin (Soc. 27 mai 1998, *RJS* 1998, n° 1185), du fils (Soc. 12 janv. 1993, *Dr. soc.* 1993. 187) ou de la sœur du salarié (Soc. 21 mars 2000, *RJS* 2000, n° 509). 638

De manière un peu moins tranchée, la jurisprudence considère qu'un comportement du salarié à l'origine d'une mésentente (entre salariés ou parfois entre employeur et salarié) ou d'une incompatibilité d'humeur peut constituer une cause réelle et sérieuse de licenciement s'il résulte de faits imputables au salarié (Soc. 5 févr. 2002, *Bull. civ.* V, n° 50 ; 27 nov. 2001, *Bull. civ.* V, n° 360 ; 23 févr. 2005, n° 02-45.988). Parfois, la motivation des juges n'est pas sans rappeler la notion de trouble objectif. La mésentente ne serait recevable qu'à condition d'avoir perturbé le fonctionnement de l'entreprise. Ainsi la Cour de cassation a-t-elle affirmé, à propos d'une salariée qui avait été licenciée en raison des dissensions qui existaient entre elle et ses collègues 639 de travail, que « la salariée avait fait preuve d'une acrimonie, voire d'une agressivité verbale à l'égard de ses collègues et créé ainsi un état de tension dans l'entreprise » (Soc. 25 avr. 2001, n° 99-41.665).

section 4

Les motifs tirés d'un fait de la vie personnelle du salarié

640 Reconnaître qu'un motif de licenciement constitue une cause réelle et sérieuse de licenciement suppose aussi que ce motif soit professionnel. Un motif tiré de la vie personnelle du salarié ne peut être invoqué par l'employeur pour justifier un licenciement. La solution est logique. Le salarié n'étant pas, au moment de la commission de l'acte qu'on lui reproche, sous la subordination juridique de l'employeur, il échappe à son pouvoir de direction.

La Cour de cassation a ainsi, au gré de ses décisions, tracé une ligne de partage entre ce qui relève de la vie professionnelle du salarié et ce qui relève de sa vie personnelle, notion englobant, outre la vie proprement privée du salarié, tout ce qui concerne notamment sa vie associative ou politique.

641 Une exception existe, si ce fait a créé un trouble caractérisé au sein de l'entreprise. Selon l'expression en général retenue, le comportement du salarié doit avoir, « compte tenu de la nature de ses fonctions et de la finalité propre de l'entreprise [...] créé un trouble caractérisé au sein de l'entreprise » (L'un des premiers arrêts à avoir retenu cette formule est Soc. 17 avr. 1991, *Bull. civ.* V, n° 201, au sujet d'un aide-sacristain d'une paroisse licencié en raison de son homosexualité ; v. aussi Soc. 30 juin 1992, *Bull. civ.* V, n° 429 : le licenciement d'un cadre de banque pour avoir émis des chèques sans provision est dénué de cause réelle et sérieuse ; v. encore Soc. 14 sept. 2010, n° 09-65.675). L'employeur n'est donc pas en droit d'invoquer la cause de ce trouble (le fait tiré de la vie personnelle du salarié), mais il peut se prévaloir des conséquences de ce trouble sur le fonctionnement de l'entreprise.

Ce trouble objectif est apprécié de manière circonstanciée, au regard notamment des fonctions du salarié et de la finalité de l'entreprise. De sorte que dans les entreprises dites « de tendance », institutions dont la raison d'être correspond à la défense ou à la promotion d'une doctrine politique, syndicale, ou religieuse, certains faits tirés de la vie privée du salarié, qui sont en contradiction avec la doctrine promue, seront plus facilement pris en considération pour caractériser le trouble objectif. Cette appréciation circonstanciée est également menée par la CEDH. Dans une décision du 30 sept. 2010 (*Schüth c/ Allemagne*, req. n° 1620/03), l'Allemagne est condamnée pour violation du droit au respect de la vie privée et familiale et le licenciement d'un organiste et chef de chœur employé par une paroisse catholique qui avait eu une relation extraconjugale après s'être séparé de son épouse, est jugé disproportionné. Au contraire, dans la décision *Obst. c/ Allemagne*, req. n° 425/03 rendue le même jour, le licenciement d'un Directeur pour l'Europe des relations publiques employé par l'Église Mormone pour relation adultérine n'est pas jugé disproportionné.

En tout état de cause, le licenciement ne doit pas être disciplinaire. Cette protection va au-delà de la seule protection de la vie privée *stricto sensu*. C'est ce que tend à exprimer le terme de « vie personnelle ». La vie personnelle vise ainsi tout ce qui est extérieur à la sphère contractuelle, et inclut outre la vie privée, la vie publique, politique, militante, associative (v. par ex. Soc. 23 mai 2007, n° 05-41.374, *Bull. civ.* V, n° 82 ; *D.* 2007. Pan. 3037, obs. Ch. Géniaut ; *RDT* 2007. 586, obs. T. Aubert-Monpeyssen, qui refuse la qualification de faute disciplinaire d'un blocage de péage, réalisé par l'employé de ce péage, mais hors de son temps de travail et à l'occasion d'une manifestation publique). 642 ■

Cette solution, logique, a été réaffirmée, après quelques atermoiements, par l'arrêt de chambre mixte de la Cour de cassation du 18 mai 2007*. Cela ne signifie pas que l'employeur ne peut pas licencier. Il peut tout à fait invoquer un trouble caractérisé au sein de l'entreprise et licencier par conséquent pour *motif personnel non disciplinaire*, avec application de la procédure de droit commun du licenciement.

Voilà qui paraît simple. En réalité, entre la vie personnelle et la vie professionnelle, existe une zone incertaine, qui suscite bien des discussions doctrinales et qui donne lieu à des solutions judiciaires parfois assez critiquables. 643 ■

En premier lieu, s'il existe hors du temps et du lieu de travail, une sorte de présomption de vie personnelle, il est néanmoins possible dans certains cas de qualifier de fautif un comportement du salarié qui relève pourtant *a priori* de sa vie personnelle. Plusieurs justifications sont utilisées pour qualifier ce fait de fautif.

D'abord, le fait commis hors du lieu et du temps de travail peut néanmoins être qualifié de fautif lorsque le salarié a manqué à une obligation découlant de son contrat de travail. Suivant en cela le Conseil d'État (CE 15 déc. 2010, req. n° 316856, *RDT* 2011. 116, note P. Adam), la chambre sociale considère ainsi que la suspension du permis d'un chauffeur à la suite d'une infraction commise dans le cadre de sa vie privée n'est pas fautive, seul le manquement du salarié à une obligation découlant du contrat de travail pouvant revêtir la qualification de faute (Soc. 3 mai 2011*, n° 09-67.464, *Bull. civ.* V, n° n° 105 ; v. aussi pour un salarié appartenant au personnel de sécurité qui avait consommé des drogues dures pendant des escales entre deux vols : Soc. 27 mars 2012, n° 10-19.915, *Bull. civ.* V, n° 106). Cette reformulation est heureuse tant la vie personnelle du salarié doit être protégée de toute intrusion du pouvoir disciplinaire de l'employeur. Encore une fois, l'employeur n'est pas dans l'impossibilité de licencier pour trouble objectif au fonctionnement de l'entreprise.

Dans cette ligne jurisprudentielle peuvent s'inscrire d'anciennes décisions reconnaissant des obligations professionnelles à la charge du salarié en dehors des lieux et temps de travail. Ainsi, le comportement d'une salariée de la Caisse d'allocations familiales ayant minoré ses déclarations de ressources afin de bénéficier de prestations sociales indues a pu être qualifié de faute grave, au motif que ses fonctions « la soumettaient à une obligation particulière de loyauté et de probité » (Soc. 25 févr. 2003, n° 00-42.031, *Bull. civ.* V, n° 66 ; v. aussi Soc. 25 janv. 2006, n° 04-44.918, *Bull. civ.* V, n° 26, *D.* 2006. IR. 394).

Ensuite, un autre artifice consiste à rattacher certains actes accomplis par le salarié dans sa vie personnelle à sa vie professionnelle. Ainsi, se rattache « à la vie de l'entreprise » le comportement du salarié ayant « profité de ses fonctions de gardien et de la confiance que lui faisait l'employeur, pour stocker et fabriquer de façon illicite de l'alcool dans les dépendances du château dans des conditions telles qu'elles impliquaient un véritable trafic » (Soc. 17 nov. 2011, n° 10-17.950). Il en est de même des faits reprochés au salarié, commis à l'occasion d'un séjour d'agrément organisés par l'employeur en dehors du temps et du lieu de travail (Soc. 8 oct. 2014, n° 13-16793 [P]).

■ 644 En second lieu, les faits se déroulant sur le temps et le lieu de travail sont *a priori* retenus dans la sphère professionnelle. Toutefois, le salarié doit pouvoir conserver une part de vie personnelle au travail. L'exigence d'une vie personnelle au travail se traduit par le fait que les propos tenus par le salarié dans ses correspondances privées ne peuvent être qualifiés de fautifs (le droit à la vie privée s'illustre également par le fait que l'employeur ne peut avoir accès seul aux fichiers personnels du salarié ; sur ce point, v. ss chap. 12, Pouvoir et droits fondamentaux, v. ss 324). Et pourtant, une telle règle est aujourd'hui vidée d'une bonne partie de sa substance. Bien sûr, la Cour de cassation affirme encore avec vigueur que l'employeur ne peut utiliser un courrier pour sanctionner le salarié lorsque son contenu relève de sa vie personnelle (Soc. 5 juill. 2011, n° 10-17.284).

Mais la chambre sociale admet également, alors qu'une salariée avait été licenciée suite aux propos qu'elle avait tenus à un collègue de l'entreprise (qui était également son ami), dans un courriel découvert par l'employeur, que ces propos ne revêtent pas un caractère privé et qu'ils pouvaient être retenus à l'appui d'un licenciement disciplinaire « dès lors qu'ils sont en rapport avec l'activité professionnelle de la salariée » (Soc. 2 févr. 2011, n° 09-72.450). Voilà qui laisse sceptique. Pour déterminer le caractère privé ou non du courriel, le contenu de ce dernier est ausculté (même solution s'agissant d'un message envoyé sur le téléphone portable d'une collègue : Soc. 28 sept. 2011, n° 10-16.995). La Cour de cassation s'est ici clairement égarée et la solution sonne comme une atteinte gravissime à la vie privée des salariés. Le salarié ne peut-il s'adresser à un collègue et néanmoins ami pour critiquer l'employeur, même en termes virulents ?

section 5

Le trouble objectif au fonctionnement de l'entreprise

■ 645 Le trouble objectif semble devenir une catégorie transversale aux différents motifs personnels de licenciement. Il devient une sorte d'artefact, permettant à l'employeur d'invoquer un motif très personnel au salarié en en montrant le retentissement sur l'entreprise. Alors que l'invocation de certains motifs, trop personnels, trop subjectifs, ou discriminatoires, n'est pas autorisée, le trouble objectif permet à l'employeur de déplacer le débat et d'objectiver le motif en le situant sur le terrain du fonctionnement de l'entreprise. Il permet :

- de licencier un salarié dont un fait tiré de la vie personnelle a retenti sur le fonctionnement de l'entreprise. Le fait tiré de la vie personnelle n'est pas un motif de licenciement. Mais sa conséquence, le trouble objectif, en est un ;

- de licencier un salarié malade lorsque la durée de l'absence du salarié ou la répétition de ses absences rend nécessaire son remplacement définitif (v. ss 488). Les termes de trouble objectif ne sont alors pas employés mais l'on retrouve cette aspiration dans l'exigence de la Cour de cassation que l'employeur fasse la preuve, pour justifier le licenciement, des perturbations entraînées par cette absence ;

- de licencier un salarié dont la mésentente avec un autre salarié a créé « un état de tension » dans l'entreprise (v. ss 639).

Compléments pédagogiques

Biblio

- J. Pélissier, « Licenciement et perte de confiance », *D.* 1991. 190.
- Ph. Waquet, « Les objectifs », *Dr. soc.* 2001. 120.
- Ph. Waquet, « Le trouble objectif dans l'entreprise, une notion à définir », *RDT* 2006. 304.
- P. Lokiec, « Le licenciement pour insuffisance professionnelle », *Dr. soc.* 2014, p. 38.
- P. Adam, « Vie personnelle/vie professionnelle : une distinction en voie de dissolution ? (petit exercice de jardinage juridique », *Droit ouvrier* 2013. 431.

Documents

1) Motifs liés à l'incompétence du salarié

Soc. 2 mars 2005 (*RJS* 2005, n° 490)

« … aucune clause du contrat de travail ne peut valablement prévoir qu'une circonstance quelconque constituera un motif de rupture, et (…) l'insuffisance de résultats ne peut en soi constituer une cause de licenciement ; (…) il appartient au juge d'apprécier, dans le cadre des pouvoirs qu'il tient de l'article L. 122-14-3 du Code du travail, si les faits invoqués par l'employeur dans la lettre de licenciement peuvent caractériser une cause réelle et sérieuse de licenciement ».

2) Faute grave

Soc. 22 oct. 1991 (n° 90-40.077)

« Mais attendu que la cour d'appel a relevé que l'employeur, qui avait eu connaissance de l'ensemble des griefs retenus au fur et à mesure de leur réalisation, avait conservé le salarié dans l'entreprise pendant un temps excédant les délais nécessaires à son information, que cette tolérance l'empêchait d'invoquer la faute grave ».

Soc. 2 févr. 2005 (n° 02-45.748, *Bull. civ.* V, n° 42)

« … la faute grave est celle qui, par son importance, rend impossible le maintien du salarié dans l'entreprise pendant la durée même limitée du préavis ».

3) Faute lourde

Soc. 31 mai 1990
(*Bull. civ.* V, n° 260 ; *Dr. soc.* 1991. 105, obs. G. Couturier)

« … un salarié ne répond pas à l'égard de son employeur des risques de l'exploitation et que sa responsabilité ne peut se trouver engagée qu'en cas de faute lourde, qu'en relevant que l'employeur ne prouvait pas que le déficit reproché au salarié avait été intentionnel et sciemment organisé, la cour d'appel a décidé à bon droit que la faute lourde n'était pas caractérisée et a légalement justifié sa décision ».

4) Motifs d'ordre subjectif

Soc. 29 nov. 1990
(*Bull. civ.* V, n° 597 ; *D.* 1991. 190, note J. Pélissier ; *GADT*, n° 103)

« … un licenciement pour une cause inhérente à la personne du salarié doit être fondé sur des éléments objectifs ; que la perte de confiance alléguée par l'employeur ne constitue pas en soi un motif de licenciement ».

Soc. 29 mai 2001
(*Bull. civ.* V, n° 183)

« … la perte de confiance de l'employeur ne peut jamais constituer en tant que telle une cause de licenciement même quand elle repose sur des éléments objectifs ; seuls ces éléments objectifs peuvent constituer une cause de licenciement ».

Soc. 21 sept. 2006
(*Bull. civ.* V, n° 285 ; *RTD civ.* 2007. 114-115, obs. J. Mestre et B. Fages ; *RDT* 2006. 315-316, obs. E. Dockès)

« … le licenciement pour une cause inhérente à la personne du salarié doit être fondé sur des éléments objectifs imputables à ce salarié…le seul risque d'un conflit d'intérêts ne peut constituer une cause réelle et sérieuse de licenciement ».

5) Vie personnelle et faute disciplinaire

Cass., ch. mixte, 18 mai 2007
(n° 05-40.803, *Bull. Chambre mixte,* n° 3 ; *D.* 2007. 2137, obs. J. Mouly ; *ibid.* Pan. 3037, obs. Ch. Géniaut; *SSL* 2007, n° 1310, note Ph. Waquet; *RDT* 2007. 527, obs. T. Aubert-Montpeyssen, *JCP* 2007. II. 10129, obs. G. Loiseau ; *Dr. ouvrier* 2008. 25, note S. Ducrocq)

« …Vu l'article 9 du Code civil, ensemble l'article L. 122-40 du Code du travail ;
Attendu que pour statuer comme elle a fait, la cour d'appel a retenu qu'il est patent que le document litigieux, particulièrement obscène, avait provoqué un trouble dans l'entreprise…
Qu'en statuant ainsi, alors, d'une part, qu'un trouble objectif dans le fonctionnement de l'entreprise ne permet pas en lui-même de prononcer une sanction disciplinaire à l'encontre de celui par lequel il est survenu, d'autre part, que la réception par le salarié d'une revue qu'il s'est fait adresser sur le lieu de son travail ne constitue pas un manquement aux obligations résultant de son contrat, et enfin, que l'employeur ne pouvait, sans méconnaître le respect dû à la vie privée du salarié, se fonder sur le contenu d'une correspondance privée pour sanctionner. »

Soc. 3 mai 2011
(n° 09-67.464 [P], *D.* 2011. 1568, G. Loiseau ; *JCP* 2011, n° 26, p. 754)

« Attendu qu'un motif tiré de la vie personnelle du salarié ne peut, en principe, justifier un licenciement disciplinaire, sauf s'il constitue un manquement de l'intéressé à une obligation découlant de son contrat de travail ; que le fait pour un salarié qui utilise un véhicule dans l'exercice de ses fonctions de commettre, dans le cadre de sa vie personnelle, une infraction entraînant la suspension ou le retrait de son permis de conduire ne saurait être regardé comme une méconnaissance par l'intéressé de ses obligations découlant de son contrat de travail. »

Quiz

Se reporter au cas pratique corrigé à la fin du chapitre 12 [Pouvoirs et droits fondammentaux].

chapitre 21

Le licenciement économique

Plan analytique

section 1

Le domaine

section 2

La décision de licencier

Compléments pédagogiques

Le licenciement économique

Le licenciement pour motif économique est un sujet socialement, politiquement, donc juridiquement très disputé. Un licenciement économique peut concerner, en une seule fois, des centaines de personnes, frapper des bassins d'emplois entiers. Il précipite dans le chômage des salariés auxquels rien n'est reproché, ni faute, ni insuffisance professionnelle. 646

Il fait l'objet d'une réglementation spéciale. Celle-ci demeure une importante protection, bien qu'elle soit actuellement bousculée, affaiblie par les réformes législatives. Parmi ces dernières, figure en bonne place la loi relative à la sécurisation de l'emploi du 14 juin 2013 (n° 2013-504). C'est un pan considérable du droit du licenciement pour motif économique que cette loi a bouleversé, en soustrayant certaines restructurations à l'application du droit du licenciement pour motif économique, en modifiant les délais de prescription de certaines actions en justice, en ouvrant à la négociation collective une grande partie de la procédure de licenciement pour motif économique et surtout en conférant à l'administration du travail un rôle inédit en la matière. Quelques trois années après, la loi dite « travail » du 8 août 2016 a modifié un autre pan de ce droit, en révisant la définition des difficultés économiques propres à justifier le licenciement.

L'analyse du domaine de cette réglementation (section 1) précédera l'étude de la décision de licenciement, laquelle est jalonnée et encadrée par des règles précises (section 2).

section 1

Le domaine

La notion de « licenciement économique » constitue la clé d'entrée dans le domaine des règles protectrices du licenciement économique (§1). Mais l'application de certaines des règles du licenciement pour motif économique dépend également de la catégorie de licenciement en cause (§2). Depuis quelques années, les réformes législatives tendent à réduire le champ d'application du droit du licenciement pour motif économique et à faire émerger, plus généralement, un droit des restructurations (§3). 647

§ 1 La notion de licenciement « économique »

Pour comprendre ce qu'est le licenciement pour motif économique, il faut se référer à l'article L. 1233-3 du Code du travail qui se présente comme une définition. Le texte 648 a été profondément remanié par la loi dite « travail » du 8 août 2016. Pour le comprendre, il faut retenir l'architecture de la règle. La voici, en substance.

Constitue un licenciement pour motif économique le licenciement effectué par un employeur :

– pour un ou plusieurs motifs non inhérents à la personne du salarié ;

– résultant d'une suppression ou transformation d'emploi ou d'une modification, refusée par le salarié, d'un élément essentiel du contrat de travail ;

– consécutives notamment : 1° À des difficultés économiques ; 2° À des mutations technologiques ; 3° À une réorganisation de l'entreprise nécessaire à la sauvegarde de sa compétitivité ; 4° À la cessation d'activité de l'entreprise.

■ 649 La « définition » du licenciement pour motif économique comprend donc trois éléments.

Le premier élément est un élément de qualification. Le motif économique est celui qui est non inhérent à la personne du salarié. C'est cette partie de l'article L. 1233-3 du Code du travail qui définit véritablement la cause « économique ». En droit, il n'est que deux qualifications possibles (hormis des cas résiduels) : un licenciement peut être pour « motif personnel » ou pour « motif économique ». Et ces deux qualifications sont alternatives : un licenciement est soit l'un, soit l'autre. Dès lors, le licenciement économique ne peut qu'être défini par opposition au licenciement personnel. C'est ce que fait d'entrée l'article L. 1233-3 lorsqu'il précise : « Constitue un licenciement pour motif économique le licenciement effectué par un employeur pour un ou plusieurs motifs *non inhérents à la personne du salarié* ». Réciproquement, le licenciement pour motif personnel est celui dont le motif est inhérent à la personne du salarié, comme son insuffisance professionnelle ou sa faute.

■ 650 Le deuxième élément est un élément matériel. Il s'agit des conséquences sur l'emploi de la situation économique difficile. Le motif économique implique une « suppression ou transformation d'emploi ou d'une modification, refusée par le salarié, d'un élément essentiel du contrat de travail ». Ainsi, lorsqu'un salarié est licencié suite au refus d'une proposition de modification, ce n'est pas ce refus qui permet de qualifier le licenciement, mais le motif de la proposition qu'il a refusée. Si cette proposition est inhérente à la personne du salarié (il s'agit, par ex., d'une rétrogradation disciplinaire décidée à la suite d'une faute du salarié, ou d'un reclassement demandé du fait de l'insuffisance professionnelle du salarié sur un poste), le licenciement consécutif au refus aura un motif personnel. Si le motif de la proposition est non inhérent à la personne du salarié (par ex., l'employeur veut faire des économies en diminuant les salaires), le licenciement consécutif au refus aura un motif économique, dont le caractère réel et sérieux restera à apprécier (sur les exceptions légales et sur le régime de la modification, v. ss 296).

■ 651 Enfin, le troisième élément est un élément causal. À l'origine de la suppression d'emploi, de la transformation d'emploi, ou de la modification du contrat de travail, doit exister une situation, un contexte économique difficile. Suppression d'emploi, transformation d'emploi ou refus d'une modification du contrat doivent être consécutifs « notamment à des difficultés économiques ou à des mutations technologiques ». À ces deux causes, la Cour de cassation a ajouté la réorganisation nécessaire à la sauvegarde de la compétitivité de l'entreprise (Soc. 5 avr. 1995, deux arrêts, *Thomson Tubes** ; 5 oct. 1999* ; Cass., ass. plén., 8 déc. 2000, *SAT,* préc. ; Soc. 20 juin 2007* ; 13 févr. 2008*, n° 06-44.933). Elle y a adjoint la cessation d'activité de l'entreprise, quand elle n'est pas due à une faute de l'employeur ou à sa légèreté blâmable (Soc. 16 janv. 2001, *RJS* 2001, n° 294). Ces deux causes ont été consacrées par la loi dite « travail » et sont donc désormais des causes légales.

La lettre du texte mêle la qualification du licenciement et la justification du licenciement. Pour la Cour de cassation, seul le premier élément est un élément qualificatif. Les deux derniers éléments participent de la justification du licenciement. En somme, dès lors que le licenciement est non inhérent à la personne du salarié, le motif est économique (il faut faire mention, toutefois, des licenciements dits objectifs, tel le licenciement pour trouble objectif au fonctionnement de l'entreprise qui n'est ni inhérent à la personne du salarié, par définition, ni économique ; sur ce point, v. ss 645). C'est cette qualification de licenciement économique qui détermine l'application des règles du licenciement pour motif économique. Si, par ailleurs, les éléments matériel et causal n'étaient pas avérés, le licenciement serait économique, mais dépourvu de cause réelle et sérieuse (v. en ce sens Soc. 14 févr. 2007, n° 05-40.504, *Bull. civ.* V, n° 25). 652 ■

Souvent, il est bien difficile de déterminer la nature du licenciement, personnel ou économique. De nombreux licenciements sont à la fois justifiés par des motifs personnels et par des motifs économiques. La faute, même grave, d'un salarié sera bien vite oubliée si la qualité du travail et l'intérêt économique du salarié sont très importants... Le licenciement pour faute grave est donc aussi fondé par l'idée qu'*économiquement* le remplacement du salarié sera un gain. 653 ■

Cette imbrication rend parfois délicate la détermination de la véritable cause du licenciement. La pluralité de causes reçoit une solution logique : la cause qui permet de qualifier le licenciement est la cause première, déterminante, celle qui est à l'*origine* de la décision de l'employeur de rompre un contrat de travail. Est un licenciement économique, celui dont on peut dire : « si la question de la rupture d'un contrat de travail s'est posée, c'est *d'abord* pour un motif non inhérent à la personne ». Lorsque *d'abord* il est décidé de supprimer un poste, de restructurer l'entreprise, de modifier les processus de production, et que ce n'est qu'ensuite que l'on s'aperçoit que tel ou tel salarié est mal adapté à la modification projetée, le licenciement n'en conserve pas moins la qualification de licenciement pour motif économique. 654 ■

Pour la Cour de cassation, lorsqu'une cause économique et une cause personnelle sont présentes, seule la « cause première et déterminante » peut être invoquée et ce, non seulement au stade de la qualification, mais aussi au stade de la justification (Soc. 10 oct. 1990, *Méchin, Bull. civ.* V, n° 442 ; *GADT*, n° 106 ; 3 avr. 2002*). La solution est certaine lorsque les causes sont liées entre elles : si l'incompétence est l'effet du changement de machine, la cause première est le changement de machine et il s'agit d'un licenciement pour motif économique. 655 ■

La solution vaut également lorsque l'employeur invoque deux motifs *a priori* indépendants l'un de l'autre, une faute disciplinaire et une restructuration par exemple, même si la solution demeure la même (Soc. 3 avr. 2002*, préc.). Les juges doivent n'en conserver qu'un et négliger l'autre.

Si l'on arrive à savoir que l'un des motifs ne constitue qu'un prétexte, tant mieux. Mais le plus souvent, un certain doute s'installe. La tendance semble être alors, derrière la recherche officielle du motif déterminant, de faire prédominer la qualification la plus avantageuse pour le salarié, celle que l'employeur a le plus intérêt à masquer ou à minimiser, celle qui dès lors ressemble le moins à un simple prétexte. Il existe ainsi, peut-être, derrière le visa de la cause première et déterminante, une sorte d'application dans le doute, de la cause la plus protectrice : lorsqu'un motif personnel ouvre une meilleure protection qu'un motif économique, comme c'est le cas de l'inaptitude physique, c'est ce dernier motif qui l'emporte (Soc. 14 mars 2000, n° 98.41556, *Bull. civ.* V n° 103).

§ 2 Les catégories de licenciement pour motif économique

656 L'applicabilité de certaines des règles du droit du licenciement pour motif économique dépend du nombre de salariés licenciés. On distingue ainsi le licenciement pour motif économique individuel et le licenciement pour motif économique collectif.

Et dans cette dernière catégorie figurent les « petits » ou les « grands » licenciements. Les licenciements sont dénombrés dans l'« entreprise », laquelle peut être composée de plusieurs personnes morales si celles-ci sont considérées comme coemployeurs de leurs salariés (Soc. 28 janv. 2009, n° 07-45.481, *Bull. civ. V* n° 26, *RDT* 2009. 233, note J.-Y. Frouin). Depuis peu, la jurisprudence admet également que les licenciements puissent être décomptés dans une unité plus large que l'entreprise, l'unité économique et sociale, si la décision de licencier a été prise au niveau de cette unité (Soc. 16 nov. 2010, n° 09-69.485, *Bull. civ.* V, n° 258 ; *RDT* 2011. 112, obs. E. Peskine). Dans un tel cas de figure, si 5 licenciements sont décidés dans une société, et que 6 autres le sont dans une société appartenant à la même unité économique et sociale que la première, on sera bien en présence d'un grand licenciement collectif.

Le « petit » licenciement collectif est celui qui concerne de 2 à 9 salariés sur une période de 30 jours. L'idée est la suivante : même si ces licenciements sont prononcés sur une période de 30 jours, dès lors qu'ils procèdent d'une même cause économique, ils participent d'un même projet de licenciement. Cette catégorie conditionne l'applicabilité des règles relatives à la consultation des représentants du personnel.

Le « grand » licenciement collectif pour motif économique est le licenciement qui concerne au moins 10 salariés sur une période de 30 jours. C'est celui pour lequel il existe la procédure la plus complète et la mieux sanctionnée. C'est dans ce cadre que s'appliquent les principales protections existantes et notamment le « plan de sauvegarde de l'emploi », anciennement dénommé « plan social ». La définition du grand licenciement économique est par conséquent une question cruciale. Elle est agitée et débattue en proportion de son importance. La loi de sécurisation de l'emploi du 14 juin 2013 a modifié les règles relatives à cette catégorie de licenciement. Désormais, ce sont les tribunaux administratifs et, par conséquent, le Conseil d'État, qui seront compétents pour les litiges propres à cette catégorie et relatifs à la procédure de licenciement.

657 En particulier, le législateur a prévu le cas où une opération de licenciement économique étalée sur trois mois, sur un an, voire sur plusieurs années est *envisagée*

dans son ensemble dès le départ. Certaines opérations importantes sont en effet étalées sur des durées bien supérieures aux 30 jours de l'article L. 1233-61 du Code du travail, parfois pour éviter d'avoir à mettre en place un tel plan. Le projet touche peut-être 50, 100 salariés, mais il est pensé comme devant s'étaler dans le temps, sans jamais passer la barre des 10 licenciements sur 30 jours.

Il a été décidé d'ajouter à la notion originelle de « grand licenciement collectif », deux hypothèses.Plus précisément deux calculs doivent être opérés, le premier a été introduit par la loi du 2 août 1989, le second l'a été par la loi du 17 janv. 2002.

Si, pendant 3 mois, plus de 10 licenciements ont été *réalisés*, tout licenciement *envisagé* au cours des 3 mois suivants doit suivre la procédure du grand licenciement économique (C. trav., art. L. 1233-26).

Si, au cours d'une *année civile* (du 1er janv. au 31 déc.), plus de 18 licenciements ont été *réalisés*, tout licenciement *envisagé* au cours des 3 mois suivants (entre le 1er janv. et le 31 mars de l'année suivante) doit suivre la procédure du grand licenciement économique (C. trav., art. L. 1233-27).

Ce second mode de calcul ne s'applique qu'aux entreprises employant au moins 50 salariés. Il peut créer une certaine amertume chez les premiers salariés licenciés, dont le décompte va permettre aux salariés suivants de bénéficier de la procédure complète, sans que eux puissent en bénéficier. Mais ce mode de calcul a néanmoins le mérite de considérer globalement l'opération économique, malgré sa décomposition dans le temps.

§ 3 Rétractation du droit du licenciement pour motif économique et émergence d'un droit des restructurations

Comme l'a si bien montré un auteur, le droit du licenciement s'est construit dans l'ambition de saisir non pas seulement l'acte juridique de licenciement, mais tout le processus de réorganisation, c'est-à-dire l'ensemble du processus de mise en cause de l'emploi, pouvant conduire à l'acte de licenciement (A. Lyon-Caen, « La procédure au cœur du droit du licenciement économique », *Dr. ouvrier* 2002. 161, art. cit. en rubrique « Biblio »). La loi du 14 juin 2013 relative à la sécurisation de l'emploi vient au contraire accentuer un mouvement que l'on connaît depuis quelques années, celui de la césure entre un droit de la restructuration et un droit du licenciement pour motif économique. Des règles apparaissent visant à soustraire certains actes de réorganisation au droit du licenciement pour motif économique voire, plus avant, à penser un régime autonome de la restructuration. 658 ■

Le déclenchement tardif de la procédure de licenciement en a constitué une première étape (A), suivie par le développement d'un droit des départs volontaires, lequel implique une application sélective des règles du licenciement pour motif économique (B). Enfin, le développement d'un droit des restructurations négociées témoigne de la volonté de rendre possible, pour chaque entreprise, un compromis négocié en matière d'emploi (C).

A. La procédure de licenciement pour motif économique en cas de modification des contrats de travail

659 L'article L. 1233-61 du Code du travail explicite le champ d'application des dispositions du plan de sauvegarde de l'emploi. Le plan de sauvegarde de l'emploi s'applique : « Dans les entreprises de cinquante salariés et plus, lorsque le projet de licenciement concerne *dix salariés ou plus dans une même période de trente jours* ». La seconde partie de ce texte a déclenché une bataille d'interprétations intense.

Une première question a été celle de la nature du licenciement des salariés refusant la modification de leur contrat de travail. Le législateur a considéré, allant à l'encontre d'une jurisprudence de la chambre sociale (Soc. 9 oct. 1991, *Petit Bateau, Bull. civ.* V, n° 399), que le licenciement des salariés qui ont refusé la modification de leur contrat était bien un licenciement collectif et non une série de petits licenciements individuels (C. trav., art. L. 1233-25).

Une seconde question a concerné le moment du déclenchement de la procédure. Quand la procédure de grand licenciement collectif doit-elle être entamée ? Lorsque l'employeur propose la modification à au moins 10 salariés ou lorsque ces 10 salariés l'ont refusée ? La Cour de cassation avait considéré que le décompte du nombre de licenciements envisagés doit être placé au début de l'opération (Soc. 3 déc. 1996*, *Framatome et Majorette*). Aujourd'hui, depuis une loi du 18 janvier 2015, l'article L. 1233-25 du Code du travail précise au contraire que : « lorsqu'au moins dix salariés ont refusé la modification d'un élément essentiel de leur contrat de travail proposée par leur employeur pour l'un des motifs économiques énoncés à l'article L. 1233-3 et que leur licenciement est envisagé, celui-ci est soumis aux dispositions applicables en cas de licenciement collectif pour motif économique ». Le simple fait de proposer une modification du contrat n'est plus considéré comme un élément constitutif du grand licenciement pour motif économique et donc déclencheur de la procédure. Seuls les refus des salariés doivent être pris en considération. Un tel choix est lourd d'enjeux. En effet, au moment où les salariés doivent accepter ou au contraire refuser cette modification, ils ne disposent d'aucun élément sur le contenu d'un plan de sauvegarde de l'emploi dont ils pourraient éventuellement bénéficier.

B. Les départs volontaires

660 Par le départ volontaire, employeur et salarié conviennent d'un commun accord de la rupture du contrat de travail.

À partir des années 1990, la Cour de cassation a considéré que les règles relatives au licenciement pour motif économique devaient s'appliquer en cas de suppressions d'emploi, même si ces suppressions étaient effectuées par la voie de départs volontaires, et donc à proprement parler sans licenciements (Soc. 10 avr. 1991, *CEPME*, n° 89-18.485). Le législateur est ensuite intervenu pour consacrer une telle solution, en affirmant que les dispositions sur le licenciement pour motif économique étaient applicables à toute rupture du contrat de travail (C. trav., anc. art. L. 321-1, al. 2 ; devenu art. L. 1233-3 ; sur l'exception propre aux ruptures conventionnelles, v. ss 563). Deux raisons présidaient à l'adoption de cette règle. D'une part, les départs volontaires ne doivent pas constituer un moyen de contourner les règles du droit du licenciement pour motif économique. D'autre part, le droit du licenciement économique tendait à saisir, non pas seulement l'acte du licenciement, mais bien le processus qui peut conduire à un tel acte. Peu importe donc le mode de rupture.

Seul compte en principe, le processus au terme duquel les suppressions d'emplois surviennent pour un motif économique.

Progressivement, la Cour de cassation a cependant exclu l'application de certaines règles du droit du licenciement économique aux plans de départs volontaires. De sorte qu'aujourd'hui, les plans de départs volontaires donnent lieu à une application sélective de ces règles. 661 ■

Sont ainsi exclues les règles relatives à la notification du licenciement (Soc. 2 nov. 2005, n° 02-44.721). Le sont également celles relatives à l'ordre des licenciements (Soc. 12 juill. 2004, n° 02-19.175), même si l'employeur est tout de même tenu par une exigence d'objectivité dans la sélection des candidats au départ (Soc. 1er févr. 2011, nos 09-43.343 à 09-43.355). L'exigence d'une cause économique est depuis peu également exclue, si bien que le salarié ne saurait, suite à la rupture, contester la cause de la rupture (Soc. 8 févr. 2012, n° 10-27.176).

Ce phénomène d'altération du droit du licenciement pour motif économique a encore été renforcé : lorsqu'une entreprise procède à des suppressions d'emplois par la voie exclusive de départs volontaires, elle n'est pas tenue d'élaborer un plan de reclassement interne, c'est-à-dire celui visant les mesures, les propositions d'emploi, destinées à éviter le licenciement. C'est ce qu'a décidé la Cour de cassation dans son arrêt *Renault* du 26 octobre 2010*. L'employeur n'est donc plus tenu que d'élaborer un plan de reclassement externe, lequel vise les mesures destinées à accompagner le salarié dont le contrat est rompu. La justification implicite de la solution est la suivante : puisque le salarié désire partir, pourquoi diable lui proposer un poste dans l'entreprise ? Pourtant, la volonté du salarié semble bien fragile. Lorsque l'on songe que le plan de départs volontaires de Renault (PDV) visait à organiser la destruction de 4 000 emplois, on perçoit l'ampleur d'une telle solution.

Toutefois, une telle solution ne vaut que pour les plans de départs volontaires dits autonomes, par lesquels l'employeur s'engage à ne rompre les contrats de travail que par la voie de départs volontaires, sans prononcer de licenciements. C'est ce qu'a précisé la Cour de cassation dans un arrêt postérieur : lorsque « le projet de réduction d'effectifs de l'employeur implique la suppression de l'emploi de salariés qui ne veulent ou ne peuvent quitter l'entreprise dans le cadre du plan de départs volontaires », l'employeur est contraint d'intégrer un plan de reclassement interne au plan de sauvegarde de l'emploi (Soc. 25 janv. 2012, n° 10-23.516 [P]). Tel est le cas par exemple en cas de suppression d'un métier, comme celui d'officier mécanicien naviguant chez Air France (Soc. 9 oct. 2012, n° 11-23.142) : dans cette espèce, les salariés de cette catégorie d'emploi qui ne désiraient pas partir par la voie du départ volontaire auraient de toute façon été reclassés dans une autre catégorie d'emploi. 662 ■

Ces précisions sont heureuses. Le départ volontaire suppose, c'est là une tautologie, une volonté de partir du salarié. Si, *in fine*, le salarié restant dans l'entreprise risque de se voir licencié, il est évident que la volonté qu'il exprime dans le cadre du départ volontaire est une volonté contrainte, non réellement libre. Plus le risque que l'emploi soit supprimé est fort, plus le salarié sera incité à « accepter » de partir par la voie de départs dits volontaires, emportant avec lui le chèque proposé. Si bien que c'est bien la perspective d'une mise en cause de l'emploi qui est à l'origine de la rupture et que, par conséquent, l'employeur se doit d'élaborer un plan de reclassement interne.

Cette attention récente à la volonté du salarié et à son efficacité se dévoile également dans le choix des conséquences de la sanction attachée à la nullité du plan de sauvegarde de l'emploi : la nullité du plan de sauvegarde de l'emploi entraîne celle du départ volontaire qui lui est rattaché. C'est ce qu'a affirmé la chambre sociale dans un arrêt en date du 15 mai 2013 (Soc. 15 mai 2013, n° 11-26.414 [P]), en précisant que cette nullité avait pour conséquence de priver de toute cause le départ volontaire qui constituait un acte subséquent au plan de sauvegarde de l'emploi. Grande clairvoyance de la part de la Cour de cassation : le départ volontaire est conclu au regard des mesures du plan de sauvegarde de l'emploi et il y a là une manière d'apprécier la volonté du salarié en la rapportant au contexte de conclusion du départ volontaire.

C. Un droit des restructurations négociées

663 Parmi les signes d'émergence d'un droit de la réorganisation, apparaît ce que l'on peut désigner comme un droit des restructurations négociées. La négociation collective d'entreprise prend ainsi une place tout à fait importante. Et l'on voit éclore une figure particulière, celle de l'accord collectif de restructuration, qui permet d'une certaine manière, d'élargir la palette des instruments juridiques dont dispose une entreprise pour mener à bien une restructuration. En témoignent la négociation sur la gestion prévisionnelle de l'emploi et des compétences (1) et l'instauration des accords de mobilité interne et de maintien de l'emploi (2).

1. *La négociation sur la GPEC*

664 Les départs à la retraite non remplacés, la formation des salariés à l'évolution de leurs postes, la création d'activités nouvelles se substituant aux activités en difficultés… Les véritables moyens d'éviter les licenciements économiques supposent un travail de prévision, d'anticipation des difficultés, souvent plusieurs années à l'avance. C'est au prix de ce travail réalisé très en amont qu'un véritable dialogue social est possible et que les conséquences humaines les plus rudes des restructurations peuvent être évitées.

Les législateurs européen et français sont donc intervenus pour imposer le déclenchement de consultations sur les évolutions prévisibles à moyen et long terme de l'emploi et pour ordonner que ces évolutions prévisibles soient prises en compte dans les décisions prises au sein des entreprises.

L'article L. 2323-6 du Code du travail dispose que « le comité d'entreprise est obligatoirement informé et consulté sur les (…) mesures de nature à affecter le volume ou la structure des effectifs, la durée du travail, les conditions d'emploi, de travail et de formation professionnelle du personnel ». L'article L. 2323-56 du Code du travail impose une consultation annuelle du comité d'entreprise sur les « prévisions annuelles ou pluriannuelles » en matière d'emploi et sur « les actions, notamment de prévention et de formation, que l'employeur envisage de mettre en œuvre compte tenu de ces prévisions ». L'article L. 2242-9 du Code du travail prévoit que la négociation annuelle obligatoire est l'occasion d'un examen par les parties « de l'évolution de l'emploi dans l'entreprise, et notamment (…) des prévisions annuelles ou pluriannuelles d'emploi ». Et l'article L. 2242-15 du Code du travail précise que dans les très grandes entreprises (plus de 300 salariés en France ou plus de 1 000 en Europe dont au moins 150 en France) une négociation doit s'engager tous les trois ans sur différents thèmes, tels l'emploi et la formation (la loi du 14 juin 2013 relative à la sécurisation de l'emploi a ajouté certains thèmes de négociation comme celui du recours aux différents contrats de travail ou au travail à temps partiel).

De manière générale, le droit du travail s'est emparé de cette notion de gestion prévisionnelle de l'emploi et des compétences dans les années 2000. Si, à l'origine, la GPEC visait à anticiper les mutations économiques, elle est devenue très vite un moyen d'anticiper une restructuration décidée (« La GPEC : au-delà du rapport *Rouilleault* », art. cit. en rubrique « Biblio »). Inévitablement, l'articulation de la GPEC et du droit du licenciement pour motif économique s'est trouvée placée au cœur du débat. Notamment, dans les entreprises pour lesquelles une négociation collective sur la gestion prévisionnelle de l'emploi et des compétences (GPEC) est impérative (v. ss 892), s'est posée la question de savoir si cette négociation est un préalable nécessaire à l'adoption d'un plan de sauvegarde de l'emploi. La Cour de cassation a considéré que « la régularité de la consultation du comité d'entreprise sur un projet de licenciement économique n'est pas subordonnée au respect préalable par l'employeur de l'obligation de consulter le comité d'entreprise sur l'évolution annuelle des emplois et des qualifications prévue par l'article L. 2323-56 ni de celle d'engager tous les 3 ans une négociation portant sur la gestion prévisionnelle des emplois et des compétences de l'article L. 2242-15 » (Soc. 30 sept. 2009, n° 07-20.525, *Bull. civ.* V, n° 217 ; *RDT* 2009. 715, obs. F. Géa). La Cour de cassation a ainsi fait sienne la thèse de l'autonomie des deux procédures défendue par certains auteurs. Selon ces derniers, les finalités des deux procédures n'étant pas les mêmes – la GPEC ayant une finalité préventive, au contraire du plan de sauvegarde de l'emploi dont la finalité est curative – il n'est aucune raison de subordonner la validité du plan de sauvegarde de l'emploi au respect par l'employeur de son obligation de négocier sur la GPEC. 665 ■

En tout état de cause, la solution de l'arrêt du 30 septembre 2009 n'épuise pas toutes les questions. On peut encore se demander si le manquement de l'employeur à ses obligations en matière de gestion prévisionnelle des emplois et des compétences ne devrait pas entraîner l'absence de cause réelle et sérieuse des licenciements prononcés. À tout le moins, dans le cas où les licenciements prononcés sont la conséquence de mutations technologiques, le fait que l'employeur n'ait pas préparé les salariés à mieux les affronter, par exemple en les faisant bénéficier de mesures de GPEC, pourrait conduire à priver les ruptures de cause réelle et sérieuse (A. Fabre, obs. sous Soc. 30 sept. 2009, *D.* 2010. Pan. 17).

2. *La négociation collective sur les restructurations*

La loi du 14 juin 2013 de sécurisation de l'emploi a créé deux types d'accords particuliers. D'une part, les accords de mobilité professionnelle ou géographique interne (C. trav., art. L. 2242-21, L. 2242-22). L'accord de mobilité porte sur les conditions de mobilité professionnelle ou géographique interne à l'entreprise. Concrètement, l'objectif est de rendre possible facilement pour l'employeur tout projet tel que le déménagement d'un service ou la réorganisation interne d'un établissement. D'autre part, les accords de maintien de l'emploi qui permettent à l'employeur à faire varier la rémunération ou la durée du travail des salariés, en contrepartie d'un engagement sur l'emploi, en cas de graves difficultés économiques conjoncturelles (C. trav., art. L. 5125-1 ; v. ss 296). Rémunération et durée du travail peuvent également varier si un accord de préservation de l'emploi est conclu, comme le prévoit la loi du 8 août 2016 relative au travail, à la modernisation du 666 ■

dialogue social et à la sécurisation des parcours professionnels (C. trav., art. L. 2254-2).

Ces accords collectifs participent de l'émergence d'un droit des restructurations négociées.

667 Comment? C'est dans le régime du refus du salarié qu'il faut trouver la réponse. Lorsque l'employeur souhaite mettre en œuvre une mesure de mobilité prévue par l'accord de mobilité ou conclure un accord de maintien de l'emploi et que les salariés refusent les changements qui en découlent, leur licenciement repose sur un motif économique et est prononcé selon les modalités d'un licenciement individuel pour motif économique (C. trav., art. L. 2242-23 pour les accords de mobilité; L. 5125-2 pour les accords de maintien de l'emploi; L. 2254-2 pour les accords de préservation de l'emploi; sur ces mécanismes, v. ss 296).

Voilà qui entraîne deux conséquences.

D'abord, l'accord collectif vient bouleverser tout le droit de la modification du contrat de travail. Alors que cette mutation géographique ou ce changement de rémunération ou de durée du travail aurait dû constituer une modification du contrat de travail entraînant, en cas de refus du salarié, un licenciement qui doit être justifié par la cause de la proposition de modification, le licenciement, ici, est en quelque sorte présumé justifié par un motif économique. Est-ce à dire que la cause réelle du licenciement sera presque automatiquement constituée? Le risque est grand. Et si le contrôle demeure, le motif devra-t-il être recherché dans la définition du motif économique (C. trav., art. L. 1233-2), ou dans l'accord lui-même (auquel cas le contentieux sera celui de la validité de l'accord)? L'on voit bien là le projet à l'œuvre: l'accord collectif conclu vient en quelque sorte justifier le licenciement et paralyser le contrôle du juge.

Ensuite, même si 10 salariés refusent une telle modification, chaque licenciement est considéré individuellement, sans que leur cause unique et commune n'en fasse un licenciement collectif. Voilà qui est lourd de conséquences: foin du plan de sauvegarde de l'emploi et de toute la procédure applicable en cas de licenciement collectif. Ne reste que l'obligation individuelle de reclassement (et les mesures d'accompagnement et de reclassement prévues par l'accord (C. trav., art L. 2242-23 pour un accord de mobilité).

L'accord collectif de restructuration permet ainsi de soustraire certaines réorganisations à l'application du droit du licenciement pour motif économique. Le phénomène était connu pour les départs volontaires qui déjà entraînaient une application sélective des règles du licenciement économique. Mais là, ce sont bel et bien les licenciements – c'est-à-dire des ruptures décidées et prononcées par l'employeur – consécutifs au refus qui sont dorénavant soustraits à ce droit.

section 2

La décision de licencier

668 La décision de licencier commande le respect de nombreuses règles qui jalonnent le processus de mise en cause de l'emploi ou qui encadrent l'acte de licenciement lui-

même (§1). Le licenciement pour motif économique doit par ailleurs être justifié, c'est-à-dire doté d'une cause réelle et sérieuse (§2).

§ 1 Procéder au licenciement

Les règles que l'employeur est tenu de respecter varient selon le type de licenciement économique envisagé. Certaines règles sont communes à tous les licenciements pour motif économique (A). Depuis la loi de sécurisation de l'emploi, les règles relatives aux petits licenciements collectifs et aux grands licenciements collectifs sont tellement différentes que l'on peut dire qu'il n'existe même plus de règles communes à tous les licenciements collectifs. Il convient donc d'étudier séparément les règles propres aux petits licenciements collectifs (B), et celles spécifiques aux grands licenciements collectifs. Ce sont ces dernières qui ont fait l'objet d'une refonte radicale par la loi de sécurisation de l'emploi (C). 669 ■

A. Les règles communes à tous les licenciements

Une fois la mise en cause de l'emploi décidée, encore faut-il savoir quel salarié sera effectivement concerné par le licenciement et ce, même si le licenciement ne concerne qu'un salarié. Cette question est désignée comme celle de l'ordre des licenciements (1). L'employeur est en outre tenu de respecter plusieurs obligations dont les salariés pris individuellement sont destinataires (2). 670 ■

1. *L'ordre des licenciements*

Par définition, le licenciement économique vise un emploi, et non une personne. Une fois prise la décision de licencier une ou plusieurs personnes, dans une certaine catégorie professionnelle, il faut donc encore préciser quels sont parmi les salariés de cette catégorie, le ou les « heureux élus ». Le choix est difficile, dangereux. Les tensions sont à leur comble, chacun espérant ne pas être, au moins pour cette fois, dans la « charrette » des licenciés. 671 ■

Dans un tel contexte, la crainte de l'arbitraire est exacerbée. Dès 1945 il a donc été demandé aux employeurs de préciser leurs critères de choix et de s'y tenir (Ord. du 24 mai 1945, art. 10). Cette exigence de transparence est aujourd'hui prévue par les articles L. 1233-5, L. 1233-6 et L. 1233-7 du Code du travail. La mise en œuvre d'un ordre des licenciements est obligatoire, y compris pour un licenciement individuel (a). Elle suppose la définition d'un périmètre au sein duquel les salariés partant seront identifiés (b) et la définition de critères d'ordre (c). Enfin, il sera question des sanctions en cas de non respect de ces règles (d).

a. Précisions sur le champ d'application de la règle

C'est la nécessité pour l'employeur d'opérer un choix entre les salariés qui est déterminante pour savoir si un ordre des licenciements doit être mis en œuvre. De sorte que, logiquement, un ordre doit être établi même si le licenciement économique est individuel. En revanche, nul besoin d'ordre des licenciements si le licenciement concerne tous les salariés d'une entreprise appartenant à la même catégorie professionnelle (Soc. 27 mai 1997, n° 95-42.419, *Dr. soc.* 1997. 744, obs. J. Savatier). En outre, dans l'hypothèse où l'employeur propose à tous les salariés une modification du contrat de travail, peuvent être licenciés les seuls salariés qui l'ont refusée, sans 672 ■

que l'employeur soit tenu de mettre en œuvre un ordre des licenciements (Soc. 27 mars 2012, n° 11-14.223 [P] ; F. Géa, « L'ordre des licenciements à l'épreuve de la logique contractuelle », *RDT* 2012. 218).

b. Le périmètre d'établissement de l'ordre des licenciements

673 L'ordre des licenciements doit être déterminé au sein d'un périmètre professionnel particulier : celui de la catégorie professionnelle.

La définition de cette notion est lourde d'enjeux. Plus l'employeur est libre de déterminer la catégorie professionnelle, plus il dispose d'une marge de manœuvre importante dans le choix des salariés visés. Il est en effet alors susceptible d'exclure certains salariés de la catégorie professionnelle concernée et, par conséquent, de les protéger de toute éventualité de licenciement. Pour la chambre sociale, qui œuvre toujours pour les petits licenciements collectifs, la catégorie professionnelle regroupe des salariés qui exercent des fonctions de même nature et supposent une formation commune (Soc. 13 févr. 1997, n° 95-16.648 *La Samaritaine*). La chambre sociale et le Conseil d'État ont par ailleurs semblablement considéré (malgré l'usage de termes différents) que si la caractérisation de l'appartenance à une même catégorie professionnelle pouvait tenir compte des acquis de l'expérience professionnelle pour apprécier l'existence d'une formation professionnelle commune, c'est toutefois à la condition, notamment, que de tels acquis équivalent à une formation complémentaire qui excède l'obligation d'adaptation à laquelle est tenue l'employeur (Soc. 27 mai 2015, n° 14-11688 ; CE 30 mai 2016, n° 386798). Ainsi, pour le Conseil d'État, les vendeurs de la filière « disques » de la Fnac ne pouvaient être distingués des autres vendeurs « livres ». Ils appartenaient à la même catégorie professionnelle.

674 L'ordre des licenciements doit par ailleurs être déterminé au sein d'un périmètre organisationnel. La détermination de ce périmètre n'est pas sans conséquence. Car l'application des critères d'ordre des licenciements peut conduire à ce que soit licencié un salarié dont le poste n'est pas supprimé. Prenons l'exemple d'un ordre des licenciements défini au niveau d'une entreprise. Soit deux magasins de vêtements d'une même entreprise, l'un à Paris, l'autre à Saint-Germain-en-Laye. Le magasin de Saint-Germain ferme. Mais si le salarié de Saint-Germain, en application des critères d'ordre (qualités professionnelles, ancienneté, etc.), a vocation à rester, c'est le salarié de Paris qui sera licencié, quitte à ce que le salarié de Saint-Germain se voit proposer une mutation géographique.

Le principe est que l'employeur devait considérer toutes les personnes appartenant à cette catégorie professionnelle au sein de l'entreprise, prise dans son ensemble, et non dans un atelier ou une équipe déterminée, pas plus que dans un établissement, même si la suppression de poste ne concerne que l'établissement (Soc. 24 mars 1993, *Bull. civ.* V, n° 97 ; *GADT*, n° 112 ; Soc. 15 mai 2013, n° 11-27.458 [P]).

Jusque là, il n'était fait exception à cette règle que si les critères étaient déterminés par accord collectif. Dans ce cas en effet, les critères pouvaient être appréciés dans un cadre plus restreint que celui de l'entreprise (Soc. 15 mai 2013, préc.). La loi Macron pour la croissance, l'activité et l'égalité des chances économiques a ajouté une autre exception en présence d'un grand licenciement collectif. Dans ce cas, même en cas de détermination unilatérale de la procédure et des critères le périmètre d'application des critères d'ordre peut être inférieur à l'entreprise. Il ne peut toutefois être inférieur à la « zone d'emploi », (C. trav., art. L. 1233-5 4°)., notion introduite à cette occasion et qu'il conviendra de déterminer.

c. Les critères de l'ordre des licenciements

À défaut d'accord collectif, l'employeur définit unilatéralement les critères devant être retenus. (C. trav., art. L. 1233-5 ; v. également, pour les grands licenciements collectifs, sur la détermination conventionnelle et détermination unilatérale des critères : v. ss 702 s.) La loi prévoit que l'employeur doit prendre en compte « les charges de famille et en particulier celles de parents isolés, l'ancienneté de service dans l'établissement ou l'entreprise, la situation des salariés qui présentent des caractéristiques sociales rendant leur réinsertion professionnelle particulièrement difficile, notamment des personnes handicapées et des salariés âgés, les qualités professionnelles appréciées par catégorie ». 675 ■

Le plus controversé de ces critères est celui des qualités professionnelles. Supprimé en 2002, réintroduit de manière provisoire en 2003, puis de manière définitive en 2005, il reste toujours situé, dans la liste en dernière position. La nécessité pour une entreprise en difficulté de conserver ses meilleurs éléments, surtout lorsqu'elle est de petite taille, apparaît difficilement contestable.

Toutefois, bien qu'il doive être étayé par des faits objectifs et prouvés (Soc. 14 janv. 1997, *Belkacem**, *Bull. civ.* V, n° 16 ; *GADT*, n° 113 ; 3 avr. 2002, *RJS* 2002, n° 797), c'est le critère qui laisse à l'employeur la plus grande marge d'appréciation subjective, ouvrant la voie à un arbitraire possible dans le choix de l'employeur. Le contrôle du juge sur ce critère est d'ailleurs très léger, puisqu'il vérifie simplement que l'appréciation portée sur les qualités professionnelles du salarié ne procède pas d'une erreur manifeste ou d'un détournement de pouvoir (Soc. 24 sept. 2014, n° 12-16991). L'usage d'un tel critère ne doit pas révéler, par exemple, la volonté de l'employeur d'éviter le licenciement d'un salarié moins ancien, et donc moins coûteux pour l'employeur (arrêt préc.).

L'employeur doit nécessairement donner une place à chacun des critères légaux. Il ne peut, par exemple, s'abstenir de prendre totalement en compte le critère du handicap (Soc. 11 oct. 2006, *Bull. civ.* V, n° 302 ; *RDT* 2007. 32, obs. Ph. Waquet). Mais il peut donner une place plus ou moins importante à tel ou tel critère (Soc. 14 janv. 1997, *Belkacem**, préc.). Il peut aussi ajouter tel ou tel autre critère de choix, la liste n'étant pas limitative.

La marge de manœuvre reste donc grande. L'employeur ne se voit pas dicter ses choix. Simplement, il doit les justifier, en montrer la rationalité, en extraire autant que possible toute part d'arbitraire et montrer que les critères mentionnés par le législateur ont bien été pris en considération, même pour une faible part.

d. Les sanctions

Les sanctions ne sont guère à la hauteur. La jurisprudence refuse en effet d'assimiler un licenciement décidé en violation des règles sur l'ordre des licenciements à un licenciement sans cause réelle et sérieuse (Soc. 7 févr. 1990, *Bull. civ.* V, n° 51 ; 14 janv. 1997, *Belkacem**, préc. ; 2 févr. 2006, *Bull. civ.* V, n° 57) et ce même lorsque l'employeur n'a exprimé aucun critère (Soc. 20 janv. 1998, *Bull. civ.* V, n° 20 ; 2 févr. 2006, préc.). Les sanctions du licenciement sans cause réelle et sérieuse sont donc inapplicables. Seules des indemnités calculées selon le préjudice subi peuvent être obtenues. Ces indemnités peuvent cependant être importantes, le préjudice alors subi pouvant être la perte injustifiée de l'emploi (en ce sens, v. Soc. 14 janv. 1997, 676 ■

Belkacem, préc.). Cette solution est contestable. Un salarié licencié en violation de l'ordre des licenciements aurait pu ne pas l'être si ces critères avaient été respectés. Sauf s'il est démontré que le salarié aurait été licencié même si l'ordre des licenciements avait été respecté, la violation de l'ordre des licenciements pourrait conduire, logiquement, à une absence de cause réelle et sérieuse.

2. *Les obligations individuelles de l'employeur*

677 Les règles du droit commun du licenciement s'appliquent naturellement à l'ensemble des licenciements économiques. L'entretien préalable au licenciement, les effets de la rupture, la lettre de licenciement et le préavis sont notamment applicables, en principe, au licenciement économique (v. chapitre 19). Seules quelques menues exceptions sont prévues ici ou là. Ainsi, l'entretien préalable n'est pas exigé dans le cadre des grands licenciements collectifs, s'il existe une représentation du personnel (C. trav., art. L. 1233-38).

L'employeur est tenu d'une obligation de reclassement (a). Avant que leur contrat ne soit effectivement rompu, les salariés doivent encore se voir proposer une convention organisant une aide personnalisée censée les aider à retrouver un emploi (b). Le législateur a également prévu, pour atténuer les conséquences de la perte d'emploi, une priorité de réembauche au profit des salariés licenciés pour motif économique (c).

a. L'obligation de reclassement

678 L'obligation de reclasser est peut-être l'obligation la plus importante qui soit imposée à l'employeur au cours de la procédure de licenciement (1). Elle doit être articulée avec l'obligation d'adaptation qui pèse également sur l'employeur (2).

1. Reclassement

679 L'existence d'une cause réelle et sérieuse est subordonnée à la démonstration par l'employeur de l'impossibilité dans laquelle il s'est trouvé de reclasser les salariés licenciés. L'obligation de reclassement participe, en quelque sorte, de la justification du licenciement, ce qui est conforme à l'idée selon laquelle le licenciement doit être ce que l'on nomme *l'ultima ratio*, la dernière mesure envisageable.

680 Le droit au reclassement dont bénéficient les salariés est d'origine jurisprudentielle (Soc. 1er avr. 1992, *Bull. civ.* V, n° 228). Il a été repris et amplifié par le législateur (lois de 2002, 2003 et 2005) et est aujourd'hui consacré par l'article L. 1233-4 du Code du travail. Ce texte précise de plus que les offres de reclassement proposées au salarié doivent être écrites et précises. À défaut de respect de ce formalisme, le licenciement est dépourvu de cause réelle et sérieuse (Soc. 20 sept. 2006, *Bull. civ.* V, n° 276 ; *RDT* 2006. 315, obs. Ph. Waquet ; *Dr. soc.* 2006. 1156, obs. G. Couturier). Même si le licenciement économique envisagé fait suite à un refus par le salarié d'une proposition de modification de son contrat de travail pour motif économique, l'employeur est tenu de tenter de reclasser le salarié (Soc. 30 sept. 1997, *Bull. civ.* V, n° 290 ; 25 nov. 2009, n° 08-42.755, *Bull. civ.* V n° 267).

681 Le reclassement du salarié s'effectue sur un emploi relevant de la même catégorie que celui qu'il occupe ou sur un emploi équivalent assorti d'une rémunération équivalente. À défaut, et sous réserve de l'accord exprès du salarié, le reclassement s'effectue sur un emploi d'une catégorie inférieure (C. trav., art. L. 1233-4, al. 2). Cette

notion de rémunération équivalente a été introduite par la loi du 18 mai 2010 (L. n° 2010-499) visant à garantir de justes conditions de rémunération aux salariés concernés par une procédure de reclassement. La loi vise à contrer les fameuses « propositions indécentes » (v. F. Géa, « Le législateur face aux propositions indécentes », *RDT* 2010. 646) de certains employeurs peu scrupuleux qui proposaient à des salariés un reclassement dans un établissement situé dans un pays où la rémunération versée aurait été sensiblement plus faible. Pourtant, le texte, en réalité, est loin d'assurer aux salariés des propositions un tant soit peu plus décentes. C'est seulement lorsque l'emploi proposé est un emploi « équivalent » que la rémunération doit être équivalente. Il reste toujours à l'employeur la possibilité de proposer au salarié un emploi de catégorie inférieure, pour lequel le salarié devra donner son accord. Bref, même si le salarié ne l'accepte pas, une proposition d'un emploi de catégorie inférieure, moyennant une rémunération largement inférieure permettra toujours à l'employeur de s'acquitter de son obligation de reclassement (sur le reclassement à l'étranger, v. Circ. DGT n° 03 du 15 mars 2011).

Cette recherche de reclassement doit s'opérer dans l'entreprise et à l'intérieur du groupe de sociétés auquel appartient l'entreprise, y compris à l'étranger (Soc. 7 oct. 1998, *Bull. civ.* V, n° 407). La recherche de reclassement doit s'opérer dans ce que l'on dénomme un espace de permutabilité, c'est-à-dire parmi les entreprises du groupe dont les activités, l'organisation et le lieu d'exploitation leur permettent d'effectuer la permutation de tout ou partie du personnel (Soc. 3 nov. 2011, n° 10-15.176). 682 ■

À cela s'ajoute que l'employeur est tenu de proposer au salarié tous les postes disponibles dans le périmètre considéré (v. not. Soc. 19 mai 2010, n° 09-40.524). Vient alors une question : peut-il proposer les postes disponibles à plusieurs salariés ? La Cour de cassation y répond positivement. L'employeur peut proposer les postes disponibles à plusieurs salariés, à condition toutefois que ces offres soient personnalisées, c'est-à-dire qu'elles concernent des salariés exerçant des fonctions semblables et jouissant d'une même ancienneté (Soc. 19 janv. 2011, n° 09-42.736, *RDT* 2011. 310, obs. F. Géa). Il faut donc conclure que, dans un tel cas, un salarié peut se voir proposer un poste de reclassement, y répondre positivement, pour voir finalement ce poste attribué à un autre salarié qui aurait lui aussi manifesté son acceptation. 683 ■

Enfin, l'employeur ne peut limiter ses recherches et ses offres de reclassement en fonction des souhaits qu'auraient émis ses salariés, exprimés à sa demande et par avance, en dehors de toute proposition concrète (Soc. 4 mars 2009, n° 07-42.381 [P]). Il ne pourrait donc se prévaloir d'un sondage qu'il aurait effectué auprès de ses salariés avant toute proposition de reclassement pour connaître leurs préférences. En revanche, une fois que certaines propositions expressément formulées ont été refusées par le salarié, l'employeur peut se fonder sur ce refus pour limiter ses nouvelles propositions, à condition toutefois que le salarié ait clairement exprimé les raisons de ce premier refus (Soc. 13 nov. 2008, n° 06-46.227, *Boncristiano*, *RDT* 2009. 37, obs. J.-Y. Frouin ; *D.* 2009. Pan. 590, obs. E. Peskine). 684 ■

La loi du 18 mai 2010 avait modifié ces règles pour le reclassement à l'étranger en précisant que l'employeur devait demander au salarié s'il acceptait de recevoir des offres de reclassements hors du territoire national et en introduisant la pratique du questionnaire de mobilité. Désormais, la loi Macron sur la croissance, l'activité et l'égalité des chances économiques, il incombe au salarié de demander à l'employeur de recevoir des offres de reclassement hors du territoire national (C. trav., art. L. 1233-4-1). À défaut, l'employeur est donc libéré de toute obligation de reclassement à l'étranger. Progressivement et insidieusement, au gré des réformes successives, l'employeur s'est vu libéré, de fait, de toute obligation de reclasser le salarié à l'étranger.

■ 685 L'obligation de reclassement produit des effets avant les *décisions* de licenciement. Dès l'apparition de la *cause* du licenciement, l'employeur doit rechercher, réserver et proposer des postes disponibles aux personnes menacées de perte d'emploi. En revanche, il n'est tenu de rechercher des postes disponibles qu'à compter de l'apparition de la cause de licenciement. Avant l'apparition de cette cause de licenciement, l'obligation de reclassement n'est pas née et il peut pourvoir librement les postes disponibles au sein de son entreprise (Soc. 21 juin 2006*).

Le droit au reclassement a de surcroît été renforcé par une décision du Conseil constitutionnel du 13 janv. 2005, qui considère désormais que ce droit au reclassement des salariés licenciés « découle directement » du « droit de chacun d'obtenir un emploi » (Cons. const. 13 janv. 2005, décis. n° 2005-509 DC, cons. 28, *Dr. soc.* 2005. 375, obs. X. Prétot).

■ 686 Création jurisprudentielle décriée, le droit au reclassement trouve désormais ses sources dans le droit constitutionnel, ce qui est assez impressionnant. Il est l'exigence d'une recherche loyale et approfondie, par l'employeur, d'emplois de substitution pour les salariés menacés par lui de licenciement économique. L'obligation de l'employeur n'est qu'une obligation de moyens, mais elle est une obligation de moyens de plus en plus renforcée.

2. Obligation de reclassement et obligation d'adaptation

■ 687 L'obligation de reclassement doit être articulée avec l'obligation d'adaptation qui pèse également sur l'employeur. Les salariés sont en effet titulaires d'un droit à l'adaptation aux évolutions de leur emploi. Ces droits ont été créés par la jurisprudence d'abord (Soc. 25 févr. 1992, *Expovit, Bull. civ.* V, n° 122 ; *Dr. soc.* 1992. 922), avant d'être repris et renforcés par le législateur (C. trav., art. L. 1233-4 issu de la L. du 17 janv. 2002, L. 6321-1 issu de la L. du 4 mai 2004). Ils sont complétés par une obligation de l'employeur « de veiller au maintien de (la) capacité (des salariés) à occuper un emploi » (Soc. 23 oct. 2007, n° 06-40.950 [P], *RDT* 2008. 33, obs. A. Fabre ; *Dr. ouvrier* 2008. 296, obs. B. Lardy-Pélissier ; *Dr. soc.* 2008. 126, note J. Savatier ; Soc. 2 mars 2010, n° 09-40.914), obligation qui oblige l'employeur à préserver la compétence de ses salariés, leur « employabilité » selon un néologisme à la mode. Cette obligation de formation dépasse ainsi la simple adaptation au contexte de l'entreprise, pour intégrer une sorte d'adaptation aux évolutions du marché du travail. Elle peut d'ailleurs être invoquée indépendamment de tout licenciement pour motif économique (v. ss 630).

En tous les cas, l'article L. 1233-4 du Code du travail (préc.) subordonne la validité du licenciement économique à la réalisation de son obligation d'adaptation par l'employeur. Il en découle que l'obligation de reclassement inclut l'obligation, pour l'employeur, de proposer des formations susceptibles d'aider les salariés à acquérir les compétences nécessaires au reclassement dans de nouveaux emplois (Soc. 4 févr. 1998, *RJS* 1998, n° 434). Cette obligation d'adapter pour reclasser est tout de même limitée : l'employeur n'a pas l'obligation de délivrer une qualification nouvelle au salarié lui permettant d'accéder à un poste disponible de catégorie supérieure (Soc. 17 mai 2006, n° 04-43.022, *RDT* 2006. 101, obs. Ph. Waquet ; 10 mars 2009, n° 07-42.851). En somme, il lui incombe seulement de compléter la formation initiale du salarié.

b. Les conventions proposées à l'occasion de la rupture

Dans les entreprises de moins de 1000 salariés, ou dans celles qui sont en redressement ou liquidation judiciaire, l'employeur doit proposer à chaque salarié dont il envisage de prononcer le licenciement le bénéfice d'un contrat de sécurisation professionnelle. Prévu par l'accord national interprofessionnel du 31 mai 2011 et consacré par la loi n° 2011-893 du 28 juillet 2011 (C. trav., art. L. 1233-65 s.), ce contrat remplace les conventions de reclassement personnalisées (CRP) et contrats de transition professionnelle (CTP). À défaut de proposition par l'employeur, il revient à Pôle emploi de proposer ce contrat au salarié. 688 ■

Pendant la période du contrat (12 mois), le salarié devient stagiaire de la formation professionnelle et perçoit une allocation « spécifique de sécurisation » dont le montant sera défini par accord agréé (80 % du salaire journalier de référence). Le salarié bénéficie alors, à l'issue d'un pré-bilan, d'une évaluation des compétences et d'une orientation professionnelle, d'un parcours de retour à l'emploi qui comprend des mesures d'accompagnement ainsi que des périodes de formation et de travail.

La loi a délaissé la référence à la rupture « d'un commun accord » qui était celle de la convention de reclassement personnalisée. L'article L. 1233-67 évoque maintenant « l'adhésion » du salarié, qui marque un abandon du vocabulaire contractuel de l'accord. Le contrat de sécurisation professionnelle « constitue une modalité du licenciement pour motif économique » (Soc. 17 mars 2015, n° 13-26941 [P]). De sorte que le droit du licenciement pour motif économique demeure applicable. Sous l'empire de la convention de reclassement personnalisée, la jurisprudence avait précisé et formulé nombre de règles qui seront sans doute transposées. Ainsi, le salarié avait le droit de contester la réalité et le sérieux ce motif (Soc. 5 mars 2008, n° 07-41.964 [P], *Dr. ouvrier* 2008. 305, obs. A. Guyon, *Dr. soc.* 2008. 617, note G. Couturier). À cela, la Cour de cassation a ajouté que l'adhésion à la CRP ne privait pas le salarié du droit de contester le respect par l'employeur de son obligation de reclassement interne, même si elle entraîne nécessairement renonciation de sa part à la proposition de reclassement qui lui a été faite (Soc. 28 sept. 2011, n° 10-23.703 [P]). En ce qui concerne le contrat de sécurisation professionnelle, on sait désormais qu'il ne prive pas le salarié de demander réparation pour irrégularité de la procédure (Soc. 17 mars 2015, préc.). Par ailleurs, l'employeur a l'obligation d'énoncer les motifs de la rupture sous peine de voir celle-ci traitée comme un licenciement sans cause réelle et sérieuse (Soc. 22 octobre 2015, n° 14-16218).

Dans les entreprises d'au moins 1 000 salariés qui ne sont pas en redressement ou en liquidation judiciaire, la proposition d'un « congé de reclassement » (C. trav., art. L. 1233-71, R. 1233-17 à R. 1233-36) se substitue au contrat de sécurisation professionnelle. Ce congé de reclassement maintient un lien avec l'entreprise. Il remplace le préavis et peut aller au-delà de ce dernier, sa durée étant comprise entre 4 et 9 mois, comportant diverses mesures de formation et d'aide à la recherche d'emploi. La rémunération est maintenue par l'employeur pendant la durée du 689 ■

préavis. Une rémunération à hauteur de 65 % du salaire suit (sans tomber en dessous de 85 % du SMIC).

690 Le congé de reclassement peut encore, depuis la loi du 21 décembre 2006, être remplacé par un congé de mobilité (C. trav., art. L. 1233-77 s.). Celui-ci est réservé aux entreprises ayant conclu un accord de gestion prévisionnelle de l'emploi et des compétences. Il doit être proposé avant la rupture du contrat et équivaut, en cas d'acceptation du salarié, à une rupture d'un commun accord. Il s'agit pour le salarié d'accepter, pendant une durée variable qui comprend au moins la durée du préavis de licenciement, un accompagnement composé de périodes de travail et de formation, en vue de préparer un reclassement futur. Pendant neuf mois maximum, l'entreprise bénéficie d'exonérations quasi totales de charges sociales. Comme pour les autres dispositifs, l'acceptation d'un congé mobilité ne prive pas le salarié de contester le motif de la rupture (Soc. 22 oct. 2015, n° 14-15430).

c. La priorité de réembauche

691 Une fois le contrat rompu, les salariés licenciés pour un motif économique bénéficient d'une priorité de réembauche (parfois appelée priorité de réembauchage). Ils devront être repris par l'employeur qui les a licenciés, si des postes disponibles réapparaissent dans son entreprise pendant un délai d'un an à compter de la date de la rupture de leur contrat de travail (C. trav., art. L. 1233-45). La violation de cette priorité entraîne une condamnation à des dommages-intérêts calculés selon le préjudice subi, lequel peut être important si le salarié ne retrouve pas d'emploi. Pour les salariés qui avaient au moins deux ans d'ancienneté, dans l'entreprise comptant au moins onze salariés, cette indemnité est au minimum égale à deux mois de salaire (C. trav., art. L. 1235-13).

B. Les règles propres aux petits licenciements collectifs

692 Dès que le licenciement est collectif, c'est-à-dire dès qu'un même motif conduit à envisager le licenciement d'au moins deux salariés, les représentants du personnel doivent être consultés spécifiquement sur le projet de licenciement (1). Ces règles de consultation ont fait l'objet de diverses précisions (2) et font l'objet de sanctions spécifiques (3).

1. *Information et consultation des représentants du personnel*

693 L'employeur qui envisage un licenciement collectif de moins de 10 salariés doit consulter les représentants du personnel (C. trav., art. L. 1233-8).

En principe, c'est le comité d'entreprise qui est destinataire de ces consultations. Ce n'est qu'en son absence que les délégués du personnel deviennent acteurs dans cette consultation. En pratique, s'appuyant sur ce droit à la consultation, le comité d'entreprise est devenu le principal contrepoids organisé face aux licenciements collectifs. Il est souvent une force de contre-propositions, de suggestions.

2. *L'agencement des parties I et II du Code du travail*

694 Une question particulière agite depuis longtemps la doctrine et les prétoires : celle de la coexistence et donc de l'articulation dans le Code du travail, de deux procédures distinctes. La première procédure est régie par les dispositions sur la compétence des

comités d'entreprises, à la partie II du Code du travail (C. trav., art. L. 2323-1 s). L'autre procédure de consultation est régie par les dispositions relatives aux licenciements économiques, au sein de la partie I du Code du travail (C. trav., art. L. 1233-8, L. 1233-28 s.). Sous l'ancien code, les premières règles étaient placées au sein du Livre IV du Code du travail (C. trav., anc. art. L. 432-1 s.) et les secondes au sein du Livre III (C. trav., anc. art. L. 321-2 s.). Les consultations de la deuxième partie ont pour objet principal l'« opération projetée » (C. trav., art. L. 2323-15). Elles imposent une consultation sur des questions du type : « faut-il vraiment déplacer l'usine ? ». Les consultations de la première partie sont essentiellement orientées sur les moyens d'éviter les conséquences sur l'emploi de ces opérations. Elles visent des questions du type : « comment éviter que le déplacement de l'usine conduise à des licenciements ? ».

Comment articuler ces deux procédures ? La Cour de cassation avait décidé que les deux procédures avaient des objets distincts et qu'elles devaient être toutes deux respectées (Soc. 16 avr. 1996, *Sietam industries, Bull. civ.* V, n° 165). Elle a ensuite précisé qu'elles pouvaient en revanche être menées concomitamment (Soc. 17 juin 1997, *Bull. civ.* V, n° 223), ce qu'avait consacré l'article L. 1233-30, issu de la loi du 18 janvier 2005. La consultation sur le fondement de l'article L. 2323-15 et la procédure de licenciement collectif peuvent ainsi être menées de manière concomitante, au cours des mêmes réunions, dès lors que l'ordre du jour mentionne bien qu'il s'agit de consultations distinctes et que l'employeur respecte les règles propres à chacune, notamment les délais légaux (Soc. 17 juin 1997, préc.).

3. Sanctions

À la suite des arrêts *Sietam* (Soc. 16 avr. 1996, *Sietam Industries, Bull. civ.* V, n° 163, 164 et 165 ; *Dr. soc.* 1996. 484, note A. Lyon-Caen et p. 932, note G. Bélier et H.-J. Legrand ; *Dr. ouvrier* 1996. 317, note M. Miné ; *RJS* 1996, n° 5, p. 316, concl. R. Kessous ; *JCP E* 1996. 161, note G. Picca), une véritable capacité de blocage, par voie d'action en justice, a été reconnue aux comités d'entreprise en cas de violation par l'employeur de ses obligations d'information et de consultation. Depuis ces arrêts, le comité d'entreprise peut alors obtenir en référé la suspension de la procédure de licenciement. Cette suspension obligera l'employeur à reprendre la procédure en respectant scrupuleusement, cette fois, les prérogatives du comité. L'action en référé est ici d'autant plus efficace que, si elle est suffisamment crédible dans ses fondements, elle force l'employeur à en attendre l'issue avant de procéder aux licenciements. Un licenciement économique décidé en violation des prérogatives du comité d'entreprise est en effet nul, s'il a été prononcé alors qu'une demande de suspension était en cours et que la procédure consultative était irrégulière (Soc. 14 janv. 2003*, *Bull. civ.* V, n° 5 ; 7 avr. 2004, *Dr. soc.* 2004. 668, obs. G. Couturier ; *Bull. civ.* V, n° 108 ; 11 janv. 2007, n° 05-10.350, *Bull. civ.* V, n° 5). Et la nullité est de loin la sanction la plus efficace en droit du licenciement (v. ss 619 s.). 695 ■

En revanche, si le comité est peu au courant de ses droits, s'il est simplement passif ou lent, ou encore si l'employeur est particulièrement efficace et qu'il prend le comité de vitesse, les licenciements décidés en violation de la procédure de consultation ne sont pas nuls. La jurisprudence décide en effet que, si le comité agit *après* que les licenciements ont été prononcés, malgré l'irrégularité de la procédure consultative, les licenciements prononcés ne sont pas nuls (v. Soc. 14 janv. 2003 ; 7 avr. 2004 ; 11 janv. 2007, préc.). L'employeur pourra simplement être condamné pour entrave aux fonctions du comité et au versement de dommages-intérêts en fonction du préjudice subi du fait de l'absence de consultation.

La solution peut se comprendre pour des raisons pratiques. La réintégration rapide, ordonnée en référé, est une condamnation moins lourde que la réintégration ordonnée au fond, parfois après plusieurs années de procédure. Elle n'en apparaît pas moins symptomatique de la crainte que suscite la nullité des licenciements : l'employeur qui viole les prérogatives du comité d'entreprise encourt une peine au titre de l'entrave aux fonctions du comité d'entreprise (C. trav., art. L. 2328-1) sans que cela ne suscite beaucoup d'émoi. En revanche, l'idée qu'il puisse encourir la nullité des licenciements glace encore d'effroi.

696 Enfin, si ces institutions représentatives ne sont pas mises en place alors que l'entreprise atteint les seuils requis et que l'employeur ne peut se prévaloir d'un constat de carence, ce dernier est coupable d'entrave à la constitution d'un comité d'entreprise (C. trav., art. L. 2328-1) ou d'entrave à la désignation des délégués du personnel (C. trav., art. L. 2316-1). Il doit également être condamné à verser aux salariés licenciés un supplément d'indemnité d'un mois de salaire (C. trav., art. L. 1235-15, issu de la L. du 17 janv. 2002).

C. Les règles propres aux grands licenciements collectifs

697 Les grands licenciements collectifs appellent des règles spécifiques. L'information-consultation et l'élaboration du plan de sauvegarde de l'emploi constituent les deux pilliers de la procédure (1). La loi du 14 juin 2013 relative à la sécurisation de l'emploi a profondément renouvelé les voies par lesquelles cette procédure pouvait être menée (2). Elle a modifié également les modes de contrôle de cette procédure (3).

1. *Les actes de la procédure*

698 Aux règles relatives à l'ensemble des licenciements pour motif économique s'en ajoutent d'autres. Le grand licenciement collectif suppose l'application de règles procédurales particulières (a), ainsi que l'élaboration d'un plan de sauvegarde de l'emploi (b).

a. L'information et la consultation des représentants du personnel

699 Les grands licenciements collectifs doivent être précédés par une procédure d'information et de consultation du comité d'entreprise beaucoup plus complexe et détaillée que celle qui préside aux petits licenciements collectifs, les deux réunions du comité d'entreprise devant être séparées par des délais précis variables selon que la procédure est unilatérale ou négociée (v. ss 703).

En outre, une mesure clef s'impose, celle de la nomination d'un expert-comptable, rémunéré par l'employeur, mais choisi, dirigé et utilisé par le comité d'entreprise, susceptible d'éclairer le comité d'entreprise sur le projet de licenciement, ainsi que sur le contenu du plan de sauvegarde de l'emploi qui est présenté (v. C. trav., art. L. 2325-35, 5° et L. 1233-34).

b. Le plan de sauvegarde de l'emploi

700 Ce n'est que dans les entreprises d'au moins cinquante salariés que les grands licenciements collectifs doivent donner lieu à l'élaboration d'un « plan de sauvegarde de l'emploi » (C. trav., art. L. 1233-61). Ce plan a longtemps été nommé « plan social ».

L'expression était passée dans le langage courant pour désigner, de manière édulcorée, les licenciements économiques de grande ampleur. Et l'on disait habituellement : « mon entreprise en est à son troisième plan social ». L'expression a ainsi été progressivement chargée de sentiments forts négatifs. Et la loi du 17 janvier 2002 a rebaptisé le plan social en « plan de sauvegarde de l'emploi ». L'expression est un peu longue, elle a donc donné lieu à l'acronyme PSE. Si le plan social devenu PSE a cette tendance à devenir synonyme de grand licenciement économique, ce n'est pas sans raison. Il s'agit bien de la pièce maîtresse de la procédure du grand licenciement collectif.

Le plan de sauvegarde de l'emploi a pour finalité, comme son nom l'indique, d'« éviter les licenciements » ou d'« en limiter le nombre » et de « faciliter le reclassement du personnel dont le licenciement ne pourrait être évité » (C. trav., art. L. 1233-61). 701 ■

C'est dans les moyens qu'il doit déployer que ce plan prend de l'importance. L'employeur doit en effet consigner expressément en son sein les mesures qu'il compte prendre et le texte énumère quelques-uns des moyens qu'il doit essayer de mettre en œuvre. Outre au reclassement interne des salariés, c'est-à-dire à l'identification des postes disponibles pour reclasser les salariés, l'employeur est invité à la « création d'activités nouvelles par l'entreprise », au « reclassement externe à l'entreprise, notamment par le soutien à la réactivation du bassin d'emploi » ; à « des actions de soutien à la création d'activités nouvelles ou à la reprise d'activités existantes par les salariés » ; à « des actions de formation, de validation des acquis de l'expérience ou de reconversion de nature à faciliter le reclassement interne ou externe des salariés sur des emplois équivalents » ; « à des mesures de réduction ou d'aménagement du temps de travail ». Bref, il est invité à rechercher tous les moyens à sa disposition pour éviter autant que faire se peut les licenciements. L'idée selon laquelle le licenciement économique doit être le dernier recours trouve ici son plus sûr fondement.

2. *Les voies de la procédure*

Dorénavant, la définition des règles de procédure comme la mise en place d'un plan de sauvegarde de l'emploi peuvent emprunter deux voies alternatives. La procédure peut d'abord être unilatérale. L'employeur élabore un document qui fixe non seulement le contenu du plan de sauvegarde de l'emploi, mais également la procédure de licenciement (C. trav., art. L. 1233-24-4) (a). La seconde voie est celle de l'accord collectif. L'article L. 1233-24-1 du Code du travail prévoit ainsi que les interlocuteurs sociaux peuvent, dans les entreprises de plus de 50 salariés, conclure un accord collectif déterminant la procédure et le contenu du plan de sauvegarde de l'emploi (b). Mais l'accord collectif ne portera bien souvent pas sur l'ensemble de la procédure et ne sera que partiel. Il restera alors à l'employeur à le compléter par un document unilatéral. 702 ■

a. La procédure unilatérale

C'est « à défaut d'accord » que la procédure unilatérale peut s'engager (C. trav., art. L. 1233-24-4). Cela ne signifie pas que l'employeur a une obligation de négocier un accord collectif. Simplement, il y a là une illustration de la préférence qui est accordée par le législateur à la voie négociée. 703 ■

L'employeur élabore un document qui fixe non seulement le contenu du plan de sauvegarde de l'emploi, mais également la procédure de licenciement (C. trav., art. L. 1233-24-4). C'est ce que l'on désigne sous le vocable de procédure unilatérale.

Ce document unilatéral peut porter sur l'ensemble de la procédure d'information-consultation, sur le contenu du plan de sauvegarde de l'emploi, la pondération des critères d'ordre des licenciements, le calendrier des licenciements, le nombre de suppressions d'emploi et les catégories professionnelles concernées, ainsi que les modalités de mise en œuvre des mesures de formation, d'adaptation et de reclassement.

S'agissant d'une décision unilatérale de l'employeur, les éléments fixés dans le document devront être conformes aux dispositions légales (C. trav., art. L. 1233-24-4).

Comme avant la réforme du 14 juin 2013, le comité d'entreprise doit être consulté à la fois sur le projet de restructuration et sur le projet de licenciement (C. trav., art. L. 1233-30, al. 2). En revanche, la formulation légale rend moins évidente l'exigence que les deux consultations soient distinctes. En outre, il doit tenir deux réunions minimum, espacées d'un délai d'au moins 15 jours. C'est au terme de ces deux réunions qu'il doit exprimer ses deux avis (l'un sur le livre I – projet de PSE), l'autre sur le livre II (projet de réorganisation). Enfin, il peut décider de recourir à un expert comptable dans l'étude et l'analyse des projets.

La procédure d'information-consultation est encadrée dans le temps par des délais maximum qui tiennent compte de l'ampleur du projet de licenciement. Ces délais sont de 2 mois lorsque le projet de licenciement concerne 10 à 99 salariés, 3 mois de 100 à 249 licenciements, ou 4 mois (plus de 250 licenciements). Ces délais étant depuis la loi du 14 juin 2013 des délais maximum, l'ensemble de la procédure doit être terminée à l'expiration des délais — les deux réunions, le recours à l'expert et la remise du rapport de l'expert, les avis du comité d'entreprise, ainsi que du CHSCT, s'il est saisi. On mesure à quel point l'exigence de rapidité de la procédure est susceptible de réduire à néant ses vertus protectrices des salariés.

b. La procédure négociée

■ 704 L'accord collectif susceptible d'être conclu peut porter sur une grande partie de la procédure de licenciement économique (1) et peut en outre être largement dérogatoire (2). Le choix de la procédure négociée entraîne nécessairement des perturbations dans la manière dont la négociation s'articule à la consultation du comité d'entreprise (3).

1. Le domaine de l'accord collectif

■ 705 L'article L. 1233-24-1 du Code du travail prévoit que les interlocuteurs sociaux pourront, dans les entreprises de plus de 50 salariés, conclure un accord collectif déterminant le contenu du plan de sauvegarde de l'emploi. Cet accord pourra également porter sur les modalités de consultation et d'information du comité d'entreprise, la pondération des critères d'ordre des licenciements, le calendrier des licenciements, le nombre de suppressions d'emploi et les catégories professionnelles concernées et enfin les modalités de mise en œuvre des mesures d'adaptation et de reclassement.

L'accord collectif ainsi conclu doit être signé par les organisations syndicales représentatives ayant recueilli au moins 50 % des suffrages exprimés, soit bien plus des 30 % exigés pour un accord collectif classique. D'où il ressort une volonté de conférer une légitimité certaine à cet accord dont on verra qu'il peut être largement dérogatoire.

Il faut prendre la mesure de ce dispositif, à travers la consécration d'une espèce « d'accord collectif intégral », par lequel les interlocuteurs sociaux peuvent s'accorder sur quasiment tous les temps forts de la procédure et, en particulier, le contenu du plan de sauvegarde de l'emploi. L'accord collectif est explicitement désigné comme étant le support, la source du contenu de ce plan.

Il est toujours possible pour les syndicats de négocier des accords dits « de méthode ». 706 ■ Ces accords sont nés d'une loi du 3 janvier 2003 et ont été pérénisés par une loi du 18 janvier 2005. Ces accords de méthode pouvaient aller, jusqu'à la loi du 14 juin 2013 de sécurisation de l'emploi, jusqu'à prévoir la négociation ultérieure du plan de sauvegarde de l'emploi, ou même anticiper son contenu. Depuis cette loi, leur objet a été considérablement réduit. Mais ils peuvent encore permettre à leurs signataires de réorganiser les modalités d'information et de consultation des comités d'entreprise en cas de grand licenciement collectif (C. trav., art. L. 1233-21) et sont en revanche soumis aux conditions de validité communes des accords collectifs. Leur contestation ne peut se faire, logiquement, que devant le juge judiciaire.

2. Accord dérogatoire

Intégral, l'accord collectif est en outre dérogatoire. Qui plus est, dérogatoire par 707 ■ autorisation implicite pourrait-on dire. La loi précise en effet que cet accord « ne peut déroger » à diverses règles citées, telle « l'obligation de formation, d'adaptation et de reclassement », aux « règles générales d'information et de consultation du comité d'entreprise prévues aux articles L. 2323-2, L. 2323-4 et L. 2323-5 du Code du travail » (C. trav., art. L. 1233-24-3). Ainsi, l'accord collectif peut être dérogatoire aux autres règles du licenciement pour motif économique. La méthode laisse pour le moins sceptique. Et l'on rappellera que le Conseil constitutionnel avait déjà, dans une décision du 7 août 2008 (Décis. n° 2008-508 DC), exigé du législateur qu'il exerce pleinement, sauf expérimentation temporaire, sa compétence, c'est-à-dire qu'il habilite expressément à déroger et qu'il définisse précisément l'objet et les conditions de la dérogation. Ce type de dérogation générale et implicite n'est sans doute pas conforme à une telle exigence, même si les auteurs de la saisine du Conseil constitutionnel n'en ont pas fait mention.

3. L'articulation entre négociation et consultation

L'étendue du champ de la négociation n'est pas sans incidence sur le contenu de la 708 ■ consultation du comité d'entreprise et sur l'articulation entre négociation avec les syndicats et consultation du comité d'entreprise. Cette articulation est autant matérielle (α) que temporelle (β).

α. Articulation matérielle

Quels sont les domaines respectifs de la négociation et de la consultation ? Certains 709 ■ des points de l'accord majoritaire sont soustraits par la loi à la consultation du comité d'entreprise. Ainsi, l'article L. 1233-30 du Code du travail précise que le nombre de suppression d'emplois, les critères d'ordre, le calendrier prévisionnel, les mesures d'accompagnement du PSE prévus par l'accord collectif ne sont pas soumis à la consultation. À suivre la loi, donc, seule subsiste la consultation prévue dans la partie II du Code du travail, c'est-à-dire la consultation sur l'opération économique.

β. Articulation temporelle

710 L'articulation temporelle entre procédure de consultation du comité d'entreprise et négociation de l'accord majoritaire est variable.

Les négociations peuvent débuter préalablement à la première réunion du comité d'entreprise, laquelle fait courir le délai de procédure mentionné par l'article L. 1233-30 du Code du travail. C'est ce qui résulte d'une Instruction ministérielle qui précise que l'antériorité de la négociation ne constitue pas un délit d'entrave (Instr. DGEFP/DGT du 9 juillet 2013 n° 2013/13). Les négociations peuvent également être concommitantes à la procédure de consultation et être annoncées au moment de la première réunion du comité d'entreprise. Elles peuvent enfin être engagées alors que la procédure d'information-consultation a déjà commencé (Instruct. précit.).

Ce libre jeu avec le temps laisse dubitatif. Faire commencer les négociations avant permet aux négociateurs de recouvrer la maîtrise du temps, puisque la procédure de négociation n'est alors pas enfermée dans les délais d'information-consultation. Toutefois, comment concevoir une négociation sur les licenciements et leurs conséquences, alors même que le comité d'entreprise n'aurait pas été consulté sur le projet économique lui-même, c'est-à-dire sur les raisons des licenciements (consultation partie II du Code du travail) ? Inversement et surtout, quel sens pourrait avoir une consultation sur un projet économique dont les conséquences (licenciements) sont déjà envisagées et actées dans un accord collectif ? En réalité, ces modifications s'inscrivent dans un mouvement de fond par lequel la fonction d'information-consultation du comité d'entreprise est délaissée voire absorbée par la négociation collective.

3. *Le contrôle de la procédure*

711 La loi de sécurisation de l'emploi a conféré un rôle jusque-là méconnu à l'autorité administrative (a). Ce rôle dévolu à l'administration a entraîné un transfert de compétence des juridictions judiciaires vers les juridictions administratives (b).

a. Le rôle de l'autorité administrative

712 Le rôle de l'administration du travail est considérablement revalorisé par la loi du 14 juin 2013 relative à la sécurisation de l'emploi.

En réalité, l'administration a toujours joué un rôle actif dans la procédure de licenciement. Bien sûr sous l'empire de la loi du 3 janvier 1975, qui avait institué une autorisation administrative préalable au licenciement économique. Mais aussi malgré la suppression de cette autorisation par la loi du 3 juillet 1986. L'employeur qui entendait procéder au licenciement devait ainsi tenir informé le directeur départemental du travail et de l'emploi avec des modalités différentes selon qu'il s'agissait d'un licenciement individuel ou collectif de moins de 10 salariés ou selon qu'il s'agissait d'un licenciement d'au moins 10 salariés sur une même période.

Ces missions demeurent sous l'empire de la loi relative à la sécurisation de l'emploi. Mais s'y ajoutent des fonctions autrement plus consistantes, lors d'un grand licenciement collectif, dévolues à la Direction régionale des entreprises, de la concurrence, de la consommation, du travail et de l'emploi (DIRECCTE). De manière générale, la revalorisation du rôle de l'administration doit d'ailleurs être rapportée à l'organisation d'une mise à l'écart du juge. Le contrôle *ex-ante*, celui de l'administration, est préféré à un contrôle *ex-post*, celui du juge.

D'une part, l'administration exerce une fonction de contrôle en cours de procédure. Elle peut alors formuler des observations ou des propositions sur la procédure ou sur le plan de sauvegarde de l'emploi, auxquelles l'employeur est tenu de répondre (C. trav., art. L. 1233-57-6). Elle dispose également d'une procédure plus contraignante, la procédure d'injonction, par laquelle elle peut enjoindre à l'employeur de fournir des éléments d'information ou de se conformer à une règle de procédure (C. trav., art. L. 1233-57-5). Par ailleurs, lorsque le plan de sauvegarde de l'emploi est établi, il doit être transmis à l'administration qui peut suggérer certaines modifications avant la dernière réunion du comité d'entreprise (C. trav., art. L. 1233-57). 713 ■

D'autre part, l'administration dispose d'un pouvoir de contrôle du plan de sauvegarde de l'emploi lorsque ce dernier est établi. Ce rôle varie selon la procédure choisie, négociée, ou unilatérale.

En cas de document unilatéral, l'administration doit « homologuer » la procédure de licenciement (C. trav., art. L. 1233-57-3). Pour ce faire, elle dispose d'un délai de 21 jours à compter de la réception du document. Le terme rappelle le mécanisme de contrôle mobilisé pour la rupture conventionnelle. Ses prérogatives sont alors importantes : vérification de la régularité de la procédure, d'abord. Mais aussi contrôle de la pertinence du plan de sauvegarde de l'emploi au regard de différents critères : moyens de l'entreprise, mesures prévues, efforts de formation, etc.

Lorsqu'un accord collectif a été conclu, l'administration doit « valider » l'accord (C. trav., art. L. 1233-57-2). Elle vérifiera que l'accord répond aux conditions de conclusion de ce type d'accord majoritaire et que la procédure de consultation du comité d'entreprise a été régulière. Si elle est censée vérifier la présence dans le plan de sauvegarde de l'emploi des mesures prévues par la loi, rien n'est précisé sur son contrôle de la pertinence des mesures prévues par le plan de sauvegarde. Son contrôle sera ainsi extrêmement léger. D'autant que le délai dont l'administration dispose n'est que de 15 jours à compter de la réception de l'accord collectif.

b. Le rôle du juge administratif

1. La compétence du juge administratif

Le rôle confié à l'administration s'est accompagné d'un transfert de compétence de l'autorité judiciaire aux juridictions administratives pour les litiges concernant l'accord collectif, le document unilatéral, le contenu du plan de sauvegarde de l'emploi, les décisions de l'administration en cours de procédure, la régularité de la procédure (C. trav., art. L. 1235-7-1). 714 ■

Hors de ces domaines, le juge judiciaire demeure compétent. Il conservera ainsi compétence, s'agissant des grands licenciements collectifs, pour le contentieux relatif à la cause réelle et sérieuse et, par conséquent, sur celui relatif à l'obligation individuelle de reclassement ou à l'application des critères d'ordre des licenciements. Et en tout état de cause, si la décision administrative de validation ou d'homologation a été annulée, il appartient ensuite aux salariés de saisir le conseil de prud'hommes pour obtenir les indemnités qui en découlent (v. *infra*).

2. Les recours devant le tribunal administratif

Le premier constat qu'il convient de faire est celui de l'absence de recours en référé pour contester tous les actes qui se situent en cours de procédure, en amont de la décision finale d'homologation ou de validation. Ainsi, le refus de l'Administration d'accéder ou non à la procédure d'injonction ne peut être contesté qu'au moment de la décision finale, c'est-à-dire la validation ou l'homologation. Cela résulte du fait que 715 ■

ces décisions ne sont pas considérées comme des actes administratifs « faisant grief » et donc susceptibles d'un recours au sens du droit administratif.

716 C'est le recours pour excès de pouvoir qui permet de contester la validité de la décision administrative, homologation ou validation. Ce recours doit être porté devant le tribunal administratif « dans un délai de deux mois par l'employeur à compter de la notification de la décision de validation ou d'homologation, et par les organisations syndicales et les salariés à compter de la date à laquelle cette décision a été portée à leur connaissance (...) » (C. trav., art. L. 1235-7-1). La procédure est alors extrêmement rapide. Le tribunal administratif a trois mois pour statuer, à défaut de quoi le litige est transmis à la cour d'appel qui a également trois mois pour statuer.

717 Enfin, il est possible de recourir au référé-suspension à l'encontre de la décision administrative. Ce recours permet d'éviter que les licenciements soient prononcés avant que la décision administrative ne soit rendue. Il est d'autant plus important que l'employeur peut notifier les licenciements à l'issu d'un délai de trente jours à compter de la notification de la décision de validation ou d'homologation (C. trav., art. L. 1233-39). Pour que le référé suspension soit accueilli, il faut, selon le Conseil d'État, que « l'urgence justifie que soit prononcée la suspension d'un acte administratif lorsque l'exécution de celui-ci porte atteinte de manière suffisamment grave et immédiate à un intérêt public, à la situation du requérant ou aux intérêts qu'il entend défendre » (CE 21 févr. 2014, n° 374409, *Comité d'entreprise de la société IPL Atlantique*). Les conditions d'admission d'un tel recours sont donc extrêmement restrictives.

718 Peuvent agir en recours pour excès de pouvoir, aux termes de l'article L. 1235-7-1 du Code du travail, de l'instruction du 19 juillet 2013, et de quelques décisions (v. CE, ass., 22 juill. 2015, n° 383481, *Calaire chimie*, considérant 2) ceux à qui les décisions d'homologation ou de validation sont obligatoirement portées à connaissance, c'est-à dire l'employeur, le comité d'entreprise, les organisations syndicales et les salariés. Par conséquent, le CHSCT n'est pas recevable à demander l'annulation d'une homologation ou d'une validation (CE 21 oct. 2015, n° 386123). La solution est extrêmement malheureuse, rapportée au fait que le défaut de consultation du CHSCT peut entacher la procédure d'irrégularité.

En somme, soit l'administration refuse d'homologuer ou de valider la procédure. Le recours peut alors être intenté par l'employeur. Soit l'administration a homologué ou validé la procédure. Le recours sera alors intenté, si ce choix est fait, par les organisations syndicales, institutions représentatives, ou salariés.

3. La nature du contrôle du juge administratif

719 Le contrôle du juge administratif est nécessairement d'une nature différente de celui exercé par le juge judiciaire, ne serait-ce que parce qu'il s'exerce sur un acte de l'administration, et non pas sur la décision de l'employeur. Il est nécessaire de se familiariser avec la grammaire du contrôle du juge administratif dans ce contentieux particulier qu'est le contentieux du recours pour excès de pouvoir. Sont ainsi examinés deux types de moyen.

— Les moyens de légalité externe qui concernent les irrégularités commises dans la procédure de licenciement, comme l'irrégularité de la procédure de consultation du comité d'entreprise par exemple, ou encore l'insuffisance du plan de sauvegarde de l'emploi.

— Les moyens de légalité interne, qui concernent les irrégularité de la procédure de contrôle par la Direccte elle-même. Ces moyens permettent de mettre en question la motivation de la décision de la Direccte par exemple.

En outre, toutes les irrégularités ne sont pas susceptibles de mettre en jeu la décision d'homologation ou de validation. En particulier, les irrégularités tirées d'un vice de forme, comme celui de la régularité de la procédure de consultation du comité d'entreprise, ne peuvent conduire à l'annulation de la décision administrative (la validation ou l'homologation), que si elles ont privé les bénéficiaires de l'acte administratif d'une garantie, ou bien influencé la décision prise par l'administration. La grille de contrôle du juge administratif est donc très éloignée de celle du juge judiciaire. (v. ss 725).

4. Les objets du contrôle du juge administratif

Les quelques décisions rendues par le Conseil d'État permettent aujourd'hui de commencer à brosser un tableau des objets de son contrôle : contrôle du contenu du plan de sauvegarde de l'emploi (a), contrôle de l'accord collectif en cas de procédure négociée (b), contrôle de la procédure de consultation du comité d'entreprise (c). **720 ■**

α. Contrôle du contenu du plan de sauvegarde de l'emploi

Les juges judiciaires avaient donné toute sa portée à l'exigence d'un plan de sauvegarde de l'emploi. Selon les juges judiciaires, le plan de sauvegarde de l'emploi devait contenir des mesures précises, concrètes, et non de vagues promesses abstraites (Soc. 17 mai 1995, *Everite** ; 13 févr. 1997, *Bull. civ.* V, n° 63). Son contenu devait également être proportionné aux moyens de l'entreprise ou du groupe (Soc. 28 mars 2000* ; Soc. 29 févr. 2008, n° 06-42.653). C'est aujourd'hui le Conseil d'État qui donne ses directives sur le contrôle que l'administration doit opérer sur le contenu du plan de sauvegarde de l'emploi. **721 ■**

Très explicitement, la loi requiert un contrôle bien plus approfondi du plan de sauvegarde de l'emploi élaboré par voie unilatérale que du plan de sauvegarde négocié. C'est ce qu'a confirmé le Conseil d'État. **722 ■**

En présence d'un plan élaboré par voie négociée, « l'administration doit seulement s'assurer de la *présence*, dans ce plan, des mesures prévues » par la loi (CE 7 déc. 2015, *Darty*, n° 383856). Une telle formulation ferme donc la porte à tout contrôle du caractère suffisant du plan de sauvegarde de l'emploi. Les mesures de reclassement doivent simplement exister.

Au contraire, en présence d'un plan de sauvegarde de l'emploi unilatéral, l'administration doit vérifier la « conformité » de ce plan aux dispositions légales. Les arrêts du Conseil d'État livrent aujourd'hui des directives précises concernant le contrôle que doit exercer l'administration. Elle doit donc vérifier :

– Que les mesures contenues dans le plan sont précises et concrètes et si, à raison, pour chacune, de sa contribution aux objectifs de maintien dans l'emploi et de reclassement des salariés, elles sont, prises dans leur ensemble, propres à satisfaire à ces objectifs (CE 22 juill. 2015*, *Calaire Chimie*, n° 383481 ; CE 30 mai 2016, *Sodival*, n° 384114).

– Que l'employeur a identifié toutes les possibilités de reclassement des salariés dans l'entreprise et procédé le cas échéant à une recherche sérieuse des postes disponibles pour un reclassement dans les autres entreprises du groupe. Il doit avoir, pour l'ensemble des postes de reclassement ainsi identifiés, indiqué dans le plan leur nombre, leur nature et leur localisation (CE 22 juill. 2015, *Calaire Chimie*, n° 383481* ; CE 30 mai 2016, *Sodival*, n° 384114).

– Que le plan de sauvegarde de l'emploi est proportionné aux moyens dont dispose le groupe (mêmes arrêts).

β. Contrôle de la négociation et de la conclusion de l'accord collectif

723 Dans l'une de ses décisions, le Conseil d'État admet qu'il appartient à la Direccte de contrôler les conditions de la négociation et en particulier de vérifier que l'accord collectif n'est pas entaché de nullité (CE 7 déc. 2015, Darty, n° 383856). Rien n'exclut alors, à l'avenir, un contrôle de la loyauté de la négociation, comme il existe dans la jurisprudence de la chambre sociale (v. ss 898).

724 Ce sont également les conditions de conclusion de l'accord collectif qui sont contrôlées. Un plan de sauvegarde de l'emploi peut être annulé si les délégués syndicaux signataires de l'accord collectif ne disposaient pas d'un mandat valable, la condition de majorité n'étant de ce fait plus remplie (CE, ass., 22 juill. 2015, *Pages Jaunes*, n° 385668).

γ. Contrôle de la procédure de consultation du comité d'entreprise

725 En cas d'irrégularité de la procédure de consultation du comité d'entreprise, l'administration ne peut ainsi légalement accorder la validation demandée que si le comité a été mis à même d'émettre régulièrement un avis, d'une part sur l'opération projetée et ses modalités d'application et, d'autre part, sur le projet de licenciement collectif et, à ce titre, sur le plan de sauvegarde de l'emploi (CE 7 déc. 2015, *Darty*, n° 383856). C'est au sujet du contrôle de la procédure que la particulité du contrôle administratif est la plus criante. S'agissant d'un moyen tiré d'un vice de forme, il est en effet fait application à la procédure de consultation de la règle posée dans son arrêt *Danthony* (CE 23 déc. 2011, Danthony, n° 335033). De sorte que les irrégularité commises dans la consultion ne sont sanctionnées que si elles ont eu pour effet d'empêcher leurs membres de délibérer et de rendre un avis en toute connaissance de cause (notamment CE 22 juill. 2015, n° 385816, *Heinz*, cons. 4). La règle est donc bien éloignée de celle du juge judiciaire qui, en référé, pouvait suspendre la procédure de consultation du comité d'entreprise tant que le manquement allégué n'avait pas été régularisé (v. ss 695).

5. Sanctions et conséquences

726 – En cas d'annulation d'une décision de validation ou d'homologation pour un motif tenant au plan de sauvegarde de l'emploi, la procédure de licenciement est nulle (C. trav., art. L. 1235-10). La nullité de la procédure entraine celle des licenciements qui en résultent.

Le juge administratif, lui, ne va pas plus loin. Il appartient alors aux salariés de saisir le conseil de prud'hommes pour demander la nullité des licenciements ainsi que leur réintégration. Si le salarié ne la demande pas ou si cette réintégration est impossible, le juge peut lui octroyer une indemnité à la charge de l'employeur d'au moins 12 mois de salaires (C. trav., art. L. 1235-11). Il s'agit là d'une reprise de la solution antérieure à la loi du 14 juin 2013. La sanction relative à la nullité du licenciement résultait en effet d'un arrêt *Samaritaine* du 13 février 1997 et avait ensuite été entérinée par la loi.

– En revanche, si l'annulation de la décision d'homologation ou de validation se rapporte à un autre motif que celui du plan de sauvegarde de l'emploi, elle donne lieu, soit à la réintégration du salarié, si les deux parties sont d'accord, soit au versement d'une indemnité qui ne peut être inférieure aux salaires des 6 derniers mois (C. trav., art. L. 1235-16).

– On notera que le législateur, soucieux d'adoucir les conséquences de l'annulation d'une décision administrative pour insuffisance de motivation, a modifié l'article L. 1235-16 du Code du travail par la loi du 6 août 2015 sur la croissance, l'activité et l'égalité des chances économiques. Dans une telle hypothèse, l'administration peut alors prendre une nouvelle décision, cette fois suffisamment motivée. L'annulation de la décision administrative est ainsi sans incidence sur la validité des licenciements déjà prononcés. Elle ne donnera lieu ni à réintégration, ni au versement d'une indemnité à la charge de l'employeur.

§ 2 Justifier le licenciement : la cause économique réelle et sérieuse

Comme tout licenciement, le licenciement pour motif économique doit être pourvu 727 ■
d'une cause réelle et sérieuse.

Le contrôle du juge se porte sur trois éléments. D'une part, les juges vérifient que la situation économique invoquée par l'employeur correspond bien à l'un des motifs admis de licenciement. Ce contrôle se rapporte ainsi aux différentes causes du licenciement économique énoncées par l'article L. 1233-3 du Code du travail : « difficultés économiques » ou « mutations technologiques », auxquelles la jurisprudence, saisie par la loi, a ajouté deux motifs : la réorganisation nécessaire à la sauvegarde de la compétitivité de l'entreprise, et la fermeture totale et définitive de l'entreprise, pourvu que cette fermeture ne soit pas « due à une faute de l'employeur ou à sa légèreté blâmable » (Soc. 16 janv. 2001*) (v. ss 741) (A). D'autre part, ils vérifient que cette situation économique a bien des conséquences sur l'emploi concerné (B). Enfin, le contrôle du sérieux se loge également dans celui du respect par l'employeur de son obligation de reclassement (C).

A. Le contrôle par le juge de la situation économique

1. *Principes*

La cause économique doit d'abord être réelle. C'est bien pour cette raison-là, 728 ■
objective et existante, que l'employeur a licencié. Mais cette raison doit encore être sérieuse, c'est-à-dire être considérée par les juges comme une justification suffisante. Le contrôle du sérieux du motif économique porte sur l'intensité de la contrainte économique. Il peut également porter sur le lien entre la situation économique invoquée et l'élément matériel, c'est-à-dire son effet sur l'emploi. Ainsi, les juges doivent vérifier si « les difficultés dont l'employeur fait état sont de nature à justifier une suppression d'emploi » (Soc. 24 janv. 2007, n ° 04-41.668). Bien que la doctrine insiste sur ce point, le juge demeure assez en retrait dans le contrôle qu'il exerce. Ces principes vont nécessairement évoluer, s'agissant des difficultés économiques,

puisqu'elles sont, désormais, depuis la loi dite « travail » du 8 août 2016, caractérisées par la loi.

2. *Illustrations*

a. Difficultés économiques

729 La loi dite « travail » du 8 août 2016 a modifié les règles relatives à la cause économique, lorsqu'elle est est caractérisée par des difficultés économiques. Gardons à l'esprit l'ancienne jurisprudence, pour mieux comprendre ce qui a été changé. Le nouveau texte entrera en vigueur le 1er décembre 2016.

1. L'ancienne jurisprudence

730 Lorsque le licenciement était fondé sur des difficultés économiques, les juges vérifiaient l'importance de ces difficultés économiques (V. Soc. 6 juill. 1999* : « Ni la réalisation d'un chiffre d'affaires moindre de 1992 à 1993, ni la baisse des bénéfices réalisés pendant la même période ne suffisaient à caractériser la réalité des difficultés économiques alléguées » (v. aussi Soc. 13 sept. 2012, n° 11-18480). À fortiori, la seule perte d'un marché ne constituait pas, à elle seule, un motif économique (Soc. 29 janv. 2014, n° 12-15925). En revanche, justifiaient un licenciement d'importantes difficultés financières imposant des mesures drastiques pou assurer la pérennité de l'entreprise (Soc. 25 nov. 2009, n° 08-42.755).

2. Le nouveau système

731 L'article L. 1233-3 du Code du travail, qui entrera en vigueur le 1er décembre 2016, prévoit :

– Les difficultés économiques sont caractérisées « soit par l'évolution significative d'au moins un indicateur économique tel qu'une baisse des commandes ou du chiffre d'affaires, des pertes d'exploitation ou une dégradation de la trésorerie ou de l'excédent brut d'exploitation, soit par tout autre élément de nature à justifier de ces difficultés ».

– Une baisse significative des commandes ou du chiffre d'affaires est constituée dès lors que la durée de cette baisse est, en comparaison avec la même période de l'année précédente, au moins égale à :

a) Un trimestre pour une entreprise de moins de onze salariés ;

b) Deux trimestres consécutifs pour une entreprise d'au moins onze salariés et de moins de cinquante salariés ;

c) Trois trimestres consécutifs pour une entreprise d'au moins cinquante salariés et de moins de trois cents salariés ;

d) Quatre trimestres consécutifs pour une entreprise de trois cents salariés et plus.

732 L'article L. 1233-3 du Code du travail précise donc désormais ce qu'il faut entendre par difficultés économiques. De deux manières.

D'abord, par l'énonciation d'une liste d'indicateurs qui, par leur évolution, caractérisent des difficultés économiques.

Ensuite par la précision de la manière même de caractériser deux de ces indicateurs, la baisse significative des commandes ou du chiffres d'affaires.

Ce procédé appelle plusieurs remarques. En premier lieu, il s'agit de préconstituer la raison d'ordre économique du licenciement, en créant une automacité entre des inscriptions comptables et une cause de licenciement. Cette préconstitution de la cause économique permet ainsi d'interdire toute discussion devant le juge. Le contrôle de la réalité de la raison invoquée est certainement supprimé, puisqu'il suffit de constater une évolution des indicateurs mentionnés, pour que la cause soit constituée. En revanche, le contrôle du sérieux de la cause économique, celui donc de son importance, devrait subsister, le juge devant contrôler le caractère « significatif » de l'évolution constatée. En second lieu, le choix des indicateurs, comme le fait que l'évolution d'un unique indicateur suffit, ôte aux difficultés économiques tout le sens que les juges leur avaient conféré. La baisse des commandes ne devrait pas suffire à caractériser des difficultés économiques, puisqu'elle peut être liée, si elle s'accompagne d'un renchérissement de la matière, d'une hausse du prix de vente. Par ailleurs, la baisse des commandes d'un trimestre ou même de plusieurs trimestres par rapport à la situation des commandes l'année précédente peut ne révéler en aucune manière des difficultés économiques, si l'année précédente a été très fructueuse. La notion même de difficultés est malmenée par cette réforme et, par conséquent, le sens même du licenciement pour motif économique. Le salarié ne supportant pas les risques de l'entreprise, seule une contrainte économique suffisamment importante devrait être de nature à justifier son licenciement.

3. Le cadre d'appréciation des difficultés économiques

Juger de l'importance des difficultés économiques suppose une analyse de la situation de l'entreprise dans son ensemble et non de telle ou telle partie de l'entreprise, de tel ou tel magasin par exemple (Soc. 17 juin 1992, *Bull. civ.* V, n° 403). Elle doit même dépasser les frontières de la personne morale et être appréciée au niveau de l'ensemble du « secteur d'activité » du groupe auquel appartient, le cas échéant, l'entreprise (Soc. 23 mars 2005, *RJS* 2005, n° 614). La notion de secteur d'activité est donc cardinale. Il ressort des rares arrêts sur cette notion qu'il peut « être déterminé en prenant en considération un faisceau d'indices relatifs à la nature des produits, à la clientèle à laquelle ils s'adressent et au mode de distribution » (Soc. 10 févr. 2010, n° 08-41109). 733 ■

Une telle règle peut bénéficier au salarié, puisqu'elle fait obstacle, par exemple, au licenciement par une filiale déficitaire, si le secteur d'activité du groupe ne l'est pas. Mais la règle est réversible. Ainsi, une filiale aux bons résultats peut licencier si le secteur d'activité du groupe est déficitaire (Soc. 28 nov. 2007, n° 06-40489, *Bull. civ.* V, n° 197). 734 ■

Le premier projet de loi dite « travail » prévoyait que cette règle soit modifiée, et que les difficultés économiques s'apprécient dans un cadre « national ». Ce changement aurait conduit à donner la possibilité, aux groupes de sociétés, d'organiser les difficultés économiques au sein d'une filiale française. Cette partie du projet a finalement été abandonnée. 735 ■

b. Mutations technologiques

Les mutations technologiques constituent le second type de motif économique expressément visé par la loi à l'article art. L. 1233-3 du Code du travail. Elles peuvent être caractérisées en cas d'introduction d'un nouveau logiciel ayant entraîné la suppression de la majeure partie des tâches jusque là effectuées par la salariée (Soc. 17 mai 2006, n° 04-43.022). 736 ■

c. Réorganisation nécessaire à la sauvegarde de la compétitivité

737 Usant de l'adverbe « notamment » figurant dans l'article L. 1233-3 du Code du travail, la Cour de cassation avait ajouté aux deux causes énoncées par la loi, la réorganisation nécessaire à la sauvegarde de la compétitivité de l'entreprise (Soc. 5 avr. 1995, deux arrêts, *Thomson Tubes**). Ce motif est dorénavant légal, et figure dans le nouvel article L. 1233-3 du code du travail. Il permet à l'employeur d'anticiper une détérioration de la situation économique, même si, au jour où il a été licencié, il n'existe pas encore de difficultés économiques. Ainsi, l'employeur peut prévenir des difficultés à venir (Soc. 11 janv. 2006, *Pages jaunes* ; *Bull. civ.* V, n° 10 ; *D.* 2006. 1013, note J. Pélissier). Son admission a donc véritablement élargi le champ des motifs économiques admissibles pour licencier. Néanmoins, l'exigence d'une « sauvegarde » indique bien qu'une menace doit peser sur l'existence de cette compétitivité. Et cette menace doit être objectivée par l'employeur. Ainsi la seule volonté d'augmenter les profits et de remettre en cause une situation acquise trop favorable aux salariés ne justifie pas les licenciements (Soc. 30 sept. 1997, n° 94-43733, *Bull. civ. V*, n° 291), pas plus que « le souci de rentabilité » (Soc. 5 mars 2014, n° 12-25035). En définitive, Lorsque le licenciement est justifié par la nécessité de sauvegarder la compétitivité, l'employeur devra prouver que la menace sur la compétitivité rend nécessaire une réorganisation et que cette dernière n'est pas seulement destinée à améliorer les performances économiques de l'entreprise.

Enfin, une mesure peut être nécessaire à la sauvegarde de la compétitivité sans être la seule mesure qui pourrait sauvegarder cette compétitivité. Il suffit qu'une mesure soit nécessaire ; il n'est pas exigé qu'elle soit la seule nécessaire, ni même qu'elle soit la moins coûteuse en licenciements parmi les mesures nécessaires possibles (Cass., ass. plén., 8 déc. 2000, *SAT*, n° 97-44219, *Bull. AP*, n° 11). L'employeur est donc libre de choisir entre plusieurs modalités de réorganisation, dès lors que l'option retenue répond au critère de la sauvegarde de la compétitivité.

d. Cessation d'activité

738 La Cour de cassation avait admis un autre motif, également repris aujourd'hui par la loi : la cessation d'activité de l'entreprise, à condition qu'elle ne soit pas dûe à une faute de l'employeur ou à sa légèreté blâmable (Soc. 16 janv. 2001, *RJS* 2001, n° 294). Ce motif autorise ainsi le licenciement d'un salarié lorsqu'il est rendu nécessaire par la fermeture de l'entreprise. La cessation d'activité constitue un motif autonome de licenciement, c'est-à-dire suffisant, à lui seul, à justifier le licenciement soit qu'il soit nécessaire d'apporter la preuve de difficultés économique, de mutations technologiques, ou encore d'une réorganisation nécessaire à la sauvegarde de la compétitivité de l'entreprise. Cette absence de contrôle de la cause s'explique par la volonté de la Cour de cassation de préserver le droit de l'employeur de cesser son activité. Il en est ainsi notamment en cas de départ à la retraite du chef d'entreprise. La cessation d'activité doit être totale, et non pas seulement partielle (Soc. 29 juin 2005, n° 03-43664).

739 Ce motif connaît des limites. En premier lieu, une précision a été livrée, en réponse à la pratique de certains groupes qui décidaient de la fermeture d'une filiale pour délocaliser leur activité et s'appuyaient sur la cessation d'activité de la filiale pour pouvoir licencier. Lorsque le salarié a pour coemployeurs des entités

faisant partie d'un même groupe, la cessation d'activité de l'une d'elles ne peut constituer une cause économique de licenciement qu'à la condition d'être justifiée par des difficultés économiques, par une mutation technologique ou par la nécessité de sauvegarder la compétitivité du secteur d'activité du groupe dont elles relèvent (Soc. 18 janv. 2011, n° 09-69.199 [P]). En somme, si l'employeur qui licencie appartient à un groupe et que l'on est en présence de coemployeurs, la nécessité de justifier le licenciement par l'un des trois éléments (difficultés économiques, mutations technologiques ou réorganisation nécessaire à la sauvegarde de la compétitivité de l'entreprise) retrouve son empire et la cessation d'activité perd son autonomie.

En second lieu, le motif de la cessation d'activité n'est pas retenu en cas de légèreté blamâble de l'employeur. En quelque sorte, s'il est responsable de la fermeture de son entreprise, il ne peut se prévaloir de cette cessation d'activité pour licencier. Cela étant, la réserve de la légèreté blâmable doit être strictement entendue. Et l'erreur du chef d'entreprise dans l'appréciation du risque inhérent à tout choix de gestion ne caractérise pas à elle seule la légèreté blâmable. Ainsi, il ne peut être reproché à un employeur d'avoir procédé à deux embauches en période de difficultés, au lieu de mettre en œuvre des mesures correctives (Soc. 23 nov. 2011, n° 10-26.167).

B. Le contrôle par le juge des conséquences sur l'emploi

Le juge doit également vérifier que la situation économique difficile a bien des conséquences sur l'emploi et qu'elle se traduit donc par l'un des éléments suivants : suppression d'emploi, transformation d'emploi ou modification du contrat de travail. Ainsi, la Cour de cassation considère que la suppression d'emploi n'est pas réelle si l'employeur a recours systématiquement à des contrats à durée déterminée pour pourvoir le poste du salarié licencié pour motif économique (Soc. 12 févr. 1997, *Bull. civ.* V, n° 58). En revanche, il y a bien suppression d'emploi même si les tâches sont redistribuées entre plusieurs salariés (Soc. 2 juin 1993, *Bull. civ.* V., n° 155). 740 ■

C. Le contrôle du respect par l'employeur de son obligation de reclassement

Il convient de garder à l'esprit que le respect par l'employeur de son obligation de reclassement (pour les développements sur l'obligation de reclassement : v. ss 678) participe de la justification du licenciement. Ainsi, si l'employeur a manqué à son obligation, le licenciement est privé de toute cause réelle et sérieuse. Ce n'est que lorsqu'il lui est impossible de reclasser le salarié que l'employeur peut rompre le contrat de travail pour un motif économique. C'est là la traduction de l'idée que le licenciement doit être l'ultime mesure prise par l'employeur. 741 ■

Compléments pédagogiques

Mémo

Tableau des actions en contestation d'un grand licenciement pour motif économique

	Objet du litige					
Règles applicables	Contestation des licenciements prononcés en l'absence de toute décision administrative ou alors que la décision administrative était négative	Action en annulation de la décision administrative pour absence ou insuffisance de PSE	Action en annulation de la décision administrative pour non respect de la procédure	Contestation de la mise en œuvre de l'ordre des licenciements	Contestation du respect des règles relatives à : - la cause réelle et sérieuse ; - l'obligation de reclassement ; - la notification du licenciement	Contestation du respect des règles relatives à l'entretien préalable (Attention, entretien préalable obligatoire pour le grand LME seulement en cas d'absence de représentants du personnel)
Compétence	Conseil de prud'hommes	- TA pour statuer sur le PSE - Puis le salarié saisit le Cph pour demander réintégration ou indemnité	- TA pour statuer sur la procédure - Puis le salarié saisit le Cph pour demander réintégration ou indemnité	Conseil de prud'hommes	Conseil de prud'hommes	Conseil de prud'hommes
Délai de recours		2 mois à compter de la notification de la décision administrative	2 mois à compter de la notification de la décision administrative	12 mois à compter de la notification du licenciement	12 mois à compter de la notification du licenciement	12 mois à compter de la notification du licenciement
Conséquence	Nullité de la procédure et des licenciements	- Annulation de la décision administrative - Nullité de la procédure et des licenciements	Annulation de la décision administrative	Licenciement irrégulier	Licenciement sans cause réelle et sérieuse	Licenciement irrégulier

Sanctions	C. trav., art. L. 1235-10 et L. 1235-11 : - Nullité du licenciement - Réintégration à la demande du salarié sauf si la réintégration est impossible. - ou bien : indemnité au moins égale aux salaires des 12 derniers mois.	C. trav., art. L. 1235-10 et L. 1235-11 : - Nullité du licenciement - Réintégration à la demande du salarié sauf si la réintégration est impossible. - ou bien : indemnité au moins égale aux salaires des 12 derniers mois.	C. trav., art. L. 1235-16 : - Réintégration avec accord des parties. - ou bien : indemnité au moins égale aux salaires des 6 derniers mois. Attention : C. trav., art. L. 1235-16, al. 3 issu de la loi du 6 août 2015 : En cas d'annulation d'une décision administrative en raison d'une insuffisance de motivation, l'autorité administrative prend une nouvelle décision motivée.	Soc. 14 janv. 1997 : indemnité pour préjudice subi pouvant aller jusqu'à l'indemnisation pour la perte injustifiée de l'emploi.	C. trav., art. L. 1235-3 : - Réintégration du salarié avec accord des parties - ou indemnités.	C. trav., art. L. 1235-2 : - L'employeur doit accomplir la procédure prévue. - Indemnité d'un mois de salaire maximum.

Biblio

1) Généralités

- A. Lyon-Caen, « La procédure au cœur du droit du licenciement économique », *Dr. ouvrier* 2002. 161.
- E. Lafuma, *Des procédures internes, Contribution à l'étude de la décision de l'employeur en droit du travail*, LGDJ, 2008.
- T. Sachs, *La raison économique en droit du travail, Contribution à l'étude des rapports entre droit et économie*, LGDJ, 2008, n° 249 s.

2) Départs volontaires

- P. Bailly, « La rupture négociée du contrat pour motif économique », *SSL* 24 avr. 2006, n° 1258.
- A. Fabre, « Les plans de départs volontaires à l'épreuve du principe d'égalité de traitement : un nouveau signe de soumission au droit du licenciement pour motif économique ? », *RDT* 2010. 580.
- F. Champeaux, P. Bailly, E. Dockès, F. Aknin, « Le sacre du PVD autonome », dossier spécial, *SSL* 2010, n° 1465.

3) Modification des contrats et procédure de licenciement

- R. Encinas de Munagorri, *RTD civ.* 2004. 590 s.
- C. Radé, « Feu la jurisprudence Framatome et Majorette », *Dr. soc.* 2005. 386.
- I. Meyrat, « Vers un affaiblissement de l'emprise des procédures de licenciement collectif : le cas des propositions de modification du contrat de travail pour motif économique », *Dr. ouvrier* 2005. 296.

4) Les accords de méthode

- F. Gaudu, « Les accords de méthode », *Dr. soc.* 2008. 959.

5) Nullité des licenciements en cas de plan de sauvegarde de l'emploi insuffisant

- J. Pélissier, « La nullité du plan social (après l'arrêt *La Samaritaine*) », *SSL* déc. 1997.
- G. Couturier, « Plan social et mesures de reclassement », *Dr. soc.* 1993. 219 s. ; note sous Soc. 13 févr. 1997, *La Samaritaine*, *Dr. soc.* 1997. 249.

6) Absence de nullité de la procédure en cas de défaut de motif

- A. Lyon-Caen, P. Lokiec, « Contre la violation efficace du droit du licenciement, À propos de l'affaire Viveo », *SSL* 2012, n° 1532.

7) Droit au reclassement

- F. Héas, « Le droit au reclassement du salarié en cas de restructuration de l'entreprise ou d'altération de sa santé », *Dr. ouvrier* 2007. 452.

8) Cause réelle et sérieuse du licenciement économique

- P. Lokiec, « Les juges et le contrôle de la sauvegarde de la compétitivité », *SSL* 2007, n° 1334, p. 6.
- P. Bailly, « Les limites de la cessation d'activité », Rapport sous Soc. 18 janv. 2011, *SSL* 2011, n° 1476.

9) Gestion prévisionnelle de l'emploi et des compétences (GPEC)

- « Obligations en matière de gestion prévisionnelle des emplois et des compétences et licenciement pour motif économique », Controverse entre G. Bélier et P. Masanovic, *RDT* 2007. 284-289.
- R. Dalmasso, J. Dirringer, L. Joly et T. Sachs, « Variations autour de la gestion prévisionnelle des emplois », *RDT* 2007. 513.
- « La GPEC : au-delà du rapport Rouilleault », entretien de H. Rouilleault avec T. Grumbach, L. Joly, A. Lyon-Caen et T. Sachs, *RDT* 2007. 566-570.

10) Loi du 14 juin 2013 relative à la sécurisation de l'emploi

- A. Lyon-Caen, T. Sachs, « L'ADN d'une réforme », *RDT* 2013. 162.
- T. Sachs, « Un droit du marché du travail », *SSL* 2013, n° 1569, p. 9.
- A. Fabre, « Le licenciement économique et l'objectif de sécurisation », *RDT* 2013. 184.
- M. Grévy, P. Henriot, « Le juge, ce gêneur », *RDT* 2013. 173.
- F. Géa, « Le droit du licenciement pour motif économique à l'épreuve de la sécurisation de l'emploi », *Dr. soc.* 2013. 210 ; « Chronique de jurisprudence du Conseil d'État sur le PSE », *RDT* 2016. 484.
- P.-H. Antonmattei, « Grands licenciements pour motif économique, des innovations séduisantes à parfaire », *SSL* 2013, n° 1570 p. 15.
- G. Borenfreund, « Le refus du salarié face aux accords collectifs de maintien de l'emploi et de mobilité interne », *RDT* 2013. 316.
- « 24 regards sur la sécurisation de l'emploi », *SSL* 2013, n° 1592.
- P. Morvan, « La jurisprudence administrative relative aux licenciements pour motif économique : première ébauche », *JCP* S 2014, n° 1108.

Documents

1) Notion de licenciement pour motif économique

Soc. 3 avr. 2002
(n° 00-42.583, *RJS* 2002, n° 697)

« … pour décider que le licenciement de Mme Mateo avait une cause réelle et sérieuse, la cour d'appel retient, d'une part, que le motif économique allégué en premier lieu dans la lettre de licenciement n'est pas établi puis, d'autre part, s'agissant du motif personnel invoqué en second

lieu par l'employeur, qu'il repose sur un comportement de la salariée et des faits dont la preuve est rapportée ;
Attendu, cependant, qu'en cas de coexistence d'un motif économique et d'un motif personnel à l'appui d'un licenciement, il appartient au juge de rechercher celui qui a été la cause première et déterminante du licenciement et d'apprécier le bien-fondé du licenciement au regard de cette seule cause ».

2) Cause qualificative et cause justificative

Soc. 13 avr. 1999, *SGS Qualitest* (*Bull. civ.* V, n° 171)

« … le défaut de cause réelle et sérieuse du licenciement n'enlève pas à celui-ci sa nature juridique de licenciement pour motif économique ; que la cour d'appel a dès lors décidé à bon droit que l'employeur était tenu de la priorité de réembauchage ».

3) Modification des contrats de travail

Soc. 3 déc. 1996, *Framatome* (*Bull. civ.* V, n° 411 ; *RJS* 1997, n° 24, p. 12 et 13, concl. P. Lyon-Caen ; *JCP E* 1997. II. 916, note J. Barthélemy ; *Dr. soc.* 1997. 18 ; *ibid.* 23, rapp. Ph. Waquet)

« … la restructuration décidée par la société Framatome conduisait à proposer à 24 salariés la modification d'un élément essentiel de leur contrat de travail et par conséquent à envisager le licenciement de ces salariés ou à tout le moins la rupture de leurs contrats de travail pour motif économique ;
D'où il suit qu'en décidant que l'employeur était tenu d'établir et de mettre en œuvre un plan social, la cour d'appel a exactement appliqué les dispositions des articles [anciens] L. 321-1-2, L. 321-1-3, L. 321-2, L. 321-4 et L. 321-4-1 du Code du travail ».
Voir aussi l'arrêt Majorette du même jour, publié aux mêmes références, qui casse un arrêt d'appel ayant refusé, dans une hypothèse similaire, la mise en place d'un plan social en ces termes :
« Qu'en statuant, comme elle l'a fait, alors qu'elle a constaté que la réorganisation décidée par la société Majorette conduisait à proposer à 14 salariés la modification d'un élément essentiel de leurs contrats de travail et, par conséquent, à envisager le licenciement de ces salariés ou à tout le moins la rupture de leurs contrats de travail, la cour d'appel a violé les textes susvisés… ».

C. trav., art. L. 1233-25 (reprenant la L. du 18 janv. 2005)

« Lorsqu'au moins dix salariés ont refusé la modification d'un élément essentiel de leur contrat de travail, proposée par leur employeur pour l'un des motifs économiques énoncés à l'article L. 1233-3 et que leur licenciement est envisagé, celui-ci est soumis aux dispositions applicables en cas de licenciement collectif pour motif économique. »

4) Départs volontaires

Soc. 26 oct. 2010, *Renault*
(n° 09-15.187 [P], *Dr. ouvrier* 2010. 148, obs. I. Meyrat ; Le sacre du PVD autonome, dossier spécial *SSL* 2010, n° 1465).

« Mais attendu que si l'employeur qui, pour des raisons économiques, entend supprimer des emplois en concluant avec les salariés intéressés des accords de rupture amiable est tenu d'établir un plan de sauvegarde de l'emploi lorsque les conditions prévues par l'article L. 1233-61 du Code du travail sont remplies, un plan de reclassement, qui ne s'adresse qu'aux salariés dont le licenciement ne peut être évité, n'est pas nécessaire dès lors que le plan de réduction des effectifs au moyen de départs volontaires exclut tout licenciement pour atteindre les objectifs qui lui sont assignés en termes de suppressions d'emplois ;
Et attendu que la cour d'appel, qui a constaté que la société Renault s'était engagée, dans la mise en œuvre de son plan d'ajustement des effectifs basé sur le volontariat, à ne prononcer aucun licenciement, en a exactement déduit que cet employeur n'était pas tenu d'établir un plan de reclassement ».

5) Plan de sauvegarde de l'emploi

Soc. 17 mai 1995, *Everite*
(*Bull. civ.* V, n° 159 ; *D.* 1995. 436, note G. Couturier ; *Dr. soc.* 1995. 574, concl. P. Lyon-Caen ; *JCP* E 1996. I. 710, note Y. Saint Jours)

« ... "le plan social" doit comporter des mesures précises pour faciliter le reclassement du personnel et éviter ainsi des licenciements ou en limiter le nombre (...) »
« ... "le plan social", en ce qui concerne le reclassement interne des salariés, ne comportait aucune indication sur le nombre et la nature des emplois qui pouvaient leur être proposés à l'intérieur du groupe, parmi les entreprises dont les activités, l'organisation ou le lieu d'exploitation leur permettent d'effectuer la permutation de tout ou partie du personnel ».
L'employeur n'avait donc pas rempli ses obligations légales...

Soc. 28 mars 2000
(*Bull. civ.* V, n° 131)

« ... l'employeur doit mettre en œuvre toutes les mesures possibles, appréciées en fonction des moyens dont dispose l'entreprise, pour maintenir les emplois ou faciliter le reclassement... »
« Attendu que, pour débouter le comité d'entreprise de son action en nullité, l'arrêt infirmatif attaqué énonce que la loi, lorsqu'elle cite à titre d'exemple les mesures à prendre dans le plan social, n'impose pas à l'employeur de les prendre toutes dès lors qu'une seule par son efficacité, est de nature à assurer le maintien de l'emploi ; que précisément, le plan social, qui proposait 30 postes de reclassement aux 14 salariés concernés avec le bénéfice d'une aide financière, répond aux exigences légales ;
Qu'en statuant ainsi, alors qu'il lui appartenait de rechercher si, en dehors de reclassements impliquant pour des salariés anciens un déplacement dans une autre région et se traduisant par une modification du contrat de travail, l'employeur ne pouvait pas prendre, comme le soutenait le comité d'entreprise, d'autres mesures telles que réduction de la durée du travail, passage au temps partiel et développement d'activités nouvelles, la cour d'appel, qui a méconnu les exigences s'imposant à l'employeur, a violé les textes susvisés ».

CE 22 juillet 2015, Calaire Chimie (n° 383481)

« 4. Considérant qu'aux termes de l'article L. 1233-61 du code du travail : " Dans les entreprises d'au moins cinquante salariés, lorsque le projet de licenciement concerne au moins dix salariés dans une même période de trente jours, l'employeur établit et met en œuvre un plan de sauvegarde de l'emploi pour éviter les licenciements ou en limiter le nombre. / Ce plan intègre un plan de reclassement visant à faciliter le reclassement des salariés dont le licenciement ne pourrait être évité (...) " ; qu'aux termes de l'article L. 1233-24-4 du même code : " À défaut d'accord (...), un document élaboré par l'employeur après la dernière réunion du comité d'entreprise fixe le contenu du plan de sauvegarde de l'emploi et précise les éléments prévus aux 1° à 5° de l'article L. 1233-24-2, dans le cadre des dispositions légales et conventionnelles en vigueur " ; qu'aux termes de l'article L. 1233-58 du code du travail : " I. En cas de redressement ou de liquidation judiciaire, l'employeur, l'administrateur ou le liquidateur, selon le cas, qui envisage des licenciements économiques, met en œuvre un plan de licenciement dans les conditions prévues aux articles L.1233-24-1 à L.1233-24-4. (...) II. Pour un licenciement d'au moins dix salariés dans une entreprise d'au moins cinquante salariés, (...) le document mentionné à l'article L.1233-24-4, élaboré par l'employeur, l'administrateur ou le liquidateur, est homologué dans les conditions fixées aux articles L.1233-57-1 à L.1233-57-3, aux deuxième et troisième alinéa de l'article L.1233-57-4 et à l'article L.1233-57-7 (...)" ; qu'enfin, aux termes de l'article L. 1233-57-3 du même code, dans sa rédaction en vigueur à la date de la décision litigieuse : " (...) l'autorité administrative homologue le document élaboré par l'employeur mentionné à l'article L. 1233-24-4, après avoir vérifié la conformité de son contenu aux dispositions législatives et aux stipulations conventionnelles relatives aux éléments mentionnés aux 1° à 5° de l'article L.1233-24-2, la régularité de la procédure d'information et de consultation du comité d'entreprise et (...) le respect par le plan de sauvegarde de l'emploi des articles L. 1233-61 à L. 1233-63 en fonction des critères suivants : / 1° Les moyens dont disposent l'entreprise, l'unité économique et sociale et le groupe ; / 2° Les mesures d'accompagnement prévues au regard de l'importance du projet de licenciement ; / 3° Les efforts de formation et d'adaptation tels que mentionnés aux articles L. 1233-4 et L. 6321-1 " ;

5. Considérant qu'il résulte de l'ensemble des dispositions citées ci-dessus que, lorsqu'elle est saisie d'une demande d'homologation d'un document élaboré en application de l'article L. 1233-24-4 du code du travail, il appartient à l'administration, sous le contrôle du juge de l'excès de pouvoir, de vérifier la conformité de ce document et du plan de sauvegarde de l'emploi dont il fixe le contenu aux dispositions législatives et aux stipulations conventionnelles applicables, en s'assurant notamment du respect par le plan de sauvegarde de l'emploi des dispositions des articles L. 1233-61 à L. 1233-63 du même code ; qu'à ce titre elle doit, au regard de l'importance du projet de licenciement, apprécier si les mesures contenues dans le plan sont précises et concrètes et si, à raison, pour chacune, de sa contribution aux objectifs de maintien dans l'emploi et de reclassement des salariés, elles sont, prises dans leur ensemble, propres à satisfaire à ces objectifs compte tenu, d'une part, des efforts de formation et d'adaptation déjà réalisés par l'employeur et, d'autre part, des moyens dont disposent l'entreprise et, le cas échéant, l'unité économique et sociale et le groupe ;

6. Considérant qu'à ce titre, il revient notamment à l'autorité administrative de s'assurer que le plan de reclassement intégré au plan de sauvegarde de l'emploi est de nature à faciliter le reclassement des salariés dont le licenciement ne pourrait être évité ; que l'employeur doit, à cette fin, avoir identifié dans le plan l'ensemble des possibilités de reclassement des salariés dans

l'entreprise ; qu'en outre, lorsque l'entreprise appartient à un groupe, l'employeur, seul débiteur de l'obligation de reclassement, doit avoir procédé à une recherche sérieuse des postes disponibles pour un reclassement dans les autres entreprises du groupe ; que pour l'ensemble des postes de reclassement ainsi identifiés, l'employeur doit avoir indiqué dans le plan leur nombre, leur nature et leur localisation »

6) Nullité du licenciement économique

Soc. 13 févr. 1997, *Samaritaine*
(*Bull. civ.* V, n° 64 ; *D.* 1997. 172, note A. Lyon-Caen ; *GADT*, n° 110 ; *RJS* 1997, n° 269, chron. P.-H. Antonmattéi ; *Dr. soc.* 1997. 255 . *ibid.* 249, concl. P. de Caigny ; *ibid.* 256 s., note de G. Couturier)

« Mais attendu qu'aux termes de l'article L. 321-4-1, alinéa 2, du Code du travail la procédure de licenciement est nulle et de nul effet tant qu'un plan visant au reclassement des salariés s'intégrant au plan social n'est pas présenté par l'employeur aux représentants du personnel, qui doivent être réunis, informés et consultés ; qu'il en résulte que la nullité qui affecte le plan social s'étend à tous les actes subséquents et qu'en particulier les licenciements prononcés par l'employeur, qui constituent la suite et la conséquence de la procédure de licenciement collectif suivie par application de l'article L. 321-4-1 susmentionné, sont eux-mêmes nuls ».

Soc. 14 janv. 2003
(*Bull. civ.* V, n° 5 ; *Dr. soc.* 2003. 244, obs. L. Milet)

« ... la nullité est également encourue lorsque, le comité d'entreprise n'ayant pas été valablement saisi, l'irrégularité a été soulevée avant le terme de la procédure à un moment où elle pouvait encore être suspendue et reprise et que l'employeur a néanmoins notifié les licenciements ;

Et attendu que la cour d'appel, devant laquelle il n'était pas discuté que le juge avait été saisi avant la notification des licenciements de l'irrégularité de la consultation du comité central d'entreprise tirée de l'absence d'ordre du jour valablement arrêté, a décidé à bon droit que la procédure de licenciement collectif pour motif économique poursuivie par l'employeur malgré cette irrégularité était nulle et de nul effet ».

Soc. 3 mai 2012
(n° 11-20741 [P], P. Bailly, *SSL*, n° 1537 ; J. Pélissier, « Défaut de cause économique et absence de nullité », *RJS* 2012. 429 ; F. Favennec-Hery, *JCP S*, n° 23, p. 8).

« Vu l'article L. 1235-10 du Code du travail ;

Attendu qu'en vertu de ce texte seule l'absence ou l'insuffisance du plan de sauvegarde de l'emploi soumis aux représentants du personnel entraîne la nullité de la procédure de licenciement pour motif économique.

Qu'en statuant ainsi alors que la procédure de licenciement ne peut être annulée en considération de la cause économique de licenciement, la validité du plan étant indépendante de la cause du licenciement, la cour d'appel a violé le texte susvisé. »

7) Ordre des licenciements

Soc. 14 janv. 1997, *Belkacem* (*Bull. civ.* V, n° 16 ; *GADT*, n° 113)

« Mais attendu, d'abord, que si, en l'absence de convention ou accord collectif de travail applicable, l'employeur définit, après consultation du comité d'entreprise ou, à défaut, des délégués du personnel, les critères retenus pour fixer l'ordre des licenciements, il doit retenir, sans que cette liste soit limitative, la totalité des critères légaux et ne peut privilégier l'un d'entre eux qu'à la condition de tenir compte de l'ensemble des autres critères ; que, dès lors, la cour d'appel a décidé, à bon droit, que l'employeur ne pouvait pas retenir le seul critère tiré de la productivité des salariés sans prendre en compte les autres critères légaux ;
Et attendu, ensuite, qu'il appartient à l'employeur de communiquer au juge, en cas de contestation, les éléments objectifs sur lesquels il s'est appuyé pour arrêter son choix ; que la cour d'appel, qui a estimé, dans l'exercice de son pouvoir souverain d'appréciation, que l'employeur n'apportait aucun fait précis et objectif expliquant son choix, a légalement justifié sa décision ;
(...) l'inobservation des règles relatives à l'ordre des licenciements pour motif économique prévues à l'article L. 321-1-1 du Code du travail n'est pas soumise aux sanctions énoncées à l'article L. 122-14-4 du Code du travail ; qu'elle constitue pour le salarié une illégalité qui entraîne pour celui-ci un préjudice, pouvant aller jusqu'à la perte injustifiée de son emploi, lequel doit être intégralement réparé, selon son étendue, par les juges du fond ».

8) Obligation de reclassement

Soc. 21 juin 2006 (n° 03-43517, *RDT* 2006. 243, obs. Ph. Waquet)

« ... par de tels motifs, qui imposent à l'employeur débiteur de l'obligation de reclassement, à une date antérieure à l'apparition de la cause de licenciement, un devoir de prévision à long terme qui ne résulte d'aucune disposition légale, la cour d'appel a violé le texte susvisé. »

9) La cause réelle et sérieuse du licenciement économique

Soc. 5 avr. 1995, deux arrêts, *Thomson Tubes* (ex *Vidéocolor*) et *TRW REPA* (*Bull. civ.* V, n° 123 ; *D.* 1995. 503, note M. Keller ; *Dr. soc.* 1995. 487 ; *ibid.* 489 s., chron. G. Lyon-Caen ; *ibid.* 482 s., comm. Ph. Waquet ; *GADT*, n° 114 ;)

« ... les difficultés économiques doivent être appréciées au regard du secteur d'activité du groupe auquel appartient l'entreprise concernée ; que lorsqu'elle n'est pas liée à des difficultés économiques ou à des mutations technologiques, une réorganisation ne peut constituer un motif économique que si elle est effectuée pour sauvegarder la compétitivité du secteur d'activité ; qu'enfin, les possibilités de reclassement des salariés doivent être recherchées à l'intérieur du groupe parmi les entreprises dont les activités, l'organisation ou le lieu d'exploitation leur permettent d'effectuer la permutation de tout ou partie du personnel ».

Soc. 6 juill. 1999
(*Bull. civ.* V, n° 327)

« … ni la réalisation d'un chiffre d'affaires moindre de 1992 à 1993, ni la baisse des bénéfices réalisés pendant la même période ne suffisaient à caractériser la réalité des difficultés économiques alléguées ».

Soc. 5 oct. 1999
(*Bull. civ.* V, n° 366)

« … la cour d'appel qui a exactement énoncé qu'une réorganisation ne peut être une cause économique de licenciement que si elle est nécessaire à la sauvegarde de la compétitivité de l'entreprise et qui a constaté qu'aucun élément ne lui était produit pour justifier de cette nécessité a (…) pu décider que le licenciement du salarié était dépourvu de cause économique ».

Soc. 16 janv. 2001
(*Bull. civ.* V, n° 10)

« … l'énumération des motifs économiques de licenciement par l'article L. 321-1 du Code du travail n'est pas limitative, la cour d'appel a retenu à bon droit que la cessation d'activité de l'entreprise, quand elle n'est pas due à une faute de l'employeur ou à sa légèreté blâmable, constituait un motif économique de licenciement ».

Cass., ass. plén., 8 déc. 2000, *SAT*
(*Bull. ass. plén.*, n° 11 ; *D.* 2001. 1125, note J. Pélissier ; *Dr. soc.* 2001. 126, concl. P. de Caigny et note A. Cristau ; *ibid.* 417, notes A. Jeammaud et M. Le Friant ; *GADT*, n° 115 ; *RJS* 2001, n° 95, note P.-H. Antonmattéi ; *ibid.* 567, chron. Ph. Waquet ; *JCP E* 2001. 426, note F. Duquesnes)

« … le comité d'entreprise a désigné un expert-comptable qui, dans son rapport, a indiqué que l'entreprise avait envisagé initialement trois hypothèses : 1° le maintien de la situation existante avec des réductions d'effectifs (86 licenciements) ; 2° le maintien du site de Riom mais avec spécialisation sur certains produits (213 licenciements) ; 3° la suppression du site de Riom et le regroupement des activités à Montereau (318 licenciements) ; que l'expert a conclu que seule la dernière hypothèse permettait à l'entreprise d'atteindre les objectifs qu'elle s'était fixés…

Attendu que pour décider que les licenciements étaient dépourvus de cause économique réelle et sérieuse, la cour d'appel a retenu que la pérennité de l'entreprise et le maintien de sa compétitivité étant assurés dans les trois hypothèses envisagées de réorganisation, l'entreprise en choisissant la solution du regroupement d'activités à Montereau et de la fermeture du site de Riom n'a pas intégré dans ses calculs, comme elle en avait cependant l'obligation, le concept de préservation de l'emploi et a donc excédé la mesure de ce qui était nécessaire à la sauvegarde de la compétitivité du secteur considéré de l'entreprise ;

Attendu, cependant, que les licenciements ont une cause économique réelle et sérieuse lorsqu'il est établi que la réorganisation de l'entreprise, qui entraîne des suppressions d'emplois, est nécessaire à la sauvegarde de la compétitivité de l'entreprise ou du secteur d'activité du groupe auquel elle appartient ;

Qu'en statuant comme elle a fait, alors, d'une part, qu'elle reconnaissait que cette condition était remplie dans les trois hypothèses de réorganisation envisagées initialement par l'employeur, alors, d'autre part, qu'il ne lui appartenait pas de contrôler le choix effectué par l'employeur entre les solutions possibles, la cour d'appel a violé les textes susvisés… ».

Soc. 16 mars 2004 (n° 01-44.477, *RJS* 2004, n° 607)

« … la cour d'appel qui a fait ressortir que la fermeture de l'établissement n'était pas justifiée par la nécessité de sauvegarder la compétitivité de l'entreprise, a pu décider que le licenciement ne reposait pas sur une cause économique ».

Soc. 20 juin 2007 (n° 05-45.924)

« si les juges du fond ne peuvent pas arbitrer entre les différentes possibilités de réorganisation d'une entreprise, il leur appartient de vérifier que celle invoquée à l'appui des licenciements est nécessaire à la sauvegarde de sa compétitivité ».

Quiz

1) Sujet corrigé

Cas pratique

Le Groupe Encore constitue l'un des leaders de l'hôtellerie de luxe, et comprend 20 hôtels dans la zone Europe et 5 hôtels au Maroc. Il réalise un chiffre d'affaire important et se structure en trois secteurs d'activités, « Casinos », « Restaurants et bars », « Loisirs et bien-être », chaque secteur comprenant lui-même plusieurs sociétés. Le secteur d'activité « Loisirs et bien-être » comprend la société Hexagonale qui gère des centres de bien-être et de remise en forme sur l'ensemble du territoire français. Plusieurs syndicats y sont présents, ayant recueilli respectivement lors des dernières élections professionnelles, 22 % pour la *CGT*, 20 % pour la *CGT-FO*, 25 % pour la *CFDT*, 15 % pour la *CGC*, 18 % pour le syndicat *Encore possible*. Toutefois, depuis quelques années, les administrateurs de la société Hexagonale ont changé. Une gestion malheureuse et des choix stratégiques contestables ont conduit à une baisse d'activité importante et donc à une chute du chiffre d'affaire depuis un an. Le comité d'entreprise est alors régulièrement informé et consulté sur un plan de sauvegarde de l'emploi (PSE) qui comporte les mesures suivantes : congés sabbatiques, mises à la retraite anticipées, liste d'offres d'emplois disponibles à l'extérieur du groupe grâce à la collaboration de l'ingénieur du Pôle emploi, prime additionnelle de licenciement de 5 000 € pour les salariés licenciés de plus de cinquante ans. Après l'homologation du PSE, le 15 juillet 2016, par la Direccte, Monsieur Amène, salarié de la société Hexagonale, reçoit, comme 11 autres salariés de l'entreprise, une lettre de licenciement dans laquelle la société indique : « en raison de la baisse d'activité que notre société a connue cette année, la réorganisation de l'entreprise s'impose et entraîne la suppression de votre emploi ».

Monsieur Amène souhaite contester son licenciement. Que peut-il faire ?

Voir le corrigé en fin de rubrique.

2) Corrigé

Cas pratique

Plusieurs problèmes doivent être envisagés.

a) Le licenciement a t il une cause réelle et sérieuse ?

– La première discussion doit porter sur la cause réelle et sérieuse. Selon l'ancienne jurisprudence, la baisse du chiffre d'affaire sur un an, et à fortiori la baisse d'activité sur un an ne suffisait pas à caractériser des difficultés économiques. Le nouvel article L. 1233-2 du Code du travail qui entrera en vigueur au 1er décembre 2016 permettrait au contraire la caractérisation des difficultés économiques, si l'employeur parvient à démontrer que l'un des indicateurs a évolué de manière significative sur un an.

– La deuxième discussion concerne le cadre d'appréciation des difficultés économiques. Cette cause réelle et sérieuse doit s'apprécier au sein du secteur d'activité lorsque l'entreprise appartient à un groupe. Or, en l'espèce, le groupe réalise un chiffre d'affaire important. Rien n'est dit sur le secteur lui-même. Mais l'énoncé précise que la société Hexagone connaît des difficultés en raison de choix stratégiques malheureux, ce qui pourrait suggérer que le secteur d'activité, lui, ne connaît pas ces difficultés. Si tel est le cas, les difficultés économiques ne seraient pas caractérisées et M. Amène pourrait demander au conseil des prud'hommes des indemnités pour licenciement sans cause réelle et sérieuse.

b) La lettre de licenciement est elle suffisamment précise ?

En tout état de cause, les règles relatives à l'énonciation du motif ne semblent pas respectées.

Il n'est pas nécessaire que la lettre mentionne la raison à laquelle se rattachent les faits mentionnés. Dès lors que les faits économiques sont précis et matériellement vérifiables, la lettre peut ne pas mentionner explicitement la raison économique à laquelle ils se rattachent. Ainsi, la lettre qui énonce que le licenciement est consécutif au ralentissement d'activité important et des impayés de clients ayant entraîné la dégradation des fonds propres de l'entreprise est suffisamment motivée, même si elle ne fait pas apparaître clairement le terme de difficultés économiques (Soc. 28 avr. 2011, n° 09-70.755). En revanche, la lettre doit contenir, comme en matière de licenciement pour motif personnel, des faits précis et matériellement vérifiables (Soc. 16 févr. 2011, n°°09-72.172, *Bull. civ.* V, n°°49). La seule mention de la baisse d'activité n'est pas suffisante (Soc. 16 févr. 2011 précit.).

En l'espèce, la lettre est donc imprécise, puisqu'elle ne mentionne aucun fait. Il s'agit donc d'un argument supplémentaire pour demander l'absence de cause réelle et sérieuse.

c) Peut il contester l'homologation du PSE ?

En présence d'un plan de sauvegarde de l'emploi unilatéral, le juge exerce un véritable contrôle de conformité des mesures aux exigences légales. Cependant, l'article L. 1235-7-1 du C. trav. précise que le délai de recours est de deux mois à compter de la date où la décision d'homologation a été portée à la connaissance des salariés. Le délai est donc écoulé.

Monsieur Amène ne peut donc pas saisir le tribunal administratif.

Débats

La sanction de l'absence de motifs

L'absence de cause réelle et sérieuse de licenciement est sanctionnée par l'octroi d'indemnités pour licenciement sans cause réelle et sérieuse sur le fondement des articles L. 1235-3 et L. 1235-5 du Code du travail.

La cour d'appel de Paris (Paris, 12 mai 2011, RG n° 11/01547), suivie par d'autres juridictions, avait initié un débat important en affirmant que l'absence de motif économique devait entraîner l'annulation de la procédure de licenciement et de tous ses effets subséquents, donc des licenciements subséquents.

La décision, courageuse, était née d'une interrogation fondamentale : Comment admettre que l'employeur, par un simple calcul, puisse faire le choix d'ignorer les règles relatives à la cause réelle et sérieuse en licenciant sans aucun motif ? On sait pertinemment que certains employeurs provisionnent les indemnités qu'ils devront payer pour tel licenciement qu'ils savent injustifié (sur le concept de « violation efficace du droit du licenciement », v. l'art. cité en Biblio), marquant ainsi leur préférence pour l'indemnisation, plutôt que pour le respect de la règle (T. Sachs, art. cité en Biblio).

Dans la décision de la cour d'appel de Paris, germait cette idée que seule la nullité de la procédure et des licenciements était susceptible de parer à un tel calcul, en l'absence de tout motif économique. Après des débats médiatiques et judiciaires houleux, cette décision a été censurée par la Cour de cassation, laquelle a considéré que seule l'absence ou l'insuffisance du plan de sauvegarde de l'emploi soumis aux représentants du personnel entraîne la nullité de la procédure de licenciement pour motif économique et que, par conséquent, « la procédure de licenciement ne peut être annulée en considération de la cause économique de licenciement, la validité du plan étant indépendante de la cause du licenciement » (Soc. 3 mai 2012*, n° 11-20.741 [P]). Peu téméraire, la décision déçoit également par sa motivation qui s'en tient à un argument textuel. Pourtant, on rappellera que la règle selon laquelle l'insuffisance du plan de sauvegarde de l'emploi entraîne la nullité de la procédure, avant d'être consacrée par la loi, était issue d'un arrêt de la Cour de cassation.

titre 8

Les salariés coalisés

Face à la domination économique et au pouvoir juridique qu'exerce l'employeur, les salariés se sont regroupés pour faire contrepoids. Ces regroupements furent tout d'abord tous prohibés et réprimés, quelle que soit leur forme, sous la qualification de « coalition » (loi le Chapelier du 14 juin 1791). L'abolition de la répression pénale des coalitions en 1864, la reconnaissance des syndicats en 1884, puis la reconnaissance du droit de grève en 1946, les ont fait sortir de la clandestinité. 742

La grève (chap. 22) et l'action syndicale (chap. 23) sont aujourd'hui des libertés fondamentales, constitutionnellement reconnues.

chapitre 22

La grève

Plan analytique

section 1

Définition juridique

§ 1 Un arrêt total du travail

§ 2 Un mouvement collectif mais pas nécessairement concerté

§ 3 L'existence de revendications professionnelles

A. Les salariés, seuls juges de l'opportunité de leur mouvement

B. La grève politique

C. La grève de solidarité interne

D. La grève de solidarité externe

E. La grève dite « d'autosatisfaction »

§ 4 L'abus du droit de grève

A. La notion de grève abusive

B. Les sanctions de la grève abusive

section 2

Régime de la grève

§ 1 Déclenchement de la grève

§ 2 Perte de salaire

A. Une réduction du salaire proportionnelle à l'arrêt de travail

B. Le sort des primes

C. L'exceptionnel paiement des heures de grève

§ 3 Paralysie du pouvoir de sanction de l'employeur

§ 4 Droit d'occupation des locaux de travail

section 3

Les réactions patronales

§ 1 Les ripostes immédiates

A. Le remplacement des salariés grévistes

B. Prohibition du *lock-out*

C. Interdiction des réquisitions

§ 2 Les répliques après coup : la mise en jeu de la responsabilité délictuelle

Compléments pédagogiques

La grève

Avant d'être admise, la grève a successivement été considérée comme un délit pénal, comme le signe d'une volonté du salarié de résilier le contrat, et comme une faute contractuelle permettant à l'employeur de rompre le contrat. Il a fallu toute la force d'une reconnaissance constitutionnelle pour que le droit de grève soit enfin protégé (Préambule de la Constitution du 27 octobre 1946, al. 7). Cette reconnaissance constitutionnelle s'est accompagnée d'une réglementation légale, assez parcellaire, issue principalement de la loi du 11 février 1950. 743

À cette consécration dans le droit interne, fait écho une reconnaissance du droit de grève dans l'ordre international. Le droit de grève est prévu par le pacte international relatif aux droits économiques sociaux et culturels de 1966 (art. 8 d), par la Charte sociale européenne révisée en 1996 (art. 7.4) et par la Charte des droits fondamentaux de l'Union européenne de décembre 2000 (art. 28). Il a été consacré implicitement par la Cour européenne des droits de l'homme grâce à un rattachement aux libertés de réunion et d'association mentionnées à l'article 11 de la Conv. EDH (CEDH 21 avr. 2009, *Enerji Yapi Yol Sen c/ Turquie* ; sur lequel, J.-P. Marguénaud et J. Mouly, *RDT* 2009. 499 ; v. égal. CEDH 15 sept. 2009, *Kaya et Seyhan c/ Turquie*, req n° 30946/04).

Il a encore été reconnu comme un « droit fondamental faisant partie intégrante des principes généraux du droit communautaire » par la Cour de justice européenne (CJCE 11 déc. 2007, *Viking** ; 18 déc. 2007, *Laval**). Cette dernière reconnaissance est cependant, de toutes, la seule qui soit vénéneuse. La Cour de justice estime dans ces mêmes arrêts que le droit de grève ne peut restreindre les libertés d'établissement et de prestation de service que de manière proportionnée... Ce qui pourrait laisser penser que le recours à la grève suppose un motif suffisamment légitime ne pouvant être poursuivi par d'autres moyens plus respectueux de ces libertés économiques (v. *Laval*, pt 101* ; *Viking*, pt 87*). Le droit de grève est ainsi reconnu comme un droit fondamental... mais il est traité comme une entorse aux droits fondamentaux (de l'employeur). Pareille vision pourrait remettre gravement en cause le droit de grève en France et en Europe.

Ce danger ne saurait être sous-estimé. Cependant, pour l'heure, seules sont en cause les grèves qui s'opposent aux libertés de circulation en Europe. Pour le reste, la jurisprudence française demeure seule compétente. Et celle-ci affirme qu'il n'appartient pas au juge de se prononcer sur le bien-fondé des revendications des grévistes (v. ss 753), et encore moins d'apprécier une quelconque proportionnalité de la grève à son but.

Bien que les formes en soient très variées (v. Quid), la grève constitue d'abord un moyen de pression sur l'employeur, pour qu'il modifie la rémunération et les conditions de travail ou pour qu'il entre en négociation. La grève, ou en tout cas son éventualité, forme donc le soutien nécessaire du syndicalisme et de la négociation collective. Comme le dit la Cour EDH, la grève constitue « le plus puissant 744 instrument de protection des intérêts professionnels » (CEDH 27 nov. 2014, *Hrvatski Lijecknicki Sindikat c/ Croatie*, aff. C. 36701/09, pt 59). Plus fondamentalement encore, la grève est aussi un acte de désobéissance, le signe d'une volonté de renverser un ordre établi, volonté qui peut s'accompagner d'une certaine violence. La grève sent le soufre. Elle a d'ailleurs été pénalement sanctionnée jusqu'en 1864. Aujourd'hui admis, le droit de grève n'est cependant pas sans limites. Il ressort de la construction, principalement jurisprudentielle, du droit de grève qu'il doit être utilisé comme un moyen de défense des salariés, et non comme une arme pour détrôner le chef d'entreprise.

Aujourd'hui, seul un mouvement répondant à la définition juridique de la grève (section 1) permet aux salariés de bénéficier du régime, plutôt protecteur, qui lui est attaché (section 2). L'existence d'une grève ne laisse pas cependant l'employeur sans réponse (section 3).

section 1

Définition juridique

■ 745 La définition juridique de la grève est bien plus précise que ce que l'on entend généralement par le mot. Cette distorsion entre la grève, au sens juridique, et la grève, dans le sens commun, est assez dangereuse. En effet, seuls les mouvements qui correspondent à la définition juridique de la grève confèrent aux salariés le régime particulier de la grève (v. Section 2). Si les salariés ont le malheur de sortir des clous fixés par le droit, leur action n'est plus une grève (V. caractéristique Soc. 30 juin 2015, n° 14-11.077, *RDT* 2016. 108, note Y. Ferkane). Ils s'exposent alors à être licenciés pour faute, car, très souvent, ils auront soit cessé le travail, soit mal exécuté leur prestation de manière volontaire. En revanche, les heures passées à cette grève qui n'en est pas juridiquement une devront être payées. À défaut, il y aurait sanction pécuniaire prohibée (Soc. 20 févr. 1991, *Dr. soc.* 1991. 469, 1re esp., note A. Mazeaud).

■ 746 La Cour de cassation dans plusieurs arrêts a donné une définition nette du droit de grève : « cessation collective et concertée du travail en vue d'appuyer des revendications professionnelles » (Soc. 18 janv. 1995*, 13 nov. 1996*). Cette définition se compose de trois éléments, sur chacun desquels il convient de revenir : un arrêt du travail complet (§ 1), collectif et concerté (§ 2), en vue d'appuyer des revendications professionnelles (§ 3). Même si un mouvement répond à cette définition, il peut cependant être considéré comme abusif (§ 4).

Il existe donc deux types d'action que le droit réprouve : les « mouvements illicites » qui ne sont pas des grèves car ils ne s'accordent pas avec la définition (v. pour l'emploi de cette terminologie, Soc. 26 janv. 2000*) et les grèves qui, dégénérant, deviennent « abusives ».

§ 1 Un arrêt total du travail

Pour être qualifiée de grève, l'action des salariés doit consister en un arrêt de travail. 747 ■
Cet arrêt de travail doit être total, franc. Si les salariés exécutent mal leur travail ou au ralenti, ils n'exercent pas le droit de grève et s'exposent à des sanctions (Soc. 5 mars 1953, *Dunlop c/ Plisson*, *Bull. civ.* IV, n° 185 ; *Dr. soc.* 1953. 226 ; *GADT*, n° 186 ; 16 mai 1989, *Bull. civ.* V, n° 360). La Cour de cassation considère de manière constante et générale que les salariés ne sont pas autorisés, sous couvert du droit de grève à exécuter leur travail dans des conditions autres que celles prévues par le contrat (v. déjà Soc. 23 mars 1953, *Bull. civ.* IV, n° 224).

Les *grèves perlées*Q qui se caractérisent par un ralentissement du travail ne sont donc pas admises (comp. CEDH 17 juill. 2007, *Saltimis*, req nos 74611/01, 26876/06 et 27628/02). Pas plus que le refus d'effectuer certaines tâches. Ainsi est illicite la grève de contrôleurs de la SNCF qui, bien qu'à bord du train, ne vérifient pas les billets (Soc. 16 mars 1994, *Bull. civ.* V, n° 92), ou encore, la grève durant laquelle les salariés refusent d'être en astreinte de nuit tout en allant travailler normalement pendant la journée (Soc. 2 févr. 2006, *Bull. civ.* V, n° 52). Pareillement, ne sont pas considérés comme des grèves, les *grèves du zèle*Q, qui se traduisent par une application minutieuse de toutes les consignent aboutissant à une thrombose de la production. C'est aussi en raison de l'absence d'arrêt de travail, que des grèves consistant à rendre gratuit le service rendu ou à le faire payer moins cher sont qualifiées de mouvements illicites (v. par ex., Soc. 26 janv. 2000*: salariés d'EDF qui avaient bloqué le système de tarification sur le tarif applicable aux heures creuses).

Une idée sous-tend l'ensemble de ces solutions. La grève ne doit pas conduire à 748 ■
supplanter le pouvoir de l'employeur. Les salariés ne sont pas autorisés à décider, en se prévalant du droit de grève, comment travailler. La solution protège et sacralise le pouvoir d'organisation de l'employeur, mais n'est-elle pas trop rigide ? Elle mène finalement les salariés à une logique du tout ou rien alors que les actions et les moyens de pression pourraient être plus libres et plus nuancés. Surtout, elle conduit à disqualifier des mouvements qui, pour les salariés, constituent, sans aucun doute, une grève.

§ 2 Un mouvement collectif mais pas nécessairement concerté

La chambre sociale dans ses arrêts les plus récents indique que l'arrêt de travail doit 749 ■
être collectif et concerté. La formule choisie par la Cour de cassation est un peu trop tranchée au regard des solutions qu'elle retient. En réalité, malgré sa propre définition, la chambre sociale n'exige aucune concertation et admet de nombreuses exceptions au caractère collectif.

La grève pour être licite n'a pas à être précédée par une concertation entre les 750 ■
salariés. La grève surprise ou la grève de réaction est parfaitement valable (sur le préavis, v. ss 773). De même, il n'est pas exigé, dans le secteur privé, de mot d'ordre syndical préalable : le droit de grève est un droit individuel. Ainsi, il y a bien grève quand des salariés cessent spontanément le travail à la suite de l'interruption de la

négociation par l'employeur (Soc. 19 févr. 1991, *Bull. civ.* V, n° 143), ou encore lorsque des ouvriers du bâtiment, après avoir réclamé le paiement d'heures perdues en raison d'intempéries, refusent de travailler alors que la pluie a cessé (Soc. 26 janv. 2000, n° 99-40.265, *Dr. Ouvrier* 2001. 367, avec l'article de M. Canaple, et A. Hinot, « De l'art de faire grève sans le savoir »).

■ 751 La grève doit être collective. Mais collective ne signifie pas majoritaire. Contrairement à d'autres pays, la grève n'a pas à être approuvée ou suivie par une majorité de salariés. Les grèves minoritaires sont totalement licites (Soc. 3 oct. 1963, *Bull. civ.* IV, n° 645 ; *D.* 1964. 3, note G. Lyon-Caen ; *GADT*, n° 188). On peut même aller jusqu'à dire qu'une grève est collective dès lors que les grévistes sont au nombre de deux. Encore que la grève d'un seul travailleur soit permise dans deux cas : lorsqu'il répond à un mot d'ordre national et lorsqu'il constitue le seul salarié de l'entreprise (Soc. 13 nov. 1996*).

§ 3 L'existence de revendications professionnelles

■ 752 La grève, pour être licite, doit servir à soutenir des revendications professionnelles. Le caractère professionnel des revendications est largement compris : une augmentation des salaires, une amélioration des conditions de travail, la réduction du temps de travail, mais aussi la contestation de la politique commerciale menée par l'entreprise (Soc. 2 juin 1992, *Dr. soc.* 1992. 696, rapp. Ph. Waquet) ; en somme, tout ce qui touche au travail et aux relations avec l'employeur. Plus encore, il n'est pas nécessaire que l'employeur soit celui qui puisse satisfaire les revendications professionnelles. Par exemple, des salariés d'une société privée de transport peuvent faire grève pour que le mode de gestion du réseau de transport ne soit pas modifié par les pouvoirs publics. La société de transport qui les emploie ne peut pas accéder à leurs revendications, qui dépendent d'un vote de la communauté urbaine, mais les revendications restent bien professionnelles (Soc. 23 oct. 2007*, *RTM*). Comme le dit très nettement la Cour de cassation : « la capacité de l'employeur à satisfaire les revendications des salariés est sans incidence sur la légitimité de la grève » (même arrêt).

Même si elles ne sont pas nécessairement adressées à l'employeur, les revendications doivent être présentées ou en tout cas connues de celui-ci « au moment de l'arrêt de travail » (V. pour une non-présentation des revendications, Soc. 30 juin 2015, n° 14-11.077, *RDT* 2016.108, note Y. Ferkane), les modalités d'information important peu (Soc. 22 oct. 2014, n° 13-19.858, [PB]). Les revendications n'ont donc pas à être rejetées par l'employeur avant que la grève se déclenche (Soc. 11 juill. 1989, *GADT*, n° 186). Il lui serait en effet trop facile de retarder sa réponse afin de faire pression sur les grévistes, ou de laisser le mouvement de protestation s'essouffler.

En dépit d'une appréciation assez large, c'est autour de cette notion centrale que les principales disputes judiciaires se sont nouées. Elles ont porté sur l'opportunité du mouvement de grève (A) et la licéité d'un certain nombre de mouvements de protestation : grève politique (B), grève de solidarité interne (C), grève de solidarité externe (D), grève dite d'autosatisfaction (E).

A. Les salariés, seuls juges de l'opportunité de leur mouvement

Après avoir tergiversé, la chambre sociale de la Cour de cassation a affirmé avec netteté que le caractère raisonnable des revendications n'a pas à être apprécié par le juge (Soc. 2 juin 1992, *GADT*, n° 187). Cette décision est importante, car les grèves peuvent être le moment où des revendications fortes sont exprimées, parfois au-delà de ce qui peut être obtenu. Qui veut 5 % d'augmentation de salaire sait souvent qu'il faut présenter une demande du double, ou du triple. Ce n'est pas aux tribunaux de se faire les arbitres de la stratégie des salariés. De plus, les revendications professionnelles plongent leurs racines dans une expérience concrète et particulière des salariés, auxquels les juges ne sont pas toujours sensibles. 753 ■

La teneur des revendications appartient donc aux seuls grévistes, de même que le choix de les faire entendre. Il n'existe en droit français aucun *devoir de paix sociale*[Q] ou d'obligation de négocier avant le début d'une grève. Par conséquent, les salariés ont bien le choix entre négocier (ce qui implique d'attendre la réponse de l'employeur) ou cesser le travail, les deux modalités pouvant du reste être combinées.

B. La grève politique

La conception du caractère professionnel des revendications est assez large. Mais peut-on aller jusqu'à inclure les grèves politiques ? Initialement, les grèves politiques étaient prohibées (v. not. Cour supérieure d'arbitrage 15 févr. 1939, *DH* 1939. 186 ; 15 mars 1939, *DH* 1939. 360 ; Soc. 4 mai 1956, *D.* 1956. 487). Pour bien comprendre cette interdiction, il faut se remémorer ce qu'était le syndicalisme révolutionnaire au début du XXe siècle. Alors largement majoritaire, il se donnait pour objectif principal non pas l'amélioration des conditions de travail ou du salaire, mais la disparition du salariat et du capitalisme. La charte d'Amiens de 1906, texte fondateur de la CGT, le proclamait haut et fort : le syndicalisme « prépare l'émancipation intégrale qui ne peut se réaliser que par l'expropriation capitaliste ; il préconise comme moyen d'action la grève générale » (v. l'extrait de cette Charte reproduit dans les documents du chapitre I). La révolution réalisée par voie de grève représentait alors un véritable espoir pour les uns et une véritable crainte pour les autres. 754 ■

On comprend mieux, dans un tel contexte, la prohibition des grèves politiques. Les motifs de cette prohibition sont clairement exprimés par Pierre Laroque, alors commissaire du gouvernement à la Cour supérieure d'arbitrage, le 15 février 1939 : « la grève politique, même ne s'accompagnât-elle d'autres violences directes, s'apparente à l'émeute, à l'insurrection. C'est un acte révolutionnaire. Elle porte atteinte à l'ordre public, elle est par cela illicite ». Interdire la grève politique, c'était pour le système juridique de l'époque protéger son existence même. La grève, soit, mais la révolution, non. Tel est le sens de la prohibition des grèves politiques. Aujourd'hui, la crainte d'un renversement du régime par la grève générale a un peu disparu, et ce faisant, la Cour de cassation a assoupli sa jurisprudence, au point que désormais seules les grèves purement politiques sont interdites.

La Cour de cassation considère en effet comme licites des mouvements de protestation où les revendications politiques, souvent contre les choix gouvernementaux, rejoignent des préoccupations professionnelles. Ont ainsi été reconnues licites les grèves contre la politique économique du gouvernement (Crim. 23 oct. 1969, *Bull. crim.*, n° 267), contre le plan Barre (Soc. 29 mai 1979, *Lhomme*, *Bull. civ.* V, 755 ■

nº 464 ; *D.* 1980. Somm. 23, obs. Ph. Langlois ; *GADT*, nº 190), ou encore contre les projets gouvernementaux en matière de retraite (Soc. 15 févr. 2006*). Il suffit donc que les choix politiques soient liés aux préoccupations des salariés.

Le domaine des grèves purement politiques est alors bien réduit. On peut penser qu'une grève contre l'installation d'une centrale nucléaire dans une ville voisine de l'entreprise serait disqualifiée. Néanmoins, certaines grèves politiques ont été reconnues licites. La grève d'août 1944 menée contre l'Occupation a non seulement été jugée rétroactivement licite, mais la révocation pour faute grave d'un fonctionnaire qui avait refusé d'y participer a été validée par le Conseil d'État (CE 20 juin 1947, *Lebon* 274). La grève lancée contre le putsch d'Alger d'avril 1961 a, elle aussi, été jugée parfaitement licite (Soc. 19 juin 1963, *D.* 1963. 686, note G. Lyon-Caen ; *JCP* 1963. II. 13428, note H. Sinay), la Cour de cassation prenant soin d'indiquer que la participation à ce mouvement correspondait à « un sentiment élevé du devoir ». À l'inverse, une grève, pourtant très professionnelle, contre l'arrestation de dirigeants de la CGT a été déclarée illicite (Soc. 10 mars 1961, *Dr. soc.* 1961. 363). L'appréciation de la légitimité de la revendication politique paraît, dans ces arrêts, le véritable critère de licéité de la grève politique.

C. La grève de solidarité interne

■ 756 Les grèves de solidarité interne sont des grèves menées au sein d'une entreprise, pour s'opposer à une ou plusieurs décisions individuelles de l'employeur. Ces grèves sont dites « de solidarité », pour indiquer que les grévistes ne sont pas, pour la plupart, personnellement touchés par la décision de l'employeur. Elles sont « internes » car les salariés se mettent en grève au soutien de leurs collègues affectés (pour les grèves de « solidarité externe », v. D.).

■ 757 La Cour de cassation disqualifie de tels mouvements, car il n'y aurait pas de revendications professionnelles, mais seulement une protestation contre une mesure individuelle, la plupart du temps le licenciement d'un collègue (Soc. 11 juill. 1989, *Sogarde*, *Bull. civ.* V, nº 569 ; *Dr. soc.* 1989. 717, note J. Déprez, *GADT*, nº 192 ; 16 nov. 1993, *Bull. civ.* V, nº 268 ; *Dr. soc.* 1994. 35, rapp. Ph. Waquet, note J.-E. Ray).

■ 758 Cette prohibition des grèves de solidarité interne est loin d'être absolue. La jurisprudence reconnaît en effet facilement que, derrière les motifs individuels, existent des motifs qui sont, eux, collectifs et professionnels. La Cour de cassation reconnaît ainsi qu'en défendant les salariés sanctionnés, les grévistes soutiennent aussi, implicitement, les revendications dont ils étaient porteurs (v. not. Soc. 27 nov. 1985, *Bull. civ.* V, nº 559 ; *Dr. soc.* 1988. 143, 2e esp., note J. Déprez). La jurisprudence admet donc que, lorsque la grève a pour finalité de protester contre le licenciement économique d'un ou plusieurs salariés, il existe une revendication collective indirecte, implicite : la défense de l'emploi (Soc. 27 févr. 1974, *Bull. civ.* V, nº 140 ; 22 nov. 1995, *Bull. civ.* V, nº 307 ; *JCP* 1996. I. 3925, nº 20, note B. Teyssié). De manière générale, la grève de solidarité interne est admise dès lors qu'elle n'est pas « étrangère à des revendications professionnelles » (Soc. 5 janv. 2011, *RDT* 2011. 254, note S. Nadal).

La grève est également sauvée lorsque la sanction contre laquelle la grève est déclenchée est illicite (v. Soc. 18 mars 1982, *Cora*, *Bull. civ.* V, nº 182) : la grève a alors comme motif implicite la défense du droit, l'exigence d'un respect de la légalité par l'employeur. De plus, une grève peut être déclarée pour soutenir des salariés menacés de sanctions pour avoir participé à un précédent mouvement de grève (Soc. 2 juill. 2014, n° 13-12.562). C'est qu'en effet, la menace de sanction de grévistes, même si ces sanctions étaient justifiées, répond à un « intérêt collectif et professionnel » (même arrêt).

Finalement, la grève de solidarité interne n'est prohibée que lorsqu'elle est motivée 759 ■ par la sanction disciplinaire licite d'une faute strictement personnelle du salarié, indépendante de toute revendication collective clairement exprimée (Soc. 30 mai 1989 ; 16 nov. 1993, préc.). Pourtant, derrière le soutien d'un salarié sanctionné, il y a toujours, implicitement mais nécessairement, la contestation de l'exercice du pouvoir disciplinaire, exercé trop vite, trop fort, sans écouter les difficultés des salariés... Dans l'arrêt *Cora* du 18 mars 1982, précité, le salarié licencié au soutien duquel la grève avait été déclenchée, avait insulté des clients. Dans l'arrêt du 30 mai 1989 précité, le salarié soutenu avait été mis à pied trois jours « après projection d'un jet de peinture au pistolet sur un agent de maîtrise ». Ces actes paraissent peu justifiables. Mais rien n'interdit de penser que de tels actes de violence sur le lieu de travail sont liés à des pressions, à des cadences trop élevées, des problèmes de management... Plus profondément, sur le lieu de travail, le sort d'un salarié ne laisse pas les autres salariés indifférents : ils peuvent toujours y voir le reflet de leur propre situation. Il y a en réalité toujours une revendication dans la défense d'un collègue de travail.

On peut alors se demander si, derrière la prohibition des grèves de solidarité interne, 760 ■ il n'y a pas, plus simplement, une prohibition des grèves qui s'opposent frontalement au pouvoir disciplinaire de l'employeur. Mais c'est alors une conception singulièrement datée du pouvoir disciplinaire qui est retenue, une conception selon laquelle le pouvoir disciplinaire est d'essence discrétionnaire, insusceptible de subir des limitations, même par la voie d'une grève. Il est presque inutile de dire à quel point cette vision d'un pouvoir disciplinaire discrétionnaire est aujourd'hui dépassée, au moins depuis que la loi du 4 août 1982 en a fait un pouvoir étroitement contrôlé, justiciable notamment d'un contrôle de proportionnalité (C. trav., art. L. 1333-2 ; v. chap. 9). Tout finalement milite pour l'admission des grèves de solidarité interne.

D. La grève de solidarité externe

Les grèves dites de « solidarité externe » sont des grèves menées pour soutenir des 761 ■ revendications ou, plus largement, des mouvements de salariés travaillant au sein d'autres entreprises. Les décisions, sur la question sont rares, anciennes, ambiguës. En somme, il n'existe pas de jurisprudence, au sens propre du mot, qui traite précisément de la question (v. également la position très timide de la Cour EDH 8 avr. 2014, *RMT c/ RU*, req. 31045/10).

Cette absence ne laisse pas l'interprète démuni. Il n'y a en réalité pas d'objection à 762 ■ admettre la grève de solidarité externe. On sait d'une part que la capacité de l'employeur à satisfaire des revendications est sans incidence sur la légitimité de la grève (v. not. Soc. 15 févr. 2006*). On sait d'autre part que la Cour de cassation, pour les grèves de solidarité interne et les grèves politiques, admet la licéité du mouvement dès lors que les revendications ne sont pas étrangères à l'activité professionnelle. Comme, bien souvent, les grèves de solidarité externe ne sont pas purement altruistes et font écho à des inquiétudes ou des réclamations internes, leur licéité sera rarement mise en doute. Par exemple, lorsque les salariés d'une branche professionnelle viennent soutenir les salariés d'une autre branche, l'idée d'une possible réciprocité est toujours présente, tout comme l'idée d'un destin et de problèmes communs.

763 Dans la méfiance parfois existante pour les grèves de solidarité externe, il n'y a en réalité que l'expression, encore une fois, d'une crainte : celle de l'extension des grèves. Si les salariés d'une entreprise peuvent cesser le travail au soutien des salariés d'une autre entreprise, ceux d'une branche au soutien d'une autre branche, la grève s'étend. Elle pourrait devenir nationale, opposer d'un coup tous les salariés à tous les patrons. Et l'on retrouve ici la crainte des grèves générales, déjà au fondement de la prohibition, initiale mais dépassée, des grèves politiques. Tout comme les grèves politiques, les grèves de solidarité externe ne devraient donc être déclarées illicites que dans les rares hypothèses où aucune revendication de type professionnel ne peut être décelée.

E. La grève dite « d'autosatisfaction »

764 La disqualification des grèves dites « d'autosatisfaction » date de l'arrêt *Bardot* du 23 nov. 1978 (*Bull. civ.* V, n° 790 ; *D.* 1979. 304, note J.-C. Javillier ; *ibid.* IR 226, obs. J. Pélissier ; *GADT*, n° 183). Il s'agissait en l'occurrence de salariés qui avaient refusé de travailler le samedi matin, en revendiquant justement de ne pas travailler le samedi matin. L'idée est qu'il n'y a pas alors véritablement de « revendication ». Il n'est pas demandé à l'employeur de faire quelque chose : les salariés se servent eux-mêmes ; leur mouvement de grève leur donne directement satisfaction.

La solution a été confirmée à de nombreuses reprises, notamment à l'occasion de grèves des heures supplémentaires ayant pour revendication la suppression de ces heures supplémentaires (v. not. Soc. 7 nov. 1984, *Bull. civ.* V, n° 418 ; 16 mai 1989, *Bull. civ.* V, n° 361 ; 21 juin 1989, *Bull. civ.* V, n° 457 ; *D.* 1990. Somm. 167, obs. G. Borenfreund). Elle tend plus récemment à se fonder sur l'interdiction faite aux salariés de sélectionner les obligations contractuelles qu'ils refusent d'exécuter (Soc. 2 févr. 2006, *Bull. civ.* V, n° 52 ; 2 déc. 2009, n° 08-43.722 [P]). L'illicéité des grèves dites d'autosatisfaction est fondamentalement un signe du respect que les juges accordent au pouvoir de direction de l'employeur. Contester l'exercice de ce pouvoir est licite. Mais s'y substituer ne l'est plus.

765 Pour sauver leur mouvement de grève, deux voies s'ouvrent aux grévistes. Ils peuvent d'abord décaler légèrement leur arrêt de travail de sorte que l'auto-satisfaction ne soit plus totale. Il est ainsi possible de faire grève contre les heures supplémentaires en refusant seulement d'en accomplir certaines (Soc. 18 avr. 1989, *Bull. civ.* V, n° 278). Ils peuvent ensuite présenter d'autres revendications. Les grévistes cesseront ainsi le travail tous les samedis pour protester contre le travail du samedi, tout en accompagnant cet arrêt de travail de la revendication de nouvelles embauches. Il faut néanmoins que cette revendication supplémentaire ne semble pas aux yeux des juges qu'un simple prétexte : elle ne doit pas être formulée pour les « besoins de la cause » (v. Soc. 12 avr. 1995, *Bull. civ.* V, n° 129 ; rapp. Soc. 25 juin 1991, *Dr. soc.* 1992. 60, concl. J. Graziani). Les salariés fins juristes ou bien conseillés devraient ainsi pouvoir éviter relativement aisément la condamnation pour grève d'autosatisfaction.

Seuls les salariés mal conseillés seront, en pratique, sanctionnés. Une telle solution semble peu opportune.

La solution est de plus fort discutable. Les grèves ne sont jamais de pure autosatisfaction : elles visent à demander à l'employeur de renoncer à l'avenir, à telle organisation du travail ou à telle mesure. De plus, il faut rappeler que les salariés ne sont pas payés durant leurs heures de grève : la satisfaction de leur revendication durant la grève se fait donc au prix de leur salaire. 766

§ 4 L'abus du droit de grève

La Cour de cassation a entrepris au tournant des années 1990 une réforme du droit de grève (Ph. Waquet, « La grève, les mouvements illicites et l'abus du droit de grève », *RJS* 1995. 142). Elle a ainsi distingué les mouvements licites, qui correspondent à la définition de la grève et les mouvements illicites qui, eux, ne remplissent pas les critères de la définition. Cette distinction, simple et nette, est toutefois brouillée par le concept de grève abusive. La grève abusive est une grève qui répond à la définition posée mais qui constitue un exercice anormal du droit de grève. Au fond, ce serait une grève qui va trop loin. La notion parfois utilisée dans la jurisprudence récente relative au droit de grève est aussi inutile que vague. C'est ce qu'il faut montrer en examinant la notion (A) et les effets de la grève abusive (B) 767

A. La notion de grève abusive

Pour la Cour de cassation, la grève devient abusive quand elle « désorganise l'entreprise » (Soc. 18 janv. 1995, *Publicom**; Cass., ass. plén., 23 juin 2006, *Bull. ass. plén.*, n° 7 ; *Dr. soc.* 2006. 935-938, obs. E. Dockès). Pourtant toute grève désorganise l'entreprise. N'est-ce pas même l'un des objectifs ou en tout cas des moyens de la grève, et ce pour faire pression sur l'employeur ? L'incompréhension s'accroît encore lorsqu'on lit dans les arrêts de la Cour de cassation que la « désorganisation de l'entreprise » se distingue de la « désorganisation de la production », qui, elle, est autorisée (Soc. 30 mai 1989, *D.* 1990, Somm. 168, obs. G. Borenfreund). Il faut donc comprendre que certaines grèves désorganisent la production, sans affecter l'entreprise. On reste un peu dubitatif devant tant de subtilités (v. aussi E. Dockes, obs. préc.). D'autant plus que la Cour de cassation n'a jamais véritablement déclaré une grève abusive. 768

Examinons les arrêts. La Cour de cassation admet qu'une grève rende l'exploitation très onéreuse et très difficile, (Soc. 5 juill. 1995*) ou encore soit très dommageable (Soc. 25 janv. 2011, n° 09-69.030 [PB]) sans qu'il y ait abus. La perte des clients est-elle un cas de désorganisation de l'entreprise ? Une décision du 7 avril 1993 (*Bull. civ.* V, n° 111) le laisse penser. Mais la perte de clientèle n'était pas avérée en l'espèce. Surtout on peut douter que le départ définitif de certains clients, conséquence possible de toute grève, puisse à lui seul emporter le diagnostic d'un abus du droit de grève. La perte de clientèle fait, au demeurant, partie des craintes de l'employeur, craintes qui l'obligent à entrer en négociation avec les grévistes. 769

Un arrêt - qui commence à être un peu ancien et qui surtout est antérieur à la clarification des notions entreprise dans les années 1990 - a reconnu l'existence d'une grève abusive lorsque le préjudice est anormalement élevé pour l'entreprise, par rapport à ce que la grève a « coûté » aux salariés (Soc. 7 janv. 1988, *Bull. civ.* V, n° 10). Là encore, on ne comprend guère pourquoi la Cour de cassation disqualifie les grèves les plus efficaces. Du reste, les arrêts postérieurs laissent penser que la disproportion entre le préjudice subi par l'entreprise du fait de la grève et celui subi par le salarié peut être extrêmement grande (Soc. 5 juill. 1995, préc. ; 25 janv. 2011, préc.). Ainsi les grèves courtes et répétitives, qui sont créatrices de troubles importants sans forte perte de salaire, sont en principe valables (Soc. 18 avr. 1963, *GADT*, n° 187 ; 16 oct. 2001, *Bull. civ.* V, n° 319 ; 25 janv. 2011, préc. ; Soc. 30 juin 2015, n° 14-10.764, *RDT* 2016. 108, note Y. Ferkane).

Au fond, il n'est pas sûr qu'il soit possible de découvrir aujourd'hui une grève véritablement abusive. Du reste, l'intérêt pour l'employeur à voir déclarer sa grève abusive est faible voire inexistant, ce que montre l'étude de son régime.

B. Les sanctions de la grève abusive

770 Quand bien même l'abus dans l'exercice du droit de grève serait caractérisé, sa sanction n'est pas nettement affirmée par la Cour de cassation. La grève abusive ne permet pas à elle seule de retenir la faute lourde des salariés y ayant participé (Soc. 30 juin 1993, *Bull. civ.* V, n° 177), ni d'engager la responsabilité civile des syndicats (Soc. 18 janv. 1995, *Dr. soc.* 1995. 186, rapport Ph. Waquet). Des comportements interdits — violences, dégradations, séquestrations, atteinte à la liberté du travail — ne sauraient rendre illicite le mouvement dans son ensemble, ni permettre de sanctionner les grévistes qui n'ont pas commis ces comportements (Soc. 4 nov. 1992, *Cherki*, *Bull. civ.* V, n° 529 ; *GADT*, n° 194). Ces comportements, s'ils sont individualisés, peuvent néanmoins être punis car ils constituent une faute lourde (v. ss 780).

771 L'abus du droit de grève pourrait alors servir à rendre licite la fermeture de l'entreprise par l'employeur (v. Soc. 5 juill. 1995, *Bull. civ.* V, n° 232). Mais la notion d'abus n'apporte en réalité rien à la notion mieux cernée et plus ancienne de « situation contraignante » autorisant l'employeur à fermer son entreprise (v. ss 791). On peut donc en ce domaine se passer de l'abus.

Il ne resterait plus finalement à l'abus que le terrain de la rémunération pour prospérer. Conformément à des arrêts déjà un peu datés (Soc. 7 janv. 1988, préc. ; 10 juill. 1991, *Bull. civ.* V, n° 349 ; 3 févr. 1993, *Bull. civ.* V, n° 40), la grève abusive pourrait autoriser l'employeur à opérer des retenues sur salaires plus que proportionnelles à la durée de l'arrêt de travail, intégrant par exemple la remise en marche des machines. Maigre récolte pour l'invocation d'une notion aussi puissante que l'abus.

section 2

Régime de la grève

La grève, droit constitutionnel, fait l'objet d'un régime protecteur : le déclenchement de la grève est libre (§ 1), la perte de salaire est encadrée (§ 2), le pouvoir de sanction des grévistes est cantonné (§ 3). Seul le droit d'occupation est contesté (§ 4). 772 ■

§ 1 Déclenchement de la grève

En principe, dans le secteur privé, aucun préavis n'est exigé des salariés avant qu'ils se mettent en grève. La grève surprise, inopinée, est permise (sur la concertation des salariés avant la grève, v. ss 749). La solution est ancienne (v. Soc. 20 janv. 1956, *Bull. civ.* IV, n° 71). Le préavis ne peut même pas être imposé par une convention collective. Les clauses qui prévoiraient un tel préavis sont inopposables aux salariés (Soc. 7 juin 1995 *Bull. civ.* V, n° 180 ; *GADT*, n° 197). 773 ■

La seule exigence lors du déclenchement de la grève tient au fait que les revendications soient connues de l'employeur. Mais, l'information de l'employeur peut coïncider avec le début de la grève (Soc. 19 nov. 1996, *Bull. civ.* V, n° 391 ; 12 déc. 2000, *Bull. civ.* V, n° 414). L'exigence est donc bien faible.

Il existe quelques limitations légales à cette liberté de déclenchement des grèves, justifiées par le principe de continuité du service public. Dans les services publics et les entreprises privés chargées d'un service public, la grève n'est valablement déclenchée qu'à l'expiration d'un préavis de grève, déposé par un syndicat représentatif. Ce préavis est de 5 jours francs (C. trav., art. L. 2512-1, L. 2512-2). Des règles particulières existent dans les services publics de transport terrestre régulier de personnes à but non touristique, depuis la loi n° 2007-1224 du 21 août 2007. Le délai de préavis doit être précédé d'un délai de 8 jours ayant pour objet de permettre que se tienne une négociation. De plus, les travailleurs « dont la présence détermine directement l'offre de services [de transport] » (Cons. const. 16 août 2007, n° 2007-556 DC, pt 29) doivent prévenir leur employeur de leur intention de se mettre en grève au moins 48 heures à l'avance : c'est un préavis individuel qui a été introduit. Des règles spécifiques ont également été imposées par une loi du 19 mars 2012 dans le secteur du transport aérien de passagers : obligation de négocier préalable, obligation d'information de l'employeur pesant sur les salariés grévistes (v. C. transp., art. L. 1114-1 s.). 774 ■

§ 2 Perte de salaire

A. Une réduction du salaire proportionnelle à l'arrêt de travail

Comme il ne travaille pas, le salarié n'est pas payé pendant la grève. Le non-paiement du salaire est le résultat de l'application du mécanisme de l'exception d'inexécution. La perte du salaire doit néanmoins demeurer strictement proportionnelle à l'arrêt de travail. Si les salariés ont fait grève 30 minutes, la diminution du salaire doit être de la 775 ■

moitié d'une heure de travail, et non d'une heure ou de plus encore. La règle est tellement importante qu'elle s'applique même aux salariés, les cadres principalement, dont le temps de travail est décompté à la journée ou à la demi-journée. L'employeur ne peut retenir pour des salariés ayant fait grève deux heures, une demi-journée de salaire, sous prétexte que le salaire et le temps de travail se comptent par demi-journée. À charge pour l'employeur de faire une règle de trois pour calculer la réduction de salaire (Soc. 13 nov. 2008, *RDT* 2009. 117, obs. M. Grévy).

Comme la retenue sur salaire doit être strictement proportionnelle à la durée de l'arrêt de travail, l'employeur ne saurait prendre en compte les temps d'arrêt et de remise en marche des machines (Soc. 6 juin 1989, *Bull. civ.* V, n° 426 ; *D.* 1990. 170, 3e, 4e et 5e esp., obs. G. Borenfreund ; *JCP* 1990. II. 21452, 2e esp., note Y. Saint-Jours ; 4 juill. 1989, *Bull. civ.* V, n° 496). Ces heures bien qu'improductives doivent être payées (sauf, éventuellement, en cas d'abus, v. ss 771)

776 Enfin, il faut rappeler que, paradoxalement, l'employeur doit payer normalement l'exécution défectueuse du travail ou le ralentissement volontaire de la production, qui ne constituent pas juridiquement des grèves. Sanctionner ces actions par une baisse de salaire constituerait une sanction pécuniaire prohibée par l'article L. 1331-2 du Code du travail (C. trav., anc. art. L. 122-42) et donc nulle (Soc. 20 févr. 1991* ; 17 avr. 1991* ; 12 avr. 1995*).

B. Le sort des primes

777 Il n'y a pas que le salaire de base qui peut être affecté par la grève. Les primes sont également susceptibles de l'être. L'employeur souhaitera en effet réduire ou supprimer les primes d'assiduité (dépendant de la présence des salariés) ou celles liées à la productivité. Mais le risque est grand que l'employeur utilise le non-paiement des primes pour « punir » les salariés grévistes ou les dissuader de recourir à la grève. La réduction ou la suppression d'une prime suite à une grève s'analyse donc à première vue en une sanction discriminatoire. Cette pratique est donc interdite (C. trav., art. L. 2511-1). Néanmoins, elle peut être admise si toutes les causes d'absences (sauf celles assimilées par la loi à du travail effectif) ont le même effet (v. not. au sujet de primes d'assiduité, Soc. 25 mars 1982, *SAFT*, *Bull. civ.* V, n° 224 ; 10 déc. 2002, *Bull. civ.* V, n° 371 ; 15 févr. 2006* et au sujet d'une prime d'ancienneté, Soc. 23 juin 2009, n° 07-42.677, *Bull. civ.* V, n° 159).

778 Se pose une autre question, proche de la précédente. L'employeur peut-il, non pas réduire ou supprimer la prime des grévistes, mais donner une prime exceptionnelle aux salariés non grévistes en raison du surcroît de travail qu'ils auraient subi pendant la grève ? En gros, peut-il récompenser les salariés non grévistes ? Cette pratique très nocive pour la cohésion de la communauté de travail est pourtant autorisée. Une condition est néanmoins requise : la prime doit être versée à ceux qui avaient eu à faire face véritablement à un surcroît de travail, et non à tous les non grévistes (Soc. 1re juin 2010, n° 09-40.144, *Bull. civ.* V, n° 119 ; *D.* 2010. 1565, note L. Perrin).

C. L'exceptionnel paiement des heures de grève

779 Normalement, le temps de grève n'est pas payé. Mais dans certains cas, la Cour de cassation considère que les salariés ont été « poussés » à recourir à la grève par le comportement de l'employeur. La grève a été causée par la faute de l'employeur, qui ne peut donc procéder à des retenues sur salaire. Selon la formule précise de la chambre sociale, en cas « manquement grave et délibéré » de l'employeur à ses obligations (Soc. 20 févr. 1991, *Bull. civ.* V, n° 80 ; 3 mai 2007*), les grévistes doivent percevoir leur rémunération.

Un tel manquement grave et délibéré peut être reconnu en cas de violation de règles de sécurité ou, « à l'évidence » selon les termes de la Cour, en cas de non-paiement des heures supplémentaires (Soc. 3 mai 2007*).

§ 3 Paralysie du pouvoir de sanction de l'employeur

Durant la grève, le pouvoir de sanction de l'employeur est suspendu, paralysé. Cela 780 ■
signifie deux choses.

D'une part, la seule participation à une grève n'est pas une faute susceptible d'entraîner un licenciement, et ce même si des actes illicites ont été commis par d'autres salariés durant la grève (Soc. 4 nov. 1992, *Bull. civ.* V, n° 529 ; *JCP E* 1993. II. 420, note J. Savatier). C'est normal : la grève est un droit, et nul ne peut être sanctionné pour l'exercice d'un droit.

D'autre part, durant la grève, des comportements qui sont susceptibles en temps normal d'être punis ne le sont plus en temps de grève. Seuls les comportements les plus graves peuvent donner lieu à une sanction : les juges doivent ainsi rechercher si une faute lourde a été commise par le salarié. La faute lourde est reconnue en cas violence (Soc. 13 janv. 1993, *Bull. civ.* V, n° 7), de séquestration (Soc. 1er avr. 1997, *Bull. civ.* V, n° 131) et, souvent, d'atteinte à la liberté du travail des non-grévistes, notamment par des *piquets de grève*Q (Soc. 31 mars 1998, *Bull. civ.* V, n° 180 ; 17 déc. 2002, *Dr. soc.* 2003. 448, obs. F. Duquesne). Lorsqu'il s'agit d'une atteinte à la liberté du travail, la faute lourde est souvent liée au non-respect d'une décision de justice qui a ordonné le départ des grévistes. En revanche, la seule occupation des locaux ou le blocage d'un seul véhicule n'est pas considérée comme une faute lourde si les autres salariés peuvent rejoindre leur poste de travail (Soc. 16 mai 1989, *Bull. civ.* V, n° 361 ; Soc. 9 mai 2012, 10-26.497 [PB]). Les injures (Soc. 10 mai 2001, n° 99-41.438) les jets de betteraves et d'œufs (Soc. 14 avr. 2010, n° 08-44.846) sont également de l'ordre de l'acceptable.

L'appréciation de la faute lourde est individuelle. Il n'y a pas de faute lourde pour 781 ■
avoir participé à un mouvement qui par endroits ou par moments a dégénéré (Soc. 4 nov. 1992, préc.). Il est donc indispensable que l'employeur caractérise la participation directe et personnelle du salarié aux actes répréhensibles. Enfin, l'employeur peut prendre une sanction moins grave que le licenciement : un avertissement, une mise à pied (Soc. 16 déc. 1992*). Qui peut le plus, peut le moins.

En l'absence de faute lourde, la sanction est nulle (C. trav., art. L. 2511-1). Le salarié 782 ■
licencié a droit à être réintégré dans son emploi, s'il le souhaite, et il doit percevoir tous les salaires qu'il aurait reçus entre la date de son éviction de l'entreprise et la réintégration, sans que soient défalqués les éventuels revenus de remplacement (Soc. 2 févr. 2006, n° 03-47.481, PBRI).

§ 4 Droit d'occupation des locaux de travail

783 Sociologiquement, la grève ne se conçoit guère sans une présence sur les lieux de travail, présence plus ou moins marquée, longue, agressive, désorganisatrice. Mais juridiquement, le droit de grève emporte-t-il le droit d'occuper le lieu de travail ? La règle générale est la suivante : le droit de grève n'emporte pas celui de « disposer arbitrairement des locaux de l'entreprise » (Soc. 21 juin 1984, *Bull. civ.* V, n° 263, *GADT*, n° 212). La difficulté porte alors sur l'interprétation du terme « arbitrairement ». Aujourd'hui une distinction se dessine.

La simple présence des salariés (Soc. 7 juin 1995, *Bull. civ.* V, n° 181), les occupations pacifiques (Soc. 26 févr. 1992, *Bull. civ.* V, n° 124) ou sans atteinte aux biens ou à la sécurité (Soc. 9 mars 2011, n° 10-11.588, *Bull. civ.* V, n° 68 ; *Dr. ouvrier* 2011. 626, note P. Darves-Bornoz) sont tolérées. Le fait que l'employeur ait lui-même commis différentes illégalités ayant conduit à la grève est souvent pris en compte (v. not. Soc. 9 mars 2011, préc.). Il y a donc bien un droit d'occuper. En revanche, dès que l'occupation s'accompagne d'une atteinte violente à la liberté du travail des non grévistes, de séquestrations de cadres de l'entreprise, de sabotages, etc., l'employeur est en droit de répliquer. Il aura alors la possibilité de saisir le juge des référés pour qu'il ordonne l'expulsion des grévistes, l'occupation constituant en raison des actes qui l'entourent un trouble manifestement illicite, au sens de l'article 809 du Code de procédure civile (par ex., Soc. 21 juin 1984, préc.). Après avoir obtenu la décision du juge des référés, l'employeur pourra requérir la force publique. Cette dernière, toutefois, a la possibilité de refuser d'intervenir si elle considère que l'évacuation risque de troubler l'ordre public, ce qui est souvent le cas.

section 3

Les réactions patronales

784 L'employeur n'est pas laissé démuni face aux grévistes. Le droit lui laisse une assez grande latitude pour réagir et ainsi tenter d'atténuer voire d'anéantir les effets de la grève. L'employeur dispose de moyens de riposte immédiats, qu'il mettra en œuvre durant la grève (§ 1). Il est également autorisé à répliquer après la grève, en mettant en jeu la responsabilité des grévistes ou des syndicats (§ 2). Très dangereux pour le droit grève – de valeur constitutionnelle –, ce deuxième type de réponse doit être strictement encadré.

§ 1 Les ripostes immédiates

785 Pour contrecarrer la grève, le chef d'entreprise peut être tenté de procéder au remplacement des salariés grévistes (A), de fermer son entreprise : c'est le lock-out (B), ou de réquisitionner les salariés (C). Ces réactions patronales sont soit encadrées soit purement et simplement interdites.

A. Le remplacement des salariés grévistes

Si l'employeur avait la possibilité de remplacer tous les grévistes, il pourrait réussir à rendre la grève totalement inoffensive. Les grévistes perdraient alors leur salaire en vain et le droit de grève ne serait qu'une formule creuse. En un mot, si le remplacement est facile, la grève devient inefficace. La Cour de cassation a même rappelé ce raisonnement dans une décision importante (Soc. 2 mars 2011*). 786 ■

Pour éviter cette situation extrême, le législateur est venu réglementer le remplacement des salariés grévistes : il est interdit à l'employeur de remplacer les grévistes par des salariés en contrat à durée déterminée (C. trav., art. L. 1242-6) ou par des travailleurs temporaires (C. trav., art. L. 1251-10). Il n'est pas non plus possible de faire accomplir les tâches des salariés grévistes par des travailleurs temporaires déjà en poste (Soc. 2 mars 2011, préc.). La généralité de la formule employée par la Cour de cassation permet de penser que la même solution est applicable aux salariés embauchés en contrat à durée déterminée (v. antérieurement, Soc. 17 juin 2003, n° 01-00.332) 787 ■

L'employeur n'est pas pour autant laissé totalement sans ressources. Il peut tout d'abord réaffecter le personnel non gréviste aux tâches des grévistes (Soc. 12 janv. 1983, *Bull. civ.* V, n° 12). Si cette réaffectation réalise une modification de leur contrat, les salariés réaffectés pourront refuser. Mais ils pourront aussi accepter. L'employeur peut également recourir à des entreprises extérieures pour honorer les commandes, ou assurer certaines activités de l'entreprise (Soc. 15 févr. 1979, *Bull. civ.* V, n° 143). 788 ■

La question la plus débattue est la possibilité pour l'employeur d'embaucher des salariés en contrat à durée indéterminée. Rien n'interdit l'embauche durant la grève. Néanmoins, l'employeur ne pourra estimer que la fin de la grève constitue une cause réelle et sérieuse de licenciement des salariés récemment recrutés. Ce serait une fraude au recours au CDI qui constitue « la forme normale et générale de la relation de travail », selon l'article L. 1221-2 du Code du travail. 789 ■

B. Prohibition du *lock-out*

On désigne sous le nom anglais de *lock-out*[Q] la décision de l'employeur de fermer les portes de son entreprise lors d'une grève. Certains systèmes juridiques étrangers ont admis la licéité du procédé en considérant le lock-out comme une arme accordée à l'employeur pour riposter aux grévistes. Mais le droit français n'a pas suivi cette voie. Au contraire, le lock-out est en principe interdit (Soc. 24 janv. 1968 *Bull. civ.* V, n° 51 ; *GADT*, n° 202). En effet, les salariés non grévistes se voient imposer une décision à la fois préjudiciable, puisque les salaires ne sont pas payés, et illicite, puisqu'elle constitue une inexécution volontaire du contrat de travail par l'employeur. De plus, la fermeture de l'entreprise peut être utilisée comme un moyen de couper l'herbe sous le pied des grévistes – ce que l'on appelle parfois lock-out préventif. Cette manière de briser une grève, imminente ou en cours, contrevient directement au droit constitutionnel ; elle est donc illicite, et peut donner lieu à indemnisation des salariés grévistes ainsi entravés dans l'exercice de leur droit constitutionnel (V. Soc. 17 déc. 2013, n° 12-23006, *Dr. soc.* 2014. 292, note D. Boulmier). 790 ■

791 Le droit de fermer l'entreprise est toutefois reconnu en cas de « situation contraignante », non imputable à l'employeur, qui rend impossible la fourniture de travail aux salariés non grévistes (v. not. Soc. 22 févr. 2005*). Cette situation contraignante, dans les arrêts récents, est caractérisée lorsque le fonctionnement de l'entreprise, ou de l'établissement est totalement bloqué (Soc. 4 juill. 2000, *Bull. civ.* V, n° 262 ; *Dr. soc.* 2000. 1091, note A. Cristau ; 22 févr. 2005*), si bien que les salariés non grévistes ne peuvent être affectés à aucune tâche en rapport avec leurs fonctions (Soc. 30 sept. 2005, *Bull. civ.* V, n° 277). La situation contraignante est encore caractérisée lorsque la sécurité des salariés, des usagers ou des installations ne peut plus être assurée (Soc. 21 mars 1990, *Bull. civ.* V, n° 131). Enfin, la situation contraignante a pu être admise dans une situation où l'employeur ne pouvait plus diriger l'entreprise, ni accéder aux locaux. L'on retrouve ici la crainte que les salariés supplantent le chef d'entreprise (Soc. 26 mars 2014, n° 12-26600 [PB] : lock-out après la fin déclarée de la grève). En revanche, le simple fait que l'exploitation soit devenue « plus difficile et très onéreuse » ne suffit pas à caractériser la situation contraignante (Soc. 5 juill. 1995*).

Si l'employeur cesse de fournir du travail sans pouvoir prouver une telle situation contraignante, il doit verser leur salaire aux salariés empêchés par sa faute de travailler (v. par ex. Soc. 5 juill. 1995, préc.). Ainsi qu'il a déjà été signalé plus haut, il peut également être condamné à verser aux salariés grévistes des dommages et intérêts en raison de l'entrave à l'exercice du droit de grève que la fermeture de l'entreprise a constituée (Soc. 17 déc. 2013, préc.).

C. Interdiction des réquisitions

792 Il est une réaction qui est interdite à l'employeur, c'est la réquisition des salariés grévistes. La solution est constante, et ne dépend pas du caractère prétendument urgent, primordial, ou dangereux de l'activité de l'entreprise (Soc. 15 déc. 2009, n° 08-43.603, *JCP S* 2010. 1177, note A. Martinon). L'employeur ne peut contourner cette interdiction en demandant au juge des référés d'ordonner la réquisition (Soc. 25 févr. 2003, *GADT*, n° 198). Seul le préfet dispose du pouvoir de réquisitionner des salariés (V. toutefois pour EDF, la reconnaissance du pouvoir aux organes dirigeants, CE, ass., 12 avr. 2013, *Fédération Force ouvrière Energie et Mines et autres*, n° 329570, *Lettre actualités droits et liberté*, 17 mai 2013, note N. Guillet). Le préfet tire son pouvoir de l'article L. 2215-1 du code général des collectivités territoriales et ne peut l'exercer qu'en cas d'urgence, en mettant en balance l'ordre public et les exigences du droit de grève. La réquisition doit donc être limitée aux seuls salariés indispensables au fonctionnement des services publics ou à la satisfaction des besoins essentiels pour la population (CE 27 oct. 2010, req. n° 343966, *Dr.ouvrier* 2011. 156, note G. Koubi et G. Guglielmi).

§ 2 Les répliques après coup : la mise en jeu de la responsabilité délictuelle

793 La grève cause presque nécessairement un préjudice à l'employeur, au premier chef un préjudice financier lié à l'arrêt ou à la désorganisation de la production. Il est tentant pour l'employeur d'en demander réparation, d'autant plus qu'en cas de succès de son action, les salariés et les syndicats hésiteront, à l'avenir, à recourir à la grève. La demande de réparation du préjudice subi est en effet une forme

d'intimidation financière. Pour cette raison, elle est rarement accueillie favorablement par les tribunaux, que ce soit à l'encontre des salariés ou des grévistes.

La responsabilité du salarié est engagée à une triple condition, conformément au droit commun (C. civ., art. 1382). Il faut d'abord une faute. Cette faute est personnelle, elle ne peut se déduire de la simple présence lors de la commission d'actes illicites. Rappelons, que le salarié ne commet aucune faute à exercer son droit de grève, seuls des agissements constitutifs d'une faute lourde pourront engager la responsabilité du salarié (v. ss 780). Le lien de causalité doit également être établi : seuls les actes ayant directement causé le préjudice peuvent être pris en compte. Enfin, le préjudice dont le salarié est responsable est celui « découlant directement de sa participation personnelle à des actes illicites commis pendant l'arrêt du travail » (Soc. 19 déc. 1990, *Bull. civ.* V, n° 698 ; *GADT*, n° 213). Ce qui permet d'éviter de condamner un salarié à la réparation de l'entier préjudice subi par l'entreprise du fait de la grève ; seule la part du dommage qui lui est directement imputable peut lui être demandée (Soc. 30 janv. 1991, *Bull. civ.* V, n° 40 ; 18 janv. 1995, *Publicom**). Au demeurant, comme le salarié n'est guère solvable, l'employeur usera assez peu de l'arme de la responsabilité, la réservant généralement aux syndicats. 794 ■

L'action en responsabilité contre les syndicats, réputés plus solvables, est plus fréquente. Elle relève également du droit commun de la responsabilité délictuelle et plus précisément de l'article 1382 du Code civil. En effet, le syndicat n'est pas le commettant des salariés au sens de l'article 1384 alinéa 5 du Code civil ; il n'a donc pas à répondre de leurs actes (Soc. 9 nov. 1982, *Dubigeon-Normandie*, *Bull. civ.* V, n° 605 ; *GADT*, n° 211). Le syndicat n'est pas non plus responsable des actes commis par les délégués syndicaux : ceux-ci « ne cessent pas d'exercer individuellement le droit de grève et n'engagent pas, par les actes illicites auxquels ils peuvent se livrer, la responsabilité des syndicats auxquels ils appartiennent » (Soc. 21 janv. 1987, *Dr. soc.* 1987. 426, note J.-E. Ray ; 17 juill. 1990, trois arrêts, *Bull. civ.* V, n° 371 et 375 ; *Dr. ouvrier* 1990. 375, rapp. Ph. Waquet). 795 ■

La faute des syndicats doit donc être caractérisée par un acte positif qui traduit son engagement dans la commission d'actes illicites. Ce pourra notamment être le cas d'instructions en vue d'entraver l'accès de l'entreprise (v. Soc. 30 janv. 1991, *Bull. civ.* V, n° 40). Quant au préjudice, s'applique la même règle que celle gouvernant la responsabilité des salariés : seule la part directement imputable aux actes illicites commis à l'instigation du syndicat peut être réclamée. En définitive, la jurisprudence a réussi à cantonner la responsabilité civile des salariés et des syndicats aux hypothèses où ont été commis une infraction pénale ou des faits manifestement insusceptibles de se rattacher à l'exercice du droit de grève ou du droit syndical (Soc. 9 nov. 1982, *Bull. civ.* V, n° 614 ; *GADT*, n° 210). La trop lourde condamnation des fautes commises par les syndicats aurait constitué une véritable menace pour le syndicalisme français et le droit de faire grève.

Compléments pédagogiques

Quid

Parlez-vous le « gréviste » ?

Débrayage

Arrêts de travail courts et répétés, pendant lesquels généralement les grévistes ne sortent pas de l'établissement.

Devoir de paix sociale n° 753

Interdiction de recourir à la grève pour modifier ou supprimer une clause d'une convention collective déjà adoptée. Cette obligation existe en Allemagne et en Suisse, dans des formes plus ou moins rigides.

Grève bouchon (ou grève thrombose)

Arrêt de travail caractérisé par sa localisation précise, limitée et stratégique dans le processus de production. La grève bouchon permet une paralysie de la production par un petit nombre de salariés.

Grève de la pince

Mouvement collectif consistant à refuser d'exécuter une partie des tâches. Le terme vient de la grève de contrôleurs dans les transports en commun qui, tout en assurant une présence dans les rames, refusent de vérifier le titre de transport des voyageurs et donc de le poinçonner (avec la pince).

Grève du zèle n° 747

Grève consistant à appliquer avec minutie toutes les instructions données, ce qui conduit généralement à la désorganisation et à la paralysie de la production ou du service.

Grève perlée n° 747

Ralentissement de la production ou de l'exécution des tâches. La baisse de rendement est alors préjudiciable à l'entreprise.

Grève tournante

Arrêts de travail affectant tour à tour différents ateliers, services ou secteurs de production. Il y a donc succession de vagues de grève, ce qui permet une économie de sacrifices (salariaux) pour les participants pour une efficacité forte. Voir également grève bouchon.

■ Lock-out n° 790

Décision de fermeture de l'entreprise ou de l'établissement prise par l'employeur en contexte de grève. On peut distinguer, même si la terminologie varie, le lock-out préventif, pour couper court à la grève, le lock-out contraint, lié à la paralysie de l'entreprise, et lock-out de rétorsion, qui, décidé après la grève, a pour but de punir les grévistes.

■ Piquets de grève n° 780

Regroupement de salariés dans l'entreprise ou à ses portes, ayant pour but d'inciter les salariés à se mettre ou à rester en grève.

Biblio

- Ph. Waquet, « La grève, les mouvements illicites et l'abus du droit de grève », *RJS* 1995. 142
- « Conflits collectifs », dossier, *Dr. soc.,* n° spécial juill.-août 2001, avec notamment :
- A. Supiot, « Revisiter les droits d'action collective » ;
- M.-A. Souriac, « Conflits du travail et négociation collective, quelques aspects ».
- E. Dockès, « La finalité des grèves en question », *Dr. soc.* 2006. 881-889.
- S. Laulom, « Les actions collectives et le dumping social », *SSL* 2008, n° 1335, p. 8.
- S. Robin-Olivier et E. Pataut, « Europe sociale ou Europe économique », *RDT* 2008. 80 s.
- P.-Y. Gahdoun, « Les aléas du droit de grève dans la Constitution », *Dr. soc.* 2014. 349.

Documents

1) Consécration et menaces dans le droit de l'Union européenne

CJCE 11 déc. 2007, *Viking*

(aff. C-438/05 ; v. P. Chaumette, S. Laulom, S. Robin-Olivier et E. Pataut, préc.)

« 43. À cet égard, il convient de relever que le droit de mener une action collective, y compris le droit de grève, est reconnu tant par différents instruments internationaux auxquels les États membres ont coopéré ou adhéré, tels que la charte sociale européenne, signée à Turin le 18 octobre 1961, d'ailleurs expressément mentionnée à l'article 136 CE, et la convention n° 87 concernant la liberté syndicale et la protection du droit syndical, adoptée le 9 juillet 1948 par l'Organisation internationale du travail, que par des instruments élaborés par lesdits États membres au niveau communautaire ou dans le cadre de l'Union, tels que la charte communautaire des droits sociaux fondamentaux des travailleurs adoptée lors de la réunion du Conseil européen tenue à Strasbourg le 9 décembre 1989, également mentionnée à l'article 136 CE, et la charte des droits fondamentaux de l'Union européenne, proclamée le 7 décembre 2000 à Nice.

44. Si le droit de mener une action collective, y compris le droit de grève, doit donc être reconnu en tant que droit fondamental faisant partie intégrante des principes généraux du droit

communautaire dont la Cour assure le respect, il n'en demeure pas moins que son exercice peut être soumis à certaines restrictions [...]

84. Dans l'hypothèse où, au terme de cet examen, la juridiction de renvoi parviendrait à la conclusion que, dans l'affaire dont elle est saisie, les emplois ou les conditions de travail des membres de FSU susceptibles d'être affectés par le changement de pavillon du Rosella sont véritablement compromis ou sérieusement menacés, il lui incomberait encore de vérifier si l'action collective engagée par ce syndicat est apte à garantir la réalisation de l'objectif poursuivi et ne va pas au-delà de ce qui est nécessaire pour atteindre ce dernier [...]

87. S'agissant du point de savoir si l'action collective en cause au principal ne va pas au-delà de ce qui est nécessaire pour atteindre le but poursuivi, il incombe à la juridiction de renvoi d'examiner notamment, d'une part, si, en application de la législation nationale et du droit conventionnel qui est applicable à cette action, FSU ne disposait pas d'autres moyens, moins restrictifs de la liberté d'établissement, pour faire aboutir la négociation collective engagée avec *Viking* et, d'autre part, si ce syndicat avait épuisé ces moyens avant d'engager une telle action... ».

CJCE 18 déc. 2007, *Laval* (aff. C-341-05 ; v. P. Chaumette, S. Laulom, S. Robin-Olivier et E. Pataut, préc.)

« 91. Si le droit de mener une action collective doit donc être reconnu en tant que droit fondamental faisant partie intégrante des principes généraux du droit communautaire dont la Cour assure le respect, il n'en demeure pas moins que son exercice peut être soumis à certaines restrictions. En effet, ainsi que le réaffirme l'article 28 de la charte des droits fondamentaux de l'Union européenne, il est protégé conformément au droit communautaire ainsi qu'aux législations et pratiques nationales.

95. Il découle de ce qui précède que le caractère fondamental s'attachant au droit de mener une action collective n'est pas de nature à faire échapper une telle action, menée à l'encontre d'une entreprise établie dans un autre État membre qui détache des travailleurs dans le cadre d'une prestation de services transnationale, au champ d'application du droit communautaire.

101. Il ressort de la jurisprudence de la Cour que, la libre prestation des services constituant l'un des principes fondamentaux de la Communauté (...), une restriction à cette liberté ne saurait être admise que si elle poursuit un objectif légitime compatible avec le traité et se justifie par des raisons impérieuses d'intérêt général, pour autant, en pareil cas, qu'elle soit propre à garantir la réalisation de l'objectif poursuivi et qu'elle n'aille pas au-delà de ce qui est nécessaire pour l'atteindre...

102. Les organisations syndicales défenderesses au principal ainsi que le gouvernement suédois font valoir que les restrictions en cause sont justifiées dès lors qu'elles sont nécessaires pour garantir la protection d'un droit fondamental reconnu par le droit communautaire et qu'elles ont pour objectif la protection des travailleurs, laquelle constituerait une raison impérieuse d'intérêt général.

103. À cet égard, il y a lieu de relever que le droit de mener une action collective ayant pour but la protection des travailleurs de l'État d'accueil contre une éventuelle pratique de dumping social peut constituer une raison impérieuse d'intérêt général, au sens de la jurisprudence de la Cour, de nature à justifier, en principe, une restriction à l'une des libertés fondamentales garanties par le traité...

107. À cet égard, il y a lieu de relever que, en principe, un blocus engagé par une organisation syndicale de l'État membre d'accueil visant à garantir, aux travailleurs détachés dans le cadre

d'une prestation de services transnationale, des conditions de travail et d'emploi fixées à un certain niveau relève de l'objectif de protection des travailleurs.
108. Toutefois, il y a lieu de considérer que, en ce qui concerne les obligations spécifiques liées à l'adhésion à la convention collective du bâtiment, que les organisations syndicales cherchent à imposer aux entreprises établies dans d'autres États membres par une action collective telle que celle en cause au principal, l'entrave que cette dernière comporte ne saurait être justifiée au regard d'un tel objectif… ».

2) Notion de grève

Soc. 13 nov. 1996
(*Bull. civ.* V, n° 379; *JCP E* 1997. 10, rapp. Ph. Waquet et note D. Corrignan-Carsin; *Dr. soc.* 1997. 376, obs. C. Radé)

« Attendu cependant que, si la grève est la cessation collective et concertée du travail par des salariés en vue d'appuyer des revendications professionnelles et ne peut, en principe, être le fait d'un salarié agissant isolément, dans les entreprises ne comportant qu'un salarié, celui-ci, qui est le seul à même de présenter et de défendre ses revendications professionnelles, peut exercer ce droit constitutionnellement reconnu ».

Soc. 23 oct. 2007, *RTM*
(*Bull. civ.* V, n° 169; *D.* 2008. 450, note O. Leclerc)

« Attendu que l'exercice du droit de grève résulte objectivement d'un arrêt collectif et concerté du travail en vue d'appuyer des revendications professionnelles; (…) la capacité de l'employeur à satisfaire les revendications des salariés est sans incidence sur la légitimité de la grève… ».

Soc. 26 janv. 2000
(*Bull. civ.* V, n° 38)

« Mais attendu, d'abord, qu'il résulte des constatations tant des premiers juges que de la cour d'appel que le mouvement litigieux n'a pas comporté d'arrêt collectif et concerté du travail; qu'il a consisté en une série d'actions: blocage de l'accès aux sites et du système d'information de l'entreprise, détournement de matériel, dégradation de locaux, coupures de courant, blocage du système de tarification heures pleines-heures creuses sur ce dernier tarif; que ces actions, qui n'ont pas cessé malgré l'intervention de plusieurs ordonnances de référé tendant à la libération des sites et à la restitution du matériel, ne caractérisent ni l'exercice normal du droit de grève, ni l'exécution d'un service minimum au cours d'une grève; que, dès lors, c'est à bon droit, qu'abstraction faite des motifs surabondants relatifs à l'absence d'un préavis, qui, dans les services publics, doit précéder l'arrêt de travail, la cour d'appel a qualifié l'ensemble de ces agissements fautifs de mouvement illicite;
Attendu, ensuite, que les juges du fond, après avoir constaté que les syndicats avaient été constamment les instigateurs et les organisateurs de ce mouvement et qu'ils en avaient assuré la maîtrise et la poursuite, en incitant par des directives l'accomplissement des actes fautifs par les agents qui participaient au mouvement, ont justement retenu la responsabilité de ces syndicats;
Et attendu, enfin, que l'arrêt n'a condamné, en l'état, les syndicats qu'à la réparation de la perte subie par EDF et résultant directement du fait du blocage sur leurs instructions directes du système de tarification heures pleines-heures creuses;

D'où il suit que l'arrêt, qui a caractérisé la faute des syndicats et le lien de causalité entre cette faute et le préjudice constaté et réparé, n'encourt aucune des critiques des deux moyens et que ceux-ci ne sont pas fondés ».

3) Effet sur le salaire

– Perte de salaire et primes d'assiduité

Soc. 15 févr. 2006
(*Bull. civ.* V, n° 65 ; *Dr. soc.* 2006. 577, note C. Radé)

« Mais attendu, d'abord, que caractérise l'exercice du droit de grève une cessation concertée et collective du travail en vue de soutenir un mot d'ordre national pour la défense des retraites, qui constitue une revendication à caractère professionnel, et, ensuite, que si l'employeur peut tenir compte des absences, même motivées par la grève, pour l'attribution d'une prime destinée à récompenser une assiduité profitable à l'entreprise, c'est à la condition que toutes les absences, autorisées ou non, entraînent les mêmes conséquences ; qu'ayant constaté que les absences pour événements familiaux ou des absences conventionnelles prévues par l'accord d'entreprise ne donnaient pas lieu à retenue, ce dont il résultait que la suppression de la prime d'assiduité en cas de grève constituait une mesure discriminatoire ».

– L'exceptionnel paiement des heures de grève

Soc. 3 mai 2007
(n° 05-44.776 [P], *D.* 2007. Pan. 3040, note F. Fouvet ; *RDT* 2007. 538, note O. Leclerc)

« Mais attendu que le mouvement de grève ayant été notamment motivé par le non-paiement des heures supplémentaires et donc, à l'évidence, par un manquement grave et délibéré de l'employeur à ses obligations, le juge des référés a exactement décidé que l'obligation de l'employeur au paiement des provisions sollicitées n'était pas sérieusement contestable, nonobstant le protocole d'accord de fin de grève ; que le moyen n'est pas fondé ».

4) Actes commis au cours de la grève et responsabilité

Soc. 16 déc. 1992, *EDF c/ Moens*
(*Bull. civ.* V, n° 592 ; *D.* 1993. Somm. 265, obs. E. Dockès ; *Dr. soc.* 1993. 291, note J. Savatier ; 7 juin 1995, *Bull. civ.* V, n° 181)

« Un salarié gréviste ne peut être licencié ou sanctionné, à raison d'un fait commis à l'occasion de la grève à laquelle il participe, que si ce fait est constitutif d'une faute lourde ».

Soc. 18 janv. 1995, *Publicom*
(*Bull. civ.* V, n° 27 ; *Dr. soc.* 1995. 186, note Ph. Waquet ; *GADT*, n° 196)

« La cessation collective et concertée du travail en vue d'appuyer des revendications professionnelles caractérise l'exercice du droit de grève ; que la commission, par certains salariés grévistes, d'actes illicites au cours de leur mouvement, ne suffit pas, à elle seule, à modifier la nature de ce dernier ; que ce n'est qu'au cas où la grève entraîne ou risque d'entraîner la désorganisation de l'entreprise qu'elle dégénère en abus ; qu'enfin, la responsabilité d'un salarié ou d'un syndicat à l'occasion soit d'une grève, en raison d'actes illicites commis pendant celle-ci, soit d'un abus du droit de grève, ne peut être engagée qu'à raison du préjudice découlant directement de son comportement fautif ».

« La cour d'appel ne pouvait mettre à la charge du syndicat, de MM. Combebiac et Cuallado et de dix-huit salariés grévistes la réparation de l'entier préjudice subi par l'entreprise ; (...) il lui appartenait de préciser, en ce qui concerne chacune des personnes concernées, à *quel acte fautif précis elle avait participé et qu'elle ne pouvait prononcer condamnation qu'à raison du seul préjudice résultant du comportement incriminé* ».

Voir aussi Soc. 26 janv. 2000 reproduit sous 2)

5) Le remplacement des salariés grévistes

Soc. 2 mars 2011
(n° 10-13.634 [PBR], *Bull. civ.* V, n° 54 ; *JCP S* 2011, n° 26, p. 45)

« Mais attendu que l'article L. 1251-10 1°, du Code du travail a pour objet d'interdire à l'employeur de recourir au travail temporaire dans le but de remplacer des salariés en grève et de priver leur action d'efficacité ;

Et attendu qu'ayant constaté que la société avait fait accomplir aux salariés temporaires, en plus de leur travail habituel, celui de salariés grévistes, leur amplitude horaire ayant été augmentée, la cour d'appel en a exactement déduit que l'employeur avait eu recours au travail temporaire en violation de l'article L. 1251-10 1°, du Code du travail »

6) Le lock-out

Soc. 5 juill. 1995
(*Bull. civ.* V, n° 232)

« la cour d'appel a relevé que les salariés avaient cessé leur travail en vue d'appuyer des revendications professionnelles, et que leur mouvement de grève, s'il avait rendu l'exploitation des lignes, très onéreuse et plus difficile, n'avait pas abouti à une désorganisation de l'entreprise ; qu'elle a pu, dès lors, écarter tout abus du droit de grève et qu'ayant constaté que la SNAT ne s'était pas trouvée dans une situation contraignante, elle a exactement décidé que cette entreprise n'était pas dégagée de son obligation de fournir un travail à ses salariés, que le moyen n'est pas fondé »

Soc. 22 févr. 2005
(*Bull. civ.* V, n° 57, *Dr. soc.* 2005. 599, note C. Radé)

« Mais attendu que le conseil de prud'hommes, qui a constaté, répondant aux conclusions prétendument délaissées, que la grève du secteur de production, qui était totale, avait progressivement entraîné la paralysie du secteur "travaux", empêchant le maintien des tâches d'exécution et que l'employeur avait attendu que le fonctionnement de l'entreprise soit bloqué pour recourir à la mise en chômage technique, a pu, par ces seuls motifs, décider que la société Atofina s'était trouvée, du fait de la grève, *dans une situation contraignante, qui ne lui était pas imputable et qui rendait impossible la fourniture de travail aux salariés non grévistes* ».

Quiz

1) Sujets corrigés

A) Cas pratique n° 1

Suite aux refus réitérés de l'employeur de leur accorder une pause pour leur permettre de déjeuner, les salariés de l'entreprise X décident de cesser le travail entre midi trente et une heure.

L'employeur, dès qu'il apprend ce qui se passe, convoque M. Lafaim, un meneur de la grève dans son bureau. L'entrevue est orageuse. M. Lafaim, dans un mouvement de colère gifle son employeur. Celui-ci le met immédiatement à pied.

Les salariés décident alors de manifester leur solidarité à M. Lafaim. Ils annoncent à l'employeur qu'ils ne reprendront leur travail que lorsque la mise à pied de M. Lafaim aura cessé.

Qualifiez les différents mouvements d'arrêt de travail.

Voir le corrigé en fin de rubrique.

B) Cas pratique n° 2

M. Dupont est salarié dans un atelier de montage à la chaîne d'automobiles. À la suite d'une erreur de manipulation, il se blesse grièvement. En signe de protestation, les salariés de l'atelier (soit 15 personnes) cessent immédiatement le travail. Cet arrêt de travail paralyse l'ensemble de l'entreprise (laquelle compte 250 salariés).

L'employeur vous interroge sur la licéité de cet arrêt de travail.

Voir le corrigé en fin de rubrique.

2) Corrigés

Cas pratique n° 1

I. La difficulté principale posée par le premier mouvement est l'existence de « revendications »

Ici, les salariés semblent ne rien « revendiquer » à proprement parler, mais obtenir par eux-mêmes ce qu'ils désirent, à savoir une pause déjeuner. Il s'agirait donc d'une grève d'autosatisfaction. Ces grèves sont disqualifiées et traitées en simples violations des contrats individuels de travail (v. ss 764).

Pour essayer de « sauver » le mouvement, il faut rechercher des revendications supplémentaires, qui seraient implicites. Une première voie est de s'interroger sur la licéité de l'absence de pause (le droit exige notamment une pause toutes les six heures de travail consécutives, v. ss 423). Si l'absence de pause est illicite, on pourrait alors tenter l'argumentation d'une grève pour le respect du droit dans l'entreprise, ce qui serait une revendication supplémentaire… Il est aussi possible d'arguer de l'absence d'identité entre l'arrêt et la demande : en prenant une pause de midi d'eux-mêmes, les salariés réduisent leur temps de travail d'une demi-heure. Ils n'obtiennent pas un allongement corrélatif de la durée du travail l'après-midi. Leur pause est donc pour eux une baisse du temps de travail et une baisse de la rémunération. Ils revendiquent d'obtenir la pause *et* de ne pas perdre de temps de travail. La seconde partie de l'exigence est une vraie « revendication ».

Ces différentes tentatives de sauvetage ont toutefois assez peu de chances de prospérer (sur le dernier de ces arguments, v. les arrêts qui condamnent la grève du samedi, alors même que l'argument aurait pu être soulevé, v. ss 765). Selon toutes probabilités, le mouvement risque d'être disqualifié.

II. Le second mouvement semble être une grève de solidarité interne, laquelle est prohibée

Encore une fois, le « sauvetage » du mouvement suppose la découverte d'autres revendications implicites. Ici, la grève est déclenchée au soutien d'un leader de la grève précédente. Soutenir un leader sanctionné alors qu'il présentait des revendications, c'est aussi soutenir ces dernières. Le second mouvement soutient donc implicitement mais nécessairement les premières revendications. Ces revendications sont professionnelles. Cette fois la grève est totale, il n'y a donc pas d'autosatisfaction. Il s'agit d'un véritable mouvement de grève au sens juridique du terme.

L'argumentation a, cette fois, toutes les chances d'être retenue. Des grèves en soutien de leaders sanctionnés ont déjà été validées.

Il est aussi possible de profiter du cas pratique pour reprendre la critique de la jurisprudence qui disqualifie les grèves de solidarité.

À noter : la mise à pied du cas pratique est une mise à pied conservatoire, dans l'attente d'une sanction disciplinaire. Cette mise à pied apparaît, selon les données du cas pratique, licite (la violence est facilement qualifiée de « faute lourde »). La revendication d'un retrait de la sanction peut alors apparaître déraisonnable. Mais telle n'est pas la question : les juges ne contrôlent pas le caractère raisonnable des revendications (v. ss 753).

Cas pratique n° 2

Le cas pratique pose deux questions liées aux modalités de la grève.

I. La première concerne le déclenchement de la grève

Des revendications connues de l'employeur, au moins au moment de l'arrêt de travail, sont exigées. Est-ce le cas en l'espèce ? Aucune revendication n'a été formellement déposée… Le doute cependant n'est pas permis. La connaissance de revendications par l'employeur est un fait qui se prouve par tous moyens. Ici, les circonstances de l'arrêt sont claires : elles suivent un grave accident du travail. Cette concomitance suffit à comprendre les revendications : il s'agit de demander de meilleures conditions de sécurité. Ceci s'impose avec suffisamment d'évidence. Un employeur qui ferait semblant de ne pas l'avoir compris, et d'avoir ainsi ignoré les revendications des grévistes serait certainement considéré comme de mauvaise foi. Le déclenchement de la grève est donc licite.

II. La seconde question est celle de la grève « bouchon »

En bloquant toute l'usine, les salariés abusent-ils de leur droit de grève ?

Les grèves bouchons peuvent être licites. De plus, il s'agit ici de présenter une revendication propre à l'atelier, à la suite d'un événement qui s'y est déroulé. Dans les entreprises où le travail est organisé à la chaîne ou à flux tendus, interdire ce genre de blocage serait interdire toute grève pour des revendications propres à une partie de l'usine. Pareille restriction de tout droit de grève pour certaines revendications ne serait pas sans rappeler la situation du seul salarié d'une entreprise. Aucun raisonnement, fut-il aussi simple que celui qui exige que la grève soit un mouvement collectif, ne saurait priver ce salarié de son droit de faire grève pour défendre ses revendications (v. ss 751).

chapitre 23

Le syndicat

Plan analytique

section 5

Actions en justice

Compléments pédagogiques

Le syndicat

Le syndicalisme peut présenter plusieurs visages, que l'on relie un peu hâtivement à trois traditions nationales. L'unionisme britannique renvoie à des syndicats regroupant des travailleurs par métier et cherchant, localement, à maîtriser le marché du travail et à organiser des solidarités fortes, notamment par des systèmes de secours. Le syndicalisme d'industrie centralisé allemand offre une autre conception de l'action syndicale : proche du parti social démocrate, gestionnaire d'œuvres sociales et du système de protection sociale à un niveau centralisé. Enfin le syndicalisme français est décrit comme plongeant ses racines dans un syndicalisme révolutionnaire d'action directe : le syndicat est non seulement une manière d'organiser les travailleurs face à l'employeur mais également un foyer d'organisation politique, dont la grève et la manifestation constituent des moyens d'action privilégiés. Ces modèles, largement réinventés après coup et qui n'ont qu'une faible permanence historique, permettent toutefois d'entrevoir la diversité des modes d'expression et de défense des salariés qu'assure le syndicat. 796

Après avoir décrit à grands traits l'histoire du syndicalisme et le paysage syndical actuel, qui témoignent de cette diversité (section 1), seront successivement étudiées, la liberté syndicale (section 2), la notion de « syndicat » (section 3), la notion de syndicat « représentatif » (section 4), puis la première prérogative originale accordée, dès le début du XXe siècle, aux syndicats : l'action en justice (section 5).

section 1

Histoire et actualité du syndicalisme

Les syndicats de salariés français se caractérisent, comparativement à ceux des autres pays de l'OCDE, par leur extrême division et leurs faibles effectifs. Ils demeurent cependant, pour différentes raisons, d'importantes sources d'influence. 797

Ces constatations s'expliquent par l'actualité, mais aussi par l'histoire du syndicalisme en France (§ 1). Le syndicalisme international, qu'il soit de niveau mondial (§ 2) ou européen (§ 3) est lui, désormais, largement unitaire. Son influence reste cependant modérée, les luttes sociales ayant encore du mal à passer les frontières, fussent-elles de simples frontières internes à l'Union européenne.

§ 1 Le syndicalisme français

Un rapide tour d'horizon de l'histoire du mouvement syndical en France (A) permet de mieux comprendre la situation actuelle des syndicats de salariés (B) et d'en 798 dessiner les principes d'organisation (C). Une présentation des syndicats d'employeurs complétera le tableau du syndicalisme français (D).

A. Histoire du paysage syndical

799 Dans le prolongement des corporations abolies par la Révolution française, les travailleurs se regroupent par *métiers* (cordonniers, ébénistes, typographes, etc.), tout au long du XIXe siècle. Apparaissent ainsi, malgré l'interdiction des corporations par la loi Le Chapelier, les premiers syndicats, parfois appelées chambres syndicales. La légalité de ces groupements sera reconnue par la loi du 21 mars 1884. Cette reconnaissance juridique de la fin du XIXe siècle va permettre l'essor, parallèle au syndicalisme de métier, d'une action syndicale menée sur une base *locale* à partir des Bourses du travail. Ces dernières cherchent à assurer le placement des ouvriers, tentent de mettre en place des coopératives et mutuelles, aident les grévistes, tout en assurant une éducation ouvrière (cours, bibliothèques, etc.). En 1895, les syndicats et chambres syndicales se rapprochent des Bourses du travail et créent la Confédération Générale du Travail (CGT).

800 Outre deux types de syndicalisme, la CGT des origines abrite plusieurs tendances politiques. Le réformisme – tendance qui cherche à implanter les ouvriers dans la vie politique et à améliorer par des réformes leur condition – est loin d'être absent de la première CGT, et il prendra le pouvoir dans le syndicat dans les années 1910. Plus radical, le guesdisme entend préparer l'avènement du communisme par une organisation efficace de la lutte des classes et constitue, au tournant du XXe siècle une part importante de la CGT. L'anarcho-syndicalisme, enfin, prônant un syndicalisme révolutionnaire – c'est-à-dire visant à un renversement du pouvoir par l'action directe – triomphe en 1906 dans la Charte d'Amiens (v. rubrique « Document » du Chap. 1), Charte qui consacre la stratégie de la grève générale et le refus de l'entente avec les partis.

La Première Guerre mondiale et la Révolution d'Octobre vont précipiter l'éclatement de la CGT. En 1921, les réformistes excluent les révolutionnaires (qui s'étaient eux-mêmes séparés). Ceux-ci créent la CGTU (U pour unitaire). Mais la scission n'est que temporaire. Le Front Populaire conduit au rapprochement des deux rameaux de la CGT qui se réunifie ainsi en 1936. Après la Seconde Guerre mondiale, le prestige gagné par les communistes durant la Résistance leur permet de devenir majoritaires. Une seconde scission va alors avoir lieu dans le contexte de la Guerre froide. La tendance réformiste de la CGT se détache de la Confédération pour créer la CGT-Force ouvrière, communément appelée FO pour éviter la confusion. Cette confédération, proche du pouvoir pompidolien et giscardien va, dans les années 1980-1990, développer un discours plus protestataire. De son côté, la CGT demeure un soutien du parti communiste jusqu'à l'effondrement du bloc soviétique. Plus éloignée aujourd'hui des références marxistes, elle maintient un positionnement contestataire.

801 À côté du syndicalisme laïc, une seconde branche du syndicalisme a poussé dès le début du XXe siècle : le syndicalisme chrétien. Créée en 1919, la Confédération française des travailleurs chrétiens (CFTC) réunit sur une base confessionnelle les syndicats marqués par la doctrine sociale de l'Église. Minoritaire, mais assez fort chez les employés, le syndicalisme catholique se maintient dans toute la première partie du XXe siècle. Vichy et la Seconde Guerre mondiale plongent la majorité du syndicat

dans la Résistance. La CFTC en sort transformée : plus ouvrière, éloignée de la hiérarchie catholique, voire sensible à l'idéologie communiste. En 1964, un congrès extraordinaire « déconfessionnalise », à une majorité de plus de 70 %, la CFTC et en change le sigle pour devenir la CFDT : Confédération Française Démocratique du Travail. Le courant minoritaire de l'organisation va faire scission, conserver le sigle initial et maintenir l'orientation confessionnelle. La CFDT va connaître deux périodes assez différentes. Les premières années sont marquées par la promotion d'un socialisme autogestionnaire, une doctrine de l'unité d'action avec la CGT, et une intense réflexion qui a conduit à une proximité avec une frange importante d'intellectuels de gauche. Cette période s'achève au tournant des années 1980. À compter de cette époque, la CFDT s'est engagée dans une démarche réformatrice visant à réguler les effets du marché grâce à une politique de promotion du dialogue social. L'orientation réformiste de la CFDT a provoqué la création de nouveaux syndicats, issus des courants radicaux de la CFDT : les syndicats SUD, qui se sont regroupés avec d'autres organisations dans le « Groupe des 10 » (Union syndicale solidaires).

Un syndicalisme de cadres, marqué par la création de la Confédération Générale des 802 ■
Cadres en 1944, est né du refus de la CGT d'accueillir en son sein des salariés détenteurs d'une délégation de pouvoir du patronat. La CGC a connu sa plus forte expansion durant les 30 Glorieuses, où elle s'est peu à peu imposée comme un acteur des relations professionnelles. À l'origine issue des milieux catholiques, la Confédération prône un syndicalisme de réconciliation entre les salariés et l'entreprise, et développe donc une pratique peu contestataire. L'organisation s'est élargie à tout le personnel de l'encadrement, agent de maîtrise compris et a modifié son nom. Depuis 1981, le syndicat se nomme CFE-CGC (Confédération française de l'encadrement-CGC). L'existence d'un syndicalisme spécifique ne doit pas occulter le fait que le syndicalisme de l'encadrement est également pris en charge par les autres confédérations (CGT, FO, CFDT, CFTC). Certaines organisations ont du reste obtenu auprès des cadres de meilleurs scores que la CGC lors de la mesure d'audience de représentativité en 2013 (v. *infra*).

B. Situation actuelle du syndicalisme salarié

Le syndicalisme français actuel souffre de deux maux principaux. L'émiettement 803 ■
syndical constitue le premier de ces maux, émiettement qui se traduit par une division préjudiciable aux intérêts des salariés. La faiblesse du taux de syndicalisation est le second mal dont souffrent les syndicats français. Faiblesse de la syndicalisation globale mais aussi faiblesse de certains syndicats, pourtant reconnus représentatifs. Comparativement aux pays qui sont dans une situation politique et économique comparable, la France connaît un taux de syndicalisation très bas, aux alentours de 11 % des salariés (DARES Analyses, mai 2016, n° 25). Ce taux est au demeurant 2 fois plus faible qu'il y a 25 ans et 3 fois plus faible qu'en 1950. Le Danemark et la Suède ont des taux de syndicalisation supérieurs à 80 % ; l'Italie, au-dessus de 50 % ; l'Allemagne et le Royaume-Uni sont aux alentours de 30 % et même un pays relativement peu syndiqué comme les États-Unis conserve un taux de près du double du taux français...

Alarmants, les chiffres doivent cependant être correctement compris. Le taux de syndicalisation français est très faible, mais il est à peu près stable depuis une dizaine d'années. La présence syndicale dans les entreprises reste relativement élevée : 40 %

des salariés déclarent qu'une présence syndicale existe sur leur lieu de travail. Ajoutons que plus de 90 % des salariés bénéficient en France d'une convention collective, ce qui est un des taux les plus élevés au monde. De plus, les 11 % de salariés syndiqués font tout de même plus de deux millions de syndiqués en France, ce qui représente une force militante imposante (à titre de comparaison, le total des adhérents revendiqués par les deux principaux partis politiques français, le parti LR et le PS, est de l'ordre de 400 000 adhérents).

■ 804 Même s'il est difficile de mesurer le rôle du droit dans cette situation, il est évident que ce dernier a en partie contribué au déclin du syndicalisme. La faiblesse de la syndicalisation peut être au moins partiellement reliée à certaines règles du droit français : les syndicats négocient pour l'ensemble des salariés et non pour leurs seuls adhérents ; la Sécurité sociale, la formation professionnelle bénéficient à tous, syndiqués ou non, etc. Ces règles, qui sont loin d'être aussi répandues qu'on pourrait le croire, n'encouragent pas à la syndicalisation et faussent la comparaison avec les pays qui font dépendre ces avantages de l'adhésion à un syndicat (comme au Danemark, ou en Belgique).

■ 805 L'émiettement syndical, s'il s'explique historiquement (v. plus haut), a été figé dans le marbre par un important arrêté du 31 mars 1966. Cet arrêté a fait une photographie du paysage syndical de l'époque et a déclaré représentatives au niveau national les cinq grandes centrales de l'époque : CGT, CFTC, CGC, FO, CFDT. La loi du 13 juillet 1971 a ensuite indiqué que tout syndicat affilié à l'une de ces organisations représentatives au niveau national est présumé représentatif dans l'entreprise (C. trav., art. L. 2122-1) et la Cour de cassation a décidé que cette présomption était irréfragable (Soc. 20 juill. 1981, *Bull. civ.* V, n° 719). La photographie est ainsi progressivement devenue privilège. Certes, elle n'a pas empêché la création d'organisations importantes. Outre l'union syndicale Solidaires déjà citée, l'Union nationale des syndicats autonomes (UNSA) a été créée en 1993 par le regroupement de plusieurs syndicats dits « autonomes » et une partie de la Fédération de l'éducation nationale (FEN) qui venait de se scinder. Mais les nouvelles organisations n'ont pu accéder aux facilités reconnues aux syndicats désignés par l'arrêté de 1966 (v. CE, ass. plén. 5 nov. 2004, n° 257878, *Unsa*).

La loi du 20 août 2008 a cherché à remédier aux difficultés des syndicats français en supprimant le système de la représentativité présumée, mis en place à partir de l'arrêté du 31 mars 1966. Elle a imposé, pour l'acquisition de la représentativité, la démonstration par le syndicat d'une audience minimale auprès des salariés, audience devant atteindre 8 % au niveau national interprofessionnel (pour les détails, v. *infra*). On pouvait attendre de ce système un regroupement des confédérations, l'élimination de celles qui étaient le moins ancrées dans le monde du travail et l'attribution d'une légitimité électorale venant pallier la faiblesse du nombre d'adhérents. Les résultats de la mesure de l'audience de la représentativité syndicale ont été publiés en mars 2013. Mais le paysage syndical national n'a pas évolué ; les mêmes confédérations sont représentatives (v. rubrique « Documents »).

C. L'organisation du mouvement syndical

■ 806 Le syndicalisme français s'est structuré autour de ces grandes confédérations, qui constituent le pivot d'une tendance syndicale, d'un « mouvement syndical », selon le terme employé par la Cour de cassation dans un arrêt du 18 mai 2011 (n° 10-60300). Les confédérations rallient des fédérations, des unions, et éventuellement des syndicats d'entreprise. La confédération a une compétence nationale et interprofessionnelle et les autres organisations des champs d'intervention plus réduits. Signe de la force des tendances syndicales, on dira par exemple d'un syndicat d'entreprise qu'il s'agit de la CGT alors qu'en réalité, il s'agit d'un syndicat rallié à la confédération CGT.

Normalement, les salariés n'adhèrent pas directement à ces confédérations. L'appartenance à la confédération est indirecte. Les salariés sont membres de syndicats eux-mêmes affiliés à ces confédérations. Ces syndicats affiliés, parfois appelés syndicats primaires, peuvent être constitués sur diverses bases. Schématiquement, il existe des *unions* qui regroupent les salariés syndiqués sur une base territoriale : union régionale, départementale, locale. On trouvera ainsi dans les premiers articles des statuts d'une union un article indiquant que l'union défend les intérêts de tous les travailleurs de telle région, ou de telle commune. Il existe aussi des *fédérations* qui regroupent les salariés par branches d'industrie (syndicats de la chimie, par ex.) ou plus marginalement par métier (syndicats de pilotes de ligne par exemple). Il existe enfin des syndicats d'entreprise, lorsque la syndicalisation est suffisante. La relation entre chacun de ces syndicats dépend des statuts de la confédération auxquels ils ont adhéré. Dire que l'on est à la CFDT signifie en fait que l'on adhère à un syndicat, souvent extérieur à une entreprise, qui est lui-même adhérent à la CFDT. Il n'est pas impossible qu'un syndicat ne soit rattaché à aucun mouvement. C'est notamment le cas des syndicats « maison », créés spécifiquement dans et pour une entreprise particulière. Ces syndicats, lorsqu'ils ne sont pas de pures créations patronales, sont souvent faibles et/ou peu autonomes.

Les changements d'affiliation, sans être monnaie courante, ne sont pas rares, et la loi du 20 août 2008 a entraîné une recomposition du mouvement syndical. La Cour de cassation a ainsi été amenée à en préciser les conséquences. Tout d'abord, la désaffiliation d'un syndicat ne peut être contestée par l'organisation « délaissée », à moins que les statuts du syndicat ne le lui permettent (Soc. 19 févr. 2014, n° 13-10.007). Mais le changement d'affiliation peut être querellé, notamment par les adhérents, personnes physiques ou morales (Soc. 31 mai 2011, *Bull. civ.* V, n° 136 ; *Dr. ouvrier* 2012, note A. Mazières : le changement d'affiliation doit respecter les statuts ou à défaut les conditions de dissolution ou, à défaut, l'unanimité). En matière de représentativité, qui exige l'atteinte d'un score minimal de 10 % aux élections professionnelles (v. ss 837), le changement de confédération d'un syndicat conduit à la perte du bénéfice du score obtenu par la liste présentée sous le nom de l'ancienne confédération. En effet, selon la Cour de cassation, le sigle sous lequel un syndicat a présenté des candidats constitue « un élément essentiel du vote des électeurs » (Soc. 28 sept. 2011, n° 10-26762, *RDT* 2011. 713, obs. M. Grévy ; Soc. 28 nov. 2012, n° 12-14528 : désaffiliation imposée par la confédération). En revanche, le score obtenu par un candidat est un score personnel. Le changement d'affiliation de ce salarié ne lui interdit pas de conserver son score et d'être nommé délégué syndical par une organisation syndicale qui n'était pas celle sur la liste de laquelle il s'était présenté (Soc. 14 nov. 2013, n° 12-29.984). La désaffiliation est également sans effet lorsque l'on envisage l'ancienneté minimale de deux années requise du syndicat pour qu'il soit reconnu représentatif (Soc. 3 mars 2010, n° 09-60283, *Bull. civ.* V, n° 54). 807

D. Organisations patronales

808 La division qui règne au sein du syndicalisme de salariés contraste avec une certaine unité des associations patronales qui, au niveau national et interprofessionnel, sont principalement regroupées au sein de deux organisations : le Mouvement des entreprises de France (MEDEF) et la Confédération générale des petites et moyennes entreprises (CGPME). Le front patronal est ainsi relativement uni. Mais il tend à se fissurer en raison de l'existence d'organisations patronales catégorielles, non rattachées aux précédentes. Les principales sont l'Union professionnelle artisanale (UPA), la Fédération nationale des syndicats d'exploitants agricoles (FNSEA) et l'Union nationale des professions libérales (UNAPL). Il faut aussi compter avec la montée en puissance des organisations patronales de l'économie sociale, telle l'Union des syndicats et groupements d'employeurs représentatifs dans l'économie sociale (USGERES).

§ 2 L'unité retrouvée du syndicalisme mondial

809 À l'instar du syndicalisme français, l'histoire du syndicalisme international est fortement marquée par l'histoire politique, les relations entre syndicats et mouvements politiques ayant longtemps oscillé entre revendication d'indépendance et influence réciproque. Le syndicalisme international est aussi ancien que le syndicalisme. Les grandes fédérations constitutives de la CGT en 1895 étaient déjà, pour la plupart, partie d'organisations internationales. La première internationale, l'Association internationale des travailleurs (AIT) est fondée en 1864 sur des bases qui sont plus syndicales que politiques. Mais elle se disloquera progressivement, pour des raisons politiques, au cours des années 1870.

Il faudra attendre le lendemain de la Seconde Guerre mondiale, pour que, dans la célébration de la défaite du fascisme et du nazisme, se crée une fédération mondiale unitaire : la Fédération syndicale mondiale (FSM). Seule la Confédération internationale des syndicats chrétiens (CISC), très minoritaire, reste à l'écart de ce regroupement et va perdurer sous l'appellation de Confédération mondiale du travail (CMT). La Guerre froide ne tarde pas à faire sentir ses effets sur le syndicalisme mondial. Dès 1949, les syndicats qui entendent se démarquer du communisme stalinien fondent la Confédération internationale des syndicats libres (CISL). La CISL devient vite la principale organisation internationale de syndicats dans les démocraties occidentales. Lors d'un congrès fondateur qui s'est tenu du 1er au 3 novembre 2006, la CISL et la CMT ont fusionné pour donner naissance à la Confédération syndicale internationale (CSI). Cette nouvelle organisation tend à unifier le syndicalisme mondial. Toutes les organisations intercatégorielles françaises en font partie.

§ 3 Le syndicalisme européen

810 La Confédération européenne des syndicats (CES), dont le premier noyau a été constitué de syndicats de la CISL désireux de se regrouper au niveau de la communauté européenne naissante, regroupe aujourd'hui l'essentiel des syndicats européens. Elle est le principal partenaire social côté salarié dans les négociations

collectives menées au niveau de l'Union européenne. Elle regroupe également des syndicats de plusieurs pays européens qui ne font pas partie de l'UE.

Côté employeur, la négociation collective européenne est menée par « Business-Europe » pour les employeurs privés. Cet élégant patronyme désigne, depuis le 23 janvier 2007, ce qui fut l'Union des industries de la Communauté européenne (UNICE). Les employeurs publics ou gestionnaires de services publics européens sont regroupés au sein du Centre européen des entreprises à participation publique et des entreprises d'intérêt économique général (CEEP). 811 ■

section 2

Liberté syndicale

La liberté syndicale correspond au droit de tout travailleur de défendre ses intérêts par l'action syndicale. Elle est protégée par toutes les conventions internationales qui traitent des droits fondamentaux du travailleur (v. not. au niveau mondial l'art. 8 du Pacte de 1966 relatif aux droits économiques, sociaux et culturels, et au niveau européen l'art. 11 de la Conv. EDH ainsi que l'art. 5 de la Charte sociale européenne). On doit noter que la convention de l'OIT n° 87 sur la liberté syndicale est l'une des quelques conventions fondamentales reconnues comme impératives par l'OIT, même sans qu'elle ait été préalablement ratifiée par un État (déclaration de l'OIT du 19 juin 1998 relative aux principes et droits fondamentaux au travail ; v. ss 69). La liberté syndicale est encore consacrée par la Constitution française (Préamb. de 1946, al. 6), et protégée par différentes règles du Code du travail. 812 ■

La liberté syndicale présente d'abord une face positive. 813 ■

Elle permet d'une part à chaque salarié d'agir syndicalement. Ainsi, toute entrave portée à la liberté syndicale est pénalement sanctionnée par l'article L. 2146-1 du Code du travail. La discrimination d'un salarié en fonction de ses activités syndicales est, elle aussi, civilement et pénalement sanctionnée. La liberté syndicale est ici individuelle.

Elle offre d'autre part un aspect plus collectif qui s'incarne dans une liberté de constitution et d'organisation des syndicats. Les formalités sont effectivement assez légères et il n'y a pas de contrôle préalable à la constitution du groupement : une déclaration, en mairie, suffit (C. trav., art. L. 2131-3, R. 2131-1). Les syndicats de surcroît déterminent librement leur règle de fonctionnement interne et les liens qu'ils tissent entre eux. Dans le prolongement de cette liberté d'organisation, les syndicats doivent pouvoir choisir librement leurs représentants. Cette liberté est consacrée à l'article 3 de la convention n° 87 de l'OIT. Mais elle n'a pas permis de contester les règles issues de la loi du 20 août 2008 restreignant considérablement les facultés de choix du délégué syndical ou du représentant de la section syndicale (Soc. 14 avr. 2010, n° 09-60.426 [PBR] ; 27 févr. 2013, n° 12-17.221 [PB] ; Soc. 14 nov. 2013, n° 13-11.316 [PB]. V également Cons. const. 12 nov. 2010, décis. n° 2010-63/64/65 QPC : compatibilité avec la liberté syndicale des règles de désignation du délégué syndical).

814 À cette liberté syndicale originelle, constituée de la liberté d'adhérer à un syndicat et de créer un syndicat, le droit français a associé une liberté syndicale dite « négative » : la liberté de ne pas adhérer à un syndicat et celle de se retirer d'un syndicat (L. du 27 avr. 1956, C. trav., art. L. 2141-1, L. 2141-3. V déjà Civ. 22 juin 1892, *D.* 1892. 1. 449, concl. Ronjat). Cette liberté négative fait désormais l'objet d'une protection européenne par la CEDH (CEDH 11 janv. 2006, *Sorensen et Rasmussen c/ Danemark*, req. n° 52562/99 et 52620/99, *Dr. soc.* 2006. 1022, note J.-P. Marguénaud et J. Mouly). Sur ces fondements, les pressions syndicales interdisant la sortie du syndicat (mises à l'index, pénalités, etc.) sont considérées comme illicites. Sont *a fortiori* condamnées les clauses qui garantissent la force du syndicat en imposant à l'employeur de n'engager que des ouvriers déjà syndiqués (clauses de *closed shop*) ou qui s'engagent à adhérer au syndicat (clauses d'*union shop*).

section 3

Notion de « syndicat »

815 Juridiquement, le syndicat professionnel est un type particulier de personne morale créé par la loi du 21 mars 1884 (17 ans avant que ne soit reconnue la liberté d'association). Les caractéristiques et conditions de formation sont aujourd'hui prévues par le Code du travail, même s'il existe des syndicats de travailleurs non salariés, tels les syndicats de médecins, d'agriculteurs ou de fonctionnaires.

Surtout, les syndicats sont des personnes morales qui ont un objet spécifique : la représentation et la défense d'intérêts collectifs d'ordre professionnel. Cela signifie que les syndicats ne représentent pas seulement les intérêts directs de leur membres. Leur objet est plus vaste, bien qu'il ne s'agisse pas d'aller jusqu'à prendre en charge l'intérêt général. Les syndicats détiennent un pouvoir intermédiaire de représentation : ils ont la capacité d'exprimer et de défendre les intérêts, les valeurs qui concernent tous les travailleurs, même non adhérents, qui appartiennent à la même catégorie que leur membres. L'idée qui commande cette représentation très particulière est la suivante : les syndicats de par leurs membres ont une connaissance et une analyse des préoccupations et des souhaits de tous les travailleurs placés dans une situation analogue. Dans la caractérisation d'un syndicat, la délimitation des membres est donc centrale (§1). Elle s'accompagne d'une limitation de l'action du syndicat à la défense des intérêts professionnels de ces membres : c'est le principe de spécialité (§2).

§ 1 Membres

816 Un syndicat est donc une personne morale qui se caractérise d'abord par la catégorie de personnes dont il entend représenter les intérêts. Seules les personnes qui appartiennent à cette catégorie peuvent alors adhérer au syndicat. C'est ce que précise l'article L. 2131-2 du Code du travail : les syndicats professionnels regroupent des personnes « exerçant la même profession, des métiers similaires ou des métiers connexes, concourant à l'établissement de produits déterminés ou la même

profession libérale ». Comme vu précédemment (v. ss 806), les syndicats peuvent donc se constituer autour d'une profession, d'un métier (v. par ex. le syndicat national des inspecteurs d'assurance) ou autour de certaines catégories d'emploi (syndicats d'ingénieurs, de cadres...). Mais le plus souvent, ils sont organisés autour d'une branche d'activité ou d'une entreprise et ce, quel que soit leur métier. L'article L. 2131-2, qui est l'héritage de la loi de 1884 adoptée à une époque où les syndicats d'industrie étaient rares, n'a donc pas à être littéralement respecté. Aujourd'hui, toute personne qui a une activité productive peut faire partie d'un syndicat. Et tout syndicat doit réunir des personnes exerçant une activité productive.

Mais la qualité de syndicat, avec les protections et droits spécifiques qui s'attachent à cette qualité, sera refusée dès lors que l'adhésion est ouverte à n'importe qui sans que soit spécifié une branche d'activité ou un travail particulier (v. Crim. 14 juin 2000*, arrêt qui dénie la qualité de syndicat à un syndicat au champ trop largement défini par les « commerçants et entreprises commerciales » d'un département). Il ne faut pas prendre cette décision au pied de la lettre : les confédérations syndicales, telles la CGT ou la CFDT qui ont pour objet de défendre tous les travailleurs salariés, constituent bien évidemment des syndicats.

La définition des personnes pouvant former un syndicat a pu sembler, à certains égards, trop restrictive. Elle a donc dû évoluer. L'article L. 2131-2 du Code du travail exige que le syndicat soit formé par des personnes qui exercent une « profession ». Il est cependant apparu indispensable que les chômeurs et les retraités voient leurs intérêts représentés, et qu'ils puissent demeurer adhérents d'un syndicat ou adhérer à un syndicat. C'est ce qu'a prévu l'article L. 2141-2 du Code du travail. L'existence d'organisations exclusivement composées de chômeurs a reçu un début de reconnaissance légale par la loi du 29 juillet 1998, en leur accordant un strapontin (C. trav., art. L. 5411-9). Cet article, associé à l'article L. 2141-2 précité, permet de former des syndicats au sens strict, composés exclusivement de chômeurs. 817 ■

Le texte de l'article L. 2131-2 du Code du travail n'interdit pas formellement à un syndicat de regrouper des employeurs et des salariés. Ce type de regroupement rappellerait cependant les corporations de l'Ancien Régime et les soi-disant « syndicats » organisés par le régime de Vichy. Un tel corporatisme est fermement rejeté par la pratique. La qualification de « syndicat » d'un pareil groupement pourrait au demeurant être contestée juridiquement, notamment au nom de la difficulté qu'il y a à défendre simultanément les intérêts des salariés et ceux de leurs employeurs. En tout état de cause, un tel « syndicat » ne pourrait être reconnu représentatif, l'indépendance lui faisant défaut (v. *infra*). 818 ■

§ 2 Principe de spécialité

Les syndicats sont caractérisés par la spécificité de leur objet. Depuis la loi du 28 octobre 1982, celui-ci est formulé par l'article L. 2131-1 du Code du travail : « Les syndicats professionnels ont exclusivement pour objet l'étude et la défense des droits ainsi que des intérêts matériels et moraux, tant collectifs qu'individuels, des personnes mentionnées dans leurs statuts ». L'adverbe « exclusivement » exprime clairement qu'un syndicat ne saurait aller au-delà de la défense d'intérêts professionnels. 819 ■

Cependant, la formule est large. Elle permet aux syndicats d'intervenir sur tous les aspects de la vie professionnelle qui touchent aux intérêts de leurs membres.

■ 820 L'exclusivité exigée par le texte interdit aux syndicats de se livrer à des activités politiques. Plus précisément, le syndicat ne peut « poursuivre des objectifs essentiellement politiques » (Cass., ch. mixte, 10 avr. 1998, *Front National de la Police**). Mais les syndicats peuvent peser dans la vie politique et adopter certaines résolutions (v. Corrigé).

L'exclusivité imposée par l'article L. 2131-1 du Code du travail interdit également à un syndicat d'avoir pour activité principale le commerce ou de proposer des services rémunérés d'assistance et de conseil juridique (Soc. 15 nov. 2012, n° 12-27.315 [PBI]). Une activité commerciale ou de conseil ne peut donc qu'être seconde ou accessoire, l'objectif premier devant être la défense des personnes visées aux statuts. Néanmoins, les syndicats peuvent être propriétaires de marques et de labels apposés sur des produits qui seront commercialisés par d'autres (C. trav., art. L. 2134-1) et organisent bien souvent des permanences juridiques. Mais l'activité du syndicat ne doit pas s'y résumer.

■ 821 Les syndicats, comme toute personne morale, doivent encore avoir un objet licite en vertu de l'article 1131 du Code civil (v. nouvel art. 1128). Tel n'est pas le cas d'un syndicat qui prône des distinctions discriminatoires (Cass., ch. mixte, 10 avr. 1998, *Front National de la Police**, préc.).

section 4

Représentativité

■ 822 Il est certaines prérogatives qui sont accordées à tous les syndicats, comme celles rattachées à la personnalité juridique ou au droit d'agir en justice pour la défense des intérêts collectifs de la profession. Cependant, pour éviter un complet émiettement et surtout pour éviter que certaines prérogatives soient exercées par des syndicats factices, les prérogatives syndicales les plus importantes ont été réservées aux seuls syndicats dits « représentatifs ».

■ 823 Le droit de la représentativité des syndicats de salariés a été profondément réécrit par la loi du 20 août 2008, qui met l'accent sur la sélection des syndicats en fonction de leurs résultats aux élections professionnelles. La réforme a été contestée dans son principe même. En vain (Soc. 14 avr. 2010, n° 09-60.426 [P], *RDT* 2010. 276, rapp. J.-M. Béraud). Cette loi s'est largement inspirée d'une position commune du 9 avril 2008, conclue par les deux principales confédérations syndicales françaises, la CFDT et la CGT, ainsi que par les deux principales organisations patronales, le MEDEF et la CGPME.

Dans le système antérieur à la loi du 20 août 2008, certains syndicats étaient présumés représentatifs de manière irréfragable. Avec cette loi, cette présomption irréfragable disparaît (§ 1). Et le système de la représentativité prouvée devient progressivement applicable à tous les syndicats (§ 2). Mais en raison de l'importance du changement, une période transitoire, dont la durée peut être assez longue, a été aménagée (§ 3). La représentativité patronale dont la faiblesse a longtemps été passée sous silence a également fait l'objet d'une importante réforme par la loi du 5 mars 2014 (§ 4).

§ 1 La fin d'une présomption irréfragable

De la loi du 28 octobre 1982 jusqu'à celle du 20 août 2008, tout syndicat affilié à une organisation déclarée représentative aux niveaux national et interprofessionnel par l'arrêté du 31 mars 1966 (v. ss 805), était présumé irréfragablement représentatif et ce, quelle que soit l'unité de représentation (C. trav., art. L. 2122-1). Une précision doit être faite : la CGC n'ayant été déclarée représentative qu'à l'égard des cadres, les syndicats qui lui sont affiliés ne bénéficiaient d'une présomption de représentativité que pour cette catégorie de salariés. 824 ■

Cette représentativité dite « présumée » permettait aux syndicats primaires de désigner des représentants syndicaux dans l'entreprise et elle a longtemps suffi pour signer des conventions collectives. Ces importantes prérogatives étaient ainsi accordées à des syndicats simplement au nom de leur affiliation à une confédération représentative au niveau national et interprofessionnel, même s'il n'avait qu'un unique militant dans l'entreprise.

Ce système avait pour avantage important de préserver l'action syndicale de la menace constante d'un procès en représentativité. Ce qui pouvait renforcer l'assise et la possibilité d'influence des syndicats. Cette représentativité de papier avait cependant aussi de graves inconvénients. Elle favorisait la division syndicale et autorisait des organisations sans légitimité suffisante à négocier avec l'employeur de graves renonciations. La position commune du 9 avril 2008 a demandé au législateur de supprimer cette représentativité présumée. Ce qui a été fait, pour l'essentiel, par la loi du 20 août 2008 sur la démocratie sociale et le temps de travail. Pour être représentatif, un syndicat devra être à même de prouver qu'il remplit les critères définis à l'article L. 2121-1 du Code du travail.

§ 2 La représentativité prouvée : un système généralisé

Avant la loi d'août 2008, les syndicats qui n'étaient pas rattachés à l'une des confédérations représentatives au niveau national et interprofessionnel pouvaient déjà prouver leur représentativité. La preuve de la représentativité incombait au syndicat qui l'invoquait, exception faite de l'indépendance qui était présumée (Soc. 26 sept. 2002, *Bull. civ.* V, n° 299 ; 8 nov. 2006*). Le principe d'une démonstration de la représentativité est généralisé par la loi du 20 août 2008 à l'ensemble des syndicats. L'article L. 2121-1 du Code du travail, dans sa version antérieure à la loi du 20 août 2008, énumérait cinq critères pris en compte selon la méthode du faisceau d'indices pour démontrer la représentativité : les effectifs, l'indépendance, les cotisations, l'expérience et l'ancienneté, l'attitude patriotique pendant l'Occupation. L'article L. 2121-1 nouveau leur substitue sept critères : 825 ■

- le respect des valeurs républicaines ;
- l'indépendance ;
- la transparence financière ;
- une ancienneté minimale de deux ans ;

– l'influence, prioritairement caractérisée par l'activité et l'expérience ;
– les effectifs d'adhérents et les cotisations ;
– une audience établie à partir des résultats aux élections professionnelles.

Ces critères dont il faut préciser la teneur (B) sont appréciés selon des règles particulières (A). La représentativité des organisations de branches et des confédérations (C) tout comme celle des syndicats catégoriels (D) font l'objet de dispositions particulières.

A. L'appréciation de la représentativité

■ 826 Même si elle n'est pas expressément prévue par la loi, la première règle qui doit être suivie est celle de la concordance. La représentativité doit être prouvée par rapport à une unité de représentation précise : celle dans laquelle le syndicat entend exercer ses prérogatives (Soc. 22 sept. 2010, *Bull. civ.* V, n° 188). Un syndicat qui veut désigner un délégué syndical central (au niveau de l'entreprise) devra apporter la preuve de sa représentativité dans le cadre de l'ensemble de l'entreprise, sa représentativité au sein d'un ou deux établissements ne suffisant pas. Pour désigner un délégué syndical d'établissement, il devra prouver sa représentativité au sein de l'établissement. (v. Soc. 25 janv. 2006, trois arrêts, *Bull. civ.* V, n° 35 ; *Dr. soc.* 2006. 869-876, obs. G. Borenfreund. Voir également pour un représentant syndical d'établissement, Soc. 8 juill. 2015, n° 14-60.726, *RDT* 2016. 49, note I. Odoul Asorey). Pour signer une convention de branche, le syndicat devra démontrer qu'il est représentatif à ce niveau, etc.

■ 827 Une seconde règle intervient dans l'appréciation de la représentativité. Celle-ci est établie pour toute la durée d'un cycle électoral, en général 4 ans (Soc. 13 févr. 2013, n° 12-18.098 [PBRI]). Cette solution offre une stabilité certaine aux syndicats reconnus représentatifs. Mais elle ne permet pas de prendre en compte les élections intermédiaires et risque de déconnecter la représentativité de l'audience réelle. Elle conduit également à n'apprécier les différents critères qu'au jour de l'élection, et donc à ne pas prendre en compte une éventuelle baisse importante des effectifs ou des résultats électoraux au cours du cycle électoral, signe d'une défiance des salariés (Soc. 14 nov. 2013, n° 12-29.984). Toutefois, les critères tenant au respect des valeurs républicaines, à l'indépendance et à la transparence financière doivent être satisfaits de manière permanente (même arrêt). Enfin, la représentativité au niveau de l'entreprise, car elle est appréciée en début de cycle, n'est pas affectée par des modifications de l'entreprise (cession, absorption), qui pourrait altérer les résultats d'audience (Soc. 19 févr. 2014, 9 arrêts, voir not. n° 13-20069, n° 13-17-445).

■ 828 L'article L. 2121-1 du Code du travail déclare les critères qu'il énumère cumulatifs. Ils devraient donc être tous remplis pour qu'un syndicat soit reconnu représentatif. La Cour de cassation a par une formule alambiquée d'un arrêt du 29 février 2012 (Soc. 29 févr. 2012*, n° 11-13.748 [PBR]) amendé ce caractère cumulatif. Pour qu'un syndicat soit représentatif, doivent être vérifiés les critères suivants : une ancienneté minimale de deux ans, un pourcentage minimal de 10 ou 8 % aux élections professionnelles, le respect des valeurs républicaines, l'indépendance et la transparence financière. En revanche, les autres éléments mentionnés à l'article L. 2121-1 — effectifs, cotisations, influence — sont appréciés de manière souple et globale. La faiblesse de l'un de ces éléments pourra alors être compensée par la force d'un autre, tout comme par la prise en compte d'une forte audience ou éventuellement d'une grande ancienneté. Ainsi, des effectifs peu importants pourraient être contrebalancés par une activité forte et/ou un très bon score aux élections professionnelles. Toutefois, pareille souplesse sur l'appréciation de ces critères ne conduit pas à les occulter. Une audience même forte au niveau de l'entreprise ne saurait compenser la faiblesse des adhérents, de leurs cotisations et l'absence d'influence d'un syndicat dans deux des trois établissements de l'entreprise (Soc. 14 déc. 2015, n° 15-10.902).

B. Les critères de la représentativité

Les critères de l'article L.2121-1 peuvent être regroupés autour de trois pôles : la combativité (1), le respect de la légalité (2), et l'audience qui aujourd'hui tient une place centrale (3) 829 ■

1. *La combativité*

Seul un syndicat démontrant sa combativité peut être déclaré représentatif. Il n'est 830 ■
pas nécessaire qu'il entretienne en permanence des relations conflictuelles ou qu'il ait une attitude systématiquement d'antagonisme. Mais il faut qu'il puisse démontrer une capacité à s'opposer, à défendre les salariés.

Parmi ces critères de combativité, le plus important est peut-être celui de l'indépendance, lequel était déjà requis avant la loi du 20 août 2008. Un syndicat doit nécessairement être *indépendant* de l'employeur. La preuve d'éléments laissant à penser que le syndicat soutient ou est soutenu par l'employeur suffira à démontrer l'absence de capacité combative et donc de représentativité (pour un refus de reconnaître la représentativité d'un syndicat au motif qu'il recevait une subvention spéciale de l'employeur, v. Soc. 31 janv. 1973, *Bull. civ.* V, n°s 50 et 51). 831 ■

La combativité s'exprime également par « l'influence, prioritairement caractérisée par l'activité et l'expérience ». Le juge, saisi d'une contestation de représentativité appréciera cette influence en fonction des actions menées par le syndicat : tracts, appels à la grève, participation à des négociations... Il s'agit en fait de démontrer un certain dynamisme : informations, revendications, protestations etc. Il n'est pas interdit que le syndicat agisse toujours conjointement avec d'autres (Soc. 29 févr. 2012, préc.). Une tradition de grève ou de défense des intérêts des salariés permet de manière générale une mise en confiance des juges dans la capacité du syndicat à exercer ses missions revendicatives. 832 ■

Pour être capable de défendre les personnes qui sont mentionnées dans ses statuts, le syndicat doit encore démontrer *une certaine force*. Celle-ci est présente au travers de l'exigence d'*effectifs et de cotisations*. 833 ■

Sur la question des effectifs, l'exigence est d'intensité relativement faible, le taux de syndicalisation étant ce qu'il est. La condition tenant aux nombres d'adhérents ne s'apprécie pas dans l'absolu : les effectifs d'un syndicat sont à comparer avec ceux des autres syndicats. Des effectifs faibles, voire très faibles peuvent être suffisants si le taux de syndicalisation dans l'unité considérée est du même niveau. De plus, il est important d'admettre la représentativité dans l'entreprise de syndicats qui n'y ont que peu d'effectifs, afin de favoriser l'implantation des syndicats.

L'exigence traditionnelle de *cotisations* substantielles est un autre signe de force : dépourvu de tous moyens financiers, un syndicat risque d'être démuni dans l'action. Cette exigence est aussi associée à la nécessaire preuve de l'indépendance : un syndicat dont les cotisations sont très peu élevées ou inexistantes tire nécessairement ses revenus d'autres sources, et l'on peut craindre que cette source soit l'employeur.

■ 834 On peut également inscrire dans cette perspective de démonstration d'une potentielle combativité, l'exigence tenant à une ancienneté minimale de deux ans d'existence. En effet, c'est la crainte de syndicats inexpérimentés, ou créés pour les seules élections qui plane sur les jeunes organisations. Cette exigence paraît cependant bien sévère, puisqu'elle s'apprécie dans la personne du syndicat et non de ses membres. Concrètement, cela signifie qu'un syndicat nouvellement créé par des militants aguerris, en rupture avec leur ancien syndicat, ne pourra exercer les attributs réservés aux syndicats représentatifs. La condition pénalise les organisations souvent dissidentes, dynamiques et inscrivant leur action dans le conflit, et instaure une inégalité peu justifiable entre syndicats récents et anciens. La Cour de cassation a toutefois validé cette exigence (Soc. 29 févr. 2012, n° 11-60.203 [PB]).

En revanche, un syndicat qui changerait seulement d'affiliation ne perd pas son ancienneté : on considère qu'il n'y a pas création d'une nouvelle organisation (Soc. 3 mars 2010, n° 09-60.283). Une solution similaire a été rendue pour un syndicat qui a modifié son champ d'intervention professionnel et géographique (Soc. 14 nov. 2012, n° 12-14.780 [PBI]). L'ancienneté se calcule donc à partir du dépôt des statuts créant la personne morale.

2. *Le respect de la légalité*

■ 835 Le respect de la légalité prend deux formes spécifiques, lorsqu'il est rapporté à la question de la représentativité syndicale : la transparence financière et l'observance des valeurs républicaines.

La transparence financière est attestée par le respect de règles comptables propres aux syndicats. L'article D. 2135-4 du Code du travail prévoit ainsi que pour les petits syndicats, un livre faisant apparaître dépenses et recettes suffit. En revanche, pour les grands syndicats, la tenue d'une comptabilité plus sophistiquée est imposée. La Cour de cassation est toutefois venue préciser que la non-observation des formalités légales comptables n'interdit pas de prouver sa transparence financière par tout autre moyen (Soc. 29 févr. 2012*). Les magistrats prennent ici en compte la réalité des pratiques comptables pas toujours formelles, quoique probes, des organisations syndicales locales.

■ 836 Le critère tenant au respect des valeurs républicaines remplace celui, datant de 1948, de « l'attitude patriotique durant l'Occupation », qui avait permis d'exclure les syndicats fondés ou soutenus par le régime de Vichy (les vrais syndicats avaient alors été interdits). Leur dissolution ordonnée à la Libération ayant été fort efficace, la question ne se posait plus depuis longtemps. La position commune du 9 avril 2008 a donc judicieusement proposé un renouvellement du concept. C'est ainsi qu'est né « le respect des valeurs républicaines », lesquelles impliquent, selon le texte de la position commune « le respect de la liberté d'opinion, politique, philosophique ou religieuse ainsi que le refus de toute discrimination, de tout intégrisme et toute intolérance » (art. 1-6 de la Position commune). Le respect des valeurs républicaines fait ainsi écho à des affaires célèbres relatives à de prétendus syndicats, estampillés « front national » à qui avait été refusée toute représentativité, eu égard à l'illicéité de leur objet. Ces syndicats défendaient les positions du Front National, et donc le racisme et la discrimination (Cass., ch. mixte, 10 avr. 1998, *Front National de la Police**).

Depuis l'entrée en vigueur de la loi du 20 août 2008, la Cour de cassation a eu l'occasion d'apporter quelques précisions à ce critère. Le non-respect des valeurs républicaines doit être démontré par celui qui l'allègue (Soc. 7 juill. 2010, *JCP S* 2010. 1389, obs. Y. Pagnerre) et s'apprécie au regard de l'action réelle du syndicat, peu important à cet égard les mentions figurant dans les statuts (Soc. 13 oct. 2010, n° 10-60.130 [P+B], à propos d'un syndicat affilé à la CNT). La Cour a ajouté dans une auter affaire que « la référence à la lutte des classes et à la suppression de l'exploitation capitaliste dans les statuts d'un syndicat ne méconnaît aucune valeur républicaine » (Soc. 25 janv. 2016, n° 14-29.308).

3. *L'audience aux élections professionnelles, critère majeur*

Aux critères légaux fixés par l'ancien article L. 2121-1 du Code du travail, la jurisprudence avait déjà ajouté le critère de l'*audience* aux élections professionnelles dans l'entreprise. Il s'agissait d'une sorte d'indice supplémentaire. Depuis l'adoption de la loi du 20 août 2008, cette exigence est plus précise et nettement plus importante (mais pas suffisante à elle seule, Soc. 14 déc. 2015, n° 15-10.902). Le seuil d'audience institué par la loi du 20 août 2008 permettant à un syndicat d'être représentatif dans l'entreprise a même été déclaré d'ordre public absolu (Soc. 18 mai 2011, n° 10-60.406 [PBR]). Il ne peut, notamment, pas être abaissé. 837 ■

Ne peuvent plus être déclarés représentatifs au niveau de l'entreprise que les syndicats ayant obtenu au moins 10 % des suffrages valablement exprimés aux dernières élections professionnelles (C. trav., art. L. 2122-1).

Ce seuil est réduit à 8 % dans les branches et au niveau interprofessionnel (C. trav., art. L. 2122-5, L. 2122-8). La position commune présentait cette réduction comme transitoire. La loi d'août 2008 semble percevoir ce transitoire comme définitif. Le calcul du score du syndicat se fait par agrégation des résultats aux élections professionnelles dans les entreprises du secteur (branche, interprofession) concerné (v. ss 839). Pour que les résultats aux élections professionnelles dans l'entreprise soient pris en compte, il faut que soit indiquée l'affiliation du syndicat lors du dépôt des listes électorales (C. trav., art. L.2122-3-1).

Dans l'entreprise, les résultats électoraux retenus sont ceux du premier tour des élections professionnelles, c'est-à-dire des élections des membres du comité d'entreprise, de la délégation unique du personnel, ou à défaut de l'élection des délégués du personnel. Ces résultats sont comptabilisés quel que soit le nombre de votants, et donc même si un second tour est organisé. Un syndicat peut ainsi être représentatif sans que le nombre de ces sympathisants dans l'entreprise soit important. Pour une élection où seuls 30 % des électeurs se sont prononcés au premier tour, un syndicat est représentatif dès lors que 3 % des salariés ont voté en sa faveur. 838 ■

Des listes communes à plusieurs syndicats sont parfois constituées. À défaut d'indications différentes par les organisations syndicales concernées, les voix sont réparties à parts égales (C. trav., art. L. 2122-3). Toutefois pour qu'une répartition autre qu'égalitaire soit mise en œuvre, il faut qu'elle soit portée à la connaissance de l'employeur et des électeurs de l'entreprise ou de l'établissement concerné avant le déroulement des élections (Soc. 13 janv. 2010 : *RDT* 2010. 242, obs. Nadal).

C. Règles propres à la branche et au niveau national interprofessionnel

839 Au niveau des branches et au niveau interprofessionnel, les résultats électoraux sont calculés en additionnant, tous les quatre ans deux résultats. Sont d'abord pris en compte les résultats des premiers tours de l'élection des comités d'entreprise, des délégations uniques du personnel, ou à défaut des délégués du personnel, qui ont eu lieu dans les entreprises de la branche. Ces premiers résultats ne permettent pas de prendre en compte les très petites entreprises qui, ayant moins de 11 salariés, ne sont pas soumises à l'obligation d'organiser des élections professionnelles. C'est pourquoi la loi du 15 octobre 2010 a prévu d'ajouter à ce premier score, les résultats obtenus lors d'un scrutin spécifique de représentativité ayant pour objet de mesurer l'audience des syndicats dans ces très petites entreprises (C. trav., art. L. 2122-5).

840 La loi du 15 octobre 2010 et le décret du 28 juin 2011 réglementent assez précisément ce scrutin de représentativité. Les salariés des petites entreprises, répartis en deux collèges — cadres et non cadres — votent par correspondance ou ou par voie électronique tous les quatre ans au niveau régional (C. trav., art. L. 2122-10-1) pour des organisations syndicales. Les syndicats qui peuvent se présenter à ce scrutin sont les syndicats représentatifs au niveau national interprofessionnel et les syndicats constitués depuis au moins deux ans qui satisfont aux critères de respect des valeurs républicaines et d'indépendance et dont les statuts donnent vocation à être présents dans la région et la branche concernées.

841 Deux conditions supplémentaires sont posées par la position commune et par la loi de transposition d'août 2008 pour que la représentativité d'un syndicat soit reconnue.

La première concerne la représentativité *dans les branches* : « une implantation territoriale équilibrée au sein de la branche » est exigée (C. trav., art. L. 2122-5). L'idée est floue. Et elle risque de provoquer un contentieux mal venu, qui pourrait fragiliser certains syndicats, malgré l'importance de leurs résultats électoraux.

La seconde concerne la représentativité au niveau national et interprofessionnel. Pour obtenir cette qualité, cruciale à de nombreux égards, les confédérations syndicales doivent prouver leur représentativité dans des branches à la fois de l'industrie, de la construction, du commerce et des services (C. trav., art. L. 2122-9). Cette exigence est un obstacle qui pourrait s'avérer très rude à franchir, même si elle n'a pas été mise en œuvre pour l'appréciation de la représentativité en 2013 (v. rubrique « Documents »).

842 Afin de sécuriser la reconnaissance de la représentativité dans les branches et au niveau interprofessionnel, la loi du 20 août 2008 organise, après la collecte des résultats de la mesure d'audience, une sorte de reconnaissance officielle par l'autorité publique. Par application des critères sus-décrits, le ministère du Travail arrête la liste des organisations syndicales reconnues représentatives dans les différentes branches et au niveau interprofessionnel, après avis d'un Haut Conseil du dialogue social (C. trav., art. L. 2122-11, R. 2122-1 s.). La liste est établie tous les quatre ans (ce qui correspond à un cycle électoral), mais des enquêtes intermédiaires de représentativité sont envisagées (C. trav., art. L. 2121-2). Ce système présente l'avantage d'une certaine sécurisation de la représentativité.

En dépit de l'introduction d'un seuil d'audience fixé à 8 %, le paysage syndical national interprofessionnel n'a pas été modifié en 2013. Sont représentatives la CGT, la CFDT, la CGT-FO, la CFTC, et pour les cadres la CFE-CGC (V. rubrique « Documents »).

D. Représentativité des syndicats catégoriels

Les syndicats déterminent librement, dans leurs statuts, les travailleurs qu'ils entendent représenter. Et certains syndicats ont fait le choix de ne représenter qu'une partie des travailleurs. Tel est le cas par exemple des syndicats de cadres, au premier rang desquels les organisations affiliées à la CFE-CGC. Pour ce type de syndicats dits catégoriels, la barre de l'audience électorale à 8 ou 10 % semble bien haute. On comprend bien que dans des industries à forte main-d'œuvre ouvrière, un tel score est difficilement atteignable pour des syndicats CGC. Aussi la loi a accordé un privilège à certaines de ces organisations catégorielles. Leur score électoral n'est calculé qu'au regard des voix de la partie des salariés qu'il représente, ce qui est rendu possible par l'existence d'un collège spécifique lors des élections professionnelles dans l'entreprise (v. ss 1123 s.). Autrement dit, le seuil de 10 % nécessaire à l'établissement de la représentativité des organisations catégorielles s'apprécie en fonction des seuls résultats électoraux que le syndicat a obtenus auprès des salariés, regroupés dans un collège spécifique, qu'il entend représenter. Un tel privilège n'est pas accordé à toutes les organisations catégorielles. La formulation des différents textes (C. trav., art. L. 2122-2, L. 7111-7 ; C. transp., art. L. 6524-3) conduit à réserver ce privilège à trois types de syndicats : les syndicats affiliés à la CFE-CGC, les syndicats de pilotes, plus précisément de personnel navigant technique, et les syndicats de journalistes (V. pour un refus d'extension du privilège à un autre syndicat, Soc. 24 sept. 2013, n° 12-27.647). Il faut de plus que le syndicat primaire affilié à une confédération catégorielle ait un objet statutaire catégoriel (Soc. 8 oct. 2014, FS-P+B, n° 14-11.317). 843 ■

Les contestations de ce privilège n'ont pas manqué de s'exprimer devant les tribunaux. Les syndicats généralistes comme les syndicats catégoriels qui n'avaient pas obtenu les mêmes droits ont dénoncé la faveur ainsi accordée. En vain. Le 14 décembre 2011, la Cour de cassation a rejeté définitivement la demande du syndicat du personnel navigant commercial tendant à obtenir la même restriction de l'assiette électorale que celle dont profitent les syndicats de pilotes (n° 10-18.699). La Cour de cassation avait déjà le 28 septembre entériné sans motivation véritable, la différence de traitement entre syndicats généralistes et syndicats catégoriels (Soc. 28 sept. 2011, n° 10-19.113). La Cour de cassation s'est montrée ici aussi timorée que le Conseil constitutionnel qui avait rejeté les arguments de FO contre le privilège accordé à la CGC (Cons. const. 7 oct. 2010, n° 2010-42 QPC).

Il faut toutefois noter que ce privilège accordé par la loi aux organisations syndicales, et renforcé par la jurisprudence, s'est accompagné d'un durcissement dans l'appréciation de la capacité juridique d'action des organisations catégorielles. Désormais, leurs statuts, dans lesquels figure la catégorie de salariés qu'elles représentent, constituent la limite de leurs prérogatives. La solution n'est pas totalement nouvelle mais elle a été rappelée avec force. Ainsi, un syndicat catégoriel ne peut signer seul un accord collectif qui s'appliquerait à la totalité du personnel (Soc. 31 mai 2011, n° 10-14.391). De même, un syndicat catégoriel affilié à une organisation catégorielle ne peut présenter de candidats dans les collèges de salariés non visés par ces statuts, 844 ■

peu important que son activité réelle touche toutes les catégories professionnelles (Soc. 8 oct. 2014, FS-P+B, n° 14-11.317).

§ 3 Un système transitoire mixte

845 La loi du 20 août 2008 ayant rompu avec le système antérieur de manière très nette en supprimant le système de représentativité « présumée », l'acquisition automatique de la représentativité par affiliation à une organisation nationale interprofessionnelle n'a plus cours. Pour éviter toutefois une rupture trop radicale et pour ménager les organisations qui risquent de perdre leur qualité représentative, un système transitoire a été mis sur pied. Il permet de sauvegarder temporairement la représentativité présumée tout en se combinant avec la représentativité prouvée. Ce système mixte, qui mélange système ancien et nouveau, a disparu pour partie en 2013, mais maintient certaines dispositions jusqu'en 2017. Le transitoire s'inscrit donc dans la durée. Dans les *entreprises*, la période transitoire s'est normalement achevée en 2013

Au niveau de la *branche*, sont représentatifs les syndicats remplissant les critères des articles L. 2121-1 et L. 2122-5 et, jusqu'en 2017, ceux affiliés à une organisation représentative au niveau national interprofessionnel. Une place demeure donc pour la représentativité par affiliation (dénommée également représentativité descendante).

§ 4 La représentativité patronale

846 Jusqu'à la loi du 5 mars 2014, la représentativité patronale n'était que rarement mise en question. La qualité représentative des organisations patronales n'était contestée qu'à l'occasion de l'extension des conventions collectives de branche. Ainsi, par exemple, le MEDEF et la CGPME n'ont pas été reconnus représentatifs pour négocier un accord national relatif à l'artisanat, ce qui a permis la négociation et la conclusion d'une convention collective étendue par l'Union professionnelle artisanale (UPA) seule avec les organisations syndicales de salariés (CE 30 juin 2003, *Dr. soc.* 2003. 1112, concl. P. Fombeur). Pourtant, les organisations patronales ont un rôle important dans les organismes paritaires dans le domaine de l'emploi, la formation, la sécurité sociale, ou même dans des organismes nationaux consultatifs. Il était donc nécessaire qu'une technique de sélection des organisations aptes à parler au nom des employeurs soit mise en place, à l'image de celle qui existe pour les syndicats de salariés.

847 C'est donc assez mécaniquement que la réforme de la représentativité patronale engagée par la loi du 5 mars 2014 s'est calquée sur la réforme de la représentativité des syndicats de salariés, étant précisé que l'audience des organisations patronales se mesure en fonction du nombre d'adhérents ou du nombre de salariés employés par les entreprises adhérentes. Bien que souvent proposé, un scrutin de représentativité, reflétant davantage que l'adhésion la volonté des entreprises dans le choix du représentant, n'a pas été retenu. La représentativité patronale s'établit donc sur la base de 6 critères posés par l'article L. 2151-1 du Code du travail, dont la conformité aux droits et libertés garantis par la Constitution a été reconnue par le Conseil constitutionnel (Cons. const. 3 févr. 2016, décis. n° 2016-519 QPC, *RDT* 2016. 354,

note S. Nadal). Les effectifs des adhérents constituent, au sein de ces critères, le cœur de la représentativité patronale.

Les critères sont les suivants : le respect des valeurs républicaines, l'indépendance, la transparence financière, une ancienneté minimale de 2 ans, l'influence caractérisée par l'activité et l'expérience, l'audience mesurée en nombre d'entreprises adhérentes ou de salariés employés par ces entreprises. Même si le texte ne l'explicite pas, le défaut d'indépendance sera constaté lorsqu'une organisation dépend des pouvoirs publics ou se cale sur la politique d'un parti. Quant à l'activité et l'expérience, elles dépendront du dynamisme du syndicat, attesté par des services aux entreprises, des actions en justice, des démarches auprès des pouvoirs publics... L'audience requise est de 8 % appréciés non en fonction du nombre total d'entreprises du niveau considéré, mais en fonction du nombre d'entreprises adhérents à une organisation patronale à ce niveau. Si une branche compte 1 000 entreprises, mais seulement 100 qui adhérent à un syndicat patronal, il suffit à un syndicat d'avoir 8 entreprises adhérentes pour être représentatif. Le nombre d'adhérents est attesté par un commissaire aux comptes. La loi dite « travail » du 8 août 2016 a instauré un critère alternatif à celui du nombre d'entreprises adhérentes : le pourcentage de salariés employés par ces entreprises qui ne peut être inférieur à 8 %. Ainsi, les organisations patronales qui regroupent certes peu d'entreprises mais qui emploient un nombre significatif de salariés pourront être déclarées représentatives. 848 ■

Au niveau de la branche, l'article L. 2152-1 ajoute que l'organisation patronale représentative doit avoir une représentation équilibrée. Au niveau national et interprofessionnel, les organisations adhérentes à l'organisation nationale interprofessionnelle (par exemple le MEDEF ou la CGPME...) doivent être représentatives à la fois dans des branches de l'industrie, de la construction, du commerce et des services (C. trav., art. L. 2154-1). Une autre représentativité a été prévue au niveau national : la représentativité multiprofessionnelle, qui s'adresse principalement aux organisations patronales du secteur de l'économie sociale, de l'agriculture et des professions libérales (C. trav., art. L. 2152-2).

Quel que soit le niveau d'établissement de la représentativité patronale, les organisations d'employeurs doivent se déclarer candidates à la procédure de reconnaissance de représentativité. La détermination de la représentativité aura lieu tous les 4 ans à partir de 2017. Après avis du Haut Conseil au dialogue social, le ministre du Travail arrêtera la liste des organisations patronales représentatives au niveau de la branche, au niveau national interprofessionnel, et au niveau national multiprofessionnel. Pour éviter que la légitimité des organisations patronales soit trop faible, le ministre a la possibilité de refuser de dresser la liste des organisations patronales représentatives, si dans la branche considérée moins de 5 % des entreprises ont adhéré à une organisation patronale. 849 ■

section 5

Actions en justice

■ 850 Les syndicats sont des personnes morales. Comme tels, ils peuvent notamment avoir un patrimoine et agir en justice en défense de leurs intérêts. Ils ont surtout certaines prérogatives particulières : ils bénéficient de droits d'agir en justice au nom de l'intérêt collectif (§ 1), et de celui d'agir en substitution de certains salariés (§ 2).

Ils jouissent d'autres prérogatives, qui de par leur importance, méritent un traitement séparé. D'une part, ils détiennent un monopole de principe dans la négociation collective (v. ss 868 s.) et, d'autre part, une place institutionnelle leur est réservée dans les entreprises (v. ss 996 s.).

§ 1 L'action au nom de l'intérêt collectif

■ 851 L'action syndicale permet à tout syndicat, même non représentatif, d'agir dans l'*intérêt collectif de la profession*, et doit être rattachée à la liberté syndicale (Soc. 5 juin 2013, n° 12-27.478). La solution est ancienne (Cass., ch. réun., 5 avr. 1913, *D.* 1914. I. 65 ; *S.* 1920. 1. 49, note A. Mestre). Il s'agit de la première prérogative spéciale importante reconnue aux syndicats. Et cette prérogative fut d'autant plus remarquable qu'à l'époque aucune faculté d'agir dans un intérêt collectif n'avait encore été accordée à une personne de droit privé.

Cette action dans l'intérêt collectif de la profession, souvent désignée sous le nom d'« action syndicale », offre notamment aux syndicats la possibilité de se porter partie civile contre tout fait pénalement répréhensible ayant porté atteinte, directement ou indirectement, à l'intérêt collectif de la profession (solution confirmée par une loi de 1920 dont les dispositions sont reprises au C. trav., art. L. 2132-3). La défense de l'intérêt collectif de la profession permet ainsi aux syndicats d'attaquer un employeur pour non-respect des règles en matière de durée et de répartition du temps de travail, de violation des règles de sécurité (notamment en cas d'accident du travail), etc. Cet intérêt collectif n'est pas toujours très éloigné de l'intérêt général, au nom duquel l'action publique est déclenchée (v. Crim. 6 déc. 2011, n° 10-86.829 [PB]). Il conserve une importante limite : les délits du droit de société ne peuvent donner lieu à une action syndicale. Ainsi, les syndicats ne sont pas recevables à agir contre les délits d'abus de bien sociaux commis par les dirigeants de l'entreprise (Crim. 23 févr. 2005*, n° 04-83.792, *Dr. soc.* 2005. 588, note F. Duquesne).

L'action dans l'intérêt collectif de la profession n'est pas limitée au domaine pénal. Elle sert également à fonder l'action du syndicat en vue d'obliger un employeur à exécuter une convention collective (Soc. 3 mai 2007, *GADT*, n° 34), ou à respecter une convention collective (Soc. 10 févr. 2016 [PB], n° 14-26.304) ou encore celle, engagée au côté du salarié, tendant à faire requalifier des contrats de qualification en CDI (Soc. 23 févr. 2005, *Bull. civ.* V, n° 71). De manière générale, toute action portant sur une question de principe susceptible d'être étendue à la profession est recevable (Soc. 2 juin 1983, *Bull. civ.* V, n° 305).

Mais l'action syndicale ne doit pas venir empiéter sur des actions individuelles que les salariés ou le comité d'entreprise (v. Soc. 16 déc. 2014, FS-P+B, n° 13-22.308 ;

Soc. 14 déc. 2015, SSL, 15 févr. 2016, n° 1710, p. 7, note E. Boussard Verrechia, Ph. Masson) doivent entreprendre librement. La distinction entre des actions purement personnelles et l'action syndicale est délicate. Ainsi, la Cour de cassation a jugé qu'un syndicat ne peut agir seul en référé pour interdire à l'employeur de poursuivre le transfert des contrats de travail en prétendant que l'article L. 1224-1 du Code du travail n'était pas applicable (Soc. 11 sept. 2012 [P], n° 11-22014, *Dr. soc.* 2012. 828, obs. A. Mazeaud. Comp. pour une intervention volontaire au côté du salarié dans la même situation, Soc. 23 sept. 2009, *D.* 2010. 724, note H. Kobina Gaba). L'action en contestation du transfert est un droit exclusivement attaché au salarié. Mais quelques mois plus tard, la Cour a pu décider que l'action tendant à ce que l'employeur régularise le paiement d'une prime concernait l'intérêt collectif de la profession et pouvait donc être exercée par un syndicat (Soc. 12 févr. 2013*). Dans un cas comme dans l'autre, l'action syndicale touchait à des prérogatives qui concernent directement les salariés et qu'ils étaient susceptibles de faire valoir directement devant le Conseil de prud'hommes. La seconde solution doit être approuvée car elle simplifie la résolution du conflit en globalisant la solution, ce qui évite de multiplier les procès et d'introduire des différences entre salariés dans le traitement du litige.

L'action en défense d'intérêts collectifs a servi de modèle aux droits d'action en justice au nom d'intérêts collectifs qui sont aujourd'hui reconnus à certaines associations (association de lutte contre le racisme, de préservation de l'environnement...). Elle est aussi ouverte aux syndicats d'employeurs, lesquels furent au demeurant les premiers à en user. En droit du travail, ils peuvent notamment agir au nom de la concurrence déloyale que constitue dans la profession la violation par un employeur des garanties du droit du travail. Elle est accordée y compris aux syndicats qui n'ont pas pu démontrer leur représentativité. 852 ■

§ 2 L'action de substitution

Les syndicats de salariés représentatifs ont le droit de plaider pour la défense des intérêts individuels des salariés. Cette action est désignée sous le nom d'« action de substitution ». Elle est une importante exception au principe de procédure civile selon lequel « nul ne plaide par procureur ». À la différence de l'action syndicale susvisée, cette action est subordonnée à la représentativité du syndicat. 853 ■

L'action de substitution n'est pas générale. Elle est prévue dans un certain nombre de cas particuliers. Mais ces cas se sont peu à peu élargis et ils sont aujourd'hui relativement nombreux. L'action de substitution du syndicat est notamment autorisée : 854 ■

– pour exiger l'application d'une convention collective à laquelle le syndicat est partie (C. trav., anc. art. L. 2262-11) ;

– pour la défense de travailleurs considérés comme particulièrement faibles (travailleurs à domicile, étrangers, salariés sous contrat de travail à durée déterminée, intérimaires) ;

– lorsque les salariés sont victimes de certains agissements graves de l'employeur (discrimination, harcèlement, prêt de main-d'œuvre illicite) ;

– dans des situations considérées comme particulièrement difficiles (licenciements économiques).

855 Ces actions de substitution sont même possibles au bénéfice de salariés qui ne sont pas membres de l'organisation. Ce qui est bien un signe de la mission générale de défense de tous les salariés qui est donnée aux syndicats. Seules les actions de substitution en faveur des travailleurs à domicile et pour l'application de la convention collective sont limitées à la défense des membres du syndicat.

856 Dans tous les cas, l'action de substitution peut être intentée en lieu et place de la victime sans avoir à justifier d'un mandat de sa part. Mais celle-ci, dûment avertie, pourra s'opposer à l'action en justice déclenchée en son nom. Elle pourra aussi, bien entendu, intervenir personnellement à l'instance engagée.

Compléments pédagogiques

Biblio

- J.-M. Verdier, « Réalité, authenticité et représentativité syndicale », *Mélanges Brun*, 1974, p. 571.
- G. Lyon-Caen, « Droit syndical et mouvement syndical », *Dr. soc.* 2004. 5.
- G. Borenfreund, « La représentation des salariés et l'idée de représentation », *Dr. soc.* 1991. 685
- G. Borenfreund, « Le nouveau régime de la représentativité syndicale », *RDT* 2008. 712
- F. Favennec-Héry, « La représentativité syndicale », *Dr. soc.* 2009. 630-640.
- M.-L. Morin, « Rénovation de la démocratie sociale : deux ans d'application de la loi du 20 août 2008 – Les nouveaux critères de la représentativité syndicale dans l'entreprise », *Dr. soc.* 2011. 65.
- *Dr. soc.* mars 2014, n° spécial consacré à la représentativité patronale.
- J. Porta, « Une loi pour la légitimité syndicale », *Dr. ouvrier* 2014, p. 491.
- R. Mouriaux *Le syndicalisme en France*, PUF, coll. « Que sais-je ? », 2009.
- *L'invention des syndicalismes - le syndicalisme en Europe occidentale à la fin du* XX*e siècle*, dir. J.-L. Robert, F. Boll, A. Prost, Publications de la Sorbonne, 1997.
- A. Narristens, M. Pigenet (dir.), *Pratiques syndicales du droit, France* XX*e*-XXI*e siècles*, PURennes, 2014.

Documents

1) Audiences syndicales

Résultats des élections prud'homales de décembre 2008

– Abstentions : 74,5 %
– CGT : 33,98 % ;
– CFDT : 24,78 % ;
– FO : 15,81 % ;
– CFTC : 8,70 % ;
– CFE-CGC : 8,20 % ;
– UNSA : 6,25 % ;
– Solidaires : 3,82 %
– Autres : 1,42 %

⇨ *Les conseils de prud'hommes sont composés paritairement de conseillers élus par les salariés et par les employeurs. Les résultats obtenus par les syndicats à ces élections sont une bonne mesure de l'audience des syndicats auprès des salariés. Le taux d'abstention est très important (74,5 %). Il doit toutefois être relativisé. On peut le comparer, par exemple, à celui des dernières élections législatives, qui a été de l'ordre de 40 % aux premier et second tours, malgré une couverture médiatique et des enjeux d'un tout autre ordre de grandeur. Et il faut rappeler que les élections étudiantes enregistrent des taux d'abstention de l'ordre de 90 %. À l'aune de ces différents taux, l'abstention aux élections prud'homales apparaît assez normale, même si l'on doit regretter son importance croissante.*

Résultats de la mesure d'audience de la représentativité syndicale (mars 2013)

– Nombre de salariés inscrits : 12 755 317
– Nombre de votants : 5 456 527
– Nombre de suffrages valablement exprimés : 5 064 920
– Taux de participation 42,78 %
– Organisations syndicales ayant obtenu une audience supérieure ou égale à 8 %
CGT : 26,77 %
CFDT 26,00 %
CGT-FO 15,94 %
CFE-CGC 9,43 % (score chez les cadres et personnel d'encadrement : 18,14)
CFTC 9,30 %
– Organisations syndicales ayant obtenu une audience inférieure à 8 %
UNSA : 4,26 %
SOLIDAIRES 3,47 %
Autres listes (< 1 %) : 4,40 % :
Voir également l'arrêté du 30 mai 2013 qui fixe le poids relatif des différents syndicats ayant obtenu plus de 8 %.

2) Notion de syndicat

Crim. 14 juin 2000
(*Bull. crim.*, n° 220 ; *D.* 2001. Somm. 822, obs. H. Tissandier ; *Dr. soc.* 2000. 1017, obs. J. Savatier)

« Malgré sa dénomination, le syndicat des commerçants et entreprises commerciales du Cher, qui ne comprenait pas des personnes exerçant la même profession, des métiers similaires ou des métiers connexes, concourant à l'établissement de produits déterminés ou la même profession libérale au sens de l'article L. 411-2 du Code du travail, ne constituait pas un syndicat ou une association professionnelle au sens de ce texte et qu'en l'absence d'habilitation légale et faute de justifier d'une atteinte directement portée par l'infraction aux intérêts collectifs de l'ensemble de ses membres, il n'était donc pas recevable à se constituer partie civile ».

3) Représentativité

Soc. 8 nov. 2006
(n° 06-60.002, *Bull. civ.* V, n° 335)

« Attendu ensuite, que la décision du ministre de l'emploi, de la cohésion sociale et du logement reconnaissant la représentativité de la fédération des banques assurances et sociétés financières UNSA dans le champ d'application de la convention collective nationale de branche "sociétés

d'assurances" ne permet pas à elle seule à ce syndicat qui ne figure pas sur la liste des organisations syndicales présumées représentatives au niveau national telle qu'elle résulte de l'arrêté du 31 mars 1996 de bénéficier de cette présomption ;
Attendu, enfin, que le tribunal d'instance, qui a relevé que la Fédération n'avait pas produit de pièces ou d'éléments lui permettant de faire la preuve qu'elle était représentative au niveau de l'UES et des établissements concernés au regard des critères définis par l'article L. 133-2 du Code du travail, a motivé sa décision ».

Soc. 29 févr. 2012
(*Dr. soc.* 2012. 529, note L. Pécaut-Rivolier; *RDT* 2012. 299, note I. Odoul-Asorey; *JCP S* 2012, n° 15, p. 37, note B. Gauriau)

« Vu les articles L. 2121-1, L. 2122-1, L. 2135-1, D. 2135-3 et D. 2135-8 du Code du travail
Attendu, d'une part, que si les critères posés par l'article L. 2121-1 du Code du travail doivent être tous réunis pour établir la représentativité d'un syndicat et si ceux tenant au respect des valeurs républicaines, à l'indépendance et à la transparence financière doivent être satisfaits de manière autonome, ceux relatifs à l'influence prioritairement caractérisée par l'activité et l'expérience, aux effectifs d'adhérents et aux cotisations, à l'ancienneté dès lors qu'elle est au moins égale à deux ans et à l'audience électorale dès lors qu'elle est au moins égale à 10 % des suffrages exprimés, doivent faire l'objet d'une appréciation globale ;
Attendu, d'autre part, que les documents comptables dont la loi impose la confection et la publication ne constituent que des éléments de preuve de la transparence financière, leur défaut pouvant dès lors être suppléé par d'autres documents produits par le syndicat et que le juge doit examiner ».

Soc. 12 févr. 2013
(n° 11-27689, *Dr. Ouv.* 2013. 359, note A. Mazieres)

« Vu l'article L. 2132-3 du code du travail ;
Attendu que pour déclarer irrecevable la demande du syndicat tendant à ce qu'il soit ordonné à l'employeur de régulariser au regard de la prime de "temps repas" la situation des salariés de fabrication de nuit et de ceux qui travaillent uniquement selon l'horaire 7 heures / 14 heures 32, la cour d'appel énonce que le syndicat demandait au tribunal de dire que l'employeur devrait payer la prime dite de temps repas à l'ensemble des salariés et que quelle que soit l'origine (usage ou accord collectif) de cette prime, il est certain que le syndicat ne pouvait demander le paiement de cette prime à l'ensemble des salariés, l'objet du litige n'étant pas de nature à mettre en cause l'intérêt collectif de la profession ;
Qu'en statuant ainsi, alors que l'action du syndicat, qui ne tendait pas au paiement de sommes déterminées à des personnes nommément désignées, mais à l'application du principe d'égalité de traitement, relevait de la défense de l'intérêt collectif de la profession, la cour d'appel a violé le texte susvisé ».

Quiz

1) Sujet corrigé

Commentaire d'arrêt

Cass., ch. mixte, 10 avr. 1998, *Front National de la Police* (*Bull. ch. mixte*, n° 2 ; *D.* 1998. 389, note A. Jeammaud ; *Dr. soc.* 1998. 565, rapp. J. Merlin ; *JCP E* 1998. 1259, note J. Menjucq ; *GADT*, n° 123)

« Attendu que, selon l'arrêt confirmatif attaqué (Paris, 17 juin 1997), a été déclaré le 6 novembre 1995 un groupement se prévalant de la qualité de syndicat professionnel et qui a pris la dénomination de Front national de la Police (FNP) ; qu'estimant qu'il n'était qu'une émanation d'un parti politique dont il reprenait le nom et qu'il s'appropriait une dénomination identique à celle des policiers membres du Comité national de la Résistance, le Syndicat national des policiers en tenue (SNPT), la Confédération générale du travail (CGT) et la Fédération autonome des syndicats de Police (FASP) l'ont assigné aux fins de lui voir interdire de se prévaloir de la qualité de syndicat et d'utiliser la dénomination de Front national de la Police ; que la Fédération générale des syndicats de Police nationale CGT, la Fédération nationale des syndicats CFDT des personnels du ministère de l'Intérieur, des collectivités locales et de leurs services publics ou privés, du ministère des Relations extérieures, du ministère des Affaires sociales (INTERCO-CFDT) et le syndicat CFDT Police Ile-de-France sont intervenus volontairement dans l'instance ;

Sur le premier moyen, pris en ses deux branches : [...]

Sur le second moyen, pris en ses trois branches :

Attendu que le FNP fait encore grief à l'arrêt d'en avoir ainsi décidé, alors, selon le moyen, que la cour d'appel ne pouvait déduire du fait qu'il ait adopté pour partie la même dénomination qu'un parti politique, le Front national, ce que nul texte ne prohibe, que l'activité du FNP n'ait pas été rigoureusement conforme à l'objet figurant à ses statuts, à savoir l'étude et la défense des droits de ses adhérents syndiqués et qu'un tel motif consacre une fausse application de l'article L. 411-1 du Code du travail ; alors que rien, ni dans les statuts du FNP, ni dans son action, ni dans les déclarations de ses dirigeants ne révélant que l'action du FNP ait été subordonnée à des objectifs politiques, rien ne lui interdisait la poursuite des buts professionnels de ses adhérents par référence aux tendances et options d'un parti politique, la cour d'appel ne pouvait justifier sa décision par seule référence à ces tendances et à ces options, motif inopérant, sans rechercher si le FNP n'avait pas un objet et n'exerçait pas une activité strictement conforme à la définition que donne du syndicat professionnel l'article L. 411-1 du Code du travail ; alors, enfin, que la cour d'appel ne pouvait se contenter d'affirmer sans la moindre motivation et sans la moindre justification que le FNP tendait à « promouvoir la doctrine du Front national sous la dépendance duquel il se trouve » ou qu'il avait été « conçu et créé comme vecteur » de ce parti dans le milieu professionnel de la Police, et que son arrêt se trouve entaché de ce fait d'insuffisance de motifs en violation de l'article 455 du nouveau Code de procédure civile ;

Mais attendu que, par application combinée des articles 1131 du Code civil, L. 411-1 et L. 411-2 du Code du travail, un syndicat professionnel ne peut pas être fondé sur une cause ou en vue d'un objet illicite ; qu'il en résulte qu'il ne peut poursuivre des objectifs essentiellement politiques ni agir contrairement aux dispositions de l'article L. 122-45 du Code du travail et aux principes de non-discrimination contenus dans la Constitution, les textes à valeur constitutionnelle et les engagements internationaux auxquels la France est partie ;

Et attendu que l'arrêt attaqué, par motifs propres et adoptés, retient souverainement que le FNP n'est que l'instrument d'un parti politique qui est à l'origine de sa création et dont il sert exclusivement les intérêts et les objectifs en prônant des distinctions fondées sur la race, la couleur, l'ascendance, l'origine nationale ou ethnique ; qu'en l'état de ces énonciations, le moyen n'est pas fondé ;

PAR CES MOTIFS : REJETTE le pourvoi. »

Voir le corrigé en fin de rubrique.

2) Corrigé

Commentaire d'arrêt

L'apparition sur les lieux de travail d'organisations estampillées Front national n'a pas manqué de faire réagir les syndicats républicains. Contre l'implantation d'organisations FN dans divers secteurs, des actions judiciaires ont été menées. Parmi ces actions, celles dirigées contre le « syndicat » Front national police ont donné lieu à un important arrêt rendu en chambre mixte le 10 avril 1998. Une action équivalente contre le groupement se prévalant de la qualité de syndicat professionnel, dénommé Front national pénitentiaire, a donné lieu à un arrêt du même jour.

La première difficulté qu'ont dû affronter les syndicats demandeurs tenait à la possibilité pour un syndicat d'agir contre un autre en vue de sa disparition. En effet, le Code du travail ne prévoit qu'une seule possibilité de dissolution d'un syndicat à la demande d'un tiers, et encore cette possibilité est enfermée dans des conditions strictes. Seul le procureur de la République peut en effet demander la dissolution d'un syndicat, et ce, uniquement devant le juge pénal à l'occasion de poursuites engagées contre ses dirigeants pour méconnaissance de l'objet du syndicat (C. trav., art. L. 2136-1, anc. art. L. 481-1 au cœur du premier moyen, non reproduit, et de l'arrêt Front national pénitentiaire). C'est en raison d'une telle limite, que les syndicats demandeurs ont agi en vue d'interdire à l'organisation Front national Police (FNP) de se prévaloir de la qualité de syndicat, et non en vue de le dissoudre. Cette action a été accueillie par la cour d'appel, et la Cour de cassation a rejeté le pourvoi interjeté par le FNP contre cet arrêt. Elle a ainsi précisé les conditions de validité de l'objet d'un syndicat. D'une part, un syndicat ne peut « poursuivre un objet essentiellement politique ». C'est un rappel du principe de spécialité (I). D'autre part, un syndicat ne saurait prôner des distinctions discriminatoires : son objet serait illicite (II).

I. Un principe de spécialité

La Cour de cassation rappelle la teneur du principe de spécialité du syndicat (A) et livre quelques indications de méthode pour apprécier si ce principe est respecté (B).

A. Teneur du principe de spécialité

La Cour de cassation interdit à un syndicat de « poursuivre un objet essentiellement politique ». Par conséquent, une activité principalement politique est exclue. En revanche, il n'est pas interdit aux syndicats d'intervenir dans le débat politique, ou d'avoir des revendications sociales qui touchent au domaine politique.

Ce principe de spécialité est déduit des anciens articles L. 411-1 et L. 411-2, désormais articles L. 2131-1 et L. 2131-2 du Code du travail. Ces articles décrivent l'objet des syndicats. Même si cet objet est large (étude et défense des droits et intérêts, tant matériels que moraux des personnes exerçant une même profession ou dans le même secteur), cet objet tenant à la défense d'intérêts professionnels est exclusif d'autres finalités. Le syndicat est la forme d'organisation des travailleurs (salariés ou non). Si l'organisation ne cherche pas à défendre les travailleurs, ce n'est pas un syndicat.

C'est précisément ce que relève la Cour de cassation dans les motifs de la Cour d'appel. Le FNP ne défend pas les travailleurs mais sert « exclusivement » un parti. Le FNP est en fait un démembrement du parti Front national, qui lui sert à contourner l'interdiction pour les partis d'exercer des prérogatives syndicales, telles que l'implantation dans les entreprises.

En définitive, la Cour de cassation n'interdit pas un syndicat d'avoir des revendications de type politique. On comprend du reste que telle ne soit pas la position de la Cour de cassation tant il est difficile de séparer le politique du social et tant les deux registres sont parfois mêlés dans l'action syndicale (v. égal. à propos de la grève politique, v. ss 754).

B. Méthode d'appréciation

Pour vérifier si un syndicat respecte le principe de spécialité, la Cour de cassation livre une indication claire : ce n'est ni l'objet, tel qu'il est écrit dans les statuts, ni l'appellation du syndicat qui permet de savoir si le syndicat est un vrai syndicat. Le rejet du pourvoi qui mettait en avant la licéité de l'objet statutaire en est le témoin.

Les juges doivent aller au-delà des apparences et vérifier dans les faits si le syndicat poursuit un objectif essentiellement politique. L'appréciation étant très factuelle, elle est laissée aux juges du fond. Assez logiquement, la chambre mixte réunie ici rappelle que l'arrêt a retenu « souverainement » que le FNP est un instrument d'un parti.

On peut toutefois critiquer cette position. En effet, est en cause dans cette affaire la liberté syndicale. Or, une telle liberté constitutionnelle aurait pu mériter un contrôle plus approfondi de la part de la Cour de cassation. Ce contrôle paraît d'autant plus nécessaire qu'un autre principe de valeur constitutionnelle est évoqué dans l'arrêt : le principe de non-discrimination, au cœur de la licéité du syndicat.

II. Un principe de licéité

La Cour de cassation ne s'est pas contentée de relever que le FNP ne respectait pas le principe de spécialité. Elle a aussi souligné que son objet était également illicite car il prônait une politique discriminatoire. Le fondement (A) et les conséquences de cette solution (B) méritent d'être étudiés.

A. Le fondement de l'illicéité

Dans ses motifs la Cour de cassation mentionne l'article 1131 du Code civil. C'est donc la cause du syndicat qui est illicite. En visant les articles L. 411-1 et L. 411-2 anciens, désormais article L. 2131-1 et L. 2131-2 du Code du travail, l'illicéité porte aussi sur l'objet. La Cour de cassation affirme ainsi : « un syndicat professionnel ne peut pas être fondé sur une cause ou en vue d'un objet illicite ».

Mais elle laisse planer un doute sur l'origine de l'illicéité. En effet, la Cour de cassation évoque en même temps le principe de spécialité et le principe de non-discrimination.

La seule violation du principe de non-discrimination aurait dû normalement suffire à conclure à l'illicéité, d'autant plus que la Cour de cassation en souligne la valeur législative (C. trav., anc. art. L. 122-45 devenu art. L. 1132-1) et supra législative. De surcroît, on ne comprendrait pas qu'un syndicat qui, tout en respectant le principe de spécialité, prône en même temps une doctrine raciste ne puisse pas être neutralisé.

Toutefois la demande faite par les syndicats à l'origine de l'action explique peut-être cette conjugaison du principe de spécialité et de non-discrimination. Mais on touche ici déjà aux conséquences de l'illicéité.

B. Les conséquences de l'illicéité

Les juridictions n'ont été saisies que d'une demande tendant à défendre au FNP de se prévaloir de la qualité de syndicat. Il s'agit de paralyser l'implantation du FNP sur les lieux de travail, en lui empêchant de revendiquer les prérogatives liées à la qualité de syndicat. La demande tendait donc à lui interdire d'être un syndicat mais non pas d'exister en tant que tel.

Pourtant les fondements de l'illicéité choisis par la Cour de cassation, principalement l'article 1131 du Code civil associé au principe de non-discrimination, laissent penser que les statuts constitutifs du FNP sont nuls. Le FNP aurait pu donc être dissous. La Cour de cassation suggère même que le parti à l'origine du FNP n'eut pas été à l'abri d'une contestation du même type.

titre 9

Les conventions collectives

Fruit de l'accord des employeurs et des syndicats, les conventions collectives sont une source centrale du droit du travail. C'est de la créativité des négociateurs de ces conventions que sont issus nombre d'institutions et d'éléments essentiels de cette branche du droit. Même si elles sont devenues, pour les employeurs, un utile moyen pour écarter les protections légales (v. ss 977 s.), les conventions restent un outil juridique par lequel certaines revendications des salariés peuvent accéder à la force obligatoire du droit, sans l'appui du législateur. 857

Cette fonction essentielle explique l'existence d'un droit fondamental des salariés à la négociation collective. Ce droit est expressément prévu par certains traités (Charte sociale européenne, art. 6 ; Conv. OIT, n° 98, art. 4). Il a été compris par le Conseil constitutionnel comme un droit de valeur constitutionnelle, situé à la croisée du droit à la participation des travailleurs et de la liberté syndicale (Préamb. de 1946, al. 6 et 8 ; Cons. const. 6 nov. 1996*, Doc., chapitre 24). Il est reconnu indissociable de la liberté syndicale par la Cour européenne des droits de l'homme (CEDH 12 nov. 2008, *Demir et Bayraka c/ Turquie*, req. n° 34503/97*, Doc., chap. 24). Il est mentionné dans la Charte européenne des droits fondamentaux (art. 28) et par la CJUE (v. par ex., CJUE 15 juill. 2010, *Commission c/ Allemagne*, aff. C.-271/08) 858

Les conventions collectives sont des sources du droit spéciales. Elles se présentent à la fois comme des contrats, puisqu'elles sont adoptées par le commun accord des parties qui ont préalablement négocié, et comme des règlements, impératifs pour toutes les personnes comprises dans leur champ d'application. Selon une formule de Paul Durand, les conventions collectives auraient une nature « duale », mi-contractuelle, mi-réglementaire. 859

Depuis une trentaine d'années, l'incitation légale à la négociation collective s'est considérablement développée, notamment par l'effet des obligations de négociation imposées aux employeurs et aux salariés. Sa fonction a, simultanément, profondément évolué. La convention collective n'est plus seulement un mode de création d'avantages nouveaux. Elle constitue de plus en plus la voie d'une destruction possible des protections légales des salariés et un outil de flexibilisation des conditions d'emploi et de travail. 860

Les textes distinguent les « conventions collectives », qui ont vocation à traiter de l'ensemble du statut des salariés et les « accords collectifs », qui ont un contenu 861 spécialisé sur une ou plusieurs questions précises. Cependant, il ne s'agit pas de sources du droit distinctes : le régime juridique des unes et des autres est strictement le même. Ce qui vaut pour les unes vaut pour les autres. Par conséquent, par la suite, les expressions « convention collective » et « accord collectif » seront tenues pour équivalentes.

862 Le droit des conventions collectives est l'objet du Livre II de la 2e partie du Code du travail. La formation de ces conventions collectives, leurs conditions de validité et leur champ d'application sont des questions indissociables (chap. 24). Afin d'éviter la brusque disparition de ce pan du statut collectif que forment les conventions collectives, des règles entourent précisément la disparition de ces conventions (chap. 25). Doit enfin être précisée la place de la convention collective parmi les autres sources du droit du travail (chap. 26).

chapitre 24

Formation et champ d'application

Plan analytique

section 5

Conditions d'application

§ 1 Les employeurs engagés par la signature de la convention collective

§ 2 L'extension d'une convention collective

- **A.** Conventions susceptibles d'extension
- **B.** L'arrêté d'extension
- **C.** La situation géographique de l'entreprise
- **D.** L'activité principale de l'entreprise

§ 3 L'élargissement d'une convention collective

§ 4 Application volontaire d'une convention collective

Compléments pédagogiques

Formation et champ d'application

Pour comprendre la singularité de la convention collective, il faut revenir à sa définition (section 1). La définition de la convention collective permet en effet de mieux saisir les difficultés que posent quasiment chronologiquement sa négociation (section 2), sa conclusion (section 3), sa publicité (section 4) et son application (section 5). 863

section 1

Définition

La convention collective est un acte signé entre deux parties - une partie patronale (§ 1) et une partie salariale (§ 2) - qui a pour objet (§ 3) de déterminer les conditions d'emploi, de travail, de formation professionnelle ainsi que les garanties sociales (C. trav., art. L. 2221-1). 864

§ 1 Une partie patronale

Une convention collective peut être signée par un employeur seul (convention d'entreprise, convention d'établissement) ou par plusieurs employeurs. Elle peut aussi être signée par un groupe de sociétés, plus précisément par l'entreprise dominante ou par une partie des représentants des sociétés dominées (C. trav., art. L. 2232-31). Une convention collective, de branche notamment, peut encore être signée par un syndicat d'employeurs ou par une association d'employeurs, comme l'est le MEDEF (C. trav., art. L. 2231-1). Les membres de ces syndicats ou associations sont alors supposés avoir donné mandat pour conclure en leur nom des conventions collectives. Ce mandat est un mandat de type civil : l'organisation d'employeurs signataire de la convention collective représente juridiquement ses membres. Ceux-ci sont donc considérés comme des parties à l'accord, dès lors que leur organisation a signé. 865

Du côté des employeurs, il n'existe pas de limitation générale quant à la capacité de conclure des conventions collectives, ni aucune interdiction sur la détermination du champ d'application d'une convention. La qualité représentative des organisations patronales est toutefois requise dans le cadre de l'*extension de la convention*[Q] (v. ss 921). 866

À la multitude des signataires possibles correspond une multitude de champs d'application possibles. Une convention peut stipuler qu'elle s'applique à un 867 établissement, à une entreprise, à un groupe, à plusieurs entreprises (C. trav., art. L. 2232-36 introduit par la loi n° 2016-1088 dite « travail » du 8 août 2016) à un site, à un département, à une région, à une branche d'activité, à une partie de branche, à plusieurs branches d'activité, à toutes les branches, aux seuls VRP, etc. On s'intéressera ici principalement aux niveaux suivants : établissement, entreprise, groupe, branche, interprofession.

§ 2 Une partie salariale

■ 868 Seul un « syndicat » peut en principe signer valablement une convention collective (sur la notion de syndicat, v. ss 815 s.). Les salariés ne sont pas signataires de la convention. Ils ne sont pas non plus représentés, au sens civil, par les syndicats signataires. En droit français, les syndicats ne sont pas les mandataires de leurs adhérents lors de la négociation collective. Ils ne sont pas non plus, *a fortiori*, les mandataires des salariés qui n'ont même pas adhéré au syndicat et qui bénéficient quand même de la convention collective. Pour résumer, les salariés ne sont pas parties à la convention collective.

■ 869 Les syndicats ont le monopole de la négociation collective (C. trav., art. L. 2231-1). Sauf exceptions (v. ss 877 s.), les actes conclus par l'employeur avec un comité d'entreprise, un comité de grève, des délégués du personnel, ou encore un acte ratifié par référendum, ne sont pas des conventions collectives s'ils n'ont pas été, en outre, signés par le représentant d'un syndicat représentatif (v. not. Soc. 25 févr. 1998, *Bull. civ.* V, n° 104). La pratique ne s'étant jamais arrêtée au droit, il a fallu trouver un cadre juridique pour tous ces actes négociés qui ne sont pas des conventions collectives. Après quelques hésitations, la jurisprudence les a rangés dans la catégorie des engagements unilatéraux de l'employeur (v. ss 96). En effet, le monopole de la négociation collective ayant été accordé aux syndicats, les signatures des représentants du personnel ou celle d'un informel comité de grève sont sans valeur. Ne reste alors que la signature de l'employeur.

■ 870 Depuis la loi du 13 juillet 1971, le syndicat doit de plus être « représentatif ». Cette qualité est dispensée avec un peu plus de parcimonie avec la loi du 20 août 2008. Elle suppose notamment une audience électorale minimale : 10 % des suffrages exprimés dans l'entreprise, 8 % dans les branches (sur la notion de représentativité, v. ss 822 s.). Même ainsi renforcée, la représentativité n'est pas suffisante pour rendre valable un accord collectif. Il faut de surcroît que la convention collective soit signée par un ou plusieurs syndicats représentant 30 % des salariés concernés et qu'aucun syndicat ou groupe de syndicat représentant 50 % des mêmes salariés ne s'y opposent. À compter du 1er septembre 2019, les conditions seront encore renforcées puisque la partie syndicale signataire devra être véritablement majoritaire, et représenter 50 % des suffrages exprimés en faveur d'organisations représentatives au premier tour des dernières élections dans l'entreprise (v. ss 900 s.). Il est effectivement devenu important que les signataires de la convention collective soient dotés d'une légitimité suffisante pour signer un acte susceptible d'écarter des protections légales, mais il semble aussi que cette légitimité nouvelle ait accentué le caractère gestionnaire des conventions collectives (v. not. Chap. 14 en matière de temps de travail).

Les accords de maintien de l'emploi – échangeant une réduction de la rémunération ou une augmentation du temps de travail contre l'absence de licenciement pour motif économique – introduits par la loi du 14 juin 2013 relative à la sécurisation de l'emploi ont anticipé l'exigence majoritaire. Leur validité est subordonnée à la signature par un ou des syndicats représentant plus de 50 % des électeurs inscrits aux élections professionnelles, s'étant exprimés en faveur des organisations représentatives. Le renforcement de l'exigence de majorité pour la conclusion de ce type d'accord s'explique par leur force juridique : les accords de maintien de l'emploi s'imposent aux salariés sans que ces derniers bénéficient des garanties habituelles en cas de modification de leur contrat (v. ss 296). L'exigence d'une majorité d'engagement tend du reste à se répandre. Elle est requise pour les accords collectifs organisant la procédure de grand licenciement économique (v. ss 705) et les accords permettant le regroupement des négociations annuelles obligatoires dans l'entreprise dans une négociation unique dite « qualité de vie » (L. 5 mars 2014, art. 33). 871 ■

§ 3 Un objet large

Dès lors qu'il concerne des salariés (ou assimilés : Soc. 25 mars 2009, n° 07-41.242 [P]), dans leur vie au travail, l'objet des conventions collectives peut être très large. Il ne se laisse pas vraiment enfermer dans l'énumération, pourtant très accueillante, des articles L. 2221-1 et L. 2221-2 du Code du travail. L'accord collectif peut ainsi traiter de la rémunération, de la classification, de l'usage de l'intranet dans l'entreprise, des conditions de rupture des contrats de travail, des rythmes de travail, du temps de travail, des relations entre syndicats, entre employeurs et syndicats… La liberté des négociateurs est grande, d'autant plus que le droit français n'impose pas de répartition des matières en fonction du niveau de négociation. 872 ■

L'objet de la convention collective, pour demeurer licite, doit respecter les règles d'ordre public absolu (v. ss 105, v. ss 975). Normalement, le contenu des conventions collectives est plus favorable pour les salariés que la loi (C. trav., art. L. 2251-1). Mais cette règle connaît de nombreuses exceptions (v. ss 977). 873 ■

section 2

Négociation

La négociation collective impose que soient désignés des agents de négociation (§ 1). Afin de favoriser l'activité conventionnelle, des obligations de négocier ont été créées depuis 1982 au niveau des branches (§ 2), comme au niveau des entreprises (§ 3). Ces obligations ne sont pas des obligations de conclure. Mais elles sont tout de même l'occasion de débattre, de s'expliquer… et peuvent constituer un point de rendez-vous pour discuter des rémunérations et des conditions de travail, au sens large. Ce seul dialogue suffit parfois à générer de nouvelles conventions. On sent bien que la qualité de la négociation est ainsi cruciale : la négociation doit être loyale (§ 4). Sur ce dernier point, l'évolution n'est pas encore achevée. Plus récemment le législateur 874 ■

a utilisé une nouvelle méthode pour inciter à la conclusion d'accord dans certaines matières : l'application de sanctions financières (§ 5).

§ 1 Les négociateurs

875 À part pour l'entreprise (et pour l'établissement), la personne des négociateurs de la convention collective ne pose guère de problème. Il s'agit de mandataires des organisations syndicales d'employeurs ou de salariés. Le Code du travail rappelle les différentes formes de mandat admises – délibération spéciale, stipulation statutaire, mandats spéciaux écrits donnés individuellement (C. trav., art. L. 2231-2) – et donne des indications supplémentaires pour le groupe (C. trav., art. L. 2232-32).

L'entreprise connaît des règles un peu plus complexes : on peut distinguer une situation normale et une situation d'exception. En situation normale, les délégations de chacun des syndicats sont constituées autour du délégué syndical (A). Dans certaines hypothèses d'absence d'un tel délégué toutefois, des agents de négociation palliant cette absence ont été institués : c'est l'exception (B).

Dans tous les cas, l'agent de « négociation » est également agent de conclusion (celui qui signe la convention collective).

A. Le délégué syndical

876 La composition de la délégation que chaque syndicat représentatif envoie à la négociation d'entreprise est fixée par l'article L. 2232-17 du Code du travail.

Cette délégation comprend « obligatoirement » le délégué syndical. Dans les entreprises qui ont plus d'un délégué syndical par syndicat, deux délégués syndicaux peuvent être présents. Ces délégués sont investis du pouvoir de représenter le syndicat lors de la conclusion des conventions collectives : ce pouvoir découle directement de leur désignation comme délégué syndical (Soc. 19 févr. 1992, *Bull. civ.* V, n° 106 ; 12 févr. 2003, *Bull. civ.* V, n° 52). Ils n'ont pas besoin d'un mandat spécial.

La délégation peut être complétée par un nombre de salariés au plus égal au nombre de délégués syndicaux (sauf accord unanime plus favorable, C. trav., art. L. 2232-17, al. 2). Dans les entreprises qui n'ont qu'un seul délégué syndical, ce qui est le cas de loin le plus fréquent, la délégation peut cependant être complétée par deux salariés. En cas d'accord avec l'employeur, les délégations peuvent, bien entendu, être plus nombreuses ou différemment constituées. Seule est impérative la présence d'un délégué syndical. Sauf accord, il est ainsi exclu que des personnes extérieures à l'entreprise viennent représenter le syndicat (Soc. 19 oct. 1994, *D.* 1995. Somm. 370, obs. G. Borenfreund ; *Dr. soc.* 1994. 958, rapp. Ph. Waquet). La solution peut être discutée, la présence de négociateurs syndicaux plus aguerris pouvant être un important atout pour la qualité des négociations d'entreprise.

Lorsqu'il n'y a pas de délégué syndical dans l'entreprise, il est parfois possible, sous certaines conditions, de négocier, de conclure et de réviser une convention collective d'entreprise avec d'autres interlocuteurs.

B. Les agents palliatifs de négociation

La première brèche dans le monopole des délégués syndicaux est d'origine jurisprudentielle. La Cour de cassation a admis que, *lorsque les conditions légales de désignation d'un délégué syndical ne sont pas remplies*, les syndicats pouvaient nommer des mandataires « spéciaux » pour une seule négociation collective (Soc. 25 janv. 1995, *Bull. civ.* V, n° 40 ; *Dr. soc.* 1995. 274, obs. G. Borenfreund). L'idée était de permettre une négociation collective dans les entreprises ou les établissements de moins de 11 salariés, ou dans ceux de moins de 50 salariés dépourvus de délégués du personnel (un délégué du personnel peut être désigné délégué syndical). 877 ■

Cette possibilité a été progressivement étendue par le législateur pour aboutir à un système passablement complexe, qui a connu divers avatars, le dernier en date étant issu des lois du 17 août 2015 et du 8 août 2016.

Les solutions actuelles sont les suivantes. Elles offrent une alternative entre la conclusion de l'accord par des représentants élus ou par un salarié spécialement mandaté, les deux procédés étant exclusifs l'un de l'autre (Soc. 14 janv. 2014, n° 12-19.412 [PB]). 878 ■

Commençons par le cas le plus simple, dans les entreprises sans délégué syndical ni représentants élus (sous réserve de l'établissement d'un constat de carence), notamment dans les entreprises de moins de 11 salariés, un salarié peut être mandaté par une organisation syndicale pour conclure une convention collective (C. trav., art. L. 2232-24). L'accord conclu par ce salarié mandaté n'est valable que s'il est approuvé par les salariés à la majorité des suffrages exprimés, autrement dit s'il est ratifié par un référendum (C. trav., art. L. 2232-27).

Dans les entreprises — sans délégué syndical, par hypothèse — disposant de représentants élus, un dispositif de mandatement syndical de ces représentants est privilégié. Un ou plusieurs syndicats, averti par l'employeur de sa volonté d'engager des négociations, choisit parmi les élus (membres élus d'une instance collégiale ou, à défaut, délégués du personnel) un négociateur de la convention collective (C. trav., art. L. 2232-21). L'éventuel accord issu de la négociation avec cet élu mandaté doit encore être ratifié par référendum (C. trav., art. L. 2232-22). En l'absence de pareil mandatement, la convention collective peut être conclue directement par les représentants élus. Les élus signataires doivent alors représenter la majorité des suffrages exprimés lors des dernières élections. L'absence de délégué syndical, en présence d'élus, suppose en pratique une faible implantation des syndicats, voire une absence totale de syndicats dans l'entreprise. Il y a alors fort à parier que les élus l'ont été au second tour des élections professionnelles, sur des listes non syndicales. L'indépendance vis-à-vis de l'employeur de tels élus, qui ne sont ni formés ni soutenus de l'extérieur, est loin d'être garantie. Et le mandatement est loin de constituer une garantie suffisante. Plus généralement, l'absence de section syndicale active dans l'entreprise fait douter de l'existence d'une coalition de salariés susceptible de faire véritablement contrepoids aux choix de l'employeur. 879 ■

À défaut de toute volonté de la part des élus, l'employeur peut s'adresser à un salarié mandaté non élu (C. trav., art. L. L. 2232-23-1 ; v. ci-dessus).

Le législateur n'a pas envisagé correctement l'articulation entre l'intervention des élus ou des salariés mandatés avec la signature de l'accord collectif par le RSS, alors pourtant qu'il détient la possibilité de conclure une convention collective (C. trav., art. L. 2143-23), qui, elle aussi, devra être soumise au référendum des salariés pour être valable. L'article 6 III de la loi du 20 août 2008 (article qui n'a pas été codifié pour une raison inconnue, à moins que ce soit en raison de son obscurité) vient complexifier le système puisque la signature par un RSS d'une convention collective n'est pas envisageable dans les entreprises de moins de 200 salariés, en présence d'élus, ou si un salarié (ordinaire) a été mandaté. En revanche, sa capacité à conclure des accords collectifs peut lui être accordée *y compris en présence d'élus*, du moins dans les entreprises de plus de 200 salariés. L'hypothèse d'un RSS négociateur dans des entreprises de plus de 200 salariés comprenant des élus sera, il faut l'espérer, rare et réservée en pratique aux syndicats qui viennent de s'implanter dans l'entreprise et n'ont pas encore pu se présenter aux élections.

880 La faculté de conclure des accords d'entreprise accordée aux élus non mandatés subit une limitation insolite (C. trav., art. L. 2232-22) : les conventions collectives conclues doivent porter sur des mesures dont la mise en œuvre est subordonnée par la loi à un accord collectif, c'est-à-dire principalement des accords dérogatoires. Rappelons que les accords dérogatoires ont pour objet d'écarter des protections légales et de créer des flexibilités. Il s'agit donc notamment de permettre aux entreprises dépourvues de présence syndicale sérieuse de détruire ses protections. *A contrario*, le recours aux élus non mandatés est donc exclu pour que soit conclue une convention collective « classique », ayant pour ojet la création d'avantages. On peut même se demander si par cette exclusion, le droit à la négociation collective n'a pas changé de titulaire. C'est ici l'employeur qui a droit à avoir un interlocuteur afin de pouvoir mettre en place des formules dérogatoires, que seule la conclusion d'une convention collective permet.

Cette limitation de compétence n'a pas été transposée aux représentants de la section syndicale (C. trav., art. L. 2232-14) et a été supprimée pour les élus mandatés et les salariés mandatés par la loi dite « travail » du 8 août 2016. Ces négociateurs atypiques peuvent donc conclure des conventions de pur progrès social.

§ 2 La négociation obligatoire au niveau de la branche

881 Il existe plusieurs obligations périodiques de négocier au sein des branches. Un accord de branche peut modifier la périodicité des négociations imposée par la loi. Le rythme des négociations peut être ralenti : jusqu'à trois ans, pour les négociations annuelles, jusqu'à 5 ans pour les négociations triennales, jusqu'à 7 ans pour les négociations quinquennales (C. trav. art. L. 2222-3, qui prévoit également d'autres aménagements). Les principales obligations de négocier sont les suivantes.

882 *Tous les ans*, lorsqu'une convention de branche a été conclue, une négociation doit avoir lieu sur les salaires entre les parties à cette convention (C. trav., art. L. 2241-1). Cette négociation porte aussi sur les moyens de réduire les inégalités entre hommes et femmes (C. trav., art. L. 2241-9 s.). Cette obligation de négocier n'empêche pas le refus de conclure. Et de très nombreuses branches prévoient encore un salaire minimum non réévalué et donc inférieur au SMIC.

883 *Tous les trois ans*, une négociation sur la gestion prévisionnelle de l'emploi et des compétences (GPEC) doit avoir lieu entre les parties à un accord de branche. Celle-ci porte sur toutes les matières visées pour la négociation obligatoire sur la GPEC dans les entreprises (v. ss 892) et son objet est donc précis, approfondi.

Cette négociation triennale porte aussi sur les conditions de travail et sur la prise en compte de la pénibilité du travail, ce qui devrait impliquer de négocier sur le temps de travail. Elle porte enfin sur la question des salariés âgés et sur des mesures tendant à assurer l'égalité professionnelle entre femmes et hommes.

Les parties doivent encore négocier *tous les cinq ans* sur les classifications. Ceci est 884 ■
l'occasion de rappeler que les classifications d'emplois sont généralement réalisées au niveau des branches. Ces classifications sont importantes. Elles fixent le titre et la qualification accordés aux travailleurs, elles nomment leur travail, ce qui est fondamental en soi. Surtout, les salaires minima sont généralement indexés sur ces classifications.

Si le déroulement d'une négociation obligatoire dans l'entreprise est assez précisé- 885 ■
ment régulé, au niveau des branches, cette régulation a été perçue à juste titre comme inutile : il existe déjà, à ce niveau, des commissions mixtes paritaires (v. ss 921 s.). Celles-ci créent un cadre possible, précis et efficace, pour ces négociations obligatoires.

§ 3 La négociation obligatoire dans l'entreprise

La négociation annuelle obligatoire dans l'entreprise a été l'une des innovations 886 ■
majeures de la loi du 13 novembre 1982. Elle a aussi conduit à modifier le type de négociation. Alors qu'avant, la négociation était souvent provoquée par un conflit, passé ou pressenti, elle s'est apaisée après 1982. En substance, l'obligation annuelle de négocier a changé la température de la négociation : d'une négociation à chaud, on est passé à une négociation à froid. Les obligations de négocier se sont multipliées depuis lors au point que la loi du 17 août 2015 a organisé le regroupement des obligations de négocier dans l'entreprise en trois grands thèmes : le temps de travail, la rémunération, le partage de la valeur ajoutée (négociation annuelle) ; la qualité de vie au travail et l'égalité professionnelle entre les hommes et les femmes (négociation annuelle) ; et la gestion des emplois (négociation triennale).

La négociation obligatoire concerne aujourd'hui toutes les entreprises « où sont constituées une ou plusieurs sections syndicales d'organisations représentatives » (C. trav., art. L. 2242-1). Mais dans les groupes, l'employeur peut s'exonérer de son obligation de négocier si un accord de groupe dit « de méthode » le prévoit (C. trav., art. L. 2232-33). Les salariés des entreprises concernés sont ainsi privés du droit à la participation consacré par l'article 8 du Préambule de la Constitution de 1946, sans qu'aucune garantie de la prise en compte de leur situation ne leur soit donnée.

Organisation (A), domaine (B) et sanction de la négociation obligatoire (C) doivent être successivement étudiées.

A. Organisation de la négociation obligatoire

L'initiative de la négociation doit être prise par l'employeur « chaque année », pour 887 ■
les négociations annuelles, tous les trois ans pour les négociations triennales (C. trav., art. L. 2242-1, al. 1er). Ceci s'interprète généralement comme une obligation

d'engager les négociations au cours de chaque année civile. Il n'a aucune obligation de lancer la négociation toujours à la même période de l'année. Un employeur qui a lancé une négociation en janvier 2007 pourra se contenter de lancer une nouvelle négociation en décembre 2008. Mais la régularité des négociations pourra, dans une certaine mesure, être imposée par les syndicats. Si aucune négociation n'a eu lieu pendant plus de douze mois ou trente six mois, un syndicat représentatif peut demander l'ouverture de la négociation. L'employeur a alors huit jours pour en informer les autres organisations syndicales représentatives et quinze jours pour les convoquer à la première réunion de négociation (C. trav., art. L. 2242-1, al. 2 à 4).

L'article 33 de la loi du 5 mars 2014 prévoit, à titre expérimental, la possibilité de suspendre l'obligation de négocier annuellement en organisant une négociation unique de « qualité de vie » au travail. Cette suspension exige un accord majoritaire conclu avec les syndicats représentatifs pour une durée de 3 ans. L'accord ne peut toutefois suspendre la négociation annuelle sur les salaires effectifs.

Cette possibilité de « ralentissement » de la négociation annuelle obligatoire a été tout à la fois généralisée et normalisée par la loi dite « travail » du 8 août 2016. Désormais, par accord collectif d'entreprise, la périodicité, le regroupement des thèmes, le déroulement de la négociation, les informations et moyens des négociateurs (heures de délégation, expertise) sont susceptibles d'être précisés (C. trav., art. L. 2242-20). Un accord de branche peut porter sur les mêmes thèmes, à l'exception de la périodicité de la négociation en entreprise (C. trav. art. L. 2222-3).

■ 888 En l'absence d'accord, le Code du travail donne toutefois quelques indications. La première réunion, régie par l'article L. 2242-2 du Code du travail, a deux objets :

– mettre en place un calendrier de négociation ;

– préciser les informations qui devront être transmises par l'employeur aux syndicats. Ces informations sont toutes celles qui seront utiles au cours de la négociation et notamment celles qui permettent la comparaison de la situation des hommes et des femmes dans l'entreprise.

■ 889 Tout au long de la négociation, il est interdit à l'employeur de prendre des mesures unilatérales sur l'un des objets de la négociation (C. trav., art. L. 2242-3). Décider seul, ce n'est pas négocier. De telles décisions unilatérales pourraient en outre signifier aux salariés que ce qui se passe lors des réunions de négociation ne sert à rien. En bref, les mesures unilatérales prises en cours de négociation vident l'objet de la négociation et décrédibilisent les négociateurs. Elles sont une déloyauté.

L'interdiction des mesures unilatérales ne dure, bien entendu, que le temps de la négociation. D'où l'importance de savoir quand la négociation s'achève.

■ 890 Cette fin de négociation peut être prévue dès la mise en place du calendrier. Elle peut aussi avoir été reportée. Elle est, quoi qu'il en soit, toujours formalisée. Elle peut l'être par la signature d'un accord collectif. Elle peut aussi l'être par l'édiction d'un constat de désaccord. Ce dernier acte est un acte formel régi par l'article L. 2242-4 du Code du travail. Il mentionne notamment les propositions respectives des parties à la négociation dans leur dernier état et les mesures qu'entend prendre unilatéralement l'employeur.

■ 891 Le constat de désaccord a une certaine valeur juridique. Il peut valoir engagement unilatéral de l'employeur d'édicter les mesures auxquelles il s'est engagé. Il fixe la date de la fin des négociations, ce qui permet à l'employeur de reprendre le cours des décisions unilatérales relatives aux matières négociées. Il doit être déposé auprès de la direction départementale du travail et du secrétariat-greffe du conseil de prud'hommes, comme une convention collective l'est (v. ss 910).

B. Domaines et répartition des négociations obligatoires

Tous les ans, l'employeur doit engager une négociation sur la rémunération, le temps 892 ■
de travail et le partage de la valeur ajoutée. Plus précisément, doivent être abordés lors de cette négociation les salaires effectifs (et non les salaires minima), la durée effective et l'organisation du temps de travail, l'intéressément, la participation et l'épargne salariale, le suivi des écarts de rémunérations entre hommes et femmes.

Tous les ans également, l'employeur doit mener une seconde négociation sur l'égalité professionnelle enre hommes et femmes et la qualité de vie au travail. Cette négociation embrasse l'égalité femmes-hommes, l'articulation vie personnelle/vie professionnelle, les discriminations, les mesures en faveur des personnes en situation de handicap, l'exercice du droit d'expression collective et les modalités du régime de prévoyance et le droit à la déconnexion. En somme, cette négociation vise principalement à résorber les discriminations qui demeurent dans l'entreprise et à éviter que les conditions de travail n'empiètent trop sur la vie personnelle. Mais rappelons qu'une obligation de négocier n'est pas une obligation de conclure et que les accords portant sur ces thèmes sont souvent imprécis.

Tous les trois ans, dans les entreprises de plus de trois cents salariés ou dans les entreprises et groupes de dimension communautaire, une négociation doit s'engager sur la gestion prévisionnelle des emplois et des compétences. Cette négociation est approfondie et détaillée par les articles L. 2242-13 et suivants du Code du travail. Elle peut entretenir des liens complexes avec les négociations et consultations organisées autour des licenciements économiques (v. ss 664 s.) ;

Enfin, une négociation obligatoire doit s'enclencher après la dénonciation d'une convention collective (C. trav., art. L. 2261-10 ; v. ss 941 s.).

C. La sanction des négociations obligatoires

Le fait de ne pas lancer la négociation annuelle lorsqu'elle est obligatoire fait l'objet 893 ■
de sanctions pénales spécifiques, qui vont jusqu'à deux ans d'emprisonnement en cas de récidive (C. trav., art. L. 2243-1). Sont incriminées l'absence d'initiative et l'omission d'un des thèmes soumis à la négociation obligatoire (C. trav., art. L. 2243-2). L'arsenal pénal spécifique est assez réduit. Mais des incriminations générales telles que la discrimination ou le délit d'entrave peuvent parfois être constituées (v. Crim. 13 juill. 1988, *Bull. crim.*, n° 454).

Le non-respect de l'obligation de négocier est également susceptible de se répercuter 894 ■
sur les exonérations de charges dont bénéficie l'employeur. Ainsi, la réduction générale de charge sur les bas salaires dite réduction Fillon, est diminuée d'un montant pouvant aller jusqu'à 10 % en cas de non-respect de l'obligation de négocier sur une année civile. La réduction est même supprimée si l'infraction se poursuit pendant trois années consécutives (C. trav., art. L. 2242-5-1. V. également CSS, art. L. 131-4-2).

895 L'autre question cruciale est celle des sanctions civiles de l'obligation de négocier. Lorsqu'une décision patronale a été prise sans négociation préalable, alors qu'une telle négociation était obligatoire, elle peut être suspendue par le juge des référés, jusqu'à ce que la négociation ait eu lieu (Soc. 28 nov. 2000, *UAP*, *Bull. civ.* V, n° 398). Enfin, si l'employeur a violé son obligation de négocier, les salariés peuvent individuellement demander réparation du préjudice qu'ils ont subi : ce préjudice est la perte d'une chance d'obtenir des avantages nouveaux au cours de la négociation (Soc. 13 nov. 2008, n° 07-44.874, inédit). Son évaluation est évidemment très dépendante des circonstances d'espèce et, sauf cas particulier (v. l'arrêt préc.), il risque fort d'être d'un montant relativement faible.

§ 4 L'essor d'une obligation de loyauté dans la négociation

896 Pour que la négociation ne reste pas purement formelle et ne tourne pas au seul avantage de l'employeur, il faut qu'une certaine loyauté pèse sur l'employeur. À défaut, c'est le droit des salariés à la négociation collective dérivant du droit constitutionnel à la participation (Préamb. de la Const. de 1946, al. 8) qui ne serait plus respecté.

Pour l'heure, aucune obligation générale de loyauté n'a été posée. La Cour de cassation a même refusé que soit sanctionné un employeur à l'attitude « passive voire systématiquement opposante » (Crim. 4 oct. 1989, *Bull. crim.*, n° 341). Le Conseil d'État – dans une espèce particulière certes – a interdit à l'administration de « porter une appréciation sur la qualité de la négociation » (CE 1er juill. 2009, req. n° 309796, *RDT* 2009. 665). Il paraît néanmoins prêter attention au déroulement de la négociation dans le cadre de l'extension des conventions collectives (CE 4 juill. 2012, n° 337698).

897 Si une obligation générale de loyauté n'a pas été consacrée, les références à la loyauté se sont multipliées. L'article L. 3122-21 du Code du travail permet au seul employeur qui a engagé sérieusement et loyalement des négociations (qui n'ont pas abouti) de recourir au travail de nuit sur autorisation de l'inspection du travail. L'article L. 2241-12 impose la convocation d'une commission mixte si une négociation sérieuse et loyale n'a pas été engagée en matière d'écart de rémunération entre hommes et femmes (v. également sur le même domaine, art. L. 2242-7 pour les accords d'entreprise). La loyauté de la négociation implique simplement en ces matières que « la partie patronale ait communiqué aux organisations syndicales les informations nécessaires pour leur permettre de négocier en toute connaissance de cause et ait répondu de manière motivée aux éventuelles propositions des organisations syndicales ». L'amendement Michelin, mort-né puisque déclaré inconstitutionnel (Cons. const. 13 janv. 2000, n° 99-423 DC), indiquait que l'établissement d'un plan de sauvegarde de l'emploi n'était pas possible dans les entreprises n'ayant pas réduit le temps de travail, si un accord en ce sens n'avait pas été conclu, ou si pour le moins, l'employeur n'avait pas engagé *« sérieusement et loyalement »* des négociations à cette fin. Par petites touches, la loi ébauche une règle générale imposant la loyauté dans la négociation collective.

Surtout, la loi dite « travail » du 8 août 2016 a autorisé la conclusion d'accord dit « de méthode » « permettant à la négociation de s'accomplir dans des conditions de loyauté et de confiance mutuelle entre les parties » (art. L. 2222-3-1). Cet accord doit indiquer les informations que l'employeur doit communiquer, le déroulement des négociations, et peut prévoir des moyens supplémentaires ou spécifiques (crédit d'heures, recours à un expert, etc.). Ces règles ne sont guère contraignantes puisque l'accord d'entreprise qui serait conclu sans respecter les dispositions de l'accord de méthode n'est pas nul, à moins – ajoute l'article L. 2222-3-2 – que la loyauté ait été violée. Autrement dit, le non-respect d'un accord portant sur la loyauté n'entraîne pas la nullité à moins que la loyauté n'ait pas été respectée. Le législateur n'est plus à une contradiction près.

Parallèlement au législateur, la Cour de cassation a promu avec plus de rigueur la *loyauté* dans la négociation collective, bien que le terme ne soit pas employé. Différents comportements sont ainsi interdits à l'employeur, à peine de nullité de l'accord qui aurait été éventuellement signé (Soc. 10 oct. 2007, *SEB**) : 898 ■

- l'exclusion d'un syndicat de la première réunion. Le défaut d'invitation d'un syndicat représentatif à la première réunion de négociation constitue même un trouble manifestement illicite justifiant la saisine du juge des référés (Soc. 8 juill. 2009, *Sud,* n° 08-41.507 [P]) ;
- la pratique des réunions séparées ;
- la modification du projet d'accord soumis à sa signature après la dernière réunion de négociation sans possibilité de réouverture des négociations.

Pas à pas, l'obligation de loyauté tend donc à s'imposer en matière de négociation collective (V. également en matière de négociation préélectorale, Soc. 6 janv. 2016, n° 15-10.975, *RDT* 2016. 284, obs. C. Nicod). Reste que cette obligation de loyauté sert surtout à ce que l'employeur ne joue pas de la division syndicale et ne favorise pas certains syndicats au détriment d'autres. En revanche, il n'est pas encore acquis qu'elle constitue le levier qui permettrait d'obliger un employeur à engager de véritables négociations. Pour cela, il faudrait que soient pleinement consacrées des obligations de réponse aux propositions de la partie salariale (Soc. 9 juill. 1996, *Bull. civ.* V, n° 269 ; *D.* 1998. 258, obs. M.-A. Souriac) ou encore une obligation de justification de l'employeur en cas de refus d'entrer véritablement en négociation (v. Crim, 4 oct. 1989, *D.* 1990. 166, obs. A. Lyon-Caen ; *Dr. soc.* 1990. 154, obs. J. Savatier). La procéduralisation de la négociation collective n'est pas achevée.

§ 5 Les sanctions financières en l'absence de conclusion de certains accords collectifs

Franchissant un nouveau palier dans l'incitation à la négociation, le législateur a, dans certaines matières et pour certaines entreprises, prévu que l'absence de conclusion d'un accord donne lieu à une pénalité financière égale à 1 % de la masse salariale. Tel est le cas en matière d'égalité professionnelle entre hommes et femmes dans les entreprises de plus de 50 salariés (C. trav., art. L. 2242-9) et de mise en place des contrats de génération dans les entreprises de plus de 300 salariés (C. trav., art. L. 5121-9). Mais le législateur n'est toutefois pas allé au bout de la logique de sanction du défaut de dialogue social. À défaut d'accord, l'employeur peut malgré tout prendre les mesures nécessaires prévues par la loi en élaborant unilatéralement un plan d'action, et ce faisant se soustraire au paiement de la pénalité. 899 ■

section 3

Conclusion de la convention collective : l'exigence majoritaire

900 Les règles de conclusion des conventions collectives sont requises pour la validité de la convention. Autrement dit, à défaut de respecter ces règles, la convention collective sera nulle, et les interlocuteurs sociaux ne peuvent d'un commun accord modifier ces règles qui sont d'ordre public absolu (Soc. 4 févr. 2014*). La loi du 20 août 2008 a instauré un système nouveau fondé sur les résultats des syndicats aux élections professionnelles, dont il faut d'abord donner un aperçu général (§ 1). Ce système est décliné avec quelques nuances pour les conventions d'entreprise (§ 2), de groupe (§ 3) et pour les conventions de branche et accords interprofessionnels (§ 4).

§ 1 Aperçu général : vers une exigence majoritaire

901 Pendant longtemps, la signature par un seul syndicat représentatif, quelle que soit son influence, suffisait à rendre valable une convention collective. On appliquait la règle de l'unicité de signature. Or un syndicat représentatif peut être minoritaire (v. ss 825 s.). Ce caractère minoritaire est problématique, notamment lorsque la convention collective réduit certains avantages que les salariés tiennent de la loi ou d'autres conventions collectives. Aussi le législateur a-t-il exigé progressivement que la convention collective ait recueilli l'assentiment, exprès ou tacite, d'une partie salariale ayant recueilli lors des élections professionnelles un certain pourcentage de voix. La règle de l'unicité de signature par un syndicat a ainsi été peu à peu remplacée par une exigence majoritaire.

D'abord, la loi du 28 octobre 1982 a instauré pour la première fois la possibilité pour un syndicat majoritaire de s'opposer à certains accords d'entreprise, les accords dits « dérogatoires », potentiellement porteurs de régression sociale : une majorité d'opposition était ainsi admise dans le droit de la négociation collective. Ensuite, la loi du 4 mai 2004 a introduit une véritable majorité de conclusion (parfois appelée d'approbation), mais à des conditions fort complexes, tout en laissant place à des majorités d'opposition.

La loi sur la démocratie sociale et le temps de travail du 20 août 2008, inspirée de la position commune du 9 avril 2008, a mis en place un système nettement préférable (C. trav., art. L. 2232-2, L. 2232-6, L. 2232-12). Une convention collective ne peut plus être conclue valablement que par des syndicats représentatifs ayant recueilli au moins 30 % des suffrages exprimés lors des élections professionnelles, dans le champ d'application de la convention. La convention ainsi conclue ne peut cependant entrer en vigueur qu'en l'absence d'opposition exprimée par un ou plusieurs syndicats ayant recueilli plus de 50 % des suffrages exprimés lors de ces élections. La majorité de conclusion est ainsi de 30 % et la majorité d'opposition de 50 %.

Ces solutions pouvaient laisser un goût d'inachevé. L'abstention majoritaire n'est pas l'engagement majoritaire. La double majorité – majorité de conclusion à 30 % et majorité d'opposition à 50 % – que la position commune souhaitait transitoire (art. 5) est une solution de compromis. Pour entr'apercevoir ce qu'institue cette double majorité, on peut envisager la situation suivante. Un syndicat majoritaire (ou une coalition de syndicats représentant la majorité des salariés) refuse de signer un accord collectif, estimant que les avantages concédés ne sont pas assez importants. Reste que l'accord présente bien certaines avancées pour les salariés. Le syndicat majoritaire hésitera donc à faire jouer son droit d'opposition si un ou plusieurs syndicats représentant 30 % des voix aux dernières élections ont signé l'accord. On peut estimer que la double majorité permet d'éviter la situation de blocage qu'aurait créé une véritable majorité d'engagement et permet d'aboutir à un équilibre. À l'inverse, il est loisible de penser que ce système ne permet pas pleinement l'expression de la majorité et favorise des compromis qui sont avantageux pour la partie patronale. Les données et enseignements tirés de l'exemple seraient toutefois modifiés pour un accord collectif destructeur d'avantages : dans ce cas, l'exigence d'une majorité positive semble nécessaire. 902 ■

La loi sur la sécurisation de l'emploi du 14 juin 2013 est allée dans cette direction. Les accords de maintien dans l'emploi créés par cette loi doivent être signés par des syndicats représentant 50 % des voix exprimées aux dernières élections professionnelles (C. trav., art. L. 5125-4). Les accords conclus dans le cadre des grands licenciements pour motif économique introduits par cette même loi (v. ss 705) sont également soumis à une exigence majoritaire. La loi dite « travail » du 8 août 2016 a fait un grand pas vers la généralisation de l'exigence majoritaire, mais selon un calendrier passablement compliqué. En matière de temps de travail, les accords d'entreprise doivent dès le 1er janvier 2017 être adoptés par des syndicats représentant 50 % des salariés. Tel est également le cas des accords de préservation et de développement de l'emploi (C. trav., art. L. 2254-1). En revanche, les autres accords d'entreprise ne seront soumis à une exigence véritablement majoritaire qu'au 1er septembre 2019. Quant aux accords de branche et aux accords nationaux interprofessionnels, les conditions de leur validité n'ont pas été modifiés : la double majorité (de conclusion à 30 % et d'opposition à 50 %) s'impose encore.

§ 2 Conventions d'entreprise

Sauf dans les cas évoqués précédemment (v. ss 902), la convention d'entreprise doit, jusqu'au 31 août 2019, être signée par des syndicats représentatifs ayant recueilli au moins 30 % des voix aux élections professionnelles et ne doit pas faire l'objet d'une opposition de la part de syndicats représentatifs ayant recueilli 50 % des voix à ces mêmes élections. Les voix à prendre en compte sont les suffrages exprimés au 1er tour des élections des titulaires au CE ou à la DUP, ou à défaut des délégués du personnel, et ce quel que soit le nombre de votants (C. trav., art. L. 2232-12). 903 ■

À compter du 1er septembre 2019, l'accord devra être signé par des syndicats ayant recueilli plus de 50 % des suffrages exprimés en faveur d'organisations représentatives au premier tour des dernières élections des titulaires au comité d'entreprise ou de la délégation unique du personnel ou, à défaut, des délégués du personnel, quel que soit le nombre de votants. L'assiette de calcul de la majorité n'est donc plus l'ensemble des suffrages exprimés, mais les suffrages exprimés au profit de syndicats représentatifs.

La loi dite « travail » du 8 août 2016 a toutefois apporté à cette règle une exception de taille. Lorsque les signataires syndicaux de la convention n'atteignent pas le seuil requis, il peuvent, avec l'accord de l'employeur, organiser un référendum auprès des salariés pour passer outre le refus de signer des organisations majoritaires. Le recours au référendum pour faire adopter un accord signé par l'employeur, rejeté par les syndicats majoritaires, mais accepté par les organisations minoritaires est un procédé extrêmement dangereux et qui n'est démocratique qu'en apparence (V. notamment G. Bélier, « Halte au feu », *SSL* 2016, n° 1712, p. 6). Pareil recours peut avoir pour conséquence de décrédibiliser les organisations syndicales majoritaires. Les salariés pourraient également dans certaines configurations être plus sensibles aux menaces pour l'emploi brandies par l'employeur, sans que ces menaces paraissent avérées, et ainsi accepter des mesures restreignant leurs droits. Le référendum constitue bien un pied de biche pour forcer à un accord que souhaite l'employeur, comme le révèle le fait que le référendum ne peut être utilisé pour s'opposer à un accord conclu. Si la démocratie en entreprise peut sans nulle doute passer par une plus grande consultation des salariés, encore faut-il que les conditions de cette consultation n'en sape pas l'objectif démocratique.

§ 3 Conventions de groupe

904 Longtemps la négociation collective a eu du mal à être menée au niveau des groupes de sociétés, particulièrement lorsque ceux-ci regroupent de très nombreuses sociétés. Le groupe n'étant pas une personne morale, il ne pouvait pas signer en tant que tel une convention collective. Pour s'appliquer à l'ensemble des sociétés du groupe, l'accord devait donc être négocié et signé en des termes identiques par les représentants de toutes les sociétés du groupe et par les syndicats représentatifs de chacune de ses sociétés, les conditions d'opposition et de majorité étant vérifiées pour chacune d'elles. La solution était difficilement praticable dans les grands groupes. La loi du 4 mai 2004, pour résoudre ces difficultés, a donc créé une convention collective originale, entre la convention d'entreprise et la convention de branche : la convention de groupe (v. C. trav., art. L. 2232-31 s.).

905 Cette convention s'applique à tout ou partie d'un groupe aux conditions suivantes (C. trav., art. L. 2232-34). Elle doit avoir été signée par l'entreprise dominante ou certains représentants des entreprises dominées. L'unanimité des sociétés du groupe n'est pas requise. Du côté syndical, la convention doit être signée par des syndicats représentatifs au niveau du groupe ou des entreprises concernées par l'accord. Plus précisément, les syndicats de salariés représentatifs au niveau du groupe tout entier doivent avoir recueilli plus de 30 % des suffrages exprimés aux élections du CE, de la DUP ou à défaut des délégués du personnel dans le périmètre de l'accord. Au 1er septembre 2019, la validité de l'accord sera soumise à une exigence véritablement majoritaire. Les syndicats signataires devront ainsi avoir recueilli plus de 50 % des voix exprimées en faveur d'organisations représentatives lors des élections ayant eu lieu dans le périmètre de l'accord

Les syndicats de salariés représentatifs au niveau du groupe peuvent désigner des « coordinateurs syndicaux de groupe » chargés de négocier et de conclure la convention de groupe. Il s'agit alors de délégués syndicaux d'entreprises du groupe (C. trav., art. L. 2232-32).

Les conventions négociées au sein du groupe sont considérées, quant à leurs effets et à leur force obligatoire, comme des conventions d'entreprise. Leur originalité était de ne pas pouvoir déroger en principe aux conventions de branche (C. trav., art. L. 2232-35) alors que les conventions d'entreprise le pouvaient (v. ss 966). Cette originalité a été supprimée par la loi dite « travail » du 8 août 2016. 906 ■

L'accord de groupe peut choisir d'écarter les accords d'entreprise et d'établissement, antérieurs ou postérieurs, portant sur le même objet. Les signataires peuvent donc décider d'imposer une discipline conventionnelle de groupe.

§ 4 Conventions de branche et accords interprofessionnels

Selon la loi du 20 août 2008 sur la démocratie sociale et le temps de travail, qui transpose la position commune du 9 avril 2008, pour qu'une convention collective interprofessionnelle ou de branche soit valable, elle doit avoir été signée par des syndicats représentatifs ayant recueilli au minimum 30 % des suffrages (C. trav., art. L. 2232-2, L. 2232-6). Les syndicats représentatifs ayant recueilli plus de 50 % de ces suffrages peuvent s'opposer, dans les quinze jours, à cet accord (art. préc.). Le décompte des voix se fait selon les mêmes règles que celles définies pour le calcul de l'audience électorale nécessaire à la représentativité (v. ss 837 s.). Les résultats à prendre en compte sont donc ceux issus de la mesure quadriennale de l'audience syndicale. Des arrêtés spécifiques ont ainsi été pris au cours du second semestre 2013, publiant les résultats branche par branche (v. par ex., l'arrêté du 23 juill. 2013, *JO* du 13 août, dans le domaine du transport public urbain de voyageurs). 907 ■

section 4

Formes et publicité

Les conventions collectives sont des règles de droit, et nul n'est donc censé les ignorer. Pour que cette présomption ait un peu de sens, encore faut-il que les conventions collectives puissent être connues. Pour cela, certaines règles ont été fixées. 908 ■

La convention collective est, à peine de nullité, un acte écrit (C. trav., art. L. 2231-3). Elle doit comporter un préambule qui présente ses objectifs et son contenu, mais l'absence ou l'irrégularité du préambule est sans conséquence (C. trav., art. L. 2222-3-3) 909 ■

Seules les clauses rédigées en français sont opposables aux salariés (C. trav., art. L. 2231-4).

La convention fait l'objet d'un dépôt à la direction départementale du travail du lieu où les parties ont conclu leur accord. Ce dépôt doit comprendre un exemplaire papier et un exemplaire électronique (C. trav., art. D. 2231-2). Les conventions de branche et les conventions interprofessionnelles doivent en outre être déposées aux services centraux du ministère du Travail (C. trav., art. D. 2231-3). Les conventions étendues font l'objet d'une publicité particulière, au moment de leur publication au *Journal officiel* (elles sont en principe disponibles sur le site legifrance.fr). Ces différents dépôts sont autant de lieux où les particuliers peuvent consulter une convention collective. Une publicité systématique de tous les accords et conventions dans une base de données nationale a été prévue par la loi dite « travail » du 8 août 2016 (C. trav., art. L. 2231-5-1), mais reste soumise à l'adoption des décrets d'application.

Toutes les conventions doivent enfin être déposées au secrétariat-greffe du conseil de prud'hommes du lieu de leur conclusion (C. trav., art. D. 2231-2). Les juges et conseillers qui devront appliquer les conventions pourront ainsi en avoir directement connaissance.

910 L'employeur doit en outre réaliser quelques mesures de publicité à destination des salariés de l'entreprise. Il doit :

– communiquer un exemplaire des différentes conventions applicables aux différents représentants du personnel et aux délégués syndicaux (C. trav., art. R. 2262-2). Ce qui permet au salarié d'avoir un moyen facile d'en obtenir communication : il suffit de la demander aux représentants du personnel, s'il y en a ;

– remettre une notice mentionnant la convention aux salariés embauchés (C. trav., art. R. 2262-1 1°) ;

– afficher un avis sur lequel il mentionne qu'il tient une convention collective à la disposition des salariés, en précisant le lieu de sa consultation (C. trav., art. R. 2262-1 2°). Mais ce n'est pas toujours le lieu de consultation le plus simple : il faut demander à l'employeur de consulter la copie, ce qui peut être mal vu ;

– mettre un exemplaire sur l'intranet, lorsqu'il en existe un (C. trav., art. R. 2262-1 3°). Ce qui permet une consultation nettement plus facile.

Ainsi, les règles de publicité sont assez complètes et un salarié qui souhaite se renseigner sur ses droits conventionnels doit pouvoir le faire en tout état de cause car « il appartient à l'employeur de porter à la connaissance du salarié la convention collective applicable » (Soc. 15 nov. 2007, *GADT*, n° 168).

911 Reste que les règles de publicité imposées à l'employeur sont largement laissées à la libre appréciation des parties à la négociation collective (C. trav., art. L. 2262-5). Les règles d'information individuelle de l'article R. 2262-1 du Code du travail, qui viennent d'être rappelées, sont clairement supplétives. La question du caractère supplétif de l'information des représentants du personnel et délégués syndicaux est plus ouverte. L'article R. 2262-2 qui exige cette information est rédigé en termes inconditionnels, mais sa supplétivité semble découler de la lettre de la loi (v. C. trav., art. L. 2262-5, préc.). Demeurera, en toutes hypothèses, l'information que doit receler le bulletin de paie : la convention collective de branche applicable doit être mentionnée dans ce bulletin (C. trav., art. R. 3243-1 3°).

912 La violation des obligations de publicité rend la convention collective inopposable aux salariés. Ceux-ci pourront toutefois en réclamer les bénéfices. Ils pourront aussi obtenir de l'employeur l'indemnisation du préjudice qu'ils ont pu subir du fait de l'ignorance dans laquelle ils sont restés de leurs droits (Soc. 19 mai 2004, *Bull. civ.* V, n° 134).

section 5

Conditions d'application

Une fois entrée en vigueur, à qui s'applique la convention collective ? Quelles sont les conditions d'application ? Pour répondre à ces questions, il faut déterminer les relations de travail soumises aux règles de la convention collective. Il n'y a guère de problème pour les accords d'entreprise ou d'établissement qui s'appliquent aux salariés de l'entreprise ou d'établissement. Les difficultés relatives au champ d'application se concentrent sur les *conventions collectives de branche et interprofessionnelles*. L'assujettissement à une convention collective dépend d'une option de départ : soit l'employeur est lié à la convention collective (§ 1) soit, il est soumis à la convention collective en raison d'un arrêté ministériel d'extension (§ 2) ou d'élargissement (§ 3). C'est donc bien la situation de l'entreprise et non celle du salarié qui détermine l'application de la convention collective. En somme, le salarié bénéficie de la convention – ou la subit – par l'intermédiaire de son employeur. 913 ■

Applicable, la convention collective a, sur la relation de travail, un effet *automatique* – aucune formalité n'est nécessaire pour l'application – *immédiat* – elle s'impose à toutes les relations en cours, et *impératif* – les parties ne peuvent l'écarter (Pour plus de précisions sur l'articulation entre convention collective et contrat, v. ss 980 s.).

§ 1 Les employeurs engagés par la signature de la convention collective

Les conventions collectives ont, en principe, un *effet relatif quant à la partie patronale* (à la manière des contrats) : seuls sont liés par une convention collective les employeurs qui l'ont signée, directement ou par l'intermédiaire d'une organisation patronale dont ils sont membres. Il leur est possible de signer la convention collective alors qu'elle est déjà entrée en vigueur : c'est une adhésion à la convention collective. Elle est libre en principe, sauf si elle modifie le champ d'application de la convention collective (C. trav., art. L. 2261-5, L. 2261-6). 914 ■

Cet effet relatif explique la liberté laissée quant à la détermination de la partie patronale à la convention. N'importe quel employeur peut signer, parce qu'il n'engage que lui. N'importe quel groupement d'employeurs peut signer, parce qu'il n'engage que ses membres. N'importe quel champ d'application peut être stipulé, parce que seuls seront touchés les employeurs de ce champ qui sont liés, directement ou indirectement, à la convention.

Ainsi, la convention collective qui précise qu'elle s'applique à la branche de la boulangerie, dans le département du Rhône, ne sera impérative que vis-à-vis des boulangers du Rhône qui sont parties à la convention, soit parce qu'ils l'ont signée personnellement, soit parce qu'ils sont membres d'une organisation patronale signataire. Les autres employeurs du secteur, ceux qui ne sont ni signataires, ni membres d'une organisation signataire, ne sont pas soumis à la convention collective.

915 Le mandat qui unit l'organisation patronale à ses membres fait l'objet de quelques règles. L'adhésion à une organisation qui a déjà signé une convention fait immédiatement entrer dans le champ d'application de cette convention (C. trav., art. L. 2262-2). Et cet effet impératif ne cesse pas avec la démission de l'organisation signataire (C. trav., art. L. 2262-3).

916 Le principe de l'effet relatif vis-à-vis de la partie patronale explique la liberté de détermination du champ d'application et l'indifférence aux qualités des organisations patronales signataires. Mais il présente un inconvénient majeur, celui d'une disparité des conditions de travail au sein des entreprises d'une même branche. Cette inconvénient a conduit à la mise en place d'une importante exception : la convention collective étendue.

§ 2 L'extension d'une convention collective

917 Lorsqu'une convention collective prévoit certains avantages dans un champ d'application donné (comme la boulangerie du Rhône), ces avantages ne bénéficient pas à tous les salariés de ce champ. Seuls en bénéficient les salariés dont l'employeur est signataire ou membre d'une organisation signataire. L'employeur qui n'adhère pas à la convention collective et qui n'adhère à aucune organisation patronale signataire pourra continuer à ne pas appliquer la convention collective.

Il peut en résulter non seulement un sentiment d'injustice des salariés concernés, mais encore une distorsion des conditions de la concurrence. Dans le même secteur d'activité, dans la même circonscription géographique, certains employeurs assumeront le coût des avantages sociaux conventionnels, alors que d'autres en sont exemptés. Et ce, alors que ces employeurs sont directement concurrents.

918 Pour éviter ces inconvénients, une très importante exception au principe de l'effet relatif a été prévue : un arrêté ministériel (B) peut « étendre » une convention collective. Mais la convention doit commencer par être susceptible d'extension (A). La convention collective alors « étendue », s'appliquera à *tous* les employeurs de son champ professionnel (C) et territorial (D), même s'ils ne sont ni signataires, ni membres d'une organisation signataire. L'arrêté ministériel d'extension permet ainsi, par la force du droit étatique, de générer un effet réglementaire vis-à-vis de l'ensemble des employeurs d'un champ considéré et donc vis-à-vis de l'ensemble des salariés de ces employeurs. Si ce champ est la France entière et toutes les professions, la convention alors dite « nationale interprofessionnelle étendue » pourra avoir un champ d'application très large, les salariés de l'économie sociale, des professions libérales et du domaine agricole, n'étant toutefois généralement pas couverts.

A. Conventions susceptibles d'extension

919 Pour être susceptible d'extension une convention collective doit commencer par être valable (v. *supra*). Deux conditions supplémentaires sont requises.

920 La première est celle du contenu de la convention : celui-ci doit être très complet et toucher aux différents aspects du statut des salariés. À cette fin, une liste de points à traiter obligatoirement est fixée par l'article L. 2261-22 du Code du travail pour les conventions de branche nationales.

Ces règles ont un rôle essentiellement incitatif. Tout d'abord, les points prévus dans la liste impérative doivent certes être traités. Mais rien n'indique qu'ils doivent contenir tel ou tel type d'avantage : une simple reprise des dispositions légales ou jurisprudentielles peut suffire. Ensuite, l'article L. 2261-27 du Code du travail prévoit qu'une convention collective lacunaire peut tout de même être étendue, en cas d'avis favorable en ce sens de la commission nationale de la négociation collective et en l'absence d'opposition à l'extension de deux organisations représentatives des employeurs ou de deux syndicats représentatifs des salariés.

La seconde condition pour qu'une convention collective soit susceptible d'extension 921 ■
est qu'elle ait été conclue au sein d'une commission paritaire de négociation. Ces commissions sont dites « paritaires » parce qu'elles réunissent des représentants des syndicats de salariés et des organisations d'employeurs. Seules les organisations représentatives au niveau de la branche et du champ territorial considéré sont conviées, du côté des salariés comme du côté des employeurs (C. trav., art. L. 2261-19). Lorsqu'il est question d'extension d'une convention collective – et donc d'imposer des obligations à tous les employeurs d'une même branche –, l'indifférence quant aux qualités de la partie patronale s'arrête (sur la représentativité patronale, v. ss 846 s.). Les commissions paritaires peuvent être organisées et présidées par un représentant du ministère du Travail. Les commissions de négociation comptent alors des représentants des organisations privées et un représentant de la puissance publique : pour cette raison elles sont dites « mixtes ». On parle alors de « commissions mixtes paritaires ». La mise en place d'une commission est provoquée très facilement : il suffit que deux syndicats représentatifs au niveau de la branche le demandent, ou que le Ministre le décide.

En pratique, la plupart des négociations de branche ont lieu en commission mixte 922 ■
paritaire. La réunion d'une telle commission est un atout important pour amener à la table des négociations un partenaire réticent, puisque la participation est obligatoire. Et elle permet de simplifier tous les débats qui pourraient bloquer la mise en œuvre d'une telle négociation. Dès lors, très souvent, on trouvera au moins deux organisations de salariés ou d'employeurs pour demander la mise en place de cette commission. L'existence de ces commissions mixtes paritaires est probablement l'une des principales raisons qui expliquent l'exceptionnel pourcentage de salariés qui bénéficient en France d'une convention collective (plus de 90 %).

L'extension de la convention collective n'est pas légale si les « étapes essentielles de la négociation » ne se sont pas déroulées en présence de toutes les organisations syndicales représentatives (CE 4 juill. 2012, n° 337698). En somme, il n'est possible, ni pour des syndicats de salariés, ni pour des organisations d'employeur, ni pour les pouvoirs publics, de contourner la commission mixte paritaire, et ce quand bien même il existerait des difficultés de négociation créant un risque de grève (même arrêt).

Avant la loi du 20 août 2008 et celle du 5 mars 2014, c'était au représentant de l'État, 923 ■
lorsqu'il organisait ces commissions, de décider de la représentativité des syndicats au niveau de la branche, éventuellement après enquête. Désormais l'attribution de la représentativité au niveau des branches, comme au niveau interprofessionnel, se fera par décision du ministre du Travail, après avis du Haut Conseil du dialogue social (C. trav., art. L. 2122-11 et L. 2152-6).

Le contentieux de la représentativité au niveau des branches et au niveau interprofessionnel, lequel pourrait être relativement nourri dans les prochaines années, sera par voie de conséquence un contentieux administratif, mené contre des décisions ministérielles.

■ 924 Depuis la loi du 5 mars 2014, une condition supplémentaire est imposée pour que la convention collective soit étendue. Il faut que l'accord de branche ne fasse pas l'objet d'une opposition des organisations patronales « dont les entreprises adhérentes emploient plus de 50 % de l'ensemble des salariés des entreprises adhérant aux organisations professionnelles d'employeurs reconnues représentatives » (C. trav., art. L. 2261-19).

B. L'arrêté d'extension

■ 925 L'arrêté d'extension est un arrêté du ministre du Travail. Il doit être précédé de l'avis de la commission nationale de la négociation collective, commission qui regroupe au niveau national et interprofessionnel des représentants de l'État et des organisations syndicales de salariés et des organisations patronales aux niveaux national et interprofessionnel (C. trav., art. L. 2272-1).

Le ministre peut étendre une convention collective qui n'a pas été signée par toutes les organisations représentatives ou qui ne contient pas toutes les mentions obligatoires. Pour cela, il lui suffit de demander à nouveau l'avis de la commission nationale de la négociation collective (v. C. trav., art. L. 2261-27).

■ 926 Le ministre du Travail peut refuser d'étendre une convention collective susceptible d'extension, notamment si des dispositions sont contraires aux lois et règlements.

Il peut notamment refuser l'extension si elle porte atteinte au droit de la concurrence (CE 30 avr. 2003, *SPEIRAA*, req. n° 230804, *Dr. soc.* 2003. 999, obs. P.-H. Antonmattéi et Destours ; *Dr. ouvrier* 2003. 261, note G. Lyon-Caen ; *AJDA* 2003. 1849, note P. Subra de Bieusses). La solution peut étonner : en principe, l'extension d'une convention collective permet d'égaliser les conditions de la concurrence. Donc elle ne nuit pas à la concurrence, mais au contraire elle en favorise la loyauté. Elle est de plus contraire à la jurisprudence de la CJUE qui immunise les conventions collectives contre le test de la concurrence (CJCE 21 sept. 1999, *Albany*, aff. C-67/96).

Le ministre peut refuser l'extension lorsque moins de 5 % des entreprises de la branche adhèrent à une organisation professionnelle (C. trav., art. L. 2261-32). Cette situation de faiblesse de la représentativité des organisations patronales jette en effet le trouble sur la légitimité de l'accord conclu. Du reste, une telle situation peut conduire à l'absorption de la branche par une autre, ou à un regroupement avec une autre branche (C. trav., art. L. 2261-32).

■ 927 Un arrêté d'extension, comme tout arrêté ministériel, peut être abrogé par un nouvel arrêté ministériel.

■ 928 Lorsque la convention est étendue il faut ensuite vérifier que l'entreprise entre bien dans son champ d'application.

C. La situation géographique de l'entreprise

La question de l'implantation géographique ne se pose pas lorsque la convention est nationale : dans ce cas, toutes les entreprises, quelle que soit leur localisation, y sont soumises. La situation géographique de l'entreprise importe lorsque la convention de branche est une convention locale, départementale ou régionale. La question est alors de rattacher l'entreprise (ou l'établissement, v. Soc. 13 févr. 2008, n° 06-44.555) à un lieu et ainsi à une convention collective. 929 ■

La solution de cette difficulté est simple. L'implantation retenue est celle du siège social (Soc. 25 oct. 1995, n° 92-40.221 ; 21 mai 1997, *Bull. civ.* V, n° 182 ; 15 mars 2006 ; n° 04-42.831), sauf si le salarié travaille dans un établissement autonome (Soc. 20 nov. 1991, *Bull. civ.* V, n° 516). Dans ce cas, c'est la localisation de cet établissement autonome qui va permettre de déterminer quelle est la convention collective applicable. Par exemple, des salariés d'une entreprise parisienne qui travaillent dans un grand atelier à Lyon pourront se prévaloir de la convention collective lyonnaise à la condition que cet atelier constitue un établissement autonome.

D. L'activité principale de l'entreprise

Les conventions de branche déterminent leur champ d'application professionnel. Ce champ d'application professionnel, choisi et négocié par les parties, est défini en termes d'activités économiques. C'est l'objet, fréquemment, de l'article 1er de la convention collective. Les entreprises dont l'activité correspond au champ d'application sont ainsi soumises à la convention collective (sous réserve des autres conditions d'application, v. *supra*). Mais on ne prend en compte que l'activité « principale » de l'entreprise (C. trav., art. L. 2261-2). 930 ■

En pratique, les entreprises reçoivent de l'INSEE un code qui classe leur activité au sein des branches (code NAF, pour « Nomenclature des activités françaises »). Ce code est reproduit sur les fiches de paie. Une révision de cette classification, applicable depuis le 1er janvier 2008 (NAF rev. 2), a permis une mise en conformité avec la nomenclature des activités économiques dans la Communauté européenne (NACE) et un rapprochement avec les nomenclatures mondiales. Ces codes NAF sont forts utiles : les conventions de branche fixent leur champ d'application en usant de ces mêmes numéros. Il faut toutefois faire attention : l'attribution du code par l'INSEE n'a aucune valeur juridique. C'est seulement en fonction de leur activité réelle que les entreprises sont rattachées aux branches (v. Soc. 4 mars 1964, *Bull. civ.* IV, n° 202 ; 14 nov. 1973, *Bull. civ.* V, n° 566). Dès lors, avant de conclure à l'applicabilité ou à l'absence d'applicabilité d'une convention de branche, il faut vérifier l'activité *réelle* principale de l'employeur.

Lorsqu'une entreprise a une activité principale mais également une activité différenciée qui s'exerce dans un « centre d'activités autonome », il y est appliqué une convention de branche différente (Soc. 5 oct. 1999, *Bull. civ.* V, n° 369 ; 26 janv. 2000 n° 97-40.550 ; 29 janv. 2003, n° 00-45.732 ; 23 avr. 2003*). L'utilisation de la terminologie spécifique « centre d'activité autonome » permet aux juges de ne pas être liés par la notion d'« établissement » qui est également utilisé dans d'autres domaines. 931 ■

La reconnaissance d'un centre d'activité autonome est rarement admise par les juges (v. les arrêts préc.) qui exigent un fort degré d'individualisation de l'activité, non seulement dans l'espace, mais aussi dans la production : l'activité autonome ne doit pas concourir à l'activité principale. Un arrêt récent et non publié met l'accent sur la localisation du pouvoir de décision qui doit se loger dans le centre d'activité qui se prétend autonome (Soc. 9 juin 2015, n° 14-12.497, *RDT* 2015. 692, obs. I. Odoul-Asorey). Les juges privilégient ainsi l'unité du statut collectif dans la personne morale, au détriment de l'adaptation de la convention collective à l'activité du salarié (v. 4 févr. 2009, n° 07-41.275, *JCP S* 2009. 1377, obs. A. Martinon).

§ 3 L'élargissement d'une convention collective

932 L'*élargissement d'une convention collective*[Q] est un arrêté ministériel qui a pour effet d'agrandir le champ d'application territorial ou professionnel d'une convention collective. Seule une convention collective étendue peut être élargie.

L'élargissement est possible lorsque, dans un champ professionnel ou géographique (C. trav., art. L. 2261-17), il n'existe pas de négociateurs ou lorsque ceux-ci sont inactifs pendant au moins cinq ans (C. trav., art. L. 2261-18). La convention collective d'un champ d'application voisin pourra alors être élargie, pour couvrir le champ où la carence a été observée.

La méthode est très exceptionnellement utilisée pour remplir certains vides dans les négociations de branche. Elle peut aussi servir de menace pour pousser certains négociateurs réticents à conclure une convention collective de branche.

L'élargissement prend fin avec l'abrogation de l'arrêté qui l'a édicté.

§ 4 Application volontaire d'une convention collective

933 Même si une convention collective n'est pas applicable, l'employeur peut décider d'en faire bénéficier ces salariés, sachant que l'application volontaire ne s'étend pas aux avenants conclus postérieurement (Soc. 21 oct. 1998, n° 96-42.522). Cette application volontaire résulte soit d'un usage (Soc. 4 déc. 1991, *Bull. civ.* V, n° 553), soit d'un engagement unilatéral de l'employeur (Soc. 17 déc. 1997, *Dr. soc.* 1998. 204, obs. G. Couturier). Elle doit donc être avantageuse pour les salariés qui peuvent toujours réclamer l'application de la convention collective normalement applicable (Soc. 18 juill. 2000, *Bull. civ.* V, n° 295), en vertu des règles de signature (v. § 1) ou d'extension (v. § 2) ou d'élargissement (v. § 3). Toutefois, la conclusion d'un accord collectif ayant le même objet met fin à l'application volontaire d'une convention collective par usage ou par engagement unilatéral, sans qu'il y ait lieu de rechercher si la convention antérieurement appliquée était plus ou moins favorable (Soc. 26 sept. 2012, n° 10-24.529).

934 Bien souvent, l'application d'une convention collective qui n'est pas normalement applicable provient de sa mention sur les bulletins de paie. En effet, l'employeur a l'obligation d'indiquer sur les fiches de paie la convention collective applicable. Le salarié pourra réclamer alors, pour ce qui est des relations individuelles (rémunération, temps de travail...), les droits prévus par la convention collective inscrite sur son bulletin de paie. Mais l'employeur pourra tenter de démontrer qu'il s'agit d'une simple erreur (Soc. 15 nov. 2007, *GADT*, n° 168).

Compléments pédagogiques

Quid

■ Élargissement d'une convention collective n° 932

Acte administratif ayant pour effet de rendre applicable une convention collective déjà étendue à des employeurs situés hors de son champ d'application territorial, et/ou hors du secteur d'activité délimitant le champ d'application professionnel de la convention collective.

■ Extension d'une convention collective n° 866

Acte administratif ayant pour effet de rendre applicable une convention collective à tous les employeurs, et leurs salariés, du secteur d'activité économique délimitant le champ d'application professionnel de la convention collective.

Biblio

- G. Auzero, « La vie des conventions et accords collectifs de groupe », *RDT* 2006. 230
- G. Borenfreund, « L'idée majoritaire dans la négociation collective », in *Mélanges M. Despax*, *D.* 2002. 429.
- M.-L. Morin, « Le dualisme de la négociation collective à l'épreuve des réformes : validité et loyauté de la négociation, application et interprétation de l'accord », *Dr. soc.* 2008. 24.
- M.-A. Souriac, « Actualité et devenir de l'obligation de négocier », Mélanges Pélissier, *D.* 2004. 409 ; « Les réformes de la négociation collective », *RDT* 2009. 24.

Pour une excellente présentation, rapide et efficace, des droits étrangers sur la représentativité des syndicats et la conclusion des conventions collectives, v. le dossier *Représentativité syndicale et négociation collective*, publié par la *RDT* de nov. 2006 à janv. 2007. Avec les contributions de :

- P. Lockiec, S. Robin-Olivier (introduction), J. Grodin (USA), Sheldon Leader (R.-U.) et L. Tebano (Italie), *RDT* 2006. 336 à 343 ;
- U. Wendeling-Schröder, P. Rémy (Allemagne) et G. Vallée (Canada), *RDT* 2006. 408-415 ;
- M. Rönnmar (Suède) ; T. Jaspers (Pays-Bas) et J. Lahera Forteza (Espagne), *RDT* 2007. 54-61.

Documents

1) Le droit à la négociation collective

Cons. const. 6 nov. 1996
(n° 96-383 DC, *Dr. ouvrier* 1996. 479, note G. Lyon-Caen; *Dr. soc.* 1997. 25, note M.-L. Morin; *GADT*, n° 157)

« 8. Considérant qu'aux termes du sixième alinéa du Préambule de la Constitution du 27 octobre 1946 : "Tout homme peut défendre ses droits et ses intérêts par l'action syndicale…" ; qu'aux termes du huitième alinéa du même préambule : "Tout travailleur participe, par l'intermédiaire de ses délégués, à la détermination collective des conditions de travail ainsi qu'à la gestion des entreprises" ; que si ces dispositions confèrent aux organisations syndicales vocation naturelle à assurer, notamment par la voie de la négociation collective, la défense des droits et intérêts des travailleurs, elles n'attribuent pas pour autant à celles-ci un monopole de la représentation des salariés en matière de négociation collective ; que des salariés désignés par la voie de l'élection ou titulaires d'un mandat assurant leur représentativité, peuvent également participer à la détermination collective des conditions de travail dès lors que leur intervention n'a ni pour objet ni pour effet de faire obstacle à celle des organisations syndicales représentatives ».

CEDH 12 nov. 2008, *Demir et Bayraka c/ Turquie*
(req. n° 34503/97)

« 154. En conséquence, la Cour estime, eu égard aux développements du droit du travail tant international que national et de la pratique des États contractants en la matière, que le droit de mener des négociations collectives avec l'employeur est, en principe, devenu l'un des éléments essentiels du « droit de fonder avec d'autres des syndicats et de s'affilier à des syndicats pour la défense de ses intérêts » énoncé à l'article 11 de la Convention ».

2) Loyauté des négociations

Soc. 10 oct. 2007, *SEB*
(n° 06-42.721 [P], *RDT* 2008. 188-189, note M. A. Souriac)

« … Mais attendu que la nullité d'une convention ou d'un accord collectif est encourue lorsque toutes les organisations syndicales n'ont pas été convoquées à sa négociation, ou si l'existence de négociations séparées est établie, ou encore si elles n'ont pas été mises à même de discuter les termes du projet soumis à la signature en demandant le cas échéant la poursuite des négociations jusqu'à la procédure prévue pour celle-ci ;
D'où il suit que la cour d'appel qui, sans encourir le grief de dénaturation allégué à la quatrième branche du moyen, a souverainement constaté que lors de la réunion du 18 décembre 2000 au cours de laquelle avait été soumis à la discussion un projet d'accord, les organisations syndicales après avoir fait valoir leur position avaient refusé de signer un procès-verbal de désaccord, de sorte que la négociation était seulement interrompue, sans qu'aucune procédure de signature ne soit prévue, et que le texte signé ultérieurement par deux syndicats était différent de celui discuté lors de cette réunion, sans qu'il soit allégué que ce dernier ait été préalablement soumis à l'ensemble des organisations syndicales, en a exactement déduit que l'accord était nul… ».

2) Conditions de validité de la convention collective

Soc. 4 févr. 2014
(n° 12-35.333 [PB], *JCP* 2014. 381, note N. Dedessus-Le Moustier)

« …Mais attendu que les conditions de validité d'un accord collectif sont d'ordre public ; qu'il en résulte qu'un accord collectif ne peut subordonner sa validité à des conditions de majorité différentes de celles prévues par la loi ;

Et attendu que la cour d'appel, qui a constaté que l'accord litigieux avait été signé par au moins un syndicat représentatif, conformément. aux prescriptions de l'article L. 2231-1 du code du travail dans sa rédaction alors applicable, en a déduit à bon droit qu'il était valable, et que la clause qui conditionnait la validité de certaines de ses dispositions relatives au salaire à l'accord unanime des organisations syndicales représentatives dans l'entreprise ne pouvait être invoqué par l'employeur pour se soustraire à l'application de l'accord ».

4) Champ d'application professionnel

Soc. 23 avr. 2003, *Panzani William Saurin*
(n° 01-41.196, *Bull. civ.* V, n° 140)

« Attendu, ensuite, qu'appréciant souverainement les éléments qui étaient produits, l'arrêt attaqué, qui a constaté, pour déterminer l'activité principale de l'entreprise, que l'effectif affecté aux pâtes alimentaires était plus important que l'effectif affecté à la conserve, a légalement justifié sa décision ;

Attendu, encore, que la cour d'appel, qui a relevé que le personnel de direction et la force de vente de l'établissement de Saint-Marcel étaient rattachés au siège de la société Panzani William Saurin à Lyon, a pu décider que l'établissement de Saint-Marcel ne constituait pas un centre d'activité autonome ».

Quiz

1) Sujet corrigé

Cas pratique

La SARL Pourmoi est une entreprise de vente à domicile de produits de beauté, qui compte cent cinquante salariés à temps plein. Son siège social est situé à Dijon, ainsi que ses entrepôts. Dix salariés travaillent dans les bureaux du siège social à des activités de secrétariat, six à l'entrepôt. Les autres, vendeurs à domicile, sont répartis dans toute la France et viennent se fournir en produits de beauté tous les mois, à l'entrepôt.

Le chef d'entreprise ne sait quelle convention de branche il doit appliquer et à qui. Il hésite entre la convention des activités de stockage, celle du secrétariat et celle de la vente à domicile de la Côte-d'Or. Mais il vous informe que les 15 salariés qui travaillent à Paris désirent l'application de la convention de la vente à domicile de la région parisienne (laquelle est nettement plus avantageuse que la convention de la Côte-d'Or). Toutes ces conventions sont étendues.

Voir le corrigé en fin de rubrique.

2) Corrigé

Cas pratique

L'activité qui détermine la convention applicable est celle de l'entreprise, ou celle d'un centre d'activité autonome, et non celle de chacun des salariés.

Il faut donc commencer par rechercher quels sont les centres d'activités autonomes. *A priori*, dans cette entreprise, il n'existe qu'un seul ensemble : les différents centres ne sont nullement autonomes. L'entreprise n'est pas en partie une entreprise de stockage ou une entreprise de secrétariat. Il s'agit d'une entreprise de vente de produit de beauté. Et le stockage comme le secrétariat ne servent qu'au bon déroulement de cette activité. Il n'y a donc pas de centres d'activités autonomes.

Ensuite, il faut chercher quelle est l'activité principale. La question est ici facilement résolue. Il s'agit d'une entreprise commerciale de vente à domicile. Il s'agit donc de l'activité principale et même de l'activité unique. Les conventions du secrétariat et du stockage n'ont aucune vocation à s'appliquer. Il faut appliquer une convention de la vente à domicile.

Le choix d'appliquer ou non la convention collective de la région parisienne dépend d'abord de la question suivante : les salariés de la région parisienne forment-ils un établissement autonome ?

Rien dans les faits de l'espèce n'indique qu'ils auraient une quelconque autonomie. Par conséquent, ce sera la Convention collective du siège social qui s'appliquera : celle de la Côte d'Or.

chapitre 25

Modification et cessation des effets des conventions collectives

Plan analytique

section 1

Révision

section 2

Dénonciation

§ 1 Exclusion des conventions à durée déterminée

§ 2 Auteurs de la dénonciation

- **A.** Dénonciation par la totalité des signataires employeurs ou salariés
- **B.** Dénonciation par une partie des signataires employeurs
- **C.** Dénonciation par une partie des signataires salariés

§ 3 Formes de la dénonciation

§ 4 Effets de la dénonciation

- **A.** Négociation obligatoire et accord de substitution
- **B.** Maintien en vigueur provisoire
- **C.** Maintien du niveau de rémunération
- **D.** Dénonciation et égalité de traitement

section 3

La mise en cause de la convention collective

section 4

Cessation des effets des conventions à durée déterminée

Compléments pédagogiques

Modification et cessation des effets des conventions collectives

Les conventions collectives ne sont pas immuables. Il faut que leur contenu puisse évoluer, s'adapter aux différents changements, sociaux, économiques, du travail... Aussi peuvent-elles être modifiées. On parle alors de révision (§ 1). Lorsqu'elles sont à durée indéterminée, elles peuvent aussi être dénoncées unilatéralement par leurs signataires (§ 2). L'application d'une convention collective peut encore être affectée lorsqu'une entreprise ou une partie de l'entreprise sort de son champ d'application : la convention collective est « mise en cause » (§ 3). 935

section 1

Révision

En droit commun des obligations, les contrats peuvent être modifiés du commun accord de toutes les parties. Ce principe a eu un temps la faveur de la jurisprudence, qui a exigé l'assentiment unanime des signataires pour qu'une convention collective soit modifiée (v. les arrêts *Basirico* : Soc. 9 mars 1989, *Bull. civ.* V, n° 200 ; Cass., ass. plén., 20 mars 1992, *Bull. ass. plén.*, n° 3). Prenant le contre-pied de la jurisprudence, le législateur, par une loi du 31 décembre 1992, a décidé que la signature d'un seul syndicat représentatif suffisait pour que la convention soit révisée. Un droit d'opposition exercé par les syndicats représentant une majorité absolue de salarié était toutefois ouvert si la nouvelle convention était moins favorable que l'ancienne. La loi 20 août 2008 a calqué les conditions de révision sur les conditions de validité de l'accord qu'elle réformait profondément (v. ss 900 s.). La loi dite « travail » du 8 août 2016 a modifié tant les règles de validité de l'avenant de révision que celles d'engagement de la procédure de révision, laquelle jusqu'alors exigeait l'assentiment unanime des organisations signataires (Soc. 13 nov. 2008, n° 07-42.481, *D.* 2009. Pan. 690 s., obs. O. Leclerc). 936

Les règles sont aujourd'hui les suivantes (C. trav., art. L. 2261-7 s.). 937

Pour engager la procédure de révision, il faut distinguer selon que la procédure de révision intervient ou non durant le cycle électoral (généralement 4 ans) au cours duquel l'avenant a été conclu. Jusqu'à la fin de ce cycle électoral, la révision peut être engagée par les organisations signataires. L'idée est que seules les organisations qui ont signé l'accord — qui représentent donc 30 ou 50 % des voix aux dernières élections professionnelles (v. ss 900 s.) — ont durant le cycle électoral la possibilité d'ouvrir un nouveau round de négociation pour le modifier. Elles doivent de plus être représentatives (sauf les organisations patronales signataires d'un accord interprofessionnel ou de branche non étendu). Après ce cycle électoral, les règles changent. La procédure est ouverte à des organisations non signataires pour permettre de mieux prendre en compte les résultats des nouvelles élections qui peuvent être très différents de ceux à partir desquels ont été calculées les majorités nécessaires à la signature de la convention initiale. Aussi, peuvent engager la procédure de révision toutes les organisations patronales ou syndicales, même non signataires, mais représentatives (cette condition n'étant toutefois pas exigée des organisations patronales pour les conventions non étendues).

■ 938 Avant la loi dite « travail » du 8 août 2016 touchant à la procédure de révision, il était établi qu'à l'instar de toute négociation, tous les syndicats représentatifs devaient être invités, qu'ils soient signataires de la convention ou non (Soc. 16 mars 2002, *Bull. civ.* V, n° 107 ; *Dr. soc.* 2002. 620, note M.-L. Morin). La nouvelle loi ne donne pas d'indication sur ce point. Néanmoins, la présence à la table des négociations de tous les syndicats représentatifs s'imposent. D'une part, la signature de l'accord initial n'est plus nécessaire pour la signature de l'avenant de révision (contrairement à ce qu'imposaient les règles antérieures). D'autre part, la conjugaison du principe de participation et de la liberté syndicale suggère que toutes les sensiblités syndicales, sous réserve qu'elles soient représentatives, doivent être présentes à la table des négociations.

■ 939 L'avenant de révision pour être valable doit être signé dans les mêmes conditions que tout accord collectif initial (v. ss 900 s.). La condition tenant à la nécessité d'avoir été signataire de l'accord initial pour signer l'avenant de révision a été supprimée par la loi dite « travail » du 8 août 2016.

■ 940 La révision d'une convention collective a, sauf dispositions contraires, une force d'application automatique et immédiate : les dispositions antérieures cessent immédiatement tout effet, même si elles étaient plus favorables aux salariés.

section 2

Dénonciation

■ 941 La *dénonciation*[Q], que l'on peut définir simplement comme un retrait de signature, est une faculté ouverte exclusivement à l'encontre des conventions à durée indéterminée (§ 1). Un tel retrait soulève plusieurs questions : celle des auteurs aptes à dénoncer une convention collective (§ 2), celle des formes de la dénonciation (§ 3) et enfin celle de ses effets (§ 4).

§ 1 Exclusion des conventions à durée déterminée

■ 942 Jusqu'à l'expiration de leur terme, les conventions à durée déterminée ne peuvent pas être dénoncées (C. trav., art. L. 2261-9). Depuis la loi travail, en l'absence de stipulation expresse, la convention est réputée avoit été conclue pour une durée de 5 ans. Les conventions collectives sans indication de terme ne peuvent donc être dénoncées.

§ 2 Auteurs de la dénonciation

La question des personnes qui peuvent effectuer une dénonciation est, actuellement, relativement difficile. 943 ■

La question avait été oubliée par la réforme du 4 mai 2004. Il faut savoir gré au législateur d'y avoir pensé (*in extremis*) en 2008, même si la réforme réalisée est loin de résoudre toutes les très importantes difficultés qui entourent la question.

Le Code du travail distingue désormais deux hypothèses :

– la dénonciation qui émane de la totalité des signataires employeurs ou de la totalité des signataires salariés (C. trav., art. L. 2261-10, al. 1er) ;

– la dénonciation qui émane d'une partie seulement des signataires employeurs ou salariés (C. trav., art. L. 2261-10, al. 4, L. 2261-11, L. 2261-12).

Il faut en réalité en distinguer trois : la dénonciation par la totalité des signataires employeurs ou salariés (A), la dénonciation par une partie des signataires employeurs (B), la dénonciation par une partie des signataires salariés (C).

A. Dénonciation par la totalité des signataires employeurs ou salariés

La première hypothèse est claire. Tous les signataires qui forment la partie patronale ou tous les signataires qui forment la partie salariale dénoncent l'accord. Celui-ci ne saurait continuer à exister sans partie patronale, ou sans partie salariale. La dénonciation est « efficace », au sens où elle produit tous ses effets à l'égard des salariés (sur lesquels,v. ss 950 s.). 944 ■

Si la convention collective a été étendue, l'arrêté d'extension devient immédiatement caduc, et la convention collective cesse ses effets, même à l'égard des salariés des employeurs qui n'étaient pas parties à l'accord (C. trav., art. L. 2261-28)

B. Dénonciation par une partie des signataires employeurs

Une autre hypothèse est, elle aussi, assez claire. Une dénonciation peut très bien n'émaner que d'une partie des signataires employeurs. La convention collective reste alors applicable pour tous les autres. La dénonciation n'est efficace qu'à l'égard des employeurs qui ont dénoncé la convention collective ou qui sont membres de l'organisation patronale l'ayant dénoncé (C. trav., art. L. 2261-11. Sur les effets de la dénonciation efficace, v. ss 950 s.). Imaginons une convention de branche signée par deux organisations patronales : A et B. Les entreprises A', A'', et A''' sont affiliées à A, et B' et B'' à B. L'organisation A dénonce la convention collective. Seules les entreprises B' et B'' resteront liées à la convention de branche. 945 ■

Lorsque la convention collective est étendue, la dénonciation par une partie seulement de la partie patronale n'emporte normalement aucune conséquence sur l'arrêté d'extension. En effet, la convention collective demeure valable ; la base de l'arrêté d'extension n'a donc pas disparu et n'a pas été affectée par cette dénonciation. 946 ■

Toutefois, il faut apporter un bémol à la solution. Lorsque la dénonciation émane d'une organisation patronale qui est seule signataire pour une partie du champ professionnel ou territorial de l'accord, cette dénonciation entraîne une réduction automatique du champ de l'accord (C. trav., art. L. 2261-12). L'arrêté d'extension semble donc caduc pour cette partie du domaine d'application de l'accord.

C. Dénonciation par une partie des signataires salariés

947 Pendant longtemps, la dénonciation par une partie des signataires salariés n'avait pas d'effet sur l'application de la convention collective. En raison de la règle de l'unicité de signature (v. ss 901), tant qu'il restait un syndicat représentatif signataire, la convention collective continuait à produire ses effets normalement. Après la loi du 20 août 2008, la seule signature par un syndicat représentatif ne suffit plus à rendre valable une convention collective. Il faut désormais que les signataires représentent 30 % des voix des salariés et que ne s'opposent pas à la convention les syndicats majoritaires (v. ss 902). On peut donc se demander ce qui se passe si la dénonciation d'un ou plusieurs syndicats de salariés conduit à ce que ces conditions de validité de la convention ne soient plus remplies. À cette question difficile, le législateur n'a apporté qu'une réponse très partielle.

948 La loi du 20 août 2008, sur amendement du Sénat, a introduit un nouveau texte appelé à régir, au moins en partie, cette situation : le nouvel alinéa 4 de l'article L. 2261-10 du Code du travail. Il résulte de ce texte combiné à l'article L. 2261-14-1 les règles suivantes :

Si à la suite d'une dénonciation par certains syndicats, les conditions de validité tenant aux signataires salariés ne sont plus remplies, la convention continue néanmoins à s'appliquer normalement. Que les syndicats signataires restant représentent moins de 30 % des salariés est donc sans influence sur l'application de la convention collective.

Mais, si un syndicat vient à perdre sa représentativité, une sorte de droit d'opposition renaît sous la forme d'une « dénonciation » par des syndicats majoritaires, même non signataires. Autrement dit, des syndicats représentant 50 % des voix aux dernières élections professionnelles peuvent demander que l'accord cesse ses effets, dès lors qu'un des signataires initiaux a perdu sa representativité. Cette « dénonciation » emporte extinction de l'accord selon les modalités particulières applicables à la dénonciation (v. ss 950 s.). La représentativité d'un de ses signataires constitue donc le critère de « vulnérabilité » d'une convention collective, alors qu'il eût été plus logique de retenir la disparition de ses conditions de validité (v. rubrique « Quiz »).

§ 3 Formes de la dénonciation

949 L'article L. 2261-9 du Code du travail dispose que la dénonciation doit être notifiée par son auteur à tous les autres signataires. Il prévoit qu'en outre cette dénonciation doit être déposée, comme une convention collective l'est. Cette solution est logique : la dénonciation affecte l'acte, elle en menace l'applicabilité. Elle doit donc être déposée, faute de quoi les dépositaires et ceux qui les consultent pourraient croire de bonne foi que l'acte n'a pas été affecté.

§ 4 Effets de la dénonciation

Les dénonciations partielles, qui ne visent que certains passages d'une convention, sont nulles (Soc. 21 nov. 1973, *Bull. civ.* V, n° 478). Il en va de même, logiquement, des dénonciations qui ne visent que certains avenants ou qui ne visent que des annexes d'une convention collective (Soc. 16 mars 1995, *Bull. civ.* V, n° 92 ; 12 oct. 2005, *Bull. civ.* V, n° 289). 950 ■

Afin d'éviter les brusques disparitions de statut collectif, le législateur a tempéré les effets dans le temps d'une dénonciation. Tout d'abord, une négociation doit suivre la dénonciation pour aboutir à un nouvel accord, dit de substitution (A). En l'absence d'accord, la convention reste totalement applicable durant une période de survie provisoire (B), et, à l'issue de cette période, le niveau de rémunération est conservé (C). La mise en œuvre de ces différentes règles est enfin susceptible de heurter le principe d'égalité de traitement (D).

Certaines dénonciations sont opérées par des signataires dont l'absence n'affecte en rien l'applicabilité de la convention (v. ss 948). Il ne sera question ici que des effets des *dénonciations efficaces*, celles qui font perdre aux salariés le bénéfice de la convention. Les dénonciations qui n'affectent pas l'applicabilité de la convention ont quand même pour effet de délier leur auteur de la convention, et donc des droits et obligations prévues entre les parties.

A. Négociation obligatoire et accord de substitution

Lourde de conséquences, la dénonciation est précédée d'un préavis. La durée du préavis est, sauf stipulation expresse contraire, de trois mois (C. trav., art. L. 2261-9). L'idée du texte est celle d'une possible stipulation d'un préavis plus long. Mais sa rédaction laisse à penser qu'un préavis plus court pourrait aussi être efficacement stipulé. 951 ■

Lorsqu'une dénonciation efficace a eu lieu, une négociation doit s'engager dans les trois mois qui suivent (C. trav., art. L. 2261-10). Cette obligation de négocier s'impose aux employeurs comme aux syndicats. Mais elle est soumise à la demande de l'une des parties. À la différence de la négociation annuelle obligatoire (v. ss 888), la carence de l'employeur n'est donc pas répréhensible tant qu'une demande de négociation ne lui est pas parvenue.

La négociation peut aboutir, et un nouvel accord remplacera alors la convention dénoncée. Cet accord est un *accord de substitution* [Q](C. trav., art. L. 2261-10). En cas de conclusion d'un accord de substitution pendant la période de maintien en vigueur, la convention collective dénoncée cesse immédiatement tous ses effets. L'accord de substitution met fin à la période de survie provisoire (v. ci-dessous B) et il n'y a pas de maintien du niveau de rémunération (v. ci-dessous C). 952 ■

La qualification d'accord de substitution est donc centrale. Pour valoir accord de substitution, le nouvel accord doit avoir le même « niveau » (une convention d'entreprise ne peut remplacer une convention de branche), couvrir le même domaine (Soc. 30 nov. 1994*, *Blineau*, *Bull. civ.* V, n° 319 ; *GADT*, n° 171) et être conclu durant le délai de survie provisoire (la plupart du temps, un an). Si l'accord de substitution a un champ d'application plus restreint que la convention dénoncée, il n'emporte d'effet qu'à l'égard des salariés appartenant à ce champ (Soc. 7 juin 2005, *Bull. civ.* V, n° 192 :

l'accord de substitution excluait les activités de services à domicile et ne pouvait interdire le maintien des avantages issus de la convention dénoncée pour les aides ménagères de ces services).

B. Maintien en vigueur provisoire

953 À l'échéance du préavis et tant qu'aucun accord de substitution n'intervient, la convention reste encore en vigueur. Ce maintien en vigueur dure un an. Cette fois, le texte dispose clairement qu'une stipulation contraire ne peut qu'accroître cette durée (C. trav., art. L. 2261-10).

Pendant ce maintien en vigueur provisoire d'une durée en pratique de quinze mois (un an plus trois mois de préavis), la convention collective conserve pleinement sa force obligatoire (v. Soc. 26 mai 1998, *Bull. civ.* V, n° 278 ; *Dr. soc.* 1998. 886, obs. G. Couturier). Elle doit donc bénéficier, même si ce n'est que temporaire, aux salariés nouvellement embauchés, etc.

954 Si à l'échéance de la période de maintien en vigueur provisoire, la convention n'a toujours pas été remplacée, la convention cesse de s'appliquer. Mais les salariés conservent le montant de leur rémunération.

C. Maintien du niveau de rémunération

955 Aux termes de l'ancien article L. 2261-13 du Code du travail, si le maintien en vigueur provisoire s'achève sans qu'aucun accord n'ait remplacé l'ancien, les salariés conservaient les « avantages individuels qu'ils ont acquis ». La loi travail a supprimé la notion d'avantage individuel et a réduit le maintien de la convention collective non remplacée au simple niveau annuel de rémunération. Ainsi, de la convention dénoncée, en l'absence d'accord de substitution, il ne demeure plus que le droit pour les salariés de conserver une rémunération, à durée équivalente, « dont le montant annuel [...] ne peut être inférieur à la rémunération versée lors des douze derniers mois ». Cette rémunération est comprise de manière large puisqu'il s'agit de toutes les sommes versées à l'occasion ou en contrepartie du travail.

L'*avantage individuel acquis*Q maintenu s'incorporait au contrat individuel de travail (Soc. 6 nov. 1991, *Berland*, *Bull. civ.* V, n° 479 ; *D.* 1992. Somm. 295, obs. M.-A. Rotschild-Souriac ; *Dr. soc.* 1992. 81 ; 13 mars 2001* ; 1er juill. 2008, n° 06-44.437 [P], *RDT* 2008. 753, obs. C. Nicod). On peut penser que le niveau de rémunération tel que défini par le nouvel article 2261-13 le sera également.

956 Pour baisser cette rémunération, l'employeur devra donc suivre la procédure de modification des contrats individuels de travail (v. ss 290). La survenance d'un accord de substitution (après l'expiration de la période de survie provisoire) n'aura plus d'effet sur la rémunération, une convention collective n'ayant pas la possibilité de détruire des dispositions plus avantageuses incluses au sein des contrats individuels de travail (v. ss 980).

D. Dénonciation et égalité de traitement

957 Les règles régissant la dénonciation conduisent à des différences entre les salariés embauchés avant et après la dénonciation, différences qui ont été soumises au test du principe d'égalité de traitement (sur ce principe, v. ss 356 s.). La jurisprudence est

venue régler les différents cas de figure, et devrait être largement transposée aux règles issues de la loi dite « travail » du 8 août 2016.

Tout d'abord, l'application mécanique des règles de la dénonciation a pour conséquence que les salariés embauchés après la dénonciation ne peuvent bénéficier des avantages individuels acquis et donc ne pourront bénéficier du niveau de rémunération garantie aux salariés embauchés avant la dénonciation. Néanmoins, ces salariés ne peuvent invoquer une atteinte au principe d'égalité de traitement (Soc. 11 juill. 2007, *Bull. civ.* n° 119), la différence de rémunération résultant de la loi et étant destinée à compenser la perte que les salariés embauchés avant la dénonciation subissent du fait de la dénonciation de l'accord collectif dont ils tiraient ces avantages ou ce niveau de rémunération.

Ensuite, la Cour de cassation a admis que l'adoption d'un engagement unilatéral ou la signature d'un accord destiné spécifiquement à compenser le préjudice subi par les salariés en raison de la dénonciation autorise à instaurer une différence de traitement avec les salariés qui n'ont jamais connu l'application de l'accord dénoncé (Soc. 24 sept. 2008, *Bull. civ.* V, n° 174)

Enfin, il arrive que par souci d'équité ou de paix sociale, l'employeur accorde des avantages aux salariés embauchés après la dénonciation afin de leur accorder le même niveau de rémunération que ceux embauchés avant. Ces derniers ne peuvent alors se plaindre d'une différence de traitement illégitime pour revendiquer l'avantage (Soc. 24 avr. 2013, n° 12-10.196 [PBRI]). La solution se comprend bien puisque si l'employeur devait leur accorder le même avantage ou le même niveau de rémunération, le choix d'égaliser les rémunérations serait contrarié. Au final, les salariés embauchés après la dénonciation peuvent obtenir des conditions de travail et de rémunération égales à celles des salariés embauchés avant cette dénonciation. En revanche, ceux-ci ne peuvent revendiquer d'être mieux traités que ceux-là.

section 3

La mise en cause de la convention collective

La mise en cause se produit automatiquement en cas de modification dans la situation juridique de l'employeur (C. trav., art. L. 1224-1 ; v. chap. 17, Transferts d'entreprise), et plus généralement en cas de disparition d'une des conditions d'application de la convention collective à l'égard des salariés (exception faite de la démission par l'employeur du groupement patronal signataire, C. trav., art. L. 2262-3). Les salariés sortent du champ d'application d'une convention collective dans deux situations. 958 ■

Première situation : l'entreprise se modifie : elle change d'activité ou déménage et n'est donc plus comprise dans le domaine de la convention de branche jusqu'alors applicable. Seconde situation : les salariés changent d'employeur : tel est le cas en cas de cession d'une partie de l'activité ou d'absorption de la société qui les employait. Dans ces dernières situations, la convention d'entreprise alors applicable est nécessairement mise en cause, mais la convention de branche dont bénéficiaient antérieurement les salariés peut l'être également.

Toutes ces hypothèses sont qualifiées de « *mise en cause*[Q] » par l'article L. 2261-14 du Code du travail. Afin d'éviter une trop brusque disparition des avantages conventionnels, l'article L. 2261-14 du Code du travail prévoit alors des solutions proches de celles retenues en cas de dénonciation.

■ **959** La convention anciennement applicable n'est mise en cause qu'à l'issue d'un délai de trois mois correspondant au préavis. Puis une négociation doit s'engager pour aboutir, dans le délai de survie provisoire, à un accord, appelé *accord d'adaptation*[Q]. Tant qu'il n'y a pas d'accord, la convention mise en cause est maintenue en vigueur. Ce maintien dure un an, sauf clause plus favorable. Si aucun accord n'est venu la remplacer, les salariés conservent, au bout d'un an donc, le niveau de leur rémunération (sur ces différentes règles et leur possible contrariété avec le principe d'égalité de traitement, v. *supra*). Une règle particulière a été posée pour les salariés transférés en vertu d'une convention de branche étendue : les salariés de l'entreprise d'accueil travaillant sur d'autres sites ne peuvent revendiquer les avantages obtenus par les salariés de l'entreprise initiale avant le transfert (C. trav., art. L. 1224-3-2 nouveau). Pour les conventions à durée déterminée, le maintien du niveau de rémunération n'est acquis que jusqu'au terme de la convention dénoncée, pas au delà.

Il est possible, notamment en cas d'absorption ou de cession d'une partie de l'entreprise, qu'une ou plusieurs conventions soient applicables dans l'entreprise d'accueil. Il se peut en effet que la sortie d'un champ d'application soit aussi l'occasion d'entrer dans le champ d'application d'une nouvelle convention collective, de branche ou d'entreprise. La ou les conventions d'origine devront donc s'appliquer en plus des conventions nouvellement applicables pendant le temps du maintien en vigueur provisoire. En l'absence de règles légales imposant une articulation particulière de deux conventions collectives de même niveau, c'est le principe de faveur qui s'applique. Le salarié pourra donc revendiquer les clauses les plus favorables de chaque convention (Soc. 10 févr. 2010, n° 08-44.454 [P], *JCP S* 1010. 1171, obs. A. Martinon).

■ **960** C'est du reste à propos de ces conventions applicables dans l'entreprise d'accueil que des interrogations sont survenues sur la notion d'accord d'adaptation. La Cour de cassation a refusé de considérer ces conventions comme des accords d'adaptation. La convention collective qui peut se substituer à la convention mise en cause ne peut être qu'une convention *ad hoc* issue de la négociation collective obligatoire qui suit la mise en cause. L'accord d'adaptation est celui conclu, aux termes de l'article L. 2261-14, « soit pour l'adaptation aux dispositions conventionnelles nouvellement applicables, soit pour l'élaboration de nouvelles stipulations » (Soc. 14 mai 1992, *Sté Vaulx Distribution** ; 1er déc. 1993, *Bull. civ.* V, n° 296 ; *D.* 1994. 334, note E. Dockès ; 13 nov. 2007, n° 06-42.090, *RDT* 2008. 38, obs. P. Waquet).

■ **961** On peut toutefois considérer que, pour des raisons pratiques, l'accord d'adaptation peut être un accord de niveau inférieur à l'accord affecté. En cas de changement d'activité, d'absorption ou de cession d'une partie de l'entreprise faisant passer les salariés d'une convention de branche à une autre, la négociation obligatoire d'adaptation exigée par l'article L. 2261-14 du Code du travail ne peut qu'avoir lieu au sein de l'entreprise. Si cette négociation aboutit à une convention d'adaptation, celle-ci doit pouvoir mettre fin à l'application de la convention de branche antérieurement applicable, quoiqu'elle soit d'un autre niveau (en ce sens, Soc. 9 févr. 1994, *Bull. civ.* V, n° 50, n° 91-16.000). Une petite nuance sépare alors la notion d'« accord substitué » en cas de dénonciation et en cas de sortie du champ d'application.

La loi dite « travail » du 8 août 2016 offre de nouvelles souplesses pour conclure un accord d'adaptation. En effet, Aux termes des articles L. 2261-14-2 et L. 2261-14-3 du Code du travail, avant même l'événement entraînant la mise en cause, une négociation peut s'engager et un accord être conclu. La négociation peut être menée entre les entreprises concernées et les seuls syndicats de l'entreprise ou de l'établissement transféré. L'accord issu de cette négociation a une durée limitée à 3 ans et entre en vigueur au jour de l'événement ayant entraîné la mise en cause. Il s'agit d'un accord d'adaptation de transition. Au terme de l'accord, les accords de l'entreprise d'accueil « s'appliquent », selon l'article L. 2261-14-2, ce qui laisse penser qu'auparavant ils ne s'appliquaient pas. 962 ■

L'accord d'adaptation peut aussi être signé par tous les employeurs et tous les syndicats concernés, ceux de l'entreprise initiale et ceux de l'entreprise d'accueil. Il s'agit alors d'un accord d'adaptation d'anticipation. L'accord, conclu avant la mise en cause, a alors pour objet de se substituer aux accords mis en cause mais aussi de réviser les accords de l'entreprise d'accueil, notamment pour harmoniser les statuts entre les salariés des deux entreprises. L'accord entre en vigueur à la date de réalisation de l'événement ayant entraîné la mise en cause.

section 4

Cessation des effets des conventions à durée déterminée

En l'absence de stipulation dans la convention, la durée de celle-ci est fixée à 5 ans. Aussi faudra-t-il que les négociateurs soient très attentifs à bien inscrire que la convention est à durée indéterminée. À défaut, la convention cessera tout simplement au bout de 5 années (C. trav., art. L. 2222-4, al. 3). 963 ■

La mise en cause d'une convention collective à durée déterminée est envisageable. Elle ne connaît pas de particularités, exception faire du maintien du niveau de la rémunération. Celui-ci ne bénéficie au salarié que si l'expiration de la convention est postérieure au délai de survie provisoire.

La dénonciation d'une convention à durée déterminée est normalement impossible.

25

Compléments pédagogiques

Quid

■ Accord de substitution n° 952

Accord conclu durant le maintien en vigueur provisoire d'une convention collective dénoncée, ayant pour objet de remplacer cette convention.

■ Accord d'adaptation n° 959

Accord conclu durant le maintien en vigueur provisoire d'une convention collective mise en cause, ayant pour objet l'adaptation de la situation des salariés aux dispositions conventionnelles nouvellement applicables, ou l'élaboration de nouvelles dispositions.

■ Avantage individuel acquis n° 955

Droit ou prérogative susceptible d'appropriation privative et accordé de manière cyclique ou continue. La notion d'avantage individuel acquis a été supprimée par la loi dite « travail » du 8 août 2016.

■ Dénonciation n° 941

Acte émanant d'une partie à une convention par laquelle elle se déclare déliée pour l'avenir de cette convention.

■ Mise en cause n° 958

Disparition, à l'égard de tout ou partie des salariés, de l'une des causes d'application d'une convention collective.

Biblio

- E. Dockès, « L'avantage individuel acquis », *Dr. soc.* 1993. 826.
- Y. Aubrée, « Le concept légal d'avantage individuel acquis », *RJS* 2000. 699.
- M.-L. Morin, « La révision des conventions et accords collectifs après la loi du 4 mai 2004 », *RJS* 2005. 87.
- J.-M. Olivier, « L'impact des transferts sur les normes en vigueur dans l'entreprise », *Dr. soc.* 2005. 743.
- Controverse entre H.-J. Legrand et M.-L. Morin, « La mise en cause d'une convention ou d'un accord collectif... en question », *RDT* 2008. 10.
- M.-A. Souriac, « La réforme de la négociation collective », *RDT* 2009. 14.
- E. Dockès, « Les titulaires du droit de dénoncer efficacement une convention collective », *Dr. soc.* 2011. 1257.

Documents

1) Les avantages individuels acquis

Soc. 23 mai 2006 (*Bull. civ.* V, n° 183)

« Mais attendu qu'après avoir rappelé à bon droit qu'un avantage individuel acquis au sens de l'article L. 132-8 du Code du travail [C. trav., nouv. art. L. 2261-13] est celui qui, au jour de la dénonciation de la convention ou de l'accord collectif, procurait au salarié une rémunération ou un droit dont il bénéficiait à titre personnel et qui correspond à un droit déjà ouvert et non simplement éventuel, le conseil de prud'hommes a exactement décidé que le jour supplémentaire de congé accordé par l'article 53 de la convention collective dénoncée aux employés dont le repos hebdomadaire coïncidait avec un jour férié dont les salariées (demanderesses) avaient déjà bénéficié à titre personnel, avait la nature d'un avantage individuel acquis au sens de l'article L. 132-8 [C. trav., nouv. art. L. 2261-13] du Code du travail ».

2) L'accord substitué

Soc. 14 mai 1992, *Sté Vaulx Distribution* (*Bull. civ.* V, n° 310 ; *D.* 1993. 67, note N. Decoopman ; *GADT*, n° 170)

« Mais attendu, qu'en vertu des dispositions combinées des troisième et septième alinéas de l'article L. 132-8 du Code du travail [C. trav., nouv. art. L. 2261-10, L. 2261-14]lorsque l'application d'une convention ou d'un accord collectif est mise en cause dans une entreprise déterminée en raison notamment d'une fusion, d'une cession, d'une scission ou d'un changement d'activité, ladite convention ou ledit accord continue de produire effet jusqu'à l'entrée en vigueur de la convention ou de l'accord qui lui est substitué ou à défaut pendant une durée d'un an à compter de l'expiration du délai de préavis, sauf clause prévoyant une durée déterminée supérieure ; que la convention ou l'accord substitué visé par ce texte est celui résultant de la négociation qui doit s'engager dans l'entreprise, soit pour l'adaptation des dispositions conventionnelles antérieures à celles nouvellement applicables, soit pour l'élaboration de nouvelles dispositions selon le cas ».

Soc. 30 nov. 1994 (*Bull. civ.* V, n° 319 ; *Dr. soc.* 1995. 178, note J. Savatier ; *GADT*, n° 171)

« Mais attendu que lorsque, conformément aux dispositions de l'article L. 132-8, alinéa 6, du Code du travail [C. trav., nouv. art. L. 2261-13], un accord collectif a été dénoncé, les salariés des entreprises concernées ne conservent, à l'expiration des délais de préavis, les avantages individuels qu'ils ont acquis que si les négociations engagées à la suite de la dénonciation n'ont pas abouti à la conclusion d'un nouvel accord ; Et attendu qu'ayant constaté que les accords dénoncés portaient sur les salaires et les accessoires des salaires, la cour d'appel a pu décider que l'accord du 3 mars 1986, qui avait le même objet, même si les parties étaient convenues de poursuivre les négociations, était un accord de substitution, et dès lors, qu'à défaut de clause contraire plus avantageuse pour les salariés, qu'après la conclusion de ce nouvel accord, ils ne pouvaient se prévaloir de droits acquis sous l'empire des dispositions antérieures ».

Quiz

1) Sujet corrigé

Cas pratiques

I. La SARL Pourmoi, décrite au cas pratique du chapitre précédent, est toujours une entreprise de vente à domicile de produit de beauté, qui compte cent cinquante salariés à temps plein. Trois délégués syndicaux ont été désignés dans cette entreprise. Ils représentent respectivement la CGT, la CGT-FO et la CFDT. Aux élections du comité d'entreprise de mars 2009, au premier tour, la CGT et la CFDT ont obtenu chacune 46 % des suffrages exprimés, la CGT-FO recueillant les 8 % restants.

Les trois délégués ont conclu avec le chef d'entreprise, le 10 décembre 2008, une convention collective (ci-dessous partiellement reproduite).

À la suite des plaintes reçues sur la longueur de certaines journées de travail, les délégués CGT et CFDT décident de dénoncer la convention : l'acte de dénonciation est dûment déposé et notifié aux autres signataires le 1er juin 2009.

Quels sont les effets de cette dénonciation ?

Extraits de la Convention collective de la SARL Pourmoi :

« Article 22 : Au 20 janvier de chaque année, une somme de 50 000 euros sera répartie également entre les dix salariés qui auront réalisé le plus gros chiffre d'affaires dans l'année précédente. [...]

Article 38 : Sauf faute grave, l'indemnité de licenciement a pour montant le produit du nombre d'années d'ancienneté par le quart du salaire mensuel. [...]

Fait à Dijon, le 10 décembre 2008,

(les signatures requises suivent). »

II. La convention collective de branche étendue des cafés-brasseries été signée en 1970 par, côté salarié, la CFDT, FO, et la CFTC, et, côté patronal, le syndicat des grandes entreprises de restauration et le syndicat des petits exploitants de brasserie. Ce dernier a dénoncé la convention. M. Dupont, serveur au Khédive, bar tenu par l'un des dirigeants du syndicat des petits exploitants se demande s'il va pouvoir encore bénéficier de la convention de 1970.

III. Dans une entreprise, une convention collective signée en 2010 par FO et l'UNSA prévoit un réaménagement complet des horaires de travail. En 2009, les élections au comité d'entreprise ont donné les résultats suivants : FO 25 %, UNSA 18 %, CGT 47 %, CGC 5 % et CFDT 5 %. En 2013, de nouvelles élections ont eu lieu, la campagne ayant été menée par la CGT contre le réaménagement des horaires. La CGT souhaite mettre fin à ce système horaire.

1re hypothèse. Les résultats sont les suivants : FO 38 %, UNSA 9 %, CGT 51 %, CGC 2 %

2de hypothèse. Les résultats sont les suivants : FO 11 %, UNSA 11 %, CGT 78 %

Voir le corrigé en fin de rubrique.

2) Corrigé

Cas pratiques

I. Les faits sont postérieurs à la loi du 20 août 2008. On suppose que la convention du 10 décembre 2008 a été valablement conclue.

Il faut d'abord se demander si la dénonciation est efficace.

En l'occurrence un syndicat, la CGT-FO a perdu sa représentativité. Nous sommes dans le champ d'application de l'alinéa 4 de l'article L. 2261-10 du Code du travail. Aux termes de ce texte : « Lorsqu'une des organisations syndicales de salariés signataires de la convention ou de l'accord perd la qualité d'organisation représentative dans le champ d'application de cette convention ou de cet accord, la dénonciation de ce texte n'emporte d'effets que si elle émane » des syndicats majoritaires.

Il faut donc regarder si les auteurs de la dénonciation sont bien majoritaires. Les résultats à prendre en compte sont ceux du premier tour des élections. En l'espèce, les syndicats qui dénoncent sont bien majoritaires. Si FO avait réussi à faire plus de 10 %, la dénonciation aurait peut-être été impossible, même avec l'accord des deux syndicats majoritaires.

En l'espèce, la dénonciation est efficace, il reste à appliquer les dispositions de l'article L. 2261-10 du Code du travail.

On compte quinze mois : pendant tout ce temps, la convention s'applique normalement, sauf nouvel accord venant se substituer à l'ancien.

À l'issue de ces quinze mois, au 1er septembre 2010, seuls demeurent le niveau annuel de rémunération.

L'article 38 est un avantage relatif au licenciement, il n'est donc pas conservé.

La question que pose l'article 22 est celle de la rémunération prise en compte. Aux termes de l'article L. 2261-13, la rémunération perçue s'entend d'une somme versée au cours de 12 derniers mois, au sens de l'article L. 242-1 du Code de la sécurité sociale. Il s'agit d'une prime versée en contrepartie du travail. Il n'y aucun doute que les salariés qui ont touché la prime l'année précédant la dénonciation devront la conserver.

III. Il fallait faire attention dans ce cas au fait que la convention est étendue. La dénonciation n'affecte pas la validité de la convention collective ; l'arrêté d'extension continue donc d'imposer l'application de la convention à tous les employeurs de la branche, même à ceux qui sont membres de l'organisation patronale l'ayant dénoncé. M. Dupont ne verra donc pas de différence

S'il n'y avait pas eu d'extension, la dénonciation aurait alors été efficace et aurait produit ses effets à l'encontre des salariés des employeurs membres du syndicat des petits exploitants, dont M. Dupont. La convention se serait néanmoins maintenue pour les salariés travaillant dans des sociétés membres du syndicat des grandes entreprises de restauration.

IV. Il faut ici appliquer l'article L. 2261-10, alinéa 4 : « Lorsqu'une des organisations syndicales de salariés signataires de la convention ou de l'accord perd la qualité d'organisation représentative dans le champ d'application de cette convention ou de cet accord, la dénonciation de ce texte n'emporte d'effets que si elle émane d'une ou plusieurs organisations syndicales de salariés représentatives dans son champ d'application ayant recueilli la majorité des suffrages exprimés [...] ».

1re hypothèse. L'UNSA signataire de l'accord a perdu sa représentativité (8 %). La CGT, représentant 51 % des suffrages exprimés, peut donc « dénoncer » l'accord. La solution peut paraître un peu étonnante puisque l'accord demeure signé par un syndicat ayant recueilli plus de 30 % des suffrages. On remarque de surcroît que les signataires de l'accord ont augmenté leur score cumulé.

2de hypothèse. La CGT ne peut dénoncer l'accord car aucune organisation signataire n'a perdu sa qualité représentative. La solution est choquante, surtout si on la compare à l'hypothèse précédente. La CGT, opposée à l'accord, est très majoritaire, et la convention collective n'est plus signée par des organisations ayant recueilli plus de 30 % des suffrages exprimés.

chapitre 26

Les conventions collectives parmi les sources du droit du travail

Plan analytique

section 1

L'articulation entre conventions collectives

§ 1 La règle de spécialité

§ 2 La règle de faveur

§ 3 La mise en œuvre de la règle de faveur

§ 4 La liberté d'articulation conventionnelle dans les organisation à structure complexe (groupes, sociétés, établissements)

section 2

La convention collective et la loi

§ 1 Les ordres publics en droit du travail

§ 2 La dérogation conventionnelle à la loi

§ 3 La supplétivité légale

section 3

La convention collective et le contrat de travail

section 4

La convention collective et les engagements unilatéraux de l'employeur

Compléments pédagogiques

La convention collective est une source de règles originale et propre au droit du travail dont les conditions de validité et les règles de formation spécifiques ont été examinées au chapitre 23. Tout aussi originale est l'articulation des conventions collectives tant entre elles (section 1) qu'avec les autres sources de règles du droit du travail : la loi (section 2), le contrat, (section 3) et les engagements unilatéraux de l'employeur (section 4). La règle de faveur (sur laquelle,v. ss 107 ; Quiz du chap. 3), qui constituait le principe normal d'articulation de la convention collective avec les autres normes, connaît des exceptions toujours plus nombreuses. Aussi la convention collective qui pendant longtemps était conçue uniquement comme un instrument d'amélioration du sort des salariés fait-elle également figure aujourd'hui d'outil de gestion et de flexibilité au profit des entreprises. 964

section 1

L'articulation entre conventions collectives

Il est assez fréquent que deux conventions collectives soient simultanément applicables à une même entreprise. Tel est notamment le cas lorsqu'une convention de branche est applicable à un employeur qui a, de surcroît, conclu une convention d'entreprise. La question de la résolution des conflits qui sont susceptibles d'apparaître a fait l'objet d'importantes réformes, légales et jurisprudentielles, ces dernières années. La dernière grande réforme en date est la loi du 4 mai 2004. Cette loi pose en règle générale l'application prioritaire des conventions collectives dont le champ d'application est le plus petit, sur les conventions collectives dont le champ d'application est le plus grand : c'est une règle de spécialité (§ 1). Bien que faisant désormais figure de dérogation, la règle du plus favorable s'applique encore (§ 2). La mise en œuvre de cette règle mérite un examen particulier (§ 3). La loi dite « travail » du 8 août 2016 a introduit un nouveau mode d'articulation : celui décidé par les partenaires sociaux au sein des entreprises à structure complexe (§ 4). 965

§ 1 La règle de spécialité

Les conventions collectives applicables à une même relation de travail peuvent venir régir la situation du salarié harmonieusement. Par exemple, la convention de branche a prévu des règles particulières pour la rupture du contrat mais rien sur le temps de travail alors que la situation est précisément inverse pour la convention collective d'entreprise. Ce cas de figure ne pose pas de problème. À l'inverse de celui où les conventions traitent différemment du même sujet. Il y a alors conflit. En cas de 966 conflit, la convention d'entreprise, et depuis la loi travail du 8 août 2016 ayant modifié l'article L. 2232-35, l'accord de de groupe l'emportent sur la convention de branche, même si elle est moins favorable (C. trav., art. L. 2253-3, al. 2). Une convention de branche l'emporte sur une convention interprofessionnelle et une convention départementale l'emporte sur une convention nationale (C. trav., art. L. 2252-1). Les négociateurs au niveau le plus petit ont donc la liberté de détruire, même sans contrepartie, les avantages prévus par les conventions collectives de plus grande ampleur. Cette règle peut être dite « de spécialité » car le législateur donne la priorité d'application au niveau de négociation le plus étroit. Ce faisant, il donne aussi priorité au niveau auquel le pouvoir de négociation de l'employeur est le plus fort : l'entreprise. La règle de faveur n'a néanmoins pas été totalement écartée, sauf en matière de temps de travail où la règle de spécialité règne en maître (v. ss 400).

§ 2 La règle de faveur

■ 967 Le principe de spécialité souffre encore, heureusement, de quatre importantes exceptions :

– il est interdit aux conventions d'entreprises de déroger aux conventions de branche en matière de salaire minimum, de classification, de protection sociale complémentaire, de mutualisation des fonds destinés à la formation professionnelle, de prévention de la pénibilité ou d'égalité entre les femmes et les hommes (C. trav., art. L. 2253-3, al. 1er) ;

– les négociateurs au niveau de la branche ou au niveau interprofessionnel peuvent stipuler expressément que les avantages qu'ils prévoient s'imposent aux conventions collectives de champ d'application plus réduit (C. trav., art. L. 2252-1). La convention de branche ou l'accord national interprofessionnel continuera donc d'être impératif pour les négociateurs au niveau de l'entreprise. En matière de temps de travail, toutefois, le verrouillage par la branche des accords d'entreprise est exclu ;

– surtout, la loi du 4 mai 2004 a réservé le cas des conventions collectives conclues avant son entrée en vigueur (art. 45). Ces conventions collectives demeurent applicables selon les règles antérieures. Cette dernière réserve assure une longue survie au principe de faveur, qui était l'ancien principe de solution. Les accords de niveau inférieur ne pourront donc déroger que de manière plus favorable aux conventions conclues avant l'entrée en vigueur de la loi 2004, même s'ils ont été signés après (Soc. 9 mars 2011, n° 09-69.647 [PBR], *RDT* 2011. 324, note S. Nadal). Ce n'est finalement qu'au fur et à mesure du remplacement des conventions de branche que le principe de spécialité deviendra applicable.

– enfin, il semble que la règle de faveur s'applique à chaque fois qu'il existe un concours de conventions collectives qui n'est pas spécialement réglé par les textes (Soc. 10 févr. 2010, n° 08-44.454 : à propos du concours de convention collective qui est susceptible de se produire durant la période de survie provisoire dans l'hypothèse d'une mise en cause de la convention collective ; v. ss 959).

Cumulées, les exceptions à la loi du 4 mai 2004 sont donc loin d'être négligeables. L'agencement traditionnel des conventions collectives, basé sur le principe de faveur, conserve ainsi un champ d'application important. En pratique et pour encore quelques années, les solutions traditionnelles, antérieures à la loi du 4 mai 2004, resteront applicables dans la très grande majorité des cas.

§ 3 La mise en œuvre de la règle de faveur

Précisons le raisonnement qui permet de savoir quels sont les avantages dont peut bénéficier le salarié, lorsqu'on se trouve dans le domaine de la règle de faveur. Le raisonnement se décompose en deux étapes principales. 968 ■

Dans un premier temps, il faut déterminer s'il y a cumul ou conflit des dispositions issues de conventions collectives simultanément applicables ou s'il y a conflit (Cass., ass. plén., 8 mars 1988, *Bull. ass. plén.*, n° 3 ; *GADT*, n° 179 ; *adde* dans le même sens, en substance, Cass., ass. plén., 24 oct. 2008*). Dans l'hypothèse du cumul, les deux avantages s'appliqueront ; en cas de conflit, seule la disposition la plus favorable sera retenue. L'idée est simple. Une convention collective prévoit un salaire minimum de 1 400 euros mensuels. Une autre convention collective prévoit pour le même emploi un salaire minimum de 1 500 euros. C'est la disposition la plus favorable qui sera appliquée et non, bien sûr, la somme des deux dispositions : le salaire minimum n'est, bien évidemment, pas de 2 900 euros. Ces deux avantages ont la même finalité : assurer une rémunération suffisante en contrepartie du travail. Ils ne se cumulent pas. Seul le plus favorable, 1 500 euros, sera retenu. En revanche, si une convention collective prévoit une sixième semaine de congés payés et l'autre prévoit une prime de salissure de 100 euros par mois, ces deux avantages de finalités totalement différentes peuvent se cumuler. Le salarié bénéficiera de la sixième semaine de congés payés en plus de la prime de 100 euros. 969 ■

Pour distinguer les situations de cumul de celle de conflit, il faut découper les conventions collectives simultanément applicables en « tranches ». Chaque tranche rassemble l'ensemble des avantages conventionnels ayant, dit la Cour, « le même objet ou la même cause ». En réalité, ce sont les dispositions qui ont une même finalité, une même cause, qui sont regroupées, l'objet au sens juridique du terme important peu. Ainsi, des primes de vacances et de 13e mois doivent être cumulées (Soc. 7 nov. 2007, n° 05-18257). Les objets de ces primes ne sont pourtant pas distincts. Il s'agit de deux obligations de verser des sommes d'argent. En revanche leur cause, leur finalité, est bien différente : la prime de vacances est destinée à améliorer les congés des salariés, l'autre n'a pas cette finalité particulière, elle n'a pour but que de rémunérer le travail effectué.

L'application de la règle n'est pas toujours simple et la Cour de cassation a livré quelques illustrations éclairantes. Les indemnités de licenciement, dont la finalité est de réparer le préjudice de la rupture, sont ainsi regroupées en un seul bloc. Elles seront en revanche séparées des clauses sur le préavis de licenciement qui retardent la rupture et ont pour finalité de prévenir et de réduire le préjudice subi par le salarié. L'indemnité de licenciement plus favorable d'une convention collective pourra ainsi être cumulée avec la durée de préavis plus longue d'une autre convention collective (Soc. 23 oct. 1985, *Bull. civ.* V, n° 488). Inversement, font partie d'un même bloc que l'on pourrait intituler « rémunération des heures de nuit », le taux horaire d'une convention et la majoration des heures de nuit d'une autre convention. Elles ne se cumulent pas (Soc. 25 oct. 2006, n° 04-20.413).

Lorsqu'un conflit est identifié, il n'est pas toujours facile de savoir quelle est la « tranche » d'avantages la plus favorable. Certains salariés peuvent avoir intérêt à conserver telle clause et d'autres salariés préférer une autre clause. Plutôt que de 970 ■

laisser chacun choisir selon ses intérêts et dans un but de simplification, la Cour de cassation a décidé que, des deux blocs à comparer, un seul devait s'appliquer pour tous les salariés. Par conséquent, la comparaison doit se faire eu égard à l'ensemble des intéressés (en ce sens, v. Cass., ass. plén., 18 mars 1988, préc.). Pour savoir ce qui est plus favorable d'une prime d'assiduité importante, mais qui disparaît totalement à la première absence, ou d'une prime d'assiduité moins importante, mais dont la disparition est progressive, il sera nécessaire de regarder quel est le nombre d'absence, en moyenne des salariés. Si dans leur quasi-totalité des salariés ne sont jamais absent, la prime la plus élevée l'emportera. Si les absences d'une journée ou d'une demi-journée sont fréquentes, ce pourra être la seconde. Quoi qu'il en soit, l'entreprise n'aura à appliquer qu'une des deux primes, même si cela défavorise tel ou tel salarié, dont le comportement est minoritaire (comp. v. ss 976).

■ 971 Le découpage des tranches constitue l'étape la plus importante. Plus les tranches sont grosses, moins il y a de cumuls possibles. À la limite, si une convention collective n'est qu'une seule tranche indivisible, soit elle s'applique, et elle seule, soit elle ne s'applique pas du tout. Un découpage très fin, au contraire, permet de bénéficier de l'essentiel des avantages de l'une, tout en conservant les avantages de l'autre. Très schématiquement, la jurisprudence retient en matière de convention collective une solution médiane. Elle ne compare pas les conventions collectives avantage par avantage mais, plus grossièrement, groupe d'avantages par groupe d'avantages.

Sans la remettre en cause, l'arrêt *Géophysique* du 19 février 1997 (*Bull. civ.* V, n° 70 ; *Dr. soc.* 1997. 432, et dans le même sens, Soc. 3 mars 1999, *Dr. soc.* 1999. 1101) a amendé et fragilisé cette méthode, lorsqu'une convention collective contient un engagement en matière d'emploi. Si cet engagement est ferme et précis, le maintien de l'emploi l'emporte sur les autres dispositions conventionnelles. Autrement dit l'accord collectif portant ce maintien de l'emploi est comparé globalement avec les autres accords collectifs et, de surcroît, est jugé nécessairement plus favorable aux salariés. Cette solution, engendrant en réalité de nombreux dangers pour les salariés, doit être limitée aux hypothèses de concours de conventions collectives résultant des règles de révision des accords collectifs antérieurs à la loi du 31 décembre 1992 (v. ss 931). La jurisprudence *Géophysique* devrait avoir épuisé ses effets.

§ 4 La liberté d'articulation conventionnelle dans les organisation à structure complexe (groupes, sociétés, établissements)

■ 972 La loi dite « travail » a libéré l'accord de groupe de la tutelle de la convention de branche, puisque désormais, celui-là n'a plus à respecter celle-ci. Mais cette loi est allée plus loin dans l'assouplissement de l'agencement des règles relatives aux conventions dans les organisations à structure complexe, c'est-à-dire dans les groupes composés d'entreprises, elles-mêmes divisées en établissements (n'ayant pas la personnalité morale) ou dans les structures dotées de la personnalité morale et regroupant plusieurs unités de production (les établissements). Tout d'abord, la conclusion d'un accord au niveau du groupe dispense les interlocuteurs sociaux au niveau de l'entreprise d'engager des négociations obligatoires sur les mêmes thèmes (C. trav., art. L. 2232-33, al.3). Un accord de groupe de méthode peut même prévoir de dispenser les employeurs des entreprises du groupe d'engager les négociations annuelles obligatoires sur les thèmes qui ont fait l'objet d'une négociation (et non d'un accord) au niveau du groupe. En somme, sous réserve d'un accord de méthode conclu au niveau du groupe, la négociation dite obligatoire ne l'est plus dans l'entreprise. (C. trav., art. L. 2232-33, al. 2)

La liberté d'organisation conventionnelle des organisations à structure complexe ne s'arrête pas là. L'accord « supérieur » – le groupe ou l'interentreprise par rapport aux entreprises et aux établissements, l'entreprise par rapport aux établissements – peut stipuler qu'il se substitue aux dispositions ayant le même objet des conventions ou accords conclus antérieurement ou postérieurement de niveau inférieur (C. trav., art. L. 2253-5 s.). La discipline règne ainsi dans les organisations complexes. À défaut de stipulation expresse de l'accord de niveau supérieur, c'est une règle de cumul des avantages ayant un objet différent et d'application de l'avantage le plus favorable en cas de conflit qu'il faut retenir. 973 ■

section 2

La convention collective et la loi

Depuis une vingtaine d'années, la convention collective avance et la loi recule. Au nom de l'autonomie des partenaires sociaux, les protections légales peuvent être remises en cause. Ce mouvement tend à s'accélérer au point que l'on ne sait plus vraiment si le droit à la négociation collective est un droit accordé aux salariés ou une prérogative à disposition des employeurs. La prééminence de la loi caractérisée par l'ordre public (§1) subit plusieurs entorses : la dérogation (§2) et la supplétivité (§3). 974 ■

§ 1 Les ordres publics en droit du travail

D'abord, l'ordre public absolu, celui de l'article 6 du Code civil, n'a pas disparu (v. pour une utilisation exprès de cette qualification à propos des règles sur la participation des salariés, Soc. 23 mai 2007, n° 04-20.157 [P]). Lorsque la loi est d'ordre public absolu, les interlocuteurs sociaux ne peuvent y déroger, même de manière plus favorable. Par exemple, la compétence des agents publics n'est pas à la libre disposition des négociateurs collectifs. Une convention collective ne peut pas, dès lors, accorder de nouvelles fonctions aux inspecteurs du travail, même si cet octroi est plus favorable aux salariés (v. not. CE, avis, 22 mars 1973, *Dr. soc.* 1973. 514 ; Soc. 19 déc. 1989, *Bull. civ.* V, n° 719 ; 12 juill. 2006, *Bull. civ.* V, n° 258 ; *adde*, sur la prohibition des clauses d'indexation, Soc. 13 déc. 2006, n° 05-44.073, *Bull. civ.* V, n° 374). 975 ■

Ensuite, l'ordre public social demeure le caractère principal des règles législatives du droit du travail : la loi est un minimum que la convention collective peut améliorer. C'est ce qui résulte de l'article 2251-1, alinéa 1er du Code du travail. On dit aussi que les conventions collectives peuvent déroger *in melius* (en mieux, littéralement) à la 976 ■

loi. Ainsi, par exemple, une convention collective peut prévoir un salaire supérieur au SMIC. Comme la loi attribue des protections qui doivent bénéficier à chaque salarié, une convention collective ne peut prévoir un système qui soit seulement globalement plus favorable aux salariés. Il faut que pour chaque salarié, la convention collective soit avantageuse. On peut ainsi imaginer une convention collective qui prévoirait un salaire au rendement, globalement nettement plus favorable que le SMIC. Un salarié au rythme de travail moyen pourrait, on le suppose, toucher par exemple une fois et demie le SMIC grâce à ce mode de calcul. Il se pourrait cependant que quelques salariés, très minoritaires, soient particulièrement lents. Payés au rendement, ils n'arrivent pas à atteindre le montant du SMIC. On appliquera d'abord la loi et toute la loi. Les quelques salariés les plus lents ont donc droit au paiement du SMIC. Les autres pourront normalement se prévaloir de la convention collective.

La comparaison entre la loi et la convention collective est ici effectuée en fonction de chaque salarié, de son intérêt individuel. Cette solution s'écarte donc de celle retenue en cas de concours de conventions collectives dont la comparaison au regard de l'intérêt de l'ensemble des salariés (v. ss 970).

§ 2 La dérogation conventionnelle à la loi

■ 977 Cette supériorité juridique de la loi ne doit pas masquer que le législateur se dessaisit de plus en plus souvent de son pouvoir de fixer les minima en droit du travail. Fréquemment, le Code du travail contient une règle minimale et dans le même temps, sous certaines conditions, autorise la convention collective à y déroger défavorablement (ou en tout cas de manière non nécessairement plus favorable). Les lois de ce type sont de plus en plus nombreuses. L'accord collectif qui utilise cette possibilité ouverte par la loi est dit « dérogatoire ». Son empire s'étend.

■ 978 La conclusion d'un accord dérogatoire est soumise à des conditions strictes. Il faut prévoir des contreparties pour les salariés, contreparties que la Cour de cassation contrôle. Voici un exemple. À l'issue d'un CDD, le salarié a en principe droit à une indemnité de fin de contrat – l'indemnité de précarité – égale à 10 % des rémunérations brutes reçues (C. trav., art. L. 1243-8*). L'article L. 1243-9* du Code du travail prévoit que cette indemnité peut être réduite à 6 % par accord collectif. Ce même article prévoit que l'accord organise un « accès privilégié à la formation professionnelle » pour les salariés en CDD. La Cour de cassation est venue préciser qu'il faut une véritable proposition individuelle d'accès à la formation et non de simples déclarations générales (Soc. 23 janv. 2008, *Dr. soc.* 2008. 494, obs. C. Roy-Loustaunau). On voit bien le mécanisme : la loi prévoit un minimum puis autorise la convention collective à ne pas le respecter sous certaines conditions, conditions que la Cour de cassation examine avec rigueur.

Pareil mécanisme est courant dans le droit du temps de travail. Les dispositions conventionnelles instaurant un forfait jour sont ainsi privées d'effet dès lors qu'elles n'assurent pas la garantie du respect des durées maximales de travail ainsi que des repos, journaliers et hebdomadaires (V. Soc. 24 avr. 2013, n° 11-28.398 [PB], v. ss 441).

§ 3 La supplétivité légale

Dans certains domaines du temps de travail, le caractère subsidiaire de la loi est encore plus marqué, car la validité des accords collectifs n'est pas même soumise à l'exigence de contreparties (v. ss 429 s.). La loi n'organise plus des dérogations mais laisse place à une forte supplétivité. Cet essor de la loi supplétive, constant depuis une vingtaine d'années, est parfois contrarié. Selon l'article 34 de la Constitution de 1958, « La loi détermine les principes fondamentaux (...) du droit du travail ». Et le Conseil constitutionnel en a déduit que certains points, fondamentaux, ne pouvaient faire l'objet d'une délégation du législateur aux partenaires sociaux (Cons. const. 7 août 2008, n° 2008-568 DC, à propos de la contrepartie obligatoire en repos due pour certaines heures supplémentaires). Le recours à la loi supplétive n'est donc pas illimité. 979 ■

Mais il pourrait se généraliser (V. « La négociation collective, le travail et l'emploi », rapport dit Combrexelle, rendu au Premier ministre le 9 septembre 2015, et l'art. 1, non codifié, de la loi dite « travail » du 8 août 2016). Pareil recours pourrait même être appelé à constituer la règle si se répandait le modèle des normes relatives au temps de travail. En effet, le Code du travail, dans sa version issue de la loi dite « travail » du 8 août 2016, souligne de manière symbolique le caractère subsidiaire de certaines règles du droit du travail par un rubricage tripartite des articles du code où figurent en dernière place « les dispositions supplétives » (V. rubrique « documents » du chap. 3). En cette matière, les dispositions supplétives existaient déjà mais elles sont désormais rendues visibles pour insister sur la souplesse, vraie ou prétendue, de la loi en droit du travail. Il ne fait pas de doute que l'autorité et la place de la loi en sortent, symboliquement, affaiblies et réduites (v. ss 89).

section 3

La convention collective et le contrat de travail

Selon l'article L. 2254-1 du Code du travail, les conventions collectives s'appliquent aux contrats de travail, sauf si ce dernier contient des stipulations plus favorables. De cet article, il est possible de déduire deux règles qui gouvernent l'articulation entre convention collective et contrat de travail. 980 ■

D'abord la convention collective « s'applique ». Cela signifie donc qu'elle ne remplace pas le contrat de travail ; elle ne vient pas en modifier le contenu (v. not. Soc. 13 nov. 2001*). La convention collective ne s'incorpore pas au contrat de travail. C'est important puisqu'en cas de modification, disparition, cessation des effets de la convention collective, il n'y a pas de modification du contrat. L'accord du salarié n'est donc pas nécessaire et ce, même si cela affecte un élément, tel que la rémunération, qui est considéré comme relevant normalement du contrat (v. Soc. 27 juin 2000, *Dr. soc.* 2000. 828 s. obs. C. Radé ; *ibid.* 1007, obs. Ph. Waquet). Le consentement du salarié n'a donc pas à intervenir. 981 ■

982 Ensuite, lorsque deux dispositions, l'une contractuelle, l'autre conventionnelle traitent de la même question, la plus favorable au salarié sera retenue (mais il n'y aura pas de cumul). La Cour de cassation retient une formule très proche de celle qu'elle avait forgée pour l'articulation entre conventions collectives (Soc. 13 juin 2012*). Mais l'application de la formule pourrait être plus stricte. Il ne faudrait pas, en effet, que sous prétexte de comparaison, les salariés soient conduits à renoncer par contrat à des avantages conventionnels. En cas de comparaison entre convention et contrat, la similitude des avantages ne devrait être que très rarement retenu (V. en ce sens l'arrêt du 13 juin 2012*)

On déduit de l'application de la règle de faveur que, même en toute connaissance de cause, un salarié ne peut renoncer par contrat aux avantages prévus par la convention collective. Le contrat de travail, comportant une renonciation, est clairement moins favorable : la stipulation litigieuse doit être écartée.

On déduit également de l'application du principe de faveur, une capacité de résistance du salarié à l'application des conventions collectives défavorables, et ce, grâce à son contrat. Notamment en matière de temps de travail, les dispositifs conventionnels ne peuvent être imposés au salarié sans son accord lorsque le contrat y fait obstacle. Par exemple, un contrat qui contiendrait les horaires de travail et leur fixité peut être valablement opposé à toute modification ou modulation horaire. La mise en œuvre de tels dispositifs conventionnels exige donc un accord exprès du salarié à la modification de son contrat (Soc. 28 sept. 2010, n° 08-43.161, *RDT* 2010. 725, obs. F. Canut ; *JCP* S 1446, note M. Morand). C'est pour contourner cet obstacle et faire plier le salarié que l'article 45 de la loi Warsmann du 29 février 2012 prévoit que l'instauration d'une modulation du temps de travail ne constitue pas une modification du contrat de travail (C. trav., art. L. 3122-6) et n'exige donc plus l'accord du salarié.

C'est aussi en raison de la résistance du contrat du salarié aux changements conventionnels que la loi du 14 juin 2013 relative à la sécurisation de l'emploi a instauré des règles particulières pour les accords de maintien de l'emploi (proche de celles prévues pour les accords de mobilité interne). Si la résistance du contrat n'est pas frontalement remise en cause, elle l'est bien indirectement, par les conséquences qu'emporte le refus du salarié de se soumettre à l'accord. Effectivement, la loi prévoit une procédure particulière afin de recueillir l'accord du salarié à la modification d'éléments contractuels et règle les conséquences du refus du salarié de manière inusitée : application du régime du licenciement économique individuel, même en cas de refus de plusieurs salariés sans mise en place d'un plan social (v. C. trav., art. L. 5125-2). Ce mécanisme a été transposé par loi dite « travail » du 8 août 2016 aux accords de préservation et de développement de l'emploi aux conditions de conclusion plus aisées que les accords de maintien de l'emploi (v. C. trav., art. L. 2254-2).

983 Ces principes ne permettent pas de régler la question des clauses conventionnelles créatrices d'obligation. Derrière cette appellation un peu longue, se cache une situation assez simple. La convention collective impose une obligation aux salariés, comme une obligation de mobilité géographique, mais le contrat ne prévoit rien. Il est silencieux. Dans le conflit entre un contrat plus favorable parce que silencieux et la clause conventionnelle créatrice d'obligation, la Cour de cassation a fait prévaloir la convention collective. Elle a ainsi considéré que, dans le silence du contrat, les conventions collectives pouvaient imposer aux salariés des obligations de non-concurrence (Soc. 8 janv. 1997, *Dr. soc.* 1997. 323, *Bull. civ.* V, n° 8) ou encore des

clauses d'essai (Soc. 29 mars 1995, *Bull. civ.* V, n° 112), de mobilité (Soc. 27 juin 2002*, *Bull. civ.* V, n° 222) ou d'astreinte (Soc. 13 févr. 2002, n° 00-40.387). Elle a néanmoins posé deux petites conditions : le salarié doit avoir été informé de l'application de la convention collective et mis en mesure d'en prendre connaissance, *au moment de son embauche*. Il faut donc distinguer selon que la conclusion du contrat était antérieure ou non à la convention collective. Si le contrat silencieux est antérieur, l'obligation conventionnelle ne s'applique pas et inversement (Soc. 17 oct. 2000, *Bull. civ.* V, n° 334 ; 27 juin 2002, préc.).

Cette jurisprudence a perdu récemment l'essentiel de son champ d'application. Par application de l'ANI du 11 janv. 2008, la loi du 25 juin 2008 sur la modernisation du marché du travail impose aux périodes d'essai d'être expressément stipulées au sein des contrats de travail ou des lettres d'engagement (C. trav., art. L. 1221-23). Et l'article 10 de cet ANI du 11 janvier, stipule que « les contrats de travail devront préciser les conditions de mise en œuvre (...) des clauses de non-concurrence (... et des) clauses de mobilité ». La jurisprudence qui voyait dans les conventions collectives une source possible d'obligations nouvelles à la charge des salariés semble ainsi en voie d'extinction (V. égal. rubrique « Quiz »). 984 ■

section 4

La convention collective et les engagements unilatéraux de l'employeur

Engagements unilatéraux de l'employeur et usages connaissent le même régime. Ils sont placés par la jurisprudence dans une situation de soumission aux conventions collectives. Ainsi, une convention collective nouvelle détruit les engagements unilatéraux et les usages existants, même si ces derniers sont plus favorables (en ce sens, v. Soc. 19 déc. 1990, *Bull. civ.* V, n° 688 ; 27 sept. 2006, n° 05-40.232, *Dr. soc.* 2006. 1190, note Ph. Waquet). Elle peut prévoir expressément cette destruction. Mais une telle prévision n'est pas nécessaire, il suffit que la convention porte sur le même objet que l'usage ou l'engagement unilatéral pour y mettre fin. En revanche, si l'usage ou l'engagement unilatéral sont postérieurs à une convention collective, ils trouveront à s'appliquer en cas de conflit dès lors qu'ils sont plus favorables (v. par ex., Soc. 17 mai 2006, n° 04-43.965). Les engagements unilatéraux de l'employeur ne peuvent bien évidemment pas remettre en cause les avantages issus de la convention collective. La Cour de cassation analyse d'ailleurs assez finement le conflit afin d'éviter que l'employeur ne vienne remettre en cause les stipulations conventionnelles. C'est ainsi que la prime de panier et les tickets-restaurant accordés par l'employeur ne peuvent se substituer, même s'ils sont d'un montant plus élevé, à la prime de repas prévue par la convention collective en cas de déplacement. Les salariés pourront donc bénéficier de tous ces avantages (Soc. 15 avr. 2015, n° 13-28.045). 985 ■

26

Compléments pédagogiques

Biblio

1) Sur les conflits de conventions collectives

- E. Dockès, « La réciprocité des dispositions dans la convention collective », *Dr. ouvrier* 1997. 503
- M.-A. Souriac, « Quelle autonomie pour la négociation collective d'entreprise ? », in *La négociation collective d'entreprise*, Dalloz, 2005, p. 89-108.
- M.-A. Souriac, « L'articulation des niveaux de la négociation », *Dr. soc.* 2004. 580.

2) Sur l'articulation loi/convention collective

- G. Borenfreund, M.-A. Souriac, « Les rapports de la loi et de la convention collective », *Dr. soc.* 2004. 72.

3) Sur la place du contrat individuel de travail

- G. Borenfreund, « L'articulation du contrat de travail et des normes collectives », *Dr. ouvrier* 1997. 514.
- « Faut-il renforcer la puissance de l'accord collectif face au contrat de travail ? », Controverse entre M. Morand et E. Dockès, *RDT* 2007. 144-149.
- M. Morand « Rapports entre accords collectifs et relations individuelles de travail », *Dr. soc.* 2009. 900.
- F. Géa, M.-F. Mazars, « Contrat de travail et normes collectives », *BICC* 1er oct. 2012, *n°* 768, p. 40.

4) Sur les modifications introduites par la loi du 14 juin 2013

- E. Peskine, « La célébration de l'accord collectif d'entreprise : quelques enseignements de la loi relative à la sécurisation de l'emploi », *Dr. soc.* 2014. 438.

Documents

1) Sur l'application de deux conventions collectives

Cass., ass. plén., 24 oct. 2008
(n° 07-42.799 [P], *RDT* 2009. 43, note M. Véricel; *ibid.* 114, note S. Nadal)

« Vu l'ancien article L. 132-1 devenu L. 2221-2 du Code du travail dans sa rédaction applicable en la cause ;

Attendu qu'en cas de concours d'instruments conventionnels collectifs, les avantages ayant le même objet ou la même cause ne peuvent, sauf stipulations contraires, se cumuler, le plus favorable d'entre eux pouvant seul être accordé (...)

Qu'en statuant ainsi, alors que les jours de récupération, qui sont acquis par le salarié au titre d'un accord d'aménagement et de réduction du temps de travail et représentent la contrepartie des heures de travail qu'il a exécutées en sus de l'horaire légal ou de l'horaire convenu, n'ont ni la même cause ni le même objet que les congés payés d'ancienneté auxquels il a droit, en sus de ses congés légaux annuels, la cour d'appel a violé le texte susvisé ;... ».

2) Accord dérogatoire

Article L. 1243-8 du Code du travail

« Lorsque, à l'issue d'un contrat de travail à durée déterminée, les relations contractuelles de travail ne se poursuivent pas par un contrat à durée indéterminée, le salarié a droit, à titre de complément de salaire, à une indemnité de fin de contrat destinée à compenser la précarité de sa situation.

Cette indemnité est égale à 10 % de la rémunération totale brute versée au salarié.

Elle s'ajoute à la rémunération totale brute due au salarié. Elle est versée à l'issue du contrat en même temps que le dernier salaire et figure sur le bulletin de salaire correspondant. »

Article L. 1243-9 du Code du travail

« En vue d'améliorer la formation professionnelle des salariés titulaires de contrat de travail à durée déterminée, une convention ou un accord collectif de branche étendu ou une convention ou un accord d'entreprise ou d'établissement peut également prévoir de limiter le montant de l'indemnité de fin de contrat à hauteur de 6 %, dès lors que des contreparties sont offertes à ces salariés, notamment sous la forme d'un accès privilégié à la formation professionnelle. Dans ce cas, la convention ou l'accord peut prévoir les conditions dans lesquelles ces salariés peuvent suivre, en dehors du temps de travail effectif, un bilan de compétences. Ce bilan de compétences est réalisé dans le cadre du plan de formation au titre de la participation des employeurs au financement de la formation professionnelle »

3) Articulation convention collective et contrat

Soc. 13 nov. 2001
(*Bull. civ.* V, n° 340)

« Mais attendu qu'un accord collectif ne peut modifier le contrat de travail d'un salarié ; que seules les dispositions plus favorables d'un accord collectif peuvent se substituer aux clauses du contrat ; que la cour d'appel ayant relevé que la rémunération résultant de l'accord collectif était moins favorable au salarié que celle prévue par le contrat a exactement décidé de ne pas appliquer les dispositions de l'accord »

Soc. 13 juin 2012
([P] n° 10-27395, *Dr. soc.* 2012. 850, obs. C. Radé)

« Mais attendu que si en cas de concours de stipulations contractuelles et de dispositions conventionnelles, les avantages qu'elles instituent ne peuvent se cumuler, c'est à la condition qu'ils aient le même objet et la même cause ;
Et attendu que la cour d'appel, qui a retenu que le treizième mois prévu par le contrat de travail constituait une modalité de règlement d'un salaire annuel payable en treize fois, alors que la gratification instituée par l'accord d'entreprise du 19 octobre 1988 [dite gratification de 13e mois] constituait un élément de salaire répondant à des conditions propres d'ouverture et de règlement, a pu en déduire que ces avantages n'avaient pas le même objet »

4) Clause conventionnelle créatrice d'obligations

Soc. 27 févr. 2002
(*Bull. civ.* V, n° 222)

« Mais attendu que si, même en l'absence de clause de mobilité géographique insérée au contrat de travail du salarié, l'employeur peut se prévaloir de l'existence d'une telle mobilité instituée de façon obligatoire par la convention collective, lorsque la disposition de la convention collective se suffit à elle-même, c'est à la condition que le salarié ait été informé de l'existence de cette convention collective au moment de son engagement et mis en mesure d'en prendre connaissance ;
Et attendu que la cour d'appel, qui a fait ressortir que l'engagement en 1969 de M. X... était antérieur à la convention collective de 1972 invoquée par la FFMJC, en sorte que ladite convention n'avait pu, sans modifier le contrat de travail du salarié, imposer à celui-ci une clause de mobilité qui n'y figurait pas, a pu décider que les refus réitérés de l'intéressé d'accepter sa mutation n'étaient pas fautifs ».

Quiz

1) Sujet corrigé

A) Cas pratique

L'entreprise Mélusine SA, qui fabrique diverses sortes de biscuits, est installée dans le département de la Côte-d'Or. Le président du conseil d'administration, M. Soureau, vous consulte. Il souhaite savoir si la convention d'entreprise qu'il a conclue le 25 décembre 2005 est bien applicable dans toutes ses dispositions, et si, par conséquent, il peut cesser d'appliquer les articles 15 à 17 de la convention de la biscuiterie de la Côte-d'Or. Vous lui dites précisément ce qui est applicable des textes susvisés, dans les deux hypothèses suivantes :

1. La convention collective étendue de la biscuiterie de la Côte-d'Or a été conclue en octobre 1997 et étendue par un arrêté ministériel de janvier 1998.

2. La convention collective étendue de la biscuiterie de la Côte-d'Or a été conclue en septembre 2005 et étendue par un arrêté ministériel d'octobre 2005.

Annexe

Convention collective étendue de la biscuiterie du département de la Côte-d'Or (extrait)

« (...)

Article 15 : Une prime d'ancienneté de 200 € par mois sera versée mensuellement aux salariés ayant plus de 10 ans d'ancienneté.

Article 16 : Sauf faute grave, l'indemnité de licenciement a pour montant le produit du nombre d'années d'ancienneté par le quart du salaire mensuel. Pour les salariés ayant plus de 2 ans d'ancienneté dans l'entreprise, et sauf faute grave, le préavis de licenciement est fixé à 12 mois. Le préavis de démission est fixé à 3 mois.

Article 17 : La durée des congés annuels payés est calculée à raison de 3,5 jours ouvrables par mois travaillé. (...)

(les signatures requises suivent). »

Convention collective de l'entreprise Mélusine SA

« Article 1er : Une prime semestrielle de 500 € sera versée aux salariés ayant plus de 5 ans d'ancienneté.

Article 2 : Sauf faute grave, l'indemnité de licenciement a pour montant le produit du nombre d'années d'ancienneté par le tiers du salaire mensuel. Pour les salariés ayant plus de 2 ans d'ancienneté dans l'entreprise, et sauf faute grave, le préavis de licenciement est fixé à 6 mois. Le préavis de démission est fixé à 1 mois.

Article 3 : La durée des congés payés annuels est la durée légale de 2,5 jours ouvrables par mois travaillé. L'article 17 de la convention de la biscuiterie de la Côte-d'Or est donc inapplicable dans l'entreprise.

Article 4 : Pour compenser la réduction des congés payés qu'opère l'article 3 de cette convention, une prime de 13e mois est créée dans l'entreprise.

Fait à Dijon, le 25 décembre 2005, (les signatures requises suivent). »

Voir le corrigé en fin de rubrique.

B) Argumentation juridique

Quels arguments peut-on opposer à l'application des clauses conventionnelles créatrices d'obligations ?

Voir le corrigé en fin de rubrique.

2) Corrigé

Cas pratique

La convention collective de la biscuiterie de la Côte-d'Or est étendue dans les deux hypothèses. Elle s'applique donc à l'entreprise Mélusine SA dans les deux hypothèses, que l'employeur soit ou non membre d'une organisation patronale signataire.

• Hypothèse 1

La convention de branche est antérieure à la loi du 4 mai 2004. Cette loi ne lui est donc pas applicable (v. son art. 45). Ce sont les solutions antérieures qui continuent à s'appliquer au conflit entre les deux conventions collectives en cause.

Il est tout d'abord nécessaire de regrouper les dispositions de chaque convention collective en fonction de leur finalité, de leur cause, puis de comparer les blocs ayant une même cause, afin de rechercher lequel est le plus favorable.

– Sur la prime d'ancienneté :

L'article 1er de la convention d'entreprise et l'article 15 de la convention de branche ont tous deux pour finalité de rémunérer l'ancienneté. Ils ne peuvent donc se cumuler.

Les salariés qui ont entre 5 et 10 ans d'ancienneté préféreront la convention d'entreprise. Ceux qui ont plus de 10 ans d'ancienneté préféreront l'article 15 de la convention de branche. Mais il n'est pas question d'appliquer des articles différents pour les uns ou pour les autres. Un seul article sera applicable. Et pour savoir lequel, il est nécessaire de se placer du point de vue de l'ensemble des intéressés, c'est-à-dire ici du point de vue de l'ensemble des salariés de l'entreprise.

La solution dépendra essentiellement de la structure de l'ancienneté dans l'entreprise. Si très peu de salariés atteignent les 10 ans d'ancienneté, la convention d'entreprise l'emportera. Si en revanche, la plupart des salariés ont plus de 10 ans d'ancienneté, ce sera la convention de branche. Et, dans certains cas intermédiaires, la question pourra devenir très difficile.

– Sur les conséquences de la rupture du contrat de travail :

Il est nécessaire de distinguer les indemnités de licenciement, qui réparent le préjudice de la rupture, des durées de préavis, qui préviennent ce préjudice (v. Soc. 23 oct. 1985, *Bull. civ.* V, n° 488). Il est nécessaire de séparer la durée du préavis de licenciement, qui a pour finalité la prévention du préjudice subi par le salarié en cas de licenciement, de la durée du préavis de démission, qui a pour finalité la prévention du préjudice subi par l'employeur, en cas de démission.

Sur les indemnités de licenciement : l'indemnité de la convention d'entreprise s'applique ($^1/_3$ est plus favorable que $^1/_4$).

Sur la durée du préavis de licenciement : la convention de branche l'emporte.

Sur la durée du préavis de démission : la convention d'entreprise l'emporte.

La seule manière de discuter ces solutions est de prétendre que la durée de préavis de démission est la contrepartie des durées de préavis de licenciement, puis d'appliquer la jurisprudence issue de l'arrêt *Géophysique* visé au-dessus. Mais, il semble difficilement acceptable qu'une clause puisse être considérée *tacitement* comme la contrepartie d'une autre clause.

– Sur la durée des congés payés :

Les articles 3 et 4 de la convention d'entreprise sont rattachés expressément l'un à l'autre, le second est la cause-contrepartie du premier. Ces articles doivent donc être comparés en bloc aux dispositions de même cause de la convention de branche, ici à l'article 17 sur les congés payés annuels. Cet article 17 permet à un salarié présent pendant toute l'année de référence pour le calcul des congés payés de recevoir un supplément de 12 jours ouvrables de congés supplémentaires, soit 2 semaines supplémentaires. La convention d'entreprise accorde 1 mois de salaire supplémentaire. 15 jours de congés contre 1 mois de salaire, la convention d'entreprise apparaît, *a priori*, plus favorable (on peut toujours, bien sûr, discuter : l'appréciation de la disposition la plus favorable n'est pas une science exacte). Elle sera donc applicable et l'article 17 de la convention de branche cessera de s'appliquer.

• Hypothèse 2

La convention de branche est postérieure à la loi du 4 mai 2004. Cette loi lui est donc applicable (v. son art. 45).

Il faut alors se demander si la convention de branche contient une clause qui affirme sa force obligatoire face aux conventions d'entreprise. Si une telle clause est présente, les solutions sont identiques à celles de l'hypothèse 1 (C. trav., art. L. 2253-3, al. 2).

À défaut d'une telle clause, la convention d'entreprise peut déroger en moins favorable à la convention de branche, sauf dans un certain nombre de matières, dont les « salaires minima » (C. trav., art. L. 2253-3).

Les articles 2, 3 et 4 de la convention d'entreprise sont donc pleinement applicables. Ils se substituent aux articles 16 et 17 de la convention de branche, sans qu'il soit nécessaire de savoir s'ils sont ou non plus favorables.

En revanche, la question de la prime d'ancienneté touche-t-elle aux salaires minima ? Dans une affaire particulière, la Cour de cassation a jugé que la prime d'ancienneté n'était pas considérée comme faisant partie du salaire minimum (Soc. 27 mai 1997, *Bull. civ.* V, n° 189). La convention d'entreprise pourrait donc même sur ce point détruire l'avantage prévu au niveau de la branche. Il faudra s'intéresser comme le suggère l'arrêt du 27 mai 1997, aux prévisions de la convention collective.

Argumentation juridique

- Le premier argument tient à la fictivité du consentement.

On sait que la Cour de cassation a décidé que le salarié doit avoir été informé de l'application de la convention collective et mis en mesure d'en prendre connaissance, *au moment de son embauche*, pour que l'obligation conventionnelle s'impose à lui. Il faut, en d'autres termes, qu'il soit possible de supposer que le salarié a ainsi *implicitement* consenti à la clause conventionnelle dès le début de la relation de travail. La Cour de cassation fonde donc sa jurisprudence sur des consentements supposés, imaginés.

- Le deuxième argument tient à la règle de faveur. Le silence du contrat est plus favorable que l'obligation conventionnelle. En vertu de l'article L. 2254-1 du Code du travail, le contrat devrait prévaloir.

- Le troisième argument tient à l'interprétation incohérente du silence du contrat. L'absence de stipulation contractuelle est interprétée comme ne valant pas refus de l'obligation, face à la présence d'une stipulation conventionnelle. En effet, l'obligation conventionnelle s'impose, ce qui implique de considérer que le contrat n'est pas plus favorable (v. ci-dessus). Ici, le silence est compris comme signifiant l'acception d'une éventuelle clause créatrice d'obligation. Pourtant, l'introduction par avenant contractuel d'une clause de non-concurrence, de mobilité... dans un contrat qui n'en comportait pas exige un accord du salarié. Dans ce cas, le silence du contrat vaut refus de la clause, et ce jusqu'à expression d'une volonté contraire. À un même silence, la Cour de cassation attache donc deux significations différentes.

- Le quatrième argument a partie liée avec la compréhension du mécanisme de représentation par les syndicats. Principalement, il faut rappeler que si les organisations patronales sont bien les mandataires de leurs membres dans la négociation collective, il n'en va pas de même des syndicats de salariés. Ces derniers représentent *les intérêts* des salariés dit-on. Cela signifie qu'ils ne représentent pas juridiquement les salariés, ils ne sont pas leurs mandataires. En clair, le consentement des syndicats ne vaut pas consentement des salariés. Les syndicats ne sont pas les chefs, les patrons de leurs membres. Ils le sont encore moins vis-à-vis des salariés qui ne sont pas leurs adhérents. Ils ne peuvent donc pas leur donner des ordres ni leur imposer des obligations nouvelles.

titre 10

Les délégués des travailleurs

Aux termes de l'alinéa 8 du Préambule de la constitution de 1946, « tout travailleur participe, par l'intermédiaire de ses *délégués*, à la détermination collective des conditions de travail ainsi qu'à la gestion des entreprises ». La présence d'institutions chargées de la défense des salariés et de leurs intérêts est donc constitutionnellement reconnue. 986

Ces délégués des travailleurs sont apparus progressivement, avec dans l'ordre : les délégués du personnel en 1936, le comité d'entreprise en 1945, la section syndicale et les délégués syndicaux en 1968, le comité d'hygiène de sécurité et des conditions de travail (CHSCT) en 1982, le comité d'entreprise européen en 1994 et le comité d'entreprise de la société européenne en 2005. Au final, un tel nombre d'institutions représentatives dépasse l'utile séparation des tâches et peut conduire à une véritable division des forces.

Au sein de cette diversité, on repère deux types de délégués des travailleurs. Les uns représentent le personnel : c'est notamment le cas des différents comités et des délégués du personnel. Il s'agit de ce que le Code du travail nomme les institutions représentatives du personnel qui occupent tout le livre 3 de la partie 2 du Code du travail (tous les articles qui commencent par 23). Les autres représentent le syndicat : c'est principalement le cas du délégué syndical. Les institutions représentatives du personnel sont en principe élues, au suffrage direct ou indirect. Les représentants du syndicat sont désignés par le syndicat. Les légitimités sont distinctes ; les fonctions sont distinctes. Mais distinguer n'est pas opposer. Et le droit ne cesse de jeter de nouvelles passerelles de l'une à l'autre de ces représentations complémentaires. 987

Les syndicats désignent les candidats au premier tour des élections des représentants du personnel. Ils désignent des représentants au comité d'entreprise. Ils désignent aussi les membres du comité de groupe, les membres des comités européens... La négociation collective, qui leur appartient en principe, est de plus en plus imbriquée avec les activités de consultation du comité d'entreprise. Enfin, les uns et les autres ont une fonction de représentation – celle des intérêts des salariés – finalement assez proche. Mieux, ces liens entre représentants ne cessent de se renforcer. La directive du 11 mars 2002 (n° 2002/14/CE) sur l'information et la consultation des travailleurs prévoit que « la consultation s'effectue... en vue d'aboutir à un accord » (v. art. 4-4e ; v. aussi la Dir. n° 2001/23/CE du 12 mars 2001, sur les transferts d'entreprise, art. 7.2). 988

De ce texte, il résulte qu'*en droit communautaire, la consultation a partie liée avec la négociation*.

989 La distinction s'estompe encore lorsque l'on sait qu'en pratique le cumul des mandats est fréquent : le délégué syndical est généralement aussi un élu. Et constamment, en pratique, les fonctions juridiques des uns et des autres sont dépassées, ignorées... D'ailleurs, depuis la loi du 20 août 2008, le délégué syndical s'est en principe présenté aux élections et a dû y obtenir 10 % des voix.

990 Pour toutes ces raisons, il n'est pas souhaitable d'exagérer de distinguer trop nettement parmi délégués des travailleurs, les institutions représentatives du personnel et les agents syndicaux de représentation des intérêts des salariés. Ce titre a donc été intitulé, en se référant au Préambule de 1946, « délégués des travailleurs ». Il y sera question des institutions représentatives du personnel, mais aussi de celles qui représentent les syndicats.

Il faut d'abord présenter ces délégués, leurs missions et les moyens pour accomplir ses missions (chap. 27). Une fois cette présentation faite, il convient d'examiner comment ces délégués entrent en fonction, ce qui conduit à envisager leurs modes d'investiture : désignation et élection (chap. 28).

chapitre 27

Diversité des délégués des travailleurs

Plan analytique

section 1

Le syndicat dans l'entreprise

§ 1 La section syndicale

§ 2 Le délégué syndical

§ 3 Le représentant de la section syndicale

section 2

Le comité d'entreprise

§ 1 Organisation interne

- **A.** Composition et droit de vote
- **B.** Fonctionnement

§ 2 Attributions économiques

- **A.** Le droit d'être informé
- **B.** Le droit d'être consulté
- **C.** Moyens
- **D.** Sanctions

§ 3 Activités sociales et culturelles

section 3

Le délégué du personnel

§ 1 Missions

- **A.** Réclamations et revendications
- **B.** Alertes

§ 2 Moyens

section 4

Le regroupement des institutions élues dans l'entreprise

§ 1 La délégation unique du personnel

Diversité des délégués des travailleurs

Produit de l'histoire, et plus marginalement de règles internationales, la représentation des salariés ou de leurs intérêts a été confiée à différentes institutions. Pour en faire le tour, il faut examiner successivement la présence syndicale dans l'entreprise (section 1), le comité d'entreprise (section 2), les délégués du personnel (section 3), la délégation unique (section 4), le CHSCT (section 5), les représentants des salariés au sein des organismes dirigeants de la société employeur (section 6) et enfin les différentes instances de représentation supranationales (section 7). 991

Bien que nombreuses, ces institutions ne permettent pas de couvrir les très petites entreprises, dont l'effectif est inférieur à 11 salariés. En effet, en raison des seuils prévus, les salariés appartenant à ces entreprises ne bénéficient d'aucun de ces représentants (sauf accord rarissime de l'employeur). La loi du 17 août 2015 tente de remédier à cette lacune de la représentation. Plutôt que de supprimer le seuil de 11 salariés permettant l'élection d'un délégué du personnel, le législateur a choisi de créer des commissions paritaires régionales interprofessionnelles. Elle sont composées à parts égales de représentants d'employeurs et de représentants des salariés désignés par les syndicats interprofessionnels proportionnellement à leurs résultats lors des scutins régionaux de représentativité (v. ss 840). Elles ont pour mission de favoriser l'information des salariés et employeurs de la région, de rendre des avis sur les questions intéressant ces derniers, de faire des propositions en matière d'activités sociales et culturelles, et de faciliter la résolution des conflits individuels et collectifs, dès lors qu'aucune juridiction n'a été saisie et sous réserve de l'accord des parties. Il s'agit moins de porte-parole des salariés que d'un prestatataire de services et de conseil, au risque que les salariés soient certes représentés mais non défendus (V. not. les analyses de S. Nadal, « La représentation universelle des salariés des très petites entreprises : derrière l'ambition annoncée, le minimalisme d'une réforme », *RDT* 2015. 622). 992

Les moyens nécessaires à l'exercice de ses missions sont généralement propres à chaque type de délégué des travailleurs. Néanmoins, deux mécanismes sont communs à l'ensemble des délégués des travailleurs : les heures de délégations et un dispositif de protection contre les mesures défavorables. 993

Grâce aux heures de délégation, les salariés investis d'un mandat sont rémunérés pour l'exercice de leur mission. Ces heures sont attribuées à chaque représentant titulaire. Il s'agit d'un nombre d'heures mensuel. Ce nombre varie, selon la taille de l'entreprise, de 2 à 20 heures pour les membres du CHSCT (C. trav., art. L. 4614-3). Il est de 20 heures pour les membres du comité d'entreprise (C. trav., art. L. 2325-6). Il est de 15 heures pour les délégués du personnel, sauf dans les entreprises de moins de 50 salariés, où il n'est que de 10 heures (C. trav., art. L. 2315-1). Il varie entre 12 et 24 heures pour le délégué syndical, selon la taille de l'entreprise (C. trav., art. L. 2143-13). Tous ces textes prévoient la possibilité d'un dépassement de ce nombre d'heures 994 en cas de « circonstances exceptionnelles », telles qu'un projet de restructuration de l'entreprise.

L'employeur peut contester l'utilisation qui est faite de ces heures, mais après les avoir payées, pour les heures normales (Soc. 2 mai 1989, *Bull. civ.* V, n° 320 ; *GADT*, n° 150). Seules les heures prises au titre des circonstances exceptionnelles peuvent être contestées avant paiement (Soc. 25 nov. 1997, *Bull. civ.* V, n° 404). Le salarié ne doit subir aucune perte de rémunération du fait de la prise de ces heures de rémunération qui sont considérées comme étant du temps de travail effectif. La jurisprudence fait strictement respecter le principe (v. par ex. Soc. 2 juin 1992, *Bull. civ.* V, n° 365 : paiement de la prime de douche même en l'absence de douches prises). Les heures de délégations sont aussi des heures qui peuvent être prises librement, à tout moment : elles sont donc pour les représentants des autorisations de s'absenter de leur poste de travail, sous la seule condition, éventuelle, d'une information préalable de l'employeur. Cette information préalable prend souvent la forme d'un bon de délégation (Soc. 10 mai 2006, *Bull. civ.* V, n° 174).

Il faut enfin noter que la contestation de l'utilisation des heures de délégation a donné l'occasion à la jurisprudence de préciser les missions des différents délégués des travailleurs.

■ **995** La protection des délégués des travailleurs et de leur mission prend trois formes. D'abord, il faut rappeler la prohibition civile et pénale de toute discrimination visant un salarié du fait de ses activités syndicales (v. ss 345 s.). Ensuite, le délit d'entrave permet de réprimer pénalement toute atteinte à la création, la mise en place et au fonctionnement des institutions représentatives du personnel et des représentants syndicaux. Surtout, une procédure spéciale de licenciement a été mise en place au profit des délégués des travailleurs pour les soustraire au pouvoir de l'employeur de rompre unilatéralement le contrat. En raison de cette procédure qui vise à préserver leur droit, on parle de salariés « protégés ». Mais il ne faut pas oublier que ces salariés protégés sont d'abord des salariés « exposés ». Le trait le plus marquant de la procédure spéciale de licenciement est de comporter l'exigence d'une autorisation préalable de l'inspecteur du travail, à peine de nullité du licenciement. L'autorisation de l'inspecteur du travail est accordée dans des hypothèses proches de celles où un licenciement est reconnu comme doté d'une cause réelle et sérieuse. Néanmoins, même dans ces hypothèses, l'inspecteur du travail pourra refuser d'accorder l'autorisation de licenciement pour des motifs d'intérêt général (CE 5 mai 1976, *Safer d'Auvergne ; D.* 1976. 563 ; *GADT*, n° 152).

section 1

Le syndicat dans l'entreprise

■ **996** La présence du syndicat dans l'entreprise a été organisée par la loi du 27 décembre 1968, autour de deux institutions principales : la section syndicale (A) et le délégué syndical (B). Le syndicat peut en outre présenter des candidats aux élections professionnelles (v. ss 1132), désigner des représentants aux comités d'entreprise et d'établissement, et participer à la désignation d'autres institutions représentatives

(v. ss 1154 s.). Depuis la loi du 20 août 2008, un syndicat non représentatif peut désigner un « représentant de la section syndicale » (C).

§ 1 La section syndicale

La *section syndicale*[Q] regroupe l'ensemble des salariés adhérents à un même syndicat dans une entreprise. Elle n'a pas la personnalité juridique (Soc. 22 mars et 18 juill. 1980, *Dr. soc.* 1980. 44, note J. Savatier ; 19 déc. 1990, *Bull. civ.* V, n° 698). Elle n'exige pas spécialement de conditions de formes pour exister. La section syndicale n'est en réalité rien d'autre qu'un groupe de syndiqués qui exerce certains droits (réunion, affichage, tracts) dont l'exercice est expressément soumis à l'existence d'une section. 997 ■

Une section syndicale peut être constituée dans toute entreprise, sans condition de seuil : il suffit pour cela que deux salariés de l'entreprise soient syndiqués (C. trav., art. L. 2142-1 ; Soc. 8 juill. 2009, *Okaidi*[*]). Selon la loi du 20 août 2008, la section syndicale peut être constituée par des syndicats représentatifs mais aussi par des syndicats qui ne sont pas représentatifs. Deux cas de figure sont prévus par l'article L. 2142-1 du Code du travail pour les syndicats qui ne remplissent pas les conditions d'obtention de la représentativité. Première hypothèse : le syndicat est semi-représentatif, c'est-à-dire qu'il est constitué depuis plus de deux ans, qu'il a des adhérents dans l'entreprise, et qu'il remplit les critères de respect des valeurs républicaines et, surtout, d'indépendance. Seconde hypothèse : le syndicat est affilié à une organisation syndicale représentative aux niveaux national et interprofessionnel (C. trav., art. L. 2142-1). Ces deux cas de figure permettent donc à la plupart des syndicats de s'organiser dans une entreprise, en attendant d'avoir une assise électorale suffisante pour acquérir la pleine représentativité. 998 ■

La section syndicale a droit à un crédit global d'heures de délégation assez faible (qui va de 10 heures par an au-dessus de 500 salariés à 15 heures par an au-delà de 1 000 salariés : C. trav., art. L. 2143-16) et à un local si l'entreprise a plus de 200 salariés (C. trav., art. L. 2142-8), local qui est commun aux différentes sections ou propre à chaque section dans les entreprises de plus de 1 000 salariés. 999 ■

Les syndiqués qui forment la section syndicale reçoivent en outre un certain nombre de droits leur permettant d'exercer leur liberté syndicale dans l'entreprise. Ils peuvent tout d'abord collecter les cotisations syndicales à l'intérieur de l'entreprise. Ils bénéficient ensuite d'une liberté d'affichage sur un panneau réservé à cet usage (C. trav., art. L. 2142-8 et L. 2142-9) et de la libre diffusion des publications et tracts aux heures d'entrée et de sortie (C. trav., art. L. 2142-4). Des réunions de la section peuvent être organisées dans l'enceinte de l'entreprise, et ce au moins une fois par mois. Des personnalités extérieures doivent pouvoir être invitées librement pour participer à ces réunions, mais seulement si elles viennent du monde syndical. En revanche, l'employeur doit donner son accord pour que des personnalités extérieures autres que syndicales soient invitées (C. trav., art. L. 2142-10).

Il n'est pas possible de réserver ces droits par accord collectif aux seuls syndicats représentatifs (Soc. 11 janv. 2012, n° 11-14.292 [PB]).

Ces droits accordés à la section comprennent également l'accès aux nouvelles technologies. La diffusion des communications syndicales sur les e-mails des salariés 1000 ■

de l'entreprise ou par l'intermédiaire d'une page réservée au sein de l'intranet de l'entreprise est, depuis la loi dite « travail » du 8 août 2016, de droit (V. ant. Soc. 22 janv. 2008, *RDT* 2008. 324, obs. G. Borenfreund). Mais cette communication doit rester compatible avec la sécurité et le fonctionnement du réseau informatique de l'entreprise et respecter le droit des salariés de refuser les messages (C. trav., art. L. 2142-6). Le texte ajoute que la propagande syndicale ne doit pas « avoir de conséquences préjudiciables à la bonne marche de l'entreprise », ce qui doit être interprété strictement.

L'article L. 2142-6 du Code du travail prévoit qu'une convention collective peut définir les modalités de diffusion des informations syndicales par outils numériques dans l'entreprise.

§ 2 Le délégué syndical

■ 1001 Le délégué syndical a une fonction simple et importante : il représente son syndicat (C. trav., art. L. 2143-3). Il s'agit d'une représentation au sens civil du terme : le délégué syndical, par sa signature, engage juridiquement le syndicat dans son ensemble. C'est notamment au nom du syndicat qu'il conclut les conventions collectives d'entreprise (v. ss 876). Le délégué syndical a en outre une mission de revendication large. En règle générale, c'est le délégué syndical qui anime la section syndicale.

En raison de ses pouvoirs, il est désigné par les seuls syndicats représentatifs. La présence d'un délégué syndical n'est prévue que dans les entreprises d'au moins 50 salariés. Cependant dans les entreprises de moins de 50 salariés, un délégué du personnel peut être désigné délégué syndical (C. trav., art. L. 2143-6). La loi du 20 août 2008 exige du délégué syndical qu'il soit désigné en priorité parmi les candidats aux élections professionnelles ayant recueilli, sur leur nom, au moins 10 % des suffrages exprimés dans le collège où il s'est présenté (C. trav., art. L. 2143-3 ; comp. pour le délégué syndical central, art. L. 2143-5). Le délégué syndical est ainsi paré d'une double légitimité : une légitimité organique, qu'il tire de son appartenance à un syndicat représentatif ; une légitimité personnelle qu'il tire de son score aux élections (pour plus de précisions sur la désignation, v. ss 1155 s.). En pratique, cela conduira souvent à ce que les délégués syndicaux soient des membres élus du comité d'entreprise.

Ses fonctions cessent sur décision unilatérale de ce même syndicat ou, selon la loi du 20 août 2008, en cas de résultat insuffisant aux élections professionnelles (sur les conditions de cette désignation et de cette cessation du mandat, v. ss 1159).

Pour exercer leurs fonctions, les délégués syndicaux disposent d'un crédit d'heures (sur les heures de délégation, v. ss 994), de la faculté de s'absenter de leur poste de travail et de celle de se déplacer librement dans l'entreprise pendant leurs heures de délégation et en dehors de leurs heures de travail. Ils ont même le droit de s'entretenir avec les salariés à leur poste de travail, à la condition de ne pas apporter de gêne importante à leur travail (v. C. trav., art. L. 2143-20). Ce qui signifie qu'une gêne légère moyenne est autorisée.

Ces droits accordés au délégué syndical sont essentiels à l'existence d'une véritable présence syndicale dans l'entreprise.

§ 3 Le représentant de la section syndicale

La loi du 20 août 2008 a modifié profondément les règles d'acquisition de la représentativité, en imposant aux syndicats une audience minimale lors des élections dans l'entreprise. Cette nouvelle condition, utile et adaptée pour sélectionner les organisations légitimes à signer des conventions collectives, ne doit pas empêcher l'implantation syndicale dans l'entreprise. Aussi, la loi a-t-elle prévu que les syndicats *non représentatifs* bénéficient de certaines prérogatives. Notamment, il peuvent, dans les entreprises d'au moins 50 salariés, désigner un « représentant de la section syndicale », à la condition d'avoir déjà constitué une section syndicale dans l'entreprise (pour plus de précisions, v. ss 1164 s.). Ce nouveau représentant du personnel créé par la loi de 2008 peut donc être désigné y compris par les syndicats qui ne se sont pas encore présentés aux élections. 1002 ■

Malgré son nom, il est bien, lui aussi, représentant du syndicat, à l'instar du délégué syndical (C. trav., art. L. 2142-1-1, al. 1er). Il lui est accordé des attributions identiques à celles d'un délégué syndical, à l'exception de la plus importante de toutes, à savoir celle de pouvoir négocier et conclure des conventions collectives (C. trav., art. L. 2142-1-1, al. 2). La faculté de négociation et de conclusion des accords collectifs peut toutefois lui être accordée en cas de mandatement spécial en ce sens et à la condition qu'aucun délégué syndical n'ait été désigné dans l'entreprise (C. trav., art. 2143-23 ; sur cette faculté, v. ss 878).

Le nombre d'heures de délégation qui lui est accordé est très réduit (4 heures par mois, C. trav., art. L. 2142-1-3, comp. l'art. L. 2143-13, qui prévoit un temps qui varie de 12 à 24 heures par mois pour le délégué syndical).

Le représentant de la section syndicale est éphémère. Son mandat va cesser au moment des élections. En effet, soit le syndicat du représentant atteint la barre des 10 % de voix nécessaires à l'obtention de la représentativité, et le syndicat peut alors désigner un délégué syndical (qui sera souvent le RSS). Soit, le syndicat n'atteint pas la barre fatidique des 10 %, et le mandat cesse alors automatiquement (C. trav., art. L. 2142-1-1). Le salarié qui avait été désigné représentant de la section syndicale est comme interdit de représentation, puisqu'il ne pourra être à nouveau désigné que pour les six mois qui précèdent les élections suivantes, en général 3 ans et demi plus tard (C. trav., art. L. 2142-1-1). En somme, il n'est habilité qu'à faire la campagne pour les prochaines élections. Il reste uniquement au syndicat la possibilité de désigner un autre salarié comme RSS (rappr. Soc. 20 mars 2013, n° 11-26836 : après la perte de représentativité, désignation du DS comme RSS). L'article L. 2142-1-1, en instaurant un tel couperet par les élections est très criticable car il réduit, parfois drastiquement dans les entreprises peu syndiquées, le choix par le syndicat de son mandataire. On n'imagine pas un parti politique obligé de changer de candidat parce que son score n'a pas atteint un certain seuil. En tout état de cause, le syndicat est le mieux à même de savoir qui doit le représenter. Si le représentant n'a pas trouvé grâce auprès des électeurs, c'est à son organisation d'évaluer s'il faut le remplacer. Par ailleurs, un score inférieur à 10 % peut être un bon score, s'il révèle une progression ou un maintien dans un contexte de forte concurrence syndicale. L'occasion a été offerte à la Cour de cassation d'écarter ce texte ; elle ne l'a pas saisie. La disposition n'a pas été jugée contraire à la liberté syndicale, alors que l'ingérence dans le fonctionnement de l'organisation est flagrante (Soc. 14 nov. 2013, n° 13-11.316). 1003 ■

Toutefois, la Cour de cassation, dans une sorte de compromis jurisprudentiel, tend à interpréter cette disposition de manière stricte. Ainsi, elle permet de désigner à nouveau le même salarié si le périmètre des élections — lors desquelles il n'a pas atteint le score de 10 % — est différent des précédentes (Soc. 25 sept. 2013, n° 12-26.612). La désignation immédiate comme RSS du représentant au CE, dont le mandat vient de prendre fin pour cause de mauvais résultats aux élections n'est pas davantage interdite (Soc. 4 nov. 2009, n° 09-60039, *Bull. civ.* V, n° 243). En revanche, un RSS désigné au niveau de l'entreprise ne peut pas être immédiatement désigné au niveau d'un établissement après son échec à atteindre le score de 10 % lors des élections (Soc. 4 juin 2014, FS-P+B, n° 13-60.205).

section 2

Le comité d'entreprise

1004 Le comité d'entreprise doit être mis en place dans toutes les entreprises de plus de 50 salariés. Il est informé et consulté sur l'ensemble des décisions de gestion de l'entreprise, dès lors qu'elles revêtent une certaine importance (§ 2). Il a en outre la gestion exclusive des activités sociales et culturelles (§ 3). Ces importantes attributions seront étudiées après avoir évoqué son organisation interne (§ 1).

§ 1 Organisation interne

1005 L'étude de la composition (A) et du fonctionnement (B) du comité d'entreprise permet de saisir son organisation.

A. Composition et droit de vote

1006 Le comité d'entreprise est composé :

- du chef d'entreprise, éventuellement assisté de deux collaborateurs (C. trav., art. L. 2325-1) ;
- d'une délégation élue par le personnel, comprenant autant de titulaires que de suppléants (C. trav., art. L. 2324-1) ;
- de représentants des syndicats représentatifs (C. trav., art. L. 2324-2).

1007 Les représentants élus sont les membres à part entière du comité. Ils votent quel que soit le sujet. Les suppléants peuvent assister aux séances, mais ils ne votent pas (C. trav., art. L. 2324-1, al. 2). De même, les représentants des syndicats ne votent pas (C. trav., art. L. 2324-2). Les deux collaborateurs du chef d'entreprise ne votent pas non plus (C. trav., art. L. 2325-1).

Quand au chef d'entreprise, il vote ou il ne vote pas : tout dépend du type de décision qu'il s'agit de prendre.

L'article L. 2325-18, alinéa 2 du Code du travail (C. trav., anc. art. L. 434-3) dispose qu'il ne participe pas au vote lorsqu'il « consulte les membres élus du comité en tant que délégation du personnel ». De par ce texte, il apparaît clairement qu'il ne vote pas lorsque le comité est consulté dans le cadre de ses attributions économiques. De même, le droit de vote lui est refusé par la chambre sociale, pour la gestion des activités sociales et culturelles (Soc. 25 janv. 1995, *Dr. soc.* 1995. 263, obs. J. Savatier ; *contra*, v. Crim. 4 nov. 1988, *Dr. soc.* 1989. 212, obs. J. Savatier). La jurisprudence lui accorde en revanche le droit de voter sur les questions relatives à l'organisation du comité (Soc. 10 juill. 1991, *Bull. civ.* V, n° 335), et notamment lors de l'élection du secrétaire (Soc. 22 nov. 1988, *Dr. soc.* 1989. 206, obs. J. Savatier ; 21 nov. 2000, *Dr. soc.* 2001. 29, concl. P. Lyon-Caen, obs. M. Cohen ; 5 janv. 2005, n° 02-19.080). Il participe aussi au vote qui permet de désigner le trésorier (v. not. Soc. 5 janv. 2005, préc.) dont l'élection est obligatoire depuis le 1er janvier 2015 (C. trav., art. L. 2325-1).

Ces solutions sont contestables. Le vote de l'employeur est loin d'être quantité négligeable, surtout dans les entreprises de taille moyenne, où les élus sont peu nombreux. Or, le secrétaire du comité d'entreprise est le véritable patron du comité, le chef de la délégation du personnel (v. ss 1010). Permettre ainsi au chef d'entreprise d'arbitrer entre les syndicats et de participer au choix du plus important des représentants *du personnel*, apparaît étrange ou anachronique. Du reste, en pratique, il est fréquent que le chef d'entreprise s'abstienne de prendre part au vote.

Ainsi, dans le comité d'une entreprise de soixante salariés, la réunion réunira le chef d'entreprise assisté de deux salariés, trois élus, leurs trois suppléants et les délégués syndicaux. Soit un minimum de 9 personnes, dont trois seulement votent lors des consultations ou de la gestion des activités sociales et culturelles, mais dont quatre votent lors de l'élection du secrétaire et du trésorier (les mêmes plus le chef d'entreprise). **1008**

Il n'est pas inutile alors de savoir, qu'en cas de partage des voix le candidat le plus âgé est élu (Soc. 7 oct. 1982, *Bull. civ.* V, n° 535 ; *Dr. soc.* 1983. 395, note J. Savatier). Ainsi, dans l'exemple, par la voix du chef d'entreprise, le syndicat qui a obtenu les deux tiers des voix et deux sièges sur trois, pourra être privé du poste de secrétaire au profit du syndicat minoritaire, mais dont l'élu était le plus âgé.

B. Fonctionnement

La première réunion du comité d'entreprise qui suit les élections est consacrée à la désignation du bureau. Celui-ci comprend au minimum le président, c'est-à-dire le chef d'entreprise, le secrétaire et le trésorier. **1009**

Le secrétaire est élu parmi les représentants élus du comité, il est généralement la tête de la liste qui a obtenu les meilleurs résultats aux élections. Le rôle qui lui est accordé est central. C'est notamment lui qui est chargé de la rédaction des procès-verbaux du comité (C. trav., art. R. 2325-3 et D. 2325-3-2 sur la possibilité de recourir à la sténographie et à l'enregistrement) et de la fixation de l'ordre du jour, en accord avec l'employeur (C. trav., art. L. 2325-15). **1010**

Le comité adopte un règlement intérieur (C. trav., art. L. 2325-2), qui fixe plus précisément ses modalités de fonctionnement, et notamment les fonctions du bureau, la communication des procès-verbaux, les modalités d'arrêté de comptes, la mise en place de commissions spécialisées, etc. Certaines de ces commissions sont facultatives. D'autres sont obligatoires lorsque certains seuils d'effectifs sont franchis (commission logement pour les entreprises de plus de 300 salariés, commission **1011** économique pour les entreprises de plus de 1 000 salariés, commission des marchés, etc.).

1012 Le comité se réunit au moins une fois par mois dans les entreprises d'au moins 300 salariés et une fois tous les deux mois lorsque l'effectif est inférieur (C. trav., art. L. 2325-14). Le projet de loi sur le dialogue social et l'emploi (version adoptée le 2 juin 2015 par l'Assemblée nationale) porte cet effectif à 300. La réunion a lieu pendant les heures de travail, dans le local attribué au comité.

1013 Les décisions du comité sont prises par un vote, à la majorité des présents, émis dans un délai déterminé lorsque le CE rend un avis (v. ss 1023). Mais aucun quorum n'est exigé : la délibération adoptée par un seul membre du comité, à la suite du départ des autres est régulière (Soc. 30 sept. 2009, n° 07-20.525 [P]). La solution qui fait litière de toute loyauté ne tient pas compte des habitudes et des pratiques de négociation, parfois véhémentes, au sein du comité d'entreprise. La délibération ainsi obtenue n'aurait pas dû être déclarée régulière car elle n'assure pas « l'expression collective des salariés permettant la prise en compte permanente de leurs intérêts dans les décisions » de l'employeur (C. trav., art. L. 2323-1).

Chaque fois que le comité doit être consulté, cette consultation ne peut être donnée que par le vote du comité. Toute autre solution, plus ou moins informelle, équivaut à une absence de consultation (Soc. 5 déc. 2006, *Bull. civ.* V, n° 271 ; *RDT* 2007. 329-330, obs. E. Peskine).

§ 2 Attributions économiques

1014 Ce qu'on appelle attributions économiques du comité d'entreprise ne doit pas être exagéré. Il n'a pas le pouvoir de décision en matière économique. Il peut simplement obtenir des informations et rendre des avis sur la gestion, au sens large, de l'entreprise. Le comité d'entreprise ne *contrôle* pas les décisions patronales en la matière, il constitue simplement un contre-pouvoir. Avant la loi du 17 août 2015, une distinction nette était faite entre le droit d'être informé et le droit d'être consulté du comité. Alors que l'information peut intervenir une fois la décision prise et n'appelle la formulation d'aucun avis, la consultation doit précéder la décision et se matérialise dans une prise de position appelée avis. La consultation ne peut toutefois être utile que si une information préalable et pertinente a été délivrée (v. par ex., Crim. 27 mars 2012, *Bull. crim.* 2012, n° 83). La distinction, déjà atténuée, est encore moins tranchée puisque le domaine de la consultation a englouti une grande partie du domaine que l'information recouvrait avant 2015. Cependant un droit d'information, indépendant de toute consultation, demeure notamment sous la forme d'une banque de données consultable (A) et doit être évoqué avant d'entrer dans le maquis du droit à la consultation (B).

Les attributions économiques recouvrent également le droit pour le comité d'interroger l'employeur quand il estime que la situation économique est préoccupante, et saisir le commissaire aux comptes et les organes de la société, si les réponses de l'employeur lui semblent insuffisantes. Ce droit d'alerte est décrit aux articles L. 2323-78 et suivants du Code du travail. Un droit d'alerte dit « social » existe également. Il permet de saisir l'employeur lors de la réunion du CE, voire l'inspecteur du travail en cas d'accroissement du nombre de salariés en CDD ou de travailleurs temporaires (C. trav., art. L. 2323-58 s.)

Les moyens mis à la disposition du comité pour exercer ses attributions économiques sont financiers, mais aussi humains, l'employeur étant amené, dans certaines circonstances, à payer un expert chargé d'informer le comité (C). Diverses sanctions sont applicables en cas de violation de ces attributions (D).

A. Le droit d'être informé

Le comité d'entreprise doit tout d'abord recevoir une information suffisante en vue de formuler les avis qu'il est susceptible de rendre dans le cadre de ses missions (v. ci-dessous B). Outre cette information liée à la consultation, le comité doit recevoir un certain nombre d'informations. 1015 ■

Dans les entreprises de plus de 300 salariés, un rapport trimestriel lui est communiqué et porte sur l'évolution de l'activité : commandes, retards de paiement, etc. (C. trav., art. L. 2323-60). Ce rapport a pour ambition de permettre au comité d'entreprise de pouvoir détecter rapidement des difficultés économiques.

En plus de cette information périodique, une base de données économiques et sociales (BDES) permet d'accéder à des informations *permanentes*, qui doivent être régulièrement mises à jour (C. trav., art. L. 2323-8). Elles ont été détaillées dans un décret codifié aux articles R. 2321-1-2 et suivants du Code du travail. Cette base de données donne ainsi une photographie de la comptabilité, des effectifs, des investissements, des rémunérations, des dépenses sociales, de la sous-traitance, et des flux financiers dans le groupe et vers l'entreprise, ainsi que de l'égalité professionnelle entre hommes et femmes dans l'entreprise La mise en place de cette BDES est obligatoire à compter du 1er juin 2014 pour les entreprises comptant plus de 300 salariés, à compter du 14 juin 2015 pour les autres. Bien qu'assez complète, la BDES ne saurait remplacer la traditionnelle communication d'informations dans le cadre de la consultation sur des décisions de l'employeur (dite « consultation ponctuelle »). En revanche, pour l'émission des avis dans le cadre des consultations sur la politique de l'entreprise (V. ci-dessous B), la mise à disposition de la BDES suffit à satisfaire l'obligation de l'information (C. trav., art. L. 2323-9). 1016 ■

Le comité d'entreprise est aussi informé de manière non périodique de certains événements qui affectent la gestion de l'entreprise. Ainsi, il est informé des prises de participation et des offres publiques d'achat dont son entreprise est l'objet (C. trav., art. L. 2323-33, al. 3 et L. 2323-35) ou encore des méthodes de recrutement mises en œuvre (C. trav., art. L. 2323-32). 1017 ■

L'employeur ne peut se retrancher derrière le caractère confidentiel de certaines informations pour refuser de les divulguer au comité d'entreprise. Réciproquement, si l'employeur le demande, les informations confidentielles doivent être gardées secrètes par les membres du comité (sur cette obligation de discrétion, qui exige la double condition d'un caractère objectivement confidentiel et d'une demande en ce sens de l'employeur, v. C. trav., art. L. 2325-5 ; Soc. 12 juill. 2006*). 1018 ■

B. Le droit d'être consulté

1019 Selon l'article L. 2323-2 du Code du travail, les décisions de l'employeur sont précédées de la consultation du comité d'entreprise. Cette consultation se matérialise dans un avis que l'employeur est libre de suivre. La « participation des travailleurs à la détermination collective des conditions de travail et à la gestion des entreprises » (Préamb. Const. 1946, al. 8) n'est donc pas garantie par ce système peu contraignant pour l'employeur. Mais il ne faut peut-être pas s'arrêter à cette première impression. Si le comité d'entreprise n'a certes pas de pouvoir de décision ou de blocage (sauf en matière de mise en place des horaires individualisés, C. trav., art. L. 3122-23), il est un lieu de dialogue, même conflictuel, et d'information. Il oblige l'employeur à présenter ses choix, à les justifier et à les voir discuter, ce qui peut conduire à les amender. Le comité d'entreprise n'est pas un organe de contrôle du pouvoir de l'employeur, c'est un contre-pouvoir, aux prérogatives et moyens limités. Depuis la loi du 17 août 2015 deux types de consultation peuvent être distinguées. Le premier porte sur l'appréciation de politiques, d'orientations générales de l'entreprise. Il s'agit des consultations récurrentes (1). Le second porte sur des décisions de l'employeur dans des domaines précisés par le Code du travail. Ce sont les consulations dites « ponctuelles » (2). Un accord d'entreprise peut préciser et aménager les modalités de certaines consultations et la liste des informations à délivrer (C. trav., art. L. 2323-7).

1. *La consultation sur les politiques de l'entreprise*

1020 La loi du 17 août 2015 a regroupé les consultations récurrentes du comité d'entreprise en trois grandes thématiques : les orientations stratégiques de l'entreprise ; sa situation économique et financière ; la politique sociale, les conditions de travail et l'emploi. À l'occasion de ces trois grandes consultations annuelles, le comité est destinataire de nombreuses informations qui faisaient auparavant l'objet d'une simple communication, non suivie de l'émission d'un avis.

Dans les entreprises de plus de 300 salariés, le comité émet également un avis sur le bilan social. Il s'agit d'un document retraçant les principales données de l'entreprise en matière sociale. Ses rubriques sont détaillées à l'article R. 2323-17 dans un tableau long comme un jour sans soleil.

2. *La consultation sur les décisions de l'employeur*

1021 Le Code du travail fait mine de délimiter un domaine à cette consultation. Mais en vérité, il n'est guère de domaine qui échappe à l'obligation de consultation. Marche et organisation générales de l'entreprise, introduction de nouvelles technologies, recours aux contrats précaires, projets de restructuration, conditions de travail, formation professionnelle, modification de la structure de l'entreprise, orientation stratégique... la seule lecture des intitulés du chapitre consacré au comité d'entreprise en démontre l'étendue. D'autres obligations de consultation sont disséminées dans le code : procédure de licenciements collectifs pour motif économique (v. ss 99 s.), élaboration et modification du règlement intérieur (v. ss 255). Le comité doit être également consulté sur l'évolution de l'emploi et des qualifications, sur les programmes d'actions de l'entreprise en vue de répondre à ces évolutions prévisibles. En d'autres mots, il doit être consulté sur tout ce qui touche à la gestion prévisionnelle de l'emploi et des compétences. Mais l'absence de consultation sur ce thème n'entache pas d'irrégularité la consultation du comité d'entreprise sur le licenciement pour motif économique (Soc. 30 sept. 2009, Bull. civ. V, no 217, D. 2010. Pan. 673, obs. A Fabre ; RDT 2009. 715, obs. F. Géa.; v. ss 664 s.).

Pour qu'une consultation préalable s'impose, il faut qu'une *décision* intervienne dans le domaine de la consultation. Cela semble évident mais cette évidence mérite quelque éclaircissement. 1022 ■

La décision doit revêtir une certaine importance, avoir un certain impact sur les salariés, pour être soumise à consultation préalable du comité d'entreprise. Tel n'est pas le cas des mesures ponctuelles ou individuelles (Crim. 15 avr. 1982, *Bull. crim.* n° 9 ; Rappr. Soc. 12 juill. 2010, n° 09-66.339, *D.* 2011. 840, obs. S. Amalric, à propos d'un audit). Mais dès lors que la mesure, même restreinte, a vocation à ou risque d'être généralisée, elle doit donner lieu à un avis du comité. Les décisions expérimentales doivent être ainsi soumises préalablement à la consultation du comité d'entreprise (Crim. 12 avr. 2005, *Bull. crim.* n° 129, *Dr. soc.* 2005. 856, note F. Duquesne, à propos d'une mesure ne concernant qu'une quinzaine de salariés sur les trois mille que comptait l'entreprise).

Sous le bénéfice de ces observations, la notion de décision est entendue de manière très large. Ce n'est pas nécessairement un acte juridique, ni même un projet précis. Il suffit d'une manifestation de volonté suffisamment ferme pour que ce ne soit pas une simple idée passagère. La question en pratique est parfois délicate, dès lors que la décision est en fait celle de lancer un projet. La Cour de cassation a, dans deux arrêts, livré une solution qui cherche à faire intervenir le comité d'entreprise suffisamment en amont pour que sa voix soit entendue sans que toutefois il ne se retrouve à « parler dans le vide ». La consultation doit avoir lieu dès qu'un projet, même encore très général, est susceptible d'avoir une influence sur la situation des salariés, sous réserve qu'il ne puisse plus être « remis en cause dans son principe lors de la discussion ultérieure » (Soc. 12 nov. 1997*). La consultation est donc assez précoce. Pour ne pas laisser la concrétisation ultérieure du projet sans consultation préalable, il faut compléter cette première solution par une seconde : le comité d'entreprise doit être saisi avant chacune des décisions composant le processus de décision (Soc. 7 févr. 1996, *Bull. civ.* V, n° 47). Ainsi pour un projet complexe, un avis devra être donné avant d'arrêter le projet d'ensemble, puis un autre avis devra être rendu avant que les détails du projet soient déterminés. Si le projet ainsi défini exige encore des mesures concrètes d'application, le comité d'entreprise devra être de nouveau saisi.

Que la notion de décision de l'employeur soit conçue de manière large se traduit également par le fait que la Cour de cassation considère depuis un arrêt *EDF* que la conclusion d'un accord collectif constitue une décision de l'employeur soumise à consultation (Soc. 5 mai 1998*, *Bull. civ.* V, n° 219 ; *D.* 1998. 608, note G. Auzero ; *Dr. ouvrier* 1998. 350, note D. Boulmier). La consultation doit s'inscrire dans une fenêtre temporelle : « concomitamment à l'ouverture de la négociation et au plus tard avant la signature de l'accord », selon le même arrêt. Allant encore plus loin dans l'élargissement de la notion de décision, la Cour de cassation a jugé que la consultation est également obligatoire lorsque l'employeur ne décide rien, mais met simplement en œuvre un accord de branche qui s'impose à lui (Soc. 21 nov. 2012, n° 11-10.625). Cette jurisprudence a été remise en cause par la loi du 17 août 2015, qui exclut toute consultation du CE avant la conclusion, la révision ou la mise en cause d'un accord collectif (C. trav., art. L. 2323-2).

3. *Le délai pour rendre un avis*

■ 1023 Depuis l'entrée en vigueur de la loi du 14 juin 2013 relative à la sécurisation de l'emploi, des délais sont imposés aux comités d'entreprise pour qu'ils rendent leur avis. Ces délais sont déterminés par accord d'entreprise ou d'établissement ou à défaut entre l'employeur et la majorité des membres du comité. Ils ne peuvent être inférieurs à 15 jours. À défaut d'accord, les délais sont fixés par l'article R. 2323-1-1 du Code du travail : ils varient entre 1 et 4 mois. À l'issue du délai prévu, le comité, s'il ne s'est pas prononcé, est réputé avoir rendu un avis négatif, à moins qu'une prolongation ait été accordée par le président du TGI statuant en la forme des référés (C. trav., art. L. 2323-3).

Ces délais doivent tenir compte de la nécessité de recueillir l'avis du CHSCT. En effet, la compétence en matière de santé et de sécurité du CHSCT se juxtapose à celle du comité d'entreprise, notamment lorsque l'employeur prend une décision dans le domaine des conditions de travail. La consultation du CHSCT doit être préalable et le défaut de consultation peut être invoqué par le comité d'entreprise (Soc. 4 juill. 2012, n° 11-19.678, *Dr. ouvrier* 2012. 715, note A. Mazières, T. Durand). L'article R. 2323-1-1 fixe ainsi à 3 mois le délai dans lequel le comité d'entreprise doit rendre son avis en cas de saisine du CHSCT, sachant que ce dernier doit quant à lui donner son avis 7 jours avant l'expiration de ce délai.

C. Moyens

■ 1024 Parmi les différents moyens dont dispose le comité d'entreprise pour assurer sa mission dans l'ordre économique, il faut isoler, outre le droit à un local (C. trav., art. L. 2325-12), la subvention de fonctionnement versée par l'employeur, et la possibilité de recourir à des experts.

La subvention dite de « fonctionnement » permet d'assurer le financement des activités économiques du comité d'entreprise (C. trav., art. L. 2325-43). Cette subvention est au moins égale à 0,2 % de la masse salariale brute. Elle est versée par l'employeur. Le comité d'entreprise n'a pas le droit d'utiliser les fonds de la subvention de fonctionnement au profit des activités sociales et culturelles, qui ont un budget propre (v. ss 1029).

Pour assurer au mieux ces missions, le comité d'entreprise dispose aussi de la possibilité de recourir à des experts. Cette prérogative est extrêmement importante car la compréhension de la situation économique de l'entreprise est essentielle pour pouvoir influencer la décision de l'employeur, ou à tout le moins rendre des avis pertinents. Le comité peut à tout moment décider d'une expertise sur un sujet de son choix et/ou sur les documents qu'il reçoit. Cet expert sera alors rémunéré grâce à la subvention de fonctionnement. Mais la loi a, en outre, prévu le possible recours à des experts directement payés par l'employeur : l'expert-comptable et l'expert technique. L'expert-comptable intervient notamment pour l'examen annuel des comptes, en cas d'opérations de concentration, en vue de l'examen des orientations stratégiques de l'entreprise, et dès lors que le droit d'alerte a été déclenché (C. trav., art. L. 2325-35) Les pouvoirs d'examen de l'expert-comptable sont très étendus puisqu'il peut se faire communiquer tous les documents qui doivent être adressés au commissaire aux comptes (Soc. 29 oct. 1987*). L'expert technique, souvent appelé expert en technologie, peut être désigné à l'occasion de tout projet important d'introduction de nouvelles technologies dans les entreprises d'au moins 300 salariés. Ses pouvoirs d'investigation sont cependant limités aux documents détenus par le comité d'entreprise et il ne peut être désigné que par accord avec l'employeur ou à défaut par décision du président du tribunal de grande instance statuant en la forme des référés (C. trav., art. L. 2325-38, L. 2325-40). Les experts doivent rendre leur rapport dans un délai fixé par accord entre le comité et l'employeur (ou à défaut par décret, v. C. trav., art. R. 2325-6-1 s.).

La rémunération des experts prévus par la loi ne s'impute pas sur le budget de fonctionnement du comité, exception faite de l'expertise en vue de l'avis sur l'orientation stratégique qui est financée en principe à hauteur de 20 % par le comité (C. trav., art. L. 2323-10). En cas de contestation sur le montant de la rémunération de l'expert, celle-ci est fixée par le président du tribunal de grande instance statuant dans la forme des référés (v. C. trav., art. L. 2325-38, L. 2325-40 ; Soc. 27 nov. 2001, *Bull. civ.* V, n° 367 ; *Dr. soc.* 2002. 164, note G. Couturier).

D. Sanctions

Le non-respect des attributions économiques du comité d'entreprise peut faire l'objet 1025 ■
de deux types de sanctions : une sanction pénale et une sanction civile. La sanction pénale peut paraître lourde. En cas d'entrave à la création du comité d'entreprise, le chef d'entreprise encourt une peine d'emprisonnement maximale d'un an et une amende de 7 500 euros, peines qui peuvent être doublées en cas de récidive. En cas d'entrave au fonctionnement régulier de l'institution, la peine est allégée : seule l'amende est encourue (C. trav., art. L. 2328-1). Ces sanctions ne sont toutefois que des peines maximales ; surtout, elles ne sont jamais prononcées. L'infraction pénale est principalement une menace mise entre les mains de l'inspection du travail pour obliger l'employeur à respecter ses obligations.

La sanction civile connaît plusieurs déclinaisons. D'une part, des dommages-intérêts peuvent être réclamés par le comité. D'autre part et surtout, le comité va tenter de paralyser la décision de l'employeur qui a été prise en violation de ses droits.

En effet, le comité peut demander et obtenir, en référé, la suspension de la décision 1026 ■
de l'employeur ou de ses effets tant que la procédure d'information-consultation n'a pas été correctement menée, que ce soit parce que les informations étaient insuffisantes, le délai d'examen trop court, ou encore parce que tout simplement le comité n'a pas été consulté (Soc. 17 juin 1997, *Grands Magasins de l'Ouest, Bull. civ.* V, n° 223 ; 25 juin 2002, *Bull. civ.* V, n° 217). Cette possibilité de paralysie de l'action de l'employeur est générale (Soc. 16 avr. 1996, *Sietam Industries, Bull. civ.* V, n° 163 ; *Dr. soc.* 1996. 484, note A. Lyon-Caen : paralysie des effets d'une cession de parts sociales emportant réorganisation du groupe auquel appartenait l'entreprise ; Soc. 28 nov. 2000, *Bull. civ.* V, n° 398 : lancement d'un nouveau produit ; Soc. 5 déc. 2006, *Bull. civ.* V, n° 371 : interdiction de poursuivre les actes matériels d'un déménagement).

Par ailleurs, certains actes de l'employeur sont inopposables aux salariés s'ils n'ont 1027 ■
pas été précédés de la consultation régulière du comité d'entreprise. Tel est le cas du règlement intérieur (Soc. 4 juin 1969, *Bull. civ.* V, n° 367 ; *Dr. soc.* 1969. 515, obs. J. Savatier),. L'absence d'information du comité rend également inopposable aux salariés la dénonciation d'un usage ou d'un engagement unilatéral de

l'employeur (Soc. 23 sept. 1992, *Bull. civ.* V, n° 479). L'acte redevient opposable dès lors que le comité d'entreprise a été régulièrement consulté ou informé.

En revanche, la nullité de la décision n'est quasiment jamais admise (exception faite des licenciements pour motif économique dans certaines situations bien particulières, v. ss 725).

§ 3 Activités sociales et culturelles

1028 Le second domaine de compétence du comité d'entreprise est né, au lendemain de la Seconde Guerre mondiale, d'une volonté d'organiser l'autogestion par les salariés des « œuvres » de l'employeur (logements sociaux, cantines, club de sport, colonies de vacances, etc.). Il a donc été décidé, par l'ordonnance du 2 février 1945 et la loi du 2 août 1949, de transférer ces œuvres aux comités d'entreprise. La loi du 28 octobre 1982 a modifié l'ancienne terminologie et les « œuvres sociales » sont devenues les « activités sociales et culturelles ».

Le comité d'entreprise dispose d'une compétence exclusive sur la gestion de ces activités. Par conséquent, ces dernières doivent lui être transférées dès lors qu'il les revendique. Une liste de ces activités est dressée à l'article R. 2323-20 du Code du travail. Cette liste n'est pas limitative. Les activités sociales regroupent en réalité toute forme d'action sociale au profit du personnel, même sous forme pécuniaire. Dans ce dernier cas, il ne faut pas cependant que l'aide financière puisse s'apparenter à un salaire versé à l'occasion d'un travail. Les activités culturelles regroupent l'ensemble des avantages accordés aux salariés en termes de participation ou d'accès à la culture.

1029 Si le comité d'entreprise décide de gérer les activités sociales et culturelles, il dispose d'un budget qui fait l'objet d'une méthode de calcul assez complexe (C. trav., art. L. 2323-86). Mais le principe est simple : le comité d'entreprise ne peut revendiquer que la somme qui était auparavant allouée aux activités sociales et culturelles par l'employeur (on prend alors la somme la plus élevée des trois dernières années). Cette règle se comprend mieux si l'on se rappelle qu'en 1945, il n'était question que de transférer les œuvres sociales et non d'en créer de nouvelles. Aujourd'hui, cette justification a disparu et le financement des activités sociales et culturelles est totalement dépendant du bon vouloir de l'employeur. Si ce dernier refuse toute création et tout financement, le comité n'a rien à revendiquer.

section 3

Le délégué du personnel

1030 Le délégué du personnel est la première institution représentative qui ait été juridiquement reconnue dans l'entreprise. Dès 1890, des délégués mineurs sont élus dans les mines. Après une longue grève, la sentence arbitrale du 7 octobre 1899, rendue par Waldeck Rousseau, alors président du Conseil, permet l'introduction de délégués ouvriers dans les usines du Creusot. L'institution est généralisée par les accords Matignon des 7 et 8 juin 1936 (art. 5). Mais la loi du 24 juin 1936 exige seulement que les conventions collectives traitent de la question (une obligation de négocier, déjà...). La mise en place des délégués du personnel devient impérative, sans qu'aucune convention collective ne soit plus nécessaire, par le décret-loi du 12 novembre 1938. Les délégués du personnel seront bien entendu supprimés par Vichy, pour réapparaître après la guerre, avec la loi du 16 avril 1946. Désormais, il est obligatoire d'organiser des élections en vue de leur mise en place dès lors que l'établissement (ou l'entreprise) compte plus de 11 salariés.

Premier embryon d'organisation des salariés dans l'entreprise, dans un univers où le pouvoir de l'employeur était encore perçu comme largement discrétionnaire, les délégués du personnel ont reçu à l'origine des fonctions très modestes. Ils ne sont nullement censés être les fers de lance de la contestation, encore moins des leaders syndicaux. Ils doivent être de simples porte-parole, chargés de rendre audibles à l'employeur les réclamations des salariés. La limitation du rôle des délégués syndicaux est encore lisible dans les textes. Mais ceux-ci ont légèrement évolué et la jurisprudence semble s'orienter vers une interprétation plus permissive des missions des délégués du personnel (§ 1). Leurs moyens se sont, eux, nettement accrus (§ 2). 1031 ■

§ 1 Missions

Les délégués du personnel ont d'abord pour mission de présenter des réclamations (A). Plus précisément, de « présenter aux employeurs toutes les réclamations individuelles ou collectives relatives aux salaires, à l'application du Code du travail et des autres dispositions légales (...), ainsi que des conventions et accords applicables » (C. trav., art. L. 2313-1, al. 1er). Ils peuvent encore se plaindre à l'extérieur des violations du droit. Le délégué du personnel a ainsi un droit de saisir l'inspection du travail et, dans d'autres conditions, le conseil de prud'hommes. C'est au fond un droit d'alerte qui est ici consacré (B). 1032 ■

Outre ces missions centrales, les délégués du personnel remplissent, de plus, une fonction consultative occasionnelle, par exemple en matière d'inaptitude physique définitive (C. trav., art. L. 1226-10) ou de congés payés (C. trav., art. L. 3141-13, L. 3141-20). 1033 ■

Ils jouent également un rôle important de suppléance des autres institutions représentatives du personnel. En l'absence de comité d'entreprise et de CHSCT, les délégués du personnel remplissent l'essentiel des missions dévolues à ces comités. Ils sont alors dotés de très importantes attributions. Dans le cadre de la délégation unique du personnel (v. ss 1043), les choses vont encore un peu plus loin, puisque les élus délégués du personnel sont aussi les membres du comité d'entreprise. Il ne s'agit plus alors de combler une carence, mais d'incarner les deux institutions. Et les délégués du personnel peuvent encore être désignés délégué syndical, y compris dans les entreprises n'atteignant pas le seuil de cinquante salariés (C. trav., art. L. 2143-6). 1034 ■

A. Réclamations et revendications

1035 Les délégués du personnel, aux termes de l'article L. 2313-1 du Code du travail peuvent, présenter les réclamations d'augmentation des salaires. Mais peuvent-ils revendiquer, au nom des salariés, d'autres avantages : une réduction du temps de travail, une meilleure organisation d'un service... Étrangement, la Cour de cassation, plus précisément sa chambre criminelle le refuse. Il faut ainsi distinguer, d'un côté, les réclamations qui sont ouvertes aux délégués du personnel et se limitent aux demandes d'application des règles existantes et, de l'autre, les revendications, qui sont du ressort des délégués syndicaux, qui permettent de demander davantage.

Cette distinction, souvent critiquée, n'a pas la généralité qu'on lui prête. D'une part, en matière de salaires, la compétence des délégués du personnel, s'étend aux demandes d'augmentation (v. *GADT*, p. 641). D'autre part, seule la chambre criminelle a vraiment consacré cette distinction, qui s'inscrit dans le contexte particulier du délit d'entrave (Crim. 24 mai 1973, *Citroën*, *Bull. crim.*, n° 239 ; *D.* 1973. 599, note J. Savatier ; 26 janv. 1993* ; 10 mai 2006, *RDT* 2006. 378, note G. Borenfreund). La chambre sociale, quant à elle, a une conception large de la mission des délégués du personnel.

1036 C'est du moins le sens qui peut être donné à un arrêt *Piquot* du 23 sept. 1992 (*Bull. civ.* V, n° 478 ; *GADT*, n° 140). En l'espèce, pour avoir la possibilité de prendre un café dans l'entreprise, une action « coup-de-poing », avec force musique, tract, banderoles, café et croissants gratuits avait été menée par des délégués du personnel, des délégués syndicaux, et des membres du comité d'entreprise. Visiblement, il ne s'agit pas de demander l'application de règles déjà existantes. La demande d'une machine à café est une revendication : les salariés demandent plus que ce qui est accordé par la loi, ou les conventions collectives. La chambre sociale de la Cour de cassation approuve cependant le Conseil de prud'hommes qui a jugé que le temps passé à cette manifestation ayant trait à l'information des salariés entrait bien dans les fonctions respectives des divers représentants impliqués. La distinction réclamation/revendication n'a pas été retenue.

1037 En dépit de cette avancée jurisprudentielle, il faut encore déplorer deux limites, peu pertinentes, aux missions des délégués du personnel.

Tout d'abord, « la mission des délégués du personnel ne peut concerner que les problèmes intéressant directement les salariés qui les ont élus » (Soc. 24 mars 1993, n° 88-42.887, *Dr. soc.* 1993. 753 ; *ibid.* 747, obs. J. Savatier). Il faut un lien direct entre l'action du délégué et les salariés de l'entreprise, alors que pour les délégués syndicaux, un lien seulement indirect ou lointain suffit. Sur la base de cette conception étriquée de la compétence des délégués du personnel, la participation du délégué du personnel à une réunion d'information portant notamment sur le droit applicable aux délégués du personnel, a pu être considérée comme n'entrant pas dans la mission du délégué (Soc. 8 mars 1984, *Bull. civ.* V, n° 92).

Ensuite, le délégué du personnel, cantonné à un rôle de réclamation, n'a pas une fonction d'assistance des salariés hors des cas prévus par la loi. Il ne peut donc pas les assister devant le conseil de prud'hommes ou exiger de participer à un entretien d'évaluation qui n'est pas un entretien préalable au licenciement (Crim. 11 févr. 2003, n° 01-88.014, *Bull. crim.*, n° 32, *Dr. soc.* 2003. 631, obs. F. Duquesne).

Au final, la jurisprudence construit une conception du délégué du personnel assez étroite. Au prétexte qu'il est un représentant de proximité, il voit ses pouvoirs propres limités. Tel n'est pas le cas lorsqu'il est dans une fonction de vigie.

B. Alertes

Le délégué du personnel a une fonction générale de surveillance de l'application des lois. Il peut « saisir l'inspection du travail de toutes les plaintes et observations relatives à l'application des dispositions légales dont elle est chargée d'assurer le contrôle » (C. trav., art. L. 2313-1, al. 2). Sa proximité avec les salariés le place en effet dans une situation privilégiée pour observer la vie au travail et le (non-)respect de la réglementation. 1038 ▪

En matière de droits et libertés des personnes, de discriminations, ou d'atteinte à la santé, il dispose aussi de la possibilité d'agir en justice après avoir alerté l'employeur (C. trav., art. L. 2313-2 introduit par la L. du 31 déc. 1992). La procédure se présente comme suit. Le délégué constate un problème concernant l'un de ces domaines. Il en avertit l'employeur (d'où le terme de droit d'alerte, souvent employé pour désigner cette procédure). Si l'employeur ne réagit ou si le délégué estime que son action est insuffisante, le délégué peut saisir le conseil de prud'hommes, à la seule condition que le salarié concerné en soit informé par écrit et qu'il ne s'y oppose pas (rappr. l'action de substitution accordée aux syndicats : v. ss 853). Le bureau de jugement du conseil statue alors en la forme des référés et peut ordonner toute mesure pour faire cesser le trouble constaté, au besoin sous astreinte (C. trav., art. L. 2313-2, al. 3 et 4). Il peut ordonner les mesures destinées à remédier à une atteinte avérée aux libertés, mais aussi à une atteinte éventuelle (Soc. 17 juin 2009, *Bull. civ.* V, n° 153, *JCP S* 2009, n° 31, p. 1362, note E. Jeansen, ordonnant une enquête avec les délégués du personnel afin « d'être éclairé sur la réalité de l'atteinte portée aux droits des personnes et aux libertés individuelles dans l'entreprise et d'envisager éventuellement les solutions à mettre en œuvre pour y mettre fin »). Le délégué du personnel peut se servir de cette procédure, aussi appelée référé-liberté, pour faire cesser une discrimination dont il fait l'objet (Soc. 26 mai 1999, *RJS* 1999, n° 935). 1039 ▪

§ 2 Moyens

Comme les autres institutions représentatives, les délégués du personnel ont droit à un local (qui peut être commun avec le comité d'entreprise) et à des heures de délégations (sur lesquelles, v. ss 994). Ils disposent également d'un droit d'affichage (C. trav., art. L. 2315-6), et du droit de circuler dans l'entreprise, à tout moment sous réserve de ne pas causer de gêne importante (C. trav., art. L. 2315-5). Ils peuvent s'absenter de l'entreprise durant les heures de délégation (même art.). 1040 ▪

Leur moyen d'influence spécifique principal est la réunion mensuelle qu'ils doivent avoir avec l'employeur (C. trav., art. L. 2315-8). Les demandes des délégués sont présentées par écrit au moins deux jours ouvrables avant la date de la réunion. L'employeur doit répondre par écrit à ces demandes, au plus tard dans les six jours ouvrables suivant la réunion. Et ces questions et réponses sont transcrites dans un registre spécial, à la disposition des salariés et de l'inspecteur du travail. Ces 1041 ▪

formalités sont importantes. Si la demande porte sur l'application du droit, et si l'employeur entend ne pas la satisfaire, il lui est ainsi demandé d'affirmer sa volonté de continuer à violer la règle de droit, dans un écrit qui sera mis à la disposition de l'inspecteur du travail. La seule exigence d'un tel aveu constitue une pression qui peut être efficace.

section 4

Le regroupement des institutions élues dans l'entreprise

■ 1042 Dans l'objectif de simplifier la représentation dans l'entreprise, la loi du 20 décembre 1993 a mis en place la possibilité de regrouper, dans les PME, toutes les institutions élues. La loi du 17 août 2015 poursuit le sillon tracé, en étendant le champ de la délégation unique du personnel (§1) et en instaurant une instance conventionnelle de représentation, regroupant les institutions représentatives du personnel (§2).

§ 1 La délégation unique du personnel

■ 1043 Le mécanisme de la délégation unique a été mis en place par la loi du 20 décembre 1993 et largement retouché par la loi du 17 août 2015. Il permet de simplifier la structure des institutions représentatives dans les entreprises de moins de 300 salariés. La mise en place d'une délégation unique est une faculté offerte à l'employeur (C. trav., art. L. 2326-1), après consultation des délégués du personnel et du comité d'entreprise.

■ 1044 Lorsqu'elle est mise en place, la délégation unique rassemble les délégués du personnel, le comité d'entreprise et le CHSCT. La délégation unique est composée des délégués du personnel dont le nombre est légèrement accru (C. trav., art. R. 2314-3). Ce choix de fusion du CHSCT avec les autres institutions du personnel est contestable tant la montée des préoccupations liées à la santé au travail a souligné tout l'intérêt d'une instance spécifique pour traiter de ces questions.

■ 1045 Les attributions des délégués du personnel et celles du comité d'entreprise et du CHSCT sont intégralement maintenues, sous réserve de quelques adaptations énumérées à l'article L. 2326-5. Juridiquement, les trois institutions représentatives continuent à exister. Elles sont simplement composées des mêmes personnes. La délégation unique du personnel se réunit au moins une fois tous les deux mois, sachant qu'au minimum 4 de ces réunions portent sur des sujets relevant du CHSCT (C. trav., art. L. 2326-5).

■ 1046 Les gains pour l'employeur de la mise en place d'une telle délégation unique sont surtout dans la réduction du nombre d'interlocuteurs et donc du nombre de personnes protégées. La délégation unique permet aussi une réduction du nombre d'heures de délégation à accorder. La simplification opérée a l'avantage de réunir les institutions représentatives et d'éviter ainsi de multiplier les possibles divisions au sein de la représentation du personnel.

§ 2 L'instance conventionnelle de regroupement des institutions représentatives du personnel

Par accord collectif majoritaire, (c'est-à-dire signé par des syndicats de salariés ayant recueilli plus de 50 % des voix aux dernières élections dans l'entreprise), les interlocuteurs sociaux peuvent créer une instance de représentation du personnel différente de celles prévues par la loi. Cette formule, qui complète le dispositif de DUP pour les PME, s'applique dans les entreprises de plus 300 salariés (C. trav., art. L. 2391-1). L'instance unique peut regrouper le comité d'entreprise, les délégués du personnel et le CHSCT ou seulement deux de ces institutions. L'instance exerce la totalité des prérogatives des institutions regroupées. 1047 ■

La loi et le décret fixent certains seuils minimaux que l'accord majoritaire doit respecter : nombre de membres, de réunions (tous les 2 mois), de réunions consacrées à la santé et à la sécurité (4 par an), d'heures de délégation, de jours de formation. L'accord majoritaire doit aussi régler les modalités de fonctionnement de l'instance unique de représentation : ordre du jour, place des titulaires et des suppléants.

section 5

Le CHSCT

Le comité d'hygiène, de sécurité et des conditions de travail (CHSCT) est un organe élu par un collège dit « unique » composé des membres élus du comité d'entreprise et des délégués du personnel (C. trav., art. L. 4613-1 ; v. ss 1151). Ses attributions, comme son nom l'indique, sont relatives à la santé et à la sécurité sur les lieux de travail mais aussi à l'accès et au maintien dans l'emploi des personnes handicapées. Ces questions sont vastes. Elles touchent bien évidemment aux équipements et aux machines qui peuvent être dangereux. Mais elles englobent aussi les problèmes d'organisation du temps de travail, les méthodes de gestion du personnel, le stress au travail, etc. Ces questions de sécurité sont toujours plus importantes, dans notre société comme en droit. 1048 ■

Dans son domaine d'intervention, le CHSCT a des attributions qui ne sont pas sans rappeler celles du comité d'entreprise.

Il doit tout d'abord être informé et consulté dans toute une série de cas, dont la liste se trouve aux articles L. 4612-8-1 à L. 4612-15 du Code du travail et notamment avant toute « décision d'aménagement important modifiant les conditions de santé et de sécurité ou les conditions de travail ». L'expression est ouverte : toute décision importante ayant un impact sur les domaines de compétence du comité requiert un avis préalable. L'essor de la problématique de la santé a conduit les juges à reconnaître à cette consultation obligatoire un champ d'application de plus en plus large. Ainsi, la décision de mettre en place des entretiens annuels doit faire l'objet d'une 1049 ■

consultation préalable du CHSCT, dès lors que ces entretiens « étaient manifestement de nature à générer une pression psychologique entraînant des répercussions sur les conditions de travail » (Soc. 28 nov. 2007*). Le non-respect de l'obligation de consultation du CHSCT permet d'obtenir en référé la suspension de la décision de l'employeur (Soc. 12 juill. 2005, n° 03-10.633, *JCP S* 2005, 1264, note J.-F. Cesaro ; Soc. 25 sept. 2013*).

■ 1050 Le Code du travail encadre désormais la procédure de demande d'avis au CHSCT. Les articles R. 4614-5-2 et 5-3 fixent ainsi à un ou deux mois le délai pour que le CHSCT rende son avis, à moins que ces délais ne soient fixés par accord collectif, ou, à défaut par accord entre l'employeur et une institution élue du personnel (C. trav., art. L. 4612-8 nouv.). À l'issue du délai, le comité est réputé avoir rendu un avis négatif.

■ 1051 À l'instar du comité d'entreprise, le CHSCT peut bénéficier d'experts rémunérés par l'employeur (V. C. trav., art. L. 4614-13 modifié par la loi dite « travail » du 8 août 2016. Sur le droit antérieur, v. Cons. const. 27 nov. 2015, décis. 2015-500 QPC). Il existe deux grands cas de recours à un expert. Le comité peut faire appel à une expertise « lorsqu'un risque grave, (...) une maladie professionnelle ou à caractère professionnel est constaté dans l'établissement ». Il peut aussi y avoir recours « en cas de projet important modifiant les conditions de santé et de sécurité ou les conditions de travail » (C. trav., art. L. 4614-12). Le nombre des salariés directement concernés n'est pas un élément déterminant pour savoir si le projet est important, mais il s'agit d'un indice (Soc. 10 févr. 2010, *RDT* 2010. 380, obs. M. Véricel). Le risque de sanctions que l'employeur pourrait prononcer à l'égard de salariés, soumis à un test de stupéfiants, peut également révéler l'importance du projet, non pas numériquement, mais en « termes éthiques, sanitaires et juridiques » (Soc. 8 févr. 2012, n° 11-10.382 [PB]).

■ 1052 Le CHSCT est, en outre, destinataire de toutes les informations utiles (Soc. 25 sept. 2013*), d'un bilan annuel rédigé par l'employeur sur les questions qui relèvent de sa compétence, etc. Il peut aussi aller chercher les informations lui-même. Il lui est reconnu le droit de diligenter une enquête en cas d'accident du travail et de maladie professionnelle (C. trav., art. L. 4612-5). Et il doit procéder au moins chaque trimestre à des inspections qui lui permettent de veiller à l'application des prescriptions légales et réglementaires en matière de sécurité (C. trav., art. L. 4612-4). Il se réunit au moins tous les trimestres (C. trav., art. L. 4614-7) et sur demande motivée de deux de ses membres (C. trav., art. L. 4614-10), sans que la démonstration de la nécessité d'une consultation puisse être exigée (Soc. 26 juin 2013, n° 12-13.599).

Le CHSCT dispose, tout comme le délégué du personnel de l'arme du « droit d'alerte ». Dès qu'un de ses membres constate un danger grave et imminent pour la santé des salariés, il alerte l'employeur, qui doit réagir et correctement réagir. En cas de divergence sur la réalité du danger et/ou sur la manière d'y mettre fin, le CHSCT est réuni. L'inspecteur du travail est informé. Si aucun accord n'est trouvé lors de cette réunion, l'inspecteur est averti et dispose de différentes procédures pour interrompre ou faire interrompre l'activité (C. trav., art. L.4132-2 s.).

■ 1053 Le CHSCT a longtemps été considéré comme une institution représentative de seconde importance. La montée en force des questions relatives à la sécurité, l'effritement de la réglementation protectrice dans les autres domaines et ses importants moyens notamment en termes d'expertise, en font une institution représentative en plein essor.

section 6

Les représentants des salariés au sein des organes dirigeants de la société employeur

Les représentants du personnel et les représentants syndicaux sont bien séparés des organes directeurs de la personne morale employeur. Le personnel est organisé d'un côté, le capital de l'autre. On ne mélange pas les torchons et les serviettes. Le Code du travail d'un côté, le Code de commerce de l'autre. Dans les sociétés commerciales, cette division profonde, essentielle, ne connaît que de faibles tempéraments. Pour trouver plus de démocratie appliquée dans le monde du travail, il faut quitter les sentiers battus et s'intéresser à des personnes morales plus marginales (SCOP, coopératives...). Nous en resterons ici à la mention des bribes de participation laissées aux salariés dans les organes des sociétés commerciales. 1054 ■

Le comité d'entreprise a la possibilité de désigner de deux à quatre représentants, répartis dans les différents collèges électoraux, à toutes les séances du conseil d'administration ou du conseil de surveillance de la société anonyme (C. trav., art. L. 2323-62 s.). Dans les SAS, ce sont les statuts qui désignent l'organe où sont présents les délégués du comité d'entreprise. Quelle que soit la forme sociale, ces représentants ont le droit de s'exprimer et ils reçoivent les mêmes documents que ceux transmis aux administrateurs. Ils n'ont cependant qu'une voix *consultative* : ils ne participent pas, par leur vote, aux décisions. 1055 ■

Des représentants des salariés ayant voix *délibérative* (c'est-à-dire qui votent) sont parfois mis en place. S'ils existent, ils ont les mêmes prérogatives que les dirigeants issus du vote des actionnaires. 1056 ■

Tout d'abord, La présence de représentants élus des salariés est obligatoire dans les organes dirigeants des entreprises publiques : sociétés détenues par l'État ou EPIC (L. du 26 juill. 1983, art. 4 et 5). Les entreprises publiques privatisées en 1986 comptaient donc dans leurs organes dirigeants des représentants des salariés, et elles ne les ont, en général, pas supprimés au moment de la privatisation. Cette pratique a été inscrite dans le marbre de la loi du 6 août 1986 (art. 8-1), par la loi du 19 juillet 1993. Cette même loi a imposé la présence de représentants élus du personnel dans les entreprises publiques qu'elle autorisait à privatiser : les entreprises de la seconde vague de privatisation (Thomson, Usinor, Elf, Crédit Lyonnais, etc.) ont donc toutes prévu une représentation du personnel dans leur statut.

Ensuite, une représentation des salariés s'impose, lorsque la part de l'actionnariat salarié représente plus de 3 % du capital de la société (C. com., art. L. 225-23, L. 225-71). Ces représentants sont élus par les actionnaires sur proposition des salariés actionnaires.

Enfin, les sociétés anonymes peuvent stipuler dans leur statut que siègeront des représentants élus du personnel au conseil d'administration ou dans le conseil de surveillance (C. com., art. L. 225-27 s., L. 225-79 s.). Lorsqu'ils existent, les représentants du personnel au conseil d'administration ou au conseil de surveillance des sociétés anonymes ne peuvent dépasser le tiers du total des membres de ce conseil : la cogestion est prohibée. C'est une simple faculté, et elle n'a été que rarement mise en œuvre.

■ 1057 Devant l'échec de cette disposition ouvrant une faculté, la loi du 14 juin 2013 relative à la sécurisation de l'emploi a imposé une obligation (C. com., art. L. 225-27-1, L. 225-79-2). Les sociétés mère à la tête d'un groupe de sociétés de plus de 1 000 salariés, ou 5 000 dans certains cas, doivent modifier leur statut pour accueillir au moins un ou deux représentants du personnel dans le conseil d'administration ou dans le conseil de surveillance. L'obligation, si elle a été aménagée pour les sociétés mères sans comité d'entreprise (C. com., art. L. 225-27-1), ne s'impose qu'aux sociétés anonymes alors que la forme de la société par action simplifiée devient de plus en plus fréquente.

Les représentants du personnel seront soit élus par le personnel, soit désignés par le comité de groupe ou le comité central d'entreprise ou le syndicat le plus important du groupe ou enfin par le comité d'entreprise européen ou le comité de la société européenne. Le choix entre ces différentes modalités est effectué par les associés par le biais d'une modification statutaire. À défaut de modification, l'élection peut être demandée par tout salarié par voie judiciaire (C. com, art. L. 225-27-1 IV).

Il est prévu que ces représentants auprès des organes dirigeants de la société ne peuvent exercer aucune autre fonction de représentation dans l'entreprise (la participation exclut la contestation). Ils doivent être salariés depuis au moins deux ans.

section 7

Le comité de groupe

■ 1058 Le comité de groupe, composé de membres désignés par les syndicats parmi leurs élus (v. ss 1168), présente l'intérêt d'une représentation des salariés là où s'exerce le pouvoir dominant dans un groupe de sociétés. Cette représentation n'est cependant dotée que d'attributions très réduites, comme si, là où s'exerce le vrai pouvoir, il n'était pas question d'instaurer un véritable dialogue social. Le comité de groupe n'est qu'un réceptacle d'informations (C. trav., art. L. 2332-1, L. 2332-2). Ces informations ont cependant parfois une grande importance. Le comité de groupe est, notamment, récipiendaire des comptes consolidés, lorsqu'ils existent.

Les différentes informations reçues pourront être transmises aux différents comités d'entreprise.

Le comité de groupe est présidé par le chef de l'entreprise dominante. Il élit un secrétaire. Et il ne se réunit, au minimum, qu'une fois par an.

■ 1059 Les attributions du comité de groupe apparaissent bien timides, surtout lorsqu'on les compare aux attributions des comités d'entreprise. Ce qui permet de montrer à quel point l'écran de la personnalité morale demeure efficace pour couper les salariés et leurs représentants des lieux d'exercice réels du pouvoir dans les entreprises organisées en groupe de sociétés.

section 8

Les comités européens

Le comité d'entreprise européen créé en 1994 pour les entreprises « de dimension communautaire » (§ 1) a été repris, quasiment à l'identique, pour constituer un comité d'entreprise au sein de la société européenne issue du règlement européen de 2001 (§ 2). 1060

§ 1 Le comité d'entreprise européen

Le comité d'entreprise européen est issu de la directive du 22 septembre 1994 (n° 94/45/CE), laquelle a été transposée par la loi du 12 novembre 1996. La directive de 1994 a été révisée par la directive n° 2009/38/CE du 6 mai 2009, elle-même transposée par une ordonnance du 20 octobre 2011. 1061

Les textes n'imposent pas nécessairement la mise en place d'un comité d'entreprise. Une grande liberté est laissée aux interlocuteurs sociaux. Ces derniers sont d'abord censés ouvrir une négociation pour aboutir soit à la définition d'une procédure de consultation des travailleurs sur les questions à caractère transnational soit à un comité d'entreprise européen conventionnel. Ce n'est qu'en l'absence d'accords entre interlocuteurs qu'est alors subsidiairement mis en place un comité d'entreprise européen appelé parfois « légal ».

Cette obligation d'avoir une représentation des travailleurs chargée d'être informée et consultée sur les questions transnationales s'impose dans les entreprises et groupes « de dimension communautaire » (C. trav., art. L. 2341-1, L. 2341-2). L'innovation principale de ce texte est d'assimiler groupe et entreprise, pour leur appliquer les mêmes règles. La division d'une entreprise en sociétés distinctes est donc sans influence, pour une fois, sur l'organisation de la représentation du personnel. 1062

La « dimension communautaire » suppose une certaine taille. L'entreprise ou le groupe doivent avoir au moins 1 000 salariés dans l'Union européenne et être établis de manière importante dans au moins 2 États : les entreprises de dimension communautaire doivent comprendre au moins 2 établissements de 150 salariés dans 2 États et les groupes de dimension communautaire, au moins 2 sociétés employant 150 salariés dans 2 États.

Les attributions et l'organisation des comités d'entreprise européens conventionnels tout comme les modalités de la procédure de consultation des travailleurs sont normalement issues d'un accord conclu à la majorité au sein d'un groupe spécial de négociation (GSN). Les membres de ce groupe spécial sont désignés de manières variées selon les pays de l'Union européenne, les traditions étant d'un pays à l'autre, très différentes. En France, les représentants sont désignés par les syndicats parmi leurs élus, à la manière de ce qui se pratique pour le comité de groupe français. Il n'existe que très peu d'obligations lorsque le GSN opte pour une simple procédure de consultation (v. C. trav., art. L. 2342-11, L. 2342-12). Il y en a un peu plus lorsque le groupe décide de mettre en place un comité d'entreprise européen conventionnel 1063

(C. trav. art. L. 2342-9). Dans ce cas doivent notamment être déterminés dans l'accord, la composition, les attributions, les modalités de réunion, les moyens, et la durée du comité.

1064 En l'absence d'accord, le Code du travail reprend tout son empire. Pour ce qui est de la composition du comité d'entreprise européen obligatoire, ses membres sont désignés à la manière des membres du groupe spécial de négociation. Il est présidé par le chef d'entreprise ou le chef de l'entreprise dominante. Il élit un secrétaire. Ainsi composé, le comité se réunit au moins une fois par an (C. trav., art. L. 2343-3).

1065 Le comité d'entreprise européen a différents types d'attributions. Il doit d'abord être informé sur toute une série de points qui englobent la plupart des événements économiques importants dans la vie de l'entreprise ou du groupe, notamment sa situation économique et financière, l'évolution probable de ses activités et de l'emploi, tous les changements substantiels concernant l'organisation, l'introduction de nouvelles méthodes de travail ou de nouveaux procédés de production, ou encore les licenciements collectifs (C. trav., art. L. 2343-2). L'information est désormais bien définie. Il s'agit de la transmission d'informations qui permettent « d'examiner en profondeur » le sujet (C. trav., art. L. 2341-7). Aussi approfondie soit-elle, l'information met souvent le comité devant le fait accompli. Il n'a aucune possibilité d'influer sur la décision prise.

1066 Les choses sont un peu différentes lorsque le comité d'entreprise européen doit être consulté. Tout d'abord, il doit être consulté tous les ans sur un rapport retraçant les événements économiques principaux de l'entreprise ou du groupe, ceux-là mêmes sur lesquels il est informé. La consultation est là encore peu contraignante car elle n'intervient pas avant la décision. Ce n'est pas la longue explication de l'article L. 2341-6 qui change quelque chose à l'impuissance du comité d'entreprise. Pour cet article, consulter signifie « organiser un échange de vues et à établir un dialogue avec les représentants des salariés à un moment, d'une façon et avec un contenu qui permettent à ceux-ci d'exprimer, sur la base des informations fournies et dans un délai raisonnable, un avis concernant les mesures faisant l'objet de la consultation, qui peut être pris en compte... sans préjudice des responsabilités de l'employeur ». Derrière cette formule dénuée de toute poésie, il s'agit seulement, pour le comité, de donner un avis a posteriori.

En revanche, la consultation pourrait avoir davantage de poids en cas de « mesures affectant considérablement les intérêts des salariés », notamment délocalisations et licenciements. La procédure, passablement alambiquée (v. art. L. 2343-4), laisse le débat ouvert sur le point de savoir si la consultation doit précéder la mise en œuvre de la mesure. Les juridictions françaises ont imposé une véritable obligation de consultation préalable, calquée sur les prérogatives reconnues aux comités d'entreprise (Versailles, 7 mai 1997, rendue dans l'affaire *Vilvorde*, *Dr. soc.* 1997. 509, obs. A. Lyon-Caen). Cette solution, rendue sur la base la directive de 1994, permet au comité d'entreprise européen d'être plus qu'un simple lieu d'information et d'être un véritable lieu de consultation préalable, il est vrai seulement pour les décisions les plus graves pour l'avenir des salariés (fermeture d'établissement, réorganisations, fusions, externalisation...).

§ 2 Le comité de la société européenne

La société européenne est une nouvelle forme de société anonyme, créée au niveau de l'Union européenne par le règlement n° 2157/2001 (CE) du 8 octobre 2001. Dans ce type de société, la représentation des salariés est organisée au sein d'un comité d'entreprise spécial, créé par une directive du même jour (n° 2001-1986/CE) transposée par la loi du 26 juillet 2005. 1067 ■

Ce comité est semblable au comité d'entreprise européen. Un groupe spécial de négociation désigné de manière similaire en fixe les contours (C. trav., art. L. 2352-5). Et, en l'absence d'accord, les attributions de ce comité sont, à quelques détails près, calquées sur celles du comité d'entreprise européen (C. trav., art. L. 2353-3 s.).

Compléments pédagogiques

Quid

■ Section syndicale n° 997

Groupe d'au moins deux salariés affiliés à un même syndicat pouvant revendiquer l'exercice de certaines prérogatives dans l'entreprise : affichage, distribution de tracts, etc.

Biblio

- A. Jeammaud, M. Le Friant, « Démocratie sociale, droit et représentation collective : enjeux théoriques », *in* M. -A. Moreau (dir.), *La représentation collective des travaillleurs*, Dalloz, coll. « Thèmes et commentaires », 2012, p. 1.
- G. Borenfreund, « Le renouveau du droit syndical dans l'entreprise : entre faveur et défiance ? », *Dr. soc.* 2009. 700.
- M. Grévy, « Regards sur la position commune du 9 avril 2008. À propos du devenir (incertain ?) des syndicats dans l'entreprise », *RDT* 2008. 431 s.
- J. Savatier, « Les attributions des délégués du personnel », *Dr. soc.* 1993. 746.
- A. Lyon-Caen, obs. sous Versailles 7 mai 1997, *Dr. soc.* 1997. 509.
- M. Germain, « Les structures de l'entreprise et le droit du travail », *Dr. soc.* 2005. 129-132.
- F. Favennec-Héry, « Une question qui fâche : le millefeuille des IRP », *Dr. soc.* 2013. 250.
- F. Géa, « La réforme de l'information et de la consultation du comité d'entreprise », *Dr. soc.* 2013. 717.
- G. Auzéro, « La représenation obligatoire des salariés dans les conseils d'administration et de surveillance », *Dr. soc.* 2013. 740.

Documents

1) Section syndicale

Soc. 8 juill. 2009, *Okaidi*

(n° 09-60.011, *Bull. civ.* V, n° 180; *D.* 2010. 282, note J. Mouly; *Dr. soc.* 2009.950, obs. M.-L. Morin; *RDT* 2009. 729, obs. M. Grévy; *SSL* 2009, n° 1408, p. 10, obs. L. Pécaut-Rivolier; *ibid.*, n° 1412, p. 6, obs. G. Borenfreund)

Mais attendu que l'article L. 2143-3 du Code du travail, dans sa rédaction applicable antérieurement à la loi du 20 août 2008, autorisait la désignation d'un délégué syndical par un syndicat représentatif qui constitue une section syndicale ; que l'article L. 2142-1 du Code du travail dans sa rédaction issue de la loi du 20 août 2008 et applicable immédiatement conditionne désormais la création d'une section syndicale à la présence de plusieurs adhérents dans l'entreprise ou l'établissement ; qu'il en résulte que le tribunal, qui n'a pas statué par des motifs dubitatifs, a exactement décidé que le syndicat devait, pour établir la preuve de l'existence ou de la constitution d'une section syndicale, démontrer la présence de plusieurs adhérents dans l'entreprise ;

Mais sur la troisième branche du moyen unique du pourvoi formé par M. X... et le syndicat :

Vu l'alinéa 6 du préambule de la Constitution du 27 octobre 1946, l'article 11 de la Convention de sauvegarde des droits de l'homme et des libertés fondamentales, l'article 9 du Code civil et les articles L. 2141-4 et L. 2141-5 et L. 2142-1 du Code du travail ;

Attendu que l'adhésion du salarié à un syndicat relève de sa vie personnelle et ne peut être divulguée sans son accord ; qu'à défaut d'un tel accord, le syndicat qui entend créer ou démontrer l'existence d'une section syndicale dans une entreprise, alors que sa présence y est contestée ne peut produire ou être contraint de produire une liste nominative de ses adhérents ;

Et attendu que l'article L. 2142-1 du Code du travail exige, pour la constitution d'une section syndicale, la présence d'au moins deux adhérents dans l'entreprise ;

Qu'il en résulte qu'en cas de contestation sur l'existence d'une section syndicale, le syndicat doit apporter les éléments de preuve utiles à établir la présence d'au moins deux adhérents dans l'entreprise, dans le respect du contradictoire, à l'exclusion des éléments susceptibles de permettre l'identification des adhérents du syndicat, dont seul le juge peut prendre connaissance ;

Attendu que pour annuler la désignation de M. X... en qualité de délégué syndical, le tribunal énonce qu'il convient de tirer toutes les conséquences de droit du refus de la fédération CGT, qui n'apporte au demeurant pas la preuve du risque de représailles au détriment de ses adhérents au sein de l'entreprise Okaidi, d'en communiquer contradictoirement la liste afin d'établir l'existence d'une section syndicale au moins en cours de formation dans l'entreprise Okaidi ;

Qu'en statuant comme il l'a fait, le tribunal d'instance a violé les textes susvisés ; Par ces motifs, Casse et annule...

2) Comité d'entreprise

Soc. 5 mai 1998
(*Bull. civ.* V, n° 219 ; *D.* 1998. 608, note G. Auzero ; *Dr. ouvrier* 1998. 350, note D. Boulmier)

« Mais attendu que, contrairement aux énonciations de l'arrêt attaqué, il résulte de la combinaison des articles L. 431-5 et L. 432-1 du Code du travail que la décision du chef d'entreprise doit être précédée par la consultation du comité d'entreprise quand elle porte sur l'une des questions ou mesures visées par le second de ces textes, sans qu'il y ait lieu de distinguer selon que la décision en cause est une décision unilatérale ou prend la forme de la négociation d'un accord collectif d'entreprise portant sur l'un des objets soumis légalement à l'avis du comité d'entreprise ; que cette consultation doit avoir lieu concomitamment à l'ouverture de la négociation et au plus tard avant la signature de l'accord ; que, cependant, le défaut de consultation du comité d'entreprise, qui peut être sanctionné par ailleurs selon les règles régissant le fonctionnement des comités d'entreprise, n'a pas pour effet d'entraîner la nullité ou l'inopposabilité d'un accord collectif d'entreprise conclu au mépris de ces dispositions et dont la validité et la force obligatoire demeurent soumises aux règles qui lui sont propres ; »

Soc. 12 juill. 2006
(*Bull. civ.* V, n° 256 ; *RDT* 2006. 402-403, obs. H. Tissandier)

« M. X..., délégué syndical et membre du comité d'entreprise de la société KPMG, a fait l'objet d'une mise à pied disciplinaire pour avoir organisé, le 30 septembre 2002, une réunion d'information du personnel au cours de laquelle il a fait le compte rendu de la réunion du comité d'entreprise du 20 septembre précédent en divulguant des informations données par l'employeur au cours de cette réunion et déclarées par lui comme confidentielles *après* la réunion du comité d'entreprise... »

« les membres du comité d'entreprise et les représentants syndicaux ne sont tenus à une obligation de discrétion qu'à l'égard des informations présentant un caractère confidentiel et *données comme telles par l'employeur ou son représentant* ;

D'où il suit que le conseil de prud'hommes, qui a constaté que le procès-verbal de la réunion du comité d'entreprise ne mentionnait pas que les informations données par l'employeur étaient confidentielles, a légalement justifié sa décision ».

Soc. 12 nov. 1997
(*Bull. civ.* V, n° 375 ; *Dr. ouvrier* 1998. 49, concl. Y. Chauvy ; *GADT*, n° 143)

« Si une décision s'entend d'une manifestation de volonté d'un organe dirigeant qui oblige l'entreprise, il ne s'en déduit pas qu'elle implique nécessairement des mesures précises et concrètes ; qu'un projet, même formulé en termes généraux, doit être soumis à consultation du comité d'entreprise lorsque son objet est assez déterminé pour que son adoption ait une incidence sur l'organisation, la gestion et la marche générale de l'entreprise, peu important qu'il ne soit pas accompagné de mesures précises et concrètes d'application dès lors que la discussion ultérieure de ces mesures n'est pas de nature à remettre en cause, dans son principe, le projet adopté ».

Soc. 29 oct. 1987, *Syndex*
(*Bull. civ.* V, n° 605 ; *JCP* 1988. 20990, note M. Girault ; *Dr. ouvrier* 1989. 15 ; *GADT*, n° 144)

« D'une part, la mission de l'expert-comptable dont le comité d'entreprise peut se faire assister en vue de l'examen annuel des comptes porte sur tous les éléments d'ordre économique, financier ou social nécessaires à l'intelligence des comptes et à l'appréciation de la situation de l'entreprise, d'autre part, pour opérer toute vérification ou tout contrôle qui entre dans l'exercice de cette mission, l'expert-comptable a accès aux mêmes documents que le commissaire aux comptes…

… le commissaire aux comptes, aux pouvoirs d'investigation duquel sont assimilés ceux de l'expert-comptable du comité d'entreprise, peut, comme le prescrit l'article 229 de la loi du 24 juillet 1966, se faire communiquer toutes les pièces qu'il estime utiles à l'exercice de sa mission ».

3) Délégués du personnel

Crim. 26 janv. 1993
(*Bull. crim.*, n° 43 ; *Dr. soc.* 1993. 746, obs. J. Savatier)

« Attendu qu'en énonçant que les prévenus, saisis par les délégués du personnel de demandes tendant à augmenter les salaires pour tout le personnel et les congés supplémentaires, à réévaluer diverses primes et à réduire la durée du travail, avaient répondu à bon droit que ces revendications étaient du ressort exclusif de la négociation collective, donc des syndicats, et que la prévention d'atteinte à l'exercice des fonctions des délégués du personnel n'était pas établie, la cour d'appel, abstraction faite de motifs surabondants, a justifié sa décision ;

Qu'en effet, s'il est vrai que l'article L. 422-1 du Code du travail, dans le domaine des salaires, ne limite pas la mission des délégués du personnel aux seules réclamations ayant pour but l'application des règles de droit, l'employeur, selon l'article L. 132-27 dudit code, dans les entreprises où sont constituées une ou plusieurs sections syndicales d'organisations représentatives au sens de l'article L. 132-2, est tenu d'engager chaque année avec ces organisations une négociation sur les salaires effectifs, la durée effective et l'organisation du temps de travail ; qu'il est donc fondé, en présence de revendications des délégués du personnel portant, comme en l'espèce, sur l'augmentation de la rémunération et la réduction de la durée du travail, à répondre qu'elles relèvent de la négociation collective avec lesdites organisations ; qu'une telle réponse, ainsi motivée, satisfait aux exigences de l'article L. 424-5 du Code du travail ;

D'où il suit que le moyen ne peut être admis ; (…)

4) Essor de l'obligation de consulter le CHSCT

Soc. 28 nov. 2007
(n° 06-21.964 [P], *Dr. ouvrier* 2008. 49, rapp. J. M. Béraud ; *RDT* 2008. 111, note L. Lerouge ; *ibid.* 180, note P. Adam)

« qu'ayant relevé que les évaluations annuelles devaient permettre une meilleure cohérence entre les décisions salariales et l'accomplissement des objectifs, qu'elles pouvaient avoir une incidence sur le comportement des salariés, leur évolution de carrière et leur rémunération, et que les modalités et les enjeux de l'entretien étaient manifestement de nature à générer une pression psychologique entraînant des répercussions sur les conditions de travail, c'est sans encourir les griefs du moyen que la cour d'appel a exactement décidé que le projet de l'employeur devait être soumis à la consultation du CHSCT ».

Soc. 25 sept. 2013 (n° 12-21.747 [P], *RDT* 2012. 773, note V. Pontif ; *JCP S* 2013, n° 47, p. 28, note G. Loiseau)

« Attendu que pour débouter le CHSCT de sa demande, l'arrêt retient que les informations communiquées par l'employeur sous forme d'un « power-point » de huit pages contiennent une description sommaire du projet dans ses grandes lignes, présenté sous le seul angle de l'amélioration de la qualité des soins et des conditions de travail, les inconvénients prévisibles comme la fatigue du personnel n'étant nullement examinés, que pour autant, cette insuffisance ne permet pas de conclure que le CHU a méconnu l'obligation de consulter le CHSCT ;
Qu'en statuant ainsi, alors qu'il résultait de ses constatations que les informations données par l'employeur au CHSCT étaient sommaires et ne comportaient pas d'indications relatives aux conséquences de la réorganisation du service sur les conditions de travail des salariés, de sorte que le comité ne pouvait donner un avis utile, la cour d'appel, qui n'a pas tiré les conséquences légales de ses constatations qui caractérisaient l'existence d'un trouble manifestement illicite, a violé les textes susvisés [L. 4612-8 du code du travail et 809 du code de procédure civile] ».

Quiz

1) Sujet corrigé

Cas pratique

Ce cas pratique est issu d'un cas pratique établi par C. Abdeldjelil, E. Tanoukhi, D. Diallo, étudiants en M1 à l'Institut d'Études du travail de Lyon.

La société CRISTALRUINE, spécialisée dans la fabrication de bouteilles de champagne emploie, 250 salariés. Elle est dirigée par Mme Bulle. Celle-ci a pour projet la fabrication d'une bouteille de champagne qui s'ouvrirait automatiquement à l'aide d'un bouton-poussoir. Elle souhaite investir 5 millions d'euros sur 3 ans. Elle convoque une réunion du comité d'entreprise le 3 mai au cours de laquelle elle présente, à l'oral, son projet dans les grandes lignes. Elle explique le principe du mécanisme mais ne se prononce pas encore sur les délais envisagés et le montant exact qui sera investi car elle n'a pas encore de devis. Elle se met en contact à la suite de cette réunion dès le 15 mai avec un ami designer industriel auquel elle commande plusieurs esquisses. Elle en choisit une, fin juillet, et annonce un projet de réorganisation des services de production, de commercialisation et de comptabilité, ceci accompagné de la mise en place d'une rémunération à la productivité dans le but de faire avancer son projet. Elle convoque par la suite une réunion du comité d'entreprise ayant pour ordre du jour la modification du mode de calcul des rémunérations le 5 octobre. Un salarié, M. Crémant refuse d'être payé ainsi et est licencié.

Qu'en pensez-vous ?

Voir le corrigé en fin de rubrique.

2) Corrigé

Cas pratique

La question posée est de savoir si dans une procédure complexe faite de plusieurs décisions, les droits du comité d'entreprise ont bien été respectés.

Selon la Cour de cassation, l'employeur doit consulter le comité d'entreprise même sur un projet vague, dès lors que ce projet est suffisamment déterminé et qu'il est susceptible d'avoir des incidences sur les conditions de travail ou la marche générale de l'entreprise (Soc. 12 nov. 1997*). Il faut de plus que le projet ne puisse pas être remis en cause dans son principe par des décisions d'application ultérieures (même arrêt).

En l'espèce, Mme Bulle a consulté le comité d'entreprise le 3 mai sur un projet d'introduction de nouvelles technologies susceptible d'avoir de lourdes incidences sur la marche générale de l'entreprise. Même si le projet était très général, il appartenait à Mme Bulle de consulter le CE, ce qu'elle a régulièrement fait.

C'est après que ça se gâte.

Selon la Cour de cassation, le comité d'entreprise doit être consulté en cas d'opérations complexes comportant des décisions échelonnées sur chacune d'entre elles (Soc. 7 févr. 1996, *Dr. soc.* 1996. 539, obs. M. Cohen).

En l'espèce, la volonté de la direction de fabriquer des bouchons poussoirs a nécessité le choix d'un modèle, la réorganisation de la production et la modification du mode de rémunération. Mme Bulle n'a consulté le comité d'entreprise que sur la modification de la rémunération. Or, il aurait dû être consulté avant le choix d'un modèle, puisqu'il s'agit d'un choix qui de toute évidence engage la marche générale de l'entreprise. De surcroît, le modèle choisi a vraisemblablement un impact sur les méthodes de travail et sur le volume des effectifs. De même, le comité d'entreprise aurait dû être consulté sur la réorganisation de l'entreprise. En ne sollicitant l'avis que sur la modification des modes de rémunération, la société a violé les droits du comité d'entreprise.

Quelles sont les conséquences civiles ?

La violation de l'obligation de consultation du comité d'entreprise est réparée par l'allocation de dommages-intérêts, sur le fondement de l'article 1382 du Code civil, la suspension des effets de la décision, l'inopposabilité aux salariés, dans certains cas. En revanche, la nullité de la décision n'est pas acceptée.

Le comité pourra obtenir outre l'octroi de dommages-intérêts, la suspension de la décision. Plus précisément, le comité d'entreprise pourra empêcher qu'entrent en vigueur la nouvelle organisation et la nouvelle méthode de rémunération. Si des machines ont été installées, des locaux aménagés, le comité d'entreprise pourra donc faire obstacle à leur mise en fonctionnement jusqu'à consultation régulière (Soc. 5 déc. 2006, *Bull. civ.* V, n° 371). Il pourrait même demander une remise en état de l'organisation du travail aux juges des référés (il n'est pas évident qu'il l'obtienne). En revanche, il ne pourra pas demander la nullité de la décision de réorganisation ou de choix d'une des esquisses (et donc il ne pourra exiger l'annulation du contrat avec le designer).

Quant à M. Crémant, il peut arguer que la décision de modification de la méthode de rémunération lui est inopposable, puisque le comité n'a pas été consulté. Ainsi, il pourra soutenir que son licenciement est sans cause réelle et sérieuse. Toutefois, l'inopposabilité de la décision de l'employeur au salarié n'a été retenue franchement par les tribunaux que pour des cas où le comité d'entreprise aurait dû être consulté avant la modification ou la suppression d'une norme (v. ss 1027). Dans notre cas, le défaut de consultation précède une simple décision, l'inopposabilité aux salariés de cette décision n'est pas encore acquise en jurisprudence, bien que ce soit une conséquence logique du défaut de consultation.

chapitre 28

Désignation et élection des représentants

Plan analytique

section 1

Unité de représentation

- § 1 L'entreprise
  - A. Entreprise et personnalité morale
  - B. Entreprise et unité économique et sociale
- § 2 L'établissement
  - A. L'établissement distinct, cadre d'implantation du comité d'établissement et du CHSCT
  - B. L'établissement distinct, cadre de la désignation des délégués syndicaux
  - C. L'établissement distinct, cadre de l'élection des délégués du personnel
- § 3 Le site
- § 4 Le groupe

section 2

Seuils d'effectifs

- § 1 Le calcul de l'effectif
- § 2 Le passage d'un seuil de création
- § 3 Le passage d'un seuil de destruction

section 3

Élections au suffrage direct

- § 1 Initiative et carence
- § 2 Protocole préélectoral
  - A. La convocation à la négociation
  - B. L'objet du protocole
  - C. Les majorités de conclusion
  - D. L'absence d'accord préélectoral
- § 3 Électeurs et candidats
  - A. Division des électeurs et des candidats : les collèges électoraux
  - B. Les électeurs

La mise en place d'une institution représentative du personnel ou d'un représentant des syndicats, de même que le calcul du nombre de représentants pouvant être élus ou désignés suppose d'abord la détermination de l'unité dans laquelle cette désignation ou cette élection aura lieu (section 1). Ce peut être selon le cas, le groupe, l'entreprise, l'établissement, le site... 1068

Il est nécessaire ensuite que certains seuils d'effectifs soient franchis (section 2).

Une fois le périmètre de l'institution de représentation du personnel ainsi défini, il faut encore déterminer de quelle manière les salariés qui composent cette institution seront choisis. En France, deux voies cohabitent : l'élection par les salariés et la désignation par un syndicat. Le salarié titulaire d'un mandat de représentation peut donc être soit élu par les salariés, au scrutin direct (section 3) ou indirect (section 4), soit désigné par un acte unilatéral du syndicat (section 5).

section 1

Unité de représentation

À la lecture du Code du travail, il apparaît que les principales institutions représentatives sont implantées soit dans l'« entreprise », soit « dans l'établissement ». 1069

Premier cas de figure – le plus facile – l'entreprise a une structure simple, elle ne se compose que d'un établissement. Entreprise et établissement coïncident alors et les institutions de représentation du personnel seront mises en place dans ce cadre unique.

Second cas de figure – plus riche – l'entreprise est divisée en établissements (au moins deux). Les solutions diffèrent selon l'institution représentative du personnel à implanter.

Les délégués du personnel (C. trav., art. L. 2312-1) et le CHSCT (C. trav., art. L. 4611-1) sont élus dans le cadre de l'« établissement ». Pour le CHSCT, une implantation dans des unités plus petites encore que l'établissement est possible (C. trav., art. L. 4613-4 ; Soc. 29 janv. 2003, *Bull. civ.* V, n° 35) et peut tenir compte de l'éloignement géographique (Soc. 12 avr. 2012, n° 11-12.916 [PBR]). Il n'y a pas au niveau de l'entreprise, de délégués du personnel ou de CHSCT qui chapeauteraient les délégués ou le CHSCT dans les établissements. La loi du 14 juin 2013 relative à la sécurisation de l'emploi a toutefois prévu la possibilité (et non l'obligation) de mise en place éphémère d'un succédané de CHSCT central (au niveau de l'entreprise tout entière) lorsqu'une question touchant à la santé des salariés dépasse le cadre d'un établissement. Il s'agit précisément, selon les termes de la loi, « d'une instance temporaire de coordination » des CHSCT d'établissements dont l'objet est de rendre un avis et de diligenter une expertise sur un projet commun à différents établissements. On ne peut que regretter, à la fois pour des raisons de simplicité et de protection permanente des salariés, l'absence de création d'un véritable CHSCT central. À l'heure où les organisations nocives pour les salariés sont déterminées au niveau central, sur la foi de recettes gestionnaires, l'absence de tout organe central de contrôle de la santé paraît tout simplement anachronique.

La solution inverse est retenue pour les délégués syndicaux et les comités, qui peuvent être mis en place aux deux niveaux. Coexistent des délégués syndicaux d'établissement et, au niveau de l'entreprise, un délégué syndical central. Le schéma est le même pour le comité : des comités d'établissement sont mis en place dans les établissements et un comité central d'entreprise est implanté au niveau de l'entreprise. Une solution similaire est retenue pour la *section syndicale*[Q] : il peut exister une section d'entreprise et des sections d'établissement (C. trav., art. L. 2142-1).

Le représentant de la section syndicale (RSS) connaît, quant à lui, un régime d'implantation spécifique. Selon la Cour de cassation, interprétant littéralement l'article L. 2142-1-1 du Code du travail, le RSS peut être désigné soit dans l'entreprise, soit dans l'établissement (Soc. 29 oct. 2010, n° 09-60.484). Les niveaux sont alternatifs et pas cumulatifs, ce qui est assez peu cohérent avec les règles d'implantation de la section et du délégué syndical, avec lesquels le RSS entretient des liens forts (v. ss 1002). La Cour de cassation admet toutefois un panachage : un syndicat représentatif au niveau de l'entreprise, qui y a désigné un délégué syndical, peut désigner un RSS au niveau d'un établissement dans lequel il n'est pas représentatif (Soc. 13 févr. 2013, n° 12-19.662 [PBR]).

1070 Certaines institutions peuvent en outre être constituées dans des cadres qui regroupent plusieurs entreprises. Les principales sont les « groupes de sociétés » (§ 3) et le « site » (§ 4). Ces unités seront abordées après l'étude des unités de principe que sont l'entreprise (§ 1) et l'établissement (§ 2).

§ 1 L'entreprise

1071 La question est ici de trouver le cadre de principe dans lequel doivent être désignées les principales institutions représentatives. Cette opération consiste à placer des limites, des frontières, pour dire quels sont les différents éléments qui seront regroupés dans un même ensemble économique : l'entreprise. La notion d'« entreprise », qui est utilisée par le Code du travail en permanence, s'est révélée un peu difficile à manier. Une sorte de présomption d'identité entre l'entreprise et la personne morale a alors été créée (A). Cette discutable présomption cède avec la preuve d'une « unité économique et sociale » (B).

A. Entreprise et personnalité morale

1072 Le terme « entreprise » ne brille pas par sa netteté. On en saisit certes facilement l'idée. Une entreprise se caractérise par une activité développée dans un ensemble organisé, le tout sous la houlette d'un pouvoir. Mais les certitudes s'arrêtent vite dès qu'on tente de préciser les contours de cette définition, au point que la définition, qu'on croyait tenir, tend à se dissoudre. L'organisation interne d'une *entreprise* doit être assez pérenne et stable, à défaut il n'y aurait qu'une *activité*. Mais à quel moment la collaboration entre personnes ou entités se *structure* suffisamment pour que l'on puisse repérer une entreprise ? Un chantier, une plate-forme commune entre deux sociétés automobiles pour la production d'un moteur sont-ils des entreprises ? Quant à l'activité développée, elle n'est pas toujours unique : il existe des entités productives que l'on appelle entreprise et qui se déploient dans de nombreuses directions. Enfin, le pouvoir n'est pas toujours identifiable. Il est de moins en moins centralisé et situé à la tête de l'entreprise. Il apparaît souvent diffus, multiple et localisé hors de l'entreprise (comme dans les réseaux de franchises).

En revanche, tracer le pourtour d'une personne morale est très simple : on en connaît les associés, le patrimoine, le siège, l'objet... Le problème réside toutefois dans le fait que la création de personnes morales est très libre et qu'il n'est nullement exigé qu'une personne morale corresponde à une unité d'organisation ou d'activité. Le pourtour d'une personne morale dépend seulement de la volonté des parties qui créent cette personne morale : c'est un artifice juridique. Une même activité et un même pouvoir peuvent être structurés autour de centaines de petites personnes morales. Inversement, une seule personne morale peut abriter en son sein plusieurs entreprises (même si ce cas de figure est moins fréquent aujourd'hui).

Pour résumer, le terme « entreprise » renvoie à une situation de fait *difficile à cerner*. 1073 ■
Réciproquement, la personne morale *est une fiction*. Mais cette fiction est *très simple à cerner*. La solution de facilité est alors claire. Plutôt que de se lancer à chaque fois dans l'examen d'une situation de fait, et de tracer dans chaque situation concrète les contours de l'entreprise, il est plus facile de prendre comme référence la personne morale et d'assimiler personne morale et « entreprise ». Cette identité n'est toutefois nullement imposée par des textes qui, eux, se réfèrent à la situation de fait, à l'entreprise.

L'assimilation par la jurisprudence de l'entreprise et de la personnalité morale connaît toutefois un tempérament. Le caractère fictif de la division en personnes morales est parfois trop évident. Les juges dépassent alors l'écran de la personne juridique en rassemblant plusieurs personnes morales dans une « unité économique et sociale ».

B. Entreprise et unité économique et sociale

Historiquement, la première voie utilisée pour lever l'écran de la personne morale a 1074 ■
été l'idée de la fraude à la loi (Crim. 23 avr. 1970, *Éts Herriau*, *D.* 1970. 444 ; *JCP* 1972. II. 17046 ; *GADT*, n° 131). L'exemple type est celui de l'employeur qui divise son entreprise en plusieurs petites sociétés, afin d'éviter de passer les seuils d'effectifs au-delà desquels les institutions représentatives du personnel sont obligatoires. Mais la théorie de la fraude exige de démontrer que la pluralité de sociétés avait pour but l'évitement de la législation protectrice, ce qui pouvait s'avérer en pratique assez difficile.

Pour dépasser cette difficulté, progressivement, la Cour de cassation a abandonné la 1075 ■
recherche d'une intention frauduleuse et s'est contentée de poser des critères objectifs, qui, remplis, permettraient de regrouper plusieurs sociétés en une même « unité économique et sociale ». Cette notion d'« unité économique et sociale » a reçu une consécration législative avec la loi du 28 octobre 1982. Selon l'article L. 2322-4 du Code du travail, elle constitue le cadre de mise en place d'un « comité d'entreprise commun ». Ce texte ne concerne que le comité d'entreprise, mais fidèle à sa

construction, la Cour de cassation souligne que la notion vaut aussi pour l'ensemble des représentants du personnel et des syndicats (v. not. Soc. 3 juill. 1985, *Bull. civ.* V, n° 401) et ce, selon une définition unique pour la mise en place tant des comités d'entreprise communs, des délégués syndicaux communs que des délégués du personnel (Soc. 13 juill. 2004, *Dr. soc.* 2004. 944, note J. Savatier).

■ **1076** Cette définition est synthétisée dans certains arrêts dans les termes suivants : « une unité économique et sociale entre plusieurs entités juridiquement distinctes se caractérise, en premier lieu, par la concentration des pouvoirs de direction à l'intérieur du périmètre considéré ainsi que par la similarité ou la complémentarité des activités déployées par ces différentes entités, en second lieu, par une communauté de travailleurs résultant de leur statut social et de conditions de travail similaires pouvant se traduire en pratique par une certaine permutabilité des salariés » (Soc. 18 juill. 2000, *Sté Roussillon Agrégats*, *Bull. civ.* V, n° 299, *Dr. soc.* 2000. 1037, obs. J. Savatier ; *GADT*, n° 133).

Cette définition doit être brièvement précisée.

■ **1077** L'unité économique et sociale regroupe « plusieurs entités juridiquement distinctes », ce qui permet le regroupement de toutes sortes de personnes morales (pour un regroupement d'associations, v. Soc. 27 mars 1985, *D.* 1985. IR 436, obs. Ph. Langlois). En revanche, il est exclu de n'intégrer dans une unité économique et sociale qu'un « morceau » de personne morale, comme pourrait l'être un lieu ou un établissement distinct : ce sont exclusivement des personnes morales « entières », qui forment une unité économique et sociale (Soc. 21 nov. 1990, *Bull. civ.* V, n° 578, la solution inverse a été un temps retenue : Soc. 4 févr. 1982, *D.* 1983. IR 166, obs. A. Jeammaud).

■ **1078** L'idée d'unité « économique » recouvre deux dimensions.

La première est « la concentration entre les mêmes mains du pouvoir de direction ». La concentration peut être caractérisée par la présence du même dirigeant ou de la même entité au sein des différentes personnes morales. À cette situation, on assimile la présence de personnes aux postes de direction qui en réalité sont sous le contrôle d'une seule. La concentration du pouvoir de direction se détecte également dans la possession par une personne ou une entité de participations significatives dans les différentes personnes morales, sans que la présence de la société holding dans l'UES ne soit indispensable (Soc. 15 avr. 2015, n° 13-24.253). Toutefois, la simple appartenance à un même groupe est insuffisante à caractériser ce critère (Soc. 15 mai 2001, *Bull. civ.* V, n° 173).

La seconde dimension de l'unité « économique » est « la similarité ou la complémentarité des activités déployées par ces différentes entités ». Il faut soit qu'elles soient de même nature soit qu'elles participent à un même processus de production. Mais les activités peuvent n'être que partiellement complémentaires (Soc. 12 janv. 2005, *Bull. civ.* V, n° 5 ; *D.* 2005. Pan. 2499, obs. B. Lardy-Pelissier). Un arrêt laisse même penser que la simple « connexité » des activités suffit (Soc. 17 déc. 2003, *Bull. civ.* V, n° 319). La condition tenant aux activités des différentes entités devrait, selon nous, disparaître. Elle n'est en fait qu'un résidu de l'idée de division frauduleuse d'une même entreprise. Le découpage artificiel se voyait redressé grâce au critère de la similarité ou de la complémentarité d'activités. Au regard de l'évolution de l'UES et des modes de production actuels, ce critère paraît désuet. Quelle que soit l'organisation productive, l'unité économique et sociale sert aujourd'hui à identifier un pôle patronal de décision qui traite de manière analogue des salariés de différentes personnes morales sous sa coupe : la concentration des pouvoirs de direction et l'unité sociale suffisent donc à caractériser une UES.

Constater une unité « sociale » impose de démontrer l'existence d'une collectivité de travail, d'une « communauté de travailleurs » dit la Cour de cassation (Soc. 18 juill. 2000, préc.). Pareille communauté est constituée d'un « statut social et de conditions de travail similaires » : l'idée est que cette identité conduit, en principe, à une certaine communauté d'intérêts et de revendications. La « permutabilité des salariés » est un autre indice important, même s'il n'est pas indispensable. Une unité sociale sans permutabilité est possible (v. Soc. 8 avr. 1992, *Bull. civ.* V, n° 268). Réciproquement, malgré l'existence de quelques mutations, il se peut qu'aucune unité économique et sociale ne soit présente (v. Soc. 5 déc. 2000, *RJS* 2001, n° 213). **1079 ■**

Évidemment, lorsque les personnels de deux sociétés sont soumis à des conventions collectives et à des statuts différents, ainsi qu'à des régimes de prévoyance et de mutuelle propres, que leurs conditions de travail sont différentes, et qu'il n'y a aucune similitude de gestion des situations individuelles, l'absence de communauté de travailleurs est caractérisée (Soc. 2 mai 2000, *Dr. soc.* 2000. 799, obs. J. Savatier).

Alors que l'UES offre l'intérêt de retrouver l'entreprise derrière les montages de droit des sociétés, son domaine reste limité à l'expression collective de l'intérêt des travailleurs. Cette limitation est peut-être en passe de disparaître. L'existence d'une UES a ainsi été prise en compte en matière de licenciement pour motif économique lorsque la décision de licencier a été prise au niveau de l'UES (Soc. 16 nov. 2010, n° 06-69.485, *RDT* 2011. 112, obs. E. Peskine) et en matière de calcul du montant global de la subvention aux activités sociales et culturelles (Soc. 25 sept. 2012, n° 10-26.224). **1080 ■**

Mais l'unité économique et sociale n'a pas, elle-même, la personnalité morale. Elle ne peut pas, par conséquent, être qualifiée d'employeur et les salariés des personnes morales qui la composent conservent donc des employeurs distincts (Soc. 16 déc. 2008, n° 07-43.875 [P], *Dr. ouvrier* 2009. 123, rapp. M.-L. Morin, note P. Rennes ; *RDT* 2009. 228, note B. Lardy-Pélissier ; *SSL* 2007, n° 1318, p. 9, note A. Lyon-Caen). Il est à noter que la qualité d'employeur est considérée comme indisponible pour la négociation collective. Une convention collective ne peut donc accorder la qualité d'employeur à une unité économique et sociale (Soc. 16 déc. 2008, préc.).

Le périmètre de l'UES, c'est-à-dire les sociétés la composant, est déterminé soit par accord collectif de droit commun (Soc. 14 nov. 2013, n° 13-12712 [PBR]), soit par décision de justice. Les personnes intéressées peuvent agir directement en reconnaissance de l'UES avant même la mise en place de l'institution (Soc. 2 juin 2004, n° 03-60135). Si auparavant, l'existence et l'étendue de l'UES étaient déterminées au moment des élections professionnelles, dans le protocole d'accord préélectoral, cette solution paraît aujourd'hui compromise (Soc. 31 janv. 2012, n° 11-20232, *RDT* 2012. 168, obs. T. Grumbach). L'existence de l'UES devra donc être fixée avant les élections. La solution est davantage justifiée lorsqu'est en cause la désignation d'un délégué syndical que l'élection du comité d'entreprise ou des délégués du personnel (en ce sens, G. Borenfreund, « Représentativité syndicale et négociation collective », *Dr. soc.* 2013. 300, note 45). **1081 ■**

§ 2 L'établissement

■ 1082 Une entreprise peut comprendre plusieurs lieux, plusieurs activités. Elle peut aussi être organisée de manière plus ou moins décentralisée, et comporter plusieurs sous-structures. À certaines conditions, ces divisions peuvent être juridiquement désignées par le nom d'« établissement », chaque établissement pouvant alors avoir ses institutions de représentation propres.

Avant de préciser la notion d'« établissement », il est nécessaire d'en bien comprendre l'enjeu.

■ 1083 Si la jurisprudence adopte une notion ouverte, large, de la notion d'« établissement », une entreprise sera facilement reconnue comme dotée de plusieurs établissements. Si en revanche la qualification d'« établissement » est très difficile, les entreprises unitaires seront plus nombreuses.

Or, le nombre de salariés chargés d'une mission représentative est d'autant plus grand que le nombre d'établissements est important. Par exemple, un établissement de 60 salariés élit 2 délégués du personnel et 3 membres du comité d'entreprise (sans compter les suppléants qui sont en nombre égal aux titulaires). Dix établissements de 60 salariés éliront donc 20 délégués du personnel et 30 membres de comités d'établissement (nombre nécessaire pour composer les dix comités d'établissement), soit en tout 50 élus (pour 600 salariés). Une entreprise unitaire de 600 salariés doit seulement élire 8 délégués du personnel et 6 membres du comité d'entreprise, soit un total plus que trois fois inférieur au précédent (sur ces chiffres, v. C. trav., art. R. 2314-1 pour les délégués du personnel ; art. R. 2324-1 pour le comité d'entreprise). Lorsqu'on sait que le nombre d'heures de délégation accordé est très largement fonction du nombre d'élus (v. ss 994), on comprendra que la représentation du personnel est d'autant plus riche en moyens et en personnes que la division en établissement est forte.

■ 1084 L'importance du découpage de l'entreprise en établissements se lit aussi dans la jurisprudence constante, selon laquelle ce découpage ne peut avoir pour effet de laisser une partie du personnel sans représentation, ce qui serait contraire à l'alinéa 8 du Préambule de la Constitution de 1946. Il ne faut donc pas qu'une partie des salariés se voie exclue du découpage. Il faut alors regrouper des établissements entre eux ou rattacher les établissements sans représentation à d'autres établissements déjà dotés d'institutions représentatives du personnel (Soc. 30 mai 2001, *Bull. civ.* V, n° 193 : délégué syndical ; Soc. 19 févr. 2014, n° 13-12201 : CHSCT, pour le CHSCT, une voie alternative est ouverte par l'article 11 du projet de loi pour le dialogue social et l'emploi, tel qu'adopté le 2 juin 2015 par l'Assemblée nationale).

■ 1085 La définition de l'établissement a varié au cours du temps. Il y eut des temps d'unité et de diversité. Aujourd'hui, l'heure est à la diversité et à l'incertitude. La notion qui prévaut en matière de comité d'établissement (A) diffère de celle retenue pour l'implantation du délégué syndical (B) ou du délégué du personnel (C).

A. L'établissement distinct, cadre d'implantation du comité d'établissement et du CHSCT

Pour le Conseil d'État, l'établissement servant de cadre à l'élection des membres du comité d'établissement doit être caractérisé par plusieurs indices. Il y en a trois, qui sont plus particulièrement mentionnés dans la jurisprudence administrative depuis l'arrêt fondateur *Wagons-Lits* (CE 29 juin 1973*). Tout d'abord, l'établissement distinct doit être éloigné géographiquement des autres établissements (CE 27 mars 1996, req. n° 155791, *Dr. soc.* 1996. 938), mais l'indice n'est pas toujours déterminant. Il faut ensuite une stabilité de l'établissement : ce n'est pas un regroupement éphémère de salariés. Cet indice sert davantage à exclure que des chantiers soient dotés d'un comité d'établissement qu'à réellement caractériser positivement l'existence d'un établissement. Il faut enfin et surtout que l'établissement présente une autonomie suffisante tant dans la gestion du personnel que dans son activité même. C'est là le critère central. Par exemple, un établissement peut être reconnu si son directeur dispose de pouvoirs d'embauche et d'une délégation lui permettant de faire des choix de fournisseurs, des opérations bancaires, etc. Ce qui importe finalement, c'est la capacité d'action laissée au chef d'établissement. C'est assez logique puisque le comité d'établissement est institué en vue de donner son avis sur les décisions qu'il prend. Si le chef d'établissement n'a aucun pouvoir propre car les décisions sont toutes prises au niveau supérieur, il n'y a pas de raison particulière de créer un comité d'établissement. 1086 ■

Un établissement peut être reconnu même si l'unité emploie moins de 50 salariés (CE 15 mai 1991, req. n° 84840, *Rivoire et Carré*, *Dr. soc.* 1992. 39, note J. Savatier).

La conception de l'établissement distinct qui prévaut dans la jurisprudence administrative relative au comité d'établissement s'applique au CHSCT. Le cadre d'implantation du CHSCT correspond, selon la Cour de cassation, à celui des comités d'établissement (Soc. 29 janv. 2003, *Bull. civ.* V, n° 35 ; 17 juin 2009, n° 08-60.438). Mais le CHSCT peut en outre être mis en place dans des unités plus petites encore que l'établissement : les secteurs d'activité distincts (Soc. 29 janv. 2003, préc.), sur décision de l'inspecteur du travail, prise en cas de désaccord entre le chef d'entreprise et le comité d'entreprise, dans les entreprises de plus de 500 salariés (C. trav., art. L. 4613-4). 1087 ■

La question du maintien de cette jurisprudence se pose. En effet, la loi dite « Macron » du 6 août 2015 pour la croissance, l'activité et l'égalité des chances économique a prévu, par le système du bloc de compétence, d'attribuer tout le contentieux de la mise en place des comités d'entreprise au tribunal d'instance (et donc sur recours à la Cour de cassation). La décision de découpage de l'entreprise en établissement prise par l'inspecteur du travail en cas de désaccord entre l'employeur et les syndicats ne sera donc plus contestée devant le juge administratif. La position du Conseil d'État développée depuis 1973 pourrait donc être amendée voire abandonnée. 1088 ■

B. L'établissement distinct, cadre de la désignation des délégués syndicaux

La Cour de cassation a dans un arrêt du 18 mai 2011 (n° 10-60.383, *Bull. civ.* V, n° 120, *RDT* 2011. 419, note G. Borenfreund) aligné le périmètre d'implantation des délégués 1089 ■

syndicaux d'établissement sur celui des comités d'établissement, à moins qu'un accord collectif en ait décidé autrement. Prévalait ainsi une conception de l'établissement centrée sur les pouvoirs du chef d'établissement, et non plus sur la proximité du délégué avec les salariés. Le législateur est venu combattre cette jurisprudence, en renouant avec la solution qui était retenue antérieurement, notamment dans un arrêt du 24 avril 2003 (*Bull. civ.* V, n° 141 ; *Dr. soc.* 2003. 780, obs. J. Savatier). Constitue désormais un établissement le regroupement de salariés « placés sous la direction d'un représentant de l'employeur et constituant une communauté de travail ayant des intérêts propres, susceptibles de générer des revendications communes et spécifiques » (C. trav., art. L. 2143-3 al. 4, issu de la loi du 5 mars 2014). L'accent est ainsi placé sur la spécificité de l'établissement (conditions de travail, processus de production, éloignement géographique, etc.). Un accord collectif, même antérieur à la loi, ne saurait imposer un autre périmètre (Soc. 31 mai 2016 (PB), n° 15-21.175).

C. L'établissement distinct, cadre de l'élection des délégués du personnel

1090 L'ordonnance du 1er décembre 2005 a confié à l'autorité administrative le soin de délimiter le périmètre de l'établissement distinct au sens du délégué du personnel en l'absence d'accord entre l'employeur et les syndicats (C. trav., art. L. 2314-31). Aussi le contentieux de la délimitation de l'établissement distinct est-il passé aux juridictions administratives. Mais cette compétence est revenue par le système du bloc de compétence au juge judiciaire par la grâce de la loi dite « Macron » pour la croissance, l'activité et l'égalité des chances économiques qui a confié au tribunal d'instance la contestation du recours contre la décision administrative. Il convient donc de rappeler que dans le dernier état de la jurisprudence de la Cour de cassation, l'établissement distinct pour l'élection des délégués du personnel s'entendait d'un groupe d'au moins 11 salariés qui constitue « une communauté de travail ayant des intérêts propres », cette communauté devant travailler « sous la direction d'un représentant de l'employeur » (Soc. 29 janv. 2003, *Bull. civ.* V, n° 30 ; *Dr. soc.* 2003. 453, obs. J. Savatier ; *JCP E* 2003. 768, note F. Duquesne ; 13 juill. 2004*).

§ 3 Le site

1091 La notion de « site » vise principalement à permettre la désignation de délégués du personnel, dans des entreprises de moins de onze salariés (seuil en deçà duquel aucune institution représentative du personnel n'est exigée). L'idée est de regrouper certaines entreprises pour que ce seuil soit dépassé et que les salariés concernés bénéficient d'une représentation. Ce regroupement suppose que les entreprises soient localisées sur un même « site » (chantier, galerie marchande...).

1092 La direction départementale du travail peut reconnaître un site, sur son initiative ou sur celle des organisations syndicales, et exiger l'organisation d'élections de délégués du personnel sur l'ensemble du site et ce, à trois conditions. La première est que plus de 50 salariés appartenant à une pluralité d'entreprises de moins de 11 salariés soient concernés. La deuxième est géographique : les salariés doivent être localisés dans un même lieu. La troisième est que « la nature et l'importance des problèmes communs aux entreprises du site » justifient cette désignation (C. trav., art. L. 2312-5).

En revanche, aucun lien de pouvoir entre les entreprises regroupées dans un même site n'est requis : celles-ci peuvent être parfaitement indépendantes les unes des autres. Seule l'existence d'importants problèmes communs aux salariés importe.

L'idée est de créer une représentation au bénéfice de salariés qui, sans cela, en seraient totalement dépourvus, alors même qu'un besoin d'expression collective se fait sentir. Pour dialoguer avec les délégués de site, les employeurs concernés devront alors, eux aussi, organiser leur représentation, ce que suggère l'article L. 2312-5 du Code du travail : le texte vise « le représentant des employeurs concernés ». Mais il ne précise pas exactement comment celui-ci peut être désigné. La reconnaissance de sites est particulièrement utile pour permettre la représentation collective de salariés qui travaillent dans un même centre commercial ou sur un même chantier. 1093 ■

La notion de « site » est encore utilisée par les règles relatives à la coordination entre entreprises distinctes en vue d'assurer le respect des règles d'hygiène et de sécurité applicables sur un même lieu de travail. Ces règles prévoient, dans les cas où la question de la sécurité est particulièrement importante, une participation des entreprises extérieures au CHSCT de l'entreprise principale (C. trav., art. L. 4531-1 s.). Sont encore prévues, en matière d'hygiène et de sécurité, des règles de coordination inter-entreprises (C. trav., art. R. 4511-1 s.), qui peuvent aller jusqu'à la création d'un collège inter-entreprises de sécurité sous la responsabilité du maître de l'ouvrage, dans les chantiers du bâtiment ou du génie civil (C. trav., art. L. 4532-10). 1094 ■

§ 4 Le groupe

Très fréquemment, les liens entre plusieurs personnes morales ne sont pas assez serrés pour permettre la reconnaissance d'une unité économique et sociale (v. ss 1074 s.). Mais ils n'en sont pas moins suffisamment forts pour que les décisions les plus importantes soient prises au sein d'une autre société. La recherche de l'interlocuteur qui détient le véritable pouvoir dans ou sur l'entreprise oblige alors à imaginer une structure représentative qui sorte des étroites limites de la personnalité morale. Le comité de groupe, à côté d'autres institutions tels le comité d'entreprise européen (v. ss 1061), est l'une de ces structures. Ces pouvoirs sont toutefois limités (v. ss 1058). 1095 ■

Le groupe, nécessaire à la mise en place d'un comité de groupe, est reconnu dans deux situations principales, situations que l'on peut discerner à travers le maquis de l'article L. 2331-1 du Code du travail et de ses renvois vers les articles L. 233-1, L. 233-3 I, L. 233-3 II, L. 233-16 du Code du commerce. 1096 ■

Tout d'abord, appartiennent à un même groupe la société mère et les sociétés qu'elle contrôle. Ce *contrôle* se caractérise par la possibilité d'imposer ses choix, et ce grâce au levier majoritaire. Ainsi, il y a contrôle lorsque la société mère dispose de la majorité des parts ou des droits de vote (soit en raison des parts qu'elle détient, soit en raison des pactes conclus avec d'autres actionnaires). Le contrôle est également avéré lorsque la société mère a la capacité de nommer ou de révoquer la moitié des dirigeants, dans la société filiale. En somme, pour pouvoir saisir toutes les formes de domination dans les sociétés, il y a contrôle lorsque dans les faits, la société mère détermine, grâce à ses droits de vote, les décisions dans l'assemblée générale de sa filiale.

Ensuite, un groupe existe également si une société dominante est capable d'exercer une *influence notable* sur d'autres sociétés. L'influence notable se décèle quand « la permanence et l'importance des relations de ces entreprises établissent l'appartenance de l'une et de l'autre à un même ensemble économique », sous réserve que la société dominante détienne au moins 10 % de la société dominée (C. trav., art. L. 2331-1). Cette influence peut également résulter des accords entre associés ou même dans les statuts de la société (C. com., art. L. 233-16), elle est présumée dès lors que la société dominante détient 20 % de la société dominée.

L'hypothèse d'un contrôle conjoint est enfin envisagée, un tel contrôle conjoint étant défini comme le « partage du contrôle d'une entreprise exploitée en commun par un nombre limité d'associés ou d'actionnaires, de sorte que les décisions résultent de leur accord » (C. com., art. L. 233-16 III) et un tel contrôle conjoint peut suffire à permettre l'intégration dans la notion de « groupe ».

■ 1097 Le principal obstacle à la constitution d'un comité de groupe du droit français est le problème du champ d'application de la loi française : celui-ci interdit d'imposer la constitution d'un comité de groupe aux sociétés entièrement soumises à une loi étrangère, fussent-elles les sociétés-mères de filiales établies en France. La recherche de l'interlocuteur doté du véritable pouvoir bute sur les frontières du système juridique. C'est pour dépasser cette difficulté au plan de l'Union européenne, qu'a été adoptée la directive n° 94/45 du 22 octobre 1994, relative au comité d'entreprise européen, transposée en droit français par la loi du 12 novembre 1996, aux articles L. 2341-1 et suivants du Code du travail.

■ 1098 Le comité d'entreprise européen est d'abord un lieu d'information, mais dans certains cas il devient un lieu d'« échange de vue », de « dialogue » et donc de consultation. Il doit être constitué dans les entreprises ou groupes d'entreprises « de dimension européenne ». Il est notable qu'ainsi le droit venu d'Europe assimile groupe et entreprise. La « dimension européenne » suppose une entreprise ou un groupe d'au moins 1 000 salariés, comportant au moins 2 établissements ou 2 sociétés, dans 2 États membres, d'au moins 150 salariés chacun. La notion de « groupe » à laquelle il est ici fait référence est la même que celle utilisée pour le comité de groupe : l'article L. 2341-2 du Code du travail sur le comité d'entreprise européen renvoie expressément, à ce sujet, à l'article L. 2331-1 du Code du travail.

section 2

Seuils d'effectifs

■ 1099 La présence et l'importance des institutions représentatives du personnel dépendent de seuils d'effectifs.

Les principaux seuils pour la création d'institutions représentatives sont les seuils d'au moins 11 salariés et d'au moins 50 salariés. Le passage du seuil de 50 salariés permet la constitution, dans l'entreprise, d'un comité d'entreprise et, dans l'établissement, d'un CHSCT. Le seuil d'au moins 11 salariés permet l'élection d'un délégué du personnel. Ce délégué du personnel élu peut être désigné délégué syndical dans les entreprises de moins de 50 salariés. Dans les entreprises d'au moins 50 salariés le délégué syndical peut être n'importe quel salarié. Les seuils sont aussi importants pour connaître le nombre d'élus. Une entreprise ou un établissement de moins de 26 salariés élira 1 seul délégué du personnel titulaire ; une entreprise ou un établissement comprise entre 750 et 999 salariés en élira 9 (C. trav., art. R. 2314-1). Les 3 titulaires du comité d'une entreprise de 50 salariés seront 15 à partir de 10 000 salariés (C. trav., art. R. 2324-1), etc. Ils sont encore utiles pour connaître de très nombreux droits des salariés, de nature collective ou individuelle (v. par ex., en droit du licenciement, v. ss 699 s.).

Pour connaître les règles applicables à une entreprise, il faut donc vérifier si elle dépasse certains seuils d'effectif. **1100**

Pour ce faire, il faut tout d'abord savoir compter ses salariés à un instant donné (§ 1). Cette question est la principale : elle est notamment la seule qui se pose pour savoir le nombre de sièges à pourvoir lors d'une élection.

Mais elle ne suffit pas à répondre à deux questions qui tiennent à la création ou à la destruction d'une institution représentative du fait du franchissement d'un seuil. Le seul passage du seuil d'effectif à un instant donné ne peut suffire. Les entreprises qui oscillent autour d'un seuil d'effectif seraient alors constamment en train de créer, puis de détruire, puis de créer une institution représentative du personnel. Un certain lissage s'impose. Celui-ci est réalisé de manière différente s'il s'agit de créer pour la première fois une institution représentative du fait du passage au-dessus du seuil (§ 2) ou s'il s'agit de détruire cette institution du fait d'un passage au-dessous du seuil (§ 3).

§ 1 Le calcul de l'effectif

Le calcul des seuils se fait pour quasiment tous les seuils du droit du travail suivant les règles précisées à l'article L. 1111-2 du Code du travail. **1101**

Chaque salarié en contrat de travail à durée indéterminée à temps plein au jour du calcul compte pour un. On compte de la même manière les travailleurs à domicile, vu que pour ces travailleurs il est toujours difficile de savoir s'ils sont à temps plein ou à temps partiel. **1102**

Les salariés en contrat de travail à durée déterminée sont pris en compte dans l'effectif de l'entreprise en proportion de leur temps de présence au cours des douze mois précédents. Toutefois, ces salariés à durée déterminée sont exclus du décompte des effectifs lorsqu'ils remplacent un salarié absent ou en congé. La disposition est logique : le salarié absent est, lui, pleinement compté dans les effectifs

Les salariés à temps partiel sont pris en compte en divisant leur durée du travail par la durée légale ou la durée conventionnelle du travail. Un salarié à mi-temps vaut $^1/_2$, un salarié à tiers-temps $^1/_3$...

Les travailleurs temporaires sont également pris en compte dans le calcul des effectifs. Comme les salariés en contrat à durée déterminée, ils sont pris en compte au prorata du temps de présence au cours des 12 mois précédents. Les travailleurs temporaires qui travaillent dans l'entreprise utilisatrice en vertu d'un contrat de mission et d'un contrat de mise à disposition (v. ss 194) doivent être distingués des travailleurs *mis à disposition*[Q] qui eux n'interviennent pas dans l'entreprise dans le cadre de l'intérim. Ces derniers travaillent dans une entreprise qui n'est pas la leur en raison d'un contrat de prestation de services, d'un contrat de sous-traitance... conclu entre leur employeur et celui de l'entreprise d'accueil (v. *infra*).

Le chef d'entreprise, s'il est salarié, compte pour un, tout comme les salariés qui le représentent directement. Et ce, même si le chef d'entreprise et ses représentants directs ne sont pas électeurs (Soc. 26 sept. 2002, *Bull. civ.* V, n° 285). Cette solution apparaît logique, leur présence étant bien un signe de la taille de l'entreprise.

■ **1103** Certains salariés sont exclus du calcul des effectifs. C'est le cas des apprentis (C. trav., art. L. 1111-3), des salariés liés par des contrats de professionnalisation (C. trav., art. L. 1111-3) et par quelques autres contrats aidés. Une ordonnance du 2 août 2005 avait même prévu d'exclure tous les salariés de moins de 26 ans. Par un arrêt du 18 janvier 2007, la Cour de justice des Communautés européennes a jugé cette exclusion contraire à la directive n° 2002/14/CE du 11 mars 2002, établissant un cadre général relatif à l'information et à la consultation des travailleurs (CJCE 18 janv. 2007, aff. C-385/05 ; v. aussi l'exécution de cet arrêt par CE 7 juill. 2007, req. n° 283892).

■ **1104** La principale difficulté d'interprétation de l'article L. 1111-2 du Code du travail porte sur la mention des salariés « mis à disposition » dans l'entreprise qui doivent être pris en compte dans l'effectif. Derrière l'interprétation de cette catégorie, la question posée est celle de l'intégration ou de l'exclusion dans la collectivité de travail des salariés d'autres employeurs.

Avec l'éclatement des structures de production, par l'accroissement du recours à la sous-traitance et aux prestataires de service, il est devenu presque banal de travailler quotidiennement avec des salariés qui ont, sur le papier, un autre employeur. La question de l'intégration de ces salariés extérieurs est d'abord posée à l'occasion du décompte des effectifs. Mais elle a un impact plus vaste. Les salariés extérieurs, intégrés dans les effectifs, peuvent aussi, sous conditions d'ancienneté, devenir électeurs, voire éligibles (v. ss 1127, v. ss 1131) ou encore être désignés représentant syndical au comité d'entreprise (Soc. 30 avr. 2003, n° 01-60.841) ou représentant de la section syndicale (Soc. 29 févr. 2012, n° 11-10.904 [PBR]). Leur salaire sera intégré dans la masse salariale servant au calcul des sommes dues par l'employeur au comité d'entreprise (Soc. 7 nov. 2007, *Systra*, n° 06-12.309 [P], *RDT* 2008. 116, note E. Peskine ; *Dr. soc.* 2008. 131, note M. Cohen). Plus profondément, la question est ici de savoir quelle est l'efficacité des frontières juridiques qui divisent les salariés qui travaillent ensemble.

■ **1105** La Cour de cassation a jugé que les travailleurs extérieurs à l'entreprise sont comptabilisés dans les effectifs de celle-ci, s'ils sont « intégrés de façon étroite et permanente à la communauté de travail » (Cons. const. 28 déc. 2006* ; Soc. 14 avr. 2010*). La loi du 20 août 2008 est ensuite intervenue. Selon cette loi, sont pris en compte dans l'effectif les « salariés mis à la disposition de l'entreprise par une entreprise extérieure qui sont présents dans les locaux de l'entreprise utilisatrice et y travaillent depuis au moins un an » (C. trav., art. L. 1111-2). De l'articulation de la loi et de la jurisprudence, on peut tirer les règles suivantes :

- Pour être mis à disposition, les travailleurs extérieurs doivent être intégrés de manière étroite et permanente à la communauté de travail, de sorte qu'ils partagent ainsi des conditions de travail en partie communes susceptibles de générer des intérêts communs (Soc. 13 nov. 2008, *SSL* 2008, n° 1375, note A. Lyon-Caen). Le type de contrat liant l'entreprise d'accueil et l'entreprise d'origine est sans importance (Soc. 15 avr. 2015, n° 14-20.200), ce qui se comprend bien. En effet, la règle de l'article L. 1111-2 permet de faire fi des divisions sociétaires pour prendre en compte les solidarités et proximités de travail ; il serait illogique de retrouver des séparations en fonction du type de contrat commercial conclu.

- Mais ces travailleurs ainsi définis doivent être présents dans les locaux de l'entreprise d'accueil, ou travailler sur les mêmes lieux (Soc. 15 avr. 2015, préc.) depuis un an (C. trav., art. L. 1111-2 issu de la L. du 20 août 2008). Sont de ce fait exclus de l'effectif des salariés qui ne sont pas uniquement au service de l'entreprise d'accueil (Soc. 14 avr. 2010*).

Il faut noter enfin, que le choix fait par les salariés de voter dans leur entreprise d'origine n'exclut pas leur prise en compte dans l'effectif de l'entreprise d'accueil (Soc. 19 janv. 2011, n° 10-60.296 [PB]).

§ 2 Le passage d'un seuil de création

Il ne suffit pas qu'une entreprise passe le seuil pendant quelques semaines pour que 1106 ■ la mise en place d'une institution représentative devienne impérative. Une certaine durabilité est requise. Le seuil doit avoir été franchi pendant douze mois consécutifs ou non, au cours des trois années précédant la désignation (C. trav., art. L. 2143-3, L. 2312-3, L. 2322-2, L. 4611-1 : art. qui recopient tous la même règle et qui sont relatifs, au délégué syndical, aux délégués du personnel, au comité d'entreprise et au CHSCT).

Le calcul des effectifs doit donc être réalisé mois par mois, au cours des trois années précédentes, pour savoir si douze de ces mois ont dépassé le seuil requis. Si tel a été le cas, l'organisation d'élection de délégués du personnel ou d'un comité d'entreprise est requise, et la désignation d'un délégué syndical devient possible.

§ 3 Le passage d'un seuil de destruction

La destruction d'une institution représentative du fait du passage en dessous d'un 1107 ■ seuil n'est possible qu'une fois la durabilité de ce passage attestée.

Les règles sont alors différentes selon l'institution considérée.

Les délégués du personnel finissent leur mandat quoiqu'il arrive. À l'expiration de ce 1108 ■ mandat, l'institution n'est pas renouvelée si les effectifs de l'établissement sont restés en dessous de onze salariés pendant au moins douze mois (C. trav., art. L. 2312-3). Il s'agit, cette fois, de mois consécutifs.

S'agissant des délégués syndicaux, la règle est légèrement différente. En cas de 1109 ■ passage en dessous des effectifs requis, la suppression peut avoir lieu avec l'improbable accord de l'employeur et de toutes les organisations syndicales représentatives. Sinon, l'autorité administrative peut décider, en cas de réduction « importante et durable » de l'effectif, de la suppression de l'institution (C. trav., art. L. 2143-11).

Alors qu'auparavant délégués syndicaux et comité d'entreprise était soumis aux mêmes règles, la loi du 17 août 2015 a octroyé à l'employeur le pouvoir de supprimer unilatéralement le comité d'entreprise, mais seulement si l'effectif n'est plus atteint durant 24 mois consécutifs sur les trois dernières années (C. trav., art. L. 2322-7).

Aucune règle spécifique n'est prévue pour le CHSCT, mais on peut penser que le directeur du travail peut ordonner qu'il suive alors le sort du comité d'entreprise. Il ne s'agit cependant que d'une faculté, l'autorité administrative ayant toujours la possibilité d'imposer un CHSCT en dessous du sein de 50 salariés si celui-ci apparaît nécessaire, notamment en raison de la nature des travaux, de l'agencement ou de l'équipement des locaux (l'art. L. 4611-4 C. trav. donne à l'inspecteur du travail le pouvoir d'imposer dans ces hypothèses la création d'un CHSCT ; *a fortiori*, le directeur départemental du travail doit pouvoir, pour les mêmes motifs, en refuser la destruction).

section 3

Élections au suffrage direct

1110 Les membres élus du comité d'entreprise, les délégués du personnel et donc les élus de la délégation unique du personnel sont élus par les salariés de l'entreprise ou de l'établissement concerné au suffrage direct.

1111 Depuis la loi du 2 août 2005, les élections ont lieu tous les quatre ans. Le mandat des membres du comité d'entreprise a alors été multiplié par deux (avant la loi, il était de deux ans). Le mandat des délégués du personnel a lui été multiplié par quatre en un peu plus de dix ans (il était d'un an avant 1993). L'intérêt pour les employeurs de cet allongement des mandats est clair. Le coût des élections est ainsi réduit. Le gain peut cependant apparaître léger, ce coût n'étant pas exorbitant. L'intérêt pour les élus, qui ont gagné en stabilité, mais qui perdent en proximité est très discutable. La raréfaction des élections est surtout une atteinte portée à la qualité de la représentation et donc à la qualité de la démocratie dans l'entreprise. De plus, il n'appartient pas, en principe, aux conventions collectives de modifier cette durée. La seule exception à cet ordre public absolu est la faculté réservée par l'article 96, VIII, de la loi du 2 août 2005 précitée pour un accord de branche, de groupe ou d'entreprise, de réduire cette durée, jusqu'à deux ans (C. trav., art. L. 2324-25, L. 2314-27).

1112 Les élections des membres du comité d'entreprise et des délégués du personnel se font selon des principes identiques, même si les règles sont répétées au sein de titres différents du Code du travail (C. trav., art. L. 2314-2 s. pour les délégués du personnel ; L. 2324-3 s. pour le comité d'entreprise). Ces règles valent pour l'élection des membres de la délégation unique, lesquels sont des délégués du personnel.

Le processus électoral suit une procédure assez précise. L'employeur doit prendre l'initiative de lancer le processus électoral (§ 1), sachant que l'organisation des élections doit normalement être fixée par un accord préélectoral (§ 2), et aboutir à la tenue d'un scrutin (§ 4) où les salariés électeurs choisiront leurs représentants (§ 3). Tout au long de ce processus, des contestations sont susceptibles de naître (§ 5).

§ 1 Initiative et carence

L'employeur doit prendre l'initiative. Si aucune liste de candidats n'est présentée à la 1113 ■
suite de cette initiative, l'employeur pourra dresser un constat de carence, qui sera affiché dans l'entreprise et transmis à l'inspecteur du travail (C. trav., art. L. 2314-5, L. 2324-8). À cette condition seulement, l'absence d'institution représentative ne lui sera pas imputable.

Ni les syndicats, ni davantage les salariés, n'ont le pouvoir d'organiser eux-mêmes l'élection. Ils peuvent simplement la demander à l'employeur. En cas de refus ou d'immobilisme de celui-ci, ils pourront demander au juge d'instance d'ordonner sous astreinte cette organisation (Soc. 9 nov. 2005, *Bull. civ.* V, n° 317). En revanche, l'employeur pourra être condamné pour entrave à défaut d'initiative de sa part. Et s'il est dans l'incapacité de produire un constat de carence en bonne et due forme, il sera surtout privé de la possibilité d'invoquer l'absence de représentants du personnel pour justifier de l'absence de consultation de ces représentants (v. ss 878).

§ 2 Protocole préélectoral

Le protocole préélectoral est un accord collectif particulier. Ces particularités portent 1114 ■
sur la convocation à la négociation (A), l'objet du protocole (B) et les majorités de conclusion (C). L'absence de protocole n'interdit pas l'organisation d'éléctions (D).

A. La convocation à la négociation

La première étape d'un processus électoral consiste à négocier un *protocole préélecto-* 1115 ■
ral[Q]. Cette négociation est obligatoire et l'employeur doit en prendre l'initiative (C. trav., art. L. 2314-3, L. 2324-4). Selon ces textes, toutes les organisations syndicales « intéressées » doivent être conviées, et un délai de 15 jours doit être laissé entre l'invitation et la première réunion. L'invitation ne prend pas la même forme selon le type de syndicats invités.

Sont conviées par *courrier* (lettre recommandée avec accusé de réception pour des 1116 ■
questions de preuve), les organisations représentatives dans l'entreprise, celles qui ont constitué une section syndicale dans l'entreprise et de manière plus étonnante, toutes les organisations qui sont affiliées aux organisations représentatives au niveau national et interprofessionnel, même si elles n'ont aucun adhérent dans l'entreprise. Cette solution, initiée par la jurisprudence (Soc. 4 juill. 1990, *Bull. civ.* V, n° 351 ; *D.* 1992. Somm. 286, obs. G. Borenfreund ; 1er avr. 1998, *Bull. civ.* V, n° 195 ; *Dr. soc.* 1998. 724, obs. G. Couturier) est désormais consacrée aux articles L. 2314-3 et L. 2324-4 du Code du travail. Elle se justifie par la recherche d'une meilleure effectivité des règles sur la mise en place des institutions représentatives élues. Trop souvent, dans les entreprises qui dépassent le seuil requis, le processus électoral aboutit à un constat de carence. L'idée est d'informer du processus électoral les syndicats susceptibles de trouver des candidats. En pratique, l'employeur pourra choisir d'envoyer son invitation aux syndicats de branche, à la fédération d'industrie ou encore aux syndicats implantés localement (Cass., ass. plén., 5 juill. 2002, *Cogetom*, *Bull. ass. plén.*, n° 2 ; *GADT*, n° 137). La transmission de l'invitation aux salariés susceptibles d'être

intéressés est ainsi laissée à la diligence des organisations syndicales elles-mêmes. Ce qui apparaît logique. L'employeur devra simplement ne pas omettre d'inviter un syndicat ; il aura tout intérêt à s'adresser à la direction du travail dont dépend son entreprise. Si l'employeur a omis d'organiser la négociation de l'accord préélectoral ou s'il a simplement omis d'inviter une organisation syndicale représentative à la négociation, les élections sont nulles (Soc. 1er avr. 1998, *Bull. civ.* V, n° 195 ; *Dr. soc.* 1998. 724, obs. G. Couturier), la nullité ne pouvant toutefois être soulevée que par le syndicat victime (Soc. 24 oct. 2012, n° 11-60.199 [PB].

1117 Sont conviées par simple *voie d'affichage*, à peine cependant d'annulation des élections (Soc. 2 mars 2011, n° 10-60.201) les syndicats constitués depuis deux ans, indépendants et respectant les valeurs républicaines, sous réserve que leur statut leur offre la possibilité de s'implanter dans l'entreprise : ils doivent donc couvrir le champ géographique et professionnel de l'entreprise ou l'établissement concerné. À l'exception des syndicats « maison », on voit mal quel syndicat pourrait être informé des élections dans l'entreprise par ce biais.

B. L'objet du protocole

1118 L'objet du *protocole électoral*Q est large : il s'agit d'organiser les élections. Comme pour toute élection, il faut déterminer la population appelée à participer aux élections, le territoire de ces élections, les modalités de ces élections (comment, quand voter, pour combien de candidats ?). Le protocole contient donc des dispositions sur :

- le nombre et la composition des collèges (groupe de salariés rassemblés par catégories professionnelles), sachant qu'il peut exister jusqu'à trois collèges et qu'ils sont composés par les catégories professionnelles suivantes : ouvriers/employés, techniciens/agents de maîtrise, ingénieurs/cadres (v. ci-dessous § 3) ;
- la répartition du personnel entre les collèges électoraux ;
- la répartition des sièges entre les collèges ;
- la détermination des établissements distincts, le cas échéant ;
- les modalités d'organisation et le déroulement des opérations électorales ;
- la mise en place d'un scrutin électronique, éventuellement, et
- la possibilité de voter en dehors du temps de travail, éventuellement.

C. Les majorités de conclusion

1119 La négociation préélectorale est soumise au droit commun de la négociation collective (v. Soc. 12 févr. 2003, *Bull. civ.* V, n° 52 ; sur le droit de la négociation collective, v. le titre 8), à une exception (de taille) près. L'accord préélectoral est soumis à des exigences renforcées quant aux parties signataires, afin d'éviter que les règles du jeu électoral soient trop facilement fixées par les gros syndicats, contre les petits. Avant la loi du 20 août 2008, l'accord devait être unanime, mais cette exigence était limitée quant aux domaines de négociation, par la jurisprudence. Depuis la loi nouvelle l'exigence d'unanimité des syndicats représentatifs n'est maintenue qu'exceptionnellement : pour la fixation du nombre et la composition des collèges (C. trav., art. L. 2314-10, L. 2324-12) ou pour l'organisation du scrutin en dehors du temps de travail (C. trav., art. L. 2314-22, L. 2324-20). Mais elle est remplacée dans d'autres domaines, comme la répartition du personnel au sein des collèges (C. trav., art. L. 2314-11, L. 2324-13), la fixation des établissements distincts (C. trav., art. L. 2314-

31, L. 2322-5), du nombre des élus au CE (C. trav., art. L. 2324-1), ou l'organisation matérielle du scrutin (C. trav., art. L. 2314-23, L. 2324-21), par une exigence de double majorité. Dans ces matières, l'accord doit être adopté par la majorité des organisations syndicales ayant participé à la négociation (même non représentatives) et par les organisations représentatives ayant recueilli la majorité des suffrages exprimés aux dernières élections professionnelles (C. trav., art. L. 2314-3-1, L. 2324-4-1).

La jurisprudence avait donné une interprétation relativement restrictive de l'objet de l'accord préélectoral, ce qui revenait à réduire les points sur lesquels l'unanimité était requise : elle considérait que la répartition des sièges entre collèges pouvait être adoptée par un accord collectif de droit commun (Soc. 12 juin 2002, *Bull. civ.* V, n° 203 ; *Dr. soc.* 2002. 1161, obs. M. Cohen). Avec la promotion des nouvelles conditions de signature par la loi du 20 août, plus faciles à atteindre, cette solution a été abandonnée. Désormais, à défaut de dispositions légales contraires, les clauses de l'accord portant sur les élections sont soumises à la double condition de majorité (Soc. 6 oct. 2011*). Cette solution jurisprudentielle a été consacrée par la loi du 5 mars 2014 aux articles L. 2314-3-1 et L. 2324-4-1 du Code du travail. **1120 ■**

D. L'absence d'accord préélectoral

En l'absence d'accord conclu à ces diverses conditions de majorité, la situation n'est pas bloquée. Il faut en effet que des élections se tiennent. D'abord, l'accord préélectoral non majoritaire peut servir valablement de référence pour l'organisation des élections (Soc. 6 oct. 2011*), tout syndicat ayant néanmoins la faculté de saisir le juge d'instance pour qu'il fixe les modalités d'organisation et de déroulement du scrutin (même arrêt). En l'absence d'accord et de saisine du juge, il appartient à l'employeur de fixer les modalités d'organisation et de déroulement des opérations de vote (Soc. 26 sept. 2012, n° 11-22.598) **1121 ■**

Certains des grands objets de la négociation peuvent, en l'absence d'accord, être fixés par le directeur départemental du travail, sous réserve qu'au moins un syndicat ait répondu à l'invitation à négocier : la division en établissement, la répartition du personnel dans les différents collèges et celle des sièges entre les différents collèges (C. trav., art. L. 2314-11, L. 2314-31, L. 2322-5, L. 2324-13).

§ 3 Électeurs et candidats

Pour fixer les listes d'électeurs et de candidats, il ne suffit pas de savoir qui peut être électeur (B) ou éligible (C), il faut encore, préalablement, diviser le personnel en collèges électoraux distincts (A). **1122 ■**

A. Division des électeurs et des candidats : les *collèges électoraux*

Les électeurs et les sièges sont répartis entre plusieurs collèges électoraux. L'idée est que toutes les catégories de salariés n'ont pas toujours les mêmes intérêts à défendre, et qu'il faut laisser une place à la représentation des salariés de l'encadrement et à celle des ingénieurs. Mais le législateur est peut-être allé un peu trop loin. **1123 ■**

En principe, il y a deux collèges, l'un pour les ouvriers et employés, l'autre pour les ingénieurs, chefs de service, techniciens, agents de maîtrise et assimilés (C. trav., art. L. 2314-8, L. 2324-11). Mais un accord unanime peut prévoir une autre composition, sous réserve de ne pas priver de tout siège un collège entier (Soc 4 juill. 2012, n° 11-60.229 [PB]). Le juge, s'il est saisi d'une contestation sur le nombre de collèges, n'a, en revanche, pas le pouvoir de fixation d'un nombre de collèges différent de celui fixé par la loi (Soc. 26 juin 2013, n° 12-27.480).

■ 1124 Différentes exceptions à cette division de principe sont prévues.

Il n'y a qu'un seul collège dans les établissements qui élisent un seul délégué du personnel, soit ceux qui ont moins de 26 salariés (C. trav., art. L. 2314-9).

Dans les entreprises de plus de 500 salariés, un élu du deuxième collège doit impérativement être un cadre ou ingénieur. Le deuxième collège ne peut donc réserver ses voix aux simples techniciens et agents de maîtrise et la représentation des cadres est ainsi assurée.

Dès lors que le nombre des cadres et ingénieurs est supérieur à 25, il faut constituer un troisième collège qui leur est réservé (C. trav., art. L. 2324-11, al. 5). Il est généralement visé comme le collège des « cadres » ou des « cadres et assimilés ». Il n'est obligatoire pour les élections au comité d'entreprise. Cette règle qui ordonne un collège spécial pour 25 salariés pourra être discutée lorsque, dans les autres collèges, il faut des centaines de voix pour être élu. Elle est pourtant d'ordre public absolu : il est interdit à l'accord préélectoral, même unanime, d'y déroger (Soc. 13 oct. 2004, *Bull. civ.* V, n° 258 ; *Dr. soc.* 2005. 111, obs. J. Savatier).

■ 1125 Le nombre de collèges est donc légalement réglementé. En revanche, la loi ne dit pas comment les sièges à pourvoir doivent être répartis entre les collèges. Il faut alors s'en remettre à l'accord préélectoral ou, à défaut, au directeur départemental du travail. Lorsqu'il y a suffisamment de sièges à pourvoir, ce peut être l'occasion de rétablir une certaine proportionnalité entre les collèges.

B. Les électeurs

■ 1126 Tous les salariés « travaillant dans l'entreprise », depuis plus de trois mois, âgés de 16 ans et ayant une ancienneté de plus de 3 mois sont électeurs (C. trav., art. L. 2314-15, L. 2324-14). Il est ainsi possible d'être électeur aux élections professionnelles avant d'être électeur aux élections politiques. Qui est assez vieux pour travailler est assez vieux pour voter.

■ 1127 La principale difficulté a été de déterminer si et comment les salariés d'entreprises extérieures, mais qui participent à la production de l'entreprise d'accueil peuvent être électeurs. On retrouve ici la question de la détermination des salariés « mis à disposition » (v. ss 1119). La même conception est retenue pour le calcul de l'effectif et pour l'attribution de la qualité d'électeur. Pour être électeurs, il faut donc que les salariés des entreprises extérieures travaillent dans les locaux de l'entreprise depuis un an et soient intégrés de façon étroite et permanente à l'entreprise d'accueil (C. trav., art. L. 2314-18-1 renvoyant à l'art. L. 1111-2, L. 2324-17-1).

La Cour de cassation semblait également admettre que les salariés mis à disposition puissent voter tant dans leur entreprise d'origine que dans leur entreprise d'accueil. Le législateur ne l'a pas entendu ainsi. Il oblige les travailleurs mis à disposition à choisir dans quelle entreprise ils souhaitent être électeurs. Le double droit de vote, qui correspond pourtant aux doubles préoccupations des salariés mis à disposition, est interdit (C. trav., art. L.2314-18-1, L.2324-17-1 issu de L. du 20 août 2008). Le législateur a posé l'obligation de choisir son entreprise de rattachement mais il s'est bien gardé de fixer les modalités pratiques de la mise en œuvre de l'option. Un arrêt du 26 mai 2010 (n° 09-60.400) est venu préciser que l'option doit être levée par le salarié au moment des élections dans l'entreprise utilisatrice, sachant que le choix peut être différent selon l'élection en cause (Soc. 28 sept. 2011, n° 10-27.374). Un salarié peut donc décider d'être électeur et éligible aux élections du comité d'entreprise dans son entreprise d'origine et électeur et éligible aux élections des délégués du personnel dans son entreprise d'accueil.

Si les salariés mis à disposition ont une option, les travailleurs temporaires sont en revanche exclus de l'électorat dans l'entreprise d'accueil (Soc. 28 févr. 2007, n° 06-60.171, *Bull. civ.* V, n° 34). L'argument qui soutient cette solution est tiré des articles L. 2314-17, L. 2314-18, L. 2324-16 et L. 2324-17 du Code du travail, lesquels organisent l'électorat des travailleurs temporaires au sein des entreprises de travail temporaire. La Cour a considéré que leur intégration comme électeur dans l'entreprise utilisatrice leur donnerait un double droit de vote et qu'un tel avantage devait être exclu. 1128 ■

Ce choix est discutable. Les travailleurs temporaires sont incontestablement des salariés « travaillant dans l'entreprise » utilisatrice.

Une autre exclusion de la qualité d'électeur est, elle, bien plus logique. Même salariés et inclus dans les effectifs, le chef d'entreprise et les cadres représentant l'employeur à l'égard du personnel ne sont pas électeurs. Cette exclusion est générale et d'ordre public absolu (Soc. 5 avr. 1995, n° 94-60.296). Elle s'impose au vu de la fonction des institutions représentatives du personnel : elles sont des contrepoids placés par le législateur en face du pouvoir du chef d'entreprise, pour tempérer un peu ce pouvoir. 1129 ■

C'est pourtant une vision relativement laxiste qui prévaut en jurisprudence. Celle-ci n'exclut que les salariés détenant une délégation de pouvoir *écrite* de l'employeur (Soc. 6 mars 2001, *Bull. civ.* V, n° 73 ; et pour la capacité à être désigné délégué syndical, Soc. 21 mai 2003, *Bull. civ.* V, n° 171, *Dr. soc.* 2003. 786, obs. F. Duquesne ; Soc. 4 avr. 2007, n° 06-60.124, *RDT* 2007. 600, note M. Grévy), et ceux qui représentent effectivement l'employeur devant les institutions représentatives du personnel (Soc. 25 janv. 2006, *Bull. civ.* V, n° 38 ; 12 juill. 2006, *Bull. civ.* V, n° 260). Cette exclusion peut apparaître insuffisante : l'exclusion de l'électorat sur le fondement des pouvoirs exercés est aussi la condition d'une exclusion de l'éligibilité ou de la capacité à être désigné délégué syndical. On peut imaginer un salarié exerçant dans les faits les fonctions du chef d'entreprise au sein d'un établissement, sans délégation écrite ni rôle actif devant les institutions représentatives du personnel, et qui de ce fait pourrait être désigné délégué syndical et signer valablement des conventions collectives destructrices des droits des salariés… Il faut espérer que face à un tel cas d'espèce la jurisprudence susvisée pourrait évoluer et accepter les délégations de pouvoir tacites comme cause d'exclusion.

La confection des listes électorales peut être l'occasion de toutes sortes de stratagèmes, la principale difficulté étant de répartir les salariés selon les collèges. Pour limiter les risques de manipulation, cette répartition doit être faite au sein de l'accord préélectoral. À défaut, elle est établie par le directeur départemental du travail. Ce 1130 ■

n'est qu'une fois cette répartition établie que l'employeur peut arrêter les listes électorales.

C. Les candidats

1131 Pour être éligible, il faut non seulement remplir les conditions pour être électeur, mais il faut en outre être âgé de 18 ans révolus et avoir au moins un an d'ancienneté dans l'entreprise (C. trav., art. L. 2314-16, L. 2324-15). Cette durée est portée à deux ans pour les salariés mis à disposition, pour les élections des délégués du personnel (C. trav., art. L. 2314-18-1 issu de L. du 20 août 2008). Ces salariés sont même totalement exclus de l'éligibilité aux comités d'entreprise (C. trav., art. L. 2324-17-1, issu de la L. d'août 2008). Ces inégalités sont difficilement justifiables. Elles ont pourtant été jugées conformes au principe d'égalité par le Conseil constitutionnel (Cons. const. 7 août 2008, n° 2008-568 DC).

Sont encore exclus de l'éligibilité, pour des raisons, cette fois, assez évidentes, les conjoints, ascendants, descendants, frères, sœurs et alliés au même degré du chef d'entreprise (v. les art. préc.).

En revanche, être détenteur d'un mandat n'interdit pas d'être éligible à un autre mandat : le cumul des mandats est licite et fréquent dans les entreprises. Cette situation peut présenter l'inconvénient de voir certains salariés dotés de plusieurs casquettes devenir des quasi-permanents de la représentation, au risque de perdre un peu le contact avec la base. Mais la solution est nécessaire, dans un contexte où les candidatures sont souvent rares, du fait notamment des pressions qui peuvent être exercées sur les élus du personnel.

1132 Au premier tour, les syndicats ont le monopole de la présentation des listes de candidats. Dans le système en vigueur avant la réforme de 2008, seuls les syndicats représentatifs étaient aptes à présenter des candidats. Depuis la loi du 20 août 2008, la représentativité suppose dans l'entreprise une audience électorale minimale de 10 % des suffrages exprimés (v. ss 837). Elle suppose donc d'avoir déjà pu participer au processus électoral. Pour qu'un syndicat puisse acquérir un jour la représentativité, il est donc à l'évidence nécessaire que des syndicats non (encore) représentatifs puissent présenter des candidats. La loi du 20 août 2008 prévoit donc une sorte de semi-représentativité qui suffit à donner le droit de présenter des candidats. Cette semi-représentativité est acquise aux syndicats qui satisfont les quatre conditions de base suivantes (C. trav., art. L. 2314-3, L. 2324-4, auxquels renvoient les art. L. 2314-24, L. 2324-22) :

- avoir un champ professionnel ou géographique qui inclut l'entreprise concernée ;
- être constitué depuis au moins deux ans ;
- remplir les critères de respect des valeurs républicaines ;
- être indépendant.

La semi-représentativité, qui emprunte ainsi à l'ancienne représentativité présumée, apparaît relativement ouverte. Ce qui semble assez logique dans un système où la compétition électorale est comprise, aussi, comme une compétition pour la représentativité.

Peuvent également présenter des candidats au premier tour, les syndicats déjà reconnus représentatifs, ceux qui ont constitué une section syndicale et ceux qui sont affiliés à une organisation syndicale représentative au niveau national et interprofessionnel (C. trav., art. L. 2314-3, al. 2, L. 2324-4, al. 2).

Les élections des titulaires et des suppléants ont lieu séparément. Il est donc nécessaire de présenter deux listes, l'une pour les titulaires, l'autre pour les suppléants.

Des listes communes à un ou plusieurs syndicats peuvent être constituées. En raison des enjeux attachés à l'audience au premier tour des élections professionnelles (v. ss 837), des règles de répartition des suffrages ont été posées. À défaut d'indication par les syndicats, les voix sont réparties à parts égales (C. trav., art. L. 2122-3).

Un second tour doit être organisé dans trois cas : 1133 ■

– le premier cas vise l'hypothèse dans laquelle le nombre de votants du premier tour est inférieur à la moitié des électeurs inscrits (*quorum*). Ces « votants » dont parle le texte ont été interprétés de manière restrictive mais logique par la Cour de cassation comme étant les seuls suffrages exprimés : les bulletins blancs ou nuls ne sont donc pas pris en compte pour vérifier si le *quorum* a été atteint ;

– le deuxième vise l'hypothèse dans laquelle tous les sièges n'ont pas été pourvus, par exemple du fait de la carence du nombre de candidats ;

– le troisième découle du précédent : le second tour doit être organisé en cas d'absence de candidatures syndicales au premier tour.

Lors du second tour, les candidatures sont libres : tout salarié éligible peut se 1134 ■
présenter sans avoir été désigné par un syndicat représentatif.

Cette solution présente un danger. Les élus dépourvus d'appartenance syndicale seront vite démunis, faute de pouvoir s'appuyer sur l'expertise et le soutien d'un syndicat. Faute de formation syndicale, ils sont souvent ignorants de leurs droits élémentaires. Privés de l'appui d'une base syndicale, ils seront souvent trop faibles pour tenir tête à l'employeur.

Il est à noter que, depuis la loi du 20 août 2008, seuls les résultats du premier tour sont pris en compte, quel que soit le nombre de votants, pour l'attribution aux syndicats de la représentativité ou de l'habilitation à conclure des conventions collectives.

Le législateur a tenté d'imposer dans la confection des listes une règle équivalente à 1135 ■
la parité exigée dans les élections politiques : la proportion d'hommes et de femmes présents dans chaque collège aurait dû être respectée lors de la confection des listes électorales (L. du 23 mars 2006).

Cette solution a cependant été jugée inconstitutionnelle, comme contraire au principe d'égalité (Cons. const. 16 mars 2006, n° 2006-533 DC). Cette décision est le signe de la grande frilosité du Conseil constitutionnel français dans la mise en place de discriminations positives. Le projet de loi sur le dialogue social et l'emploi dans sa version adoptée par l'Assemblée nationale le 2 juin 2015 revient à la charge pour assurer une plus grande égalité professionnelle entre les hommes et les femmes. Il introduit l'obligation pour les listes aux élections professionnelles de comporter une proportion de femmes et d'hommes qui reflète leur proportion parmi les électeurs. La liste dite chabada (du nom du refrain de la bande originale du film « un homme et une femme ») devra comporter alternativement un candidat de chaque sexe, jusqu'à épuisement des candidats d'un des deux sexes en fonction du rapport de proportion. Le système qui semble proportionnel à la représentation de chaque sexe dans les effectifs aboutit plutôt à une liste paritaire, puisque les candidats du sexe surreprésenté se retrouve en fin de liste, et donc souvent en position non éligible.

§ 4 Le scrutin

1136 Le vote a lieu au scrutin secret, sous enveloppe fermée, ou par vote électronique si un accord d'entreprise le prévoit (C. trav., art. L. 2324-19, L. 2314-21). Le principe du vote pendant le temps de travail (C. trav., art. L. 2314-22, L. 2324-20) ne s'applique pas au vote électronique (Soc. 5 avr. 2011, n° 10-19.951 [PB]). Un vote par correspondance est possible, s'il a été choisi dans le protocole préélectoral (Soc 13 févr. 2013, n° 11-25.696 [PB])

1137 Le mode de scrutin est une *représentation proportionnelle à la plus forte moyenne* (C. trav., art. L. 2314-24, L. 2324-22). Il s'agit d'un mode de scrutin qui favorise l'éparpillement des candidatures et la division syndicale. Il n'est pas pour rien dans l'extrême division actuelle du paysage syndical français.

Le calcul impliqué par ce mode de scrutin est détaillé aux articles R. 2324-18 et suivants, R. 2314-22 et suivants du Code du travail. Il se fait par collège, séparément pour les titulaires et pour les suppléants.

1138 Il est nécessaire, dans un premier temps, de calculer le quotient électoral, lequel est égal à la division du nombre de suffrages exprimés par le nombre de sièges à pourvoir. Par exemple, dans un établissement de 180 salariés, 6 délégués du personnel titulaires doivent être élus (C. trav., art. R. 2314-1). Si 150 suffrages ont été valablement exprimés, le quotient électoral est alors de 150/6 = 25. Il est ensuite attribué à chaque liste autant de sièges que son nombre de voix contient le quotient électoral. Dans l'exemple précédent, une liste qui a recueilli 100 voix se verra attribuer 4 sièges (dans 110, il y a 4 fois 25). La liste qui a obtenu le reste des voix, 40, se verra attribuer 1 siège (dans 40, il y a une fois 25).

1139 Ce mode de calcul achevé, il reste en principe un ou plusieurs sièges à pourvoir. Dans l'exemple précédent, il en reste un. La répartition se fait alors à la plus forte moyenne. Ce qui consiste à accorder *virtuellement* à chaque liste un siège supplémentaire. On divise alors le nombre de voix obtenues par la liste par le nombre total de sièges obtenus, le siège virtuel étant ajouté. Par exemple, la liste qui a déjà obtenu 4 sièges se voit attribuer un cinquième siège virtuel. On divise alors son total de voix par le nombre de siège ainsi virtuellement totalisé : 110/5 = 22. Ce nombre est la « moyenne » qu'aurait la liste avec un siège de plus. On procède de même avec l'autre liste : 40/2 = 20. Elle obtient donc une moyenne, avec un siège supplémentaire, de 20. On attribue alors un siège à la liste qui a la plus forte moyenne. Dans l'exemple, il s'agit de la liste qui avait obtenu 4 sièges : c'est donc elle qui obtiendra le dernier siège. Les résultats définitifs seront alors de 5 sièges pour cette liste et un pour l'autre liste.

S'il reste encore des sièges à pourvoir, on recommence. On ajoute encore un siège virtuel par liste en plus des sièges déjà obtenus, etc.

1140 Cette méthode favorise les grandes listes comparativement à la méthode dite « du plus fort reste » (utilisée pour répartir les sièges entre syndicats dans les comités d'entreprise européens, v. ss 1168). Le reste d'une liste est obtenu en soustrayant à son total de voix le produit du quotient électoral par le nombre de sièges accordés. Dans notre exemple, la liste qui avait obtenu 4 sièges dès le départ, a un reste calculé ainsi : 110 - (25 × 4) = 10. Alors que la petite liste a un reste de 40 – 25 = 15. Ce serait elle qui aurait alors gagné le dernier siège, son reste étant le plus important.

Les ratures sont autorisées. Elles consistent à rayer sur un bulletin le nom d'un ou plusieurs candidats de la liste. Elles ne comptent pas pour déterminer le nombre de sièges attribués à une liste, mais elles comptent pour déterminer qui, dans cette liste, est élu. Un candidat rayé pourra ainsi être éliminé au profit d'un autre candidat de la même liste. Ces rayures ne sont cependant prises en compte que si le nom a été rayé par 10 % au moins des suffrages exprimés en faveur de la liste. 1141

Cette limitation est indispensable pour éviter les rayures tactiques qui visent à « décapiter » les listes adverses, c'est-à-dire à exclure les principaux leaders adverses. En l'absence du seuil de 10 %, il suffirait à un défenseur d'une liste adverse de voter pour la liste qu'il entend « décapiter » en rayant ses principaux leaders, lesquels se retrouveraient ainsi avec une voix en moins que les autres candidats de leur liste. Avec le seuil de 10 %, cette tactique ne peut plus fonctionner : elle devrait être suivie par un grand nombre d'électeurs, ce qui augmente le nombre de voix en faveur de la liste adverse et donc son nombre de siège... Les rayures expriment bien alors les préférences des électeurs favorables à une liste, parmi les candidats de cette liste.

§ 5 Contestations et recours

Les contestations sur l'organisation des élections ou sur les résultats de celles-ci sont de la compétence du tribunal d'instance qui statue selon une procédure spéciale, simplifiée et très rapide, en premier et dernier ressort (C. trav., art. R. 2314-27 s., R. 2324-23 s.). L'action peut porter sur les listes électorales, le déroulement des élections, leur organisation, et même sur le protocole préélectoral. Ce dernier, même signé dans le respect de la condition de double majorité, doit néanmoins respecter les principes généraux du droit électoral (Soc. 6 oct. 2011, *Bull. civ.* V, n° 228). 1142

La rapidité de l'action a pour but de ne pas priver les salariés de représentation pendant la durée d'une procédure qui suspendrait longtemps la tenue des élections (cas de l'action anticipée). Mais il s'agit aussi ne pas fragiliser des élus : il leur serait en effet difficile d'exercer pleinement leurs fonctions pendant qu'une procédure attaquant leur élection est en cours (cas de l'action qui suit l'élection).

Les syndicats comme les salariés électeurs ont qualité à agir (sur l'articulation des deux actions, Soc. 27 févr. 2013, n° 11-60.195 [PB]).

L'action en justice peut être exercée, par simple déclaration au secrétariat-greffe du tribunal d'instance. Cette déclaration doit avoir lieu dans les *trois jours* qui suivent la publication de la liste électorale pour contester ces listes ou dans les *quinze jours* qui suivent l'élection. Le tribunal a alors dix jours pour statuer. Le pourvoi en cassation est lui aussi enfermé dans un délai de dix jours et la Cour de cassation doit alors se prononcer selon une procédure spécifique et accélérée (C. pr. civ., art. 999 à 1008. Sur les effets de la cassation d'un jugement annulant les élections, v. Soc. 12 avr. 2016, n° 15-18.652). 1143

Ces très brefs délais permettent aux résultats de l'élection de devenir très vite définitifs. Les élus pourront ainsi, dès ces délais échus, exercer sans crainte leurs fonctions, et ce même si les difficiles règles du droit électoral n'ont pas toutes été respectées (ce qui semble relativement fréquent).

■ 1144 Ce besoin de protection rapide est identique pour les salariés désignés représentants d'une organisation syndicale et la procédure qui s'applique à la contestation de leur désignation est donc, logiquement, la même (v. ss 1161).

■ 1145 Un autre type de contestation doit être envisagé. En effet, en cas de désaccord sur certains sujets, l'employeur ou les syndicats peuvent saisir l'inspecteur du travail pour trancher leur différend. L'intervention de l'administration n'est possible que si au moins une organisation syndicale a répondu à l'invitation à négocier l'accord préélectoral. Il faut donc qu'une tentative de négociation ait été engagée, ce qui implique tant une action de l'employeur qu'une réponse d'un syndicat. Si l'employeur a entamé correctement le processus préélectoral sans trouver d'interlocuteur, il pourra déterminer seul les points qui auraient relevé de la compétence de l'administration en cas de litige.

La compétence de l'inspecteur du travail exclut normalement la compétence du tribunal d'instance. Mais la loi dite « Macron » pour la croissance, l'activité et l'égalité des chances économiques et la loi dite « travail » du 8 août 2016 ont donné un bloc de compétence au juge judiciaire, qui devient ainsi compétent pour juger de la décision de l'inspecteur du travail, également insusceptible d'un recours administratif. Tel est notamment le cas de la décision portant sur :

- le nombre de sièges (C. trav., art. L. 2314-11 et L. 2324-13) ;
- la répartition des salariés entre les collèges (mêmes articles) ;
- la détermination des établissements distincts (C. trav., art. L. 2314-31 et L. 2327-7).

Si l'administration est saisie, le processus électoral est suspendu, et les mandats des élus sont prorogés jusqu'à la proclamation des résultats du scrutin. Ainsi, il n'y a pas d'incertitude lié au temps nécessaire à ce qu'une décision soit rendue.

section 4

Élections au suffrage indirect

■ 1146 Les élections au suffrage indirect permettent de désigner les membres des comités centraux d'entreprise (§ 1) et ceux des CHSCT (§ 2). Ces élections suivent celles des délégués du personnel et des membres du comité d'entreprise. La durée du mandat des élus aux élections indirectes est calquée sur celle de leurs électeurs (elles ont donc lieu, en principe, tous les quatre ans). S'agissant de scrutins indirects, le nombre de votants peut être très réduit. Il est alors important de rappeler que, conformément au droit commun électoral, en cas de partage des voix, le plus âgé des candidats est proclamé élu (Soc. 9 juin 1998, *Bull. civ.* V, n° 312).

§ 1 Élections au comité central d'entreprise

La loi est largement lacunaire s'agissant de l'organisation de ces élections. Leur fixation par accord préélectoral apparaît donc particulièrement importante. Tous les syndicats ayant au moins un élu au sein d'un comité d'établissement doivent signer cet accord, même s'ils ne sont représentatifs qu'au sein de l'établissement où ils ont un élu. À défaut d'un tel accord, la jurisprudence a complété la loi, pour fixer un mode de scrutin de principe. 1147 ▪

Les comités d'établissement élisent, chacun en leur sein, un ou deux délégués titulaires (et un ou deux suppléants) qui siègent au comité central d'entreprise (C. trav., art. L. 2327-2). Sauf accord préélectoral unanime contraire, le comité compte au maximum vingt salariés (C. trav., art. D. 2327-1). Aussi, dans les entreprises qui comptent de nombreux établissements, il a été prévu qu'il est possible de limiter à un seul le nombre de représentants d'un comité d'établissement : il s'agira alors d'un titulaire *ou* d'un suppléant (C. trav., art. D. 2327-2). Si le nombre d'établissements l'exige, il sera encore possible de regrouper plusieurs établissements pour qu'ils désignent ensemble un représentant au comité central. 1148 ▪

Il s'agit d'un vote global de tout titulaire du comité d'établissement, sans distinction de collège, le président du comité étant exclu du vote (Soc. 21 juill. 1976, *Dr. soc.* 1976. 494). Cependant, si le collège des cadres et assimilés existe dans les établissements (ou s'il s'agit d'entreprises qui totalisent, tous établissements confondus, 500 salariés avec au moins 25 personnes appartenant à cette catégorie), le comité central doit comprendre au moins un titulaire et un suppléant de ce collège (C. trav., art. L. 2327-4, L. 2327-5). Seuls les membres titulaires des comités d'établissement peuvent être élus titulaires au comité central. Les suppléants de ce comité peuvent, eux, être élus parmi les titulaires ou les suppléants des comités d'établissement. 1149 ▪

Sauf prévisions contraires de l'accord préélectoral, le scrutin est *uninominal majoritaire à un tour* (Soc. 29 mars 1994, *Bull. civ.* V, n° 110 ; 9 juin 1998, *Bull. civ.* V, n° 312 ; 5 mars 2008, 06-60.274 [P]). L'« uninominal » signifie que les votes s'expriment sur des candidats et non sur des listes. Le « majoritaire à un tour » signifie qu'il n'y a qu'un tour de scrutin et que le ou les candidats arrivés en tête sont élus, sans qu'il soit nécessaire de procéder à un second tour. En pratique, chaque électeur doit voter en une seule fois pour autant de candidats qu'il y a de sièges à pouvoir (Soc. 5 mars 2008, préc.). Sont élus les candidats qui ont recueilli le plus de voix. 1150 ▪

Ce mode de scrutin se caractérise par la possibilité d'une élection à la majorité relative des voix. S'il n'y a qu'un poste à pourvoir et cinq candidats, ceci peut donner les résultats suivants : un candidat recueille 19 %, trois 20 % et un 21 % des suffrages exprimés. C'est alors ce dernier qui est définitivement élu. Il aurait suffi que deux des candidats battus se rassemblent au premier tour sur une candidature unique pour qu'ils l'emportent. Ce mode de scrutin, choisi par la jurisprudence comme mode de scrutin « de droit commun », incite fortement au regroupement. Il est le plus directement opposé à la multiplication des candidatures et donc à la division syndicale. Il est le plus éloigné qui soit de la représentation proportionnelle intégrale ordonnée par la loi dans les autres élections professionnelles.

§ 2 Élections au CHSCT

1151 Les représentants au comité d'hygiène, de sécurité et des conditions de travail sont de 3 à 9 selon la taille de l'établissement (C. trav., art. R. 4613-1). Ils sont élus par un collège, appelé « collège désignatif » composé des membres élus du comité d'établissement et des délégués du personnel (C. trav., art. L. 4613-1).

Ce collège est unique. Il doit cependant réserver entre 1 et 3 sièges au personnel de maîtrise ou aux cadres, selon la taille de l'établissement (C. trav., art. R. 4613-1) et ce, quel que soit le nombre de salariés de ces catégories dans l'établissement (Soc. 19 oct. 1994, *Dr. soc.* 1995. 68). Il peut, une fois de plus, en résulter une représentation très excessive des catégories supérieures de salariés.

1152 Les textes ne précisent pas davantage qui peut être élu, ni le mode de scrutin. La jurisprudence a déduit de ce silence que tout salarié de l'établissement pouvait être élu au CHSCT (Soc. 9 juill. 1996, *Bull. civ.* V, n° 272). Elle a aussi fixé le mode de scrutin. Sauf accord préélectoral unanime ou sauf accord unanime des membres du collège de désignation, il s'agit d'une *représentation proportionnelle à la plus forte moyenne, à un seul tour* (Soc. 21 janv. 1988, *Bull. civ.* V, n° 71 ; 3 oct. 1989, *Bull. civ.* V, n° 563 ; 16 mai 1990, *Bull. civ.* V, n° 232). Ce mode de scrutin, choisi à défaut de toute précision dans les textes, est à l'opposé de celui choisi, toujours dans le silence des textes, pour l'élection du comité central d'entreprise. Le mode de scrutin qui favorise la diversité syndicale l'emporte ainsi pour une institution créée au niveau des établissements. Alors que l'unité syndicale est préférée au niveau central.

1153 Mais il est vrai que, pour cette dernière élection, il n'y a souvent qu'un ou deux sièges à pourvoir, ce qui rend la constitution de listes un peu factice. Lorsqu'il n'y a qu'un siège à pourvoir, scrutin proportionnel intégral et scrutin majoritaire à un tour sont même strictement identiques.

section 5

Désignation par les syndicats

1154 Les syndicats désignent leurs représentants dans l'entreprise. Les principaux de ces représentants sont les délégués syndicaux (§ 1) et les représentants syndicaux aux comités d'entreprise (§ 2). Les syndicats désignent encore les membres des comités de groupe et des comités européens, mais après s'être répartis les sièges au scrutin proportionnel (§ 3).

§ 1 La désignation des délégués syndicaux

1155 Des délégués syndicaux peuvent être désignés par les syndicats représentatifs (ayant donc réuni plus de 10 % des suffrages exprimés aux dernières élections professionnelles ; v. ss 825). Différentes conditions doivent être remplies : l'existence d'une section syndicale (A), des effectifs suffisants (B). Le délégué doit en outre réunir différentes qualités (C). Les formalités de désignation et les contestations possibles seront évoquées pour finir (D).

A. L'existence d'une section syndicale

La condition tenant à l'existence d'une *section syndicale*[Q] est actuellement prévue par l'article L. 2143-3 du Code du travail. Elle avait un temps perdu toute influence réelle : la jurisprudence considérait que la désignation d'un délégué syndical suffisait à prouver l'existence d'une section syndicale (Soc. 27 mai 1997, *Bull. civ.* V, n° 194 ; *D.* 1997. 416, note J.-M. Verdier ; *Dr. soc.* 1997. 757, obs. M. Grévy ; *GADT*, n° 135). Cette présomption jurisprudentielle a cédé devant la rédaction nouvelle de l'article L. 2142-1 du Code du travail. Selon ce texte, la constitution d'une section syndicale suppose « plusieurs adhérents dans l'entreprise ou dans l'établissement ». Désormais, il sera nécessaire d'apporter la preuve d'au moins deux adhérents du syndicat, pour que soit démontrée l'existence d'une section syndicale (Soc. 8 juill. 2009, *Okaidi*[*], reproduit au chap. 26). L'hypothèse d'un délégué syndical seul syndiqué dans l'entreprise est donc désormais exclue. Ce qui apparaît assez sain. 1156 ■

D'autant que la preuve de la section syndicale ne suppose nullement la communication à l'employeur du nom des syndiqués : l'adhésion du salarié à un syndicat relève de sa vie personnelle et ne peut être divulguée sans son accord (Soc. 8 juill. 2009, *Okaidi*, préc.). Pour cette raison, les éléments susceptibles de permettre l'identification des adhérents du syndicat, communiqués au juge pour prouver l'existence de la section syndicale, ne doivent pas être transmis par celui-ci à l'employeur (Soc. 8 juill. 2009, *Okaidi*[*], préc.).

B. Effectifs et nombre de délégués syndicaux

Dans les entreprises de moins de 50 salariés, seul un délégué du personnel titulaire peut être désigné délégué syndical (C. trav., art. L. 2143-6). Au-delà de 50 salariés, un délégué syndical distinct pourra être désigné. 1157 ■

En dessous de 1 000 salariés, 1 seul délégué syndical peut être désigné par unité de représentation et par syndicat représentatif. Mais au-delà, ce nombre peut augmenter, pour aller jusqu'à 5 délégués syndicaux dans les unités d'au moins 10 000 salariés (C. trav., art. R. 2143-2).

Dans les entreprises dotées d'établissements, les délégués syndicaux sont désignés dans les établissements et un délégué syndical central est désigné. Il s'agit nécessairement d'un délégué d'établissement dans les entreprises de moins de 2 000 salariés. Au-delà, il peut s'agir d'un délégué distinct (C. trav., art. L. 2143-5).

Dans les entreprises ou les établissements d'au moins 500 salariés, les syndicats représentatifs peuvent désigner un délégué « catégoriel » représentant le deuxième et (ou) le troisième collège (sur les collèges électoraux, v. ss 1123 s.). Pour cela, le syndicat doit avoir eu des élus dans le premier collège *et* dans le deuxième ou le troisième collège.

Les effectifs sont calculés selon les règles générales applicables au décompte des effectifs (v. ss 1101 s.).

C. Conditions tenant à la personne du délégué

1158 Pour être désigné délégué syndical, il faut remplir les conditions pour être éligible (v. ss 1131), lesquelles supposent notamment, d'être électeur (v. ss 1126 s.), d'avoir 18 ans révolus, au moins 1 an d'ancienneté et de ne pas avoir de liens trop fort de parenté avec l'employeur ni de fonction de direction trop importante. Cette dernière exclusion est essentielle si l'on veut que le chef d'entreprise ne signe pas de convention collective avec lui-même. Elle est pourtant analysée de manière très restrictive par la jurisprudence, ce qui laisse la possibilité de délégués syndicaux exerçant dans les faits d'importantes prérogatives patronales (v. ss 1129).

1159 Selon la loi du 20 août 2008, il faut en outre avoir recueilli, « sur son nom », 10 % des suffrages exprimés au premier tour des précédentes élections professionnelles (C. trav., art. L. 2143-3) à l'un quelconque des scrutins suivants : comité d'entreprise, délégué du personnel ou délégation unique du personnel (Soc. 28 sept. 2011, n° 11-10.601). Le score de 10 % se décompte dans le collège où le délégué s'est présenté (Soc. 29 juin 2011, *Bull. civ.* V, n° 179, C. trav., art. L. 2143-3).

1160 Cette condition électorale est d'ordre public absolu (Soc. 29 mai 2013, n° 12-26457) et n'est pas contraire à la liberté syndicale protégée par les engagements internationaux de la France (Soc. 14 avr. 2010*). La légitimité électorale du délégué syndical ne peut dont être modifiée par engagement unilatéral ou par accord collectif. Néanmoins, dans certaines situations, le syndicat peut désigner un salarié qui n'a pas obtenu ce score. Tel est le cas lorsque parmi ses candidats aux élections, aucun ne remplit la condition exigée, situation fréquente si le délégué syndical désigné a quitté l'entreprise ou a changé d'affiliation syndicale (Soc. 27 févr. 2013, n° 12-18.828). Dans ces cas de figure, le syndicat peut même choisir un salarié qui ne s'est pas présenté aux élections. Pour recourir à ces salariés à la légitimité électorale moindre ou nulle, il faut que le maintien ou l'attribution du mandat soit véritablement impossible. Par conséquent, le syndicat ne pourra contourner la règle des 10 % lorsque les candidats aux élections ayant atteint le score de 10 % simplement ne souhaitent pas être nommés délégué syndical (Soc. 29 juin 2011, n° 10-60.934).

D. Formalités et contestations

1161 La désignation est notifiée à l'employeur par lettre recommandée avec accusé de réception ou par lettre remise en main propre avec récépissé (C. trav., art. D. 2143-4). La date de réception de la lettre est importante à plusieurs titres : elle est le point de départ de la protection du salarié, et aussi le point de départ du délai de contestation de cette désignation. Or, ce délai est extrêmement bref, puisqu'il n'est que de 15 jours. On retrouve ici la procédure accélérée de la contestation d'une élection (C. trav., art. R. 2143-5 ; v. ss 1142 s.), et ce pour les mêmes motifs : pour pouvoir exercer une mission représentative efficace, le salarié mandataire doit pouvoir être assuré de la solidité de ses fonctions et il doit donc ne pas pouvoir être mis sous la menace d'une annulation de sa désignation. Passé le délai d'action en justice, la désignation est purgée de tous vices.

1162 Le mandat d'un délégué syndical cesse par simple décision unilatérale du syndicat qui l'a désigné, dûment notifiée à l'employeur et à l'intéressé. Suite à la loi du 20 août 2008, il cesse aussi automatiquement ses fonctions s'il recueille moins de 10 % des suffrages exprimés au premier tour des élections professionnelles (C. trav., art. L. 2143-11). Le délégué syndical remet son mandat en jeu à chaque nouvelle élection.

E. Cessation des fonctions

Le mandat du délégué syndical cesse pour de multiples raisons. Tout d'abord, les résultats aux élections peuvent conduire à ce que l'organisation syndicale ou le délégué n'atteigne plus le seuil de 10 %. Le mandat cesse alors automatiquement. Le mandat s'arrête également si le salarié quitte l'entreprise. Le mandat prend fin encore en cas de réduction durable des effectifs de l'entreprise (v. ss 1109). Enfin, le syndicat peut révoquer le mandat du salarié, et l'employeur ne peut s'opposer à cette révocation. 1163 ■

§ 2 La désignation des représentants de la section syndicale

Pour pouvoir être désigné représentant de la section syndicale, le salarié doit remplir les mêmes conditions d'âge, et d'ancienneté que le délégué syndical. Les formalités de désignation ainsi que celles de sa contestation sont les mêmes que pour le délégué syndical. Les représentants de la section syndicale peuvent être nommés dans toutes les entreprises ou établissements de plus de 50 salariés. Dans les entreprises de moins de 50 salariés, seul un délégué du personnel peut être désigné RSS (C. trav., art. L. 2142-1-4). 1164 ■

Plus précisément, un syndicat peut désigner un représentant, soit au niveau des établissements distincts, soit au niveau de l'entreprise. En revanche, il n'y a pas de cumul des niveaux possibles : il n'existe pas de représentant central de la section syndicale (Soc. 29 oct. 2010, n° 09-60.484 [PB]). Un syndicat ne peut désigner qu'un seul représentant de la section syndicale et ce quel que soit l'effectif de l'entreprise ou de l'établissement (Soc. 14 déc. 2010, n° 10-60.263). Il existe donc des différences importantes entre la désignation des représentants de la section syndicale RSS et celle des délégués syndicaux. 1165 ■

Surtout, la principale différence tient au fait que les RSS sont nommés par des syndicats non représentatifs qui ont constitué une section syndicale (ce qui implique d'avoir au moins deux adhérents, c'est-à-dire un autre que le représentant). Mais le RSS est un représentant éphémère. Sa vocation est principalement de permettre à son syndicat de devenir représentatif. C'est pour cela que si à l'issue des premières élections professionnelles suivant sa désignation, le syndicat qui l'a désigné n'est pas reconnu représentatif dans l'entreprise, son mandat prend fin automatiquement (sauf si le périmètre des élections a changé, Soc. 25 sept. 2013, n° 12-26612). L'échec ne pardonne pas, puisque le salarié qui était représentant de la section syndicale ne pourra être de nouveau désigné que six mois avant les élections futures. Il lui faudra donc attendre trois ans et demi, en général. Un autre salarié membre du syndicat peut toutefois être désigné RSS après les élections. 1166 ■

§ 3 La désignation des représentants syndicaux au comité d'entreprise

1167 Chaque organisation syndicale représentative peut désigner un représentant au comité d'entreprise, ou au comité d'établissement et au comité central d'entreprise (C. trav., art. L. 2324-2). Cette désignation se fait selon les mêmes modalités que celles applicables pour les délégués syndicaux (C. trav., art. D. 2143-4). Dans les entreprises de moins de 300 salariés, le représentant syndical au comité d'entreprise est nécessairement le délégué syndical (C. trav., art. L. 2143-22). 1093

La contestation de la désignation des représentants syndicaux au comité d'entreprise suit les mêmes règles que celles relatives à la contestation des élections (v. C. trav., art. L. 2324-23, R. 2324-23 s. ; v. ss 1142 s.) : on retrouve donc le délai de 15 jours pour contester cette désignation devant le tribunal d'instance.

Le mandat d'un représentant syndical au comité cesse par simple décision unilatérale du syndicat qui l'a désigné, dûment notifiée à l'employeur et à l'intéressé.

§ 4 La désignation des représentants au comité de groupe et aux comités du droit européen

1168 En principe, les représentants des salariés au comité de groupe sont désignés par les syndicats représentatifs au niveau des entreprises, parmi les élus de ces entreprises.

Le nombre total des sièges au comité de groupe est réparti entre les élus des différents collèges proportionnellement à l'importance numérique de chaque collège. Pour une fois, les collèges des agents de maîtrise et cadre ne sont pas surreprésentés. Ensuite, les sièges sont répartis entre les syndicats au sein de chaque collège, proportionnellement au nombre d'élus qu'ils ont obtenus.

Le système de répartition des sièges entre syndicats est celui de la *répartition proportionnelle au plus fort reste* (C. trav., art. L. 2333-4 sur ce mode de répartition ; v. ss 1140), celle qui maximise l'expression de la diversité. Enfin, les syndicats désignent au comité de groupe des élus aux comités d'entreprise ou d'établissement.

1169 Cette répartition entre syndicats est globale sur l'ensemble du groupe et les syndicats ne sont nullement obligés de désigner des représentants choisis dans toutes les entreprises ou tous les établissements. Certaines entreprises peuvent dès lors fort bien ne pas envoyer de représentant au comité de groupe. Ce qui peut parfois être problématique.

1170 Lorsque sur l'ensemble du groupe la moitié au moins des élus d'un collège l'ont été sur liste autre que syndicale, le directeur départemental de l'emploi est chargé de réaliser la répartition, au sein de ce collège, entre listes indépendantes et listes syndicales (C. trav., art. L. 2333-4).

1171 Le tribunal d'instance est, comme c'est l'habitude, compétent pour juger des contestations qui pourrait survenir sur ces désignations, et ce selon la même procédure que celle applicable aux élections de représentants du personnel et aux désignations des syndicaux (C. trav., art. R. 2331-3 ; v. ss 1142).

Les membres du groupe spécial de négociation appelé à mettre en place le comité d'entreprise ou de groupe européen, ou le comité d'entreprise de la société européenne sont désignés selon les mêmes principes (v. C. trav., art. L. 2344-3 pour le comité d'entreprise européen ; art. L. 2352-5 pour le comité de la société européenne). Une fois les sièges répartis entre pays et si nécessaire entre entreprises, la répartition des sièges se fait par collège, puis selon les règles de la représentation proportionnelle au plus fort reste, entre les syndicats. Ces derniers désignent alors leurs représentants parmi leurs élus aux comités d'établissement ou d'entreprise. Ce mode de désignation est propre aux sociétés ou établissements situés en France. Les autres pays européens désignent leurs représentants selon d'autres règles. 1172 ■

Ces règles de désignation des membres du groupe de négociation sont aussi celles qui s'appliquent par la suite pour désigner les membres de ces comités en l'absence d'accord contraire (C. trav., art. L. 2344-2 s., L. 2353-9).

Compléments pédagogiques

Quid

■ Collège électoral (en droit du travail) n°s 1123 s.

Groupe d'électeurs appartenant à une même catégorie professionnelle (ouvriers/employés, techniciens/agents de maîtrise, ingénieurs/cadres) et élisant un ou plusieurs représentants spécifiques.

■ Protocole d'accord préélectoral (ou protocole électoral ou accord préélectoral) n°s 1115, 1118

Accord collectif soumis à des conditions de validité particulières ayant pour objet d'organiser les élections professionnelles dans l'entreprise ou l'établissement.

■ Salarié mis à disposition n° 1102

Salarié qui, sans être lié par un contrat de travail à l'employeur du lieu où il travaille, est intégré de façon étroite et permanente à la communauté de travail de l'entreprise de cet employeur .

■ Section syndicale n°s 1069, 1156

Groupe d'au moins deux salariés affiliés à un même syndicat pouvant revendiquer l'exercice de certaines prérogatives dans l'entreprise : affichage, distribution de tracts, etc.

Biblio

- Ph. Waquet (dir.), « Les lieux du droit du travail », *SSL* suppl. n° 1140, 20 oct. 2003.
- G. Borenfreund, « L'établissement distinct à la croisée des chemins », *RDT* 2011. 24
- M. Cohen, « La raréfaction organisée des élections des représentants du personnel », *Dr. soc.* 2005. 1157-1159.
- A. Lyon-Caen, « Droit constitutionnel de participation et délimitation des collectivités de travail », *RDT* 2007. 82-85.
- M.-L. Morin, « À propos du périmètre de désignation du délégué syndical », *SSL* 2012, n° 1524, p. 6.
- P.-Y. Verkindt, « Les élections professionnelles dans l'entreprise », *Dr. soc.* 2009. 648-657.
- F. Petit, « Le périmètre de désignation des délégués syndicaux », *Dr. soc.* 2011. 424
- M.-L. Morin, L. Pécaut-Rivolier, Y. Struillou, *Guide des élections professionnelles et des désignations des représentants syndicaux dans l'entreprise*, 2e éd., Dalloz 2011.
- *Droit social*, juin 2013, numéro spécial consacré au droit électoral professionnel.

Documents

1) Unité économique et sociale

Soc. 18 juill. 2000, *Sté Roussillon Agrégats*
(*Bull. civ.* V, n° 299 ; *Dr. soc.* 2000. 1037, obs. J. Savatier ; *GADT*, n° 133)

« Une unité économique et sociale entre plusieurs entités juridiquement distinctes se caractérise, en premier lieu, par la concentration des pouvoirs de direction à l'intérieur du périmètre considéré ainsi que par la similarité ou la complémentarité des activités déployées par ces différentes entités, en second lieu, par une communauté de travailleurs résultant de leur statut social et de conditions de travail similaires pouvant se traduire en pratique par une certaine permutabilité des salariés ».

2) Établissement

Soc. 13 juill. 2004
(*Bull. civ.* V, n° 214)

« L'établissement distinct permettant l'élection de délégués du personnel se caractérise par le regroupement d'au moins onze salariés constituant une communauté de travail ayant des intérêts propres susceptibles de générer des réclamations communes ou spécifiques et travaillant sous la direction d'un représentant du chef d'entreprise, peu important que celui-ci n'ait pas le pouvoir de se prononcer lui-même sur ces réclamations ».

Soc. 10 mai 2012
(n° 11-21388, *JCP S 2012, n° 37, p. 28, note E. Jeansen*)

« Vu les articles L. 2143-3 et L. 2143-10 du Code du travail ;
Attendu que si, en vertu des dispositions susvisées, une convention ou un accord collectif peut prévoir un périmètre pour la désignation du délégué syndical distinct de celui défini par les dispositions du Code du travail, en revanche, ni un usage ni un engagement unilatéral de l'employeur ne peuvent modifier ces dispositions »

CE 29 juin 1973
(*GADT*, 4e éd., Dalloz, 2008, n° 17)

« Sur les conclusions relatives à la création de neuf comités d'établissements au sein de la direction française de l'exploitation ferroviaire et hôtelière de la compagnie : - considérant que cette direction comprend un personnel administratif situé à Paris et est divisée en inspections correspondant aux gares de Paris et de Lyon et en sections principales, sections et postes en gare correspondant aux autres gares les plus importantes du territoire français ;
Considérant qu'il ressort des pièces du dossier que, si les inspections, sections, groupes de sections et d'inspections et services que le syndicat requérant voudrait voir doter de comités d'établissements propres ont bien une implantation géographique distincte et présentent un certain caractère de stabilité, ils ne possèdent, en revanche, aucune comptabilité propre et ne présentent qu'un degré d'autonomie très réduit tant en ce qui concerne la gestion du personnel qui y est affecté qu'en ce qui a trait à l'exécution du service ; que, par suite, en estimant qu'ils ne

constituaient pas des établissements distincts et que la direction française de l'exploitation ferroviaire et hôtelière de la compagnie formait un établissement unique pour l'application de l'article 21 de l'ordonnance du 22 février 1945, les auteurs des décisions attaquées n'ont pas fait des dispositions de cette ordonnance une inexacte application »

3) Intégration dans les effectifs et sur les listes électorales de salariés d'autres entreprises

Cons. const. 28 déc. 2006
(n° 2006-545 DC, *RDT* 2007. 84-88, étude A. Lyon-Caen)

« 29. Considérant que le droit de participer "par l'intermédiaire de leurs délégués" à "la détermination collective des conditions de travail ainsi qu'à la gestion des entreprises" a pour bénéficiaires, sinon la totalité des travailleurs employés à un moment donné dans une entreprise, du moins tous ceux qui sont intégrés de façon étroite et permanente à la communauté de travail qu'elle constitue, même s'ils n'en sont pas les salariés ;
30. Considérant que, s'il était loisible au législateur, notamment pour éviter ou restreindre les situations de double vote, de ne pas conférer à l'ensemble des travailleurs mis à disposition d'une entreprise la qualité d'électeur pour désigner les délégués du personnel et les représentants des salariés à son comité d'entreprise, il ne pouvait, sans méconnaître le huitième alinéa du Préambule de 1946, limiter le corps électoral aux seuls salariés qui lui sont liés par un contrat de travail ».

Soc. 14 avr. 2010
(*Dr. soc.* 2010. 720, obs. Pécaut-Rivolier ; *Dr. ouvr.* 2010. 341, obs. Boussard-Verrechia ; *JCP S* 2010. 1313, obs. Leborgne-Ingelaere)

« Mais attendu que sont intégrés de façon étroite et permanente à la communauté de travail, les travailleurs mis à disposition par une entreprise extérieure qui abstraction faite du lien de subordination qui subsiste avec leur employeur, sont présents dans les locaux de l'entreprise utilisatrice depuis au moins un an, partageant ainsi des conditions de travail en partie communes susceptibles de générer des intérêts communs ;
Et attendu que le tribunal a constaté que les salariés concernés n'étaient pas mis à la disposition exclusive de la société Heppner mais travaillaient indifféremment pour plusieurs transporteurs et ne se rendaient que ponctuellement dans les locaux de cette société où se trouvaient les marchandises et les documents administratifs nécessaires à l'accomplissement de leur transport ; qu'il a par ces seuls motifs légalement justifié sa décision ».

4) Protocole préélectoral

Soc. 6 oct. 2011
(*Dr. soc.* 2011. 1313, obs. F. Petit ; *JCP S*, n° 12, p. 37, obs. J.-Y. Kerbouc'h ; *RJS* 2012. 9, note Y. Struillou)

« Mais attendu que, sauf disposition légale différente, les clauses du protocole préélectoral sont soumises aux conditions de validité définies par les articles L. 2314-3-1 et L. 2324-4-1 du Code du travail ; qu'il s'ensuit, d'une part, que lorsque le protocole d'accord préélectoral répond à ces conditions il ne peut être contesté devant le juge judiciaire qu'en ce qu'il contiendrait des stipulations contraires à l'ordre public, notamment en ce qu'elles méconnaîtraient les principes généraux du droit électoral ; que, d'autre part, lorsque ces conditions ne sont pas remplies, cette circonstance ne rend pas irrégulier le protocole préélectoral mais a pour effet de permettre à la partie qui peut y avoir intérêt de saisir le juge d'instance d'une demande de fixation des modalités d'organisation et de déroulement du scrutin ».

5) Désignation des délégués syndicaux

Soc. 14 avr. 2010
(*Bull. civ.* V, n° 100; *Dr. soc.* 2010. 1168, obs. L. Pécaut-Rivolier, F. Petit; *Dr. Ouv.* 2010. 405, note A. Braun, P. Rennes; *JCP S*, n° 25, p. 24, obs. B. Gauriau)

« Attendu cependant, d'abord, que si le droit de mener des négociations collectives est, en principe, devenu l'un des éléments essentiels du droit de fonder des syndicats et de s'affilier à des syndicats, pour la défense de ses intérêts, énoncé à l'article 11 de la Convention européenne de sauvegarde des droits de l'homme et des libertés fondamentales, les États demeurent libres de réserver ce droit aux syndicats représentatifs, ce que ne prohibent ni les articles 5 et 6 de la Charte sociale européenne ni l'article 28 de la Charte des droits fondamentaux de l'Union européenne, ni les conventions n° 98 et 135 de l'OIT ; que le fait pour les salariés, à l'occasion des élections professionnelles, de participer à la détermination des syndicats aptes à les représenter dans les négociations collectives n'a pas pour effet d'affaiblir les représentants syndicaux au profit des représentants élus, chacun conservant les attributions qui lui sont propres ;

Attendu, ensuite, que l'obligation faite aux syndicats représentatifs de choisir, en priorité, le délégué syndical parmi les candidats ayant obtenu au moins 10 % des voix ne heurte aucune prérogative inhérente à la liberté syndicale et que, tendant à assurer la détermination par les salariés eux-mêmes des personnes les plus aptes à défendre leurs intérêts dans l'entreprise et à conduire les négociations pour leur compte, elle ne constitue pas une ingérence arbitraire dans le fonctionnement syndical ».

titre 11

La puissance publique

En France, à la différence d'autres pays, l'intervention de la puissance publique en droit du travail est consubstantielle de l'existence même d'un *droit* du travail. Une partie des théories politiques promouvant l'existence de règles encadrant le travail salarié en appelle en effet au rôle pacificateur et régulateur de l'État (v. chap. 1). Mais la puissance publique est aussi une autorité de contrôle et de sanction. Le droit du travail se caractérise alors par l'existence de deux institutions propres à la matière. L'une est administrative : il s'agit de l'inspection du travail. L'autre judiciaire : il s'agit des conseils de prud'hommes. 1173

Ces deux institutions spécifiques au droit du travail n'excluent nullement l'importance, en la matière, d'autres institutions publiques. Toutes sortes de juges interviennent à l'occasion des litiges du travail (tribunaux administratifs, tribunaux d'instance, de grande instance, tribunaux de simple police, tribunaux correctionnels...). L'étude de ces juridictions, qui ne sont nullement spécifiques au droit du travail, relève du droit administratif pour les unes, et du droit judiciaire pour les autres. 1174

De même, il existe d'autres autorités administratives qui peuvent jouer un rôle au sein des relations de travail, comme la Commission nationale de l'informatique et des libertés (CNIL) ou le Défenseur des droits qui a absorbé les pouvoirs anciennement dévolus à la Haute autorité de lutte contre les discriminations et pour l'égalité (HALDE). Mais, là encore, ces autorités ne sont nullement spécifiques au droit du travail et leur étude relève d'autres branches du droit.

Il ne sera donc question ici que des deux autorités propres à la matière : l'inspection du travail (chap. 29) et le conseil de prud'hommes (chap. 30).

chapitre 29

L'inspection du travail

Plan analytique

L'inspection du travail

Quasiment dès les premières lois sociales, un corps spécifique de vérification de leur application a été créé. L'inspection du travail est née en 1874 et les bases de son organisation et de ses compétences ont été jetées en 1892. La présence d'un corps administratif spécialisé chargé du contrôle de l'application du droit du travail a pour ambition de rendre effectives les règles du droit du travail. Ce n'est pas une mince affaire. L'ineffectivité du droit du travail est un problème constant. 1175

Ces enjeux, qui fondent l'existence de l'inspection du travail, ont été perçus comme suffisamment fondamentaux pour que soit adoptée une convention spécialisée, de niveau mondial, sur la question (Conv. OIT C81 sur l'inspection du travail de 1947, ratifiée par 137 pays, dont la France depuis 1950).

L'inspection du travail a été récemment réorganisée (section 1). Cette nouvelle organisation n'a pas affecté les fonctions (section 2) et les moyens juridiques de l'inspection (section 3).

section 1

Organisation

L'inspection du travail était organisée au sein des services déconcentrés du ministère du Travail. Ceux-ci étaient organisés en directions régionales (DRTEFP) et départementales (DDTEFP), ces dernières étant les centres opérationnels principaux. Depuis le 1er juillet 2010 (Décr. du 10 nov. 2009), le système de l'inspection du travail est intégré au sein des Direccte (Direction régionale de l'entreprise, de la concurrence, de la consommation, du travail et de l'emploi). Derrière cet acronyme accrocheur se cache un regroupement d'anciennes directions de différents ministères, telles que les directions régionales de la concurrence, de la consommation et de la répression des fraudes, les délégations régionales du tourisme, etc. Les nouvelles Direccte sont placées sous la double tutelle des ministères du Travail et de l'Économie. Ce regroupement a pour but de « favoriser la compétitivité des entreprises et de développer l'emploi, tout en assurant le respect des réglementations du travail et la loyauté des marchés » (Circ. du Premier ministre 1er août 2008, dite « de préfiguration des Direccte »). Le respect du droit du travail, dans ce discours, n'apparaît plus vraiment comme un objectif en tant que tel. Il est désormais envisagé davantage comme une contrainte qu'il faut respecter dans la recherche de la compétitivité des entreprises. Le risque de noyer l'inspection du travail n'a pas échappé aux syndicats de l'inspection du travail, majoritairement réservés sur la réforme. 1176

La réorganisation des services publics étant devenue une maladie chronique, il fallait s'attendre à une nouvelle poussée de fièvre réformatrice assez rapidement. Elle a eu lieu en 2013-2014 et s'est traduite par la disparition programmée du corps des contrôleurs, absorbée par celui des inspecteurs (Décr. 27 sept. 2013), une nouvelle répartition des compétences matérielles et territoriales (Décr. 20 mars 2014 et Décr. 17 déc. 2015) et la programmation d'une refonte des pouvoirs des inspecteurs, qui est intervenue par une ordonnance du 7 avril 2016, ratifiée par l'article 118 de loi dite « travail » du 8 août 2016...

■ 1177 À ces Direccte(s) sont rattachés des fonctionnaires qui appartiennent au corps des inspecteurs du travail et au corps des contrôleurs du travail, lesquels forment ensemble l'inspection du travail au sens de la convention C81 de l'OIT. Les contrôleurs du travail sont placés sous l'autorité des inspecteurs du travail. Traditionnellement, les contrôleurs s'occupent des entreprises de moins de 50 salariés, bien qu'aucun texte ne prévoie une telle compétence. Ils ont les mêmes pouvoirs d'enquête et de constatation. En revanche, ils n'ont pas les pouvoirs d'autorisation que détient l'inspecteur (salariés protégés, dérogations, etc.). Le corps des contrôleurs est appelé à s'éteindre par une absorption dans celui des inspecteurs, à raison de 250 postes par an (Loi dite « travail » du 8 août 2016, art. 113).

Contrôleurs et inspecteurs du travail exercent leur pouvoir dans des sections, qui sont regroupées dans les unités de contrôle, elles-mêmes rassemblées au sein des Direccte, plus précisément au sein de leur « Pôle travail ».

Les inspecteurs du travail sont soumis au principe hiérarchique : comme tout fonctionnaire, ils doivent obéir à leur hiérarchie. Mais cette soumission est tempérée par l'indépendance qui leur est reconnue par l'article 6 de la convention C81 de l'OIT* et rappelée par l'article L. 8112-1, al. 2 du Code du travail. De ce principe d'indépendance, il découle que les inspecteurs du travail sont maîtres du choix des entreprises qu'ils contrôlent et des conséquences à donner à ce contrôle (du simple avertissement oral au procès-verbal transmis au procureur de la République, voir article 17.2 de la Convention C81*, et l'article L.8112-1, al. 6 du C. trav.).

section 2

Fonctions

■ 1178 La fonction première des inspecteurs du travail, précisée à l'article L. 8112-1 du Code du travail, est de veiller à l'application du droit du travail dans son ensemble, y compris des conventions collectives de travail. Ils reçoivent des plaintes et réclamations émises par les salariés. Ils peuvent également constater les infractions pénales aux dispositions du droit du travail. Notamment, les inspecteurs du travail doivent veiller au respect des dispositions relatives à la santé et à la sécurité des travailleurs, pénalement sanctionnées et peuvent relever tout manquement à ces dispositions (C. trav., art. L. 4741-1 ; v. égal. C. trav., art. L. 8112-2). Leur fonction est, à cet égard, celle d'officiers de police judiciaire (C. trav., art. L. 8112-1, al. 4). Ils disposent de surcroît de pouvoirs de sanctions, tels que l'arrêt de travaux ou d'activité (C. trav., art. L. 4731-1, L. 4731-2).

■ 1179 Ils sont en outre chargés de toute une liste de tâches plus précises de nature administrative, que l'on retrouve tout au long du Code du travail. Dans leur compétence administrative, ils accordent des dérogations temporaires aux règles prévues par la loi ou les règlements. Ainsi en est-il en matière de santé et de sécurité ou de durée et d'organisation du travail (v. par ex., v. ss 418). Ils ont également un pouvoir de décision ou d'autorisation. Ils sont ainsi chargés d'autoriser le licenciement des salariés protégés (v. ss 995). Ils détiennent aussi des pouvoirs de décision en matière d'élections professionnelles (par ex., v. ss 1145). En outre, ils contrôlent et peuvent faire rectifier le contenu des règlements intérieurs. Ils interviennent dans le cadre des grands licenciements pour motifs économiques. Il ne s'agit là que de quelques exemples.

Dans les faits, les agents de contrôle déploient également une intense activité de conseil auprès des salariés. La multiplicité des fonctions des inspecteurs et contrôleurs rend d'autant plus scandaleuse la faiblesse de leurs effectifs, bien que des efforts sur ce terrain aient été entrepris ces dernières années (v. sous rubrique « Documents »). 1180 ■

section 3

Moyens

Les inspecteurs du travail sont dotés de moyens d'investigation. Ils peuvent entrer de jour comme de nuit dans tous les lieux où le droit du travail est censé s'appliquer, et ils peuvent opérer tous prélèvements utiles (C. trav., art. L. 8113-1 à L. 8113-3). Ils peuvent se faire présenter l'ensemble des documents et registres obligatoires du droit du travail (C. trav., art. L. 8113-4), notamment ceux qui doivent être tenus à leur intention (registre du personnel, registre des questions et réponses des réunions mensuelles des délégués du personnel, etc.). 1181 ■

Ils usent généralement du conseil, puis de la menace, avant d'adopter des mesures plus sévères. 1182 ■

Ainsi l'inspection a généralisé la pratique des observations, pratique prise en compte implicitement par l'article R. 4614-5 du Code du travail qui prévoit que les observations de l'inspecteur sont communiquées au CHSCT. Les observations sont largement utilisées (près de 200 000 observations par an). Les observations constituent des rappels, des indications de non-conformité à la réglementation. Elles sont généralement orales puis récapitulées dans un courrier.

Plus formelle est la mise en demeure. Elle est parfois impérative, avant qu'un procès-verbal puisse être dressé (v. not. C. trav., art. L. 4721-4) ou que l'arrêt temporaire de l'activité puisse être prononcé (v. C. trav., art. L. 4721-8). Même dans les domaines où elle est impérative, la mise en demeure peut toutefois être écartée lorsque les faits présentent un danger grave ou imminent pour l'intégrité physique des travailleurs. Dans ce cas de figure, les agents de contrôle peuvent dresser immédiatement un procès-verbal.

Le procès-verbal est l'acte qui constate une infraction. À la base d'éventuelles poursuites pénales, il doit être précis et bien viser tous les éléments nécessaires pour la qualification de l'infraction ainsi que les salariés concernés. Une fois dressé, le procès-verbal est transmis au procureur de la République (C. trav., art. L. 8113-7), 1183 ■

lequel jugera de l'opportunité des poursuites (v. les chiffres cités *infra* dans les documents). Les inspecteurs n'ont pas l'obligation de faire transiter leur procès-verbal par leur hiérarchie avant transmission au Procureur (Crim. 28 janv. 1997, *Dr. soc.* 1997. 458, obs. M. Cohen, 16 oct. 2001, n° 01-80.462), bien que la pratique en soit très répandue. L'apparition de la transaction pénale dans l'ordonnance du 7 avril 2016, ratifiée par l'article 118 de loi dite « travail » du 8 août 2016, rend plus incertaine cette solution (v. ci-dessous).

Les poursuites pénales apparaissent donc en bout de chaîne, une fois que d'autres voies de rétablissement de la légalité ont échoué. Le droit pénal du travail apparaît alors dans sa fonction première : il est davantage un outil de menace, mis entre les mains de l'inspection du travail, qu'un véritable outil de répression. Les sanctions pénales demeurent relativement peu nombreuses et sont, sauf rares exceptions, limitées à des peines d'amende.

■ 1184 Pour rendre un peu plus effectives les suites des PV des inspecteurs, l'ordonnance du 7 avril 2016, ratifiée par l'article 118 de la loi dite « travail » du 8 août 2016, a créé des débouchés autres que le procès aux constats établis par les agents de contrôle. L'action des inspecteurs pourrait gagner en efficacité, mais perdre de sa force symbolique.

D'une part, le ministère public peut désormais opter pour la procédure simplifiée de l'ordonnance pénale (C. pr. pén., art. 524, al. 1). D'autre part, le Direccte ou son délégataire peut proposer une transaction pénale au contrevenant plutôt que de transmettre le PV au parquet, pour certaines infractions passibles d'une peine strictement inférieure à un an (C. trav., art. L. 8114-4 et L. 8114-5). La transaction constitue une échappatoire pour le chef d'entreprise qui reconnaît ainsi sa culpabilité et bénéficie d'une peine éventuellement moins sévère que celle prononcée par un juge. La proposition de transaction est en effet déterminée en fonction des circonstances et de la gravité de l'infraction, de la personnalité de l'auteur de l'infraction ainsi que de ses ressources et de ses charges.

Le Direccte ou son délégataire a également la possibilité en cas de manquement, notamment aux dispositions sur le temps de travail et le salaire, les conditions d'hygiène sur les lieux de travail... d'infliger lui même, sur la foi du procès-verbal, une amende administrative, qui ne peut se cumuler avec une sanction pénale (C. trav., art. L. 8115-1). Cette amende est plafonnée à 2 000 euros par travailleur concerné. Elle pourrait être très utile pour sanctionner le non-respect de dispositions qui pour l'heure sont rarement prises en compte.

■ 1185 L'inspecteur du travail a enfin un droit d'agir directement en justice pour demander au juge des référés de faire cesser un trouble illicite, notamment en présence d'un risque pour les personnes (v. not. C. trav., art. L. 4732-1). De telles actions demeurent exceptionnelles, notamment car dans le même cas de figure, l'inspecteur a un pouvoir propre : celui de faire cesser les travaux dangereux (C. trav., art. L. 4731-1).

Compléments pédagogiques

Biblio

- J. Bessière, *L'inspection du travail*, rapport au ministre délégué aux relations de travail, Doc. fr., 2005, disponible sur www.travail.gouv.fr.
- *L'inspection du travail en 2013*, Rapport au BIT, disponible sur http://travail-emploi.gouv.fr/IMG/pdf/Rapport_IT-2013_Web.pdf (la France doit remettre tous les ans un rapport sur l'inspection du travail au BIT, il s'agit du dernier rapport paru).
- Controverse entre C.-E. Triomphe et P. Mériaux, « Sur la réforme de l'inspection du travail », *RDT* 2006. 356.
- Anne Courège « Inspection du travail et attributions ministérielles », *Dr. soc.* 2008. 117.
- J. Bessière, « L'action de l'inspection du travail dans un contexte de forte évolution », *Dr. soc.* 2011. 1021.
- T. Kapp, P. Ramackers, J.-P. Terrier, *Le système d'inspection du travail en France*, 2e éd., Éditions Liaisons, 2013
- Controverse entre P.-Y. Calvez et Ph. Auvergnon, « Réformer l'inspection du travail », *RDT* 2014. 229.
- Ph. Auvergnon, « Un coucou dans la loi Macron ? De nouvelles prérogatives pour l'inspection du travail », *Dr. soc.* 2015. 826.

Documents

Activités de l'inspection du travail (Chiffres pour l'année 2013)

Tableau 1

	2013	2012	2011
Nombre d'entreprises assujetties au contrôle de l'inspection du travail (en million)	1,80	1,82	1,82
Nombre de salariés concernés (en million)	18,2	18,3	18,3
Nombre de sections d'inspection du travail	790	790	790
Nombre d'établissements par section	2 278	2 303	2 303

Tableau 2

	2013	2012	2011
Inspecteurs chargés du contrôle des entreprises	781	783	796
Agents chargés du contrôle des entreprisis	1 320	1 428	1 450
Nombre total d'agents de contrôle	2 101	2 211	2 246
Assistants au contrôle	864	868	893
Nombre d'agents appui-ressources-méthodes (ARM)	92	92	94
Nombre de médecins inspecteurs du travail	35	35	37
Nombre d'ingénieurs de prévention	67,7	67	71
Nombre d'agents aux services renseignement du public	522	533	544
Ratio : nombre de salariés par agent de contrôle	8 710	8 229	8 130

Tableau 3

	2013	2012	2011
Nombre d'interventions	294 000	265 300	356 200
Pourcentage de contrôle	57	60 %	62 %
Nombre de lettres d'observations	183 500	163 000	226 300
Nombre de mises en demeure	5 373	5 515	6 573
Nombre de procédures pénales	6 374	7 217	7 983
Nombre de référés civils (Nb. de procédures)	63	31	85
Nombre d'arrêts et reprises de travaux (BTP)	6 517	6 223	9 053
Enquêtes	64 736	59 665	82 406
Estimation du nombre de conseils donnés au public	NR	8 000 000	7 920 000
Nombre moyen d'intervention / agent de contrôle	145	117	163

Source : *L'inspection du travail en France en 2013*, Rapport au BIT, 2012, p. 7 à 9

Convention (n° 81) sur l'inspection du travail, 1947 (extraits)
Convention concernant l'inspection du travail dans l'industrie et le commerce

Article 1
Chaque Membre de l'Organisation internationale du Travail pour lequel la présente convention est en vigueur doit avoir un système d'inspection du travail dans les établissements industriels. [...]

Article 3
1. Le système d'inspection du travail sera chargé :

(a) d'assurer l'application des dispositions légales relatives aux conditions de travail et à la protection des travailleurs dans l'exercice de leur profession, telles que les dispositions relatives à la durée du travail, aux salaires, à la sécurité, à l'hygiène et au bien-être, à l'emploi des enfants et des adolescents, et à d'autres matières connexes, dans la mesure où les inspecteurs du travail sont chargés d'assurer l'application desdites dispositions ;

(b) de fournir des informations et des conseils techniques aux employeurs et aux travailleurs sur les moyens les plus efficaces d'observer les dispositions légales ;

(c) de porter à l'attention de l'autorité compétente les déficiences ou les abus qui ne sont pas spécifiquement couverts par les dispositions légales existantes.

2. Si d'autres fonctions sont confiées aux inspecteurs du travail, celles-ci ne devront pas faire obstacle à l'exercice de leurs fonctions principales ni porter préjudice d'une manière quelconque à l'autorité ou à l'impartialité nécessaires aux inspecteurs dans leurs relations avec les employeurs et les travailleurs. [...]

Article 4
1. Pour autant que cela sera compatible avec la pratique administrative du Membre, l'inspection du travail sera placée sous la surveillance et le contrôle d'une autorité centrale. [...]

Article 6
Le personnel de l'inspection sera composé de fonctionnaires publics dont le statut et les conditions de service leur assurent la stabilité dans leur emploi et les rendent indépendants de tout changement de gouvernement et de toute influence extérieure indue.

Article 7
1. Sous réserve des conditions auxquelles la législation nationale soumettrait le recrutement des membres des services publics, les inspecteurs du travail seront recrutés uniquement sur la base de l'aptitude du candidat à remplir les tâches qu'il aura à assumer.

2. Les moyens de vérifier ces aptitudes seront déterminés par l'autorité compétente.

3. Les inspecteurs du travail doivent recevoir une formation appropriée, pour l'exercice de leurs fonctions.

Article 8
Les femmes aussi bien que les hommes pourront être désignées comme membres du personnel du service d'inspection ; si besoin est, des tâches spéciales pourront être assignées aux inspecteurs ou aux inspectrices respectivement.

Article 9
Chaque Membre prendra les mesures nécessaires pour assurer la collaboration d'experts et de techniciens dûment qualifiés, y compris des techniciens en médecine, en mécanique, en électricité et en chimie, au fonctionnement de l'inspection, selon les méthodes jugées les plus appropriées aux conditions nationales, afin d'assurer l'application des dispositions légales

relatives à l'hygiène et à la sécurité des travailleurs dans l'exercice de leur profession, et de s'enquérir des effets des procédés employés, des matières utilisées et des méthodes de travail, sur l'hygiène et la sécurité des travailleurs.

Article 10

Le nombre des inspecteurs du travail sera suffisant pour permettre d'assurer l'exercice efficace des fonctions du service d'inspection et sera fixé en tenant compte :

(a) de l'importance des tâches que les inspecteurs auront à accomplir, et notamment :

(i) du nombre, de la nature, de l'importance et de la situation des établissements assujettis au contrôle de l'inspection ;

(ii) du nombre et de la diversité des catégories de travailleurs qui sont occupés dans ces établissements ;

(iii) du nombre et de la complexité des dispositions légales dont l'application doit être assurée ;

(b) des moyens matériels d'exécution mis à la disposition des inspecteurs ;

(c) des conditions pratiques dans lesquelles les visites d'inspection devront s'effectuer pour être efficaces.

Article 11

1. L'autorité compétente prendra les mesures nécessaires en vue de fournir aux inspecteurs du travail :

(a) des bureaux locaux aménagés de façon appropriée aux besoins du service et accessibles à tous intéressés ;

(b) les facilités de transport nécessaires à l'exercice de leurs fonctions lorsqu'il n'existe pas de facilités de transport public appropriées.

2. L'autorité compétente prendra les mesures nécessaires en vue du remboursement aux inspecteurs du travail de tous frais de déplacement et de toutes dépenses accessoires nécessaires à l'exercice de leurs fonctions.

Article 12

1. Les inspecteurs du travail munis de pièces justificatives de leurs fonctions seront autorisés :

(a) à pénétrer librement sans avertissement préalable à toute heure du jour et de la nuit dans tout établissement assujetti au contrôle de l'inspection ;

(b) à pénétrer de jour dans tous les locaux qu'ils peuvent avoir un motif raisonnable de supposer être assujettis au contrôle de l'inspection ;

(c) à procéder à tous examens, contrôles ou enquêtes jugés nécessaires pour s'assurer que les dispositions légales sont effectivement observées, et notamment :

(i) à interroger, soit seuls, soit en présence de témoins, l'employeur ou le personnel de l'entreprise sur toutes les matières relatives à l'application des dispositions légales ;

(ii) à demander communication de tous livres, registres et documents dont la tenue est prescrite par la législation relative aux conditions de travail, en vue d'en vérifier la conformité avec les dispositions légales et de les copier ou d'en établir des extraits ;

(iii) à exiger l'affichage des avis dont l'apposition est prévue par les dispositions légales ;

(iv) à prélever et à emporter aux fins d'analyse des échantillons des matières et substances utilisées ou manipulées, pourvu que l'employeur ou son représentant soit averti que des matières ou substances ont été prélevées et emportées à cette fin.

2. À l'occasion d'une visite d'inspection, l'inspecteur devra informer de sa présence l'employeur ou son représentant, à moins qu'il n'estime qu'un tel avis risque de porter préjudice à l'efficacité du contrôle.

Article 13

1. Les inspecteurs du travail seront autorisés à provoquer des mesures destinées à éliminer les défectuosités constatées dans une installation, un aménagement ou des méthodes de travail qu'ils peuvent avoir un motif raisonnable de considérer comme une menace à la santé ou à la sécurité des travailleurs.

2. Afin d'être à même de provoquer ces mesures, les inspecteurs auront le droit, sous réserve de tout recours judiciaire ou administratif que pourrait prévoir la législation nationale, d'ordonner ou de faire ordonner :

(a) que soient apportées aux installations, dans un délai fixé, les modifications qui sont nécessaires pour assurer l'application stricte des dispositions légales concernant la santé et la sécurité des travailleurs ;

(b) que des mesures immédiatement exécutoires soient prises dans les cas de danger imminent pour la santé et la sécurité des travailleurs.

3. Si la procédure fixée au paragraphe 2 n'est pas compatible avec la pratique administrative et judiciaire du Membre, les inspecteurs auront le droit de saisir l'autorité compétente pour qu'elle formule des injonctions ou fasse prendre des mesures immédiatement exécutoires.

Article 14

L'inspection du travail devra être informée des accidents du travail et des cas de maladie professionnelle dans les cas et de la manière qui seront prescrits par la législation nationale.

Article 15

Sous réserve des exceptions que la législation nationale pourrait prévoir, les inspecteurs du travail :

(a) n'auront pas le droit d'avoir un intérêt quelconque direct ou indirect dans les entreprises placées sous leur contrôle ;

(b) seront tenus, sous peine de sanctions pénales ou de mesures disciplinaires appropriées, de ne point révéler, même après avoir quitté leur service, les secrets de fabrication ou de commerce ou les procédés d'exploitation dont ils peuvent avoir eu connaissance dans l'exercice de leurs fonctions ;

(c) devront traiter comme absolument confidentielle la source de toute plainte leur signalant un défaut dans l'installation ou une infraction aux dispositions légales et devront s'abstenir de révéler à l'employeur ou à son représentant qu'il a été procédé à une visite d'inspection comme suite à une plainte.

Article 16

Les établissements devront être inspectés aussi souvent et aussi soigneusement qu'il est nécessaire pour assurer l'application effective des dispositions légales en question.

Article 17

1. Les personnes qui violeront ou négligeront d'observer les dispositions légales dont l'exécution incombe aux inspecteurs du travail seront passibles de poursuites légales immédiates, sans avertissement préalable. Toutefois, la législation nationale pourra prévoir des exceptions pour le cas où un avertissement préalable devra être donné afin qu'il soit remédié à la situation ou que des mesures préventives soient prises.

2. Il est laissé à la libre décision des inspecteurs du travail de donner des avertissements ou des conseils au lieu d'intenter ou de recommander des poursuites.

Article 18

Des sanctions appropriées pour violation des dispositions légales dont l'application est soumise au contrôle d'inspecteurs du travail et pour obstruction faite aux inspecteurs du travail dans l'exercice de leurs fonctions seront prévues par la législation nationale et effectivement appliquées.

chapitre 30

Le conseil de prud'hommes

provisoire. Son rôle s'est considérablement accru depuis une vingtaine d'années. Sa compétence est la suivante :

Elle est d'abord le juge de l'*urgence*. En vertu de l'article R. 1455-5 du Code du travail, la formation de référé peut intervenir en cas d'urgence et en l'absence de contestation sérieuse. Dans ce cas de figure, ses pouvoirs sont très étendus puisque les juges peuvent prendre « toute mesure ». L'exigence d'absence de contestation sérieuse décourage toutefois les plaideurs d'agir sur ce fondement. Ces derniers peuvent alors se référer à l'article R. 1455-6 qui prévoit que la formation de référé peut prevenir tout « dommage imminent » en prenant des « mesures conservatoires ou de remise en état ».

La formation de référé est aussi le juge de l'*évidence*. L'article R. 1455-7 du Code du travail précise que le juge des référés peut ordonner l'exécution d'obligations diverses, et même d'obligations de faire, lorsque « l'obligation n'est pas sérieusement contestable ». Lorsque la solution est suffisamment claire, l'exécution immédiate peut donc être ordonnée. Tel est le cas pour l'octroi d'indemnité de licenciement sans cause réelle et sérieuse lorsque la lettre de licenciement n'est pas motivée.

Enfin l'article R. 1455-6 du Code du travail indique, en son alinéa 1er, qu'il appartient au juge des référés de « faire cesser un trouble manifestement illicite », et ce, même s'il existe une contestation sérieuse. Les troubles illicites sont facilement considérés comme « manifestement » illicites. C'est notamment sur cette base que sont ordonnées les réintégrations en référé des salariés dont le licenciement est nul (grévistes, salariés protégés en l'absence d'autorisation), que sont annulées des sanctions pécuniaires ou encore qu'est condamné le refus de l'employeur de remettre au salarié les documents de fin de contrat. L'intervention du juge des référés en cas de trouble manifestement illicite recouvre schématiquement deux types d'hypothèses. Primo, elle correspond à des situations où la régle en cause fait partie des normes importantes du droit du travail ; la possible violation d'une telle règle troublerait l'ordre juridique. Secundo, il peut s'agir de cas où la violation de la règle est manifeste et appelle une remise en état immédiate.

Les pouvoirs de la formation de référé sont ainsi nettement plus grands que ceux de la formation de conciliation, même si certains pouvoirs sont communs à ces deux formations.

■ 1200 La décision de référé est provisoire. Elle n'a pas l'autorité de la chose jugée au principal. L'affaire pourra donc se poursuivre devant le bureau de jugement du conseil de prud'hommes, seul habilité à clore définitivement le litige. Mais encore faut-il que l'une au moins des parties souhaite continuer le procès. Après une décision qui a qualifié son comportement ou son acte de « trouble manifestement illicite », l'employeur peut préférer s'en tenir là. Quant au salarié, il se peut que la décision de référé lui ait donné toute satisfaction (il est réintégré). Ceci explique qu'en pratique, parfois, les décisions de référés suffisent à clore le litige. Elles n'ont plus alors de provisoire que le nom.

Compléments pédagogiques

Quid

■ Départage ou départition n° 1197

Renvoi d'une affaire ou d'une partie d'une affaire pendante devant le Conseil de prud'hommes devant un magistrat du tribunal d'instance, appelé juge départiteur, afin d'être jugée.

■ Paritarisme n° 1187

Gestion d'une institution par des représentants des salariés et des représentants des employeurs en nombre égal, ou ayant des pouvoirs de décision égaux.

Biblio

- M. Keller, « Licenciement économique, cassation sans renvoi, unicité de l'instance prud'homale : une mauvaise rencontre », *Dr. soc.* 2006. 1010-1016.
- E. Serverin, « L'évolution du contentieux du travail, des mots aux chiffres », *RDT* 2006. 44.
- M. Keller et T. Grumbach, « Sur l'impartialité de la juridiction prud'homale… encore ? », *Dr. soc.* 2006. 52-58.
- T. Grumbach, F. Guiomard, E. Serverin, *L'action prud'homale*, *RDT* numéro spécial, recueil d'articles (juin 2006-août 2009).
- V. Orif, « Le renouveau de la règle de l'unicité de l'instance », *D.* 2011. 227
- M. Pierchon et F. Guiomard, « Faut-il assouplir la règle d'unicité de l'instance ? », *RDT* 2011. Controverse. 156.
- M. Guillonneau, E. Serverin, *L'activité des conseils de prud'hommes de 2004 à 2012 : continuité et changements, Rapport remis au garde des Sceaux*, sept. 2013.
- D. Marshall, P. Lagesse, M. Beckers, « Réforme le Conseil de prud'hommes », *RDT* 2014. Controverse. 85.
- T. Durand, P. Henriot, « Fables et légendes prud'homales », *Dr. ouvrier* 2014. 171.
- V. également les actes du 40e colloque du SAF du 5 décembre 2015 consacré à la justice prud'homale et publié au *Droit Ouvrier* 2016, numéros de mars et avril.

Documents

1) Oralité des débats

Soc. 14 mars 2007 (n° 05-45.414, *Bull. civ.* V, n° 50)

« Mais attendu d'abord, qu'en soumettant oralement ses demandes à la cour d'appel le jour de l'audience pour laquelle les parties avaient été convoquées, le salarié la requérait nécessairement de statuer sur le fond ;

Et attendu, ensuite, que les conclusions adressées par l'appelante (l'employeur) à l'intimée (le salarié) ne pouvaient suppléer à son absence à l'audience à laquelle elle avait été régulièrement convoquée ;

Par ces motifs, Casse et annule... ».

2) Conciliation

Soc. 5 déc. 2012 (n° 11-20.004, *Dr. soc.* 2013. 178, note D. Boulmier)

« Attendu que pour déclarer les demandes de la salariée irrecevables, l'arrêt retient que la clause de conciliation préalable obligatoire est licite ;

Attendu cependant, qu'en raison de l'existence en matière prud'homale d'une procédure de conciliation préliminaire et obligatoire, une clause du contrat de travail qui institue une procédure de conciliation préalable en cas de litige survenant à l'occasion de ce contrat n'empêche pas les parties de saisir directement le juge prud'homal de leur différend ».

3) Litige individuel ou collectif

Soc. 6 mai 1998 (n° 11-20.004, *Bull. civ. V,* n° 234)

« Attendu que, pour déclarer la juridiction prud'homale compétente pour connaître du litige, la cour d'appel a décidé que dès lors qu'un litige ne porte pas sur l'établissement, la révision ou le renouvellement d'une convention collective mais sur l'application de celle-ci à un contrat de travail existant, le conseil de prud'hommes reste compétent, même lorsque la solution à intervenir est susceptible d'avoir une répercussion pratique étendue, qu'il est constant que le conseil de prud'hommes d'Abbeville a été saisi individuellement par M. X... de l'application à son contrat de travail des dispositions de la Convention collective nationale de la sérigraphie, que ce litige de nature individuelle, répond aux critères de compétence énoncés par l'article L. 511-1 du Code du travail ;

Attendu, cependant, qu'une convention collective applicable dans une entreprise, régit, en principe, la situation de l'ensemble des salariés de celle-ci ; qu'il en résulte que lorsqu'un salarié se borne à demander l'application générale d'une convention collective à son contrat de travail, sans formuler de prétentions particulières, il demande son application non seulement pour lui-même mais aussi pour l'ensemble des autres salariés et que le litige est collectif ;

Qu'en statuant comme elle l'a fait, alors qu'il résultait de ses propres constatations que le salarié se bornait à solliciter l'application de la Convention collective nationale de la sérigraphie, sans formuler aucune prétention personnelle, la cour d'appel a violé le texte susvisé ».

Soc. 11 juin 1975 (*Bull. civ. V*, n° 321)

« Attendu qu'à l'occasion d'un conflit opposant les manufactures de chaussures de romans à leurs employés au sujet de l'octroi d'un treizième mois, des arrêts de travail de courte durée et répétés presque quotidiennement ont eu lieu dans les usines en décembre 1972 et ont amené les employeurs a fermer temporairement certains ateliers ;
Attendu cependant que, le litige ne portait pas en lui-même sur le différend collectif ayant existé entre les sociétés et l'ensemble de leurs salariés qu'ils avaient mis en chômage ;
Que ceux d'entre ces derniers qui avaient décidé de porter leur réclamation en justice, peu importe le moment qu'ils avaient choisi pour le faire et leur qualité de délégués syndicaux, dont ils ne s'étaient pas prévalus, avaient déclaré agir chacun en son nom personnel, pour demander individuellement des sommes dues en compensation des salaires dont la mesure patronale les avait privés ;
Que, même si la décision à intervenir était susceptible d'avoir une répercussion pratique étendue, le litige n'en perdait pas pour autant son caractère individuel, en sorte qu'il était de la compétence exclusive du Conseil de prud'hommes ».

Soc. 12 juill. 2006 (*Bull. civ.* V, n° 263 ; *RDT* 2007. 48, note H. Tissandier)

« Vu l'article L. 135-6 [C. trav., nouv. art. L. 2262-12] du Code du travail, ensemble l'article L. 511-1 [C. trav., nouv. art. L. 1411-1] du même code ;
Attendu que pour rejeter le contredit formé contre le jugement du conseil de prud'hommes qui s'est déclaré incompétent pour statuer sur les demandes de M. X..., la cour d'appel énonce que la demande tendant à la réparation du préjudice résultant du non-respect de l'avenant, qui suppose l'interprétation de cet avenant et l'appréciation de l'accord d'entreprise au regard des obligations qu'il contiendrait ne s'inscrit pas dans le cadre d'un litige individuel entre employeur et salarié à l'occasion d'un contrat de travail tel qu'il est défini par l'article L. 511-1 du Code du travail, dès lors que le salarié qui présente une demande de dommages-intérêts purement formelle ne justifie pas de l'incidence que la question de la compatibilité de l'accord d'entreprise avec l'avenant qu'il demande de voir trancher aurait sur son propre contrat de travail et ne justifie pas davantage d'un quelconque intérêt à agir, et que pour fonder son action, il se réfère lui-même aux dispositions de l'article L. 135-6 du Code du travail, cette action relevant de la compétence du tribunal de grande instance ;
Attendu qu'en statuant ainsi, alors qu'il ressort des énonciations de l'arrêt que le salarié demandait la réparation du préjudice résultant pour lui de la non-application au sein de l'entreprise des dispositions de l'avenant 99-01, lequel prévoyait l'obligation pour les entreprises de recruter 7 % de leurs effectifs tandis que les salariés se voyaient imposer un retard dans le passage à l'échelon supérieur, ce dont il résulte qu'il s'agissait d'une action individuelle relevant de la compétence du conseil de prud'hommes, la cour d'appel a violé les textes susvisés ».

Activités des Conseils de prud'hommes

France entière	2010	2011	2012
Données de cadrage			
Affaires nouvelles (yc référés)	217 661	205 296	175 714
Affaires terminées (yc référés)	205 653	205 321	187 913
Durée des affaires terminées en mois (ncréférés)	13,5	14,4	15,2
Stocks au 31/12 (nc référés)	210 925	211 900	199 814
Âge moyen du stock en mois (nc référés)	11,6	12,4	13,3
Affaires nouvelles (hors référés)	172 577	164 485	146 192
Section commerce	59 836	60 606	53 176
Section industrie	46 937	40 328	35 053
Section activités diverses	35 514	34 661	31 095
Section encadrement	27 644	26 317	24 560
Section agriculture	2 646	2 573	2 308
Affaires terminées (hors référés)			
- Affaires terminées selon la nature de la décision rendue	**160 569**	**164 510**	**158 391**
Au fond	*86 094*	*96 682*	*88 018*
Acceptation	62 417	63 195	63 747
Rejet	23 677	23 487	24 271
Autres fins	*74 475*	*77 828*	*70 373*
Jonction	8 967	13 858	11 682
Radiation	23 820	23 978	21 802
Désistement du demandeur	17 156	16 860	15 805
Conciliation des parties	12 258	11 594	10 889
Caducité de la demande	5 736	5 336	4 014
Autres	6 538	6 202	6 181
- Affaires terminées selon l'existence d'un délibéré et d'un départage	**160 569**	**164 510**	**158 391**
Terminées sans délibéré	71 957	73 010	67 567
Terminées avec délibéré	88 612	91 500	90 824
Au fond sans départition	72 374	73 156	74 213
Avec départition (au fond ou non)	16 238	18 344	16 611

Taux de départition en %	18,3	20	18,3
Référés			
Nombre	45 084	40 811	29 522
Durée en mois	2	1,9	1,9
Actes de greffe	111 080	108 761	122 620
Dépôts de règlements intérieurs et accords d'entreprise effectués	59 104	55 848	65 670
Déclarations d'appel enregistrées	40 972	42 722	45 810
Autres	11 004	10 191	11 140

Source : Ministère de la Justice, Secrétariat Général, Sous-direction de la Statistique et des Études

Nature des contentieux portés devant les conseils de prud'hommes en 2012

	Ensemble		Demandes au fond		Demandes en référé		Part des référés
	Effectifs	%	Effectifs	%	Effectifs	%	%
TOTAL DES DEMANDES	175 714	100,0	146 192	100,0	29 522	100,0	16,8
Demandes formées par les salariés ordinaires	169 189	96,3	140 064	95,8	29 125	98,7	17,2
Demandes liées à la rupture du contrat de travail	166 233	94,6	138 819	95,0	27 414	92,9	16,5
Contestation du motif de licenciement	139 819	79,6	124 434	85,1	15 385	52,1	11,0
Demandes d'indemnités liées à la rupture du contrat de travail	137 322	78,2	121 988	83,4	15 334	51,9	11,2
Demandes d'indemnités liées à la rupture du contrat de travail pour motif économique	2 497	1,4	2 446	1,7	51	0,2	2,0
Pas de contestation du motif de licenciement	26 414	15,0	14 385	9,8	12 029	40,7	45,5

Demandes en l'absence de rupture du contrat de travail	2 956	1,7	1245	0,9	1 711	5,8	57,9
Demandes d'annulation d'une sanction disciplinaire	403	0,2	372	0,3	31	0,1	7,7
Demandes de remise de documents	1 823	1,0	247	0,2	1 576	5,3	86,5
Demandes en paiement de créances salariales	715	0,4	619	0,4	96	0,3	13,4
Autres demandes	15	0,0	7	0,0	8	0,0	53,3
Demandes formées par les salariés protégés	118	0,1	97	0,1	21	0,1	17,8
Contestation du motif de licenciement	42	0,0	34	0,0	8	0,0	19,0
Pas de contestation du motif de licenciement ou pas de rupture	76	0,0	63	0,0	13	0,0	17,1
Demandes formées par les apprentis	236	0,1	200	0,1	36	0,1	15,3
Demandes formées par un employeur	824	0,5	666	0,5	158	0,5	19,2
Autres demandes formées dans le cadre d'une procédure SRLJ	4620	2,6	4582	3,1	38	0,1	0,8
Autres demandes	727	0,4	583	0,4	144	0,5	19,8

Source : M. Guillonneau, E. Serverin, *Rapport au garde des Sceaux*, 2013

Sujet terminal

Remarque : le sujet fait appel aux connaissances développées dans le présent ouvrage. Il correspond à une épreuve d'une durée de trois heures, effectuée avec le Code du travail.

Sujet corrigé

Cas pratique

L'hôtel Flatotel est situé à Dieppe. L'entreprise comprend 60 salariés. Parmi eux, M. Amer a été embauché le 2 janvier 2010, comme sous-directeur du service clientèle. Son contrat de travail prévoit une période d'essai de 3 mois renouvelable. M. Trach, lui, travaille depuis 12 ans dans l'entreprise comme maître d'hôtel, en vertu de contrats à durée déterminée successifs. L'entreprise est soumise à la convention collective de branche étendue de l'hôtellerie, qui prévoit une prime de vacances d'un montant de 800 euros.

En avril 2010, la direction procède à quelques ajustements de main-d'œuvre. Depuis quelques mois, en effet, le chiffre d'affaires a sensiblement baissé et elle commence à s'en inquiéter. À cet égard, elle estime que le recrutement de M. Amer était sans doute malvenu, eu égard aux difficultés économiques actuelles et aux faibles perspectives d'amélioration. Pour ces raisons, elle décide de procéder, le 4 avril 2010, à la rupture du contrat de M. Amer. Dans la foulée, elle annonce également à Monsieur Trach, le 5 avril, que son contrat ne sera pas reconduit et que leurs relations cesseront à compter de l'arrivée du terme du contrat en cours. Sa surprise est grande, même s'il connaissait les avantages et inconvénients du contrat à durée déterminée qui le liait après en avoir discuté avec des collègues d'autres hôtels se trouvant dans la même situation que lui.

La situation ne s'améliorant pas, la direction décide de céder son service de nettoyage à la société Almi Propreté. Le contrat conclu entre les deux sociétés, qui prend effet au 5 mai 2010, stipule que la société Almi reprendra à son service 80 % des salariés du service nettoyage de la société Flatotel. Par une convention distincte, la société Almi a racheté les produits ménagers qui restaient sur le lieu de travail ainsi qu'une partie des outils de travail des salariés, à l'exception des nettoyeuses mécaniques dont la société Almi dispose déjà. Les salariés restant seront, quant à eux, licenciés pour motif économique.

Des négociations s'engagent par ailleurs dans l'entreprise Almi Propreté, afin de parvenir à la signature d'un accord collectif destiné à tenir compte de l'arrivée de nouveaux salariés. Pourtant, les tensions sont vives entre l'employeur et les organisations syndicales présentes dans l'entreprise et les négociations sont houleuses. Malgré cela, un accord est finalement conclu le 8 septembre 2011. L'accord prévoit une prime de vacances d'un montant de 500 euros. Cet accord a été signé par les syndicats CFDT-propreté et FO-nettoyage. Lors des dernières élections professionnelles, les syndicats ont obtenu les résultats suivants : CFDT-propreté : 27 %, FO-nettoyage : 18 %, CGT-Almi : 35 %, CNT- nettoyage : 12 %, CFTC-assainissement : 8 %.

Quels arguments juridiques M. Amer et M. Trach peuvent-ils faire valoir pour contester les décisions les concernant ?

Quels arguments juridiques les salariés du service nettoyage qui sont licenciés peuvent-ils invoquer pour contester la décision de l'employeur ?

Enfin, les anciens salariés de l'entreprise Flatotel désirent savoir à quelle prime ils pourront prétendre suite au transfert de l'entreprise et pour les années à venir.

Voir le corrigé en fin de rubrique.

Corrigé

Cas pratique

Monsieur Amer : période d'essai

Problème : la rupture du contrat pendant la période d'essai est-elle abusive ?

Éléments de réponse

Présentation de la période d'essai : finalité et régime

La période d'essai, en vertu de l'article L. 1221-20 du Code du travail permet à l'employeur d'évaluer les compétences du salarié dans son travail, notamment au regard de son expérience, et au salarié d'apprécier si les fonctions occupées lui conviennent. Durant, l'essai l'employeur a le droit de résilier le contrat de travail sans avoir à justifier d'une cause réelle et sérieuse. La rupture est libre sauf abus. L'abus est aujourd'hui reconnu à chaque fois que le salarié peut prouver que le motif de la résiliation est étranger à l'appréciation de ses capacités professionnelles (v. Soc. 10 déc. 2008, n° 07-42.445).

Rupture pour un motif étranger aux compétences du salarié

Soc. 31 oct. 2007, 06-44.029 : la cour d'appel a pu décider que l'employeur avait utilisé la période d'essai à des fins étrangères à l'évaluation des compétences du salarié et que la rupture qui était dépourvue de lien avec ses qualités était abusive.

En l'espèce, rien n'est précisé. En outre, comme dans l'arrêt cité du 20 novembre 2007, il est fort probable que l'employeur n'a pas évoqué les raisons de la rupture du contrat dans la lettre mettant fin à l'essai. Néanmoins, l'énoncé précise que cette rupture intervient « eu égard aux difficultés économiques ». En outre, on peut se demander si le fait de ne pas remplacer le salarié ne vient pas conforter le fait qu'il y a suppression de poste et donc que la rupture est intervenue pour un motif non inhérent à la personne du salarié (l'arrêt du 31 octobre, d'ailleurs, évoque bien le fait que le salarié en question n'avait pas été remplacé).

Conclusion : Ces éléments laissent penser que la rupture est abusive.

Sanction : dommages-intérêts

Monsieur Trach : recours au CDD

Question : L'employeur pouvait-il se prévaloir du terme du CDD pour mettre fin à la relation ou devait-il procéder au licenciement ?

Contrat à durée déterminée car emploi relevant d'un secteur d'activité pour lequel il est d'usage de ne pas recourir au CDI (hôtellerie). S'agissant de ce dernier cas de recours, deux conditions doivent être remplies :

- les emplois doivent relever d'un secteur d'activité défini par l'article D. 1242-1 (le secteur doit correspondre à l'activité principale de l'entreprise) ;

- les emplois doivent avoir une nature temporaire.

En outre, pour ces contrats, des CDD successifs peuvent être conclus avec le même salarié. Mais une évolution s'est produite sur les conditions de conclusion de CDD successifs.

Avant : il était jugé que dès lors que l'emploi relève d'un secteur d'activité visé à l'ancien article D. 121-2 du Code du travail (C. trav., art. D. 1242-1), le recours à des CDD successifs était admis et la nature temporaire de l'emploi présumée (Soc. 26 nov. 2003, 01-44.263).

Revirement : Soc. 23 janv. 2008, n° 06-43.040 : Le recours à des CDD successifs, pour occuper un emploi dans les secteurs où il est d'usage d'embaucher en CDD, doit être justifié par des raisons objectives susceptibles de caractériser la nature temporaire de l'emploi.

En l'espèce : difficile de justifier du recours à des CDD successifs par des raisons objectives susceptibles de caractériser la nature temporaire de l'emploi, s'agissant d'un emploi de maître d'hôtel dans un hôtel.

Conséquences : Monsieur Trach peut demander la requalification de la relation en un contrat à durée indéterminée et bénéficier ainsi des indemnités de licenciement sans cause réelle et sérieuse.

Les salariés licenciés

Question : la licéité du licenciement dépend du point de savoir si l'article L. 1224-1 du Code du travail s'applique.

L'application de l'article L. 1224-1

Conditions d'application

Arrêts multiples de la chambre sociale, qui vise aujourd'hui la directive du 12 mars 2001, laquelle définit l'entité économique transférée : « une activité économique maintenant son identité, entendue comme un ensemble organisé de moyens en vue de la poursuite d'une activité économique, que celle-ci soit essentielle ou accessoire ».

Discussion

Ici, 80 % de la main-d'œuvre est reprise. Mais en même temps, le matériel de l'entreprise est pour partie seulement repris. On peut cependant penser que cette reprise partielle du personnel est un indice important de l'existence d'une entité transférée, eu égard au fait qu'il s'agit d'une entreprise peu mécanisée, puisque reposant essentiellement sur la main-d'œuvre. La jurisprudence de la CJCE est en ce sens (CJCE 24 janv. 2002, *Temco* : « dans certains secteurs dans lesquels l'activité repose essentiellement sur la main-d'œuvre, une collectivité de travailleurs que réunit durablement une activité commune peut correspondre à une entité économique »).

Peu importe, à cet égard, que cette reprise soit prévue dans une convention distincte.

Au regard de ces éléments, il semble bien que l'article L. 1224-1 C. trav. soit applicable.

Licéité du licenciement

Conséquences de l'applicabilité de l'article L. 1224-1

Soc. 20 mars 2002 : Le licenciement d'un salarié prononcé à l'occasion du transfert d'une entité économique autonome dont l'activité est poursuivie est privé d'effet ; le salarié peut, à son choix, demander au repreneur la poursuite du contrat de travail illégalement rompu ou demander à l'auteur du licenciement illégal la réparation du préjudice en résultant ».

Les salariés pourront donc demander à être repris par la société Almi, ou bien réparation à la société Flatotel.

Négociation collective

Qualification de la situation

La société Almi propreté ne relève pas de la convention collective de l'hôtellerie. Cette convention perd donc une de ces conditions d'application à l'égard des salariés transférés, puisque leur nouvel employeur n'entre pas dans son champ d'application professionnel. La convention est donc mise en cause.

Conséquence

Application de l'article 2261-14 du Code du travail : La mise en cause de la convention de branche signifie qu'elle cessera de produire effet au moment où, dans un délai de 15 mois, un accord d'adaptation entrera en vigueur. À défaut d'accord d'adaptation, le niveau de la rémunération sera maintenu.

Normes en concours

Pas d'accord d'adaptation dans le délai imparti : 15 mois à compter du 5 mai 2010. Donc l'accord signé le 8 septembre 2011 ne met pas fin au maintien provisoire de la convention mise en cause et n'empêche pas le maintien de la rémunération.

Les anciens salariés bénéficient du maintien de leur rémunération puisqu'il n'y a pas d'accord d'adaptation. La prime de vacances de 800 euros est donc maintenue. Rappel de la définition : Soc. 13 mars 2001. Selon cet arrêt, un avantage individuel acquis est celui qui procurait au salarié une rémunération ou un droit dont il bénéficiait à titre personnel et qui correspondait à un droit déjà ouvert et non simplement éventuel. En l'espèce, tous les critères sont remplis.

Mais validité de l'accord du 8 septembre prévoyant une prime de 13e mois de 500 euros. L'accord a été signé par deux syndicats représentatifs qui ensemble représentent 35 % des voix aux dernières élections professionnelles. L'opposition par d'autres syndicats n'est pas possible puisque l'opposition doit être exercée par des syndicats représentatifs (C. trav., art. L. 2232-12). La CFTC-assainissement n'ayant recueilli que 8 % des voix, elle n'est pas représentative. L'opposition ne peut donc exercer, la CGT-Almi et la CNT-nettoyage ne totalisant que 47 % des voix, à elles deux.

Résolution du conflit

Raisonnement

Rappel : L'accord d'entreprise signé s'applique mais n'est pas qualifiable d'accord d'adaptation. Et la prime de vacances initiale a été intégrée à la rémunération contractuelle des salariés.

Donc : Conflit entre deux avantages ayant la même cause et le même objet. Il y a lieu de comparer l'avantage issu de l'accord d'entreprise et celui issu du contrat de travail (puisque l'avantage individuel acquis est incorporé au contrat de travail). Conflit réglé par l'article L. 2254-1 du Code du travail. Les salariés ne cumulent pas les deux primes mais conservent la plus avantageuse.

Conclusion : les salariés pourront bénéficier d'une rémunération intégrant la prime de 800 euros prévue par l'ancienne convention collective.

Index alphabétique

Les chiffres sans crochets renvoient aux numéros de paragraphe du cours. Les chiffres entre crochets renvoient aux définitions des mots dans la rubrique « Quid ».

A

B

C

D

E

F

G

H

I

J

M

N

O

P

Q

T

U

V

Table des matières

Table des Quiz

Les chiffres envoient aux numéros des pages. Le chapitre de cours concerné est indiqué entre crochets. Sauf indications contraires (pagination italisée), tous les sujets sont corrigés en fin de la rubrique pédagogique.

Commentaires de décision, d'arrêts ou de textes

Cas pratiques

Dissertations

Légistique, argumentation et devinette juridique

Cet ouvrage a été composé
par IGS-CP à L'Isle-d'Espagnac (16)

716079 (I) CSB - G 80 g - IGS (HCH)
Achevé d'imprimer en septembre 2016
Imprimé en Italie par L.E.G.O. S.p.A.
Dépôt légal : octobre 2016